桃江年鉴

（2014）

中共桃江县委
桃江县人民政府　主办

桃江县史志档案局　编

方志出版社
Publishing House of Local Records

图书在版编目（CIP）数据

桃江年鉴.2014 / 桃江县史志档案局编，-- 北京：方志出版社，2016.7
ISBN 978-7-5144-2025-8

Ⅰ. ①桃… Ⅱ. ①桃… Ⅲ. ①桃江县—2014—年鉴Ⅳ. ①Z526.44

中国版本图书馆CIP数据核字（2016）第153260号

桃江年鉴（2014）

编　　者：桃江县史志档案局
责任编辑：罗　滔

出 版 人：冀祥德
出 版 者：方志出版社
地址　北京市朝阳区潘家园东里9号（国家方志馆四层）
邮编　100021
网址　http://www.fzph.org
发　　行：方志出版社发行中心
（010）67110500
经　　销：各地新华书店
印　　刷：湖南省越来越好印务有限公司

开　　本：889×1194　1/16
印　　张：25
字　　数：687千字
版　　次：2016年7月第1版　2016年7月第1次印刷
印　　数：0001～1000册

ISBN 978-7-5144-2025-8　定价：200.00元

《桃江年鉴》编纂委员会

《桃江年鉴》编辑部

序　言

2014年10月，益阳市人民政府决定，各县市区建立年鉴编辑制度，从2014年起，一年一鉴。《桃江年鉴（2014）》是桃江第一部大型综合性年鉴。自2015年4月桃江县委、县人民政府根据国务院《地方志工作条例》《湖南省实施〈地方志工作条例〉办法》和《益阳市人民政府办公室关于加强地方志及年鉴编辑工作的通知》精神启动编纂工作以来，在全县各乡镇、各部门和编辑部人员的共同努力下，该书即将正式出版。

《桃江年鉴（2014）》以朴实的文风、精炼的语言，真实具体地记述了2014年1月1日至12月31日期间，全县紧紧围绕“135”工作思路，大力推进交通建设、园区建设、产业建设、城镇建设和改善民生五项重点工作，推动经济社会平稳较快发展的整体情况，以及各乡镇、各部门的具体工作情况。

《桃江年鉴（2014）》突出了行业性、资料性和实用性，全书分为正文和彩页两大部分。正文采用分类编辑法，主体内容实行条目化设计，框架结构分为篇目、分目、条目三个层次。彩页共68版，着眼于时效性，图文并茂，直观真实。

《桃江年鉴（2014）》的出版发行，是全县经济文化建设中的一件大事。作为全面反映2014年全县经济社会建设成果的大型信息资料工具书，具有较高的历史价值，是县内外人士认识、了解和研究桃江的一扇窗口，必将在存史、资政、育人等方面发挥重要作用。全县各级各部门要以此为镜，检阅得失，革故鼎新，开创未来，为推动桃江加快发展做出新的贡献。

2015年12月5日

（作者谭建华系中共桃江县委书记）

编辑说明

一、本年鉴坚持以马列主义、毛泽东思想、邓小平理论、“三个代表”重要思想和科学发展观为指导，深入贯彻习近平总书记系列重要讲话精神，力求客观、真实、全面、准确。

二、本年鉴全面记载了2014年1月1日至12月31日全县各乡镇、各单位的基本情况、主要工作和重要事件，收录了部分文件和统计资料，重点反映桃江本年度改革开放和现代化建设的成就、举措、经验和出现的问题。所载信息具有权威性、真实性、时效性和典型性，为领导科学决策提供可靠依据，为各行各业提供咨询服务，为修史编志储备史料。

三、本年鉴采用分类编辑法，以类目为主要记事形式。基本结构为类目、分目、条目三个层次。正文体例有概况、条目、专文、特载、附录、资料等，以条目为主体。全书共有特载、大事记、综述、中共桃江县委、县人大及其常委会、县人民政府、县政协、群众团体、国防建设、法治政府建设、综合经济管理、农业、工业、城乡建设环境保护、财税金融、商贸旅游、交通邮电电力、教育科技、文化体育、医疗卫生、社会生活、乡镇、先进名录、统计资料、附录共25个类目。

四、本年鉴资料由县属正、副科级行政事业单位及部分二级机构提供，经撰稿单位负责人审核，由年鉴编辑部编辑、审校。照片由撰稿单位提供，书中不一一署名。领导人名录中注明的日期，系该领导人在该单位任职的起讫时间。文中未注明的省、市为湖南省、益阳市。年鉴中涉及全县的法定数据由统计部门提供。

五、本年鉴数字标点遵循国家标准出版规定，GB/T 15834-2011《标点符号用法》，GB/T 15835-2011《出版物上数字用法》。计量单位采用国务院1984年2月发布的中华人民共和国法定计量单位。

《桃江年鉴》编辑部

目　录

特　载

大事记

综　述

中共桃江县委员会

桃江县人大及其常委会

桃江县人民政府

政协桃江县委员会

群众团体

国防建设

法　治

综合经济管理

农 业

工 业

城乡建设 环境保护

财税・金融

商贸·旅游

交通·邮电·电力

教育·科技

文化·体育

医疗卫生

社会生活

乡　镇

先进名录

统计资料

附　录

特　载

在县委十一届六次全体（扩大）会议上的讲话

中共桃江县委书记　谭建华

（2014 年 10 月 27 日）

同志们：

这次县委全体（扩大）会议的主要任务是，回顾总结今年以来县委常委会的工作，研究 2015 年经济工作。下面，我讲四点意见：

一、今年以来县委常委会的工作情况

今年以来，县委常委会按照中央和省、市决策部署，以深入开展党的群众路线教育实践活动为契机，紧紧围绕“135”工作思路，团结带领全县干部群众凝心聚力、真抓实干，全县经济社会平稳较快发展，社会大局和谐稳定，党的建设进一步加强。预计全年生产总值增长 10% 以上，固定资产投资增长 25% 以上，规模工业增加值、财政收入、社会消费品零售总额、农村居民人均可支配收入分别增长 12% 以上，城镇居民人均可支配收入增长 10% 以上。

（一）“四大会战”稳步推进。交通建设方面：S229（原 S206）牛田至灰山港段已完成提质改造，S317、武潭至安化公路（茅东线）12 月底可建成通车，益马、益娄高速已开工建设。硬化农村公路 70.8 公里，改造危桥 57 座。园区建设方面：牛潭河工业园建成标准化厂房 13.5 万平方米，新修主干道 2 公里。引进竹产业开发合作、防化滤毒通风设备等 2 个投资过亿元的项目，建成 5 个产值过亿元的项目。灰山港省级工业集中区完成基础建设投资 8000 多万元。产业建设方面：全县新开工项目 75 个（投资过 5000 万元以上项目 9 个）；新投产项目 32 个（投资过 5000 万元以上项目 10 个）。15 个重点产业项目中，丰岩新材料、环宇无纺布等项目已竣工投产；福德电气、博得科技、志州砂浆复合项目年底可竣工投产。完成 19 家涉锑涉重企业 6800 吨废渣的安全处理，淘汰 4 家落后水泥企业。四家市属国企改制稳步推进。城镇建设方面：金盆南路、花桥南路、谷山南路、獭溪路、芙蓉路提质改造工程，年底可建成通车；桃花江大道（原南环线）配套工程、10 个治安电子卡口、260 个无线视频监控探头、18 千米供水排水防涝工程年底可建成投入使用。灰山港镇、马迹塘镇成功申报为国家级重点镇。

立项争资项目 309 个，到位资金 12.9 亿元，同比增长 12.3%；招商引资新签约项目 20 个，到位县域外资金 51.8 亿元。报批土地 3069 亩，征地 1405 亩，拆迁房屋 335 栋。

（二）民生改善取得实效。全面推进 17 大项 70 小项重点民生项目，预计年底可完成 65 项。建成合格学校 20 所，改扩建桂花园小学，新增小学学位 1100 多个，新设县七中初中部、新增初中学位 600 个。建成核电科技馆、成功承办了2014年全国科普日湖南主场活动。完成了桃花江中心医院改扩建项目主体工程及22个电气化村建设。桃花南路农贸市场建成投入使用。改扩建大栗港、浮邱山2所乡镇敬老院。除险加固病险水库24座、骨干山塘200口。开展“听民情解民忧”专项活动，实施了116户困难家庭帮扶工作。行政事业单位干部职工津补贴提标到人均23640元。两型区3公里环山公路年底可竣工通车，县农业科技园区申报成为省级农业科技园区，株木潭村申报成为省级两型村庄。农村清洁工程、美丽乡村建设和人居环境整治等工作全市领先。

（三）社会大局和谐稳定。落实领导干部接访下访和县级领导包案制机制，31件信访积案已办结28件，进京非正常上访连续4年实现零登记。深入开展安全隐患大排查、大整治和“打非治违”专项行动，18个重大安全隐患得到有效整治。深入开展作风效能环境建设，实行窗口办事台账管理和限时办结制度，公开和简化行政审批办事程序55个。严查严处影响重点项目施工环境、强买强卖、强揽工程、阻工闹事的地痞地霸行为案件9起，行政拘留10人。深入开展“打黑除恶”等专项行动，捣毁黑恶团伙5个，破获“两抢一盗”等案件474起。全面深化“平安桃江”创建活动，群众安全感和满意度稳步提升。

（四）组织保障坚强有力。按照“照镜子、正衣冠、洗洗澡、治治病”的总要求，深入开展党的群众路线教育实践活动，中央委员、省政协主席陈求发等省市领导及省市督导组多次亲临桃江指导活动开展，有力地推动了各环节工作，全县共收集各类意见建议11862条，分类整理成9581条，并按照“四个回应”原则，强力推进了55项专项整治和县级层面确定的52项制度建设，目前已整改到位32项、出台制度22项。广大党员、干部接受了一次深刻的思想洗礼，进一步振奋了精神，推动了党风政风进一步好转。切实加强基层组织建设，全面完成村支“两委”换届选举，全县72个软弱涣散基层党组织有68个得到整改提高，选派7名乡镇干部到问题矛盾突出的村担任支部书记，全县37947名党员参加民主评议，完成6个社区服务中心建设。认真开展干部选拔任用“一报告两评议”工作，坚持正确用人导向，10名素质好、成绩突出的干部得到重用；认真整改“三超两乱”，消化超配干部13人，3个单位不再党政分设；加强优秀年轻干部的培养选拔，建立了100人的后备干部库，派出7名年轻科级领导干部到广州挂职，安排4名优秀年轻干部到县信访局跟班锻炼；探索实行领导干部负面记分管理办法。加大案件查办力度，共结案74件，涉及乡科级干部14人，给予党纪处分57人、政纪处分30人，党风廉政建设和反腐败工作进一步加强。根据测评结果，干部群众对我县活动总体评价为“好”、对解决“四风”问题特别是群众反映强烈突出问题评价为“好”的均为100%。

在充分肯定成绩的同时，我们也要清醒地看到目前存在的困难和问题，一是经济下行压力较大。全县固定资产投资完成情况与全年目标任务有较大差距，重点工业企业纳税有较大幅度下降。二是项目建设进度滞后。全县55个重点建设项目除高速公路外共完成投资15.6亿元，只占年度计划的57.2%，金盆北路、桃盛路、工矿棚改等32个建设项目进度滞后。三是安全生产形势十分严峻。我县煤矿、非煤矿山、烟花爆竹企业等高危行业门类全、数量多、规模小、基础差，仍然存在很多安全隐患。

二、明年经济工作的大体思路

综观国际国内形势，虽然经济下行压力较大，存在很多不确定因素，但我国经济总体向好趋势没有改变，桃江由于外向型经济不多，影响较小，加上中央继续实施积极的财政政策，不断增加投资，扩大内需，特别是加大了新型城镇化、基础设施、产业转型升级和民生工程等方面投资力度，有利于促进我县经济平稳较快增长。2015年全县经济工作的指导思想和大体思路：全面贯彻落实党的十八大和十八届三中、四中全会精神，坚持以全面深化改革和全面小康建设统揽全局，紧紧围绕“推动科学跨越、建设生态桃江”这一主题，大力实施扩大投资拉动、促进产业转型升级、统筹城乡发展三大战略，着力推进交通建设、园区建设、产业建设、城镇建设和改善民生五项重点工作，坚持一张蓝图干到底，全面或超额完成“十二五”规划各项目标任务，为“十三五”规划的顺利实施打下坚实基础。

三、对明年重点建设项目安排的建议

（一）交通建设。确保S324牛田至安化大福公路、S229舒塘至牛潭河公路、S229石牛江镇绕镇公路、S230资阳杨林坳至桃江高桥桃江段完成路基工程。确保桃花江汽车站、公交停保场完成主体工程，完成大栗港客运站建设。力争G234谢石线、G207武马镇区改线、S229舒牛线、S231乌旗山至沾溪段、S324牛田至朱良桥、港煤大道等8个交通项目纳入“十三五”发展规划。按照省市要求，完成益阳南线、益马、益娄、常安、马安5条高速，农村公路建设，危桥、渡口改造，公路治超等任务。完成县里下达的土地储备和融资任务。

（二）园区建设。确保牛潭河工业园新建标准化厂房8万平方米以上，报批平整土地500亩，园区所有主次干道、污水处理厂建成投入使用；确保引进投资过亿元项目3个以上、新开工3个以上、建成投产3个以上。灰山港省级工业集中区新修主干道路1公里，报批平整土地300亩，新建自来水管网6.5公里；引进投资过亿元项目2个以上、新开工2个以上、建成投产2个以上。马武工业小区完成沿G207改线农村公路建设，引进项目2个以上。

（三）产业建设。确保久通锑业年产5000吨锑白加工、万维竹业、A类生猪定点屠宰场、防化滤毒通风设备等项目建成投产。确保竹产业开发合作、商贸物流园、桃花江竹文化科技馆、桃花江文化体育中心等项目完成主体工程。确保加嘉锑业年产5000吨锑冶炼、华信陶粒墙板环保新材料等项目开工建设。积极推进新兴管件技改搬迁、南方水泥二期等项目建设。流转农村土地55万亩；新增笋用林5000亩，建设林道500公里；新建茶叶基地2000亩；完成蔬菜播种面积25万亩。

（四）城镇建设。确保浮邱山大道（原西环线）完成路基工程。提质改造金盆大道、迎宾路、桃花东路。新建雪峰山路（原创兴西路）、罗溪路（原创兴东路）。完成资江南路和竹海路（原创业大道）等续建工程。完成污水处理厂二期、15个垃圾中转站、23千米城市排水防涝、七星河治理、一水厂改造和水质检测中心建设、沿江风光带第三期绿化和城南绿化带工程建设。完成“天网工程”升级改造。实施创兴农贸市场、金盆北路农贸市场、美人窝文化公园建设。做大做强桃花江投资发展集团公司，完成1500亩土地征收与搬迁工作，完成10亿元融资任务。

（五）改善民生。完成8大类80项重点民生项目。突出抓好20所合格学校建设和近桃小学、桃江一中的改扩建工作；完成40项水利基础设施，解决好8万人以上饮水安全问题；完成50个村电网改造和筑金坝35千伏变电站扩建工程；完成两型区拱门小区一期和高标准生态景观带续建工程；大力推进农村信用社改制和涉农资金整合。确保116户困难家庭帮扶工作取得明显成效。进一步加强城乡环境整治，突出抓好户外广告整治和严控违章建筑工作。

县人民政府和相关部门要认真调研论证，按照“自加压力、负重奋进，突出发展、重视民生”的原则，尽快确定2015年重点项目，明确投资额度、形象进度、时间要求，提交“两会”审议。

四、切实加强党的建设

（一）深入学习贯彻党的十八大和十八届三中、四中全会精神。以深入学习贯彻党的十八大和十八届三中、四中全会精神为动力，推进桃江经济社会转型发展。全面深化改革，下决心改革影响桃江经济社会加快发展的体制机制和工作模式。牢固树立法治观念和法治思维，全面推进依法决策和依法行政。

（二）继续深入践行党的群众路线。习近平总书记强调，教育实践活动有期限，但贯彻群众路线没有休止符，作风建设永远在路上。全县各级各部门和广大党员干部要把落实中央“八项规定”、整治“四风”问题，作为工作和生活中的新常态。严格对照“任务书”、“时间表”抓好整改落实和专项整治工作。把解决短期问题和加强制度建设结合起来，巩固扩大作风建设成果。

（三）切实加强基层组织建设。坚持一心一意谋发展、聚精会神抓党建，切实加强服务型党组织建设、软弱涣散党组织整顿和处置不合格党员工作。着力整治“为官不为”，对一个地方或单位经济发展、社会稳定和优化环境没有明显起色的党组织主要负责人及时进行调整，提高各级党组织的执行力。

（四）深入推进党风廉政建设和反腐败斗争。认真落实党风廉政建设责任制党委主体责任、纪委监督责任和领导干部“一岗双责”，“一把手”要带头严格遵守廉洁从政的各项规定，亲自抓、负总责，管好班子、带好队伍。要重点查处不收敛不收手、群众反映强烈、不作为、乱作为和重点工程、重点领域的案件，形成强大的震慑力。

同志们，面对新的历史任务，面对88万桃江人民的殷切期待，我们深感使命光荣、任务艰巨、责任重大。全县广大干部群众一定要高度统一思想，倍加珍惜来之不易的良好发展态势，进一步坚定发展信心，攻坚克难，真抓实干，为推动科学跨越、建设生态桃江做出新的更大的贡献！

桃江县人民代表大会常务委员会工作报告

——2014年12月28日在县第十六届人民代表大会第四次会议上

县人大常委会主任　符凤文

各位代表：

我受县第十六届人民代表大会常务委员会的委托，向大会报告工作，请予审议。

2014年的主要工作

一年来，县人大常委会在中共桃江县委的正确领导下，认真贯彻落实党的十八大、十八届三中、四中全会和习近平总书记系列重要讲话精神，紧紧围绕"135"工作思路，依法履职，扎实工作，较好地完成了县十六届人大三次会议确定的各项任务，为推动我县经济社会发展和民主法治建设做出了积极贡献。

一、围绕重大问题开展调查审议，依法作出决议决定

1.审查和批准了2013年决算和2014年预算调整。常委会听取和审议了县人民政府《2013年桃江县财政决算（草案）报告》，批准了2013年决算；审查和批准了县人民政府《关于提请调整2014年度财政收支预算的议案》。同时，加强了对部门预算执行的监督。

2.审查和批准了2014年政府类投融资计划。县人大常委会审议了县人民政府关于《桃花江投资发展（集团）有限公司2014年投融资计划（草案）》，坚持既加快桃江发展，又注意防范风险的原则，对提出的融资和项目计划进行了调查，精选建设项目，适当缩减融资规模，使批准的融资计划和项目安排计划科学合理，切实可行。同时，常委会还提出了规范项目实施，提高资金使用效率，强化债务管理，建立风险防范机制等意见建议。

3.开展了专题调研，为决议决定重大事项提供依据。县人大常委会非常重视调研工作，全年共开展专题调研16项，为县委决策和县人大常委会决议决定有关事项提供了第一手资料和有价值的建议意见。其中《关于我县中小微企业融资情况的调查与思考》等4篇调研文章在县委工作务虚会上获奖，《县城及周边地区重要山体水体保护和利用的调查与思考》等11篇调研报告在县人大调研报告评比中获奖。

二、围绕经济社会发展大局，切实履行监督职能

1.着力推动经济持续发展

加强计划预算监督工作。常委会对计划执行、预算执行情况开展了调查和审议，针对年中"经济下行压力加大、重点项目建设进展缓慢"等问题，督促政府有效解决资金、土地、劳动力等制约瓶颈，增强投资拉动作用，加大项目推进力度，努力完成全年目标任务。常委会听取了《部门预算和重点项目安排情况的报告》，要求加快落实全口径预算要求，将各项资金纳入预算管理，推进透明预算、阳光预算。

监督审计查出问题整改到位。常委会出台了《关于监督审计查出问题整改的若干规定》，审议了《2013年预算执行和其他财政收支的审计报告》。对于审计查出问题的4个单位，提出了整改意见，并对整改情况逐一核查。在此基础上，常委会议专题听取这4个单位的整改情况，就有关问题进行了询问，对各单位的整改成效进行了票决。通过监督审计查出问题整改到位，促进了财政资金安全高效运行。

促进经济开发区的健康发展。常委会对桃江经济开发区进行了调研视察，听取和审议了县人民政府《关于桃江经济开发区发展情况的报告》，指出要进一步坚定发展信心，完善基础设施，集约节约使用土地，严把招商引资质量关，支持服务好入园企业，切实提高园区经济总量和经济效益。并建议政府创新经开区管理机制，保持管理层相对稳定，继续支持经开区发展壮大。

积极回应社会关切。县城建设项目质量受到社会广泛关注。常委会抽取了滨江路建设、金盆路降坡工程等社会反应较大的6个城建项目，进行深入调查，解剖麻雀。对项目的立项、设计、招投标、隐蔽工程、质量检测、决算等环节逐一审查，指出了存在的问题，提出了加强资金、项目和工程管理的意见，促进了问题的整改。

此外，常委会还听取了产品质量监管工作情况，着力推动质量强县；对县城商品房开发经营管理审议意见的落实情况进行了跟踪调查，促进了商品房市场的健康发展。

2. 不断加强民主法治建设

认真开展规范性文件备案审查。常委会把规范性文件备案审查工作作为依法履职、规范权力运行、促进法治政府建设的重要工作来抓，认真做好了各个环节的工作。今年共完成38件规范性文件的备案审查，并督促县法制办等单位，对中心城区秩序管理有关文件的条文作了修订。

加强对法律法规执行情况的监督。常委会持续跟踪《禁毒法》《刑事诉讼法》在我县的贯彻落实，支持全县禁毒工作，监督《刑事诉讼法》的实施，开展了“六五”普法决议落实情况检查和全县行政执法检查，推进了依法行政和公正司法。监督县人民法院执行工作，督促法院进一步加强领导，强化措施，提高执行工作实效。

高度重视人民群众来信来访。切实加强了对机关信访工作的领导，全年共接待来信来访200多人次，其中涉法涉诉信访案件40余件。加大了信访案件督办力度，建立了与法院等部门的协调机制，选择突出个案重点跟踪，并派人以观察员的身份监督案件的处理。对村级换届中的信访问题，常委会督促民政、计生等部门统一政策解读口径，规范村级换届的有关工作。并对第一轮选举中问题比较突出的3个村，提供了法律和政策指导。

3. 积极促推民生事业进步

维护困难群体的生活保障权益。常委会把居民最低生活保障和农村五保供养作为今年的重要议题。调查组深入村组、社区和群众家中，实地调研城乡低保和农村“五保”工作。常委会审议了县人民政府《关于我县居民最低生活保障和农村五保供养工作的报告》，提出了意见建议。促进县、乡政府全面开展了核查清理，人情保、关系保、骗保、漏保等问题得到有效纠正，农村“五保”实现了应保尽保，我县居民最低生活保障与农村五保供养工作更加规范。

关注药品管理和教育均衡发展。对药品管理工作开展了专题调查和监督，提出了“加强监管体系建设，开展药品流通市场专项整治，开展抗菌药物合理使用专项整治，严格药品价格监管，加强药品广告管理”等建议，要求医疗卫生机构和监管部门确保人民群众用药安全。主任会议听取了《关于义务教育均衡发展审议意见落实情况的报告》，对教育均衡发展工作进行跟踪监督，促进政府进一步加大了对教育的投入，加强了农村边远学校的师资力量，有效缓解了城镇大班额问题。

推进水利事业发展。常委会视察了黄土坝等4座水库的除险加固工程，听取和审议了县人民政府《关于小型水库除险加固工作情况的报告》，提出了加强工程质量监管、提高资金使用效率、加强工程建设统筹协调的意见。常委会还对资江河道采砂管理工作审议意见的落实情况进行了跟踪监督，到沿江各乡镇再次开展调查，提出了加强采砂管理、加大河道保护力度、科学制定新一轮河道采砂方案等意见。

扎实开展专项活动。根据省人大的统一部署，组织开展了“环保世纪行、农民健康行、农产品质量安全行、民族团结进步行动”等四大活动。“环保世纪行”活动以水资源保护和大气污染防治为重点，着重调研了农村生猪养殖对资江支流水质的影响，调查全县工业企业水污染治理和大气污染防治情况，特别是PM2.5的监测与雾霾综合治理情况。“农民健康行”以“关注用药安全，促进农民健康”为主题，开辟了宣传专栏，开展了送医药下乡活动。“农产品质量安全行”围绕蔬菜生产质量、生猪屠宰检测等，开展调查了解，督促相关职能部门加强监管和专项整治。“民族团结进步行动”围绕鲊埠回族乡30年乡庆活动，宣传党的民族政策，宣传民族团结进步优秀事迹，支持鲊埠回族乡民营企业，推动了少数民族地区经济社会发展。

三、围绕加强队伍建设，及时决定人事任免事项

常委会始终坚持党管干部和依法任免相结合的原则，严格依法决定人事任免事项。根据人事任免议案，进行任前了解，掌握拟任免人员的基本情况。组织拟任人员进行法律知识考试，进一步增强他们的法律意识。

在任命表决前，就任前了解的情况作全面的介绍和说明，确保常委会组成人员的知情权。同时，要求拟任命人员在会上作供职发言，表明工作态度、任职打算和履职承诺。注重把行使监督权同人事任免权较好地结合起来，采取专项监督、视察调研等方式，了解被任命人员依法履职的情况，加强任后监督。今年共任免国家机关工作人员54人次、人民陪审员71人次，接受县人大代表辞职4人。

四、围绕更好地行权履职，认真做好代表工作和指导乡镇人大工作

1. 加强与代表的联系。常委会决定两年内对所有县代表进行一次上门走访。出台了《县人大常委会组成人员和委室负责人联系人大代表活动方案》，对走访联系代表工作进行台账管理。今年共走访代表156名，占代表总数的57%。走访代表期间收集建议意见500多条。归纳整理后向常委会进行通报，同县政府充分沟通，引起了政府及有关部门的高度重视，有的意见建议将列入人大常委会2015年工作议题。

2. 支持代表依法履职。下发了《关于做好代表工作和乡镇人大工作的指导意见》，加强了闭会期间代表活动的指导、服务和保障。目前全县共建有代表小组活动室53个，全年各代表小组开展视察、工作评议和代表向选民述职等活动100多次。同时，还做好了省人大桃江代表小组和市人大桃江代表团调研视察活动的服务工作，并对我县的市人大代表履职情况进行了考核。

3. 认真督办代表建议。县十六届人大三次会议以来，共收到代表建议119件，在各承办单位的共同努力下，所有建议都已办理回复完毕。为提高代表建议办理实效，常委会加大了督办力度。实行普遍督办与重点督办相结合，将所有建议的督办任务明确到委室，同时确定了7件重点办理的建议，由常委会领导牵头督办。对办理情况和答复意见严格把关。凡是办理态度不认真、解决问题不尽力、答复意见马虎草率的，要求重新办理。常委会听取和审议了《县十六届人大三次会议以来代表建议批评意见办理情况的报告》，并对重点建议意见的办理进行了视察。通过上述措施，代表建议的办理实效得到提升，落实率达到70%。

4. 指导乡镇人大工作。完善了常委会领导和各工作委室联系乡镇制度、乡镇人大工作目标管理考核办法，加强了日常联系，对乡镇人大会议和代表活动进行了指导，乡镇人大工作逐步制度化、规范化。召开了乡镇人大工作和代表工作会议，开展了乡镇人大副主席专题培训，组织了乡镇人大工作经验交流活动，提高了乡镇人大工作水平。

五、围绕提升履职能力，加强常委会和机关自身建设

1. 扎实开展党的群众路线教育实践活动。人大常委会党组严格按照上级党委要求，认真开展了教育实践活动。坚持边学边改、边整边改、立行立改，着重解决思想认识、工作作风、财经纪律、机关管理等方面的突出问题。通过活动开展，思想认识得到提高，工作作风得到改进，工作纪律得到加强，工作实效得到提升。修改完善了各项制度，建立了贯彻群众路线的长效机制。

2. 不断加强能力建设。突出政治学习和专业知识学习，提高思想水平和业务能力。常委会集中学习了十八届三中、四中全会精神，结合人大常委会监督议题，学习了财政预算、水利建设、药品管理、社会救助等方面的法律和业务知识。组织开展读书心得交流活动。机关干部每人读一本好书，并进行学习心得交流和评比，鼓励常读书、读好书，促进个人自学，形成了良好的学习气氛。机关干部积极参加调研征文活动，写出了一批较高质量的调研文稿。

3. 改进常委会工作方法。常委会始终围绕县委工作大局依法履职，认真处理监督与支持的关系，对“一府两院”的工作，既敢于监督，又积极支持。改进议题调研方法，吸收人大代表、专业人士参加议题调查，增强调查研究的科学性。改进议题审议方式，在常委会审议议题时，增加询问环节，不回避矛盾，敢于提出有“辣味”的意见。加强了对审议意见的跟踪督办，坚持主任会议听取上年度常委会审议意见落实情况的报告，确保人大监督落到实处。

此外，根据县委的统一安排，县人大常委会和机关有关同志积极参与涟源型钢生产线等6个重点招商引资项目、华艳药业等6个重点企业、县城桃花江大道（南环线）后续工程等4个重点项目建设的协调服务工作，支持企业转型升级，推动项目建设，促进全县经济又好又快发展。

各位代表，一年来，我们的各项工作取得了新的成绩，这是县委正确领导，常委会组成人员和全县人大代表共同努力，“一府两院”以及社会各界支持配合的结果。在此，我谨代表县人大常委会表示衷心的感谢！

在肯定成绩的同时，我们清醒地认识到，工作中还存在一些问题和不足，离人民群众和人大代表的要求还有差距。比如，监督工作有待进一步改进，服务代表工作需要进一步加强，人大工作的方法有待进一步完善。

对此，我们将高度重视，认真研究，积极改进。

2015年的工作安排

2015年是全面深化改革的关键之年，是实现我县“十二五”规划目标的收官之年。县人大常委会将以党的十八大和十八届三中、四中全会精神为指导，围绕县委提出的“135”工作思路，围绕加快桃江经济社会发展和民生改善，推进依法治县，努力开创人大工作新局面。

一、坚持党的领导、人民当家做主和依法治国的有机统一

坚持党的领导这个根本，认真贯彻党的十八届四中全会精神，推进依法治国，促进“一府两院”依法行政、公正司法，促进全民法治意识的提升。坚持人民当家做主，维护人民群众的主体地位，在人大行权履职的过程中，始终相信群众，依靠群众，服务群众。认真落实县委的决定，把县委的重大决策部署通过法定程序转化成为全县人民的共同意愿和自觉行动。

二、围绕大局，服务发展，依法行使好人大职权

依法行使决定权。对于“十三五”规划等必须由人大决定的重大事项，以及由人大代表、“一府两院”等提出的议案，人大常委会将充分调查研究，认真审议，依法做出决定。在行使选举任免权时，坚持党的领导，切实把好任前了解关、会中决定关和任后监督关。认真行使监督权。加强对“一府两院”的监督是人大工作的重点。人大常委会在监督工作中将坚持严格依法，坚持问题导向，把是否依法行政、公正司法和人民群众反映强烈的问题作为监督的重点。特别是要加强对预算执行的监督，审计查出问题整改的监督；加强政府投融资监管，促进项目资金安全高效运行；加强司法监督，促进公、检、法、司依法办案，公正司法；密切关注经济发展中的重要问题，如桃江经济开发区的发展，力促开发区东区“退二进三”的落实；围绕校车安全管理、生猪养殖环境污染治理、资江河道采砂管理以及县城停车场规划建设等群众关心关注的重要问题，开展专题监督；围绕病险水库除险加固、困难群体生活保障等往年重要议题审议意见的落实，开展跟踪监督。

三、健全制度，加强指导，充分发挥代表作用

进一步健全代表工作和乡镇人大工作制度，深化人大常委会成员联系代表、代表联系选民的“双联”制度，坚持和完善常委会领导和机关委室分片联系乡镇制度，坚持邀请人大代表参加视察调研和执法检查、列席会议等相关制度，加强人大代表和人大工作者的学习培训，为代表履职创造条件。按照上级要求，加大代表工作室规范化建设力度，做好代表小组活动的指导和服务工作。督促、指导代表加强调查研究，提高代表建议质量，改进代表建议督办机制，增强代表建议的督办实效。

四、改进作风，提升能力，努力加强自身建设

加强思想政治建设。坚决执行党的路线方针政策，切实贯彻落实县委决策部署。发挥人大党组的核心作用，确保人大工作的正确方向。加强作风建设。坚持为民、务实、清廉，巩固和拓展教育实践活动成果，弘扬优良作风，提升工作实效。加强能力建设。健全完善常委会学习、会议、审议等工作制度，加强调查研究，改进方式方法，提高工作质量。严格实施目标管理，进一步强化人大机关的服务保障能力。改进人大宣传工作。进一步增强人大工作的透明度和影响力，进一步深化社会各界对人大性质、地位和作用的认识，努力推动全社会关心人大、支持人大、共同推进人大工作的良好氛围。

各位代表，做好新形势下的人大工作，责任重大，使命光荣！让我们紧密团结在以习近平同志为总书记的党中央周围，在县委的正确领导下，锐意进取，求真务实，扎实工作，为不断开创人大工作新局面、推动桃江科学跨越发展而努力奋斗！

政府工作报告

——在县第十六届人民代表大会第四次会议上

县人民政府县长　何军田

各位代表：

现在，我代表县人民政府向大会做政府工作报告，请予审议。并请县政协委员和列席会议的同志提出意见。

2014 年工作回顾

2014 年，全县上下认真贯彻落实党的十八大和十八届三中、四中全会精神，在县委的坚强领导和县人大、县政协的监督支持下，积极应对严峻复杂的经济形势，坚持稳中求进，攻坚克难，成功战胜五十年不遇洪涝灾害，基本完成了县十六届人大三次会议确定的目标任务。预计（下同）全年完成生产总值 186 亿元，同比增长 10%；实现财政总收入 9.32 亿元，同比增长 7%；完成固定资产投资 148.8 亿元，同比增长 25%；实现社会消费品零售总额 68.7 亿元，同比增长 12.5%；实现城镇居民、农村居民人均可支配收入 21800 元、11600 元，分别同比增长 8.5%、10%。

——项目建设稳步推进

交通建设进展顺利。完成交通重点项目建设投资 12 亿元。桃灰公路提质改造、江北公路和茅东公路桃江段改造竣工通车，益阳南线高速完成路基工程，益娄高速动工建设，益马高速启动征拆工作。牛大公路、资阳杨林坳至高桥公路、石牛江绕镇公路建设获省发改委工可批复。三堂街镇、大栗港镇客运站完成主体工程。硬化农村公路 100 公里，改造危桥 74 座。

园区建设步伐加快。牛潭河工业园完成基础建设投资 6 亿元。建成标准化厂房 13.5 万平方米，新修主干道路 4.2 公里，“三纵六横”路网基本成型。平整土地 800 亩、报批 575 亩，完成污水处理厂前期工作。博得科技、福德电气建成试生产，桃花江实业重组竹材完成主体工程，万维竹业、华艳药业二期进展顺利。新引进竹产业开发合作、防化滤毒通风设备 2 个投资过亿元项目。园区调扩区工作全面完成。灰山港省级工业集中区完成核心区控制性详规编制，平整土地 300 亩。

产业建设力度加大。全年实现规模工业增加值 84.5 亿元，同比增长 11.8%。丰岩新材料陶粒页岩、环宇无纺布技改、中源钢铁等 5 个项目竣工投产，久通锑业年产 5000 吨锑白加工、志洲砂浆复合料等 5 个项目进展顺利。市属下划 4 家国有企业改制人资分离基本完成。

城镇建设成效明显。全年完成城镇建设投资 7 亿元。出台加快推进新型城镇化实施意见。县城防洪规划、排水防涝规划、规划区内拆迁安置规划和主要区域控制性详规完成编制。芙蓉路和文化路实现提质改造，桃花江大道配套工程、獭溪路建设全面完工，金盆南路、花桥路、金凤路改造春节前可实现车行道通车。完成枣树潭和七星河区域雨污分流工程。创新县城征拆工作机制，落实三级联动查违控违拆违责任，县城征拆秩序进一步规范，违法违章建筑逐步得到遏制。推进县城网格化管理，“创卫”工作进入省级评估阶段。灰山港、马迹塘成为国家级重点镇。

——经济转型步伐加快

工业经济量效提升。大力推动产业结构调整，淘汰关闭落后产能企业 12 家，灰山港、松木塘地区资源整合一期全面完成。新增规模工业企业 29 家，总数达到 189 家。

加快科技创新和品牌建设步伐，开展县长质量奖评选活动，“桃江绿茶”获批地理标志证明商标，新增紫荆铸业、瑞龙新材料两家高新技术企业，资江缘茶叶、杨林福晶木业成为省著名商标。

现代农业提质增效。全年实现农林牧渔业增加值33.8亿元，同比增长4.5%。落实粮食生产责任，加大农技、农机推广服务力度，实现粮食播种面积99.2万亩、总产37万吨。建成4个高标准笋竹示范基地，完成笋用林建设4000亩、竹林低改5万亩，修建林道300公里，竹林亩均收入增长3倍以上。流转土地52.3万亩，新增茶园基地3000亩、设施蔬菜基地500亩、油茶林10000亩，新发展农民合作社59个、家庭农场345家，带动农民就业近9万人。积极推进畜禽规模化、标准化养殖，全年出栏生猪98万头。桃江农业科技园获批为省级园区。严守耕地保护红线，农村土地综合整治示范县项目一期全面完成。严格执行村级财务“十不准”规定，减负政策得到落实。

第三产业平稳发展。全年完成三产业增加值63.6亿元，同比增长12.2%。出台促进第三产业发展若干意见，重点谋划包装“十大”项目，引进中广（国际）传媒建设文体中心。桃花南路农贸市场建成投入使用，县城A类屠宰场完成主体工程。金融保险、电子商务、信息咨询等生产性服务业有新的发展，华融湘江银行桃江县支行正式营业，新增2家省级电子商务示范企业。完成浮邱山旅游公路建设和10家竹乡农家乐提质改造，华美达酒店试营业。房地产业平稳发展，开发水平逐步提高。

——民生民利持续改善

社会保障水平稳步提高。发挥社会政策托底作用，加大民生投入力度，民生支出占公共财政总支出比重达76%。新增城镇就业5100人、农村劳动力转移就业4210人。“五大保险”覆盖面不断扩大，新农合、新农保参合参保率分别为97.7%、85%。城镇职工医疗互助活动参与面达80%。住房公积金扩面提标，发放住房贷款1亿元。扎实开展社会救助“阳光行动”，清退不符合条件对象2380人，城乡低保、农村五保、医疗等救助制度全面落实，“一对一”帮扶活动深入开展，新建、改建敬老院2所。残疾人康复工作和无障碍设施建设取得成效。行政事业单位干部职工津补贴和村干部待遇实现提标。新建廉租房、公租房1979套，改造农村危房1203户。省市为民办实事任务全面完成。

人居环境不断改善。除险加固30座病险水库、200口病险山塘，完成桃花江灌区续建配套与节水改造工程年度任务，解决7.4万农村人口饮水不安全问题。全面完成30个电气化村和溪浙线800千伏特高压线路建设，新建4条10千伏电力线路。建成农村广播网，入户安装“村村通”直播卫星设备3545套。通信站点和邮政网点建设不断加强。两型社会示范建设成效明显，算盘洲集中居住区一期和环山公路样板工程全面建成，株木潭村成为省级两型村庄。美丽乡村和人居环境整治村建设扎实推进，崤峒村成为省级美丽乡村示范村。农村清洁工程和户外广告整治成果得到巩固。加强环境综合治理，整改污染隐患企业104家，完成地质灾害应急治理4处，安全处置涉锑涉重企业废渣废料，志溪河和资江河道整治取得成效。羞女湖国家湿地公园项目通过国家级评审。

各项事业协调推进。建成20所合格学校，改扩建桂花园小学，新设县七中初中部，新增县城中小学学位1700个，高考、中考成绩继续保持全市领先。完成《桃花江历史文化丛书》编撰，“欢乐潇湘·歌唱桃江”系列群众文化活动深入开展，联合拍摄的电影《我要回桃花江》，荣获省十二届精神文明建设“五个一”工程奖。加强核电科普宣传，成功承办全国科普日湖南主场活动。县人民医院加盟省人民医院集团，完成县人民医院旧住院楼改造和县精神病医院、桃花江中心医院及2所乡镇卫生院改扩建，为20万人民群众提供免费健康体检。全民健身活动蓬勃开展，获省“十二运会”金牌9枚，居全市第一。认真落实“单独二孩”和城镇独生子女父母奖励政策，加强流动人口管理和计生基层基础建设，成为全国计划生育基层群众自治示范创建县。第三次全国经济普查完成阶段性工作任务。第九次村委会换届选举顺利完成。工资集体协商成为全国先进。“两会一部”工作全面完成。县城4个社区办公条件得到改善。成功举办鲊埠回族乡30周年乡庆。精准扶贫工作有序推进。建成方志馆和核电科技馆。改扩建粮食收储网点3个。国防动员、人防、武警、消防和民兵预备役工作不断加强。工商联、共青团、妇联、科协、文联、侨联、红十字会、老龄、老干、行政学校、移民、供销、物价、森林防火、对台事务、民族宗教、双联、烟草、盐务、石油、气象、水文、新华书店、机关事务、桃锰和桃冶社区等工作取得新成绩。

——改革开放不断深化

各项改革深入推进。新一轮行政审批事项清理全面完成，精简政务服务事项122项，取消收费项目44项。政府机构改革和事业单位分类改革有序推进，食品药品监管体制改革基本完成。推行部门预算，全面公开县直部门预决算和“三公”经费预决算。实施新一轮乡镇财政体制改革，乡镇基本支出与县直部门实现同口径预算，村级（社区）运转经费逐步增长。深入推进财政“三项改革”，成立县财政投融资管理中心，财政资金支出管理得到加强。强化税控联管，建成社会综合治税系统，财政收入稳步增长。县信用联社改制组建农村商业银行进展顺利，农村“三权”抵押融资试点工作全面启动。村级“四位一体”改革全面完成，农村土地承包经营权确权登记颁证整县推进试点工作完成目标任务。

引资融资取得实效。全年完成立项争资14亿元。实行县级领导联系重点招商项目责任制，注重发挥网络、乡友、驻点招商平台作用，引进投资过亿元项目5个、过5000万元项目12个。加大土地储备经营力度，成立县土地储备中心，完成土地报批3420亩，县城规划区土地储备达到5000亩，融资10.2亿元。

——社会大局保持稳定

群众性精神文明创建活动深入开展，社会主义核心价值观教育实践活动全面推进。严格落实安全生产责任，强力推进安全隐患排查整治“百日行动”，深入开展打非治违和“六打六治”专项行动，完成高危行业、落后企业关闭任务。强力推进治超治限专项整治，车辆超载超限得到遏制。全面推进信访制度改革，认真落实诉讼与信访分离制度，完善县、乡、村三级接访平台和应急预案体系，全面推行人民调解“以案定补”，及时妥善处理信访突出问题，信访形势平稳向好。扎实推进“平安桃江”建设，不断完善治安防控体系，新建治安电子卡口11个，新增城镇“天网工程”无线视频监控设备260路。推行“一村一警”和社区“四员联动”警务模式，大力开展严打专项行动，社会治安稳定好转。

各位代表，2014年，县政府及其工作部门深入开展党的群众路线教育实践活动，全力抓好各项工作落实，政府自身建设不断加强。一年来，我们始终坚持务实为民，深入开展“三访三化促发展解民忧”专项活动，开通政府网站官方微信，畅通“12345”县长热线，建成39个村（社区）便民服务示范点，主动对接群众诉求，及时回应处理群众合理诉求7000件。一年来，我们始终坚持依法行政，实行重大事项社会稳定风险评估，完善政府常务会议和县长办公会议制度，清理规范性文件269个，举办重大听证会7场次，全面公开公共企事业单位办事信息，政府依法科学民主决策机制逐步完善。自觉接受人大及其常委会的法律监督和工作监督，充分吸纳和利用政协在参政协商中的重要成果，办理人大代表建议119件、政协委员提案56件。一年来，我们始终坚持廉洁高效，大力弘扬勤勉尽责的作风，着力改进文风会风，建立建设项目并联审批“一票制”收费机制，加大重点工作、重大决策部署效能监督力度，全年查处党员干部各类违纪违规案件127起。严肃财经纪律，强化行政监察和审计监督，全县“三公”经费下降28%，政府自身形象得到提升。

各位代表，在宏观经济下行压力持续加大的形势下，取得这些成绩来之不易。这是上级党委政府和县委正确领导，县人大、县政协监督支持，全县广大干部群众团结拼搏，驻桃部队、武警官兵、人民团体、离退休老同志、桃江乡友等社会各界人士关心帮助的结果。在此，我代表县人民政府，向全县广大干部群众，向各位人大代表、政协委员，向所有参与、关心、支持桃江经济社会发展的各界人士表示崇高的敬意和衷心的感谢！

各位代表，我们也清醒地看到，全县经济社会发展中还存在不少困难和问题，主要是：经济下行压力较大，结构调整办法不多，企业生产经营面临较多困难；经济总量不大，发展水平不高，城乡一体化步伐不快，全面小康建设任务艰巨；财政保障社会事业发展能力不强，农村基础建设和改善民生任务依然繁重，影响社会和谐稳定的隐患和风险仍然比较突出；个别部门、少数干部干事创业的担当和拼劲不足，行政效能不高、工作落实不力，发展环境还需进一步优化，等等。对于这些矛盾和问题，我们将高度重视，采取有力措施，认真加以解决。

2015年工作安排

当前和今后一个时期，宏观经济由高速增长转变为中高速增长、各项改革全面深入推进、作风建设持之以恒，是我们面临的新常态。这需要我们加快适应，认真研究，切实把握。作为欠发达县，发展不足、水平不高仍然是我们面临的最大县情。我们必须充分认识到，增长调速不等于经济失速，加快发展、扩大总量仍然是政府经济工作的首要目标任务；我们必须充分认识到，新常态必然蕴含新机遇，随着简政放权力度进一步加大，市场活力和全民创业激情将进一步迸发，国家重点支持中西部地区发展、实施洞庭湖生态经济区规划，将为我们赢得更多项目布局机会和市场空间；我们必须充分认识到，几年来，县委、县政府坚持一张蓝图干到底，广大干部群众凝心聚力谋发展、抓落实的能力和水平不断提高，为全县经济社会发展打下了良好的基础。为此，2015年政府工作总的指导思想是：全面贯彻落实党的十八大、十八届三中、四中全会和中央、省委经济工作会议精神，主动适应经济发展新常态，以全面深化改革为总揽，始终坚持“135”工作思路不动摇，继续强力推进交通建设、园区建设、产业建设、城镇建设和改善民生五项重点工作，全力加快全面小康建设步伐。

全县经济社会发展的预期目标是：生产总值增长9%以上，财政总收入增长7.5%以上，固定资产投资增长20%以上，社会消费品零售总额增长11%以上，城镇居民人均可支配收入增长8.5%以上，农村居民人均可支配收入增长10%以上，人口自然增长率、节能减排控制在省定目标以内。重点做好以下几个方面工作：

（一）全力促进经济平稳健康发展

经济发展是富民强县的根本。我们将以更宽的视野、更大的决心和更有力的举措，保持经济平稳较快发展。

大力推进园区建设。把园区作为推进新型工业化和经济转型发展的主战场，重点实施“三大工程”：继续推进基础设施建设工程。牛潭河工业园新建标准化厂房10万平方米，完善主次干道和自来水管网、电力杆线等配套设施，完成污水处理厂建设；灰山港工业集中区新建标准化厂房4万平方米，新修主干道路1.2公里，建设自来水管网6.5公里；马武工业小区新建标准化厂房2万平方米，完成国道207改线农村公路建设。强力推进项目建设工程。牛潭河工业园新引进投资过亿元项目3个以上、新开工3个以上、新投产3个以上，标准化厂房利用率力争达到80%以上；灰山港工业集中区新引进投资过亿元项目2个以上、新开工2个以上、新投产2个以上；马武工业小区新引进投资过5000万元项目2个以上。大力实施要素保障工程。加快桃江经济开发区东区土地“退二进三”步伐，牛潭河工业园报批平整土地500亩、融资2亿元；灰山港工业集中区报批平整土地300亩、融资5000万元；马武工业小区报批平整土地300亩、融资3000万元。

大力推进产业建设。遵循市场规律，加大支持服务力度，开展企业“五送”活动，积极为企业搭建银企交流平台，加大“助保贷”发放力度，充分调动各方积极性，力争年内促成一批项目竣工投产，引进一批项目落户开工，引导一批项目转型升级，全年实现规模工业增加值增长11%以上。全力推进在建项目建设，确保完成竹文化科技馆、松木塘省级优势特色农业园区项目（竹产业）建设，力促久通锑业年产5000吨锑白加工、防化滤毒通风设备、华信陶粒墙板环保新材料、嵩辉科技生物质热电联供项目建成投产，完成竹产业开发合作项目一期、文体中心主体工程。加快在谈项目签约落地，力争商贸物流园、老年公寓、纳米碳酸钙、高端防火材料等项目落地开工。继续做好新兴管件技改搬迁、南方水泥二期相关工作，开展灰山港、松木塘地区第二期资源整合工作。积极推进核电关联产业项目招商与合作。开展市属下划四家国有企业资产处置工作。

大力推进现代农业。积极对接省两个“百千万”工程，着力推动农业提质增效。严守粮食安全底线，稳定粮食播种面积。加快和规范土地经营权流转，鼓励和支持有实力的龙头企业经营农业园区，确保年内新增茶叶基地2000亩，新建笋用林20000亩，修建林道500公里。加快省级农业科技园建设。积极培育新型职业农民，新发展种植大户300家。支持和规范发展合作社，新发展合作社50家。着力推进供销社综合改革试点工作。抓好水稻生产全程机械化示范推广，健全农技推广、动植物疫情防控体系，提高农业服务水平。设立集体经济发展基金，大力发展村级集体经济。全面落实强农惠民政策，加强村级财务债务监管。

大力推进第三产业发展。重点抓好“十大”三产项目招商，确保年内有1~2个项目开工。加快重点景区景点开发，完成浮邱寺修缮，建成浮邱山东面综合服务区和桃花湖环湖公路，推进羞女湖国家湿地公园试点建设，包装竹海景区重新对外招商。大力发展休闲农业和乡村旅游。实施外经贸“破零倍增”计划，推进农超、农餐、农店、农批对接，建成跃宇农贸市场。培育壮大电子商务、服务外包、信息服务、健康养老等生产性服务业，规范金融服务、信息咨询等产业发展。落实促进房地产市场健康发展政策，科学把握供地节奏与时序，坚决打击地下黑开发。严厉打击制售假冒伪劣产品、价格欺诈等不法行为，保障人民群众合法权益。

大力推进创新创造。发挥政策引导平台作用，建立创新项目扶持机制，年内新增1家以上省级高新技术企业。着力打造创新创业基地，加快以竹产业发展为重点的创新创业园区建设，新增2个市级科技成果转化示范基地，力争建设1个与高校（科研院所）对接合作的产学研基地。抓好管理创新平台建设，继续开展县长质量奖评选活动，建立健全人才引进、培养、激励机制，新增省著名商标1件，力争驰名商标实现“零突破”。制定扶持企业上市融资政策，力争1~2家企业进入省市上市后备企业资源库。

（二）加快完善城乡基础设施

完善的基础设施是推进城乡一体化的首要条件。我们将继续加大投入，统筹城乡发展，努力让广大群众生产生活更加方便。

切实加强交通建设。完成牛大公路一期、舒牛公路、石牛江绕镇公路、资阳杨林坳至高桥公路路基工程。建成桃花江汽车客运站，完成县城公交停保场项目主体工程。力争国道谢石线、舒牛线、国道207武马镇区改线、乌旗山经沾溪至鸬鹚渡、牛田至朱良桥、港煤大道等项目进入省“十三五”规划。完成益阳南线、益马、益娄、常安、马安高速建设市定目标任务。加强相关干线公路大中修和配套设施建设，完成省、市下达农村公路建设和危桥、渡口改造任务。县交通投储备土地500亩、融资8000万元。

不断加强城镇规划建设与管理。完成县城总体规划修编和美人窝文化主题公园规划编制，启动县城市规划馆和城建档案馆建设。加快完善县城“六纵六横”路网，完成浮邱山大道路基工程，提质改造金盆路、迎宾路，完成雪峰山路、资江南路、罗溪路和竹海路续建，建好桃花江沿江风光带三期和城南绿化带东段，新增绿化面积10万平方米、停车位1000个。加大县城“两供两治”工作力度，建好老七星河截污工程、水质检测中心和15个垃圾中转站，完成一水厂改造。实施乡镇“六个一”建设和“六大优化”工程。严格规范城镇和国省干道两侧广告位、加油（气）站、地下管网经营管理，充分发挥经营效益。提高城镇规范化管理水平，完成县城数字化管理平台建设前期工作，积极推进县城规划区相对集中处罚权工作，支持有条件的乡镇建立城管执法队伍。推进城乡创建一体化，确保省级卫生县城授牌。继续加大城乡查违控违拆违力度，加快“城中村”改造步伐，严格落实“先安后拆”，进一步规范县城规划区征拆标准，营造良好建设环境。

切实加强农村基础设施建设。强力推进涉农资金规范和整合工作，规范涉农部门服务行为，集中精力实施好东部片区。加快推进两型区拱门集中居住区一期工程，启动核心区自来水管网建设。启动资江沾溪段防洪大堤建设，完成17座病险水库除险加固和“四水治理”年度任务，解决8万人以上农村人口饮水不安全问题，建成城乡一体化供水工程。完成筑金坝35千伏变电站增容、50个村电网改造和酒湘线800千伏特高压线路省定任务。实施好农村土地综合整治示范县二期工程。抓好农村广播网维护管理，加大农村通信、邮政基础建设力度。

（三）持续改善社会民生

改善民生是经济发展的最终目的。我们将坚持建机制、补短板、兜底线，不断提高人民群众生活质量和水平。

积极推动创业带动就业。深化省级创业型城市建设。利用经开区标准化厂房建立大众创新创业基地，鼓励大学生、下岗职工、新型农民、残疾人和公职人员创新创业，集聚发展，新增创业实体4000户以上。加强县职教中心运行管理，大力开展订单式培训。对符合条件的创业实体实行贷款贴息和税收优惠，发挥创业带动就业倍增效应。年内新增城镇就业5000人、农村劳动力转移就业3000人。

努力提升社会保障水平。依法提高被征地农民社会保障费征收标准，对符合条件的被征地农民参加社保实施补贴。引导督促县内园区企业为职工办理“五险一金”，不断扩大“五大”保险覆盖面。加大新农合、新农保宣传和筹资力度，确保参合参保率分别稳定在95%、85%以上。新增廉租房、公租房1882套，完成棚户区和农村危房改造年度任务。逐步建立社会救助信息平台，确保城乡低保、农村五保应保尽保。深入推进工资集体协商和职工医疗互助活动，加大退职村干部困难救助力度。探索社区居家养老服务，新建、改建敬老院2所，兴办社会养老服务机构2个，积极推动县老年福利服务中心建设。落实重度残疾人“两项补贴”政策，加快完善无障碍设施。全面完成省市为民办实事任务。

切实抓好生态文明建设。启动省级生态县创建，严把项目落户环保审批关，坚决淘汰一批高污染、高能耗的落后产能。建立健全污染物排放总量控制和大气污染防治机制，开展饮用水源、重点湖库和重要山体水体专项保护行动。推动畜禽养殖科学发展，加大重点畜禽污染区域整治力度。开展两型社会和生态养殖示范创建活动。深入推进农村清洁工程和户外广告整治，加快美丽乡村和人居环境整治村建设。扎实推进林业生态工程，完成造林8000亩、森林抚育14000亩。严格保护耕地，大力推进集约节约用地。严格落实矿产资源开发县级统一管理制度，坚决打击乱采滥挖行为。加大山洪地质灾害防治力度，保障群众生命财产安全。以修复保护为目标，科学制定新一轮资江砂石采矿权和经营权出让办法，加大河道整治力度，全力保护“母亲河”。

（四）统筹推进基本公共服务和社会事业发展

提供均等化基本公共服务是政府的重要职责。我们将加快建立均等、便利的公共服务体系，推动经济社会协调发展。

全面发展科教文卫体事业。开展全国科普示范县创建。完成20所合格学校建设，实施桃江一中和桃花江小学改扩建工程，加快农村学校改危改薄步伐，全面推进教育“三通两平台”建设。扩大职业教育规模，促进教育均衡协调发展。积极开展文化惠民和群众文化活动，鼓励社会力量参与公共文化服务，推动文化产业健康有序发展。科学编制全县医疗机构设置规划，加强和省级医院的交流合作与对口帮扶，完成2所乡镇卫生院业务用房建设，建立和完善医疗质量控制体系，不断提高公共卫生服务均等化水平。坚持计划生育基本国策不动摇，认真开展全国计划生育基层群众自治示范县创建活动，巩固计划生育国家优质服务县成果，实现“保先进位”目标。加强农村体育设施建设，开展全民健身活动，提高竞技体育水平。

大力推进“平安桃江”建设。充分发挥广播、电视、报纸、网站、官方微信微博等阵地宣传作用，大力弘扬和践行社会主义核心价值观。建立健全信、访、网、电“四位一体”信访体系，依法推行逐级走访制度，认真落实信访问题依法终结制度，加强人民调解和法律援助，引导群众合理表达利益诉求。严格落实安全生产党政同责、一岗双责和属地管理责任，强化企业主体责任，加强重点乡镇和高危行业安全监管能力建设，持续深入推进“四大三基”、“打非治违”行动和重点行业领域专项整治，确保安全形势持续向好。充分发动和依靠群众，深入开展治超治限整治行动。落实社会稳定风险评估机制，加强乡镇应急救援队伍建设，推动县城“天网工程”升级改造和向乡镇延伸，深化基层平安创建活动，稳步推进社会网格化服务管理，建立“110”社会应急联动机制，深入开展“打黑除恶”专项行动，依法严厉打击各类违法犯罪行为，不断提高群众安全感和满意度。

统筹发展其他社会事业。依法管理民族宗教和对台事务，支持鲊埠回族乡开展“全国民族团结进步示范乡镇”创建活动。深入推进殡葬改革，倡导文明丧葬风俗。加强国民经济核算调度，完成第三次全国经济普查。推进社区规范化建设，改善县城3个以上社区办公条件。继续深入开展核电科普宣传，为桃花江核电项目开工营造良好环境。落实粮食购销政策，加快收储网点建设。建成县残疾人就业服务中心，完成县消防站、气象观测站搬迁，做好工人文化宫、广电中心建设前期工作。加快档案信息化步伐。强化国防动员和后备力量建设。继续抓好消防、武警、老龄、老干、行政学校、移民、森林防火、人防、工会、共青团、妇联、工商联、红十字会、文联、侨联、机关事务、反邪教、烟草、盐务、石油、新华书店、水文、双联、扶贫、桃锰和桃冶社区等工作。

（五）深入推进改革开放

改革开放是推动经济社会发展的动力之源。我们将坚持以改革为总揽，加快构建开放竞争型经济体系，不断增强发展活力。

推动行政管理创新。积极稳妥完成政府机构改革。深化行政审批制度改革，进一步清理精简审批事项，优化审批流程。实行行政审批、政务服务清单制度，探索建立网上在线咨询平台，完善并联审批“一票制”收费机制。完成政务服务大厅搬迁。严格控制机构编制，建立财政供养人员联合管控机制，确保人员只减不增。完善食品药品安全监管社会共同治理机制，加强基层站所建设。深化工商登记制度改革。稳步推行政府购买服务。

继续推进财税改革。培育壮大骨干财源，培植后续财源，着力形成可持续增长的财源结构。充分发挥社会综合治税系统作用，狠抓信息管税、协税护税和重点税源监管，确保财税收入稳步增长。加快推进财税改革，实行全口径预算，全面公开部门预决算和“三公”经费预决算，将政府采购全部纳入部门年初预算，建立财政预算资金使用绩效评价机制，加大专项资金监管力度，提高资金使用效益。加强政府性债务、国有资产管理，合理制定政府债务偿还计划，科学防控债务风险。稳步推进公车、工资改革。

不断深化金融、农村改革。加强银行信贷投放引导，稳妥推进农村“三权”抵押融资试点，完善信用担保和信贷风险分担机制，加强社会信用体系建设和金融风险防范，鼓励保险机构探索开发特色农业、贷款担保保险品种。强力清收各类不良贷款，全面完成县信用社改制任务。稳步推进和完善农村集体土地、宅基地及房屋产权确权登记颁证工作，建立健全农村产权登记、流转交易、评估仲裁机制。

全力抓好引资融资。牢固树立亲商富商和多活多赢招商理念，深入开展定点、定位、定向招商活动，突出专业招商、资源招商、以商招商和乡友招商，完善调度考核机制，全年引进投资过亿元项目5个以上，投资过5000万元项目6个以上。抢抓国家实施洞庭湖生态经济区战略机遇，高标准编制“十三五”规划，精心谋划一批具有全局性、基础性、战略性重大项目，策划和对接一批洞庭湖生态经济建设项目，力争纳入中央和省计划。全年完成立项争资14亿元以上。积极推行PPP融资模式，加大土地储备报批经营力度，确保县城土地储备规模稳定在5000亩以上，全县报批土地1500亩以上，融资10亿元以上。

（六）不断加强政府自身建设

政府自身建设是做好各项工作的保障。我们将着力巩固党的群众路线教育实践活动成果，不断增强政府执行力和公信力。

着力建设依法行政、规范有序的政府。全面贯彻依法治国基本方略，不断提升全民学法用法守法意识，努力建设法治桃江。制定和公布部门权力清单，推行政府法律顾问制度，严格政府重大合同审查管理，完善重大决策风险评估、专家咨询、公开听证、社会公示等制度。主动接受人大、政协监督，自觉执行人大及其常委会的决议、决定，团结社会各界积极力量，办好人大代表议案、建议和政协委员提案。加强财政资金、采购招标等重点领域信息公开，建立电子招投标系统，严格执行项目招投标和土地招拍挂制度，让权力公开透明运行。

着力建设以人为本、为民谋利的政府。坚持问需于民，问计于民，借智于民，深入开展“三访三化”专项活动，切实加强政民互动。办好“12345”县长热线和党风廉政舆情在线，严格工程建设质量管理，下大力气解决就业、就学、就医、住房、社会保障等人民群众最关心的实际问题。推动公共资源和政府资金向民生领域倾斜，确保全年70%以上财政资金用于民生事业，为人民群众提供更好、更优、更均衡的公共服务。

着力建设善谋实干、敢于负责的政府。紧紧围绕土地、资金、环境等经济社会发展中的重大问题深入思考、加强调研，在困境中找出路、在发展中求突破。对于全年重点工作和重点项目，明确时间表、路线图，以目标倒逼进度，以督查倒逼落实。坚决维护政策的稳定性和连续性，对政府和部门确定的工作做一件成一件，对老百姓承诺的实事说一项干一项，勇于担当、敢于负责，以实实在在的业绩取信于民。

着力建设高效运转、风清气正的政府。加强反腐倡廉和监督制度建设，念好约束权力的“紧箍咒”。严格执行省市县优化经济发展环境的政策规定，坚决依法打击强装强卸、强揽工程、强行参工参运、无理阻工等违法行为。加强重点工作、重大决策跟踪督办，坚决反对“四风”，坚决整治“慵懒慢浮贪”，坚决问责“为官不为”。进一步规范工程建设、土地出让、项目招投标、政府采购等办事程序，严肃查处违纪违法案件。保障依法独立行使审计监督权，实行公共资金、国有资产、国有资源和领导干部履行经济责任情况审计全覆盖。坚决反对铺张浪费，严格控制“三公”经费支出，树立风清气正的政府形象。

各位代表！百舸争流，破浪者领航；千帆竞发，奋勇者争先。面对全面建成小康社会的宏伟蓝图，面对89万桃江人民的殷切期盼，我们感到重任在肩、使命光荣。让我们在县委的坚强领导下，在县人大、县政协的监督支持下，唱响加快发展的主旋律，凝聚干事创业的正能量，提振精气神，为推动科学跨越，建设生态桃江而努力奋斗！

政协桃江县委员会常务委员会工作报告

——2014年12月27日在政协桃江县第八届委员会第三次会议上

县政协主席　李质彬

各位委员、各位同志：

我受政协桃江县第八届委员会常务委员会的委托，向大会做工作报告，请委员们审议，并请列席会议的同志提出宝贵意见。

2014年工作回顾

2014年，在县委的坚强领导下，县政协坚持团结和民主两大主题，紧紧围绕县委“135”工作思路，深入开展党的群众路线教育实践活动，动员和组织全体委员认真履行政治协商、民主监督、参政议政职能，充分发挥协调关系、汇聚力量、建言献策、服务经济社会发展的重要作用，在服务改革发展、推进协商民主、改进工作作风等方面取得了新的成效。

一、给力参政协商，助推经济社会跨越发展

（一）深入调研，探寻发展良策。“问渠哪得清如许，为有源头活水来。”主动请缨，精心筛选调研课题。县政协发出公函，书面征求县委、县政府的意见，围绕县委、县政府全年工作重点、难点，确定政协工作重点和调研方向，明确了省级灰山港工业集中区建设、矿产资源开发利用、融资平台建设等8个重点调研课题。问题导向，深入开展调查研究。由县政协相关主席会议成员牵头，组织政协专委会、部分政协常委和委员、相关单位的专家学者，分期分批深入实地调研，每个课题调研时间都在一个月左右，对涉及的部门、乡镇都进行了不同形式的走访、座谈，广泛听取社会各界的意见和建议，力求客观、真实、准确地反映问题，针对性地提出建议意见。县政协主席会议全年除完成8个重点调研课题外，还完成了省、市政协交办的农村宅基地确权颁证、生产性服务业发展、重度残疾人生活状况、竹产业发展4个调研子课题，完成了县委书记、县长交办的浮邱山旅游开发、资江河道整治、现代物流园建设、县城供水工程建设、涉农资金整合、文体中心选址6个专题调研。

（二）广泛协商，提供决策咨询。参政协商，释疑解惑。根据《中共桃江县委政治协商规程（试行）》制定了调研协商计划。2014年，就财政预决算编制、重大基础设施建设、重要人事安排等8个协商重点纳入了县委政治协商计划。全年共开展政协常委会议协商3次、主席会议协商12次，专委会协商6次。参政协商平台不断夯实。一年来，县政协倾力打造《参阅件》《调研内参》《社情民意直通车》三大参政协商载体，创建了县政协“经济社会学者专家”智库，聘任了28名参政协商资深调研员，举办了专题培训班，建立起人员精干、涉及面广的联系网络，及时收集并传递协商成果。三大平台和政协智库的建立，不仅为群众反映心声搭建了平台，而且为县委、县政府科学决策提供了更丰富的咨询参考载体。2014年，县政协向县委、县政府提出建议案2件，参阅件13件，调研内参6件，有10件以上得到了省、市、县领导的批示。如《桃花江核电项目缓建“后遗症”应高度重视》的调研成果，得到了省政协内刊采用和市委书记魏璇君的批示，并由省政协上报全国政协。

（三）激活热情，助力跨越发展。县政协以开展委员“三百三进”主题活动为抓手，大大激发了委员干事创业的热情，从韬光养晦到奋发有为，全县256名政协委员中，百名农村委员“进农家问冷暖不以善小而不做”，百名机关委员“进企业解难题不以事难而不谋”，百名企业家委员“进项目促发展不以效微而不为”。企业界委员积极发挥自身优势，通过扩大投资或招商合作等形式，助推企业转型升级。企业家委员招商引进或自主改扩建500万元以上的项目30个，其中投资在5000万元以上的项目达10个。李鄂成、詹石仁、刘国伏、官建华、薛志成等委员积极引进新技术、新设备，加快企业的转型升级，分别新上的万吨高品质轨道交通构件、嵩辉竹木科技、鼎盛新型建材、华艳生物制药及医疗器械配送、楠竹深加工等项目，投资均达到5000万元以上。刘跃秋委员积极回乡创业，投资2亿元的博得科技项目落户桃江经济开发区，现已正式投产。卢胜祥、王世光委员投资5000多万元，积极参与江北公路建设。陈奇才委员引进广东企业家李稳根投资9000万元的福德电子项目落户桃江开发区，已正式投产。刘楚江委员招商引进的美人窝文体艺术中心项目，投资额度1亿元，正在有序推进。蒋胜丰委员引进企业家易爱民投资2000万元的闽益农业科技项目落户牛田镇，已建成1000亩蔬菜基地。彭孟武委员引进的防化滤毒通风设备生产项目，投资额度1亿元，已落户桃江经济开发区。百名机关委员对口联系帮扶企业95家，帮助这些企业争取技术改造等项目资金2000多万元，争取银行贷款近2亿元，协调处理纠纷150余起。在委员们的带动下，一批知名乡友回乡创业的热情日益高涨，卢光辉、詹干军、王佐良等乡友投资1亿多元参与城镇、交通等基础设施建设；文秋良、周庚申等乡友热心为家乡项目申报、立项争资积极出力；余为、张抗军、刘仁辉等乡友积极回乡创业，投身家乡产业建设。

二、创新民主监督，推动协商民主能力建设

（一）民主评议有广度。县政协常委会选择社会保障体系建设作为年度重点评议内容，组织两个评议组深入到桃花江镇等5个乡镇、县人社局等12个县直部门，查阅相关资料，察看乡镇民政与劳动保障服务中心和社区社会保障服务窗口，走访低保户和困难户，历时1个月，共计走访、座谈176人次。在评议组掌握第一手材料的基础上，县政协常委会议对县人社局等6个社会保障主要职能部门，进行了公开评议，提出了客观实在的评议意见，并当场进行了满意度测评，满意率达90%以上。

（二）提案督办有深度。提案督办是实现政协民主监督的有效形式和重要手段。八届二次会议立案58件，比上年减少25件，减少30%。虽然提案数量减少了，但关注的焦点、热点问题更加集中，提案质量明显上升。为了扎实办好今年的所有提案，我们提出了“四环联动”的办理机制。一是集中交办。县委召开了全县人大、政协工作会议，县政府召开了全县提案办理交办工作会议，县委书记、县长分别对提案进行了交办，县政府对每一件提案明确分管的副县长领办。二是定期会审。三个月办理期过后，县政协对所有提案答复件进行了专门审核，并会同县委办、县政府办对提案办理情况进行了全面督查，发现办理不及时或不到位的及时予以纠正。三是重点督办。县政协主席会议挑选《我县生猪养殖环境污染亟需治理的建议》《加大我县纸业环保监管力度严厉打击非法排污行为》两件重点提案进行了公开督办。四是严格督查。年底，县政协提案委会同县委办、县政府办对提案落实情况进行了全面督查，将各承办单位的提案办理落实情况在县公众信息网予以公示。通过狠抓四个环节的工作，反复深入督办，今年提案落实率达到75%的新水平，提高了提案的办理实效。

（三）民主测评有力度。创新监督方式，实行了民主测评新举措。一是组织全体县政协委员对县政府25个工作部门和县法院、县检察院进行了民主测评。县政协将该项工作纳入全年工作要点，组织全体委员更广泛地知情明政，尽可能让测评更全面、更客观。县政协及时将测评结果提交县委、县政府及县纪委、县委组织部的主要领导，并反馈给各受评单位，引起了各级各部门的高度重视，促进了行业作风转变。二是会同县纪委、县委组织部选派政协委员担任行风监督员、效能观察员、作风评议员，积极参与民意测评、廉政测评、干部绩效测评和省市的民意调查，发挥了委员的民主监督作用。

三、致力团结民主，增进社会大局和谐稳定

（一）精诚团结各界力量。充分发挥政协联系面广、包容性强的特点，广泛凝聚各阶层、各界人士的力量，协助党委政府做好协调关系、化解矛盾、增进共识、团结鼓劲的工作，在维护社会安定、促进经济繁荣、构建社会和谐中发挥了独特作用。高度关注不同阶层的利益诉求，夯实维护社会和谐稳定的基础。认真贯彻落实党的民族宗教政策，不断加强与民族宗教界代表人士的沟通联系，积极促进民族团结、宗教和睦。注重团结和引导以非公有制经济人士为主体的新的社会阶层，促进社会各阶层和不同利益群体之间增进理解、扩大共识。

（二）大力开展扶贫帮困。政协委员自觉弘扬中华传统美德，把群众疾苦装在心中，积极投入到“百名委员进农家、进社区送温暖”的行动之中。据统计，一年来，县政协委员共帮扶困难户1051户，为困难户传授致富技术200多人次，安排有劳动能力的家庭成员到自己的企业就业500多人,帮助他们寻找致富门路或度过家庭难关。黄庆丰、文向荣、肖学文、文进良、胡楚云等委员，积极为有劳动能力的困难群众提供创业支持、技术指导或就业援助；贺云、周垂虎、胡令、薛爱华、龚世荣等委员捐款捐物，为困难群众解决生存条件艰苦等方面的难题；不少委员还积极筹集资金，开展捐资助学，慷慨解囊救助患病群众，上门慰问受灾农户，帮助他们解决燃眉之急。据统计，全年政协委员捐助救困资金累计在500万元以上。委员们的真情帮扶，促进了社会和谐、稳定。

（三）广泛开展联谊交流。创新经促工作机制，将经促分会理事会选举制改为聘任制，先后完成了北京、深圳、上海分会的换届聘任工作。加强经促分会的联系与交流，换届聘任工作邀请其他分会的相关负责人参加，形成了相互学习、共同提高的浓厚氛围。北京经促分会理事长熊跃辉等为桃江羞女湖湿地公园成功争取国家级项目亲力亲为；上海经促分会顾问卢景英、副理事长刘进军等为家乡建设、招商献计出策；广州经促分会顾问钟渭贤、刘立荣、卢光辉和长沙经促分会副理事长汪卫东筹集1300万元，建立桃江育才奖学基金，对桃江50多名北大清华学子全程给予学业奖励；深圳经促分会副秘书长、深圳益阳商会会长张志高回乡洽谈投资5000万元以上的美食一条街项目；长沙经促分会理事长胡伏安时刻心系家乡，多次为家乡立项争资牵线搭桥。此外，广州乡友李军拟捐资修建浮邱寺；深圳乡友龚如舜、何大兵，长沙乡友胡红苗等分别成立了100万元以上的助学基金会。

四、践行群众路线，促进政协自身素质提升

（一）自觉践行党的群众路线。自3月份以来，县政协党组根据中央、省委、市委和县委的部署，深入开展党的群众路线教育实践活动，聚焦形式主义、官僚主义、享乐主义和奢靡之风，查摆突出问题23项，已全部整改落实到位，牢固树立起政协机关廉政为民的新形象。认真贯彻中共中央“八项规定”，规范调研视察工作，避免选题重叠，规范各类会议活动，精简文件简报；严格执行公务用车、公务接待标准，压减一般性支出，公务用车、公务接待和县经促会接待每月在主席会议和机关干部职工会议上逐笔通报。通过加强制度建设和规范化管理，县政协机关呈现了勤俭从政的新风尚。机关全体干部增强群众观念，深入乡村农户，进入企业项目，协助排忧解难，实现了工作作风的新转变。

（二）逐步完善政协体制机制。加强了乡镇政协联工委建设，各乡镇政协联工委完善了办公设施，配备了政协工作联络员，乡镇政协工作实现了规范化。县直委员活动组变更为县直政协委员联络组，强化了委员履职职能。经县委常委会议研究同意，会同县委组织部考察，及时增补了县政协经科委兼职副主任。建立了独立的政协网站，及时更新网站内容，为政协委员的相互联络、扩大与外界交流搭建了桥梁纽带。

（三）加强了考核管理。一是完善了县政协常委会、乡镇政协联工委和县直政协委员联络组及机关干部职工的目标管理考核办法，做到了工作目标明确，考核指标量化，为全体委员切实履职提出了规范化要求。二是启动了述职测评。年底，常委会组织开展了15个乡镇政协联工委和5个县直委员联络组的述职、测评活动，收到了明显的激励效果。三是强化了委员管理。对因工作岗位异动的4名委员及时进行了调整，对涉嫌违纪违法的3名委员撤销了委员资格，同时，根据政协章程和实际需要，按程序增补委员19名。考核见高低，管理出成效，一年来，根据县委统一安排，表彰政协工作先进单位10个、先进个人10名，提案办理先进单位10个、先进个人10名，委员履职模范20名，政协工作的影响力不断提升，政协委员的自身素质大幅提高。

各位委员、各位同志，一年来县政协工作取得了可喜的成绩，我们深知：这些成绩的取得，离不开县委的坚强领导，离不开全县各级各部门和社会各界的大力支持，当然也是政协各参加单位、各级组织和广大委员团结奋斗的结果。这里，我代表县政协常委会表示衷心的感谢!

我们也清醒地认识到，县政协工作与新形势下加强社会治理现代化建设的新常态和广大人民群众的新期盼相比，还有很大的差距，有的参政议政活动针对性不够强，民主监督还比较薄弱，服务经济社会发展大局的办法还不多等。真诚希望广大委员及列席会议的各位同志对县政协常委会的工作提出批评和建议，以利我们把今后的工作做得更好。

2015年工作意见

2015年县政协工作的总体要求是：深入贯彻落实中共十八大和十八届四中全会精神，坚持团结和民主两大主题，忠实履行“政治协商、民主监督、参政议政”三项职能，聚焦全面深化改革，着眼提高经济发展质量和效益、促进社会公平正义和增进人民福祉，深入调查研究，积极建言献策，推进协商民主，加强工作创新，为实现县委提出的“135”工作思路和全面建成小康社会的战略任务做出新的贡献。

一、把握重点，紧紧围绕改革发展献计出力

（一）加强改革领域的深度调研。围绕全面深化改革的重点领域和关键环节，就完善金融市场体系、城乡统筹发展、医药卫生体制改革、涉农机构改革、基层供销社综合改革等深入调查研究，为县委、县政府决策提供有效参考。针对重要改革任务落实情况，积极开展民主监督，坦诚提出建议和意见。正确对待改革涉及的利益格局调整，及时反映各界群众愿望诉求，切实做好协调关系、化解矛盾、理顺情绪、释疑解惑工作，引导委员和群众理解改革、支持改革、参与改革，努力为全面深化改革营造良好环境。

（二）促进经济社会健康发展。针对县委、县政府的五项重点工作，就加快文化旅游产业发展、信息资源整合与智慧型城市建设、加强生态环境保护、引导金融支持地方经济发展、规范村民建房等加强调查研究，开展民主监督，提出意见建议。着眼保障和改善民生，就发展残疾人事业、创新社会治理和公共服务等问题建言议政，提出针对性和建设性强的意见建议。重视发挥民族、宗教界委员的作用，密切与少数民族群众和信教群众的联系，推动民族地区加快发展、团结和谐，发挥宗教界人士和信教群众在促进经济社会发展中的积极作用。

（三）深化委员“三百三进”主题活动。“推动科学跨越，建设生态桃江”，是县委、县政府的重大战略决策，是全县人民的共同奋斗目标，也是政协组织的神圣使命。要把开展“三百三进”主题活动与县委、县政府的战略目标和工作重心结合起来。各级政协组织要以活动为载体，拓宽履职渠道，让委员真正走进社会，提高服务经济社会的主动性和实效性。

二、突破难点，充分发挥人民政协协商民主作用

（一）着力推进政协协商民主。人民政协作为协商民主重要渠道，需要更好地搭建平台，让委员愿讲话、敢讲话、讲实话。要充分运用全体会议、常委会议、专题协商会等形式，使政协的协商平台更好地发挥作用；开展好专题协商、对口协商、界别协商，为政协委员和各界人士提供更多发表见解、沟通对话的机会；积极搭建委员之间、委员与政协机构之间、委员与党政部门之间多种形式的交流平台，增进委员对各方面工作的了解；注重加强对重要协商的宣传，提高协商透明度，促进协商成果转化。

（二）切实提高民主协商实效。充分发挥人民政协作为协商民主重要渠道作用。认真组织实施县委2015年政治协商工作计划，深入调查研究，广泛协商交流，搞好成果转化。着眼推进协商民主广泛多层制度化发展，专题协商更加重视科学选题和研究论证，努力提出务实具体的对策建议；对口协商更加重视加强政协专委会与党政部门的沟通协商，着力推进成果转化；界别协商更加重视发挥界别作用，推动界别协商与专题协商、对口协商等相融合。

（三）不断拓展对外联谊交流。进一步完善经促工作机制，巩固和加强经促平台建设，完成长沙、广州分会的换届聘任工作，定期组织各分会开展联谊交流。突出经促工作重点，着力做好乡友返乡创业和以商招商工作，争取更多的成功乡友回乡参与产业项目、道路交通、城镇基础设施建设和扶贫帮困活动。认真做好“县育才奖学基金”和“扶贫帮困助学基金”等乡友回报社会的基金会指导工作。

三、找准支点，加强自身履职能力建设

（一）切实加强机关内部管理。 要完善委员联络制度，充分发挥政协参加单位、专委会、界别、机关等联络服务委员的作用。要强化县政协常委会、县政协机关、乡镇政协联工委、县直政协委员联络组的规范化建设，明确职责定位，拓展联络渠道，努力让每位委员在政协组织中都有发挥作用的空间，为委员履职提供有力保障。

（二）着力提升参政建言质量。政协的各种履职活动都要坚持问题导向，把研究重点放在全局性和关键性的问题上，集中优势智力资源，提出可行性意见和建议。调查研究始终是议政建言的关键，委员要沉下身段，深入实际，广泛听取各方面的意见，掌握第一手材料，做到言之有据，言之有理，使提出的对策建议符合客观实际，具有可操作性。

（三）充分发挥委员主体作用。“知屋漏者在宇下，知政失者在草野。”政协委员是政协工作的主体，是全社会各行各业的精英，如何把每位委员的积极性、主动性、创造性充分调动起来，始终是政协工作的着力点。各级政协组织要切实尊重和保障委员的各项民主权利，努力为委员履职创造更好条件。要增强委员意识、珍惜委员荣誉、维护委员形象，引导全体委员牢固树立法治观念，严格遵守宪法法律，自觉锤炼道德品行，不断提高能力素质。政协委员“一岗双责”，要勤于学习、严于律己、务实为民，坚定不移地承担起政协委员的神圣责任和光荣使命，发出好声音，传递正能量。

委员们、同志们，“骏马追风扬气魄，寒梅傲雪见精神。”党的十八届四中全会吹响了全面深化改革的号角，全县各级政协组织和广大政协委员要忠实履职，舍我其谁？敢于担当，共同为“推动科学跨越，建设生态桃江”而努力奋斗！

大事记

1月

1日　桃江县公共资源网上交易平台建成并投入运行。

2日　桃江县桃花江镇花果山中学更名为兰天希望学校暨湖南兰天集团捐资助学仪式在花果山中学举行，湖南兰天集团向学校现场捐助150万元。

3日　桃江县青年创业者商会（青创会）正式成立，来自全县各行各业的近200名会员和相关部门负责人聚在一起，共商发展大计。会上，青年创业者义工大队同时成立。县领导向荣、雷越毅、龚卫山、吴小玲与会。

5日　松木塘镇松木塘村发生一起森林火灾，过火面积约100亩，两间土屋受损，无人员伤亡。

6日　省委、省政府发文，桃江在全省2013年社会管理综合治理考核中位列先进。

15日　湖南省中学生物理竞赛委员会常务委员会开展首批"湖南省中学生物理奥林匹克竞赛基地学校"申报评比工作。经专家委员会评审、省中学生物理竞赛委员会常务委员会审定，决定批准桃江一中为"湖南省中学生物理奥林匹克竞赛基地学校"。首批认定的学校共7所，其他6所是湖南师范大学附属中学、长沙市一中、长沙雅礼中学、常德市桃源县第一中学和湘潭市湘潭县第一中学。

是日　经县委常委会审议通过，2013年桃江县综合目标管理考核结果正式出炉。桃花江镇等4个乡镇、县信息中心等16个县直部门、县公积金中心等10个双重管理部门被评为综合目标管理考核先进单位。

是日　全省政府网站建设工作会议在长沙召开。在2013年全省政府网站绩效评估中，桃江公众信息网被评为全省优秀政府网站，县信息中心主任胡鹤鸣被评为2013年全省政府网站工作先进个人。

16日　县委副书记、县长何军田参加省委农村工作会议，桃江县作为全省新农村建设先进县市（区）在会议上受到省委、省政府表彰，荣获全省社会主义新农村建设先进县称号。

19日晚　"桃江移动和您一起开启4G时代"迎春晚会在县影剧院举行，上千名观众观看了演出。

22日　经省水利风景区评审委员会评审，桃江县克上冲水库风景区被评为省级水利风景区。

24日　灰山港镇18岁学生刘知柱在灰山港镇杜家湾村上坟燃放鞭炮引发山火。发生地点在桃江与赫山交界处，火势蔓延到赫山区，过火面积180余亩。

是日　县纪委监察局向46名党风政风社会监督员颁发了聘书，纪检监察部门将更大规模地开展针对干部作风建设的明察暗访、检查、评议。

27日　县城南环线试通车。南环线东起桃花江镇七里村，与桃益公路相接，西至浮邱山乡人形山村，与G536（原S308）桃马公路相连，总长10.3公里，总投资3.5亿元，2012年4月开始动工，是2013年城镇建设大会战的"一号工程"。南环线的竣工通车，极大地改善了群众出行条件，缓解了城区交通压力，提升了县城品位。

29日　桃花江人行景观桥试通行。

2月

9日　由县老年书画协会组织的"翰香苑之春"王国

元师生书画作品展暨作品集首发式在县老干部活动中心开幕，县委常委、宣传部部长胡国清等参加开幕式。此次书画展共展出了王国元及其弟子和省市县领导题词等书画作品199幅，汇聚全县书画精英作品于一堂，作者小的七八岁，年长的八十多岁。湖南省人大常委会原副主任沈瑞庭为此次书画展题词“翰苑含馥郁，艺海蕴英华”。

17日　2014年县委经济工作会议在县影剧院隆重召开。会议传达学习贯彻中央、省委、市委经济工作会议精神，回顾总结2013年、安排部署2014年的经济工作。2013年度30个综合目标管理考核先进单位，10个人口和计划生育工作先进单位，10个安全生产工作先进单位，10个社会管理综合治理工作先进单位，10个党风廉政建设和反腐败工作先进单位；201名先进个人，150名三等功获得者，10名二等功、优秀领导干部获得者，10名二等功、优秀领导干部、突出贡献奖获得者，1名全县经济建设杰出贡献人物，6名全县经济建设突出贡献人物，5名全县纳税先进个人，15名优秀村（社区）党支部书记受到表彰奖励。

22日　省发改委主任谢建辉一行到桃调研桃花江核电站建设和两型区农民集中居住区工作。

23日　农业部党组书记、部长韩长赋到桃花江镇株木潭村调研农村土地确权颁证试点工作。

26日　县物价局被评为“全省价格法规工作考核先进单位”。

26日　益阳市2014年农业科技推广工作会议在桃江县召开。

3月

3日　桃江县国家综合档案馆新馆正式对外开放。新馆位于县城迎宾中路，总建筑面积4500平方米，2012年9月14日动工，按照国家二级馆标准设计，一级防火建设，并能抵御8级地震。该馆主体共五层，馆藏容量可达35万卷，能满足未来30年档案存放需要。目前，馆藏各类档案、照片、图书资料达10万卷册，形成了一个内容丰富、门类齐全、结构合理的馆藏资源体系。全馆采用高压细水雾灭火装置、中央空调、库房温湿度自控、视频监控、红外线防盗报警、数字化弱电系统，设备设施在全市乃至全省处于一流水平。

4日　桃江县深入开展党的群众路线教育实践活动动员大会在党政大楼附属楼会议室召开。全县共有1184个基层党组织，38448名党员参加第二轮教育实践活动，参加的正科级以上单位有102个，科级以上领导干部1461人。

15日　桃江县在鸬鹚渡镇龙塘湾村隆重举行张昆弟烈士诞辰120周年追思会。

是日　全县284个村的党组织换届选举工作全面完成。

17日　柳卫平摄影作品展暨《美在桃花江》摄影集首发式在县城都汇国际广场隆重举行。

18日　S230（西环线）改建工程在交易中心完成勘察设计招标。经评审确定湖南交通规划勘察设计院为第一中标候选人，设计费用约为1400万元。该工程全长22.57公里(含桃江资江大桥桥长950米)。其中资阳段1.2公里，桃江段21.37公里，总投资估算价为50516万元。

19日　省委第九督导组常务副组长、省人大常委会委员、株洲市人大常委会原主任姜玉泉一行到桃江督查党的群众路线教育实践活动，县委书记谭建华汇报全县工作情况。

21日　湖南省农林工业勘察设计研究总院党组书记欧阳叙回、野保处调研员陈长红、森防站副处长薛萍一行对桃江县拟申报省级、国家级湿地生态公园建设项目进行外业调研。

25日　江北公路最大控制性工程——黄泥坳隧道贯通。黄泥坳隧道位于修山与三堂街两个乡镇的交界处，长230米，总投资1173万元，为双向单洞隧道，是江北公路改扩建项目中最大的控制性工程。

27日　年产5000吨锑冶炼项目服务小组牵头，组织项目业主湖南省加嘉锑业科技有限公司负责人和牛田镇、县规划局、县国土资源局、县环保局、县林业局、县水务局等单位分管领导、业务股室长，现场考察项目计划建设地——牛田镇富财烟花厂。此次考察活动标志着年产5000吨锑冶炼项目前期工作正式启动。

是月　全县共腾退办公用房393间，共10134平方米。

4月

3日　在湖南省面上县扶贫工作会议上，桃江县扶贫办被评为“2013年度全省面上县扶贫开发工作先进单位”。

8—9日　省政协主席陈求发到桃江调研指导工作。

10日　副省长张剑飞到桃江调研“两房两棚”和县

城建设。张剑飞首先来到大汉龙城，参观了县城建设规划展板，详细了解县城规划、建设以及大汉龙城建设情况，随后，又来到开发区口味王槟榔公司，实地调研了位于该公司的公租房。

13 日　桃江县深入开展党的群众路线教育实践活动专题培训班在县党政大楼附属楼大会议室正式开班授课。乡镇党委书记、村（社区）党支部书记、县直单位“一把手”及分管党建工作的副职600多人参加了集中培训。培训班为期2天，所有课程均由市、县领导亲自担纲授课。

16 日下午　中国工程院院士、风景园林规划与设计教育家孟兆祯教授到桃江考察竹产业规划发展情况。孟兆祯一行实地考察竹海风景区、竹产业科技园，详细了解竹产业规划发展情况。

20 日　桃江推行党风廉政巡查制度。

23 日　桃江县湘友蔬菜种植专业合作社联合社在工商部门正式登记成立。这是桃江县成立的首家农民专业合作社联合社，也是全省首家蔬菜种植专业合作社联合社。

24 日 19 时　县疾控中心接到高桥中学报告，高桥中学有学生因疑似食用不洁食物出现腹痛呕吐症状。20 时左右，县人民医院收治第 1 例学生。至 22 时止，已有 59 名学生留院观察治疗。县政府启动四级应急响应，成立救治组、事故调查组、维稳组、舆情组、保障组，并迅速开展各方面工作。4 月 26 日 15 时 30 分，因聚集性发病事件先后到县人民医院诊断治疗的 71 名学生，全部痊愈。

29 日　县政府召开全县“聚力小康·建功桃江”劳动竞赛表彰大会。

5 月

4 日　中国建设银行总行副行长胡哲一一行到桃江建信村镇银行调研。

7 日　益阳市公安局下发《关于向郭政安同志学习的决定》，在全市公安系统深入开展学习郭政安活动。

10 日　市委书记魏旋君深入桃江县督查防汛工作。

15 日　省食品药品监督管理局党组书记、局长肖策群到桃江调研市县级食品药品监督管理体制改革工作。

18 日　2013 年桃江县申报的《行政复议中民事行为法律关系的审查》被省政府评选为湖南省行政复议典型案例。

22 日　县工商局查办的桃江县某农机有限公司利用被指定优势地位滥收费用一案，被评选为 2013 年度全省工商系统十大典型案例。

27 日　益阳市金沙重型机械制造有限公司采用国内先进的连桥引流多炉同铸新工艺，将重达 168 吨的重型锻压机机身一次性浇铸成功，此举标志着该公司已跻身国内生产特大型机铸件行业。

29 日　桃江新兴管件公司荣获“第二届中国铸造行业铸管及管件分行业排头兵企业”荣誉称号，在全国铸管及管件企业中排名第七。

30 日　县委书记谭建华主持召开会议，调研行政审批和马武地区发展规划工作。从 3 月下旬至 5 月中旬，由县审改办牵头，组织县法制办、县政务中心等部门对全县行政审批项目进行了全面清理，县财政局牵头对收费项目进行了清理。通过清理，政务服务项目由 496 项精简至 374 项，减少 122 项；清理出应取消的行政事业性、服务性收费共 44 项。马武地区规划包括马迹塘、武潭全部和大栗港镇部分区域，规划面积 471.6 平方公里，规划城镇建设用地 10 平方公里，人口 10 万人。

6 月

2 日　湖南省商务厅首次认定一批“湖南老字号”。益阳市修山钟氏面业有限公司成为首批“湖南老字号”企业。

6 日　市委书记魏旋君到桃江调研党的群众路线教育实践活动开展情况。

9 日　全县 15 个乡镇的合管办主任、人社中心主任从县合管办领取到了 19 万张新农合 IC 卡、22 万份新农合政策宣传资料，各乡镇将即日起组织发放至每一份参合农户手中，桃江县 72.4 万参合农民以户为单位拿到新农合 IC 卡与新农合政策宣传资料。

9 日　武潭镇大河口千亩茶场开工。

10 日　县政府召开农村土地承包经营权确权登记颁证整县推进试点工作动员大会，全面启动整县推进试点工作。

11 日　湖南桃花江实业有限公司户外重组竹材项目在桃江经济开发区竹产业科技园动工建设。

13 日　县委副书记、县长何军田与深圳市环华环保科技有限公司总经理余为签订了桃江县竹产业开发合作框架协议。

15 日　县浩茗茶业食品有限公司申报的“茶砖自动成型技术及产业化”成功入选湖南省 2014 年度“百项专

利转化推进计划”目录。

16—19日　桃江县参加2014年湖南（上海）投资贸易洽谈周活动益阳市系列经贸活动。18日上午，益阳市政府在上海举行益阳市情暨重点招商项目推介会。会上，桃江县共推介了17个重点招商项目，并与参会客商进行了广泛深入的交流，重点对接了河南亚鹰（集团）公司、浙江星博生物科技有限公司等有投资意向的企业。

17日　经益阳市经信委、科技局、工商局和质监局联合审定，《2014年益阳市名优特新产品第一批目录》正式公布，囊括全市56家企业77个产品品种。桃江县共有7家企业的产品成功入选该目录。其中，湘大泵业有限公司的“湘大小型电泵”入选装备类产品目录，香炉山茶叶有限公司的“香炉山黑茶”和修山钟氏面业有限公司的“羞山官厅挂面”入选食品类产品目录，春龙竹艺有限公司的“春龙竹凉席”、湘益木业有限责任公司的“湘益浸渍胶膜纸饰面人造板”和湘资席梦思厂的“湘资弹簧床垫”入选建材类产品目录，桃江久通锑业有限责任公司的“久通锑锭”入选有色冶金类产品目录。

19日　县城粮太巷道路工程开工。2014年桃江县计划实施18项小街小巷改造任务，改造面积约3.7万平方米，列入2014年城镇建设大会战重点项目之一，由住建部门负责牵头组织实施。

20日　湖南省科学技术厅下发了《关于批准常德西洞庭等4个农业科技园区为湖南省农业科技园区的通知》，桃江农业科技园区创建省级农业科技园区正式获批。

21日　省委组织部副部长、省人社厅厅长、省委教育实践活动领导小组成员胡伯俊在出席桃江县委常委班子党的群众路线教育实践活动专题民主生活会后，到乡镇、社区，调研人社部门服务群众“最后一公里”工作情况。

25日　2014年普通高校招生统一考试成绩揭晓，桃江县高考全面丰收、再创新高。全县3447人参考，其中普高3191人，职高256人。普高本科一批上线704人，比2013年增加226人，上线率为22.06%，比2013年提高6.58个百分点；本科二批上线1643人，比2013年增加225人，上线率51.49%，比2013年提高了6.54个百分点。

26日　华融湘江银行桃江县支行正式开业。

30日　三堂街镇镇级广播播控平台在桃江县率先正式启用，至此，桃江县实现了乡镇级广播播控平台全覆盖。

是月　桃江县双季稻高产示范创建面积首次突破7万亩，占全县水稻有效灌溉面积的14%。全县有1000亩以上的双季稻高产示范创建基地15个，1万亩以上的有2个。

是月　桃花江实业有限公司和湘益木业有限责任公司成功入选“湖南省中小企业‘专精特新’示范企业名单”。

7月

1日　桃江县庆祝中国共产党成立93周年大会在县影剧院隆重举行。会上，鲊埠回族乡党委、石牛江镇党委、牛田镇党委等20个先进基层党组织，浮邱山乡、高桥乡等10个党务工作先进单位，刘克财、符日辉、赵勇等54名优秀共产党员，刘新江、刘造军等20名优秀党务工作者受到表彰奖励。

是日　开通网上在线咨询服务平台，实行24小时在线服务。

4日　国家卫生计生委印发了《国家卫生计生委关于2013年全国计划生育优质服务先进单位的通报》，授予桃江县“全国计划生育优质服务先进单位”荣誉称号。

5日2时30分　资水桃江站水位降至39.2米警戒水位以下，县防指随即发布三个万亩堤垸巡堤值守撤退通知，桃江县首轮超警戒洪峰安全过境。

7日　桃江县“湘牛王”农牧业开发有限公司、春龙竹艺有限公司分别荣获2013年湖南省“新农村建设明星单位”和“四化两型富民强省明星单位”；桃江县高山（八一）农场董事长王志强荣获2013年湖南省“新农村建设杰出人物”。

是日　湖南丰岩公司50万立方米页岩陶粒项目正式投产。

9日　在全省档案工作暨表彰先进会上，县史志档案局荣获“全省档案宣传工作先进单位”。

是日　浮邱山景区道路项目动工建设。

11日　滨江西路及沿江风光带三期建设工程桃花江大道（原南环线）段正式动工建设。

12日　桃江县天源能源燃料有限公司正式挂牌投产。

12日以来，桃江县普降大到暴雨。12日8时至16日8时，桃江县9个站点超200毫米，最大为马迹塘（百诺）299.2毫米，其次为泗里河268.9毫米；有21个雨量站点达到100毫米以上。受强降雨影响，县内江河、水库、山塘水位一路猛涨，马迹塘电站最大下泄流量达10000立方米每秒，桃江站水位15日16时达到39.2米警戒水位，16日4时30分迎来第二轮洪峰41.51米，相应流量7067.9立方米每秒。此外，三座中型水库中，克上冲水库水位超溢洪道0.4米；206座小型水库中，13座溢洪道过水，65座超汛限水位。

16日　副省长张硕辅、市委书记魏旋君到桃江检查指导防汛工作。

17日　省委副书记、省长杜家毫率省直有关部门负责人到桃江检查指导防汛救灾工作、调研竹产业发展情况。

是日　中共桃江县青年企业者商会党支部正式成立。

是日　省发改委正式行文批复，同意湖南桃江经济开发区调区扩区。

21日　桃江县四家水泥企业被纳入第一批工业行业淘汰落后和过剩产能企业名单，即湖南洞庭水泥工业有限公司（3条立窑生产线，5台磨机）、益阳市万鑫水泥有限公司（3条立窑生产线，4套粉磨）、桃江县特种水泥有限公司（2条立窑生产线，2台磨机）、湖南省向阳水泥厂（1条立窑生产线，2台磨机），预计淘汰落后产能和过剩产能90万吨。

23日　卢佳祥慈善基金会理事长卢建之先生向三堂街中心卫生院捐赠善款100万元。

是日　2014年桃江环保世纪行活动正式启动。

24日　桃江县南方水泥有限公司（工业余热发电、12000千瓦的1#机组）和东方水泥有限公司（工业余热发电、5400千瓦的1#机组）被纳入《湖南省2014年第二批资源综合利用电厂和热电联产机组名单》。

25日　桃江举行核电杯“欢乐潇湘花鼓益阳”群众文艺会演决赛。县委、人大、政府、政协领导与现场上千名观众一同观看了演出。活动自4月份启动以来，先后举办了18场初赛，180多个村（社区）单位、200多个文艺团体、3000多名群众演职人员、19万余名观众参与了活动。

是日　桃江县天源能源燃料有限公司由国家统计局批准为规模工业企业。

29日　桃江一中退休教师刘万能编著的《张昆弟年谱》出版发行。

是月底　桃江县完成了乡镇卫生院第三批发展性债务化解工作，已累计化解乡镇卫生院发展性债务2196.77万元，其中9个乡镇卫生院已基本化债完毕。

8月

6日　团中央权益部部长刘涛一行到桃江调研预防青少年违法犯罪工作。

10日　桃江县治安电子卡口建设项目正式开工建设。该工程是城镇建设大会战重点项目之一，投资概算为500万元。

12日　桃江县第七届育才奖学金颁奖仪式在县教育局隆重举行，70多名学子共获得91.8万元奖学金。桃江育才奖学金成立于2008年8月，由钟渭贤将军倡议，刘立荣、卢光辉、汪卫东联合发起并设立，每年8月对桃江县考上重点大学的部分优秀学生进行奖励。

13日　竹产业开发合作项目签约仪式在桃江县人民政府办公室举行。副县长王军华与桃江现代竹产业科技园运营有限公司总经理余为签订桃江县竹产业开发合作协议。

14日　香港进港蔬菜批发商会会长袁昌一行到桃江县良友蔬菜专业合作社实地考察，就直供香港蔬菜达成协议。

19日　全县122台专用校车接受安全大检查。

22日　桃江县福德电气有限公司的“大功电阻器及超大功率工业应用无源电阻器研发与量产项目”被纳入“2014年湖南省信息产业和信息化专项资金（电子信息制造业项目）拟支持项目名单”。

是日　桃江文化体育中心项目、年产5000吨锑冶炼项目签约仪式在县政府办举行。

9月

1日14时左右　桃江县源嘉桥硫铁矿发生一起矿车钢缆断裂矿车伤人事故，导致3死1伤。

3日　国家林业局湿地保护管理中心副主任严承高率专家组到桃江对羞女湖湿地公园建设进行评审。

8日　桃江四中被教育部和人社部联合评为“全国教育系统先进集体”，桃花江小学教师胡宏伟获评“全国模范教师”。

20日　益娄高速公路建设桃江段征地拆迁动员大会在灰山港镇召开，全面启动益娄高速公路桃江段建设。

是日　2014年全国科普日湖南主场活动在桃江隆重开幕。

22日　县城首座标准化农贸市场——桃花南路农贸市场开始试营业，

是日　湖南省财政厅下发《关于开展农村公共服务运行维护机制建设试点工作的通知》，桃江县成为全省17个试点县之一。

24日　计划生育基层群众自治示范县项目举行启动

仪式，全省唯一的国家级基层群众自治示范县试点工作在桃江县全面展开。

25日　县城创卫工作顺利通过市级预评估。

是日　农村公共服务运行维护机制建设试点，桃江县成为全省17个县之一。

26日　县政府召开桃江县“两会一部”（农村合作基金会、乡镇企业基金会、供销社社员股金服务部）清整工作总结会议，桃江县全面完成“两会一部”存款兑付工作。

是日　法国中法友谊互助协会会长张常豹一行到大栗港镇栗山河九年一贯制学校验收新建成的中法友谊互助协会教学楼。

29日　益娄高速桃江段正式开工建设。

30日　是国家第一个烈士纪念日，来自桃江社会各界的干部代表、学生代表，马迹塘镇红网网友及社会各界群众代表200余人，怀着崇敬的心情，来到马迹塘战役烈士纪念碑前，向革命烈士敬献花篮，鞠躬默哀，深切缅怀革命先烈的丰功伟绩。县委常委、宣传部部长胡国清主持公祭活动，县委常委、副县长曹萍发表讲话。

10月

2日　桃江县桃花江镇半边山村发生一起溺水事件，3名12岁小学生溺亡。

8日　桃江县2014年度中央财政现代农业生产发展项目在县交易中心启动招标程序。桃江县已列入2014年度中央财政现代农业生产发展优质稻产业项目县，获得中央财政现代农业生产发展资金200万元。

10日　县总工会被授予“全国工会贯彻落实工资集体协商三年规划先进集体”。

12日　在广州白云国际会议中心举行的第十届泛珠三角区域合作与发展论坛暨经贸洽谈会上，县委常委、常务副县长周卫星与桃江现代竹产业科技园运营有限公司总经理余为签订桃江县竹产业开发合作协议。

13日　二广高速常安段最大的控制性工程——资江大桥成功合龙。

15日　第二届楠竹“竹王”评选活动在黄金塘竹海启动。

16日　芙蓉路提质改造工程正式开工建设。

是日　召开桃江县党的群众路线教育实践活动总结大会。

20日　佛源故里养老怀幼工程正式启动。

23日　桃江县国税局档案工作规范化管理顺利通过检查验收，成功晋级省特级档案室。

27日　桃江县建成益阳市第一家方志馆。

是日　S206桃灰公路提质改造全线通车。

30日上午　省委副书记孙金龙到桃江调研农村土地承包经营权登记颁证试点工作，对桃江县的整县试点工作取得的进展和成效给予充分肯定。

是月　周湘鹏获评2014年度湖南省“健康之星”。周湘鹏现年85岁，是2014年湖南省“健康之星”的唯一获得者。近10年来，全省赢得“健康之星”荣誉的仅有18人。

11月

1日　桃江县第28届中小学生田径运动会开幕式在桃江六中隆重举行。

2日　县境10个治安电子卡口全部建成，并进入试运行阶段。

4日　《桃江县农村饮水安全工程建设与运行管理暂行办法》正式颁布实施。

5日　桃江县第十届大众运动会圆满结束。

是日　县城规划区三级联动查违控违拆违指挥部在县城管执法局正式挂牌成立。

10日　桃江县鲊埠回族乡2万余名回汉同胞共庆建乡30周年。省民宗委党组成员、纪检组长范文彬代表省民宗委致辞祝贺，省伊斯兰教协会会长张光耀、秘书长海成杰，市领导何俊峰、李激扬等出席庆典。

11日　县政府办公室印发《关于成立桃江县教育督导委员会的通知》，桃江县教育督导委员会正式成立。

12日　县城文化北路改造工程竣工通行。

是日　桃江县城建设中路东段道路改造工程竣工通车。

是日　桃江县“名优彩叶观赏树新品种及快繁新技术推广示范基地”和“万亩笋菜标准化示范基地”被市科技局授牌为益阳市农村科技成果示范推广基地。

16日　桃花江小学教师凌凤鸣的授课《多位数乘法口算》和教师丁海英的授课《盘古开天地》均获得全国特等奖。

17日　省文化厅党组书记、厅长李晖一行到桃江调研基层文化建设情况。

19日　省级文物保护单位跃龙塔古建筑修缮完工。

是日　县老科协荣获湖南省“2014年度老科协工作先进集体”荣誉称号。

21日　在全国重大林业有害生物防治现场会上，县林业局森保站长练佑明被授予“全国生态建设突出贡献奖先进个人”荣誉称号。

22日　全县12个建制镇完成总体规划编制。

26日　2014年中国智慧政府发展年会上，桃江公众信息网在全国100个电子政务试点县政府透明度排名中，居全国第4位，湖南省第1位；在2014年县级政府网站建设综合排名中，居全国第32位，湖南省第2位。

29日　桃江各界群众500多人在夏思痛故乡——武潭镇隆重举行集会，纪念“革命模范”夏思痛160周年诞辰。

12月

1日　在香港举行的首届中华老年体育舞蹈国际艺术节上，桃江县中老年交谊舞健身队在47支参赛队中夺得广场舞项目金奖三等奖，最佳啦啦队组织奖、风采奖和最受欢迎奖等奖项。

2日　《桃江县被征地农民参加社会保险实施办法》正式颁布实施。

4日　县政府组织全县15个乡镇主要负责人和所有涉及食品药品机构改革的县直部门召开工作助推会，全面部署桃江县食品药品监督管理体制改革和人员编制划转工作。

12日　县水务局被省水利厅评为“芙蓉杯”水利建设竞赛先进单位。

15日　县政府召开县食药监体制改革县直单位人员划转暨人员交接会议，组织涉改单位进行人员、装备的划转交接。

16日　县城獭溪路南段正式建成通车。

19日　桃江县宇洋农业综合开发有限公司所属的洋泉湾水产养殖场被纳入全国第九批健康养殖示范场名单，属县第一家。

22日18时15分　桃江著名书画艺术家、县书法家协会原主席、县老年书法家协会原主席、桃花江文学艺术创作终身成就奖获得者王国元因患恶性肿瘤医治无效，与世长辞，享年73岁。

23日　在全省财政决算工作会议上，桃江县被评为2013年度全省财政总决算先进单位

25日　县城金盆广场（原称休闲广场）周边道路提质改造工程顺利完工并开放通行。

27日　政协桃江县第八届委员会第三次会议隆重开幕。

28日　桃江县十六届人民代表大会第四次会议隆重开幕。

是日　桃江现代竹产业科技园运营有限公司召开新闻发布会，宣布桃江现代竹产业创新创业园正式启动建设。

30日　县城桃花东路改造工程全面完工。

综　述

自然历史概况

桃江是一个拥有古老文明的年轻县。秦始皇嬴政二十六年（公元前221年）置益阳县，桃江建县前一直是益阳县的“上乡”。唐设望浮驿，明设桃花江市。1949年8月3日益阳县解放。1951年7月，湖南省人民政府析益阳县六、七、八、九、十一区，置桃江县，并筹备成立桃江县人民政府。9月14日，桃江县首任县长田园签发通知，告知启用桃江县人民政府新印鉴，宣告桃江县人民政府正式开始办公。1952年2月16日，中央政务院下达命令，正式批准桃江县人民政府成立。自此，桃江县正式载入中华人民共和国政区版图。当时属益阳专区管辖。1952年11月，益阳专区撤销，桃江县划归常德专区。1962年12月，恢复益阳专区建置，桃江县仍属益阳专区。1994年3月7日，益阳地区撤地建市，桃江县属益阳市管辖至今。

1951年，全县分为10个区，1个区级建制镇——县治所在地桃江镇。1956年5月撤区并乡，全县共45个乡镇。1958年9月，全县建立20个人民公社，实行政社合一体制。1961年4月恢复区公所，公社体制缩小。1984年2月，恢复48个乡、镇人民政府。1995年11月20日调整行政区划，全县辖12个镇12个乡。2005年，由24个乡镇撤并为11个镇、4个乡，共15个乡镇，即：桃花江镇、修山镇、三堂街镇、鸬鹚渡镇、大栗港镇、武潭镇、马迹塘镇、石牛江镇、牛田镇、松木塘镇、灰山港镇、浮邱山乡、高桥乡、沾溪乡、鲊埠回族乡。下辖25个社区、284个行政村，2836个村民小组。2010年9月，湖南省人民政府正式批准沾溪乡撤乡设镇。

县境位于湘中偏北，资水中下游，属山、岗、丘、平原并有的丘陵地。西南、西北多山，东北地势平坦，平均海拔200米。是雪峰山余脉向洞庭湖平原过渡的环湖丘岗地带，地理坐标为北纬28°13′～28°41′、东经111°36′～112°19′。桃江与周边三市三区三县相邻：东与益阳市赫山区相抵，南与长沙市宁乡县接壤，西、西南与安化县相连，西北与常德市鼎城区相接，北与常德市汉寿县共壤，东北与益阳市资阳区相接。东西长73.3公里，南北宽51.5公里，总面积2068平方公里。

县境系雪峰山余脉向洞庭湖过渡交接地带。西南部山峦重叠，连绵不断；西北部山丘相间，蜿蜒曲折；东部丘陵起伏，基本连成一线。唯中部东北角地势低平，资水自西部入境，自西向东纵贯其中，而桃花江（杨柳溪）又从南到北，于县城汇合，形成广阔的长约80公里的弧形平岗地带。其中又间有南北走向的浮邱山脉和西东走向的水井坡，将弧形地带分成西、东、南3个部分，构成3个不同形状的盆地。

以资水为界，县境山脉分南北两系。江北为武陵山余脉，呈东西走向，山势低绵，天池山、寨子岗、犀牛山、修山，海拔在300～400米之间。江南属雪峰山余脉，自南向东北延伸，群山高峻。猴家大山为县境第一高山，海拔917.5米，是桃江与宁乡两县的天然分界线。全县海拔300米以上的山共计44座，其中500～800米的18座，800米以上的4座。

县境河流发达，水资源丰富。

资江干流横贯境内，支流网布，流域面积在100平方公里以上的支流7条，50 ~ 100平方公里的支流8条，5 ~ 50平方公里的支流62条。

县境属亚热带季风性湿润气候，年平均气温在16.0℃ ~ 17.6℃之间。一年中1月最冷，7月最热，气温年差为7.8℃，具有严寒期短，暑热期长；夏季时间长，暑热期也长；热量充足，雨水集中；春温多变，夏秋多旱等特征。境内光照资源丰富，年日照时数4425.4小时。年平均降水量1568.9毫米，具有西南多、东南少的特点。

县境自然环境优越，自然资源丰富。地貌组合呈“六山一水两分田，一分道路与庄园”的格局。农业用地262万亩，其中耕地66万亩。林地面积197万亩，其中竹林面积103万亩，立竹总量1.9亿株；森林覆盖率62.98%，林木绿化率64.15%；活立木总蓄积466.9万立方米，生态公益林102.4万亩；各类林地固碳总量为400.7152吨，森林生态效益总价值为255.7797亿元。主要林木为杉木、松类，主要林种有经济林和特种用途林。

县境野生动物资源种类繁多，有19目41科107种，其中哺乳纲5目10科24种，鸟纲10目21科53种，爬行纲2目6科12种，两栖纲2目4科18种。兽类24种，其中有国家一级保护动物云豹，国家二级保护动物豺、穿山甲、小灵猫、水獭。禽类53种，其中国家一级保护禽类有白鹤、中华秋沙鸭，国家二级保护禽类有猫头鹰、猴面鹰、毛冠鹿等11种。木本植物有86科436种，其中裸子植物8科35种，主要有松科、杉科、柏科；被子植物78科401种。野生植物有树种89科467种。其中国家一级保护植物有银杏、水杉、苏铁、南方红豆杉4种，国家二级保护植物有金钱松、樟树、楠木、香榧等10种。

县境发现的矿藏有25种，已探明储量的矿产15种，潜在经济价值84.39亿元。E级储量潜在经济价值750.5亿元。其中燃源矿产有煤、石煤、铀3种，金属矿产有金、银、锰、铁、钒、锑、钨、钼、铅、锌10种，非金属矿产有硫铁矿、花岗石、石灰石、硅石、高岭土、黏土、页岩、砷、重晶石、水晶、矿泉水、陶粒板岩12种，主要分布在灰山港、松木塘、鸬鹚渡、三堂街等地。

1949年年末全县共有人口43.99万人，1986年增长到73.99万人。2014年年末，全县总人口为89.86万人，常住人口79.07万人，其中男性40.99万人、女性38.08万人，人口出生率为12.55‰，死亡率为6.48‰，人口自然增长率为6.07‰。桃江自古为汉族聚居地，占全县总人口的98.98%；少数民族人口1.12万人，占全县总人口的1.02%。现有文字记载的最早的汉人为马迹塘袁姓，其始祖于隋大业年间（605 ~ 618）从河南迁入。全县共有回民9600余人。明成化十三年（1477），回民李朝柏从常德迁入。1984年9月，经湖南省人民政府批准成立的鲊埠回族乡是益阳市唯一的少数民族乡，辖9个村、1个社区，其中2个村为回民聚居村，其他村（社区）为回汉杂居。另外有三堂街的晚谷村、花桥坪村2个回族村。其他少数民族有藏族、苗族、蒙古族、壮族、满族、侗族、瑶族、彝族、畲族、黎族、白族、傣族、佤族、土族、土家族、仡佬族、仫佬族、傈僳族、拉祜族、毛南族、东乡族、朝鲜族、纳西族、布依族、哈尼族等25个。这些民族多者上百人，少仅数人，散居城乡，因工作分配、经商、婚嫁等陆续迁入。

2014年，全县辖12镇、3乡，其中，少数民族乡1个（鲊埠回族乡），土地面积2068平方公里，其中，耕地面积44千公顷。年末总人口89.86万，比上年增加0.95万人，其中少数民族人口1.16万，城镇化率40.08%。人口出生率为12.55‰，死亡率为6.48‰，人口自然增长率为6.07‰。年内气温最高38.4℃，最低−5.8℃，年降水量1668.7毫米。

国民经济和社会发展状况

【概况】 2014年实现地区生产总值188.08亿元，比上年增长11%。其中，第一产业增加值34.95亿元，增长5.2%；第二产业增加值88.44亿元，增长11.3%；第三产业增加值64.69亿元，增长13.6%。三次产业结构由上年的18.9 ∶ 48.0 ∶ 33.1调整为18.6 ∶ 47.0 ∶ 34.4，完成公共财政收入93691万元，比上年增长7.6%，其中地方财政收入55196万元，增长12.3%。

现代农业提质增效。全年完成农林牧渔业总产值55.84亿元，比上年增长5.2%。其中：农业产值25.35亿元，增长7.1%；林业产值4.96亿元，增长2.5%；牧业产值23.68亿元，增长3.5%；渔业产值0.98亿元，增长7.6%；农林牧渔服务业产值0.87亿元，增长12.1%。粮食种植面积98.15万亩，粮食总产量36.7万吨，比上年增长2.7%，其中水稻产量33.19万吨，增长3.3%。油菜种植面积28.67万亩，增长1.5%，产量28952吨，增长3.6%。肉类总产量83997吨，增长5.1%；出栏生猪96.95万头，增长4%；出栏牛3.42万头，增长6.2%；出栏羊1.24万只，增长7.8%；出笼家禽569.61万羽，下降1.4%；禽蛋产量20021吨，增长2%；水产品产量8726吨，增长7.7%。“桃江绿茶”获批国家地理标志证明商标。全年退耕还林、植树造林4.2万亩。建成4个高标准笋竹示范基地，建设笋用林4000亩，修建林道324公里。竹林低改5万亩，竹林亩均收入增长3倍以上。年末林业用地面积稳定在187万亩以上，森林覆盖率62.98%。流转土地52.3万亩，新增茶园基地3000亩、蔬菜基地500亩、油茶林10000亩，新发展农民合作社59个、家庭农场345家，带动农民就业近9万人。积极推进畜禽规模化、标准化养殖，全年出栏生猪98万头。桃江农业科技园获批为省级园区。严守耕地保护红线，农村土地综合整治示范县项目一期全面完成。共+完成病险水库除险加固30座；新建集中供水工程14处，解决7.4万人饮水不安全问题；獭溪河和沂溪河河道治理30.4公里；堤防固脚护坡加固1.5公里。年末农业机械总动力79.25万千瓦。

工业经济量效提升。大力推动产业结构调整，淘汰关闭落后产能企业12家，灰山港、松木塘地区资源整合一期全面完成。加快科技创新和品牌建设步伐，开展“县长质量奖”评选活动，新增紫荆铸业、瑞龙新材料两家高新技术企业，资江缘茶叶、杨林福晶木业成为省著名商标。丰岩新材料陶粒页岩、环宇无纺布技改、中源钢铁等5个项目竣工投产，久通锑业年产5000吨锑白加工、志洲砂浆复合料等5个项目进展顺利。市属下划4家国有企业改制人资分离基本完成。全县规模以上工业企业186家，比上年净增15家，全年完成规模工业增加值86.32亿元，比上年增长11.9%。其中轻工业增加值22.72亿元，增长14.3%;重工业增加值63.6亿元，增长11.1%。按主要产业分，竹木产业增加值29.12亿元，占规模工业比重33.7%，增长8.8%；建材产业11.87亿元，占比13.8%，增长9.7%；食品产业8.88亿元，占比10.3%，增长13.2%。园区规模工业增加值31.04亿元，占全部规模工业的比重为36%。规模以上工业实现主营业务收入290.51亿元，比上年增长19%，工业产品销售率100%。规模以上工业经济效益综合指数为400.34%，比上年提高42.1个百分点。单位规模工业增加值能耗为0.97吨标煤/万元，比上年降低10.2%。全年完成建筑业增加值8.77亿元，比上年增长10.4%。全县具有资质等级的总承包和专业承包建筑业企业16家，完成建筑业产值28.5亿元，增长22.5%；竣工产值25.5亿元，增长30.7%。

第三产业平稳发展。完成三产业增加值63.6亿元，同比增长12.2%。出台促进第三产业发展若干意见，重点谋划包装十大项目，引进中广（国际）传媒建设文体中心。桃花南路农贸市场建成投入使用，县城A类屠宰场完成主体工程。金融保险、电子商务、信息咨询等生产性服务业有新的发展，华融湘江银行桃江县支行正式营业，新增2家省级电子商务示范企业。全年实现社会消费品零售总额69亿元，比上年增长12.9%。按规模分，限额以上批零住餐单位零售额20.82亿元，增长26.6%，限额以下单位零售额48.18亿元，增长7.9%。按经营地分，城镇消费品零售额58.03亿元；乡村消费品零售额10.97亿元。按行业分，批发业零售额3.67亿元，增长12.7%；零售业零售额59.14亿元，增长13%；住宿业零售额0.81亿元，增长14.6%；餐饮业零售额5.38亿元，增长11.7%。全年外贸进出口总额1737万美元，比上年增长7.3%，其中：出口1582万美元，增长9.6%；进口155万美元，下降11.5%。浮邱山景区综合开发全面进行，建成了以美人文化主题为特色的华美达四星级酒店。全年共接待游客320万人次，创旅游综合收入12.25亿元，比上年分别增长12.7%和13.4%。全县邮政通信业务收入3.4亿元，比上年增长2.2%；年末固定电话用户4.28万户，下降18.5%；移动电话用户42.98万户，增长7.7%；宽带用户3.92万户，下降19.7%。年末手机互联网用户31.11万户。全县金融机构各项存款余额（本币，下同）为1596850万元，比年初增加240367万元，比上年增长17.7%，各项贷款余额为599006万元，增加43174万元，增长7.8%，城乡居民储蓄存款余额为1227472万元，增加200131万元，增长19.5%。全年保险公司保费收入3.94亿元，下降1.1%。

完成交通重点项目建设投资12亿元。桃灰公路提质改造、江北公路和茅东公路桃江段改造竣工通车，益阳南线高速完成路基工程，益娄高速动工建设，益马高速启动征拆工作。牛大公路、资阳杨林坳至高桥公路、石牛江绕镇公路建设获省发改委工可批复。三堂街镇、大栗港镇客运站完成主体工程。硬化农村公路100公里，改造危桥74座。全年硬化农村公路104.5公里，改造危桥74座。年末民用车辆拥有量114965辆，比上年增长18.5%，其中汽车38329辆，增长33.8%。全年全社会货物周转量118118万吨公里，旅客周转量86084万人公里，分别增长14.4%和8.2%。

固定资产投资取得实效。完成固定资产投资145.58亿元，比上年增长22.7%。全县投资在建项目（不含房地产）520个，比上年增加107个，完成投资135.58亿元，增长24.4%。其中按经济类型分，国有投资46.13亿元，增长11.3%，非国有投资89.45亿元，增长32.4%。按产业分，第一产业投资6.03亿元，增长35.6%；第二产业投资79.65亿元，增长30.3%，其中工业投资74.45亿元，增长25.4%；第三产业投资49.9亿元，增长14.8%。三次产业投资结构由上年的4.1 ∶ 56.1 ∶ 39.8调整为4.4 ∶ 58.8 ∶ 36.8。全县22家房地产开发企业共完成投资10亿元，比上年增长9.3%；施工房屋面积139.73万平方米，增长19.1%；商品房屋销售面积45.41万平方米，增长2.5%。全年直接利用县域外资金63.1亿元，比上年增长26%，其中，内联引资61.76亿元，增长24.3%；直接利用外资2358万美元，增长4.5%。完成立项争资14亿元。实行县级领导联系重点招商项目责任制，注重发挥网络、乡友、驻点招商平台作用，引进投资过亿元项目5个、过5000万元项目12个。加大土地储备经营力度，成立县土地储备中心，完成土地报批3420亩，县城规划区土地储备达到5000亩，融资10.2亿元。

园区建设城镇建设加快。牛潭河工业园完成基础建设投资6亿元。建成标准化厂房13.5万平方米，新修主干道路4.2公里，“三纵六横”路网基本成型。平整土地800亩、报批575亩，完成污水处理厂前期工作。博得科技、福德电气建成试生产，桃花江实业重组竹材完成主体工程，万维竹业、华艳药业二期进展顺利。新引进竹产业开发合作、防化滤毒通风设备2个投资过亿元项目。园区调扩区工作全面完成。灰山港省级工业集中区完成核心区控制性详规编制，平整土地300亩。完成城镇建设投资7亿元。出台加快推进新型城镇化实施意见。县城防洪规划、排水防涝规划、规划区内拆迁安置规划和主要区域控制性详规完成编制。芙蓉路和文化路实现提质改造，桃花江大道配套工程、獭溪路建设全面完工，金盆南路、花桥路、金凤路改造实现车行道通车。完成枣树潭和七星河区域雨污分流工程。创新县城征拆工作机制，落实三级联动查违控违拆违责任，县城征拆秩序进一步规范，违法违章建筑逐步得到遏制。推进县城网格化管理，“创卫”工作进入省级评估阶段。灰山港、马迹塘成为国家级重点镇。

人居环境不断改善。完成桃花江灌区续建配套与节水改造工程年度任务。全面完成30个电气化村和溪浙线800千伏特高压线路建设，新建4条10千伏电力线路。建成农村广播网，入户安装“村村通”直播卫星设备3545套。通信站点和邮政网点建设不断加强。两型社会示范建设成效明显，算盘洲集中居住区一期和环山公路样板工程全面建成，株木潭村成为省级两型村庄。美丽乡村和人居环境整治村建设扎实推进，崈峒村成为省级美丽乡村示范村。农村清洁工程和户外广告整治成果得到巩固。加强环境综合治理，整改污染隐患企业104家，完成地质灾害应急治理4处，安全处置涉锑涉重企业废渣废料，志溪河和资江河道整治取得成效。羞女湖国家湿地公园项目通过国家级评审。全县城镇污水处理率达90%、空气质量达标率98.6%、地表水质达标率100%、农村垃圾集中处理率95.1%。

各项事业协调推进。共申报各级各类科技项目21个，其中国家科技型中小企业技术创新基金项目4个，共争取科技扶助资金286万元。专利申请量为238项，其中发明专利30件，专利授权量100项。全县共有高新技术企业9家，高新技术产业增加值25.2亿元。全年共签订产学研合作协议3项。9月20日，全国科普日湖南主场科普活动在县城举行。全县拥有中小学校（含幼儿教育学校）288所，其中普通高中5所、初中44所、小学98所、幼儿教育学校138所、特殊教育学校1所、职业高中2所。在校学生102154人，其中普通高中10820人、初中21993人、小学45123人、幼儿教育学校20271人、特殊教育学校74人、职业高中3873人。全县小学年辍学率为0，初中年辍学率为0.7%。高考本科一批上线704人，上线率22.6%，比上年提高6.58个百分点；本科二批以上上线1643人，上线率51.49%，提高6.54百分点，1名学生录入清华。中考九个学科的总分合格率居益阳市第二、总平均分居益阳市第一。桃江四中被评为“全国教育系统先进单位”。全年建设合格学校20所。改扩建桂花园小学，新设县七中初中部，新增县城中小学学位1700个。为义务教育阶段学生免除学杂费等共计5464.69万元；对各级各类贫困学生资助金额达1669万元。全县有图书馆1个，公共图书总藏量13万册；乡镇综合文化站15个，农家书屋286家。全县共有国家级文物保护单位1处，省级文物保护单位3处，市级文物保护单位10处，县级文物保护单位

53处。年末全县共有有线电视用户7.2万户，广播、电视综合覆盖率均为90%。完成《桃花江历史文化丛书》编撰，联合拍摄的电影《我要回桃花江》，荣获省十二届精神文明建设“五个一工程”奖。有各类文艺队伍300余支，其中，花鼓剧团4个，军鼓队28支，乐队63支，腰鼓队67支，健身舞队102个，舞龙舞狮队伍27支，文艺表演队46支。全年送戏下乡60场，公益电影放映3604场，开展了“核电杯”“欢乐潇湘、歌唱桃江”系列群众文化活动，3000多名群众演职人员和10万余名观众共同参与。完成了省级文物保护单位跃龙塔保护修缮及县影剧院升级维修改造、县图书馆北大门恢复改造工程。

县人民医院加盟省人民医院集团，完成县人民医院旧住院楼改造和县精神病医院、桃花江中心医院及2所乡镇卫生院改扩建，为20万人民群众提供免费健康体检。全年建成了县精神病医院、桃花江中心医院住院楼，改扩建了大栗港、鲊埠2所乡镇卫生院住院楼、公卫楼。开展了省级示范乡镇卫生院创建与标准化乡镇卫生院和村卫生室建设工作，申报省级示范乡镇卫生院1所，标准化乡镇卫生院11所，标准化村卫生室43个。全年共有724389名农民参加新型农村合作医疗，参合率97.71%，统筹地区住院报销水平76.51%。年末共有医疗卫生机构25个；卫生机构实际开放病床数3461张；卫生技术人员3048人，其中：执业医师和执业助理医师1116人，注册护士1095人。全县新生儿死亡率为2.29‰；孕产妇住院分娩率为99.9%，高危孕产妇管理率为100%；7岁以下儿童保健管理率为86.07%。全年未发生重大食品安全事件。承办2014年湖南省青少年武术锦标赛，在湖南省第十二届运动会上夺取金牌10枚。组织参加了益阳市第十四届大众运动会，获得金牌8枚、银牌10枚、铜牌6枚。举办了桃江县第十届大众运动会，全年先后组织篮球比赛、钓鱼比赛、登山比赛等赛事活动50多次。

各项改革深入推进。新一轮行政审批事项清理全面完成，精简政务服务事项122项，取消收费项目44项。政府机构改革和事业单位分类改革有序推进，食品药品监管体制改革基本完成。推行部门预算，全面公开县直部门预决算和“三公”经费预决算。实施新一轮乡镇财政体制改革，乡镇基本支出与县直部门实现同口径预算，村级（社区）运转经费逐步增长。深入推进财政“三项改革”，成立县财政投融资管理中心，财政资金支出管理得到加强。强化税控联管，建成社会综合治税系统，财政收入稳步增长。县信用联社改制组建农村商业银行进展顺利，农村“三权”抵押融资试点工作全面启动。村级“四位一体”改革全面完成，农村土地承包经营权确权登记颁证整县推进试点工作完成目标任务。

社会大局保持稳定。群众性精神文明创建活动深入开展，社会主义核心价值观教育实践活动全面推进。严格落实安全生产责任，强力推进安全隐患排查整治“百日行动”，深入开展打非治违和“六打六治”专项行动，完成高危行业、落后企业关闭任务。强力推进治超治限专项整治，车辆超载超限得到遏制。全面推进信访制度改革，认真落实诉讼与信访分离制度，完善县、乡、村三级接访平台和应急预案体系，全面推行人民调解“以案定补”，及时妥善处理信访突出问题，信访形势平稳向好。扎实推进“平安桃江”建设，不断完善治安防控体系，新建治安电子卡口11个，新增城镇“天网工程”无线视频监控设备260部。推行“一村一警”和社区“四员联动”警务模式，大力开展严打专项行动，社会治安稳定好转。

民生保障不断加强。加大民生投入力度，民生支出占公共财政总支出比重达76%。新增城镇就业5100人、农村劳动力转移就业4210人。“五大保险”覆盖面不断扩大，新农合、新农保参合参保率分别为97.7%、85%。城镇职工医疗互助活动参与面达80%。住房公积金扩面提标，发放住房贷款1亿元。新建、改建敬老院2所。残疾人康复工作和无障碍设施建设取得成效。行政事业单位干部职工津补贴和村干部待遇实现提标。新建廉租房、公租房1979套，改造农村危房1203户。省市为民办实事任务全面完成。城乡居民人均可支配收入14577元，比上年增长10.8%。人均消费总支出13429元，人均文教娱乐服务消费支出2013元，占消费总支出比重为15%，人均住房使用面积53平方米。按城镇农村分，城镇居民人均可支配收入21082元，比上年增长8.5%。农村居民人均可支配收入10976元，增长13.4%。参加企业养老、机关事业单位养老、城镇职工医疗、城镇居民医疗、失业、工伤和生育保险人数分别达到4.6万人、1.67万人、4.49万人、3.53万人、3.12万人、5.18万人和2.2万人，共计征缴基金3.6亿元；参加新型农村社会养老保险31.51万人，缴费3357万元。全年发放就业再就业小额担保贷款6885.2万元，新增创业4127人，新增创业实体3227户。城镇新增就业5125人，新增农村劳动力转移就业4211人，职业技能培训2134人。全年共保障城市低保对象9550户14125人，月人均补差270元；保障农村低保对象17253户33200人，月人均补差120元；供养“五保”对象7160人，年供养标准提高到2460元。全年救助医疗救助对象9712人次，发放医疗救助金825.8万元；发放45名百岁老人长寿保健金21.6万元。全年共下拨和发放救灾资金550万元。完成了桃花江镇资江路社区、鸬鹚渡镇清塘村、灰山港镇甘泉山村省级养老服务示范点建设。全年销售福利彩票2110万元，筹集福彩公益金117万元。

中共桃江县委员会

【中共桃江县委领导人名录】

书　　记　谭建华

副 书 记　何军田　向　荣

常　　委　陈万军　陈震宇

胡国清　肖立新

雷越毅　周卫星

刘　俊　曹　萍

年度文件目录

【桃发文件目录】

1. 关于表彰2013年度先进单位和先进个人的决定（桃发〔2014〕1号）2月8日

2. 关于表彰2013年度全县党管武装工作先进单位和先进个人的通报（桃发〔2014〕2号）2月1日

3. 关于深入开展党的群众路线教育实践活动的实施意见（桃发〔2014〕3号）3月3日

4. 关于表彰2013年度桃江县精神文明建设先进单位和先进个人的决定（桃发〔2014〕4号）3月3日

5. 关于印发《2014年桃江县乡镇和县直、双重管理部门重点工作目标绩效考核办法》的通知（桃发〔2014〕5号）4月4日

6. 关于深化平安桃江建设的实施意见（桃发〔2014〕6号）4月10日

7. 关于鼓励和支持重点工业企业发展的若干意见（试行）（桃发〔2014〕7号）4月17日

8. 关于向郭政安同志学习的决定（桃发〔2014〕8号）5月22日

9. 关于表彰桃江县2014年度先进党组织党务工作先进单位优秀共产党员和优秀党务工作者的决定（桃发〔2014〕9号）6月30日

10. 关于规划支持重点项目促进第三产业发展的若干意见（桃发〔2014〕10号）6月30日

11. 关于加快推进全面建成小康社会的意见（桃发〔2014〕11号）7月31日

12. 关于进一步加快竹产业发展的意见（桃发〔2014〕12号）7月31日

13. 关于废止和宣布一批党内规范性文件的决定（桃发〔2014〕13号）9月23日

14. 关于加快推进新型城镇化的实施意见（桃发〔2014〕14号）11月6日

15. 关于印发《深入学习宣传贯彻党的十八届四中全会精神实施方案》的通知（桃发〔2014〕15号）11月13日

【桃委文件目录】

1. 关于印发《中共桃江县委常委会深入开展党的群众路线教育实践活动实施方案》的通知（桃委〔2014〕1号）3月3日

2. 关于省委巡视第一组反馈意见整改落实情况报告（桃委〔2014〕2号）5月19日

3. 关于成立县委全面深化改革领导小组的通知（桃委〔2014〕3号）5月13日

4. 关于召开党的群众路线教育实践活动专题民主生活会的请示（桃委〔2014〕4号）6月11日

5. 关于成立中国共产党桃江县非公有制经济组织工作委员会中国共产党桃江县社会组织工作委员会的通知（桃委〔2014〕5号）12月30日

【桃办发文件目录】

1. 关于印发《桃江县规范机关事业单位人事管理若干规定》的通知（桃办发〔2014〕1号）1月23日

2. 关于印发《2014 年桃江县宣传思想工作要点》的通知（桃办发〔2014〕2 号）3 月 6 日

3. 关于转发《桃江县 2014 年度精神文明建设先进单位和先进个人评选表彰办法》的通知（桃办发〔2014〕3 号）3 月 6 日

4. 关于印发《桃江县创建省级卫生县城工作考评办法》的通知（桃办发〔2014〕4 号）3 月 5 日

5. 关于印发《2014 年县委中心组学习安排意见》的通知（桃办发〔2014〕5 号）3 月 6 日

6. 关于印发《桃江县重大事项社会稳定风险评估办法》的通知（桃办发〔2014〕6 号）4 月 8 日

7. 关于印发《桃江县鼓励全民创业暂行办法》的通知（桃办发〔2014〕8 号）6 月 11 日

8. 关于加强和改进信访工作的意见（桃办发〔2014〕9 号）7 月 4 日

9. 关于印发《桃江县县级议事协调机构管理办法》的通知（桃办发〔2014〕10 号）8 月 29 日

10. 关于切实减轻工作负担 强化村（社区）工作保障的实施意见（桃办发〔2014〕11 号）8 月 29 日

11. 关于印发《桃江县村级（社区）财务"十不准"暂行规定》的通知（桃办发〔2014〕12 号）9 月 19 日

12. 关于印发《桃江县党政机关办公大院管理暂行办法》的通知（桃办发〔2014〕13 号）9 月 30 日

13. 关于印发《桃江县党政机关国内公务接待管理实施细则》的通知（桃办发〔2014〕14 号）10 月 29 日

14. 关于印发《桃江县鼓励全民创新创业暂行办法》的通知（桃办发〔2014〕15 号）11 月 6 日

15. 关于党委（党组、工委）领导班子贯彻落实"三重一大"事项集体决策制度的实施意见（桃办发〔2014〕16 号）12 月 5 日

16. 关于印发《桃江县党员干部直接联系群众实施办法》的通知（桃办发〔2014〕17 号）12 月 17 日

17. 关于重申严禁公职人员违规经商办企业和插手干预市场经济活动的通知（桃办发〔2014〕18 号）12 月 27 日

【桃办文件目录】

1. 关于印发《2014 年县委经济工作会议表彰人员评选方案》的通知（桃办〔2014〕1 号）1 月 2 日

2. 关于认真组织实施全县"双十工程"的通知（桃办〔2014〕2 号）1 月 2 日

3. 关于印发《桃江县 2014 年办实事送温暖活动实施方案》的通知（桃办〔2014〕3 号）1 月 3 日

4. 关于印发《桃江县清理党政机关领导干部违规占用住房工作实施方案》的通知（桃办〔2014〕4 号）1 月 10 日

5. 关于印发《桃江县村党组织换届选举工作实施方案》的通知（桃办〔2014〕5 号）1 月 16 日

6. 关于 2013 年度全县五项重点工作考核结果的通报（桃办〔2014〕6 号）1 月 21 日

7. 关于做好 2014 年办公室人员跟班学习工作的通知（桃办〔2014〕8 号）1 月 23 日

8. 关于印发《深入学习宣传贯彻党的十八届三中全会精神实施方案》的通知（桃办〔2014〕9 号）1 月 24 日

9. 关于印发《中共桃江县委办公室室务会成员分工》的通知（桃办〔2014〕10 号）2 月 8 日

10. 关于 2013 年度全县人口和计划生育工作评估排队情况的通报（桃办〔2014〕11 号）2 月 11 日

11. 关于召开 2014 年县委经济工作会议的通知（桃办〔2014〕13 号）2 月 11 日

12. 关于印发《2014 年部分处级干部协管工作安排》的通知（桃办〔2014〕14 号）2 月 14 日

13. 关于印发《2014 年五项重点工作目标管理考核办法》的通知（桃办〔2014〕15 号）2 月 14 日

14. 关于调整"三访三化促发展解民忧"专项活动县级领导县直单位联点安排的通知（桃办〔2014〕16 号）2 月 14 日

15. 关于印发《桃江县第九次村民委员会换届选举工作实施方案》的通知（桃办〔2014〕17 号）2 月 24 日

16. 关于全县办公室系统服务比拼竞赛活动的表彰通报（桃办〔2014〕18 号）2 月 26 日

17. 关于表彰 2013 年全县办公室工作、党史编纂工作、档案工作先进单位和先进个人的通报（桃办〔2014〕19 号）2 月 26 日

18. 关于表彰 2013 年度作风建设等三项工作先进单位和先进个人的通报（桃办〔2014〕20 号）3 月 1 日

19. 关于成立县委党的群众路线教育实践活动领导小组的通知（桃办〔2014〕21 号）3 月 3 日

20. 关于印发《中共桃江县委桃江县人民政府领导班子成员 2014 年党风廉政建设和反腐败工作责任目标》的通知（桃办〔2014〕22 号）3 月 3 日

21. 关于 2013 年减负惠农政策落实情况的通报（桃办〔2014〕23 号）3 月 3 日

22. 关于表彰 2013 年度农村基

层组织建设和扶贫开发整村推进工作先进单位和先进个人的通报（桃办〔2014〕24号）3月3日

23. 关于表彰2013年度全县维护社会稳定工作先进单位和先进个人的通报（桃办〔2014〕25号）3月6日

24. 关于表彰2013年度全县农业农村工作先进单位和先进个人的通报（桃办〔2014〕26号）3月6日

25. 关于印发《2014年桃江县在职县级干部重点工作目标绩效考核办法》的通知（桃办〔2014〕27号）3月6日

26. 关于成立《桃江历史文化丛书》编撰委员会的通知（桃办〔2014〕28号）3月6日

27. 关于成立县委办公室党的群众路线教育实践活动领导小组的通知（桃办〔2014〕29号）3月12日

28. 关于向离退休党支部派出党的群众路线教育实践活动指导员的通知（桃办〔2014〕30号）3月12日

29. 关于进一步完善征地拆（搬）迁安置工作的通知（桃办〔2014〕31号）3月24日

30. 关于规范2014年表彰奖励工作的意见（桃办〔2014〕32号）3月37日

31. 关于印发《桃江县2014年度人口和计划生育工作目标管理考核评估办法》的通知（桃办〔2014〕33号）4月8日

32. 关于印发《桃江县2014年防汛抗旱工作责任制》的通知（桃办〔2014〕34号）4月9日

33. 关于印发《桃江县办公室系统文稿评选通报制度》的通知（桃办〔2014〕35号）4月10日

34. 关于印发《2014年“欢乐潇湘 歌唱桃江”核电杯系列群众文化活动实施方案》的通知（桃办〔2014〕36号）4月10日

35. 印发《关于开展党内规范性文件清理工作的实施方案》的通知（桃办〔2014〕37号）4月10日

36. 关于表彰2013年度全县加速推进新型工业化先进单位和先进个人的通报（桃办〔2014〕38号）4月10日

37. 关于印发《2014年桃江县乡镇和县直、双重管理部门重点工作目标考核细则》的通知（桃办〔2014〕39号）4月14日

38. 关于印发《2014年城关垸分指挥部县委办系统防汛抢险行动预案》的通知（桃办〔2014〕40号）4月18日

39. 关于印发《2014年城关垸防汛抗旱分指挥部防汛抢险行动方案》的通知（桃办〔2014〕41号）4月18日

40. 关于印发《桃江县2014年作风效能环境建设民意测评实施办法》的通知（桃办〔2014〕42号）4月23日

41. 关于开展为企业排忧为职工解难活动的通知（桃办〔2014〕43号）4月30日

42. 关于建设桃江县基础数据共享系统的通知（桃办〔2014〕44号）5月4日

43. 印发《关于加强县级领导和县直部门联系帮扶社区开展创卫工作的实施方案》的通知（桃办〔2014〕45号）5月4日

44. 关于印发《桃江县2014年省为民办实事新农村示范村建设工作实施方案》的通知（桃办〔2014〕46号）5月16日

45. 桃江县党的群众路线教育实践活动“听民情解民忧”专项活动实施方案（桃办〔2014〕47号）5月30日

46. 关于做好先进基层党组织、党务工作先进单位、优秀共产党员和优秀党务工作者推荐工作的通知（桃办〔2014〕48号）6月5日

47. 关于调整县委农村工作领导小组职能和成员的通知（桃办〔2014〕49号）6月5日

48. 关于印发《桃花江核电项目科普宣传（公众沟通）工作实施方案》的通知（桃办〔2014〕50号）6月20日

49. 桃江县2014年为民办实事实施意见（桃办〔2014〕51号）7月1日

50. 关于印发《桃江县“局长包路段”工作实施方案》的通知（桃办〔2014〕52号）7月1日

51. 关于印发《2014年全县农业农村工作目标绩效考核办法》的通知（桃办〔2014〕53号）7月1日

52. 关于组织开展“八一”期间拥军优属活动的通知（桃办〔2014〕54号）7月18日

53. 关于切实做好“两会一部”清理整顿后续工作的通知（桃办〔2014〕55号）7月18日

54. 关于印发《中共桃江县委全面深化改革领导小组专项小组成员名单》的通知（桃办〔2014〕56号）8月5日

55. 关于印发《桃江县加强县城规划区三级联动查违控违拆违工作实施方案》的通知（桃办〔2014〕57号）8月18日

56. 关于印发《桃江县第二届楠竹“竹王”评选活动实施方案》的通知（桃办〔2014〕58号）8月18日

57. 关于成立桃江县承办2014年全国科普日湖南主场活动领导小组的通知（桃办〔2014〕59号）8月26日

58. 关于中秋、国庆期间整治"四风"问题的通知(桃办〔2014〕60号) 8月29日

59. 关于盛源矿业有限公司桃江县源嘉桥硫铁矿"9·1"安全事故情况的通报(桃办〔2014〕61号) 9月3日

60. 关于召开县委中心组(扩大)2014年第三次集中学习暨经济工作务虚会的通知(桃办〔2014〕62号) 9月9日

61. 关于印发《桃江县村公共服务事务目录(暂行)》和《桃江县社区公共服务事务目录(暂行)》的通知(桃办〔2014〕63号) 9月23日

62. 2014年桃江县迎接市对县绩效评估工作实施方案(桃办〔2014〕64号) 9月29日

63. 关于做好国庆期间有关工作的通知(桃办〔2014〕65号) 9月29日

64. 转发《中共桃江县委宣传部关于2014年组织推动培育和践行社会主义核心价值观工作实施方案》的通知(桃办〔2014〕66号) 10月9日

65. 关于调整县级领导联系重点工业企业和重点招商项目的通知(桃办〔2014〕67号) 10月14日

66. 关于印发《桃江县严格控制规范管理论坛展会运动会的实施细则(试行)》的通知(桃办〔2014〕68号) 10月14日

67. 关于开展2014年度慈善一日捐活动的通知(桃办〔2014〕69号) 10月23日

68. 关于印发《中共桃江县委全面深化改革领导小组2014年工作要点及责任分工》的通知(桃办〔2014〕70号) 10月31日

69. 关于印发《桃江县事业单位分类工作方案》和《桃江县事业单位分类指导目录》的通知(桃办〔2014〕71号) 10月31日

70. 关于做好2015年度全县党报党刊发行工作的通知(桃办〔2014〕72号) 10月31日

71. 关于印发《桃江县职业教育中心建设实施方案》的通知(桃办〔2014〕73号) 11月10日

72. 关于黄湘等同志职务任免的通知(桃办〔2014〕74号) 11月27日

73. 关于印发《县委办公室2014年工作目标管理考核办法》的通知(桃办〔2014〕75号) 11月27日

74. 关于做好2015年元旦春节期间有关工作的通知(桃办〔2014〕76号) 12月30日

纪检监察

【县纪委领导人名录】

书　记　陈万军

副书记　戴跃峰　刘安军(2014.01止)

　　　　文晓年　蔡重阳(2014.01起)

常　委　龚玉兰　邹武胜

　　　　刘庆辉　龚毅军

　　　　钟国勋

【县监察局领导人名录】

局　长　戴跃峰

副局长　龚玉兰　陈凤鸣

【概况】 县纪委监察局下设办公室、干部室、宣教室、党风室、信访室、审理室、纠风室、执法室、效能室、纪监室等10个室,共有37个编制,实有在职干部职工36人。2014年,县纪委、县监察局认真落实"三转"要求,突出执好纪、问好责、把好关,推动全县党风廉政建设和反腐败斗争向前发展。

落实"两个责任"。认真落实《建立健全惩治和预防腐败体系2013年～2017年工作规划》及市委实施意见,县委常委会议先后十多次就落实省市纪委全会精神、严肃村级换届纪律、村级财务管理、严禁党员干部违规经商、政务公开、公共资源交易、严禁国家公职人员参赌涉赌、中秋国庆期间"四风"问题整治等多项反腐倡廉重点工作进行专题研究并作出具体部署。下发《中共桃江县委桃江县人民政府领导班子成员2014年党风廉政建设和反腐败工作责任目标》,将党风廉政建设和反腐败工作各项任务分解落实到每名县级领导。县委书记、县长与所有乡镇、县直单位党政主要负责人签订党风廉政建设责任状。各乡镇、各县直单位也与所属的各村(社区)及二级机构签订党风廉政建设责任状。县委书记履行"第一责任人"责任,为领导干部上廉政党课,对重要工作亲自部署、重大问题亲自过问、重点环节亲自协调、重要案件亲自督办。县委班子成员定期不定期对分管、联系部门的党风廉政建设工作进行调研、督查,与分管联系部门"一把手"交心谈话,其中县委书记约谈县级领导和乡镇、县直单位主要负责人共152人。将党风廉政建设纳入全县综合目标管理考核范围,并实行"一票否决"。细化分解落实县委常委、县政府班子成员党风廉政建设责任,由县纪委发短信提醒认真履行"一岗双责"。

制度建设。签字背书制度。要求相关事项的主要领导、分管领导、直接责任人在各类调查报告、核查报告等材料上签署明确意见,承诺

所提供的内容客观、真实，并承担相应责任。签字背书的材料留存县纪委，作为实施责任追究的重要依据。一案双查制度。对发生违纪行为的部门单位，在查办违纪违规案件的同时，既追究当事人责任，又倒查相关领导责任，包括党组织的主体责任和纪检组织的监督责任。廉政巡查制度。出台《党风廉政巡查制度》，采取专项巡查、突出问题巡查、驻点巡查、暗访巡查等方式，突出问题导向，注重发现问题，限时整改到位，每三年内对所有正科级以上单位巡查一遍，要求每个被巡查单位至少发现一个问题。述廉评议制度。每年选择3至5个县直单位和乡镇党组织主要负责人，听取关于落实主体责任和“第一责任人”责任情况的报告。2014年对县教育局、武潭镇等5个单位“一把手”进行述廉评议。述廉对象当场接受询问、讲评和现场测评。对述廉中存在的问题，建立台账，限时整改。各乡镇对村干部实行“双述双评”，村干部既要向乡镇党委政府述职述廉，也要向村民代表述职述廉，现场接受讲评、测评，评价情况纳入对各村的综合考评范围。

纪律审查。出台《桃江县反腐败协调办案暂行规定》，每季度组织召开一次反腐败协调小组会议，随时召开案情分析会，提升反腐合力。强化基层纪检组织纪律审查责任，由县纪委各室对15个乡镇、县直纪工委进行分片指导，并把纪律审查情况作为各单位年终履职考评的重要指标，层层传导压力，确保纪律审查工作不留空白。强化线索直查快办，改变过去将线索主要交由乡镇、部门调查的做法，由县纪委监察局机关各室初查初核各类线索。同时，缩短办结时限，一般线索3日内办结，复杂线索10日内办结。召开一次纪律审查工作新闻发布会，对5类9起典型案例曝光；下发案件通报4期，对违反换届纪律案、村干部违纪违法案件点名道姓进行通报。针对村级换届选举中暴露出的村级财务管理问题，县委出台《桃江县村级财务“十不准”》，公开张贴，并印发给各村村民代表。2014年，全县纪检监察机关立案127件，较上年增长31%；结案127件，结案率100%；涉及乡科级干部14人；给予党纪处分96人，同比增长39%，其中党内警告43人、党内严重警告21人、撤销党内职务2人、留党察看4人、开除党籍26人；给予政纪处分35人，同比增长21%，其中行政警告19人、行政记过10人、行政记大过1人、行政撤职3人，开除公职2人。突出查办四类案件：一是严查村级换届类案件。针对村级组织换届矛盾较多的情况，建立快速应对机制，对涉及村干部贿选等5类问题实行直查快办，确保换届期间初信初访办结率达100%。换届期间共收到有关村级问题的举报355件次，其中进入线索集中管理134起、反映村干部“拉票”“贿选”的21起、村干部个人廉洁自律问题45起、选举程序违规问题3起、村干部候选资格问题7起、村级财务等问题49起。经调查，属实的45起，其中立案查处23起，移送公安机关1起2人，移送检察院1起4人，诫勉谈话22起52人；不属实88起，1起暂存。二是严查贪污贿赂案件。共立案21人。三是严查侵害群众利益案件。重点查处群众反映强烈的保障资金、涉农资金管理使用方面的案件。四是严查失职渎职类案件。共立案34人。

作风建设。落实中央、省、市作风建设规定和《桃江县十个一律免职和十八个一律问责暂行规定》，推行纪委干部节假日前后值班巡查制度，在县委党政大楼设立监督岗，高考后及时向学生家长印发公开信。查处在公务活动和节日期间赠送、接受礼品和各种有价证券、支付凭证问题8起8人，查处公款大吃大喝、参与高消费问题5起5人。设立“5910”廉政账户，公职人员主动上缴红包礼金16.7万多元。盯住清明、中秋、国庆等重要时间节点，共开展联合督查30多次，立案查处24人，免职16人，下发督查通报5期，对26个单位24名工作人员予以点名道姓通报批评。

监督问责。加强对“一把手”的监督，针对事权、财权和用人权，严格落实“三不一末位”制度，在年终考核、廉政巡查时进行重点督查。加强对重要岗位、重点项目的监督，对43个县直单位的重点项目、重要岗位开展廉政风险防控。强化对“三重一大”事项全过程的监督，建议县委出台了《“三重一大”事项集体决策制度》。严格执行领导干部个人重大事项报告制度，62名副科级以上干部履行了个人重大事项（婚丧喜庆事宜）申报登记手续。县纪委干部参加各单位民主生活会，加强对领导班子履行职责和权力行使情况的监督。开展“民本纪检与您同行”大接访大宣传活动，出台《关于进一步加强纪检监察信访举报工作的意见》，明确每周一为“开门接访日”，乡镇的接访地点为群众信访接待调处中心，县纪委监察局班子成员轮流到信访室坐班接访。加强舆论监督，及时收集各类网络舆情87起，并及时予以调查和回复。印制5000份党风政风监督联系卡，列举一系列的信访举报方法，引导群众合理反映问题。聘请46名党风政风监督员，实施有奖举报，并与县纪委单线联系。2014年，对44名党员领导干部进行了信访监督，其中函询14人次，诫勉谈话30人次，任前廉政谈话10人次，廉政约谈18人次。开展节点预警，在端午、中秋等重要节假日，向全县领导干部发送厉行节约、廉洁自律等短信2000余条。

廉政教育。开展“党纪条规教育年”活动，组织县级领导、各乡镇和县直单位“一把手”共146人到长沙监狱接受警示教育。落实“一把手”上廉政党课制度，各乡镇和县直各单位党政正职讲授党纪条规专题廉政党课141堂。结合衡阳破坏选举案等反面教材，开展以“严守党纪、廉洁从政”为主题的专题教育活动。支持桃江花鼓戏剧团编排原创廉政花鼓戏《民大于天》，并到各乡镇巡回演出。编印《党纪条规资料汇编》3800多份，发放至全县中层骨干以上党员干部。以聚焦问题、促进整改、关注民生、纠风治乱为主题，在县电视台开播《清风在线》。发案件查处情况通报4期，对典型案例点名道姓通报曝光。

队伍建设。乡镇纪委书记除分管纪检监察工作和优化经济发展环境工作外，一律不允许分管其他工作，县直单位纪检监察组织负责人原则上不得兼职和分管其他业务工作。由县纪委监察局牵头参与的议事协调机构减少到15个。调整6名乡镇纪委副书记或监察室主任，县委党校等8个单位配备纪（工）委副书记或监察室主任，106个“两新”组织党支部设立纪检员。组织200名纪检监察干部走进92个村开展大调研大走访，累计走访群众1万余人，评选优秀调研报告20篇，解决突出问题120多个。县纪委监察局机关党员干部联系两个村的“三访三化”，每月轮流到村上开展3天的上门走访，帮助解决群众反映的实际困难27起。对重大或疑难信访问题进行公开答复，并对实名举报件进行回访。全年共回访153件次，回访率达90%，召开信访答复会5次。举办纪检监察干部培训班2期，选拔3名纪检监察干部到省、市跟班学习，选派9名乡镇、县直纪检监察干部到县纪委跟班学习。1名县纪委副书记被交流，调入1名县纪委副书记，公开考选1名办案干部，4名乡镇纪委书记被提拔重用为乡镇党委副书记，1名对外交流。严格落实市纪委关于纪检监察干部的十个严禁，对两名纪检监察干部上班时间上网炒股、浏览购物网站等问题，给予通报批评并免职。（龚毅军）

【开展党风廉政巡查和述廉评议】 3月5日，县纪委、监察局印发《桃江县党风廉政巡查制度（试行）》，明确以专项巡查、突出问题巡查、驻点巡查、述廉评议、暗访巡查等方式，每三年对所有正科级以上单位巡查一遍。廉政巡查突出问题导向，注重了解各单位存在的群众反映强烈的问题，党员干部廉洁自律、干部作风建设、“四风”方面的突出问题和经济责任审计中所发现的问题等，研究分析各单位在党风廉政建设中出现的新苗头、新情况、新问题，帮助并督促各单位查找廉政风险点，制定防控措施，堵住廉政建设方面的漏洞。要求每个被巡查单位至少发现一个问题。2014年，对桃花江镇党委、县民政局党组等28个单位开展党风廉政巡查。对县教育工委书记王启武、房产局党组书记李仁高、武潭镇党委书记李庆华、浮邱山乡党委书记刘楚雄、县国土局党组书记罗歆辉等5个单位“一把手”开展了述廉评议。

【开展“民本纪检与您同行”大调研大走访活动】 3月19日，组织召开“民本纪检与您同行”大调研大走访活动动员会。全县200多名纪检监察干部深入15个乡镇100个村，每村走访农户100户，并撰写调研报告。3月20日，县纪委书记陈万军带队到三堂街镇天子仑村、沿潭口村，与农民群众同吃同劳动，并组织召开了座谈会。7月22日，组织评选“民本纪检与您同行”优秀调研报告20篇，其中一等奖3篇、二等奖5篇、三等奖12篇。县纪委撰写的《三堂街镇天子仑村调研报告》、县核电办撰写的《沾溪镇白沙洲村调研报告》、县编办撰写的《三堂街镇龙家段村调研报告》获一等奖。

【开展“民本纪检与您同行”大接访活动】 3—4月，县纪委牵头组织县民政局、县信访局和县司法局开展“民本纪检与您同行”大接访大宣传活动，分别到15个乡镇人口密集区各开展1天集中接访，方便群众反映问题，拓宽信访监督渠道。共接待来访群众2万余人次，接受群众反映问题1087个，其中现场答复905个，受理纪检监察业务内举报86件，并全部办结。

【整治“中梗阻”】 6月13日，召开集中整治“中梗阻”行动动员会暨中层干部廉洁从政培训会议。475名单位一把手和中层骨干集中观看了中央电视台《焦点访谈》

（2013年10月11日“证难办、脸难看”）视频，听取了副县长李畅和、县委组织部常务副部长周里忠、县督查局局长范尚华的授课，以及县国土资源管理局陈静宜与县人力资源和社会保障局吴翔两位干部的典型发言。县委常委、县纪委书记陈万军结合开展党的群众路线教育实践活动的要求，指出全县各部门存在“门难进、脸难看、事难办”及不作为、乱作为、缓作为等“中梗阻”现象，要求切实解决政令不畅、执行力不强、作风散漫、效率低下等突出问题。部署在全县开展“中梗阻”问题集中整治行动。通过集中整治，查办吃拿卡要问题7起，慵懒散拖问题7起，在项目审批中搞暗箱操作、权力寻租问题8起，在专项转移支付资金分配中搞暗箱操作、权力寻租问题10起，对5起乱作为、不作为、缓作为案件进行了点名道姓通报批评。

县委办公室

【县委办公室领导人名录】

主　　任　肖立新
常务副主任　文进余
副 主 任　吴木苏（2014.01止）
　　　　　蔡明焕（2014.01起）
　　　　　丁海鹏　文兆星
　　　　　符赛龙
纪检员、工会主任　鲁定红

【概况】　中国共产党桃江县委员会办公室（简称县委办）内设机要局、政策研究室、信息综合室、值班室、行政组、秘书组6个机构，在编在岗人员34人。

2014年，县委办紧紧围绕县委工作中心和全县经济社会发展大局，强化参谋职能，搞好综合协调，团结务实，实现了各项工作的新突破，圆满完成了各项工作任务。

抓好以文辅政。全年共起草各类文稿311篇，其中领导报告70篇，领导署名文章15篇，调研文稿16篇，经验推介15篇，在市级以上内刊和媒体发表文稿86篇；编报信息1042条；编发内刊10期；制发公文111个。起草的领导报告、讲话、汇报材料均做到了主题突出、思路清晰，内容实在、语言通俗，切实提高了文稿的思想性、指导性和操作性，得到了县委领导和乡镇、县直单位的好评。紧紧围绕重点工作，深入基层调查研究，较好地掌握了第一手资料，起草了一批有分量的调研报告。《桃江县第三产业发展重点的调查与思考》《关于发展竹笋产业的调查与思考》《关于桃江县治理超限超载情况的调查与思考》《关于加快桃江县住房公积金归集扩面工作的调查与思考》《关于传统竹木产业转型升级的调查与思考》被中新社、市委办采用。牵头组织“聚力桃江、建言献策”主题征文活动，共收集文稿430篇。

搞好综合协调。完成121次重要会议、15次接待活动的筹备服务工作；发放电话通知400余个、短信通知3万余条；牵头开展全县文件、内刊简报、会议、议事协调机构清理规范工作，与2013年同期相比，文件减少180个，同比减少31%；精简简报内刊60种，同比减少80.1%；会议减少17次，同比减少33%；撤销、合并议事协调机构146个，清理后保留57个，减少71.9%。全面完成上级文件、密码电报的收发办理，全年未发生一起失密泄密事故。进一步完善公文处理制度，细化工作流程，做到标准明确、程序清楚、责任具体，确保党委公文文种准确、格式规范、程序无误。进一步加强发文把关，严格控制文件数量。对1978年以来的党内规范性文件进行清理，其中废止类文件108个、失效类文件29个、继续有效类文件66个。作为全省规范性文件直报点，全年向省委、市委报备文件21个。牢牢把握党委系统信息主渠道作用，加强对乡镇、县直单位信息采集和对县委、市委、省委信息报送工作，全面反映全县工作动态和成果，切实为各级党委和领导提供信息服务。其中《对洞庭湖生态经济区规划研究的两点建议》《严把关口推进村级党组织换届选举》被省委和市委内刊采用。创新信息报送载体，将全县重要紧急事项的发生处置情况以手机短信《桃江要情快报》的形式，报送县委、县政府领导，为领导科学决策提供了高效准确的信息参考。精心摘选部分重要理论、论断，及时汇编成《决策参考》在《桃江工作》上刊发。注重从日常信息、领导讲话和工作交流等途径中获取线索，认真总结典型经验，广泛积极向上向外推介。《做实移民信访工作 破解发展难题》《桃江县“三坚持”打造计生服务国优县》被中新社《每周新闻信息》采用，《桃江县积极抗灾自救全力减少损失》《牢记使命、切实改进工作作风》《桃江县委常委班子专题民主生活会质量高、效果好》被省委内刊《综合与摘报》《湘组研究》《省委教育实践活动简报》采用。

办好各项事务。进一步细化会议服务流程，严谨细致办会。突出抓好拟定筹备方案、召开筹备会议、制发会议通知、印制会议材料、布置会议场所等重点环节的服务，使会议活动做到环环相扣，紧密衔接。优质高效地完成了全省农村土地承包经营权确权登记颁证试点工作会议、县委经济工作会议、县委十一届六次全体（扩大）会议等重大会议的服务工作。建立健全重宾接待工作协调机制，按照“热情、周到、优质、高效”的服务宗旨，突出加强与上级部门和参与接待各方的协调对接，切实做好接待活动的筹备服务工作。加强日常值班和节假日值班备勤，认真落实24小时值班制度，确保上传下达畅通。制定了县级领导晚间值班制度。进一步完善通知发放流程，制定通知发放办法，规范了通知发放范围，提高通知发放效率，未出现一例因通知发放不及时或不到位而影响工作的情况。扎实做好信访接待工作，接待来访群众80余批次。按月编发《县委大事记》，办结党委系列政协提案2件。严谨细致做好县委领导的工作联络、批示件的交办和答复反馈工作，全年共完成145个县委书记批示件、35个县委专职副书记批示件的承办督办。坚持“四办”联席会议制度，进一步加强了同各部办委的联系沟通，认真做好县级领导出席有关重大会议、参加重大活动等工作安排。加强对全县保密工作的部署和安排，全面完成对2013年密级文件的清退工作和保密管理专项检查。门户网站保密监控设备和保密技术防护专业设备正式投入使用，开办网络监控平台专项培训班。优质做好机要通讯工作，全面完成了上级文件、密码电报的收发办理，实现了全年密码通信工作“无差错、无事故”目标。以节约、规范为原则，以确保机关规范、有序、高效运转为目标，重新修订《机关工作制度》，规范后勤服务。坚持以制度管人管事，特别是对小车油耗、里程和维修的量化管理成效显著，维修费持续下降。同时，积极组织老干部和机关干部职工开展了各类文体活动。扎实开展党的群众路线教育实践活动，广泛征求意见，收集班子意见建议179条，班子成员意见建议113条。牵头抓好5个县级层面突出问题整治，着力抓好本单位35个突出问题整改、12个突出问题整治，牵头制定7项县级层面制度，负责制订12项本单位制度计划。

配合县委中心工作。组织有关责任部门修改完善小康考评办法，制定出台《桃江县全面建成小康社会目标管理考评办法（试行）》，把上级考评的36项小指标分为已实现指标、差距较小的指标、滞后或波动性较大的指标3类，把涉及小康指标的相关责任部门分为工作推进责任部门和数据收集、统计、上报责任部门2类，分类考评，充分调动各相关责任部门的积极性，扎实做好小康指标数据的统计、监测、分析。全县小康实现程度达到79.4%，比上年提高9.6个百分点，在全省二类县市区中排名由2013年的第41位上升到第27位，实现程度提升幅度全市排名第一。全面推动深化改革工作，制定完善《中共桃江县委全面深化改革领导小组2014年工作要点及责任分工》，明确2014年重点推进的9大类55项改革任务，多次召开专项小组调度会议，切实加强与市里对口部门的衔接，加快推进各项改革任务。55项改革完成市定年度目标任务，农村土地承包经营权确权登记颁证、抵押融资贷款等省定试点改革工作全部完成省市任务。牵头抓好“三访三化促发展解民忧”专项活动，进一步完善县级领导和县直单位联村办点机制，以“三访三化”工作统筹安排全县计划生育、建设扶贫、美丽乡村等联村办点工作。组织民政、人社、计生、信访等部门多次与乡镇对接，选定116户特困对象，制定下发《桃江县“听民情解民忧”专项活动“一对一”结对帮扶实施办法》，定期收集汇总帮扶情况，切实抓好督促落实，116户特困家庭得到了有力度、有深度、有效果的帮扶。

加强队伍建设。认真查找“四风”问题，大力推动党风廉政建设，认真做好党员公开承诺工作。认真落实党风廉政建设责任，切实履行“一岗双责”，严格遵守法律法规，认真执行重大开支班子集体研究制度和会审联签制度。加大从源头上预防和治理腐败工作力度，规范资金审批程序，加强对机关车辆、接待、财物、文印等方面的管理，严格压缩公务支出，杜绝大吃大喝、挥霍浪费现象，“三公”经费同比下降10%以上。加强基层办公室业务指导，抽调文秘人员到办跟班学习11人。完善跟班学习制度，建立健全跟班学习档案和《跟班学习人员鉴定表》。健全以会代训制度，坚持每季度组织召开形势分析会，加强工作交流和业务培训，利用QQ及时为文秘人员答疑解惑。举办1期全县办公室主任培训班，120多名单位办公室主任参加培训。与县政府办、县督查局组成联合督查组对各乡镇、县直单位进行文风会风专项督查，促进文风会风的改进。加强干部培养：编选学习资料开展集中学习和自学，选派了一名优秀文秘人员到市委办公室跟班学习。注重人才选拔，从乡镇、县直单位考录优秀文秘人员5人；加强干部内部交流使用，内部调整工作岗位7人。（詹国辉）

组织工作

【县委组织部领导人名录】

部　　长　雷越毅

常务副部长　周里忠

副　部　长　龙跃明　赵　勇

　　　　　　谢继红　李霞珍

【概况】 中共桃江县委组织部是县委主管组织工作和干部工作的职能部门。内设办公室、研究室、组织组（加挂县直属机关工委牌子）、干部组（公务员管理办）、干部教育监督组、干部信息组、党员教育中心7个组（室、中心）。核定行政编制22名，参公编制3名，后勤服务事业编制2名，实有工作人员26人。

2014年，全县组织工作坚持围绕中心，服务大局，忠诚履职，各项工作任务完成较好。县委书记党建述职现场调查、市对县绩效考核党建部分、群众路线教育实践活动考核排名均为全市第一。

紧扣主线，干部作风切实转变。根据中央、省委、市委的要求，全县参加党的群众路线教育实践活动的基层党组织共有1184个、党员38448人，正科级以上单位102个、科级以上领导干部1461人。严格按照既定环节要求，高标准完成各项规定动作，在各级督查检查中获得好评，经验做法得到省市活动办的充分肯定。通过活动的开展，参与其中的全体党员、干部受到了一次深刻的思想洗礼，进一步振奋了精神，全县上下反“四风”、转作风、凝心聚力促发展的氛围更加浓厚，赢得了人民群众和社会的广泛认可。

抓住关键，队伍活力不断激发。干部结构进一步优化。坚持落实好干部标准，一些素质好、能力强的干部得到重用。全年进行干部调整配备4次，调整干部76人次。同时，在全县15个乡镇配备专职党委副书记，进一步优化乡镇领导班子建设。干部管理进一步规范。坚持用制度管人，建立健全干部借调抽调、干部谈心谈话、干部考察情况反馈等制度。出台《桃江县科级领导干部负面记分暂行办法》，探索对领导干部日常管理实行负面记分管理。扎实开展专项治理，全年消化超配干部14人，清理处置“吃空饷”违规人员31人，查处乡镇“走读”干部5人。优化干部考核评价方式，在年终考察时对干部现实表现进行正反分项调查，进一步考准考实干部。干部能力进一步提升。着力提高干部培训实效，围绕县委五项重点工作，实施“菜单式”选学，全年举办主体培训班和各类专题研讨班各4期，共培训科级及以下干部1300人次。加大干部挂职锻炼力度，选派7名年轻科级领导干部到广州挂职3个月，开阔了视野，增长了才干。建立跟班锻炼长效机制，选派4名优秀年轻干部到县信访局跟班学习，提高年轻干部应对复杂局面、处理复杂问题的能力。

突出重点，党建基础全面夯实。组织体系有延伸。全面完成全县284个村“两委”换届工作和“四位一体”改革，选派9名乡镇机关或站所党员干部到村担任党支部书记，2名大学生村干部当选村支部副书记。全县2912个村民小组建立了党小组或联合党小组，构建起网格化服务体系。成立非公有制经济组织党工委和社会组织党工委，并选配专职组织员，提升基层党建对社会发展的指导能力。队伍管理有实招。着力加强换届后村党组织建设，各乡镇组织开展任期谈话、教育培训，各村党组织制定任期工作规划和年度工作计划。扎实推进软弱涣散基层党组织的整顿，全县72个软弱涣散党组织整顿到位。严把党员发展“入口关”，全县新发展党员459人，严格控制在市委组织部下达的计划之内。改进流动党员教育管理，落实流动党员“三建、三联、三帮”制度，建立健全流动党员双向管理、双向反馈机制。严格党内组织生活，严肃开展民主评议党员工作，全县共37947名党员参加民主评议，评议出好的党员30349名、一般的党员7419名、差的党员179名。探索完善不合格党员退出机制，选定浮邱山乡近仑村和田家冲村、石牛江镇中心学校等10个基层党组织开展试点，共评议和处置不合格党员11人，1人党内除名，畅通了党员“出口”。远程教育有突破。对35个村（社区）终端站点进行更新升级，进一步满足学用要求。选取浮邱山乡20个村试点建立远程教育多功能系统，降低乡村会议成本。与县商务局合作开展电子商务试点工作，举办3期电子商务培训班，在“搜空国际”开设网店12家。推进党员教育“上手机、上电视、上互联网”工作，全县安装使用共产党员微信、易信、党建通、e信通手机平台的用户达到2000余户。待遇经费有保障。注重政治激励，“七一”表彰了20个先进党组织、10个党务工作先进单位、54名优秀共产党员和20名优秀党务工作者。加大从村（社区）干部、大学生村干部中定向招考力度，定向招录1名村（社区）党组织书记、15名大学生村干部等“四项目人员”为公务员。加大组织活动场所建设投入，投入130万元改扩建村级活动场所12个，投入140多万元完成了9个社区的活动场所建设。加大村级转移支付力度，村级组织运转经费村均达9.83万元，村支部书记待遇增加到14700元，符合“四项条件”的离任村干部待遇提高到每月100元。筹集困难党员关爱资金87万余元，下拨11.6万元用于救助洪灾中遭受损失的困难党员，春节时下拨50万元用于困难党员的生活救助。全面部署离任村干部生活困难救助工作，对符合“四项条件”的2072人离任村干部，由县财政按1200元/人的标准将补助资金及时发放到位。同时，对全县530名生活困难的离任村干部进行认真审核，共发放困难救助资金46万元。认真做好党代表联络相关工作，对驻乡镇的市县党代表进行适当调整，同时按人均200元标准，将党代表联络工作经费下拨到各乡镇。责任落实有抓手。严格贯彻落实“三级联述联评联考”制度，组织开展党委（工委、党组）书记履行基层党建责任述职测评，15名乡镇党委书记、5名县直部门党组书记进行现场述职，其他县直单位党组（党委、工委）进行书面述职。各乡镇认真组织开展村（社区）干部“双述双评”工作，32名考核优秀的村（社区）党支部书记在县委经济工作会议上予以表彰奖励。

强化导向，自身建设着力提升。坚持把“三严三实”作为机关干部日常言行的戒尺，着力打造好干部队伍。深入开展教育实践活动，对领导班子存在的“四风”突出问题制定整改措施19条，梳理不适用的制度文件15个，6个县级层面制度建设计划和8项突出问题专项整治任务均按要求落实到位。切实加强机关内部管理，新制定和完善机关管理制度12项，坚持用制度管人管事。实施精细化考核管理，出台《机关组室目标管理考评办法》《机关干部重点工作目标绩效考核办法》，将目标任务分解到人。切实加强节约型机关建设，全年各项公务支出同比下降42.5%。积极加大组织工作宣传力度，《湘组研究》上稿5篇，《湘组信息》上稿1条，《益阳组织工作》上稿19篇条，《益组信息》上稿15篇，《益阳党建网》上稿643条，上稿量在各区县市中排名第一。（罗阿凤）

【开展党的群众路线教育实践活动】 3月12日，成立中共桃江县委组织部机关党的群众路线教育实践活动领导小组，印发《中共桃江县委组织部机关深入开展党的群众路线教育实践活动实施意见》。3月17日召开动员大会，6月17日召开活动推进会暨征求意见情况民主评议会，11月6日召开总结大会。通过“学习教育、听取意见，查摆问题、开展批评，整改落实、建章立制”三个环节，认真查找并整改了存在的“四风”方面的突出问题。

【建立困难党员关爱资金】 6月3日，印发《关于开展“困难党员关爱资金”捐赠活动的通知》。采取党费划拨、财政和民政资金配套、党员捐赠、社会捐助等方式，共筹集73万余元。全年共资助困难党员61.6万元。

【召开民主生活会和组织生活会】 6月20日至21日，在中央委员、省政协主席陈求发的指导下，桃江县委常委班子带头高标准地召开党的群众路线教育实践活动专题民主生活会，同时指导督促乡镇和县直单位、村（社区）按“六要六不”要求开好专题民主生活会和组织生活会。全县1112个基层党支部共有37947名党员参加了民主评议，参评率达98.2%，评议出好的党员30349名、一般的党员7419名、差的党员179名，分别占80%、19.6%、0.4%。

【全市首个党员教育多功能系统建设试点成功】 按照“一平台、多用途、小系统、大服务”的理念，县委组织部在浮邱山乡20个村进行集电子村务、视频会议、远程交流、网上培训、文化娱乐等功能于一体的党员教育多功能系统建设试点。7月5日，浮邱山乡利用该系统召开纪念建党93周年暨防汛抗灾视频会议，组织部部长雷越毅、副部长龙跃明应邀出席。此次会议系全县首个乡村视频会议。

【规范乡镇职位设置】 根据市编委关于乡镇领导班子职位设置的通知精神，在乡镇总职数不变的情况下，设党委副书记1名，协助书记抓党务工作；设人大主席团主席1名，不再由党委书记兼任，不再设人大主席团专职副主席。2014年11月，对全县15个乡镇的党委副书记进行了配备。

【全面推行村干部坐班制】 在全县所有行政村实行工作日村干部轮流值班，切实方便群众办事。坐班制的实行，集中了办事地点、缩短了办事程序，在方便了村民的同时，也大大提高了自身的办事效率。武潭镇石桥村从2008年开始实施坐班制，共为村民办了8000余件实事，平均每个工作日办理大小事件5件。

【救助生活困难离任村干部】 2014

年，县委从县财政、民政及县管党费中安排资金46万元，设立离任村干部生活困难救助资金。对特困离任村干部按A类每人2000元、B类每人800元两个等次进行救助。全年共救助A类对象30人，B类对象500人。

【科技特派员发挥实效】 2014年，全县下派11名科技特派员到部分乡镇卫生院和村、企业，帮助农民群众解决“三农”问题和看病难问题。科技特派员充分发挥引领带动作用，组建专业技术协会17个，累计培训技术骨干、农民1280人，发放各类科普、技术资料16000份，引进推广新技术21项、新品种19个，服务农户3545户，实现增收农民3095户，安置劳动力就业2735人。

【大力开展人才引进】 桃江县积极贯彻落实市委“十百千万”人才工程计划，制定了桃江县2014年度人才引进计划。通过在市县网站和各大高校网站发布公告，并经过网上报名、资格审查、面试等程序，共引进24名二本以上大学毕业生，其中硕士学历的5人。

宣传工作

【县委宣传部领导人名录】

部　　长　胡国清
常务副部长　黄梦其
副 部 长　胡红霞
　　　　　范学雷（2014.02起）
　　　　　胡建兵
　　　　　罗中华（兼纪检员）
文明办主任　胡日升

【概况】 县委宣传部内设办公室、理论教育组、县新闻中心（新闻宣传组）、县网宣办等4个组（室），下设县文明办1个二级机构。有干部职工13人。2014年，县宣传思想工作紧紧围绕县委、县政府重点工作，以“六个一文化工程”为抓手，深入推进社会主义核心价值体系建设，取得了较好的成绩。

理论武装。县委宣传部组织了县委中心组十八届三中全会、党的群众路线教育实践活动、“聚力桃江·建言献策”及十八届四中全会、核电科普知识等4次扩大学习，承担了县委马克思主义群众观点宣讲工作，继续开展了“送百堂理论课进基层”活动。4—7月在全县深入开展“十八届三中全会精神在基层”百姓微宣讲活动，采取“配菜制”与“点菜制”相结合的方式，深入社区、农村、企业、学校等基层单位开展宣讲160余场次。加强中心组学习制度建设，半年度调阅一次中心组学习笔记，每月旁听4家单位的中心组学习，通过旁听，及时发现各单位中心组学习中存在的问题进行纠正，并将好的学习经验、典型在全县范围内予以宣传推介。

宣传文艺。在全县乡村全面铺开“欢乐潇湘·歌唱桃江”文艺大赛，活动自4月份启动以来，全县15个乡镇以及县教育局、县卫生局、县总工会等部门先后举办了18场初赛、1场复赛、1场决赛，180多个村（社区）、单位，200多个文艺团体，3000余名群众演职人员、19万余名观众参与了活动，其中《赶故事》《刘大娘笑呵呵》两个节目获得2014年“欢乐潇湘 花鼓益阳”大型群众文艺会演决赛一等奖，《无声的呼唤》获二等奖，《迷人的桃花江》等3个节目获三等奖，《赶故事》还代表益阳市参加了湖南省庆祝中华人民共和国成立65周年大型群众文艺演出。核电科普宣传进村入户、入心入脑。桃江一中退休教师刘万能编著、中共湖南省委原副书记文选德作序的《张昆弟年谱》已由湖南人民出版社正式出版发行，共20余万字，为宣传推介桃江英烈做了一件实事。电影《我要回桃花江》在省第十二届精神文明建设“五个一工程”作品评选中获奖。原创大型历史廉政花鼓戏《民大于天》首演成功，郭政安事迹短剧《除夕之夜》在全县各乡镇巡演，受到广大干部群众的一致好评。

舆论引导。加大了上稿力度。在《人民日报》、新华网、中新网等央级媒体上稿42条；在省级媒体上稿110多条，其中湖南卫视新闻联播上稿17条，《湖南日报》头版头条1条，市州版头条4条，其他上稿47条；市级媒体上稿300多条，其中《益阳日报》头版头条18条，其他上稿260多条。开展了主题宣传。紧紧围绕县委中心工作，常年有栏目、有报道、有典型。县新闻中心围绕县委、县政府交通建设、园区建设、产业建设、城镇建设和改善民生五项重点工作，在县内媒体长年开辟“五项重点工作巡礼”专栏，各媒体记者深入现场跟踪采访报道，发挥了新闻舆论鼓劲加油的作用。年初开始，组织县内三大媒体，开展了落实县委经济工作会议精神的“一把手访谈”和“突出贡献人物风采”集中采访。围绕群众路线教育实践活动，邀请省市媒体记者，组织县内媒体开辟“践行群众路线 建设生态桃江”“整改进行时”专栏进行重点宣传，6月22日《湖南日报》头版头条以《民生点滴总关情——桃江扎实推进教育实践活动纪实》推介，8月7日红网《书记去哪儿》予以推介，在其他省市上稿70多条，县级上稿600多条。做好了“丽都益阳·山水美”宣传推介的准备工作，充分展示出桃江县浮邱山、修山（羞女山）、凤凰山、桃花江竹海、桃花江、罗溪瀑布等美山美水的独特魅力。营造创建省级创业型城市宣传氛围，在《湖南日报》等媒体以《桃江：残疾人变蓝领》等进行宣传推介。上半年，结合党的群众路线教育实践活动，做好了舆情引导。交办处置《桃江网络舆情专报》571期，537条已在网上直接回复或跟帖引导；及时成功处置了内陆核电复建相关报道及网帖等舆情。向省、市有关部门汇报处置板溪锑矿舆情。按市网宣科统一部署，对“两会”“新疆暴恐案”等国内重大事件及时进行了引导跟评。强化了队伍建设。全面培训了通讯员、网宣员、舆情信息员，出台了《桃江县开展打击新闻敲诈专项行动工作方案》，与各媒体主要负责人签订了《严格执行打击新闻敲诈和假新闻的承诺书》。

典型宣传。重点开展了“最美基层干部”的评选推介工作，从全县层层推选出郭政安、练佑明2位市级“最美基层干部”和20位县级“最美基层干部”，组织县内媒体开展集中宣传。4月8日中新网以《湖南“最美基层民警”患癌8年矢志不渝坚持工作》推介郭政安事迹，人民网、新华网等100多家大型网站予以转载，红网首页、《益阳日报》头版头条、《益阳城市报》、益阳电视台等省市媒体也纷纷在醒目位置和时段予以宣传推介。注重从基层挖掘典型人和事，将修山镇莲盆咀村村民义务投工投劳修村道、县委常委专题民主生活会等在《湖南日报》《潇湘晨报》等媒体予以推介。全县各地加大了典型人物的宣传推介力度。灰山港镇单独表彰了10位镇道德模范，镇党委发了表彰文件，每人奖励现金3000元，在新建的沿江风光带入口醒目位置设立了宣传栏推介道德模范先进事迹。石牛江镇将县第二届道德模范事迹印发到每个村组织学习，该镇推荐的典型人物事迹在县内媒体多次报道。

项目建设。农村广播网建设已基本完成。总投入660多万元，共架设广播点2700多个，安装喇叭（音柱）5700多个，完成了县级播控平台和15个乡镇平台及306个村（社区）级广播站建设，整个系统24小时待机，全自动工作，实现了县、乡镇、村三级联动播出。引进中广传媒集团，拟投资3.5亿元，在桃花江美人文化主题公园内建设桃江县文化体育中心。《桃江历史文化丛书》中历史人文、山水风物、民俗风情、文学艺术四卷组稿、审稿工作基本完成，待领导审定后，即可出版发行。《桃花江是美人窝》歌碟，已基本成型，即将出版发行。

文明创建。开展社会主义核心价值观宣传教育主题实践活动，印发了《中共桃江县委宣传部关于2014年组织推动培育和践行社会主义核心价值观工作实施方案》，组织了宣讲团，开展了97场宣讲（含微宣讲）。抓实主流媒体全面宣传，制作了80个具有桃江特色的公益宣传栏，通过座谈、访谈、辩论等方式，邀请专家学者、市民群众、机关干部、学校师生、企业员工、先进人物等代表，各乡镇和县直单位均开展了践行社会主义核心价值观讨论活动。承办了第一个烈士纪念日活动，扎实开展了省级文明村镇、文明单位创建与推荐申报工作，指导省、市、县文明单位组建了志愿服务队，成立了志愿服务大队，并开展了一系列扎实有效的志愿服务活动。完善了乡镇、科级单位的精神文明建设考核表彰工作。连续三年实施了“学雷锋 送温暖”志愿服务活动，“关爱老人”主题活动，共计11296名志愿者参与活动，扶持993名服务对象，使空巢、重病、寂寞、无助的老人得到关心和照顾，体现了党和政府的关怀，社会的温暖。浮邱山积极开展“学雷锋送温暖”关爱老人志愿服务活动，以全乡8支专业志愿服务队和20支村民志愿服务队为主体，联合实行“一对一”的结对服务。牵头开展了《我的大学·我的梦》大型爱心公益活动，共募集资金743804.4元，资助了70名贫困学生。

舆情信息。不断完善舆情信息联系点制度，各乡镇和部分县直单位舆情信息点建设取得长足进步，在5月16日省委宣传部调研和舆情信息工作会议上，桃江县被评为湖南省先进舆情信息联系点（益阳市唯一），作为全省唯一区县市代表，县委常委、宣传部部长胡国清作典型经验发言。 （吴建平）

【获“舆情信息调研工作先进单位”称号】 5月16日，县委常委、宣传部部长胡国清、宣传部办公室主任吴建平参加全省舆情信息调研工作会议，胡国清作为区县市唯一代表作典型发言，桃江县委宣传部还被授予“舆情信息调研工作先进单位”称号。

【《湖南日报》推介桃江教育实践活动】 6月22日，《湖南日报》头版头条以长篇通讯《民生点滴总关情》推介了桃江教育实践活动。

这篇长篇通讯由桃江县委宣传部负责同志撰写，县委常委、宣传部部长胡国清亲自参与策划、命题和文字把关，通过“3000干部听民声”“4个100解民忧”“70项实事暖民心”等内容，提升了桃江乃至益阳党和政府在群众心目中的地位和形象，向全省人民汇报了桃江县委在为民、务实、清廉等方面做出的成绩。

【桃江文化体育中心项目正式签约】 8月22日，桃江文化体育中心项目签约仪式在县人民政府举行。该项目由桃江县委宣传部引进，中广国际传媒（北京）有限公司负责项目建设与运营。项目选址在桃花江镇谷山路西侧美人窝文化公园内，规划用地面积70亩，总投资3.5亿元，将新建集数字影院、数字图书馆、美人馆、5C体验中心、运动健身、文化活动、电子竞技、主题商城、公寓式酒店、全民健身广场等功能场馆于一体的城市文化体育广场综合体。总参61517部队主任、61489部队总工田志敏，中广国际传媒（北京）有限公司副总经理张敬华、总经理助理彭亮，湖南省加嘉锑业科技有限公司董事长肖佩娥、总经理郭立芳，与桃江县委、县政府领导共同出席了签约仪式。

【花鼓表演唱获群众文艺会演一等奖】 9月16日晚，2014年“欢乐潇湘 花鼓益阳”大型群众文艺会演优秀节目展演晚会在益阳大剧院上演，桃江县花鼓表演唱《刘大娘笑呵呵》、少儿舞蹈《赶故事》参加演出并获得2014年“欢乐潇湘 花鼓益阳”大型群众文艺会演决赛一等奖。

【杨金鸢到桃江调研文化旅游产业】 10月21日，湖南省委宣传部副部长杨金鸢一行到桃江县调研文化旅游产业。市县领导胡立安、谭建华、胡国清、肖立新、姚震等陪同调研。杨金鸢前往桃花江竹海风景区，深入了解了景区开发以及桃江竹产业发展等相关情况。在观竹楼，他参观了典藏有与竹相关的竹雕、竹书和竹工艺品等作品的竹博物馆，品尝了桃花江擂茶。随后，杨金鸢一行来到桃江县影剧院调研。杨金鸢希望县委、县政府把该项目的建设与政治、经济相结合，满足市民对文化生活的需求，早日将其建成桃江标准较高、功能较为齐全的群众文化活动中心。

【《我要回桃花江》获湖南省“五个一工程”奖】 11月10日，由桃江县委、县政府及县委宣传部与长春电影集团联合投拍的电影《我要回桃花江》获湖南省第十二届精神文明建设“五个一工程”奖。

【70位贫困学子获捐助】 桃江县委宣传部、桃江广播电视台、桃江公众信息网、《益阳日报·魅力桃江报》、桃江县教育基金会、桃江县志愿者协会联手开展《我的大学·我的梦》大型爱心公益活动，践行党的群众路线，落实“为民、务实、清廉”的作风建设要求，帮助优秀的贫困大学生顺利跨入高校大门。共收到全县各高中推荐的86名2014届考取二本以上贫困大学生申请扶助名单。整个活动共募集资金743804.4元。组委会在86名申报对象中最终确定资助70名家庭相对贫困的学生。其中49名学生每人5000元，21名学生每人资助3000元，共计308000元，而其余爱心款全部存入桃江县教育基金会，用于扶助贫困学子。

统战工作

【县委统战部领导人名录】

部　　长　雷越毅
副 部 长　刘建荣　林江华
　　　　　黄月华　张赛群
台办主任　陈赛军
纪 检 员　邓喜平

【概况】 中共桃江县委统一战线工作部（简称统战部）是县委主管统战工作的职能部门，内设干部组织组、民宗与办公事务组两个组，县台办与统战部合署办公。归口管理台办、工商联、民宗局、侨联4个单位。有行政编制7名、工勤编制1名。

2014年，全县统一战线紧紧围绕县委“135”工作思路，广泛凝集政治共识，致力发挥统战优势，汇聚统战资源，各领域工作取得了新的进展。

加强党外代表人士队伍建设。共组织397人深入学习中共十八届三中全会精神的专题学习活动4次。进一步完善党外代表人士信息库，优选了党外科局级后备干部和党外后备人才队伍。举办了有70余名支柱产业负责人参加的非公有制经济代表人士培训班、50名党外科局级干部参加的党同党外人士合作共事培训班等5个专题研修班。组织40名党外中青年干部参加履职交流汇报活动。进一步推动《中共益阳市委关于进一步加强党外代表人士队伍建设的意见》的贯彻落实，统筹推进了乡镇政府和学校、医院党外领导干部的配备。全面推动党员领导干部与党外人士联谊交友工作和政府部门聘任党外人士为特约人员的工作，调整县委常委与党外人士联系交友安排，进一步指导规范了党外正职与党组（党委）合作共事机制。

大力推动实施“同心工程”。充分发挥党外知识分子联谊会作用，多形式组织党外人士建言献策活动，通过召开座谈会、网络约稿等形式，收集到170多条建言献策信息，在归纳整理上报后，被省市采用84条，其中《关于加强核电宣传的建议》，得到市委书记魏旋君的重要批示。重点打造同心工程品牌项目——鲊埠同心民族工业园，年底被市委统战部验收为市级四同创建示范项目并授予第一批市级“同心园区”称号，并作为益阳市3个重点项目之一，申报省级示范项目。进一步推进“同心社区”“同心校园”“同心志愿队伍”建设。评选推介“同心人物”，引导代表人士在投身县域经济社会发展实践中彰显作为。

加强非公有制经济领域统战工作。广泛开展非公有制经济人士坚持和发展中国特色社会主义学习实践活动，组织他们围绕促升级促发展开展交流活动。大力引导在外非公有制经济人士回桃参与四大建设，分别在深圳、广州开展面向在外创业人士的异地招商活动，联系在外经济界创业人士129人，达成回乡投资意向12个。指导建成2个异地商会、基层商会。全面推进“两新”组织党组织规范化建设，创办的个私协支部等4个示范点已通过验收。深化“万企联村、共同发展”活动，引导非公有制经济人士勇担社会责任，提升光彩事业成效。9月，组织70多名支柱产业负责人赴西安学习考察，召开40人参加的党外中青年干部履职交流汇报会。统筹做好民族宗教和港澳台同胞海外侨胞工作。统筹推进鲊埠回族乡争创团结进步示范点工作，进展顺利。协同有关部门做好鲊埠回族乡30周年庆典工作，庆典活动圆满成功。积极做好少数民族“一乡两村”经济发展“引、联、促”工作。深入推进宗教教风建设，加强宗教场所规范化管理。加强与陈文琦等20名知名台胞、侨胞的联谊工作，进一步加强涉港澳台与侨文化、经贸合作交流的联系服务工作。进一步建立健全统一战线维稳网络机制。

全面提升基层基础工作规范化水平。组织统战干部深入学习中共十八届三中全会精神以及十八大以来中央关于统一战线的重要论述，进一步夯实了统战工作理论基础。扎实开展群众路线教育实践活动，深化“三访三化促发展解民忧”专项活动，进一步加强统战部门和统战干部队伍作风建设。推进乡镇党委委员组织、统战工作一肩挑，全县乡镇一肩挑比例达100%，进一步推进乡镇统战工作规范化建设。探索建立县级统战系统大部门机制，统战系统单位协调配合进一步加强，大统战工作格局得到逐步完善。拓宽工作领域，进一步加强学校、医院、企业、社区及新社会组织等领域的统战工作。进一步完善统战宣传教育网络平台，加强统战宣传信息调研工作，健全报送、采用奖惩机制，信息采用率和宣传稿件上稿率得到了大幅提高，被评为“2014年度全市统战宣传工作先进单位”，2人被评为“2014年度全市优秀宣传工作者”，撰写的《强化基层统战工作群众观要从三方面下功夫》《对桃江县非公有制经济组织党建工作的调查》《如何认识和加强宗教事务管理法治化》分获“2014年度全市统战调研优秀成果”三等奖和优秀奖。3月18日，全市统战信息、宣传、调研工作会议在桃召开，县委统战部作了经验介绍。（刘淑良）

【“四个强化”培养党外代表人士】 选派参加省、市级培训6人。11月下旬，联合县社会主义学校举办了50名党外科级干部合作共事研修班1期。指导教育、卫生和农口系统分系统培训党外代表人士后备人选140多名。推进党外干部交流任职、外出挂职，党外科局级后备干部实行3年一轮岗，党外干部外出挂职锻炼安排比例12%以上。全县各单位共9名党外科级后备干部实现轮岗安排，2名党外科级领导干部实现跨单位交流。1名党外科级领导干部被安排外出挂职锻炼。按照《桃江县党员领导干部与党外代表人士联谊交友制度》，将所有县级党外代表人士列入县、乡两级党员领导干部联谊交友范围，全面开展结对引导与教育培养。全县302名县级党外代表人士全部列入县、乡两级党员领导干部联谊交友范围。强化榜样示范。在党外干部中开展“比工作实绩、比建言献策、比社会形象”评比活动，在新社会阶层代表人士中开展“比效益，比贡献，比形象”评比活动，在宗教界开展“爱国爱教，持戒守法，助民为乐”评比活动，每年开展“优秀党外代表人士”表彰和先进事迹宣传，开展榜样示范教育。年内表彰各类“优秀党外代表人士”10名、“党外人士建言献策先进个人”10名。

机构编制

【县编委办领导人名录】

主　　任　刘鉴明

副主任、纪检员　伍松华
副　　主　　任　文放龙

【概况】 桃江县机构编制委员会办公室（简称县编委办）属县委机构序列，是县委、县政府具体负责全县机构编制管理和机构改革的职能部门，既是县委的工作机构，又是县政府的工作部门。县事业单位登记管理局与县编办一个机构、两块牌子。内设综合督查股、机构编制管理股和事业单位登记管理股3个职能股室，核定行政编制7名，后勤服务事业编制1名，实有工作人员7人。

2014年，县编委办稳步推进各项改革，严格按照省、市编委办工作部署和要求，有序推进事业单位分类工作。印发《桃江县事业单位分类工作方案》和《桃江县事业单位分类指导目录》，向县直各有关部门预分类征求意见并汇总调整。积极推进行政审批制度改革：3月下旬至5月中旬，组织县法制办、政务服务中心等部门对全县行政审批项目和收费项目进行全面清理。按照省市机构改革工作部署和安排，着力做好政府职能转变和机构改革前期准备工作；就县政府职能转变和机构改革工作特别是食品药品、工商、质监、卫生、计生管理体制改革认真进行调研，深入探讨；改革完善食品药品监管体制，将工商、质监、商务、卫生等部门食品监管职能划转到县食品药品监督管理局。理顺有关管理体制机制：将农村生态保护和环境监管职能明确由乡镇经济发展办公室承担，各乡镇确定1～2名人员负责；进一步厘清全县林木、林地纠纷调处体制，以县政府名义行文明确县、乡、村三级工作职责，健全了三级联动调处机制；进一步理顺全县农业产业化管理体制，按照上下对口和“三定”规定，将农业产业化相关工作由县工信局移交县农业局承担。

不断完善机构编制管理。为强化机构编制管理，规范工作程序，印发《桃江县机构编制委员会（办公室）工作规则》《桃江县消化超编工作整改方案》，建立编制使用台账，加强编制实名制管理，严格把住编制计划关，实行缺位补进，严禁超编进人。合理设置调整机构：设立桃江县灰山港工业集中区管理委员会，与灰山港镇人民政府合署办公；将县委原老干部局下属的县老干部休养所职能与老干部活动中心的管理职能合并，组建桃江县老干部活动中心管理所（加挂桃江县老干部休养所的牌子）；将县土地储备中心和县征地服务所机构分设；将县新型农村合作医疗管理办公室与县城镇职工医疗保险基金管理所合并组建县医疗保险管理所；将加挂了“桃江县第三人民医院”牌子的原马迹塘镇卫生院分设为马迹塘镇卫生院和桃江县第三人民医院，两个机构合署办公；设立县职工维权帮扶中心；根据市委部署和要求，积极开展全县议事协调机构清理调整工作。优化人员编制配备：按照“控制总量、盘活存量、适当微调”的原则，对个别事业单位编制进行微调，收回事业编制7名；对县城建开发公司、劳动监察局、农村土地承包仲裁委员会办公室、县财政投资评审中心等工作量明显增加的单位适当增加编制；根据工作需要和改善人员结构的要求，在2013年确定的人员补充5年计划内，为全县行政事业单位新招录（聘）人员下达了267名编制使用计划；积极稳妥地做好了2010—2012年退役士兵安置工作。推进实名制数据库建设工作：进一步修改和完善原单机版实名制管理系统数据，将全县15227名人员的编制信息成批量导入新建网络版数据库中，并建立全县部门单位的基础台账，全面完成了建库工作。强化机构编制监督检查：通过事业单位年检年审，对全县正科级以上事业单位机构、人员编制、“三定”方案执行情况进行了核查；8月和9月派出3人与组织、纪检、人社、财政等部门一起对全县各乡镇和县直机关事业单位就“吃空饷”、在编不在岗、借用人员等进行一次全面督查；深入开展干部人事和机构编制领域突出问题专项治理工作，对存在的机构设置问题进行规范整改，县直党政群机关超编逐步消化，至年底，已消化了53人（其中事业编消化15人），事业单位新进人员均符合规定程序。规范事业单位登记管理。事业单位日常登记管理的网上年检覆盖率、完成率和合格率均达100%，事业单位法人设立登记6家、变更登记68家、注销登记1家，督促不慎遗失法人证书的4家事业单位到《益阳日报》等新闻媒体刊登遗失公告；加大对事业单位登记管理法规的宣传讲解力度，普遍提高了事业单位法人对登记管理的认识水平；有序推行事业单位法定代表人离任审计工作，制定出台《桃江县事业单位法定代表人经济责任审计暂行办法》，行文委托县审计局对桃花江镇桃花江中心学校等六家事业单位的法定代表人进行任期经济责任审计。　（吴蓉）

【改革完善食品药品监督管理体制】 根据《湖南省人民政府关于改革完善市县食品药品监督管理体制的实施意见》精神，结合桃江实际，对全县食品药品监督管理体制进行改革完善。11 月 24 日，县政府批准发出《桃江县食品药品监督管理局职能配置内设机构和人员编制规定的通知》，设立桃江县食品药品监督管理局，加挂桃江县食品安全委员会办公室的牌子，为县人民政府工作部门。将原来由县卫生部门（县食安委办公室）承担的食品安全综合协调、重大事故查处等职责，县质监部门承担的生产环节食品安全监督职责，县工商部门承担的流通环节食品安全监管职责，县商务部门承担的酒类食品安全监督职责，整合划入县食品药品监督管理局。按照“编随事走，人随编走”的原则，将上述各部门的食品安全监管执法人员、编制和相关经费划转到县食品药品监督管理局，印发新的“三定”方案，人员划转于 12 月 15 日前全部到位，局机关定行政编制 14 名，后勤服务事业编制 1 名，稽查大队、检验所分别定全额事业编制 23 名、12 名。全县 15 个乡镇均设立了食品药品监管所，为县食品药品监督管理局派出机构，共定编 64 名。

【推进行政审批制度改革】 县编委办牵头组织县法制办、县政务服务中心等部门，对全县行政审批项目和收费项目进行全面清理。全县政务服务项目由 496 项精简为 374 项，精简 24.6%，其中行政许可事项由 136 项精简为 99 项，精简 27.2%；19 项非行政许可事项全部取消或转为管理服务事项；管理服务项目由 281 项精简为 235 项，精简 16.4%；依托政府行为的有偿服务项目由 60 项精简为 40 项，精简 33.3%。取消行政事业性收费和服务性收费 44 项。

【事业单位法定代表人离任审计】 出台《桃江县事业单位法定代表人经济责任审计暂行办法》，委托县审计局对桃花江镇桃花江中心学校校长周育班、县电化教育馆馆长曹菊梅、县中小学卫生保健所所长罗利群、修山镇卫生院院长张卫平、石牛江镇卫生院院长卢雪华、县苗圃主任王锋等六名法定代表人进行了任期经济责任审计。

老干部工作

【县委老干部局领导人名录】

局　　　长　李霞珍
副　局　长　刘　强　吴铁流
纪　检　员　胡大红
县关工委秘书长　胡大红（兼）

【概况】 县委老干部局共有编制 11 人，其中行政编制 7 人（含参照公务员管理编制 1 人），全额拨款事业编制 4 人，实际在编行政人员 6 人，事业人员 3 人。机关内设股室：办公室、业务股、县关工委办公室，下设二级机构：桃江县老干部活动中心管理所。2014 年 4 月，明确县老干部活动中心、老干部休养所合并为桃江县老干部活动中心管理所，加挂县老干部休养所牌子。老干部局负责管理服务的离休、退休县级干部共 212 人。其中，属县直接管理的离休干部 107 人；正县级退休 27 人；副县级退休 77 人；接受易地安置的离休干部 1 人。

老干部待遇。县委老干部局重视离退休干部党支部建设，定期举办离退休干部党支部书记培训班。积极支持机关离退休干部党支部的工作，组织集中学习 4 次，采纳合理化建议 1 条，成功完成县老干所自来水管道改造工程。落实老干部政治待遇。组织老干部开展理论学习，重大节日走访慰问老干部，重大事项征求老干部意见，重要会议邀请老干部参加，聘请县内外资深讲师为老干部解读中央最新政策，协调组织老干部参加党的群众路线教育实践活动，全年共组织老干部理论学习 4 次，科普讲座 2 次，老干部代表座谈会 3 次。为老干部人手订阅 1 份《老年人》杂志。着力协调解决好老干部诉求。建立健全特困离退休干部帮扶机制。加大对困难老干部及遗属的救助力度，慰问特困老干部和遗孀 61 人，帮扶金额达 3.5 万元；为异地老干部报销医药费 11 万余元。规范老干部护理费审批工作。组织专门队伍，对年老体衰的离休干部身体状况进行深入调查，使符合条件的 13 名离休干部及时享受特护费。看望住院老干部 139 人，为 13 名老干部祝寿，为 18 名已故老干部协理后事。动态掌握老干部健康状况。组织老干部和 15 个乡镇的老干支部的支部书记到县人民医院参加健康体检，全局干部职工全程跟踪服务，并为居住偏远乡村的老干部上门送体检报告 32 份。

老干部文体活动。以县老干部活动中心为平台，组织老干部参加钓鱼、象棋、扑克牌、麻将等健康有益的室内外文体比赛活动 8 次。推介全县“135”发展战略。组织近 100 名离休和县级退休老干部到开发区参观视察工农业生产，组织老干部代表参观桃花江核电站厂区、县城南环线等重点建设工程项目，让老干部亲身感受桃江的发展。开拓老干部视野，组织老干部代表到大通湖区学习，感受环洞庭湖湿地经济与社会发展现状，借鉴外地成功经验，积极献言献策。

涉老协会工作。组建中老年自我保健科普讲师团。从 4 月 25 日开始，深入全县15个乡镇和部分县直单位开展保健科普知识讲座，共授课22堂，受益群众达2万多人，收到了预期的效果。11月，与县老科协、县音乐家协会、县戏剧家协会联合承办“夕阳红烂漫 歌声振桃江”老年人歌咏比赛，全县15个乡镇和部分县直单位近千人参赛，丰富了全县老年人文化生活。会同县老年书画协会组织名家潜心创作书画作品260余幅，其中有8幅作品获国家级奖项，26幅作品获省市奖项。承办市级书画笔会1次，来自全市的书画名家现场创作作品50余幅；组织“翰香苑之春”书画作品展，共展出艺术作品199幅。引导县老干部诗词协会注重深度挖掘地方特色文化，组织诗友笔会8次，创作诗文作品50余篇，其中有26首作品被省市级各类诗刊收录。指导县老年体协门球协会组织“庆五一”、益阳市近城区门球联谊赛、“庆十一”等活动；会同县老科协成功承办首届老年人“长寿杯”门球大赛，来自全县各条战线的24个门球队240多人参加了比赛。

县老干部活动中心（县老年大学）工作。规范教学管理。组织相关同志前往长沙等地学习老年大学运行经验，规范教材、课程设置、班级管理等工作，提升了老年大学服务水平。完善学员管理、教师管理、班主任管理等规章制度。完善硬件设施。投资近10万元，一楼球类活动区铺设运动地胶350平方米、安装围网58米、改造玻璃门15个、新建隔栏12米，采购电子钢琴31台，教学规模逐步扩大。广泛征求学员代表、班级负责人与老师意见，增设太极、电子琴和二胡专业，教学班增加到10个，注册学员达789人，新增学员315人。丰富校园文化。开辟宣传阵地，设置宣传橱窗2个，刊登活动中心（老年大学）相关文字及图片资料，展示师生风采和老同志的精神风貌。筹建县老年大学艺术团和义工服务队，10月份组织开展“献爱心·传正能”系列活动，深入石牛江镇敬老院，送上丰富多彩的文艺节目和近2000元慰问物资，自发募捐2000元慰问特困干职工家庭。共开展各类演出活动6场。成功承办庆重阳“核电杯”老干部专场文艺会演，全部节目由县老年大学学员自编自演，晚会现场吸引近万名观众，收到良好的社会效果。组织学员代表前往资阳区老年大学交流教学经验。提高场地利用率。年初，向有关乡镇和县直单位离退休干部党支部发出《关于邀请离退休人员开展活动的函》，全年有县委办、县政府办等28个单位的离退休干部党支部应邀来中心开展活动。同时，承接各类会务、活动62场（次）。

关心下一代工作。继续推进大栗港镇朱家村和三堂街镇龙牙坪村村级关协建设试点工作。桃花江小学关工委荣获“全国五好基层关工委先进集体”。扎实开展主题活动，“六一”期间，深入马迹塘镇各中小学校，慰问了29名单亲、重病致困的学生，送上200元/人的慰问金。为县特殊教育学校21名贫困残疾学生送上200元/人的慰问金。组织县教育局、公安局、文广新局和妇联、团委等10多个单位相关人员，开展以“丰富青少年暑期生活，关注下一代平安健康”为主题的系列活动。联合县图书馆前往灰山港镇金沙洲中学开展读书与征文活动，并赠送图书400册。发放倡议书300多份，组织“五老”网吧监督员队伍和县关工委成员单位，开展网吧和文化用品行业专项督查2次。（刘友明）

【举办“翰香苑之春”书画作品展】 2月9日，由县老年书画协会组织的“翰香苑之春”王国元师生书画作品展暨作品集首发式在县老干部活动中心开幕，县委常委、宣传部部长胡国清等参加开幕式。此次书画展共展出王国元及其弟子和省、市、县领导题词等书画作品199幅。作者年纪小的七八岁，年长的八十多岁。湖南省人大常委会原副主任沈瑞庭为此次书画展题词“翰苑含馥郁，艺海蕴英华”。

【县关工委慰问特困学生】 5月29日，县政协原副主席、县关工委执行主任丁固威，县委组织部副部长、老干部局局长李霞珍先后到泗里河中学、泗里河小学、马迹塘镇中学等学校，慰问了在读的家境贫寒的30名特困学生，送上了每人200元的慰问金和“六一”的祝福。

【老干部考察园区建设】 6月5日，县委老干部局组织部分离退休老干部走进桃江经济开发区，参观园区经济社会发展。先后实地参观口味王食品有限公司、扬洋机电科技有限公司、博得科技开发有限公司、湖南福德电气有限公司和湘益木业有限公司，详细了解了各企业的投资规模、生产工艺流程、产品科技含量和市场发展前景等情况，并听取桃江经济开发区关于基础设施建设和招商引资、产业发展情况介绍。

【县老科协获省级先进集体】 11月15日，桃江县老科协荣获湖南省2014年度老科协工作先进集体称号。2014年，县老科协积极开展创领导班子好、制度建设好、会员作用好、活动效果好、积极创新好的“五好”协会，开展学习型、服务型、奉献型、创新型的“四型会员”评比活动，极大地推动了基层老科协组织的发展，有效地提高了基层老科协的工作水平。突出服务“三农”重点，强化科技服务，促进了县域经济发展。同时，县老科协副会长兼秘书长胡庆凡获评全省优秀老科技工作者，县委办老干支部书记周湘鹏获评2014年全省“健康之星”。

信访工作

【县信访局领导人名录】

局　　长　符心冰

副 局 长　何林保　戴泛波

　　　　　赵　华

　　　　　胡盛武（2014.12止）

纪检组长　刘　毅

工会主任　刘　忠

【概况】　1974年设立中共桃江县委人民来信来访接待室，1978年12月建立中共桃江县委信访科，1982年7月更名为中共桃江县委、县人民政府信访办公室，2001年11月更名为桃江县信访局，由县委办公室、县政府办公室共同管理，以县政府办公室管理为主。县信访局内设接待股、处信办案股、办公室（含督查股），在编11人。

2014年，县信访局共接待群众来信来访2471件人次，其中处理群众来信795件、接待群众上访1676人次；处置到市集访43批550人次、赴省集访19批197人次、进京上访26批39人次；化解信访突出问题876个；解决久诉不息、久拖不决信访积案19个；妥善处置化解越级上访事件35起，越级上访同比下降22%。信访工作取得了“三下降两无一好转”的良好效果，实现了进京非正常上访连续5年零登记工作目标。

坚持领导干部信访接待日制度。每周一安排一名县级领导到县信访局坐班接待来访群众，对重大突发性事件、群体性事件或大规模到县集体上访事件，按照“谁主管，谁接访”的原则，由分管县级领导预约时间、信访部门组织相关部门共同接待上访群众代表。各乡镇和县直部门每周一安排单位主要领导坐堂接访，其他工作日安排一名党政班子成员进行信访值班，就地接待和处理群众上访反映的问题。全年县级领导共接访46场次，接待上访群众483批次、667人次，当场接访处理问题376起。其中县级领导预约接访25次、带案下访32次、处理和化解信访积案28个。

健全县、乡、村（社区）三级接访平台。对现有信访接待场所进行合理改造，在党政大楼一楼西头建成了县联合接访大厅，并于9月12日组织相关部门进驻人员进行培训动员，9月15日正式启动联合接访运行机制，实行群众信访事项“一站式服务、一条龙办理、一揽子解决”，对进驻联合接访场所责任部门由县联席会议进行明确，实行动态管理，每周一派接访人员进驻县联合接访大厅开展接访。乡镇和县直单位建立信访联席会议机制，对信访量大的乡镇和县直单位都明确信访工作分管领导，设立信访办，每个工作日都安排2～3名信访工作人员坐班接访，并设立专门的群众来访接待场所，面积不少于30平方米；村（社区）建立由一村一警（由县公安局派出）一律师（由县司法局派出）一调解（由乡镇综治办派出）一代理（由乡镇联村干部担任）“四位一体”的基层矛盾纠纷调处工作平台，开展警察、律师上门服务及以案定补、信访代理等工作，全年共调处各类矛盾纠纷827起，大量的矛盾纠纷被化解在基层一线。

引导群众依法逐级反映诉求。按照国家信访局《关于进一步规范信访事项受理办理程序引导来访人依法逐级走访的办法》的规定，对引导群众依法逐级走访工作全面进行安排部署。组织各乡镇和部门单位召开推行依法逐级走访工作动员暨培训会议，从业务操作层面，对如何贯彻国家推行依法逐级走访办法和《湖南省推行依法逐级走访办法实施细则》，有针对性地进行培训讲解，使各级干部熟悉掌握。制作《关于进一步规范信访事项受理办理程序引导来访人依法逐级走访的办法》和《桃江县联合接访大厅工作流程图》大型宣传牌各1块，为每个乡镇制作并发放“群众来访接待中心”工作牌，宣传发放《办法》《实施细则》《群众依法逐级走访示意图》3万份、《逐级走访事项办理手册》2万本、《依法逐级走访宣传画册》1.5万本。落实诉讼与信访分离，信访部门对涉法涉诉事项不予受理，积极引导信访人依照规定程序向政法机关提出，或者及时转同级政法机关办理，使群众合理合法诉求通过法律程序得到解决。

推进信访事项“事要解决”。坚持和完善县级领导、单位领导、一般干部层层包案制度。2014年县级领导共包案处理上级交办的重要信访事项31件（包括省委督导组专门交办的信访事项17件），成功化解28件，占90%；按程序处理的3件，占10%。省委书记徐守盛和省长杜家毫交办的信访事项，通过县级领导包案，组成专门工作组进行调查处理，信访人已停访息诉。将一些需要帮扶救助的信访对象纳入党的群众路线教育实践活动“听民情解民忧”专项活动，采取由乡镇部门单位主要领导作为责任帮扶人实行一对一包案处理。全年共有26个单位主要领导帮扶救助26个信访困难户。对本县排查出来的信访问题落实一名干部包一个信访对象的“一对一”包案措施。2014年对全县排查出来的382个信访问题由县联席办在组织开展的“全力推动信访问题事要解决，打通联系服务群众最后一公里”专项活动中进行集中交办，由各责任单位落实“一对一”干部包案处理措施，成功化解317个。

创新信访工作方法。建立由县委、县政府统一领导、县信访联席办组织实施、相关职能部门共同参与的督查督办机制。每个月对信访合理诉求组织一次专题研究，对久拖不决、涉及面广、群众反映强烈、社会关注度高的重大信访突出问题列入县督查局督查范围，有针对性地对重点地区、重点领域、重点问题进行跟踪督查。建立信访听证制度，对一些特殊疑难复杂的信访问题进行公开听证，促进息访息诉。已明确包括人大代表、政协委员、法律工作者等组成的30人的听证员队伍，其中有10名听证员已上报市联席办录入全市信访事项听证人员库。10月15日，组织召开赵毛海信访事项听证会，结束了他18年的上访生涯。建立教育疏导机制。通过建立政务微博、民生微信、民情QQ群等方式，搭建联系群众、体察民情、回应民意的新平台；通过推行民情分析会、民情恳谈会等办法发挥村（社区）、企事业单位信息员、调解员的作用；通过人民调解、行政调解、司法调解联动工作体系，实现了小事不出村、大事不出乡（镇）、矛盾不上交；通过新闻媒体、网络报刊对创新群众工作方法、解决信访突出问题的正面宣传和舆论引导，大力推广了解决群众合理诉求、维护群众合法权益的典型经验和做法，营造信访人依法有序维护自己合法权利的良好氛围。（郭文武）

【联合接访大厅启动】 9月15日，根据县委第九次常委会研究信访工作的意见，县联合接访大厅正式启动，明确县公安局、司法局、国土局、房产局、人社局、民政局、环保局、工信局为第一批进驻大厅联合接访责任单位，实现了群众信访“一站式接待、一条龙办理、一揽子解决”的服务机制，提高了为民办事效率。

【第一次信访联席会议召开】 9月17日上午，在县政府常务会议室，县联席会议召集人向荣、陈震宇、周卫星组织相关县领导、马迹塘电厂、县人社局等22个部门单位和桃花江镇等15个乡镇的主要负责人，召开了2014年第一次信访联席会议。会议对马迹塘电厂原伤残民工、原板溪锑矿等国有工矿企业亦工亦农合同工、乡镇畜牧兽医在编人员、企业军转干部建房补助费和赵毛海、李宏宇上访等6个信访突出问题进行了研究，解决了一批信访疑难问题。

接待工作

【县接待办领导人名录】
主　任　符赛龙
副主任　董　佳　王　娲

【概况】 县接待工作办公室（简称接待办）是主管全县接待工作的正科级事业单位，归口县委办管理，2014年年底有人员共6名，其中主任1名、副主任2名。县接待办坚持“务实、节俭、创新”的工作思路，成功接待省部级以上领导12人次、正厅级领导25人次、大型活动20批次。

整合资源，努力构建“大接待”格局。在县委、县政府统一领导下，县委办、政府办、县接待办为主体，县直各部门与乡镇直接参与，各指定接待场所积极配合，形成了“集中管理、齐抓共管、协调灵活、运作高效”的“大接待”工作格局。

厉行勤俭节约，规范财务管理。对公务接待实行统一管理、限额支付、集体审核的办法，严格公务接待费的管理，杜绝公务接待费多支、乱支、滥支等现象；对各项费用报销和重大经费支出，坚持票据要素齐全、层层把关审批的原则。严格遵守“八项规定”，按照接待预算方案执行，做到接待规格不超标、经费不超支、私客不公请，专款专用，精打细算，坚持了从简、从细、从严搞好接待工作。

提升服务质量，打造接待品牌。注重细节服务，做到以小见大，增强接待效果。打造个性化服务，从宾客的角度出发，换位思考，充分考虑接待对象的民族、职业、文化背景和饮食习惯等特点，在餐饮、住宿等方面做到兼顾大众与照顾个别，努力提升宾客满意度。开发文化型服务，突出桃江的“美人文化”“楠竹文化”等品牌，提升接待的档次和品位。深掘特色服务。开发了“桃江十大名菜”“十大地方特色菜”“全笋宴”等餐饮特色，整合包装了桃花江系列土特产品。

加强队伍建设，提供人才保障。由县接待办牵头，从全县各单位办公室人员抽调并组建了一支50人的桃花江女子旅游文化接待综合服务队伍，组织集中学习接待礼仪知识，并举办了接待礼仪讲座和现场模拟培训，认真剖析每次重大接待活动，总结经验教训，讨论改进办法，“美人窝”的文化特色进一步突显，接待的整体实力得到明显提升。

服务中心，联系基层促发展。2014年，根据全县统一部署，县接待办“三访三化促发展解民忧”专项活动联系村为灰山港镇金沙洲村，重点指导该村的计划生育工作。接待办紧紧围绕“访民情、听民意、解民忧、促发展”这个主题，定期组织工作人员走访调研村级建设，对特困家庭慰问帮扶，为困难群众排忧解难。同时，督促指导金沙洲村及时准确上报计生对象的妊娠、生育、节育等计生工作信息，较好地完成了工作任务。（高　琪）

党校工作

【县委党校（行政学校）领导人名录】

校　长　吴哲仪

副校长　刘俊兴　袁铁基

　　　　薛荣华　方　静

纪检员　方　静（兼）

【概况】　县委党校行政学校是落实中专体制的副处级单位。学校设五个科室：办公室、教务科、教研室、行政科和图书资料信息中心。教职员工21人，党员19人。有专兼职教师18人，其中高级讲师7人，讲师7人，经济、管理、科技和法学类专业教师10人。校委班子成员5人，县委按照“一正三副一纪检”的格局强力配备。县委党校是县委、县政府的重要工作部门，是全县干部教育培训的主渠道、主阵地，是党的哲学社会科学研究机构。2014年举办各类培训班12期，培训轮训干部近2000人次。学校地处桃花江镇桃花东路65号，校园总面积38.38亩，建筑面积12158平方米，主体建筑包含教学楼、综合楼、办公楼、学员宿舍楼和干部职工宿舍楼。教学楼有标准教室10间，其中可容纳60人的多媒体教室1个，可容纳120人的报告厅兼多媒体教室2个。另有可容纳400人的大会议室1个，电脑教学室1个，配置电脑45台，图书室、资料室各1个，藏书23990册，并按照国家图书分类标准进行了分类整理和建卡，配备了专职图书管理员。教学和生活设施能同时容纳400名学员食宿和学习。此外，还有与培训任务相适应的篮球场、羽毛球场、乒乓球台等文体活动设施。学校按照“实事求是，与时俱进，艰苦奋斗，执政为民”的要求，不断强化教育培训、科学研究、学科建设和后勤服务，各项工作成效显著。

教育培训。按照年初制定的干部培训计划，进一步强化学校在干部培训工作中的主阵地和主渠道作用。2014年共举办各级各类干部培训班9期，培训各类干部1382人次。充分发挥理论宣讲前沿阵地作用，赴乡镇、县直、村、社区、企业等共86个单位开展中共十八届三中、四中全会精神和习总书记系列重要讲话精神宣讲，受众达6000余人。全年对新教学专题全面实行开门试教，年内共进行新课试讲4次，试讲新课18堂。经过集体备课、集中试讲、专家评课、小组研究和不断完善，打造了精品课5堂。创新干部培训方式，探索现场教学模式，建立县核电办桃江核电科技馆、县史志档案馆、经开区和灰山港镇4个干部教育培训现场教学点。进一步完善与推进异地培训方式，建立韶山市委党校、浏阳市委党校、望城区委党校、长沙县委党校、宁乡县委党校五个干部教育异地培训基地。全年选派教师外出培训。外出考察、学习的教师达18人次。聘请30多名省、市、县专家和部门负责人担任学校兼职教师。

科研服务。为了深入贯彻党的十八届三中全会精神，全面落实县委“135”工作思路，推动经济社会科学发展，根据县委工作安排，举办了“推动科学跨越、建设生态桃江”主题研讨会，共收到有价值的论义117篇，入选论文30篇。许多论文紧密联系实际，见解独到，对推动科学跨越、建设生态桃江具有一定的指导意义。2014年，县委党校共有科研成果89项，其中课题立项3个（省级），课题结项1个（省级）；在省以上刊物上公开发表论文24篇；省级理论研讨会获奖论文28篇；参与县各类征文活动获奖论文7篇；参加益阳市党校系统教学竞赛，2名教师获奖。由于成绩突出，在省党校系统先进评选活动中，县委党校被评为全省先进县级党校行政学院，校长吴哲仪被评为全省优秀县级党校校长、彭炼才被评为全省党校系统优秀教师。

学校管理。制定《2014年工作目标绩效考核办法》，明确各科室及个人岗位职责，提高工作效率，使管理科学化、规范化。年初将各项重点工作、中心工作分解落实到分管领导和责任科室。制定《关于加强干部教育培训工作的规定》和《干部专题培训学分制管理办法》，进一步明确主体班班主任工作职责，加强班级管理和考核管理，提升了干部培训管理水平。组织开展读书活动，努力打造书香校园。坚持机关集中学习制度，每月组织全体干部职工集中学习两次。以“为民、务实、清廉”为主要内容，聚焦“四风”突出问题，紧密联系工作实际，整改落实、建章立制，达到了预期的目标。深入基层，征求到意见89条，查找出学风、教风、校风、作风等70多个突出问题，提出了11项整改落实、专项整治和制度建设任务，修改、制定制度8项。

专项活动。学校制定了“三访三化促发展解民忧”专项活动实施方案，明确了领导机构。领导带头，全员参与，多次深入联系村、社区，走访全面覆盖，协助村支两委换届，制定帮扶发展计划。发放救济款10000元，捐赠衣物200多件。通过多层次、多角度、多方位的调查，吴哲仪校长向有关部门提交了《加快修建林业公路，促进林产业发展》的调研报告，谭建华书记亲自做了批示。

文化建设。以书画摄影方式丰富与活跃校园文化生活，开展“生态桃江”“幸福党校人”等为主题的书画摄影活动。方静副校长书法作品在第五届“羲之杯”全国诗书画家邀请赛中荣获一等奖，并入编《羲之杯——全国诗书画精品集（第五卷）》，同年被授予“中外当代文学艺术家百杰”称号。

（夏慧辉）

史志档案工作

【县史志档案局领导人名录】

局　　长　鲁复生
副 局 长　周　勇
纪检组长　曾俊明
工会主任　唐向东

【概况】2010年12月20日，中共桃江县委、桃江县人民政府发出《桃江县人民政府机构改革方案的实施意见》，将县委办承担的党史征集、县政府办承担的县志编纂职能划入县档案局，县档案局更名为县史志档案局。成立后的史志档案局，对口上级党史研究室、地方志办公室、档案局三个业务主管部门，为正科级事业单位，增加编制4人，内设办公室、史志股、档案业务股（加挂政策法规股）、档案馆（加挂现行文件服务中心）四个股室。经费由县财政列支，隶属县委办公室、县政府办公室领导，以县委办管理为主。2014年年底有干部职工14人。

2014年，史志档案局围绕全县工作大局，结合部门实际，扎实工作，开拓进取，在服务全县经济社会发展中做出了积极贡献，取得了丰硕成果：被授予“湖南省文明卫生单位”“全省档案工作先进集体”“全省地方志工作先进集体”“全省档案宣传工作先进集体”“全县先进党组织”荣誉称号。县综合档案新馆跻身全省一流县级国家综合档案馆，创全市首家党史陈列馆、方志馆。全市党史工作经验交流会、全市档案工作流动现场会相继在桃江召开。

快速优质建成档案新馆。县综合档案新馆建设项目于2010年9月获批，2012年9月正式动工，2013年11月全面竣工，2014年1月投入使用。新馆投资总额1640万元，建筑面积4580平方米，设计馆藏容量35万卷册。档案新馆率先通过功能验收。5月8日新馆项目顺利通过省档案局功能验收，成为第一批通过省局功能验收的县级国家综合档案馆。省档案局验收组认为县档案新馆选址科学，外形美观，布局合理，功能完善，设施齐全，彰显了桃江文化特色，已跻身全省一流县级国家综合档案馆。新馆服务功能有效发挥。借助新馆平台，先后举办县情专题展、中国共产党桃江历史展，协办核电科普展等大型展览，开馆以来，共接待参观的各级领导、各界人士135批次2780人次。县委组织部和县委党校已将新馆定为党校现场教学点。优化档案查阅服务。全年共接待查档人员510批次、712人次，利用档案3012卷次、4347件次，出证728份，为征地拆迁、农民解决土地争端、领导干部离任审计、离职人员减免社保缴费等提供了准确的历史依据和数据，得到广大群众及社会各界的好评。

档案业务建设稳步推进。强化工作指导。全年组织举办乡镇档案员培训班1期，指导文书立卷归档单位70个，开展档案信息化指导，指导单位45个，完成档案年度登记工作149个单位。采取业务培训、典型推介、个别辅导等方式强化业务指导，扎实开展机关档案工作规范化管理，晋升省特级机关档案室1个，至年底全县已建成省特级机关档案室4个、省一级31个、省二级49个。拓展服务领域。适时抓住各时期的重点和热点，对新农村示范村、农村土地承包经营权确权登记颁证、重点工程、重大活动等重要领域的档案工作提前介入、跟踪指导，拓展了档案业务工作范围。档案法制暨宣传工作常抓不懈。9月22日至29日县人大教科文卫工委与县档案局联合组织对县直40个单位进行了档案行政执法检查，对问题单位及时下发了档案行政执法检查意见书，并督促进行了整改。精心组织了“6·9”国际档案日及农村档案法制宣传月系列宣传活动，使档案法律法规进家庭、入社区、到农村，家喻户晓。加强史志档案网站建设，使桃江史志档案信息网成为展示桃江史志档案工作的“窗口”、交流史志档案业务的“平台”。

档案资源建设取得新的成绩。加强档案征（收）集工作。县史志档案局制定方案，精心组织，扎实开展档案征（收）集工作，深入挖掘反映桃江本土历史发展进程的相关资料，年内接收各类档案1571卷(件、册)；征集县内名、优、特实物档案107件；收集并编辑县级领导人公务活动照片档案886张（件）。编研特色精品。编研大事记条目14万余字，选摘桃江历史上1500多件大事要事，在县公众信息网及其微信平台推出《桃江历史上的今天》专栏，得到社会公众的广泛关注。开展方言大拜年活动。为展示方言档案成果，挖掘并弘扬地方民俗文化，12月9日，就县内各地对2015年新春祝福的不同表达形式，组织制作了“桃江方言大拜年”视频。

档案信息化建设步伐加快。争取县委、县政府领导的重视，将史志档案工作纳入了县委常委会议、县政府常务会议议程，同意以两办名义下发《关于进一步加强和改进新形势下史志档案工作的实施意见》文件；将档案信息化建设工作经费纳入财政预算；将史志档案工作纳入全县绩效考核内容。此举为全县档案信息化建设工作的快速推进提供了强力支撑。

史志工作资政育人作用得到充分发挥。开展读志用志、读史用史活动。向全县副科级以上单位免费赠送《中国共产党桃江历史(1979～2002)》及《桃江县志(1986～2000)》985册，并组织开展以“学党史、扬党风、强党性”为主题的庆“七一”党史知识竞赛活动，53个机关、团体、企事业单位，1087名党员干部参赛，5个单位荣获组织奖。推进党史教育进党校课堂。着力开辟地方党史宣教新途径，主动联系，将党史教育纳入了党校的教学内容。县政协原副主席、县党史联络组成员李树良在县委党校2014年科级干部生态旅游与文化产业培训班讲授了党史教育第一课，得到了一致好评。大力夯实史志基础业务工作。完成了《益阳党委执政实录》《湖南党委工作纪事》《湖南年鉴》《湖南信息年鉴》的组稿采编工作。创立全市首家方志馆。整合建县以来编修两部县志的素材和成果，汇集全县历年所编年鉴、大事记、桃花江人物、家谱、族谱以及照片、声像资料共1万余卷(册、件)，率先在益阳市创建了首家方志馆。

申苏工作取得阶段性成果。2014年，继续加大工作力度，主动加强与上级党史部门的工作对接。经省委党史研究室审查，报省苏区县认定工作领导小组批准，桃江县被成功确认为湘鄂西苏区县，申苏工作取得了阶段性成果，为下阶段争取国家和省财政对苏区县的政策支持打下了坚实的基础。

（李美华　夏平）

【国家综合档案馆新馆正式对外开放】　3月3日上午8时8分，县国家综合档案馆新馆正式对外开放。县委副书记向荣、县人大常委会副主任张喜云及市史志档案系统领导到馆参观，县委常委、县委办主任肖立新，县政府办主任邓迎平为新馆揭牌。

【档案新馆通过功能验收】　5月8日，湖南省档案局副局长薛冬英率检查组一行对桃江县新建的国家综合档案馆进行了功能验收。薛冬英对桃江县坚持高起点规划、高标准建设，严格执行国家中西部档案馆建设规范要求，快速建成实用、环保、安全、优质的县级国家综合档案馆，予以充分肯定。验收组认为县档案新馆选址科学，外形美观，布局合理，功能完善，设施齐全，彰显了桃江文化特色，已跻身全省一流县级国家综合档案馆。新馆项目顺利通过验收，成为第一批通过省局功能验收的县级国家综合档案馆。

【谭建华考察县综合档案馆】　5月20日，县委书记谭建华考察县国家综合档案新馆。在听取局长鲁复生有关工作汇报后，谭建华指出，史志档案工作十分重要，史志档案部门要抱着对历史负责的态度增强责任和服务意识，进一步强化管理，确保档案安全，加大实物档案的征集力度，加快档案信息化建设步伐，不断提升服务水平，努力开创史志档案工作新局面。

【中国共产党桃江历史展布展】　6月19日，史志档案局完成中国共产党桃江历史展布展并向社会开放。展览以“追忆红色岁月、缅怀革命先烈”为主题，以时间为脉络，以历史事件为主体，以历史人物为重点，展出近100幅珍贵历史照片和部分实物档案，概貌式地展示了桃江从创建党组织到建县并召开第一次党代会这段历史时期的重大事件与重要人物。

【党史知识竞赛活动圆满结束】 7月10日，县史志档案工作领导小组组织全县机关党员干部开展以“学党史、扬党风、强党性”为主题的庆“七一”党史知识竞赛活动圆满结束。全县共有53个机关、团体、企事业单位，1087名党员干部参赛。根据参赛单位组织情况、参赛人数、参赛率、班子参与率及卷面成绩等综合情况，县房地产管理局等五个单位荣获组织奖。

【何军田调研史志档案工作】 9月2日，县委副书记、县长何军田到史志档案局调研史志档案工作。何军田对县综合档案馆新馆建设和史志档案工作给予了充分肯定。同时，要求史志档案局加快信息化建设，加大特色档案征集力度，提高史志档案工作服务水平，建设好爱国主义教育基地。

信息中心

【领导人名录】

主　任　胡鹤鸣

副主任　史壮贤　薛虎军

　　　　詹国辉　龙小林

【概况】 桃江县信息中心成立于2008年，是县委、县政府主要的网络宣传媒介，承担县委县政府门户网站、红网桃江站及政府网站群的开发、建设与管理，全县电子政务内外网络规划、建设与管理，各乡镇和县直部门电子政务工作指导、协调与监督等工作任务。2013年，加挂县电子政务管理办公室的牌子，承担电子政务管理等相关职能。内设办公室、信息部、技术部3个职能股室，定编10人。

2014年，信息中心围绕中心，服务大局，抓住重点、突破难点、创新亮点，扎实工作，全面完成了年度各项目标任务。

宣传报道卓有成效。围绕县委“135”工作思路，精心策划宣传工作，加大网络宣传力度。发布重点工作的新闻信息150条，及时生动地展示了全县在交通、园区、产业、城镇建设和统筹城乡发展、着力改善社会民生等方面取得的成就。共派出记者采访520多次，及时准确报道了桃江发生的重要新闻。开展“一把手”访谈、抗洪救灾、党的群众路线教育实践活动、“迎国庆·看桃江”等17项专题报道，发布新闻1300多条。编辑乡镇和部门提供的稿件4200多条，红网桃江站全年发布稿件1780条。2月25日，桃江公众信息网官方微信正式上线，共编发微信275期，订阅用户达到8000人。在桃江遭受特大洪灾中，微信平台有关抗灾自救的单条微信浏览量突破12万次，相当于1/8的桃江人在手机上获取此消息。改进手机报的编发方式，注重内容的精、准、新，增强用户体验，不定时发布廉政准则、创卫知识、核电科普等中心工作宣传内容，编发手机报257期。大力弘扬真善美，着重宣传正能量，高度关注社会民生，组织采编了大量关于好人好事、爱心救助等稿件向主流媒体报送，及时向上对外发布桃江各项建设的正面报道，树立桃江良好形象。截至12月20日，中新网首发3条，人民网1条，向湖南红网推稿340多条，《“最美基层民警”患癌8年矢志不渝坚持工作》等5条登上红网新闻首页，向益阳市政府门户网推稿420多条，《中国国土资源报》1条，《湖南日报》3条，《潇湘晨报》1条，《益阳日报》24条。

政府网站建设上新台阶。网站页面实现手机屏幕“自适应”。顺应移动互联网发展潮流，对桃江公众信息网进行改版，网站页面实现手机屏幕“自适应”，网页能根据终端设备屏幕的大小，自动缩放至合适的尺寸，大大提升手机、iPad用户的浏览舒适度。网站内容保障规范化。按照“协同办网站”的思路，网站信息发布权限下放到各乡镇和县直各部门，发动各单位参与网站建设和内容保障。出台桃江公众信息网内容保障及信息发布规范的相关文件，同时将网站各个栏目的内容保障责任明确到单位，划定“责任田”，各负其责，收到了较好的效果。截至12月，网站累计收集、整理和编辑添加各类信息资料46000多篇，内容基本涵盖了全县经济社会的各方面。信息公开透明化。严格按照《信息公开条例》要求，已公开各类信息13607条。尤其是全县各级各单位的财政预决算公开，县政府行政审批、环境保护、食品安全等重点领域信息公开。2014年，县内教育、卫生、交通、金融等行业所涉的82家企事业单位在政府门户网站发布信息公开内容，全面推进了公共企事业单位办事公开工作，不断提升政府服务能力。全年共收到网上依申请公开内容15条，及时处理15条。四是网站建设集群化。充分利用现有软硬件设备，为各单位建立子站，并实现网站群的集中管理，信息共享能力大大提升。全年为各单位新建子站23个，节约财政资金近50万元。“党风廉政舆情在线”“县长热线”“办事服务”等网站精品栏目内容进一步完善。

电子政务建设有成效。硬件从实。入网单位118家，电脑等终端6000余台，为全市最完善的政务外网。因为统一了互联网出口，每年节约财政资金120多万元。建成桃江县电子政务核心机房，整合桃江公众信息网、村财乡管系统、行政审批系统等13个业务系统，全县各乡镇和部门不再需要新建计算机网络和电子政务机房，每年节约财政资金100万元以上。实现了机房数据异地容灾互备，解决了数据安全问题。管理从序。出台《桃江县电子政务工程建设管理办法（试行）》《桃江县电子政务网络管理和使用办法（试行）》，从制度上解决了政府信息化重复建设、多头管理、资源浪费等问题，规范全县电子政务建设管理行为。同时，印发建设桃江县基础数据共享系统的相关文件，充实了桃江县基础数据库系统内容；该系统发布数据586条，为乡镇部门存储和发布重要数据提供了平台，为县委、县政府了解经济社会动态，做出科学决策提供了依据。服务从优。全县信息化应用技术支持到位。为县级领导提供相关信息技术支持服务48次，组织全县201个单位的电子政务业务骨干进行了专业知识培训，其中包括重点企事业单位82家。充实了桃江中小企业服务平台，在桃江公众信息网、红网桃江站免费发布县内企业相关信息。做好了党政大楼局域网的设备网络维护工作。全年处理电子政务核心机房、电子政务外网故障50次，对党政大楼各单位提供技术支持1024次。

舆情收集和处置工作稳步推进。增强了舆情防范意识：全县更加重视网络舆情工作，对可能引发舆情的事件，提高敏感度，做到早防范、早准备。提高舆情收集能力：舆情监控系统对知名网站、微博的监控频率提高到15分钟一周期；基本做到了专人24小时收集并及时上报，全年编发《网络舆情简报》570期。提升舆情处置水平：对一般舆情，在报告网宣办的同时，采取主动与发帖人联系、主动跟帖解释说明等方式处理；对重大舆情，第一时间报告网宣办和县委、县政府主要领导，并按要求发布权威信息和处置进展情况等后续信息，牢牢掌握舆论主导权，成功处置了多条关于桃花江核电、村支两委换届等的热点舆情。 （胡艳芳）

【电子政务服务队获评市青年文明号】 5月23日，团市委颁发《关于命名表彰2012—2013年度益阳市青年文明号、青年岗位能手的决定》，桃江县信息中心电子政务服务队被评为2012—2013年度益阳市青年文明号。2012年以来，桃江县信息中心电子政务服务队全面提升职业技能和职业道德，广泛开展青年文明号创建活动，引导广大青年职工立足本职，努力创造一流的岗位业绩。

【举办专题培训班】 10月30日，县信息中心举办桃江公众信息网后台操作及内容保障专题培训，全县各乡镇、县直部门及县内教育、卫生、交通、金融、通信、计生等行业的82家重要企事业单位共200多名电子政务骨干参加。县信息中心有关负责人围绕网站后台操作、发布规范，网站结构、内容保障责任分工，新闻写作要求这三个方面作了详细介绍和辅导培训，就如何在政府门户网站发布信息公开内容作了指导，以全面推进公共企事业单位办事公开工作，不断提升政府服务能力，真正打通服务群众的“最后一公里”。各单位电子政务骨干基本掌握了桃江公众信息网后台操作技能和信息发布规范，为进一步做好政府门户网站信息公开和内容保障工作奠定了基础。

【桃江公众信息网排名全国第四】 在11月召开的2014年中国智慧政府发展年会上，桃江公众信息网在全国100个电子政务试点县政府透明度排名中，居全国第四位，湖南省第一位；在2014年县级政府网站建设综合排名中，居全国第32位，湖南省第二位。连续5年获得全省优秀政府网站称号。

保密工作

【县国家保密局领导人名录】

局　长　赵原成

【概况】 2014年，县国家保密局认真贯彻落实中央、省、市有关文件精神，坚持围绕全县工作中心，按照“提高认识、明确责任、加强教育、保住秘密”的工作思路，规范制度，强化管理，充分发挥了保密工作保安全、保发展作用。

加强组织领导，保密工作地位不断突出。强化组织保障。县委保密委员会由县委副书记任主任，县委常委、常务副县长和县委常委、县委办公室主任任副主任，县委办公室分管副主任任办公室主任，县国家保密局局长任办公室副主任，各涉密要害部门负责人为成员，为全县保密工作有序开展提供了坚强的组织保障。县委保密委员会时刻关注全县保密工作的发展，真正做到了对保密工作常抓常议。严格责任落实。全县各党政机关均成立了保密工作领导机构，做到机构、责任、措施、人员“四到位”。全面落实保密工作领导责任制，按照“谁主管、谁负责”的原则，明确各单位党政主要领导为第一责任人，对保密工作负主要责任，分管领导负具体责任，相关工作人员负直接责任；各单位保密工作与业务工作同研究、同部署、同落实，责任到位，落实到人。严格落实保密人员工作责任制，组织全县要害部门、部位涉密人员签订了保密责任书，对重要涉密单位、重点涉密部位开展经常性的保密检查，在全县形成了一级抓一级、层层抓落实的保密工作格局。健全工作制度。在加强保密工作制度化、规范化管理的同时，结合工作实际制定《桃江县保密工作规程》，进一步建立健全《桃江县定密工作拟申报制度》《桃江县领导干部保密制度》《涉密人员管理制度》《密级文件管理制度》《涉密载体销毁制度》《通信办公自动化及涉密计算机管理制度》《政务（党务）公开保密审查制度》和《涉外保密制度》等规章制度，确保了保密工作有章可循，实现了全县保密工作零事故目标。

突出宣传教育，保密工作意识不断增强。突出重点。将全县各级党政领导干部、要害部门人员、党政机关保密干部三类人群，作为保密宣传的重点对象。对党政领导干部，重点抓好保密工作领导责任制的落实，并在县委党校开展教育培训活动。对涉密人员，上岗前审查、考试、签责任书；在岗要接受经常性教育、检查考评；离岗前严格审批、实行脱密期管理，并签订保密承诺书，严格落实“岗前、在岗和离岗”三个阶段的管理制度。对党政机关保密干部，突出抓好保密岗位资格审查，加强业务技能培训。定期对各级班子成员和副科级以上干部进行保密知识考试，凡在党校举办的干部培训班，均开设保密教育课程，学员保密知识考试不及格不能结业。创新方式。充分运用桃江文秘群、桃江县委机关工作群等，开展网上保密业务咨询指导、典型案件通报、保密警示提示教育等活动，截至11月底共开展讨论和咨询300多人次，业务指导活动18次，在节假日放假前通过QQ群发布保密提示信息22条，构建了全系统覆盖、无缝隙对接宣传教育平台，进一步推动了全县保密宣教活动的开展。全年上报经验材料、工作信息共9篇，其中《狠抓保密工作落实提升保密工作水平》《桃江县国家保密局认真做好政法工作会议保密工作》《创新工作方式方法抓好涉密文件管理》3篇在《益阳保密工作》刊发。保持常态。3月，根据省文件要求，制定专门工作方案，组织开展《国家保密法实施条例》专项学习宣传活动，取得较好的效果；以新《保密法》为主要内容，持续把保密宣传教育纳入党组（党委、工委）中心组学习和公务员初任培训、任职培训和在职培训的重要内容；通过经常进行会议保密提醒、组织观看保密警示教育片、保密教育专题讲座等方式扩大保密宣传教育的覆盖面，提高针对性和实效性。

狠抓检查监督，保密工作基础不断夯实。周密部署工作。根据2014年省、市保密工作要点对全县保密工作进行全面部署和安排，明确工作思路，加强制度规范，强化保密管理，充分发挥保密工作的作用，实现保密工作“零事故”目标。严格监督检查。4月14—17日，对全县20个重要涉密单位进行以计算机信息系统及密级文件、关键部位保密设施为重点的保密工作大检查。4天共检查计算机85台，其中涉密计算机37台，上网计算机48台；抽查涉密文件资料302份（卷），对检查发现的突出问题，由县国家保密局集中汇总，针对性的提出限期整改要求并适时组织开展保密复查。通过保密工作大检查，各重要涉密单位迅速落实了整改措施，提高了涉密人员保密意识，提升了保密员保密工作技能，确保了国家秘密安全。强化重点工作。3月27—28日，对县委办、县政府办、县纪委、县委组织部、县委宣传部、县委政法委和县委农村部等单位开展了涉密中央、国务院、省委、省政府文件保密管理专项检查。经查，涉密文件管理工作到位。5月28日，派专人专车将2013年全部应退密级文件清退至市委办文电科，全面完成了省、市下达的文件清退任务。6月5—8日，与教育、公安等部门密切配合，以高考、学考试卷安全保密为核心，考前严格检查试卷保密室，考试期间全程参与试卷签发签收，确保了2014年桃江考区高考、学考试卷的绝对安全。2014年下半年，按市局的统一安排，积极落实“门户网站保密监控平台”采购经费，于11月底安装调试到位。

提升业务素质，保密工作队伍不断优化。着力配优干部队伍。根据人员异动，各重点涉密单位及时把政治素质高、业务能力强的干部充实到保密岗位，认真落实保密干部双重管理制度，做到了保密工作机构健全、干部队伍素质过硬，全部保密员都具有大专以上学历，熟练掌握保密基本法规和保密技术，熟悉本单位业务工作和保密工作基本情况，较好地履行了保密员职责。切实加强思想教育。积极动员全县保密干部学习贯彻中共十八届四中全会精神，深入开展忠诚教育、保密教育等活动，教育保密干部牢固树立正确的人生观、价值观，立足本职，爱岗敬业，确保保密干部队伍忠诚可靠。全面提升业务水平。认真学习中央和省、市委保密文件，吃准吃透上级文件精神；通过向兄弟县市（区）取经、加强专业书本学习和经常浏览保密业务网等方式，提升保密工作业务水平；加强对新进保密干部的传帮带工作，提升了机要文件管理工作水平，进一步增强了保密队伍综合素质和工作能力。

（丁曙）

【市国家保密局检查桃江高考保密工作】 5月25日上午，市国家保密局局长聂勇率检查组到桃江检查高考保密工作。重点检查高考保密责任制及保密管理制度的落实情况，中心保密室、考点的保密环境是否达到规定要求，电子监控和手机屏蔽器等设施是否准备就绪等。检查组传达了市有关领导对全市2014年高考工作的有关指示，听取了县招生办负责人的工作汇报，并实地抽查了县城关二中和县一中两个考点，重点查看了考点保密室和视频监控系统。市局领导充分肯定了桃江的高考准备工作，并要求进一步完善高考保密管理制度，落实高考保密责任，加强对高考设备的日常维护管理，确保高考万无一失。2014年，全县共有3555人参加高考，设县一中、七中和城关二中3个考点，共221个考室。

【开展党政机关门户网站信息发布工作保密检查】 6—7月，县国家保密局组织对全县党政机关门户网站信息发布工作进行了保密专项检查。重点抽查了18家县直单位的网站信息发布情况，并对个别单位提出整改意见，从源头上消除了泄密隐患。

【举办保密知识教育辅导讲座】 12月8日上午，在全县办公室系统工作会议上，县委办主任、县保密委主任肖立新做题为“提高保密意识、加强保密责任”的保密知识教育辅导讲座。各县直单位和各乡镇办公室主任聆听了讲座。此次保密知识讲座旨在落实中央、省《关于进一步加强全国干部保密教育培训工作的通知》的要求，进一步提高全县办公室人员保密意识，提升保密工作管理水平。肖立新着重强调了加强涉密计算机管理、加强涉密文件和密码电报的管理、加强办公室U盘管理等三个方面的内容，列举了一些有关泄密工作案例，并结合当前国内外保密形势以及桃江县保密工作开展情况，就如何做好全县保密工作进行了深入讲解。会后，县国家保密局还与全县各单位办公室签订了保密工作责任状。

桃江县人大及其常委会

组织机构及领导人

县人大常务委员会

主　任　符凤文
副主任　汪铁波　胡跃宏
　　　　龚卫山　张亮荣
　　　　吴小玲（女，2014.12 当选）
　　　　张喜云（女，2014.10 辞职）

办公室

主　任　习均安
副主任　史新宇
　　　　周正军
　　　　（机关正科级纪检员）

选举任免联络工作委员会

主　任　蒋　文
副主任　刘运安

内务司法工作委员会

主　任　王志伟
副主任　刘姣辉

财政经济工作委员会

主　任　李元英
副主任　钟　锋

教科文卫工作委员会

主　任　熊春芳
副主任　夏末花

农业工作委员会

主　任　张范勋
副主任　吴建阳

城乡建设和环境保护工作委员会

主　任　吴铁庚

综　述

【概况】　县人民代表大会常务委员会（简称县人大常委会）下设办公室、选举任免联络工作委员会、内务司法工作委员会、财政经济工作委员会、教科文卫工作委员会、农业工作委员会、城乡建设和环境保护工作委员会 1 室 6 委。在编在岗行政编人员 24 人，工勤编 2 人。

2014 年，县人大常委会召开常委会议 7 次、主任会议 20 次，开展视察活动 3 次，督办代表建议批评意见 119 件。听取和审议县政府《2013 年桃江县财政决算（草案）报告》，批准 2013 年决算。审查和批准县人民政府《关于提请调整 2014 年度财政收支预算的议案》，审议县人民政府关于《桃花江投资发展（集团）有限公司 2014 年投融资计划（草案）》。全年共任免国家机关工作人员 54 人次、人民陪审员 71 人次，接受县人大代表辞职 4 人。做好了县十六届人大四次会议的筹备和服务工作。根据省人大的统一部署，组织开展了环保世纪行、农民健康行、农产品质量安全行、民族团结进步行动等四大活动。

加强经济工作监督。深入马迹塘镇鲤鱼塘大桥、牛鸬公路、206 省道灰山港至宁益桥公路、南环线、美人窝文化公园大桥、沿江风光带三期、七星河片区雨污分流工程等重点项目建设现场，调研察看交通建设、园区建设、产业建设、城镇建设和改善民生五项重点工作项目建设的进展情况。调查和审议了计划和预算执行情况，督促政府有效解决资金、土地、劳动力等问题。出台了《关于监督审计查出问题整改的若干规定》，审议了《2013年预算执行和其他财政收支的审计报告》。对于审计查出问题的4个单位提出了整改意见，逐一核查了整改情况，对整改成效进行了票决。视察了桃江经济开发区，听取和审议了《关于桃江经济开发区发展情况的报告》，提出了建议意见。抽取滨江路建设、金盆路降坡工程等社会反映较大的6个城建项目进行深入调查，逐一审查了项目的立项、设计、招投标、隐蔽工程、质量检测、决算等环节，指出了存在的问题，提出了加强资金、项目和工程管理的意见，促进了问题的整改。

加强民生事业工作监督。常委会议审议《我县居民最低生活保障和农村五保供养工作的报告》，提出了意见建议，有效纠正了人情保、关系保、骗保、漏保等问题，实现了农村“五保”应保尽保，使全县居民最低生活保障与农村五保供养工作更加规范。对药品管理工作开展专题调查和监督，听取和审议了《关于药品管理工作的报告》，要求医疗卫生机构和监管部门确保人民群众用药安全。听取了《关于义务教育均衡发展审议意见落实情况的报告》，对教育均衡发展工作进行跟踪监督，促进政府进一步加大对教育的投入，加强农村边远学校的师资力量，有效缓解了城镇大班额问题。视察了桃花江镇黄土坝水库、浮邱山乡易家村水库、修山镇刘家冲水库和石溪水库，实地查看了4座水库出险、除险等方面的情况，了解各水库的除险加固工程进展或纳入小型病险水库除险加固地方规划的情况。县十六届人大常委会第十次会议听取和审议了县人民政府《关于小型水库除险加固工作情况的报告》，提出了建议意见。常委会对资江河道采砂管理工作审议意见的落实情况进行跟踪监督，到沿江各乡镇再次开展调查，形成了《关于落实〈县人大常委会关于资江河道采砂管理工作的审议意见〉的报告》，提出了加强采砂管理、加大河道保护力度、科学制定新一轮河道采砂方案等意见。

加强民主法治建设监督。共完成38件规范性文件的备案审查，督促县法制办等单位对中心城区秩序管理有关文件的条文作了修订。持续跟踪《禁毒法》《刑事诉讼法》在全县的贯彻落实，开展“六五”普法决议落实情况检查和全县行政执法检查，推进依法行政和公正司法。监督县人民法院执行工作，督促人民法院进一步加强领导，强化措施，提高执行工作实效。加大信访案件督办力度，共接待来信来访200多人次，其中涉法涉诉信访案件40余件。

加强与人大代表的联系，认真督办人大代表建议，支持人大代表依法履职。出台《县人大常委会组成人员和委室负责人联系人大代表活动方案》，对走访联系代表工作进行台账管理。全年共走访代表156名，占代表总数的57%；收集建议意见500多条。下发《关于做好代表工作和乡镇人大工作的指导意见》，加强了闭会期间代表活动的指导、服务和保障。全县共建有代表小组活动室53个，各代表小组开展视察、工作评议和代表向选民述职等活动100多次。同时做好了省人大桃江代表小组和市人大桃江代表团调研视察活动的服务工作，对全县的市人大代表履职情况进行了考核。实行普遍督办与重点督办相结合，将119件代表建议的督办任务明确到委室，代表建议的落实率达70%。确定了7件重点办理的建议，由常委会领导牵头督办。县人大常委会视察了2014年重点处理的县代表建议批评和意见办理工作，实地察看了县城桃花江大道复迁安置点、桂花园学校扩建工程项目、水务局视频监控全县小型以上水库控蓄情况项目。听取和审议了县人民政府《关于县十六届人大三次会议以来代表建议批评意见办理情况的报告》，要求进一步提高认识，把办理代表建议批评意见作为了解民情的渠道，联系群众、转变干部作风的着力点，解决服务群众“最后一公里”问题的有效途径；严肃处理态度不认真、应付敷衍的单位；加大统筹协调解决问题的力度，多部门共同协调推进，采取有效措施，系统梳理问题；进一步加强代表培训，提高建议质量，使代表建议更加具有代表性、准确性和可行性。

指导乡镇人大工作。完善常委会领导和各工作委室联系乡镇制度、乡镇人大工作目标管理考核办法，加强了日常联系，对乡镇人大会议和代表活动进行指导，乡镇人大工作逐步制度化、规范化。组织全县15个乡镇的人大副主席、人大秘书，召开人大工作培训会，为全县乡镇人大工作者集中充电。培训会着重就“如何提高代表建议的提出质量和开展好闭会期间的代表活动”“乡镇人民代表大会存在的主要问题以及如何规范严谨召开会议”等内容作了培训和学习。

改进常委会工作方法。常委会始终围绕县委工作大局依法履职，根据县委的统一安排，县人大常委会和机关有关同志积极参与涟源型钢生产线等6个重点招商引资项目、华艳药业等6个重点企业、县城桃花江大道后续工程等4个重点项目建设的协调服务工作，支持企业转型升级，推动项目建设，促进全县经济又好又快发展。认真处理监督与支持的关系，对“一府两院”的工作，既敢于监督，又积极支持。改进议题调研方法，吸收人大代表、专业人士参加议题调查，增强调查研究的科学性。改进议题审议方式，在常委会审议议题时，增加询问环节，不回避矛盾。加强对审议意见的跟踪督办，坚持主任会议听取上年度常委会审议意见落实情况报告的制度，确保人大监督落到实处。

加强机关建设。组织集中学习了中共十八届三中、四中全会精神，结合人大常委会监督议题，学习了财政预算、水利建设、药品管理、社会救助等方面的法律和业务知识。开展机关干部每人读一本好书活动，鼓励常读书、读好书，促进个人自学，进行学习心得交流和评比，形成了良好的学习气氛。组织机关干部开展专题调研16项，积极参加县委调研征文活动，写出了一批较高质量的调研文稿，为县委决策和县人大常委会决议决定有关事项提供了第一手资料和有价值的建议意见。其中，《关于我县中小微企业融资情况的调查与思考》等4篇调研文章在县委工作务虚会上获奖。落实廉洁自律的各项制度，规范办公用房，严格公车管理。重点加强了机关财务管理，严格用制度管钱、管人、管事，做到按预算计划严格标准，严格开支、严格财务联签会审，严格按照政府采购监管部门的要求购置办公设施、用品，坚持大笔开支集体研究决定，三公经费开支下降25%以上。（史新宇　杨华）

重要会议

【桃江县第十六届人民代表大会第四次会议】　12月28—30日，桃江县第十六届人民代表大会第四次会议召开。会议听取和审议了县人民政府工作报告、县人大常委会工作报告、县人民法院工作报告、县人民检察院工作报告；审查和批准了桃江县2014年国民经济和社会发展计划执行情况及2015年计划草案的报告、2014年预算执行情况和2015年预算草案的报告。会议于30日选举吴小玲为第十六届人民代表大会人大常务委员会副主任，张范勋、刘跃芝为委员。

【桃江县第十六届人民代表大会常务委员会第8～14次会议】　2月28日，县十六届人大常委会召开第八次会议。会议审议和通过了《桃江县人大常委会2014年工作要点》，集中学习十八届三中全会精神。会议同意免去彭爱平同志的桃江县人大常委会农工委主任职务、张范勋同志的桃江县工业和信息化局局长职务、范尚华同志的桃江县交通运输局局长职务、刘胜辉同志的桃江县督查局局长职务、薛庆贤同志的桃江县安全生产监督管理局局长职务、杨龙同志的桃江县水务局局长职务、肖文武同志的桃江县林业局局长职务、范学雷同志的桃江县食品药品监督管理局局长职务、王海燕同志的桃江县人民检察院检察员职务；决定任命李尔州同志为桃江县人民政府副县长、张范勋同志为桃江县人大常委会农工委主任、熊伟同志为桃江县工业和信息化局局长、范尚华同志为桃江县督查局局长、符跃安同志为桃江县交通运输局局长、薛庆贤同志为桃江县水务局局长、彭建同志为桃江县安全生产监督管理局局长、黄平同志为桃江县林业局局长、刘安军同志为桃江县食品药品监督管理局局长、符潜知同志为桃江县人民检察院检察员、刘冬保等42位同志为桃江县人民法院人民陪审员。

5月14日，县十六届人大常委会召开第九次会议。听取和审议了《关于2014年政府类融资及项目安排计划的报告》《关于药品管理工作的报告》《桃江县人大常委会关于监督审计查出问题整改的若干规定》《关于确认许可对县十六届人大代表张国辉采取刑事强制措施的报告》。会议同意免去符晨辉同志、王小玲同志的桃江县人民法院刑事审判庭副庭长职务，李新华、严开春、杨光、李芳同志的桃江县人民法院审判员职务；决定任命丁素娟同志为桃江县人民法院刑事审判庭副庭长，潘玲同志为桃江县人民法院审判员、马迹塘法庭副庭长，文杰、朱丹丹、刘畔、文学、易赞、俞淑芳、文玉、刘艳姿、刘雅丽、张君、王琴同志为桃江县人民法院审判员。

6月25—26日，县十六届人大常委会召开第十次会议。视察小型水库除险加固情况，听取和审议《关于小型水库除险加固工作情况的报告》《关于2013年桃江县财政决算（草案）报告》《关于2013年预算执行和其他财政收支的审计工作报告》，审查和批准县人民政府2013年决算。

8月28—29日，县十六届人大常委会召开第十一次会议。视察代表建议办理情况，听取和审议《关于县十六届人大三次会议以来代表建议批评意见办理情况的报告》《关于2014年上半年国民经济和社会发展计划执行情况的报告》《关于2014年上半年预算执行情况的报告》，审查和批准《关于城市防洪工程资水北岸建设项目贷款偿还资金进行财政兜底的议案》《关于提请调整2014年预算的议案》。许可对县代表项三采取强制措施的备案，批准项三、杨建湖辞去县代表职务，决定任命王作军同志为桃江县人民政府副县长。

10月30—31日，县十六届人大常委会召开第十二次会议。视察经开区，听取和审议《关于桃江经济开发区发展情况的报告》、《关于我县居民最低生活保障和农村五保供养工作的报告》、2013年度审计查出问题责任单位整改情况的报告，书面听取《关于2013年度县级预算执行和其他财政收支审计查出问题的整改结果报告》，《关于提请将七马公路改线工程保理业务还款资金列入同期年度财政预算的议案》的备案，审议和批准《关于提请批准桃江资江产业发展有限公司2014年中小企业私募债券本息偿付资金纳入财政预算的议案》。会议同意接受张喜云同志辞去桃江县人大常委会副主任职务，免去刘畔、罗光辉同志的桃江县人民法院审判员职务，免去潘玲同志的桃江县人民法院马迹塘法庭副庭长、审判员职务，刘国辉、周正安、张志雄、杨松波同志的桃江县人民检察院检察员职务，决定任命艾婷婕、陈翔同志为桃江县人民检察院检察员，戴军辉等31位同志为桃江县人民法院陪审员。

12月1日，县十六届人大常委会召开第十三次会议，决定召开桃江县第十六届人民代表大会第四次会议，同意接受彭爱平、蔡重阳同志辞去常务委员会委员和人大代表职务。

12月22日，县十六届人大常委会召开第十四次会议。审议和批准《关于提请批准对县四中和县职业中专银行贷款提供财政担保的议案》《关于提请批准将龙洲建设开发公司担保贷款的还款资金列入年度财政预算的议案》《关于提请批准将南环线片区土地开发项目贷款列入地方政府负有偿还责任债务的议案》《关于同意申请长沙银行贷款有关事项的批复》的备案。听取和审议《关于代表异动和补选情况的审查报告》，初审县十六届人大四次会议有关事项。

【桃江县第十六届人民代表大会常务委员会第11～30次主任会议】 县人大常委会主任会议负责处理人大常委会的重要日常工作，年内共召开主任会议20次。会议先后听取了关于桃江县城西环线（省道230县城段）建设有关工作情况报告、关于县城商品房开发经营管理审议意见落实情况的报告、关于2014年部门预算和重点项目安排情况的报告、关于义务教育均衡发展审议意见落实情况的报告、关于县城市建设开发公司2013年融资及项目实施情况和2014年融资及项目计划安排情况的报告、关于落实《县人大常委会关于资江河道采砂管理工作的审议意见》的报告、关于全县产品质量监管工作情况的报告、关于县城部分城建项目情况的报告、县人民法院落实《关于县人民法院执行工作情况的主任会议纪要》及办理人大交转办案件情况的报告，主任会议还组织视察了县城南环线。

重要活动

【监督问题单位的整改】 5月14日，县十六届人大常委会第九次会议审议并通过了《桃江县人大常委会关于监督审计查出问题整改的若干规定》。6月26日，县十六届人大常委会第十次会议听取《关于2013年预算执行和其他财政收支的审计工作报告》，“同级审”查出县财政局、林业局、畜牧局和马迹塘镇政府4个单位的48个问题。5月14日，县十六届人大常委会第九次会议审议并通过了《桃江县人大常委会关于监督审计查出问题整改的若干规定》。通过多次检查、指导、督办，4个单位按照要求进行了认真整改，做出了整改情况的报告，提供了整改到位的34个问题的相关依据；对暂时无法整改到位的3个问题，说明了原因，制定了相应措施。10月30日，县十六届人大常委会第十二次会议听取和审议了《关于2013年度县级预算执行和其他财政收支审计查出问题的整改结果报告》，票决通过了4个责任单位的整改报告。

【召开人大工作培训会】 7月11日，县人大常委会组织全县15个乡镇的人大副主席、人大秘书，召开人大工作培训会，为全县乡镇人大工作者集中充电。培训会着重就“如何提高代表建议的提出质量和开展好闭会期间的代表活动”“乡镇人民代表大会存在的主要问题以及如何规范严谨召开会议”等内容作了培训和学习。县人大常委会主任符凤文强调，乡镇人大要提高认识，解决好对人大的地位、作用认识不清等问题；扎实工作，处理好主业与副业的关系；加强业务学习，不断提高行权履职的能力水平；突出重点，做好乡镇人大工作规范化制度化建设、开好人代会、组织开展好代表活动等具体的人大工作。

【“问诊”部分城建项目】 县人大常委会于9月成立专门调查组，抽选了资江路沥青提质改造、金盆南路降坡、老桃灰线砼路面硬化等6个已经完成且人民群众反映比较强烈的项目，进行全面深入调查，为工程质量和项目资金的使用效益“把脉”。10月21日，县人大常委会召开第24次主任会议，听取县政府《关于县城部分城建项目情况的报告》。会议认为，部分城建项目在实施中，存在工程设计不够严谨、前期准备工作不够充分、预算编制不够精细、施工现场管理不够严格、工程后期管理不够到位等问题。县人大常委会主任符凤文和副县长刘武讲话。

【提升人大监督实效】 县人大常委会明确了一系列工作举措，改进监督方式：在议题审议前，组织更多的常委会成员和代表参与调研，增强调查研究的科学性；在常委会审议议题时增加询问环节，由县人民政府及有关部门负责人到会听取意见，回答询问，审议时不回避矛盾；在常委会议上，对县本级预算执行和其他财政收支审计查出问题单位的整改情况进行表决，促进整改落实；继续对议题进行量化测评，提升议题的质量；坚持主任会议听取上年度常委会审议意见落实情况的报告，加大对审议意见落实情况的跟踪督办力度，确保人大监督落到实处。

【加强督办促进代表建议落实】 县人大常委会进一步加大督办力度，促进承办单位更加重视人大代表建议办理工作。119件人大代表建议得到落实或基本落实的为83件，占69.5%，比去年提高约20%。对于主任会议研究确定的《关于加强修山电站库区生态环境保护的建议》《关于防汛期间科学调度水库控蓄水位的建议》等7件重点办理的代表建议，明确各由1名主任会议成员牵头，带领机关相关工作委室，实地调研查看，进行“一对一”督办。对于代表明确表示不满意或者存在异议的，相关委室及时与承办单位对接协调，督促承办单位强化认识，重新办理，与代表再沟通、再答复，直到代表真正满意。机关各委室积极参加承办单位与提议代表进行的面商沟通活动，掌握办理进度，了解办理动态，提出督办意见，形成齐抓共管的态势。5月至6月，联工委与县政府办联合审查了各承办单位的答复意见。答复不规范的，有2件被要求重新拟写，有6件被退回修改完善。对没有按时送审、答复不及时的4个单位进行了批评和纠正；对迟迟才答复的县电信公司，要求列席人大常委会会议接受询问。

【调研视察活动】 调研视察五项重点工作。1月上旬，县人大和县政协全面调研和视察全县五项重点工作，对2013年度五项重点工作任务完成情况进行考核预评打分。县人大常委会主任符凤文，会同县政协主席李质彬，以及县人大、县政府、县政协的相关领导同志，带领县督查局、县住建局、县交通局等有关单位负责人，先后来到了马迹塘镇鲤鱼塘大桥、牛鸬公路、206省道灰山港至宁益桥公路、南环线、美人窝文化公园大桥、沿江风光带三期、七星河片区雨污分流工程等重点项目建设现场，调研察看交通建设、园区建设、产业建设、城镇建设和改善民生五项重点工作项目建设的进展情况。

调研视察水库建设。6月25日，县人大常委会视察了桃花江镇黄土坝水库、浮邱山乡易家村水库、修山镇刘家冲水库和石溪水库，实地察看了各水库出险、除险等方面的情况，了解各水库的除险加固工程进展或纳入小型病险水库除险加固地方规划的情况。县十六届人大常委会第十次会议听取和审议了县人民政府《关于小型水库除险加固工作情况的报告》，提出了“要加强乡镇部门之间的协调配合，加强建设资金监管和工程质量的监管指导，认真研究，加大未启动项目的申报力度，对已完成除险加固的水库，要充分发挥水库的抗旱、保水、防汛、养殖等综合效益”的建议意见。

视察县代表建议批评和意见的办理情况。8月28日，县人大常委会视察了2014年重点处理的县代表建议批评和意见办理工作，实地察看了县城桃花江大道（原南环线）复迁安置点、桂花园学校扩建工程项目、水务局视频监控全县小型以上水库控蓄情况项目。县十六届人大常委会第十一次会议听取和审议了县人民政府《关于县十六届人大三次会议以来代表建议批评意见办理情况的报告》，要求进一步提高认识，把办理代表建议批评意见作为了解民情的渠道，联系群众、转变干部作风的着力点，解决服务群众“最后一公里”问题的有效途径；严肃处理态度不认真、应付敷衍的单位；加大统筹协调解决问题的力度，多部门共同协调推进，采取有效措施，系统梳理问题；进一步加强代表培训，提高建议质量，使代表建议更加具有代表性、准确性和可行性。

视察桃江经济开发区。10月30日，县人大常委会视察了桃江经济开发区。2003年，桃花江民营创业园成立，2006年更名为湖南桃江经济开发区，同年经国家发改委审批为省级开发区，2014年获省批准调扩区至牛潭河工业园，规划期内建设开发面积5.868平方公里。至2013年年底，园区建设面积已达3.9平方公里，引进入园企业28家，完成工业投资6.96亿元，解决劳动力5000余人，累计完成工商税收1.02亿元。县十六届人大常委会第十二次会议听取和审议了《关于桃江经济开发区发展情况的报告》，提出了“要进一步坚定经开区的发展目标和方向，加速完善园区功能配套，切实提高招商质量，着力提高土地利用和资金使用效益，加强管理服务，力争3年到5年，把经开区打造成为产值过100亿元、税收过5亿元的工业园”的建议意见。

历史镜头
LISHIJINGTOU

县委书记　谭建华

县委副书记、县长　何军田

县人大常委会主任　符凤文

县政协主席　李质彬

历史镜头
LISHIJINGTOU

2月23日，国家农业部部长韩长赋（前排正中）来到桃花江镇株木潭村调研

7月17日，省长杜家豪（前排正中）在省军区黄跃进（前排左一）司令员、军分区曹友华政委陪同下到大栗港镇看望慰问抗洪官兵和人民群众

市委书记魏旋君视察二广高速建设工地

市委书记魏旋君调研金沙重机

历史镜头
LISHIJINGTOU

县委书记谭建华督查三堂街镇龙洞村水库除险加固工程

县委书记谭建华，县委副书记、县长何军田一行调研县城创卫工作

县委副书记、县长何军田在金凤社区调研

9月9日，县委副书记向荣督查县城创卫工作

历史镜头
LISHIJINGTOU

县第十六届人民代表大会第一次全体会议

政协桃江县第八届委员会第三次会议第一次全体会议暨开幕式

县委常委会专题研究创卫工作

省创卫专家组调研意见反馈会

交通建设
JIAOTONGJIANSHE

建设中的县城南环线

建成后的县城南环线

建设中的江北公路

交通建设

JIAOTONGJIANSHE

建设中的益娄高速

黄泥坳隧道

茅东公路

桃灰公路

园区建设

YUANQUJIANSHE

桃江经济开发区航拍图

桃江经济开发区局部图

博得科技厂区

口味王公司

萌立尔公司

湘益木业

新兴机械

城镇建设
CHENZHENGJIANSHE

县城局部（振兴路）

马迹塘镇城区建设

县城桃花江广场

县城桃花江沿江风光带

县城文化北路

产业建设
CHANGYEJIANSHE

建设中的年产50万立方米陶粒页岩项目

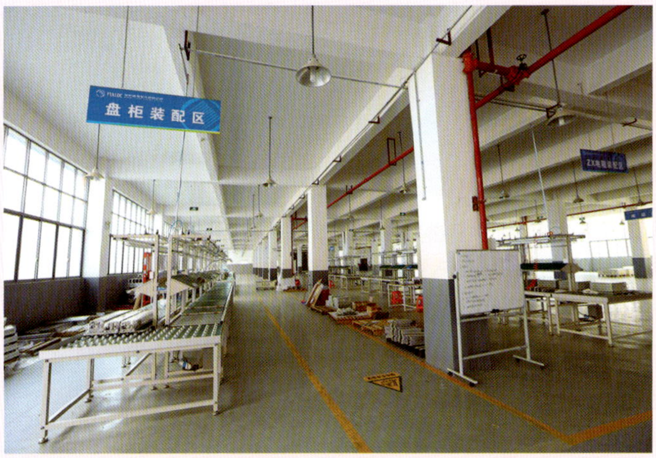

福德电气生产线

马迹塘竹笋两用林

修山镇万洲农业蔬菜水果大棚

南方水泥

改善民生

GAISHANMINGSHENG

县城谷山小区公租房

桃花江镇株木潭新农村建设

灰山港镇河溪水小学

浮邱山乡敬老院

核电科技馆

灰山港镇源嘉桥水厂

县城桃花南路农贸市场

桃江县人大常委会

省人大农委主任委员李小平一行调研农业庄园

县人大常委会与“一府两院”联席会议

县人大常委会主任符凤文走访慰问群众

市人大常委会主任徐云波在桃花江镇株木潭村座谈

人大代表视察黄土坝水库

县人大主任符凤文在学堂湾村抛秧

乡镇人大工作培训会

政协桃江县委员会

省政协主席陈求发（前排居中）视察桃花江实业

市政协副主席卜铁洪一行调研桃江竹产业

县政协主席李质彬走访慰问困难群众

县政协第七次常委会议听取县人民政府半年度经济运行情况通报

县政协主席会议视察玉潭学校

县政协主席会议督办重点提案

县政协委员赴秦山核电站参观学习

县第七届育才奖学基金颁奖仪式

桃江县人武部

县人武部领导在高桥乡检查指导抗旱工作

民兵参加防御山洪地质灾害演练

民兵扑灭山火

民兵到灰山港镇扑灭山火

桃江县纪委

3月7日，县第十一届纪委第四次全会暨全县反腐败工作会议召开

市纪委巡察桃江县委开展党风廉政建设工作和县委书记述廉评议

6月13日，县集中整治“中梗阻”行动动员暨廉洁从政培训会召开

县委常委、纪委书记陈万军参加“民本纪检与您同行”大调研大走访活动

县委常委、纪委书记陈万军在“民本纪检与您同行”大接访大宣传活动现场接待群众来访

桃江县委组织部

6月20日~21日，中央委员、省政协主席陈求发参加并指导县委常委班子党的群众路线教育实践活动专题民主生活会

11月14日，省委组织部副部长蔡建和一行深入马迹塘镇检查指导基层党建工作

2月26日，团省委副书记冯海燕率省委督导组检查指导桃江村“两委”换届选举工作

6月6日，市委书记魏旋君来桃调研党的群众路线教育实践活动开展情况

7月7日，县优秀共产党员事迹巡回展首站展览在桃花江镇举办

大学生村官述职测评会议

桃江县委宣传部

省委宣传部副部长杨金鸢来桃调研

市委常委、宣传部长胡立安检查桃江电视播出及收视情况

县委第一次中心组（扩大）学习

县委常委、宣传部长胡国清到九螺坊村走访慰问

桃江选送节目《赶故事》在2014年“欢乐潇湘花鼓益阳”大型群众文艺汇演优秀节目展演晚会上演出

桃江选送节目《刘大娘笑呵呵》在2014年“欢乐潇湘花鼓益阳”大型群众文艺汇演优秀节目展演晚会上演出

桃江县委统战部

县委组织部部长、统战部部长雷越毅听取科新达董事长汤文龙关于公交车油改气效益介绍

考察组在绍兴标准公交停保中心考察

考察组在汽车燃气动力改装零部件厂海宁恩津特发动机部件有限公司考察

益阳市统战信息宣传调研工作会议在桃召开

县委统战部常务副部长刘建荣作经验介绍

桃江县委政法委

5月7日，县委常委、政法委书记陈震宇到益阳市红星机械设备有限公司走访调研

5月14日，县政协主席会议视察综治民调工作

7月24日，召开深化平安桃江建设推进会

3月27日，县委政法委组织开展三访三化活动，走访慰问石牛江镇困难群众

7月21日，天网工程捐建仪式举行

8月7日，召开全县平安家庭创评工作动员会议

金盆路资江大桥处电子治安卡口

桃江县发展和改革局

勤政务实的领导班子

省发改委领导来桃调研

经开区调扩区省专家评审会

省发改委领导来桃调研四水治理项目

市发改委领导来桃调研十三五规划编制情况

市发改委主任陈佑才来桃调研竹木资源

桃江县教育局

县委书记谭建华视察合格化学校建设

团结务实的领导班子

县领导调研教育工作

扎实开展党的群众路线教育实践活动

桃江县第八届中小学艺术节

桃江县科学技术局

4月2日，市科技局局长杨耀武考察湘丰集团浩茗茶业公司

4月18日，市科技局副局长李国荣考察桃花江实业有限公司

局班子成员

科技种植户龚跃余现场为沅江泗湖山镇群益村讲解玉竹参种植技术

“5·12”防灾减灾日，玉潭学校首次开展大规模的应急疏散演练

第十四个世界知识产权日宣传活动

桃江县公安局

省公安厅党委委员、副厅长杨琪君一行看望慰问陈军烈士家属

省公安厅党委委员、纪委书记周赛保督导执法检查“回头看”活动

群众送锦旗

市“三访三化”工作督导组检查指导工作

佛山市华电智能通信科技有限公司无线视频监控系统建设捐赠仪式

开展马武地区武装清查整治统一行动

桃江县司法局

7月4日，省司法厅厅长谈敬纯（左四）调研桃江司法行政工作

国家宪法日主题宣传活动

4月3日，参与县“民本纪检与您同行”大接访大宣传活动

5月15日，桃花江律师事务所律师符庚申在职业中专上法制课

向全县中小学学生免费发放《青少年法制漫画读本》

5月29日，开展社区矫正对象集训

6月11日，县人民调解员暨第三期科级领导干部专题培训班开班

桃江县财政局

省财政厅厅长郑建新（前排左一）一行在两型区算盘洲农民集中居住小区调研

省财政厅厅长郑建新（前排中）在浩茗茶业调研黑茶产业

省财政厅厅长郑建新（前排正中）在黄金塘竹海调研

县财政局青年干部陪同省财政厅青年干部参观桃花江核电站项目基地

新行政单位会计制度培训班

桃江县人力资源和社会保障局

1月3日，县青年创业协会成立

2月11日，春风行动大型招聘会在新龙超市前坪举行

2月11日，桃江县举办返乡创业人员座谈会

群众集中进行人脸建模

3月21日，局机关群众路线教育实践活动动员大会

5月8日，歌咏比赛合影

对各定点医疗机构、定点药店工作人员进行新农合IC卡使用培训

桃江县住房和城乡建设局

省住建厅李鼎宇副处长带队调研县城基础设施建设情况

帮扶指导松木塘镇三节塘村特困群众文伶俐家庭开办生态土鸡养殖场

花果山治安卡口

桃花江人行景观桥建成通行

文化北路改造沥青摊铺施工

新建的县城东区垃圾中转站

全市第一座城市道路立交互通

桃江县交通运输局

6月5日，副省长张剑飞（左二）检查桃江水上交通安全

6月24日，县委书记谭建华调研交通工作

团结奋进的领导班子

被评为“安全文明号”公交车和出租汽车

交通交警联合执法整治非法营运

交通执法人员铲冰除雪保安保畅

交通执法人员开展渡船安全检查

运政驻站检查

桃江县水务局

市委书记魏旋君督查河道治理工程

县长何军田督查灰山港镇克上冲水厂工程

金塘冲水厂

芭茅村水库内坡护坡工程

高桥乡荷叶塘村横马水厂

三毛村水库外坡

桃江县卫生局

2014年全县卫生工作暨行风建设年动员会议

基本公共卫生体检

抗灾防病服务群众

桃花江中心医院综合大楼

招聘卫生专业技术人员考试

资江社区义诊活动

桃江县人口和计划生育局

中国计生协会副秘书长王景水（前排右三）来桃视察

基层群众自治示范县项目启动仪式

计生基层群众自治示范县拓展会议

市、县计划生育工作交流会

鸬鹚渡镇（广东）流动人口计生协会成立

“5·29”计生协会会员活动日节目表演

桃江县审计局

局　长　刘造军

审计业务会

局干职工在赤山接受警示教育

特约审计监督员座谈会

基建审计人员在审计现场

县食品药品监督管理局

划转交接仪式

药品经营企业黑名单制度征求意见会

机关干职工合影

湿米粉抽检

食品安全检查

食品药品安全宣传

桃江县人民政府

【县人民政府领导人名录】

县　长　何军田

副县长　周卫星　曹　萍

戴　朝　李畅和

王军华　沈　坚

刘建芳　刘　武

姚　震

年度文件目录

【县人民政府(办公室)部分文件目录】

1. 关于印发《桃江县县长质量奖管理办法》的通知(1月20日)

2. 关于开展质量强县工作的实施意见(1月23日)

3. 关于做好低温雨雪冰冻天气应对工作的通知(2月8日)

4. 关于印发《桃江县2014年节能工作方案》的通知(2月21日)

5. 关于印发《桃江县行政事业单位及国有企业法律顾问管理办法》的通知(2月25日)

6. 关于印发《桃江县2014年度推进依法行政工作安排》和《桃江县2014年度依法行政工作考核方案》的通知(2月25日)

7. 关于做好2014年粮食生产工作的意见(2月26日)

8. 关于印发《桃江县乡镇便民服务中心、县政务服务中心分中心规范化建设管理办法》的通知(2月27日)

9. 关于明确2014年城乡居民社会养老保险目标任务及考核办法的通知(3月5日)

10. 关于印发《桃江县建设项目并联审批一票制收费操作办法》的通知(3月10日)

11. 关于印发《桃江县人民政府办公室2014年优化经济发展环境建设工作方案》的通知(3月13日)

12. 关于印发《桃江县2014年农业保险工作的实施方案》的通知(3月14日)

13. 关于建立桃江县人民政府法律专家库的通告(3月27日)

14. 关于印发《桃江县审计结果公开办法(试行)》的通知(4月1日)

15. 关于印发《桃江县2014—2015年合格学校建设及城镇学校扩容建设规划》的通知(4月2日)

16. 关于印发《桃江县最严格水资源管理制度实施方案》的通知(4月10日)

17. 关于确定2014—2016年乡镇(园区)财政体制的通知(4月11日)

18. 关于印发《桃江县2014年农业机械购置补贴实施方案》的通知(4月23日)

19. 关于印发《桃江县2014年应急知识宣传活动实施方案》的通知(4月30日)

20. 关于印发《切实做好2014年改善民生重点项目的实施意见》的通知(4月30日)

21. 关于印发《桃江县鼓励投资办法》的通知(5月23日)

22. 关于印发《湖南桃江经济开发区规划建设管理暂行办法》的通知(7月8日)

23. 关于调整防空地下室易地建设费收费标准的通告(7月10日)

24. 关于印发《桃江县农村信用合作联社改制组建桃江农村商业银行股份有限公司实施方案》的通知(7月31日)

25. 关于县城城镇居民区内实行畜禽禁养的通告(8月1日)

26. 关于印发《桃江县人民政府重大事项风险评估实施细则》的通知(8月6日)

27. 关于印发《桃江县林木林地权属纠纷调处办法》的通知(8月13日)

28. 关于加强县城市容秩序管理的通告（9月16日）

29. 关于印发《桃江县成品油市场安全管理专项整治工作方案》的通知（9月28日）

30. 关于切实抓好2014年秋冬种生产工作的通知（10月7日）

31. 关于印发《桃江县城镇独生子女父母奖励工作实施方案》的通知（10月9日）

32. 关于印发《桃江县农村饮水安全工程建设与运行管理暂行办法》的通知（11月3日）

33. 关于印发《桃江县被征地农民参加社会保险实施办法》的通知（11月3日）

34. 关于印发《桃江县涉农项目资金规范和整合工作方案》的通知（11月6日）

35. 关于印发《桃江县社会抚养费使用管理暂行办法》的通知（11月6日）

36. 关于印发《湖南桃花江核电厂址保护管理办法实施细则》的通知（11月6日）

37. 关于印发《桃江县"三权"抵押融资试点工作实施方案》的通知（11月18日）

38. 关于印发《桃江县食品药品监督管理局职能配置内设机构和人员编制规定》的通知（11月24日）

39. 关于印发《桃江县重度残疾人护理补贴和贫困重度残疾人特殊生活补贴发放工作实施方案》的通知（11月28日）

40. 桃江县人民政府关于建立统一的城乡居民基本养老保险制度的实施办法（11月28日）

41. 关于印发《桃江县城乡低收入家庭核对认定实施细则》的通知（12月3日）

42. 关于印发《桃江县行政事业单位国有资产管理暂行办法》的通知（12月5日）

43. 关于印发《桃江县大气污染防治整治工作方案》的通知（12月9日）

44. 关于支持和促进农民合作社规范发展的实施意见（12月15日）

45. 关于进一步做好农民工工资保障工作的通知（12月26日）

46. 关于印发《桃江县关闭整治违法违规水泥企业工作方案》的通知（12月31日）

47. 关于印发《桃江县动物防疫管理暂行办法》的通知（12月31日）

县人民政府办公室

【领导人名录】

主　　任　邓迎平
常务副主任　左　交（2014.10止）
副 主 任　杨　龙　刘亦虎
　　　　　郭除夕　何国伟
　　　　　张云飞　方银飞
　　　　　文有洪　熊楚舒
　　　　　杨松柏　符心冰
　　　　　孙大军（挂职）
纪检组长　何国伟（兼）

【概况】 政府办公室内设热线办、秘书组、行政组、应急办、监察室、值班室、综合组、经研组、税控办等9个组室，下辖二级机构金融办、第一招待所，有干部职工38人。2014年，县政府办公室围绕县委、县政府确定的"135"工作思路和年初制定的各项目标任务，创新思路，狠抓落实，主动作为，切实履行参谋、协调、服务职责，完成了各项工作任务。

综合协调。制定了《桃江县人民政府政府常务会议工作规范》和《县长办公会议制度》，完善了《桃江县人民政府办公室工作制度》。凡呈送领导的文件、提交县政府常务会议讨论的议题，办公室均先行把关。全年发文数量较去年同期下降30.4%，23个议题通过其他方式得以解决。对需要纳入政府决策程序的事项，办公室先行把关，在组织相关乡镇、部门负责人认真论证的基础上，再进入县领导决策程序，全年共办理县政府常务会议17次、专题会议235次，会议服务周到高效。公文管理日益规范，对承办的公文及时登记，严格程序，严把内容、文字审核关，全年共处理发文341件，处理各类来文1509件。文件档案整理全面完成，保密制度得到严格落实。围绕全县重大问题、重大事件和重要工作，强化与部门的协调沟通，全年及时协调处理各类重大矛盾22起，牵头组织各类专项整治20次。按照县里统一安排部署，牵头组织有关乡镇和部门开展了安全生产"百日行动"、治超治限、县城客运市场秩序、成品油市场秩序、商业银行代理保险业务等专项整治行动；高桥中学聚集性发病事件、灰山港镇源嘉桥硫铁矿"9·1"事故、滨江花园二期建设纠纷等重大事件和矛盾纠纷得到有效调处；牵头完成了涉农资金整合、2013年教育督导评估整改等工作。加强重大部署决策督查，对县委、县政府年初确定的5项重点工作落实情况开展了专项督查，确保了重点项目工程进度；加强县级领导交办工作督查，共承办县政府领导批示335件，办结332件。加强改善民生和为民办实事工作督查，出台为民办实事考核办法，对为民办实事工作实行月调度、季通报制度，全年组织2次现场督查，提请政府主要领导对重点项目进行重点调度，24项为民办实事工作任务全面完成。加强文风会风和县长热线督查，全年共开展县长热线值班情况电话督查3次，文风会风和县长热线工作专项督查2次，对督查中发现的问题进行了通报并督促责任单位及时整改。全年共承办市、县人大代表建议和政协委员提案175件，办结率100%，满意率和基本满意率达98.9%。全年受理县长热线6833件次，其中信箱受理2597件、电话受理4236件，办结率100%；市长热线信箱124件，电话交办件564件，办结率100%；受理群众来访共26件、125人次，办结率100%。禁毒工作开展扎实有效，在全市年终考核中排名第一。切实加强应急处置，增强应急处突能力建设。对应急预案进行了梳理和修编，基本完成应急预案手册的编写工作，全年上报突发事件信息34期，协助处置突发事件29起，确保了社会大局稳定。

文稿服务。将开展调查研究作为解决突出问题的重要途径和参与行政工作的重要手段，积极为政府领导献计献策。围绕县政府常务会议年初确定的19个调研项目和全县经济社会发展中难点热点问题，先后完成了有效缓解企业融资难题、加快传统竹木产业转型升级、涉农资金规范整合、推动牛潭河工业园区建设与发展、加快推进新型城镇化、全民创新创业、民政资金科学合理规范使用监管等调研课题，调研成果均纳入县政府决策程序，并形成规范性文件15件。全年共在国家、省、市刊物上发表领导署名文章和调研文章15篇，其中竹凉席加工业转型升级、推进新型城镇化、全民创新创业等调研成果为领导决策参考发挥了重要作用。综合材料质量逐步提高。全年共负责起草了向省部级领导、市（厅）级领导到桃江检查指导工作的各类汇报材料40多篇、23万多字。围绕县委、县政府的重大决策，完成了县政府领导在县委经济工作会议、项目建设调度会议、财税工作会议和各项专题会议上的讲话80多篇、37万多字。全年共采编反映全县经济社会发展的各类信息200余条，其中被市政府研究室采用60条、省政府办公厅采用28条、国务院办公厅采用2条，为各级领导决策提供了依据，信息工作继续保持全市先进。

作风建设。开展党的群众路线教育实践活动。活动中，县政府办班子及机关党员干部采用七种方式抓实学习教育，广泛征求意见、深入查找“四风”方面的问题。扎实开展谈心活动，认真对照检查，深挖问题根源。动真碰硬开展批评与自我批评，对照问题，细化整改措施，强化建章立制，修改完善12项工作制度，把问题整改落到实处。扎实推进专项整治。牵头开展了整治拖欠群众欠款与侵占群众财务、全面停止新建楼堂馆所、整治“形象工程”和“政绩工程”、整治久拖不决久疏不息信访积案、优化经济发展环境与开展收费专项检查等5个方面的专项整治，均取得了明显成效。开展“三访三化促发展解民忧”活动。加大对联系村的帮扶支持力度，为松木塘镇温塘村累计投入资金和争取项目资金80余万元，完成了1500米渠道衬砌和张车仑水库除险加固，新建油茶林300亩，改造危房户18户，村级活动场所投入使用，电力农网改造新增2个台区纳入改造计划。

机关管理。严格执行国库集中支付制度、政府采购制度、财务会审联签制度、“三不一末”制度，加强经费管理，落实上级关于厉行节约的规定，机关正常运转得到有效保障。党务工作规范有序。组织开展了党的十八大、十八届三中全会精神宣讲和省、市委重要会议及习近平总书记系列重要讲话精神的学习。全年开展工会活动3次、红色教育1次、警示教育1次。弘扬奉献精神，在慈善一日捐、困难党员关爱资金帮扶等活动中捐赠款物1万余元。廉政建设从严要求。县政府办班子成员和干部职工严格遵守《廉洁从政若干准则》，认真落实中央八项规定、省委九条规定、市委十项规定和《桃江县十个一律免职和十八个一律问责暂行规定》，坚决反对“四风”，严格执行办公用房清理等政策规定。

（薛虎军　邱四兵）

督查工作

【县督查局领导人名录】

局　长　刘胜辉（2014.02止）
　　　　范尚华（2014.02起）
副局长　高惠明　彭文华
　　　　胡剑辉

【概况】县督查局由县委督查室、县政府督查室、县优化经济建设软环境办公室、县有错无为问责办公室、县绩效考核办公室整合而成。2014年，有人员编制14个，其中机关行政编制13名，机关后勤服务全额拨款事业编制1名，在编14人。机关内设办公室、督查一室、督查二室、考核室。

提升督查实效。2014年，县督

查局就《县委常委会议纪要》《县政府常务会议纪要》《县长办公会议纪要》的落实和县委经济工作会议精神的贯彻落实情况，围绕“四大会战”和改善民生等重点工作，防汛防灾、创卫、超限超载、安全生产、平安桃江创建等其他重要工作，干部作风建设等重大活动，开展督查150多次，共发《桃江督查（通报）》19期、《督查专报》25期。

优化发展环境。优化政务环境。对全县31家重点工业企业发放“服务绿卡”，加大对企业的调研走访，及时为企业排忧解难；认真开展政务服务项目清理，全县政务服务项目由496项精简为374项，精简24.6%，取消行政事业性收费和服务性收费44项；继续开展作风效能环境建设民意测评，进一步加强对政务中心及其窗口的监管，建立并严格执行窗口办事登记制度，规范、完善办事台账。优化执法环境。严格执行涉企检查报备、处罚报备、企业“宁静日”等制度，涉企检查备案53起；对全县20个行政执法单位开展行政执法检查，进一步规范行政执法行为；积极组织开展“三乱”专项整治，规范收费行为，全面清理规范中介机构，全力开展公共服务行业“三乱”治理，开展涉农专项整治，督促有关部门对涉及民生的重点单位乱收费行为进行查处，查结违法所得687470元，罚款76410元，全县查处涉农乱收费案件39起，查处25人，收缴违规资金3784880元。维护施工环境。继续推行维护施工环境“四包一”责任制和重点项目施工环境例会制度，督促各乡镇协调解决四大会战项目施工环境问题109个；加大打击力度，督促查处影响重点项目建设施工环境的刑事案件2件，治安案件10件，加强监督问责。完善重点项目（企业）诉求快速反应机制，共受理投诉件、交办件28件，办结28件，办结率达100%；严格问责，因工作任务执行不力、责任落实不到位或损害发展环境被问责的单位61个，问责个人4人。

重点工作目标绩效考核。考核方案进一步优化。经反复研究、认真修改，出台了契合县委县政府发展思路、符合桃江现阶段县情需要、重点突出、操作简便、纪律严明、结果运用人性化的考核方案。考核指标设置更加科学。严格按照县委县政府“要求什么，就考核什么”的原则设置考核指标，同时兼顾各被考核单位工作重心、工作基础、特色及职能差异，注重突出指标的导向性、合理性和可操作性。考核方式更为简化。坚持“轻过程、重结果”的考核方式，最大限度减少平时考核和阶段性考核。除重点工作及四项一票否决的基础工作以上门考核为主外，其余项目均坚持“不出问题不扣分、出问题不计分”的考核原则，以平时掌握情况作为考核依据。强化考核结果运用。利用考核结果对班子成员、单位干部职工实行奖优惩劣，设立绩效考核奖，根据考核分值高低分别设定不同档次的绩效奖金，激发干部干事创业热情。同时强化工作责任，对后进单位和分管工作扣分最重的个人严格实行追责。2014年，对全县111个正科级单位进行了重点工作目标绩效考核，其中39个单位获一类，67个单位获二类，5个单位为后进（三类）。

市绩效评估迎检工作。认真落实市对县绩效评估方案精神，制定并下发了《2014年桃江县迎接市对县绩效评估工作实施方案》，对照市下达的6大块178小项绩效评估指标，明确了35个牵头单位和每项指标的责任单位，强化了牵头、责任单位职责及领导责任。组织35个牵头单位对全县市绩效评估指标完成情况开展了一次自查自评，形成了自查自评报告，如期上报至市绩效评估办公室。积极配合市绩效评估办公室开展了建立市绩效评估民意调查对象信息库、考核项目申报等工作，配合省、市开展了绩效考核与为民办实事办工作机构及人员编制情况调研，及时上报了全县相关情况。（胡领范）

法治政府建设

【县人民政府法制办公室领导人名录】

主　任　郭洪涛

副主任　夏志红

【概况】 桃江县人民政府法制办公室（简称县法制办）是县政府的内设机构，内设办公室、行政执法监督室、行政复议室。2014年年底有干部职工 4人。

2014年，县法制办严格按照上级的部署安排，扎实推进“法治政府”和“服务型政府”建设，全面完成了全年工作任务。

谋划法治建设大思维，深入整改违法行政突出领域。从四个层面健全依法行政工作机制：进一步调整充实以常务副县长为组长的依法行政工作领导小组，实行依法行政工作乡镇、县直各部门一把手负责制。出台《政府常务会议涉法事项议事规则》，规范涉法事项议事规则，切实提高政府议事法治水平，明确政府常务会议议题。凡是涉及重大决策和出台规范性文件的，须于会前七日交县法制办进行合法性审查，县法制办主任全程列席政府常务会议并独立发表法制意见。严格实施法治培训：全年举办2次常务会议会前学法、2期副科级以上领导干部依法行政专题研讨班、12期执法部门法治培训。严格实行目标管理考核：将依法行政工作纳入年度综合目标管理考核，实施乡镇、行政执法重点单位、公共服务重点单位分类考核，考核结果直接与各单位及领导班子年终考核挂钩。在六大领域大力整改违法行政事务：从行政决策、行政许可监督、行政处罚、行政确权、政府信息公开、行政不作为等六个领域深入开展违法行政整改工作。共完成灰山港新增加油站规划听证整改、《规范中心城区秩序管理二十条》依申请整改、318省道线行政征收行为整改等五个决策整改。对县规划局、县住建局、县商务局、县城管局、县消防大队、县房产局等就农贸市场综合验收等违法行政实施了整改措施。对裁量权基准适用、县公安局文书送达形式进行专项整改。对县林业局19个山林权属确权案件以及县经管局、县房产局确权颁证行为进行了专项整改。在政府信息公开领域，对县规划局等规划信息公开、县经管局审计信息公开、县水务局行洪信息公开实施整改措施。对灰山港镇相邻土地纠纷案、县水务局违建猪舍拆除案、丁仙堂不服林业行政登记案等进行整改监督。

创建依法行政新标准，切实提升法治服务新水平。确保国有资产增值保值水平，加强政府系统合同管理。出台《桃江县政府合同管理办法》，对政府合同的谈判、审查、签署、履行、保管与信息报告、检查与整改作了详尽的规定，将政府系统、国有企事业单位及国有控股企业民商事及行政合同纳入规范化管理。共拟制合同19件、审查42件，同比增长160%，合同标的金额达10多亿元。合同审查共提出修改意见96条，纠正了合同条款显失公平及权责约定不明晰等问题，县政府对外签订合同质量得到了明显提高。树立法治服务意识，加强对政府部门依法行政的管理服务。加强事前风险防范制度建设，出台《桃江县行政事业单位及国有企业法律顾问管理办法》。在全县行政执法部门及乡镇人民政府普遍推行法律顾问制度，县法制办担任总顾问，统一组建了政府法律顾问专家库。县法制办对各行政部门提供的法律服务事项共计300多件。破解法律制度瓶颈，提高政府行政处理民事纠纷能力水平。针对全县大量山林、土地纠纷在法律适用难且法律规范冲突较多的难题，出台《桃江县林木林地权属纠纷调处办法》，完善了纠纷的受理、程序、时限，明确了各级政府及工作机构的工作职责，同时将林木林地纠纷调处纳入全县依法行政考核内容，为全县十多件山林、土地纠纷历史疑难案件行政处理打下了坚实基础。

夯实法治工作大基础，多措并举把好依法行政总关口。加强文件审查管理。严格规范文件审查。坚持廉洁性评估制度、三级审查制度、“三统一”制度，确保规范性文件的廉洁性、合法性、严密性和科学性，共审查文件172件，其中规范性文件49件，修改通过42件，建议不发文7件。跟2013年同期相比，办件审查正确率保持在100%，文件管理控制率上升71.3%。开展规范性文件清理工作。废止45件规范性文件，宣布82件规范性文件失效，重新公布37件规范性文件，确认105件规范性文件继续有效。建立规范性文件网上动态有效期管理系统，做到规范性文件信息网络全公开。提高科学决策水平。对重大行政决策一律举办听证会，基本做到了应听尽听。全年共组织新增灰山港新环线加油站规划、马迹塘镇中心镇区禁放烟花鞭炮、桃江县矿山地质环境备用金收存标准、调整城镇土地使用税地段等级税额标准和征收范围、县城建成区范围内实行畜禽禁养、灰山港镇开通公交线路及票价、灰山港自来水价格调整等重大事项听证7场次。规范行政执法行为。开展行政执法培训：7月邀请市政府专家举办全县行政执法证初次领证人员培训考试，共有237人获得行政执法资格。进一步完善行政执法裁量权基准。县卫生局、人防办等单位重新修订了行政执法行政裁量权基准。将全县45家具有行政裁量权的行政执法部门是否实行裁量权基准纳入行政复议案件审理、案卷评查、执法案例选择、编撰和依法行政考核内容。开展行政执法检查。由县法制办牵头，会同县纪委，并商请县人大内司委、县政协法制群团委成立联合检查组对20个行政执法单位开展行政执法检查及案卷评查活动，对被检单位行政执法基础工作和案件质量进行量化考评，并抽查了102个行政执法案卷。通报各单位存在的具体问题，选编并发布2014年度行政执法指导案例5个。积极推进行政执法体制改革。邀请省政府法制办领导到县指导相对集中处罚权工作，进一步完善相对集中处罚权方案，将涉及环保、工商、规划、住建等4个部门的7项执法权划归至县城市管理和综合执法局。深入推进行政审批项目清理，对全县政务服务项目进行第六轮集中清理。积极申报并创建省、市依法行政示范单位。在全县范围内评选出以县农业、工商等为代表的县级依法行政示范单位。强化行政执法监督。加强对行政执法证的管理。采取各部门自查、县法制办抽查的方式，对全县范围内持有行政执法证人员的各类信息进行比对和动态核查。建立健全行政执法人员持证信息网上公示系统，全面实行动态管理，做到了全县近1500名行政执法人员信息全公开。全力办理行政执法监督案件。县法制办共办结领导交办、部门申请和信访接待等执法监督指导事项205件，同比增长28.1%。全年发放行政执法督办文书7份，并对县卫生、林业、经管、公安、环保、工信等6起部门行政不作为、乱作为案件提出了严厉整改与处置措施。注重发挥行政复议的监督主渠道作用。县编委同意在县法制办新设了行政复议内设机构，并在县法律顾问专家库中选聘4名兼职复议员，进一步充实了办案人员力量。建立复议听证等一系列行政复议工作制度，逐步完善行政复议办案机制，提高行政复议的效率。注重创新复议办案方式，运用协调的手段来化解行政争议。同时通过法律专家反向审查复议决定的监督方式，切实提升办案质量及文书质量。全年共收到行政复议申请22件，审结22件。受理、办理案件同比增长300%，未出现应受不受、超期审结等情形，无一例引发行政诉讼。加强行政执法社会监督。共受理各类执法及执法监督建议60多条，同比增加20%，极大地促进了全县依法行政水平的提高。

【开展行政执法检查】 8月18—20日，县法制办会同县监察局、县督查局并邀请县人大、县政协相关委室，成立专项检查组。对县公安局等20个行政执法单位的行政执法行为进行检查。检查组采取听、查、访相结合的方式，听取了各单位2013年8月至2014年7月期间执政执法工作情况，查阅了各单位2013年8月至2014年7月期间行政处罚、行政许可、行政强制、行政确认等行政执法相关案卷。通过案卷评查，检查组认为，全县行政执法行为较为规范，行政处罚中长期存在的重实体、轻程序的不良倾向有较大转变，行政执法质量明显提高，执法案件卷宗管理较规范。

（李利春）

【聘请兼职行政复议员】 3月31日，县政府发布《关于聘请县人民政府兼职行政复议员的通告》，决定聘请项奇等4人担任县政府第一批兼职行政复议员，聘任期两年。兼职行政复议员主要职责为协助政府法制机构办理行政复议案件的咨询、调查取证、质证、听证及档案整理工作，对重大、疑难案件发表法律意见。此次聘请由县政府授权县法制办具体组织实施，从县法律顾问专家库遴选产生的4名兼职行政复议员都具有大学本科以上学历、三级以上律师职称或者五年以上执业经历，比较熟悉经济、社会管理等领域的法律、法规，都自愿履行兼职行政复议员职责。

【实现规范性文件动态管理】 2014年，桃江县建立规范性文件动态有效期管理系统。所有经县政府统一登记、统一编号、统一公布的规范性文件，均可以在桃江公众信息网“政务公开”栏目的规范性文件动态管理系统中实现即时查阅。规范性文件动态管理系统将文件效力状态分为有效、需评估、失效三类。非法定事由，规范性文件从生效之日起至到期之日止，为有效状态。规范性文件有效期届满前六个月即进入需评估状态，进入需评估期的规范性文件仍具备管理效力，但规范性文件起草单位应在此期间内对文件进行评估以确认是否需要继续执行。有效期满，规范性文件自动失效。失效的规范性文件不得作为行政管理的依据。规范性文件动态管理系统中共有文件233件，其中有效的文件129件、需评估的文件3件、失效的文件101件。

【完成第四轮规范性文件清理工作】 根据《湖南省规范性文件管理办法》的规定，桃江县对2012年5月30日至2014年5月30日发布的规范性文件进行了全面清理。在征求各单位意见并经县政府常务会议研究，县政府决定，废止45件规范性文件，宣布82件规范性文件失效，重新公布37件规范性文件，确认105件规范性文件继续有效。

两型社会建设

【桃花江“两型社会”建设实践区领导人名录】

书　　记　文志军
副书记、主任　夏　薇
副　主　任　胡弘韬　夏建秋
纪工委书记　付建明
工委委员　刘春蕾

【概况】 桃江县桃花江“两型社会”建设实践区（简称“两型区”）内设综合管理部、经济发展部、规划建设部、投融资部等4个部室，核定编制16人，2014年年底有工作人员20人，其中在编人员12人。

2014年，县两型区按照“生态对接益阳”的总体发展思路，优先保护良好生态资源，合理适度开发建设，重点发展现代观光农业和文化旅游产业，依托桃花江竹海打造益阳“绿心”，把益桃公路建设成为生态走廊，将核心区建设成为全县城乡统筹示范区、两型社会建设示范区、新农村建设示范区，圆满完成了各项任务。

规划编制。完成核心区控制性详细规划和修建性详细规划，并制作展示模型。核心区采用“一轴两线多点”进行空间布局，“一轴”即桃益公路两侧风光带，“两线”即沿两侧山体规划两条环山公路，“多点”包括1个主题公园、2处高档住宅区、1个文化创意园、2个农民创业园、4个天然养殖基地、7处景观工程、10个农民集中居住小区及各种高效观光农业基地。

项目建设。推进农民集中居住区建设。算盘洲小区一期工程投资1800万元，完成10栋40户的主体工程和附属工程建设。优化小区附属工程原设计图纸，完成小区道路、河道护坡及木栈道建设、景观文化墙建设和亮化绿化工程等各项配套设施建设；出台《算盘洲农民集中居住小区房屋配置办法》，对购房资格进行审查。拱门小区规划入住267户，投资2083万元完成了各项前期工作，并进行场地平整、道路、河道治理及人工湖和桥梁建设。完成环山公路3.1公里样板工程建设。投资250万元，完成算盘洲小区、牛形山、学堂港小区以及新桃缘山庄环山公路样板工程硬化、黑化、绿化，并安装67盏太阳能路灯。

产业发展。通过桃江花果山农村土地承包经营权信托有限公司这一平台，积极开展土地流转，实现大户集中经营，发展现代农业。至2014年止，共流转土地3600亩，建成150亩有机蔬菜基地、1500亩葡萄基地、1200亩花卉苗木基地和周末农场基地。出台《桃益沿线农业庄园、基地门楼及围栏改造方案》，采取以奖代投的方式奖励扶持改造项目，完成大丰葡萄园、牛形山周末农场、民景农庄、新桃缘山庄的门楼围栏改造。

投融资和招商引资。2014年完成融资8989万元。其中社会融资2321万元，向国家开发银行湖南省分行贷款5000万元；立项争资1085万元；完成投资4685.1万元；储备土地198.752亩，其中已征198.752亩，已报55.5亩；编制《两型区招商引资指南》，积极开展招商引资，香园美式生态农庄和益寿园老年公馆两个项目谈判顺利。

两型创建。通过多种形式加大两型宣传力度，两型理念逐步深入人心，区域内村庄、企业、景区积极开展两型示范创建工作，其中崆峒村、株木潭村成功申报为省级两型村庄，另成功申报5个市级两型创建单位。2014年荣获益阳市两型办授予的益阳市两型社会建设考核评估一类单位荣誉称号。（文兵）

【两型创建全面推进】 一是积极开展两型宣传。制定《桃江县2014年“两型社会宣传月”活动方案》，明确宣传目标，细化工作任务，安排专项资金，多形式多渠道开展宣传。二是全面开展两型创建。制定《2014年度桃江县两型示范创建工作实施方案》，在全县范围内对符合两型创建要求的学校、企业、村庄、社区进行摸底，并积极申报省、市级两型创建项目。县级示范创建涵盖六个领域，共获批15个创建单位，其中大栗港朱家村、桃花江镇凤凰山社区、桃江县第一中学、桃花江竹海景区、益阳湘腾庄园分别创建市级两型村庄、两型社区、两型学校、两型景区、两型农民合作社。株木潭村成功申报为省级两型村庄。

民族宗教

【县民族宗教事务局领导人名录】

局　　长　李建兵
副 局 长　莫志辉
纪检组长　李乐钦

【概况】 县民族宗教事务局是桃江县人民政府主管全县民族宗教事务的职能部门，是全额拨款的事业单位。2014年定编5人，实有在职人员5人。

2014年，全县民族宗教工作以党的十八大和十八届三中、四中全会精神为指导，以党的群众路线教育活动为平台，以维护民族宗教界稳定为第一要务，以服务民族宗教界群众为重心，切实转变作风，全面完成了各项工作。

民族政策落实。全面完成“两种考生”（少数民族和民族乡汉族考生）资格审核工作。按照方便考生、服务考生的原则，考生只需填表、到户口所在地派出所签署意见，余下的4个程序由局代办，不收任何费用，为考生和考生家长节省了费用和时间。2014年96人享受高考优惠加分资格。无一例违规或上访现象。开展穆斯林群众肉食补贴发放工作。全面调查县内穆斯林人口信息，在各乡镇人民政府和县公安局人口与出入境大队的协助下，历时2个月，认真核对校正，确认县内有清真饮食习惯的群众9000余名。积极与财政、物价等部门协商，完善肉食补贴发放的人员范围、补贴标准、发放形式或方法。2014年，按每个穆斯林每年100元牛肉补贴的标准发放到位。协助鲊埠回族乡举办成立三十周年庆典，从省民委争取项目资金57万元支持该乡道路、水利等基础设施建设，撰写鲊埠回族乡30年来经济社会发展成就的综合材料《鲊埠：30载薪火相传谱华章》并在省民委《民族论坛》（2014年6月）上发表，编纂74页画册《鲊埠回族乡30年回眸》，编纂乡庆展板48块，协助做好了庆典宣传工作。积极参与湖南省第八届少数民族传统体育运动会。10月21日至27日，第八届全省民族运动会在岳阳市举办。鲊埠回族乡作为益阳市唯一的民族乡，代表益阳参加。鲊埠回族乡中学组成陀螺队和蹴球队参赛，桃江圣小龙武术馆表演了“回民武术”节目。

宗教工作。以换发证为契机，深入走访宗教活动场所。全年到宗教团体走访调查5次，听取宗教团体建议意见。走遍全县15个乡镇90多处宗教活动场所，调研宗教活动场所内部情况和财务情况，并对道教9处、佛教20处、基督教45处、天主教9处场所进行重新换发登记证，制作电子文档。通过争取省宗教局支持，解决全县9名特困宗教教职人员生活补助问题，每人每月给予150元补助。深入开展以“教风整治年”为主题的和谐寺观教堂创建活动。认真贯彻落实国家宗教局《关于2014年继续以“教风”为主题开展和谐寺观教堂创建活动的通知》精神。6月21日，组织130余名宗教团体和宗教场所负责人进行政策法规专题培训，听取市民宗局局长张志明关于“宗教政策与反邪教”专题讲座。向参训的宗教人士赠送了《中共中央关于全面深化改革若干重大问题的决定》《宗教团体教规制度汇编》等书籍。同时，积极支持各宗教团体开展讲经、正教正信、抵制邪教活动，县佛协、道协、伊协、基督教天主教三自爱国会都举办了不同形式讲座、培训班。积极引导宗教与社会主义社会相适应。充分利用以“教风”为主题的和谐寺观教堂创建活动平台，引导宗教界服务社会、服务人群，开展慈善活动。全年宗教界捐资修路、扶贫帮困事迹10余起，“金秋助学”活动中，在市局的大力支持下，宗教界为县境内贫困学子筹集善款11万元，资助贫困学生35名，其中长沙洗心禅寺8万元资助20名学生、县五大宗教提供3万元资助15名学生。

维护民族宗教界和谐稳定。根据全县民族宗教工作点多面广、极其复杂的特点，在年初工作计划中将维护民族宗教界稳定作为第一要务抓好抓落实，制定工作制度，明确责任分工，做到事事有规范，人人有责任。认真分析、评估民族宗教可能发生的隐患与不利因素，构建民族宗教工作信息渠道，确保遇有紧急情况能切实掌握工作的主动权。坚持教育、疏导、化解为主的工作方针，尽可能将各种矛盾解决在内部，解决在基层，解决在萌芽状态。建立健全县乡村维稳工作体系和县乡村三级维稳信息网络，组建4支民族宗教领域维稳队伍，按职能职责分线负责，按属地原则划块负责，创新工作方法，主动提前介入，积极稳妥处置，坚决抵御宗教渗透，确保了全县民族宗教界的和谐稳定。全年共化解民族宗教方面矛盾纠纷20余起，2013年遗留问题1起。（夏叶荷）

【走访少数民族创业大学生】 3月20日，原县政协副主席、正处级干部陈伯勋，县人社局局长杨茂丰，县民宗局局长李建兵一行深入到三堂街镇晚谷村回族村，调查研究少数民族大学生创业企业——富华养殖合作社。该合作社是由黄志尧等3名回族大学生创立的肉牛养殖企业，已投入120万元，养殖50余头西蒙塔尔、利木赞牛、20余头犊牛，种植50多亩牧草。计划在5年内达到存栏500头，其中种牛200头。

【省第八届少数民族传统体育运动会益阳筹备会召开】 3月27日，湖南省第八届少数民族传统体育运动会益阳筹备会在桃江召开。鲊埠回族乡作为益阳市唯一的少数民族乡，成为本次省运会益阳代表队的主力军。回族三棒鼓作为特色节目列入省运会表演项目。

【96位考生获高考民族优惠加分】 5月上旬，桃江县享受民族优惠加分的高考考生信息审核、调查工作圆满结束。2014年桃江县共收取“两种考生”优惠加分申请表113份，经各公安派出所、县市人口与出入境管理大队、县市民宗局、县高招办认真调查核对，发现其中20名考生有户口迁移轨迹，决定对其中的17名不予优惠、3名降低优惠等级。其余96位少数民族和民族乡汉族考生分别获得5分、10分、20分不等

的优惠加分。

【穆斯林欢度 2014 开斋节】 7月29日（伊斯兰历十月一日）是穆斯林群众的传统节日开斋节。当日上午8点，来自全县的500多名穆斯林齐聚鲊埠清真寺，参加一年一度的开斋节。市县相关部门及鲊埠回族乡的负责人来到现场，向广大穆斯林群众致以节日的祝贺和问候，并进行了慰问。

【15 名贫困大学新生获资助】 秋季开学当天，15名桃江籍贫困大学新生获得洗心禅寺慈善基金会的金秋助学金每人4000元。

机关事务管理

【县机关事务管理局领导人名录】

局　　长　刘乐平
副 局 长　邓放明　安　宁
　　　　　徐胜前
纪检组长　徐胜前（兼）

【概况】 桃江县机关事务管理局成立于2004年12月7日，是负责县委、县人大、县政府、县政协等机关行政事务的综合服务机构。局机关下设办公室、管理股、物业股。在编干部职工7人。

2014年，县机关事务管理局不断强化“管理、保障、服务”的工作职能，以维护党政综合大楼（含县委原县政府大院）秩序为第一要务，以服务大楼大院全体干部职工为重心，切实转变作风，突出重点，狠抓落实，全面完成了各项工作。

加强机关后勤管理，提高服务保障能力。坚持勤俭节约、降低成本，精打细算，合理安排各类支出，努力降低机关运行成本。长期坚持有序供电、节约用电，制作节电节水的宣传标语，更换了自动声控走廊灯，科学调整和控制综合大楼前路灯、园林灯、轮廓灯的亮度和时间，减少用电负荷。严格执行办公用品采购规定，降低费用支出，不定期对节能、节水及节约办公耗材等情况进行检查和通报，坚决制止铺张浪费行为。科学设置工作岗位，按照精简效能的原则，对保安、保洁、司机等职位，严格实行以需定岗、以岗定员，并把技能熟练、熟悉机关后勤业务的工作人员选拔进来，放在重要岗位，不断提高后勤工作水平。认真组织物业招标工作，严格控制服务成本。在进行物业招标文书设置时，严格按照定岗定位、人尽其用的方针设定物业人员，严格控制非人员工资性支出，严格控制招标价格。2014年荣获湖南省公共机构节能示范单位的称号。

加强公共服务设施建设，提高服务保障能力。认真抓好机关食堂保障工作。年初通过招标选择经营者，要求做到就餐环境优良，饭菜质量过硬，食品卫生放心。每3个月组织对就餐人员进行问卷调查，积极改进机关食堂保障工作。提质改造食堂包厢，进一步改善就餐环境。全年保障了20多次大型会议共4000多人就餐。10月进行正常工作餐自助式，受到多数就餐干部的好评。清洗党政大楼办公楼外墙和所有空调，粉刷了楼内公共墙面，维修更换大院门楼和电动门，用改性沥青铺设大院路面，在大楼10个楼层安装净水设备，在食堂后安装体育健身器材，对新老大院的绿化苗木进行补植和精心养护，将后山泉水引到院外前方，最大限度地改善了机关工作环境。

完成了县委、政府交办的专项工作和任务。拆除县委原县车库危房。搞好了迎宾路、新老两大院、原二所宿舍的创卫工作。配合县委办完成全县办公用房清理工作的资料收集整理与上报，并牵头调配了腾退的办公用房。全力做好了人大、政协两会和其他重要会议的保障工作。全年保障电视电话会议140次，附属楼200人以上的会议56次，无任何事故发生。保障接待用车57次。

（倪万书）

【荣获全省公共机构节能示范单位称号】 县机关事务管理局组织机关干部学习《公共机构节能条例》，选派2人参加网络节能专题培训，组织开展全县节能主题活动。通过召开节能工作联席会议、倡导节能良好习惯、聘请专家指导、更换节能产品和设备、强化节能管理、加强监督检查等方式和途径，全面推进节能减排工作。工作人员节能意识明显增强，机关管理水平明显提升，能源消耗指标明显下降，1—9月，县直机关消耗能源分别是用水15027吨，用电378215千瓦时，汽油102530升，柴油6478升，天然气3866立方米（2014年新增项目）。相比2013年同期分别下降3.8%，6.4%，8.3%，3.9%。11月20日，省机关事务管理局、省发改委、省财政厅联合发文，评定桃江县机关事务管理局为2014年度公共机构节能示范单位。

【党政大院铺装改性沥青路面】 经多次向相关领导反映、建议，并与县城建投资公司和县规划局等有关部门磋商研究，年底前对县党政大院和迎宾路路面进行了提质升级改造，铺装了改性沥青路面，拓宽并划好车位，院内增加车位23个，达到220个，院外新划车位110个，极大地提升了大院的品位和档次，提升了办公环境。

政务服务

【县政务服务中心领导人名录】

主　　任　胡红艳
副 主 任　刘德云
（兼县公共资源交易中心主任）
曾少婵　刘　辉
纪检组长　莫毅雄

【概况】　县政务服务中心是县人民政府设立的全县政务公开、政务服务和公共资源交易工作管理协调机构，负责对全县的政务公开工作进行指导和督查，负责对纳入政务大厅集中办理的审批、收费项目的监督管理，负责全县公共资源的交易活动组织、管理、监督。中心成立于2003年11月，为正科级事业单位，与县政务公开领导小组办公室合署办公，2008年11月搬至桃花江镇芙蓉路65号。2010年7月获批为参照公务员管理单位。内设办公室、业务股、政务公开股、督查股、电子政务办等5个股室，有干部12人。下辖二级机构县公共资源交易中心成立于2011年12月，为副科级事业单位。中心围绕公开抓拓面、服务抓优质、交易抓规范这一目标，致力改革，勇于创新，先后荣获“全国电子政务试点县”“省政务公开先进单位”“省政务公开示范点”“省级文明单位”等称号。

政务公开。2014年，全县各级各部门主动公开信息14880余条，受理依申请公开13件。桃江县在全国100个电子政务试点县政府透明度排名中，居全国第4位，全省第1名。搭建信息公开平台。对县政府门户网站的政府信息公开专栏按县政府、部门乡镇、公用事业三大块进行设立，细分栏目明确公开内容；开通政务微博、微信等新型网络公开载体，其中，利用政务微博发布政府信息1163条，政务微信公开信息280条。突出重点领域信息公开。行政审批、公共服务、工程建设等纳入重点领域公开范围，所有财政拨款部门均实行财政预决算、“三公”经费公开，所有政务服务事项的名称、依据、程序、时限等21项信息表全面公开，关乎群众切身利益的政策文件、保障性住房、食品药品安全、安全生产、环境保护、价格收费、征地拆迁、采购招标等信息应公开尽公开，全年重点领域发布信息670余条。突出与群众生产生活密切相关的办事服务信息公开。对涉及教育、医疗、公共交通、水电气、住房保障、金融、通讯等行业的80多家公共企事业单位设立公开专栏，全面公示各行业办事信息公开指南和目录，实现办事公开率100%。

政务服务。29个进驻窗口共办结政务服务事项123578件，按时办结率100%，收取各类税费2.19亿元，群众满意率达99.7%。完成行政审批和服务事项集中清理。全县政务服务事项由496项精简为374项，精简率为24.6%，其中行政许可项目99项、管理服务项目235项、服务项目40项。完善并联审批“一票制”收费机制。出台《桃江县建设项目并联审批一票制收费操作办法》，将建设项目按项目确立、用地审批等5个环节实行“一口受理、联合踏勘，并联审批、一票收费、联合验收、限时办结”并联审批工作机制。原来需193个工作日才能办结的项目，经并联审批后只需60个工作日，办事效率提升69%。进一步优化投资环境，对入园企业10元包干收费项目进行重新界定，所缴费用由原来的约94元/平方米优惠到10元/平方米，让入园企业真正“进驻得来、发展得好”。规范政务服务全程代理工作。完善重点企业和招商引资项目“一对一”服务模式，从受理到办结注重换位思考，畅通绿色办事通道，为福德电气、博得科技、中源钢铁、桃花江实业、大汉龙城等重点项目全程跟踪办理相关业务。福德电气在开发区68亩土地的揭牌，所涉及的政务服务事项由111个工作日，缩短为35个工作日，创造了桃江国土挂牌出售最短时限的记录。出台系列便民举措。推出24小时网上在线咨询服务，公开4个QQ号码，24小时在线回复网民咨询，收集网民意见，处理网民投诉。

公共资源交易。全年完成交易项目407宗，其中支出型交易346宗，成交额9.7亿元，节约4310万元，节支率4.3%；收入型交易61宗，成交额6亿元。推行网上交易。正式实施网上交易，部分取消现场报名；在县政府门户网建立桃江县公共资源交易网，及时发布交易信息，同时配套采取保证金保密管理等措施，完善了网上交易机制。实行随机抽取制。代理机构的抽取。政府投资估算价6000万元以下的项目，招标代理机构在登记备案名单中随机抽取产生，全年共随机抽取代理机构127次，随机抽取专家346次。严格场内管理。加强登记审核、开标管理，查验资料由4项增加到8项，建立项目登记、重大事项协调、涉税信息、办结通知、保证金退还等7种台账；严格评标区管理，采取凭证进入、封存手机、屏蔽信号、全程电子监控、人员现场监督等措施，场内交易管理实现零差错。开展清理整治。对弄虚作假、挂靠资质、围标串标、违法转包分包等行为进行清查，确定22家投标人或供应商存在违法违规行为，并将其列入桃江县黑名单，2年至3年内禁止参与桃江县公共资源交易活动。

电子政务。在全市率先构建了县乡村三级互联互通的全县电子政务外网，网络覆盖了全县15个乡镇、96个部门和部分村（社区），并与省、市电子政务外网成功对接。建立县行政审批与电子监察系统。与省市系统实现对接，省、市、县监察部门据此可对各窗口实施行政效能监察。把行政审批的各个操作流程和办理环节全盘固化到系统，项目审批的运行时间、审批人员信息均由计算机记录在案，全程留痕，实现权力运行过程、结果网上公开。推行网上审批。选定工商、安监、畜牧等11个部门办件量较大的15个事项先行先试，出台了具体的网上审批操作办法，着力解决办事群众下载难、审核难、上传难的问题。截止至2014年年底，共办理网上远程审批办件2578件。健全工作人员监管和服务评价体系。严格实行定岗、定责、定时制，对办事人员服务情况进行实时监察，视频监控和电子监察信息直达县纪委书记和有关职能部门办公室。将行政审批系统与移动短信平台对接，群众对办件流转的情况通过短信即可知晓。每办完一个事项便可收到服务评价短信，群众可直接回复数字表示满意或者不满意。（胡向荣）

【省媒体报道桃江并联审批和一票制收费】 9月15日，湖南卫视到中心就建设项目并联审批和一票制收费工作进行专题采访。9月29日，《湖南日报》以“益阳桃江：让群众看到变化得到实惠”为题，对并联审批一票制收费工作进行专题报道。

桃锰社区

【桃锰社区服务指导中心领导人名录】

工委书记　黎跃平

副书记、主任　胡霞初

副主任　陈文革

【概况】 桃锰社区服务指导中心成立于2008年12月，是隶属县政府办公室管理的正科级全额拨款事业单位。负责管理原桃江锰矿退休人员、退养人员、抚恤人员、退养家属工、1~6级伤残人员、职业病人员，负责处理原桃江锰矿破产清算组遗留问题、负责移交地方资产的管理及辖区基础设施的管理和维护。内设办公室、资产财务股、社会保障股3个股室，在编人员9人。

关注民生，为民办实事好事。中心安排资金4万元，维护社区居民生活基础设施。为292户535人处于最低生活保障线以下困难居民办理城镇居民低保，为重病特困居民群众解决大病救助及临时医疗救助近1万元，为1089名居民调整医保基础，为656名社区居民办理了城镇居民医疗保险，每季度为200名左右育龄妇女进行孕检，为近400名退休的独生子女父母办理计生奖励申报手续，为135户340人无房户居民申报租赁住房补贴，完成1378名退休人员养老金调标工作，为12名原工伤退休人员争取死亡抚恤金44.7万元，完成58名因病死亡退休人员救济金的申报，完成818名退休人员人脸视频认证。

以文化建设为载体，开展社区文体活动。中心想方设法筹措资金，改善社区文体活动条件。积极参加县组织的广场舞等群众性文体活动。举办“七一”党员棋牌、麻将趣味比赛以及欢度重阳节文艺会演。各种健康向上的文体活动蓬勃开展。

扎实开展清洁工程。制定了实施方案和考评办法，制作了大型宣传牌、横幅标语、宣传栏及入户宣传资料，聘请了4名保洁员分片包干负责，聘请了1名垃圾外运员，并签订了聘用合同。开展每月一次的“全民清洁日”活动。辖区环境卫生大为改观。

宣传工作有新起色。以正面宣传为主，开辟宣传专栏，宣传党和国家的方针政策，宣传习近平同志一系列重要讲话，宣传党的十八大及中央经济工作会议精神，宣传市县党代会及“两会”精神，宣传及“三访三化”促发展解民忧活动及党的建设过程中涌现的先进典型，宣传工矿棚户区改造有关政策和规定。加大对外宣传力度，全年在县级及以上新闻媒体发表文章100余篇，其中《人民日报》2篇、《经济日报》4篇、《湖南日报》1篇，人民网、新华网、中新网、凤凰网、搜狐网、红网等网站60余条。正面宣传了桃锰社区所做的工作和先进党组织、优秀共产党员的先进事迹，扩大了桃锰社区的影响和知名度。

大力推进党的群众路线教育实践活动及“三访三化”促发展解民忧专项活动开展。按照县委统一要求和部署，在社区三个支部216名党员中深入开展党的群众路线教育实践活动，扎扎实实完成了三个环节工作任务，做到了规定动作不走样、自选动作有特色。按照市委、县委要求，深入持久开展“三访三化”促发展解民忧活动。（朱金良）

【桃锰棚户区改造工程顺利完工】 桃锰社区服务指导中心紧紧抓住国家“十二五”加快工矿棚户区改造契机，积极争取国家棚改扶持资金，当地政府千方百计筹措配套资金，棚户区居民自筹部分资金，对辖区棚户区430套老旧房屋采用“新建一批、维修一批、改造一批”的方法进行改造。工程于2012年上半年正式启动，到2014年1月全面完工，棚户区居民陆续喜迁新居，居住条件得到很大改善。

【桃锰大桥提质改造】 桃锰大桥横跨桃花湖南北两岸，桥宽7米、长62米，是桃江锰矿矿区、县林科所、松木塘镇猴家山村、松木塘村响涛源村黑烟洞片组通往外面的唯一桥梁。1967年1月建成通车，已近50年，桥面已严重老化，成为危桥。尤其是桃江锰矿改制后，中国五矿和湖南省政府签订协议整体收购桃江锰矿，这座大桥更不能满足生产启动后大量车辆进出矿山运输物资的需要。故此，桃江县把桃锰大桥拆建作为农村危桥改造重点项目，整个改造工程概算120万元，10月动工，工期3个月，年底已建成通车。

桃冶社区

【桃冶社区服务指导中心领导人名录】

主　任　曹　挥

副主任　曾　慧

【概况】 桃冶社区服务指导中心（以下简称桃冶社区）成立于2011年2月，属县人民政府直属正科级事业单位，核定事业编制2名，其中设主任1名（正科级），副主任1名（副科），另返聘人员3名。辖区总面积32586平方米，住户438户，离退休人员570人，其中离休干部3人，工伤退休人员114人，离休干部配偶3人，退养家属工63人，抚恤人员3人，伤残军人、退役参战人员12人。

2014年，桃冶社区按照县委确定的“135”工作思路，扎实开展以“为民务实清廉”为主要内容的“三访三化”和党的群众路线教育实践活动，关注民生，改善民生，维护稳定，不断提高管理水平，扎实推进各项工作任务落实，年度各项指标顺利完成。

作风建设。按照县委的统一部署，从3月份开始，以“为民务实清廉”为主题，按照“照镜子、正衣冠、洗洗澡、治治病”的总要求，认真扎实地开展以解决“四风”问题为主要内容的党的群众路线教育实践活动。制定出整改措施20条和6个“四风”突出问题专项整治方案，重点整治“门难进、脸难看、话难听、事难办”的“四难”机关作风问题，并坚持从实际出发、在求实效上下功夫，把边学边改贯穿教育活动始终，着力解决和做好了涉及群众切身利益的五大民生问题，消除了矛盾隐患，维护了辖区的稳定和谐。完成建章立制工作，其中修订完善制度11项，新建制度3项，主要涉及密切联系群众、规范决策、权力运行、廉政建设、厉行勤俭节约、整治文山会海、加强干部学习、绩效考核、加强辖区安全、规范值班考勤、加强车辆管理等方面。组织全体人员、离退休支部委员和13名栋长召开“三访三化”的宣传推进会，把“三访三化”工作融入“两节”期间的摸底调查、扶贫慰问等具体工作中，形成了人人知晓、个个参与“三访三化”的浓厚氛围；依据“及时受理、分类处理”的原则，对接访、走访、下访过程中发现的问题，建立民情台账，真实记录工作过程中的所见、所闻、所思、所悟、所为，并逐个提出解决办法；结合实际，积极探索，充分发挥支部特别是离退休支部在社区环境卫生、矛盾调处、老年活动、红白喜事、扶贫解困等方面的作用，从而影响和带动其他离退休人员发挥余热，为社区和谐出谋划策，传递正能量，为真正开展好“三访三化”探索出一条新路子；把“凝聚、管理、服务、稳定”的社区工作思路与“三访三化”活动有机结合，综合运用，进一步转变干部作风，全年领导和党员干部下基层4人，上门慰问离休老干部3人，走访群众26人，扶贫解困500多人，投入资金10多万元，收集并解决12个大小问题，化解大的不稳定事件1起。

民生工作。加强管理服务，关注民生，改善民生，注重从具体事抓起、从身边事做起，把解决群众反映强烈的切身利益问题贯穿于社区工作全过程，着力解决涉及群众切身利益的问题。“两节”期间，多渠道争取解困资金14万元，惠及离退休人员和社区内其他困难人员500余人，使困难群体过上了快乐祥和的春节。“七一”前夕，出资1400元，由班子成员带队上门慰问离退休党员7人。配合省社会保障管理局进一步做好离退人员基本养老金社会化发放管理工作，杜绝冒领现象，历时一个半月，社区中心对不具备家里认证条件或不懂操作的离退休人员安排专人负责认证，切实做到便民便利。做好离退休人员精细化管理工作。多次到省社保局为7位死亡退休人员家属办理丧葬费手续和争取抚恤费，使其感受到组织的关心和温暖；对564名退休人员2014年的调待进行核对、更改，使退休人员及时享受到国家改革发展的成果。完成经适房项目扫尾工作，经适房1栋～4栋通过了湖南英特有限责任公司会计事务所的审计，1栋～6栋漏水等质量问题得到妥善处理，3栋～4栋共48户办好了产权证手续。加强家属区基础设施建设，全年新修道路200米，新修坡道水泥阶梯40米，疏通清洗琉璃井11个、下水道60米，维修女单宿舍屋面200平方米，砍伐水桐树4棵，彻底改善了居民的生活环境。开展独生子女奖励申报工作，协助相关部门搞好补办证件、宣传咨询等一系列服务工作。坚持对离退休职工生病、死亡和其供养直系亲属死亡的慰问工作，全年共慰问81人次。离退休人员养老金存折到期续办问题。与中国银行和省社保局协调，为200名高龄退休人员解决了原在农业银行发放的养老金，其存折到期续办换卡不换折问题。完善离退休人员活动室，社区中心挤出资金，为离退休人员活动室配备了空调、棋牌等，满足了他们的精神文化需求，让离退休人员老有所乐，老有所学，安度晚年。整治社区环境，采纳广大群众建议，组织人力、物力、财力，对家属区种菜、私搭乱建等环境脏乱差问题进行了重点整治，7月进行宣传发动，8月清理种菜，私搭乱建，放养鸡、鸭、猪、犬等现象，9—10月修缮了350平方米的花圃。

信访维稳工作。顺利实现“无进京非正常上访、无越级集体上访、无极端恶性和群体性事件”的工作目标。做好维稳基础工作。抓好领导机构、队伍人员、工作制度、工作经费的责任落实。完善维稳信息系统、维稳机构、维稳队伍、维稳接待场所，抓好初信初访办理等五项建设的措施落实。健全领导接访、干部下访、党员走访、矛盾纠纷排查和信访积案化解、社会稳定风险评估五项制度。社区中心工作人员钟敏获得湖南省有色金属工业总公司共同维稳工作论文一等奖。排查化解信访突出问题。对信访事项做到“件件有回应、事事有结果”。全年共收到各类来信来访件20件，办结20件，办结率100％，接待来访群众30起85人次。着力解决退休人员医保难题。在桃冶退休人员医疗保险待遇被停引发矛盾的情况下，采取措施，开展细致的思想工作。同时，多次专人、专文向相关机构和部门反映，积极协调，妥善解决了退休人员住院、特殊门诊报销和个人门诊账户上费这一难题，真正为群众解了难、应了急，维护了稳定，避免了事态的进一步扩大。化解和调处环境污染投诉问题，通过召集栋长挨家挨户做工作，杜绝乱扔垃圾现象，在县环卫处的协助下，清理了全部陈年垃圾，赢得了群众的赞许。做好了单位的县长热线工作。

（钟敏）

政协桃江县委员会

组织机构及领导人

政协桃江县委员会

主　席　李质彬
副主席　陈奇才　刘楚江
　　　　吴小玲（2014.12 止）
　　　　任小琳　黄　平
　　　　胡　桃（2014.12 起）
秘书长　蒋胜丰

办公室

主　　　任　蒋胜丰（兼）
副　主　任　胡福林
　　　　　　颜小元
正科级纪检员　杨赛明

县政协提案委员会

主　　　任　刘一周
兼职副主任　文进余　左　交

县政协经济科技委员会

主　　　任　彭孟武
兼职副主任　詹益彬（2014.12止）
　　　　　　黄志刚（2014.12起）

县政协社会法制群团联络委员会

主　　　任　甘尚平
兼职副主任　尹楚奇

县政协文教卫体委员会

主　　　任　胡　桃（2015.4月止）
兼职副主任　黄梦其

县政协人口资源环境委员会

主　任　肖文武

综　述

【概况】　2014 年，县政协共有委员 256 人、常委 34 人；由 19 个界别组成，共分 5 个县直委员联络组和 15 个乡镇联工委；内设工作机构 1 室 5 委，即办公室、提案委员会、经济科技委员会、社会法制群团联络委员会、文教卫体委员会、人口资源环境委员会；机关在岗工作人员 24 人。2014 年，在中共桃江县委的领导下，县政协坚持团结和民主两大主题，围绕县委“135”工作思路，履行政治协商、民主监督、参政议政职能，在服务改革发展、推进协商民主、改进工作作风等方面取得了新的成效。

政治协商。2014 年年初，县政协办发出公函，书面征求县委、县政府的意见，围绕县委、县政府全年工作重点、难点，确定政协工作重点和调研方向，明确了省级灰山港工业集中区建设、矿产资源开发利用、融资平台建设等 8 个重点调研课题，深入开展调查研究。县政协主席会议全年除完成 8 个重点调研课题外，还完成了省、市政协交办的农村宅基地确权颁证、生产性服务业发展、重度残疾人生活状况、竹产业发展 4 个调研子课题，完成了县委书记、县长交办的浮邱山旅游开发、资江河道整治、现代物流园建设、县城供水工程建设、涉农资金整合、文体中心选址 6 个专题调研。根据《中共桃江县委政治协商规程（试行）》制定了调研协商计划。将财政预决算编制、重大基础设施建设、重要人事安排等 8 个协商重点纳入了县委政治协商计划。全年共开展政协常委会议协商 3 次、主席会议协商 12 次、专委会协商 6 次，参政协商平台不断夯实。县政协向县委、县政府提出建议案2件、参阅件13件、调研内参6件，有10件得到了省、市、县领导的批示。

民主监督。民主评议有广度。2014年，县政协常委会确定社会保障体系建设作为年度重点评议内容。评议组在掌握第一手材料的基础上，县政协常委会议对县人社局等6个社会保障主要职能部门进行了公开评议，提出了客观实在的评议意见，并当场进行了满意度测评。提案督办有深度。八届二次会议立案58件，比上年减少25件，减少30%。虽然提案数量减少了，但关注的焦点、热点问题更加集中，提案质量明显上升。民主测评有力度。一是组织全体县政协委员对县政府25个工作部门和县法院、县检察院进行了民主测评，有力地促进了行业作风转变。二是会同县纪委、县委组织部选派政协委员担任行风监督员、效能观察员、作风评议员，积极参与民意测评、廉政测评、干部绩效测评和省市的民意调查，发挥了委员的民主监督作用。

团结和民主。精诚团结各界力量。充分发挥政协联系面广、包容性强的特点，广泛凝聚各阶层、各界人士的力量，协助党委政府做好协调关系、化解矛盾、增进共识、团结鼓劲的工作，在维护社会安定、促进经济繁荣、构建社会和谐中发挥了独特作用。大力开展扶贫帮困。政协委员自觉弘扬中华传统美德，把群众疾苦装在心中，积极投入到“百名委员进农家、进社区送温暖”的行动之中。一年中，县政协委员共帮扶困难户1051户，为困难户传授致富技术200多人次，安排有劳动能力的家庭成员到自己的企业就业500多人。文向荣、肖学文、文进良、胡楚云等委员，积极为有劳动能力的困难群众提供创业支持、技术指导或就业援助；贺云、周垂虎、胡令、薛爱华、龚世荣等委员捐款捐物，为困难群众解决难题。全年政协委员捐助救困资金累计在500万元以上。创新经促工作机制，成果丰硕。将经促分会理事会选举制改为聘任制，先后完成了北京、深圳、上海分会的换届聘任工作。加强经促分会的联系与交流，换届聘任工作邀请其他分会的相关负责人参加，形成了相互学习、共同提高的浓厚氛围。北京经促分会理事长熊跃辉等为桃江羞女湖湿地公园成功争取国家级项目亲力亲为；上海经促分会顾问卢景英、副理事长刘进军等为家乡建设、招商献计出策；广州经促分会顾问钟渭贤、刘立荣、卢光辉和长沙经促分会副理事长汪卫东筹集1300万元，建立桃江育才奖学基金，对桃江50多名北大清华学子全程给予学业奖励；深圳经促分会副秘书长、深圳益阳商会会长张志高回乡洽谈投资5000万元以上的美食一条街项目；长沙经促分会理事长胡伏安多次为家乡立项争资牵线搭桥。此外，广州乡友李军拟捐资修建浮邱寺；深圳乡友龚如舜、何大兵，长沙乡友胡红苗等分别成立了100万元以上的助学基金会。

践行群众路线。自3月份以来，县政协党组根据县委的部署，深入开展党的群众路线教育实践活动，聚焦形式主义、官僚主义、享乐主义和奢靡之风，查摆突出问题23项，已全部整改落实到位。机关全体干部增强群众观念，入乡村农户，进企业，协助排忧解难，实现了工作作风的新转变。加强了乡镇政协联工委建设，各乡镇政协联工委完善了办公设施，配备了政协工作联络员，乡镇政协工作实现了规范化。完善了县政协常委会、乡镇政协联工委和县直政协委员联络组及机关干部职工的目标管理考核办法，工作目标明确，考核指标量化。年底，常委会组织开展了15个乡镇政协联工委和5个县直委员联络组的述职、测评活动。对因工作岗位异动的4名委员及时进行了调整，对涉嫌违纪违法的3名委员撤销了委员资格。

（丁振亚）

重要会议

【政协桃江县第八届委员会第七次常委会议】 4月29日召开。会议协商通过了政协委员、政协常委的增补及县政协提案委主任和专委会兼职副主任、委员名单，协商确定常委会重点调研课题“城乡居民社会养老保险工作”，聘任了社情民意信息员并进行了培训。

【政协桃江县第八届委员会第八次常委会议】 7月29日召开。会议听取并讨论了县人民政府上半年全县经济形势情况通报，协商了人事任免工作和桃江县政协2014年工作要点、乡镇联工委和县直委员联络组考核办法、社情民意征集工作，学习了习近平总书记在兰考的重要讲话精神。

【政协桃江县第八届委员会第九次常委(扩大)会议】 12月10日召开。会议通报了县委常委会议关于县政协第八届第三次会议筹备工作的意见，协商了辞免和撤销有关委员职务的建议、委员增补建议名单、县政协第八届第三次会议议程、日程、常委会工作报告、提案工作报告等，有关人事任命、《政协桃江县委员会2015年工作思路和要点》、《政协桃江县第八届常委2015年绩效考核办法》、《桃江县乡镇政协联工委和县直委员联络组2015年工作目标管理考核办法》，听取了乡镇联工委主任、县直委员联络组长年度述职并进行民主测评。

【政协桃江县第八届委员会第十次常委（扩大）会议】 12月26日召开。会议协商了有关人事安排、选举办法、大会选举总监票人、监票人、总计票人、计票人名单和大会期间委员分组建议名单以及宣布大会注意事项等事宜。

【政协桃江县第八届委员会第三次会议】 12月26日在县城召开。会议听取并审议了政协桃江县第八届委员会常务委员会2014年工作报告和提案工作情况报告，举行了大会参政议政发言，补选了政协桃江县第八届委员会副主席1名、常务委员会委员2名，听取并协商了县政府和县法院、县检察院工作报告，书面协商县财政预算、计划工作报告、县政协第八届委员会第三次会议提案审查情况的报告，通过了政协桃江县第八届委员会第三次会议各项决议，民主测评了县政府工作部门及县法院、县检察院工作等。县委、县人大、县政府、县政协全体在职实职领导、县人武部部长出席会议。

【政协桃江县第八届委员会主席会议】 年内召开主席会议20次。先后协商了县政协工作要点和思路、常委会重点调研方案和报告、2014年重点提案、县政府2014年财政预算方案等。县政协主席会议紧密结合全县工作重点、难点，确定了职业技术教育发展、农村广播电视网建设、安居工程建设、质量兴县实施、行政审判与执行、禁毒、人口计生工作人文环境、竹木产业发展、马武融城、城乡居民养老保险等10个调研课题，分别由正副主席牵头，组织专委会和相关单位的专家深入实地调研，形成了翔实的调研报告。主席会议根据调研成果，先后对这10项工作进行了专题视察，形成参阅件13期，提出合理化建议50余条，得到了县委、县政府及相关部门的采纳和落实。

重要活动

【卜铁洪到桃江调研竹凉席产业】 2月19日，市政协副主席卜铁洪一行到桃江，调研桃江县竹凉席产业发展情况。县政协主席李质彬，副主席刘楚江陪同或参加调研座谈会。

【桃江县党务工作暨人大、政协工作会议召开】 3月7日，桃江县党务工作暨人大、政协工作会议召开。县领导向荣、符凤文、李质彬、陈万军、陈震宇、胡国清、肖立新、雷越毅、周卫星、曹萍出席会议。

【县政协主席会议视察灰山港工业集中区建设工作】 4月17日，县政协主席会议视察灰山港镇省级工业集中区建设。县政协主席李质彬，副主席陈奇才、刘楚江、吴小玲、任小琳、黄平，副县长王军华及相关单位负责人参加了活动。

【市政协调研桃江生产性服务业发展情况】 4月23日，市政协副主席胡捷到桃江调研生产性服务业发展情况。县政协主席李质彬，县委常委、常务副县长周卫星，县政协副主席陈奇才陪同调研或出席座谈会。

【全市政协工作座谈会在桃江召开】 6月10日，益阳市政协工作座谈会在桃江县城召开。市政协主席会议成员，各区县（市）政协主席、大通湖区人大、政协联工委主任、各区县（市）政协秘书长、大通湖区人大、政协联工委政协工作办公室主任，市政协副秘书长、市政协机关正处级纪检员、市政协委室主任参加会议。

【县政协主席会议视察全县融资平台建设】 6月25日上午，县政协主席会议视察融资平台建设。县政协主席李质彬，县委常委、常务副县长周卫星，副县长刘武，县政协副主席刘楚江、吴小玲、任小琳，秘书长蒋胜丰参加活动。县经开区、交通投、水务投、两型投、市场投、灰山港、教育投、旅游投等单位负责人参加了会议。

【听取县政府上半年经济形势情况通报】 7月29日，政协桃江第八届委员会第七次常委会议听取了县政府上半年全县经济形势情况通报。会上，常委们对上半年经济形势情况进行了讨论，提出了许多意见建议。

【召开专题民主生活会】 8月7日，县政协机关班子召开专题民主生活会暨支部组织生活会。会上，党员干部认真对照检查，查摆“四风”方面存在的突出问题，深入剖析问题根源，明确今后努力方向和整改措施。县政协党组书记、主席李质彬，县委第七督导组组长曾毅军等到会指导。

【视察全县食品产业发展】 10月29日，县政协主席会议到县工信局视察食品产业发展情况。县政协主席李质彬，副县长王军华，县政协副主席刘楚江、吴小玲、任小琳，秘书长蒋胜丰参加活动。

【县政协举行书画笔会】 12月12日，县政协举行书画笔会，庆祝桃江县政协成立30周年。桃江县16位著名书画家现场挥毫泼墨，点染丹青，以书画寄情怀，用笔墨写春秋，宣传人民政协和全县社会发展取得的巨大成就。县政协主席李质彬，副主席陈奇才、刘楚江参加活动。

【开展“三百三进”主题活动】 第八届县政协组织委员开展“三百三进”（“百名委员进农家问冷暖，百名委员进企业解难题，百名委员进项目促发展”）主题活动，大大激发了委员的履职创业热情。2014年，企业界委员积极发挥自身优势，通过扩大投资或招商合作等形式，助推企业转型升级。企业家委员招商引进或自主改扩建500万元以上的项目30个，其中投资在5000万元以上的项目达10个。百名机关委员对口联系帮扶企业95家，帮助这些企业争取技术改造等项目资金2000多万元，争取银行贷款近2亿元，协调处理麻纱纠纷150余起。

群众团体

总工会

【领导人名录】

主　　席　龚卫山
党组书记　许道初
副 主 席　许道初　邓白龙
　　　　　习红兵　李越屏
　　　　　李望秋　符玉文
纪检组长　李越屏（兼）
经审会主任　李越屏（兼）

【概况】　县总工会成立于1953年4月。机关内设办公室（财务部、经审办、女工办）、组织宣教部、生产保护部、民主管理部、法律保障部。辖二级机构县工人文化宫、县职工维权帮扶中心。共有干部职工30人（其中在职21人、退休9人）。2014年全县共有基层工会组织1806个、工会会员122901人。2014年，县总工会积极履行“维护、建设、参与、教育”四项职能，认真落实县委的重点工作，圆满完成了年度各项工作任务。

维护职工合法权益。扎实开展了“春送岗位”“夏送清凉”“金秋助学”“冬送温暖”工会四季帮扶服务活动。元旦、春节期间，筹资97.94万元，慰问、救助困难职工（农民工）1307人，其中由县级领导分别带队慰问30户重点特困职工，为每户送去慰问金1000元和价值200元的米、油等物资。开展“400户”特困职工救助，一等户救助1000元，二等户救助800元，两项帮扶均实现了“提标”。2月份的工会就业援助月开展了“春送岗位”活动，组织相关企业为职工提供5300多个就业岗位。7月31日开展了“情系职工、服务发展”夏送清凉活动，筹资8.15万元，购置了消暑物品、防暑药品、清凉饮品，分别由县四家领导带队，分四组慰问了在高温天气下坚守“四大会战”一线工作岗位的1713名职工和农民工。8月19日举行了全县工会“共圆就学梦，同聚正能量”金秋助学捐赠仪式，筹集爱心款7.12万元，救助了37名考上了大学的特困职工（农民工）子女。组织开展了“为企业排忧、为职工解难”活动。4月30日至5月14日分别由县四大家21位领导带队，深入全县22家企业，帮助企业解决困难，走访慰问了110名困难职工，送去慰问金4.4万元。协调落实了“双联”工作。组织85个有“双联”任务的县直单位，帮助所联系的困难企业解决问题53个，慰问所联系的困难职工115人次，共送去慰问金10.4万元。开展了女职工关爱行动。组织开展了为特困女职工献爱心活动，共筹集资金11.56万元，救助了152名特困女职工。3月份为5300多名女职工进行了免费检查。开展了“关爱女性健康、共建和谐家庭”宫颈癌免费检查活动，推进了职工医疗互助活动。发动全县9282名职工参加了市级统筹的职工医疗互助活动，共缴纳医疗互助资金46.41万元，全年共为457名患病住院职工补助医疗费70.44万元，补助最高的5万元。加强了县职工维权帮扶中心建设。争取县编委明确了县职工维权帮扶中心为县总工会二级机构，解决了2个全额拨款人员编制。认真做好了申报省“五星级帮扶中心”的工作。开展了对特困职工群体的调研。开展了防汛救灾工作。防汛救灾期间，共筹集救灾资金17.6万元，帮助三堂街、武潭、马迹塘等乡镇重点受灾企业和职工群众恢复生产、生活。

组织职工建功立业。紧扣全县交通、园区、城镇、产业建设和改善民生五项重点工作，组织开展了以“聚力小康·建功桃江”为主题的劳动竞赛，下发了《关于在全县职工中广泛开展“聚力小康·建功桃江”劳动竞赛活动的意见》，并按照县委书记谭建华“与重点工程‘三项行动’、与全县128个重点项目紧密结合”的批示要求，重点推进了职工岗位建功行动、技术创新行动、素质提升行动、节能减排行动四大行动，形成了重点工程、工业企业、服务行业、女职工芙蓉杯“四位一体”劳动竞赛格局。4月29日，县委、县政府召开“聚力小康·建功桃江”劳动竞赛表彰大会，隆重表彰了全县40名劳动竞赛标兵、10个先进班组、10名“五一先锋”、10个“工人先锋号”、4名“芙蓉百岗明星”、4个“芙蓉标兵岗”、2个“和谐家庭”。组织174个单位、786个班组、13241名职工参加了“安康杯”知识竞赛，提高了职工的安全生产意识和安全生产技能。推进了“职工（劳模）创新工作室”的创建。健全了政策落实、生活补助、医疗帮助、健康关爱、节日慰问“五位一体”劳模管理服务机制。安排2名劳模参加了市总工会组织的劳模休养活动，召开了劳模和劳动竞赛先进代表座谈会。走访慰问了全县128名县级以上劳模，并再次提高了劳模慰问标准。

构建和谐劳动关系。落实民主管理工作。组织开展了“公开解难题、民主促发展”主题活动，推进了企事业单位职工代表大会制度和厂务（校务、院务）公开制度的落实，非公有制企业职代会和厂务公开工作分别建立了1家以上示范点。推进了企业工资集体协商工作。发挥劳动关系三方四家协商机制作用，通过抓宣传引导、分类指导、活动主导、检查督导，形成了基层工会主动要约、企业行政应约、上级工会整改建议、劳动部门执法检查的工作链。4月29日举行了全县工资集体协商“春季要约行动”启动仪式，5月份在全县各企业集中开展了工资集体协商“要约月”行动，建立企业工资集体协商工作示范点6个、区域性和行业性工资集体协商工作示范点各1个。全年组织853家企业新签、续签了工资集体协商协议，覆盖职工42147人。10月份被评为“全国工会贯彻落实工资集体协商三年规划先进集体”。全面参与了社会治理创新。开展劳动争议调解和职工法律援助工作，全年参与调解劳动纠纷18起，办理职工法律援助案件9件；认真开展信访接待工作，工作日每天由一名班子成员带班、2名机关干部职工值班，全年接待职工来信来访978人次，信访件回复率100%；开展劳动关系和谐园区、和谐企业创建活动，推动企业与职工签订劳动合同和集体合同，指导企业工会发挥在劳资双方关系中的协调作用，及时化解劳资纠纷，以维权促维稳，以职工队伍稳定促社会和谐。

深化宣传教育。开展了宣讲活动。4月29日举行了“劳动竞赛先进宣讲会”，7月4日举办了“劳模讲坛”，由县劳动竞赛标兵、久通锑业有限公司选矿班班长文洪，省级劳动模范、桃花江小学副校长胡宏伟分别介绍了先进事迹，每场参加聆听的会员达1000多人，激发了广大职工的劳动热情。开展了“工人阶级宣传月”活动。5月份组织全县基层工会制作宣传栏72个，悬挂宣传横幅105条，张贴宣传标语654条，播放电子标语63条，弘扬工人阶级伟大品格和劳模精神，营造了“工人伟大，劳动光荣”的良好氛围。牵头组织了全县三个层级的“平安家庭”创评工作，将县委和县综治委推进平安桃江建设的要求落实到每一个家庭，有效地提升了平安创建的认同度，促进了民调工作。组织开展了全县“中国梦·劳动美”系列活动之“唱响主旋律、当好主力军”职工歌咏比赛，由各基层工会组织职工进行预赛，县总工会组织50名选手进行复赛，19名选手进行决赛，丰富和活跃了职工精神文化生活。组织开展了“平安桃江·聚力小康”登山比赛活动，在基层工会组织初赛的基础上，12月12日县总工会组织88个单位、961名职工进行了决赛。持续开展了职工心理疏导。全年受理职工心理咨询765人次。

工会自身建设。加强了“学习型、服务型、创新型”机关建设。党组中心组全年集中学习13次，持续开展了机关干部轮流上业务辅导课和评比活动，外请专家讲课3次。通过学习，提高了机关干部指导基层和服务职工的能力。认真落实首问责任制、服务承诺制和信访接待制，在机关办公室设立了主席热线、在帮扶中心设立了职工信访接待室和职工维权热线，强化了值班工作和热线办理工作；强化对基层工会的联系指导，推行“一线工作法”“亲情工作法”，机关干部分成5个组，对全县137个正科级单位工会进行了指导、督查、调研；开展了工会“规范化建设年”活动。积极推进基层单位建会和发展会员工作，全年新建工会组织143个（其中非公有制企业工会125个，村、社区工会10个，机关事业单位工会8个），发展会员2309人。开展了对已建工会组织和发展会员的专项核查，进一步摸清了基层工会底数，健全了“基层工会数据管理库”。对183家工会进行了法人资格登记。按照《桃江县基层工会规范化建设基本标准》，推进了“五型”职工之家建设，其中灰山港镇总工会被省总工会评为“全国百家示范乡镇工会”。加强了工会经费“收、管、用”工作。工会经费收入做到了按时足额入库。规范开展了工会经费审查，完成基层工会审计50家；建立和完善了工会资产监督管理台账。（周芬）

【开展“春送岗位”活动】 2月11日，县总工会、县人力资源和社会保障局联合举办了“春风行动”大型招聘会。招聘会上，来自县内外的53家企业进场招聘，涉及制造、服务、建筑、信息、农林、化工、教育等行业，提供就业岗位5347个。招聘会当天，1132人与用工企业达成就业意向。

【黄新民到县总工会调研】 3月26日，湖南省总工会副主席黄新民一行到桃江，调研县属国有企业改制职工权益维护、集体企业职工队伍和工会工作情况。县委书记谭建华，县委常委、组织部部长、统战部部长雷越毅，县人大常委会副主任、县总工会主席龚卫山陪同调研。调研组一行听取了桃江县县属国有、集体企业改革改制的情况汇报，针对目前已改制与尚未改制的县属国有和集体企业的职工就业以及社保、医保等涉及职工切身利益的相关情况进行了座谈交流。黄新民肯定了桃江县国企改革取得的成绩，认为桃江县国企改革比较扎实，优惠政策争取得比较好，县属集体企业和县属国有企业改革改制工作同步推进的做法很好。他要求，县总工会要进一步协助县委、县政府做好对下岗职工的再就业培训和特困职工帮扶工作。

【劳模和劳动竞赛先进代表座谈会召开】 4月29日，县总工会召开全县劳模和劳动竞赛先进代表座谈会。来自全县各条战线的25名国家、省、市劳模和劳动竞赛先进代表参加了座谈。

【职工歌咏比赛决赛】 4月29日晚，县总工会在县影剧院举行“唱响主旋律、当好主力军”职工歌咏比赛决赛，来自全县19个基层工会选送的选手参加了决赛。经过紧张激烈的角逐，来自县国税局工会的薛媛以一曲《我家》获得比赛一等奖。县领导李质彬、雷越毅、龚卫山、王军华、任小琳等出席决赛并为获奖选手颁奖。

【开展“平安家庭示范户”评选活动】 8月7日上午，县总工会、县综治委联合组织召开会议，部署“平安家庭”创建工作，明确各乡镇和各单位的工会、综治办、妇联（妇委会）为“平安家庭”创评活动的责任单位。平安家庭创建工作以乡镇、县直单位和村、社区为主体组织实施。实现了家庭参与面100%，家庭成员知晓率100%，家庭平安达标率90%以上。产生了县级“平安家庭示范户”30户，每户奖励1000元。

【金秋助学活动举行】 8月19日上午，县总工会在总工会举行2014年“共圆就学梦·同聚正能量”金秋助学活动捐赠仪式，市县有关领导出席，全县各乡镇、县直部门和垂直管理单位工会负责人参加，共募集爱心款70700元，现场为20名考上二本以上大学的困难职工和农民工子女提供了每人2000元的助学金。

【县总工会荣获全国先进单位】 10月10日在北京召开的全国工会集体协商工作会议上，县总工会被授予“全国工会贯彻落实工资集体协商三年规划先进集体”称号。针对社会转型关键期劳动关系矛盾多发、“强资本弱劳动”、“有人找不到事”和“有事找不到人”、“两难”状况等，县总工会突出狠抓组织领导、宣传引导、分类指导、活动主导和检查督导，强力推进企业工资集体协商工作。已连续4年举行工资集体协商“春季要约行动”，组织企业代表进行现场签约。每年还举办一期以上工资集体协商指导员培训班，分类创建示范点。在激励引导机制上，每年筹集1万元专项资金对上年度工作先进单位和个人予以重奖，通过树立典型、培育典型、推广典型，以点带面推进整体工作发展。全县工资集体协商工作已经形成了基层工会主动要约、企业行政应约、上级工会整改建议、劳动部门执法检查的工作链。全县企业工资集体协商工作健康有序发展，2014年已续签、新签各类工资集体协商协议752家，惠及职工38806人。

【“平安桃江·聚力小康”登山比赛】 12月12日，县总工会举办了“平安桃江·聚力小康”工会会员登山比赛，超过1000名选手报名参赛，是历次工会登山比赛人数最多的一次。市总工会党组成员、副主席张享敦，县领导雷越毅、龚卫山、陈奇才出席了在县城金盆广场举行的开幕式。副县长李尔州、正处级干部黎跃平等领导还参加了男子组的比赛。比赛在新修的浮邱山景区公路进行，总长3.188公里。比赛分青年、中年男女4组，每组取前15名；设一等奖1名、二等奖3名、三等奖11名。4组选手分批展开比赛，丁坚以23分57秒的成绩拿下第一名，创下整场比赛最快的成绩。

妇女联合会

【领导人名录】

主　　席　刘跃芝

副 主 席　向芸珂　吴建辉

纪检组长　罗　璇（2014.10止）

【概况】 桃江县妇女联合会成立于1951年9月，是桃江县各界妇女的群众团体。2014年有在职干部职工5人（2014年10月调出1人），离退休干部职工2人。下设办公室、儿童部、权益部等科室及县女领导干部联谊会、县女企业家协会等团体。

2014年，桃江县妇联紧紧围绕上级妇联工作部署和县委、县政府工作中心，充分发挥职能，创造性地开展了各项工作。

主题活动。围绕创卫和农村清洁工程，开展“创卫美家园 文明我先行”活动。2月28日，组织召开动员会议，对妇女参与农村清洁工程和城市卫生创建作出部署安排，邀请县创建办负责人讲授创卫知识，培训妇联干部和妇女代表共130余人。3月5日，组织215名女干部举办了“庆三八、向省级卫生城市奔跑”桃江县女领导干部健身跑步接力赛。5月28日，在近桃小学举办了“庆‘六一’、讲文明、安全卫生伴我行”活动，自编自演创卫主题节目20多个，展出宣传展板30块，2000余名师生、家长、巾帼志愿者共同为创卫和创建“平安桃江”宣誓。11月14日，全县副科级以上女领导干部分成9支队伍，在县城主要街道进行创卫知识宣传，发放宣传手册1500多本。围绕创新创业主题，开展“创新展风采、创业她时代”系列活动。举办了“春风行动”招聘会，453名妇女现场达成就业意向；大力推荐创业妇女申办小额贴息贷款，全年共推荐465名妇女申办小额贴息贷款4318万元，占全县总额的55%；组织举办妇女电子商务等培训班4期，培训妇女276名；确定桃江竹制品有限公司为省级手工编织培训基地；举办县女企协2014年年会，分享优秀企业管理经验。围绕文明创建主题，开展各类创评。组织开展城乡妇女岗位建功、寻找“最美家庭”、创评“清洁示范村”等活动，创评县级以上文明创建典型64个，其中县地税局办税服务中心被评为全国“巾帼文明岗”，桃花江镇党委书记、人大主席赵立峰被评为全国“三八红旗手”，进一步培树了文明新风尚，营造了人人参与建设美丽桃江的浓厚氛围。

妇女儿童民生保障。扎实开展农村土地承包经营权确权登记颁证妇女权益维护工作。争取纳入了全县农村土地承包经营权登记试点工作领导小组，促推成立了以县级分管领导为组长的试点工作小组，出台《桃江县关于开展农村土地承包经营权确权登记颁证中妇女权益维护工作实施意见》等指导性文件。4月，在浮邱山乡齐心村开展试点，全村所有妇女儿童作为土地承包共有人进行了登记，排查调处纠纷案例9起，排查解决涉及妇女土地权益纠纷15起。9月，组织召开全县农村妇女土地权益维护工作推进会，试点工作在全县推广。11月，省妇联党组成员、副厅级纪检员郑丽东到桃江调研该项工作，充分肯定了试点工作成效，并在《今日女报》专版推广桃江经验。依法维护妇女儿童合法权益。组织开展扫黄禁赌禁毒防艾防邪“进学校、进企业、进社区、进家庭”“平安桃江”创建等普法宣传活动5次，发放法律宣传资料8000余份，悬挂横幅5条，展出宣传展板44块，培训学员510人。做好了108起110人次妇女儿童来信来访来电接待处理。参与侵害妇女儿童权益案件陪审1起，维护了妇女儿童的合法权益。大力实施妇女儿童发展规划。全面实施《桃江县妇女儿童发展规划》，4月24日，组织成员单位联络员召开两个规划指标统计专题会议。6月25日，组织召开实施两个规划推进会，认真分析了指标未达标原因，重申成员单位工作责任，年底被评为省级先进示范县。切实关注妇女儿童民生。全年慰问贫困妇女儿童338人，共发放慰问金26.7万元；实施“太阳能暖心”工程，为贫困妇女捐献太阳能热水器12台；完成44477条留守儿童信息采集；利用信息库开展了“温暖微行动·彩虹行”活动，现场募集资金2.31万元，发放彩虹包裹231个。积极争取中国妇基会个体营养检测项目、妇科疾病无创治疗项目落户桃江，邀请该会顾问匡建铭到县举办公益巡讲2场。继续实施宫颈癌普查、农村妇科病普查普治、免费婚前医学检查、女性安康保险等项目，完成农村妇科病普查104709人，免费婚检14408人，免费孕前优生健康检查4459对，两癌筛查23459人。“母亲健康快车”提供义诊和咨询4场次，服务妇女14868人。女性安康保险参保人数4252人，参保151140元。

自身建设。坚持党建带妇建，加强妇联组织建设。在党委、组织部门的指导下，在乡镇巩固村级妇女工作阵地，大力创建示范“妇女之家”，印发《关于在全县开展创建示范“妇女之家”活动的通知》，全年新创建示范“妇女之家”省级1个、市级2个、县级12个；创建省级家庭教育指导中心1个；在县直机关单位新建妇委会11个。9月，省妇联主席杜亚玲到桃江调研时，对全县妇女工作阵地建设给予了充分肯定。践行群众路线，改进机关工作作风。在党的群众路线教育实践活动中，深入15个乡镇和10个县直单位，调研了妇女参政议政、妇联基层组织创建等课题内容及相关工作，形成多篇有价值的调研材料。健全女性人才库，促进妇女参政议政。新建30岁以下高学历女性人才库、优秀后备中青年女干部人才库，向组织部门推荐优秀女性人才65人次；积极配合第九次村级换届选举，确保农村妇女参政议政指标达标；及时宣传报送妇女工作相关信息、材料，全年共报送信息、材料111篇。（文丽莉）

【召开妇女工作会议】 2月28日，县妇联召开了2014年妇女工作大会，总结表彰了“清洁庭院、巾帼示范”活动和全县妇女工作，安排部署了“创卫美家园、文明我先行”活动，号召关爱救助困难母亲，倡导文明新风，共建美丽家园。

【启动寻找“最美家庭”活动】 3月17日，县妇联启动了寻找“最美家庭”活动。通过层层发动、广泛宣传，206个家庭踊跃参与，充分发挥了促进妇女和家庭自我教育、提升素质的积极作用。

【举办“庆‘六一’讲文明 安全卫生伴我行”活动】 5月28日，县妇联、县教育局等单位联合举办了“庆‘六一’、讲文明、安全卫生伴我行”活动，在庆祝“六一”国际儿童节的同时，深入宣传创卫和“平安桃江”创建知识，组织动员广大儿童和市民积极参与省级卫生县城和“平安县”创建活动。

【召开实施妇女儿童发展规划工作推进会】 6月25日，县妇联组织召开了实施妇女儿童发展规划工作推进会，两个规划监测统计的60个定量指标中，达标的45个，达标率为75%。

【开展农村妇女土地权益试点工作】 7月10日，县妇联组织召开了农村土地承包经营权确权颁证妇女权益维护试点工作商讨会，成立了试点工作小组，对《桃江县农村土地承包经营权确权登记颁证妇女权益维护试点工作方案（草案）》进行了磋商，提出了修改意见和建议。

【杜亚玲到桃江调研妇女工作】 9月4日，省妇联主席杜亚玲到桃江调研妇女工作。她强调，各级妇联要围绕中心、服务大局，引领广大妇女积极参与社会管理，提高个人素质，发挥半边天的独特作用。市委书记魏璇君、市人大常委会副主任王刚强，县领导谭建华、向荣、雷越毅、曹萍陪同调研。

【省妇联调研农村妇女土地权益维护工作】 11月5日，省妇联党组成员、副厅级纪检员郑丽东一行，到桃江调研农村土地确权颁证妇女权益维护工作。桃江县作为全省农村土地承包经营权确权登记颁证整县推进试点县，和省、市妇联确定的土地确权颁证妇女权益维护工作试点县，出台了5个相关政策性文件，为全省推进该项工作积累了丰富的素材，提供了实践经验。

共青团桃江县委

【领导人名录】

书　记　夏　薇

副书记　陈宏伟

　　　　王美玲（2014.05止）

【概况】 共青团桃江县委是中共桃江县委领导下的先进青年的群众组织，肩负着组织、引导、服务青年和维护青年合法权益的重要职责。

全县团组织共有438个，其中乡镇团委15个，村、社区团支部309个，专业合作社、非公有制企业等两新团组织119个，团员2048人。乡镇团委委员153人，其中书记15名、副书记37名，平均年龄27.3岁，编制外委员56人，占36.60%，村干部33人，占21.57%。按照“应建必建、已建要强、以强带弱”的目标，先后在益阳市修山钟氏面业有限公司、板溪锑品冶炼厂等89家“两新”组织中建立了团组织，有效减少了团建空白点。

塑造“希望工程”品牌。团县委有力整合团内外各类有效资源，主动对接县内外各级爱心机构，加大对希望工程的筹款力度，努力塑造“希望工程”品牌。建立和完善全县贫困学生资料数据库。走遍全县15个乡镇对贫困学生进行摸底。通过现金资助、结对资助等形式累计资助贫困学生52名，资助金额达16万元。开展“2014桃江县希望工程体验式助学活动”，对考上大学的60名新生进行体验式助学活动，提高学生的综合素质。关爱留守儿童。依托桃谷山小学关爱平台，开展一系列服务留守儿童活动：搭建桃谷山小学与玉潭学校的沟通交流平台，开展“周五关爱团”活动，玉潭学校每周五派志愿者（老师）为桃谷山小学的留守儿童上一堂课外活动课，包括绘画、剪纸、器乐、书法、舞蹈等，累计开课24节，丰富了学生的课堂生活；与交警大队合作，开展交通安全知识进校园活动，在桃谷山小学开展了交通标志识别活动等；开展“梦想教室”活动，对社会发起倡议，募集到2套价值2.5万元的多媒体教学设备，改善了留守儿童的教学环境；开展“图书漂流”活动，为留守儿童募集全新图书2000余册。

服务创业青年。利用五四青年节，组织举办“县长与创业青年面对面”活动，为创业青年答疑解惑，树立了6名创业青年典型，有效带动青年的创业热情。开办SIYB青年创业就业培训班，培训创业青年50余名。聚集全县创业青年160余名，举办创业青年沙龙活动，共谈创业经历，共谋创业计划，共享创业成果。联合工商联、人社局，带领创业青年一同前往湘潭县创业园学习和交流，推动青年创业基地建设。联合工商联、人社局、科技局举办创业大赛，给创业青年提供一个展现的平台以及良好的创业环境和氛围。

加强宣传引导。开展禁毒防艾宣传。利用春节、“6·26”国际禁毒日和“12·1”防艾日节点，在人流密集的场所，先后组织开展了以“珍爱生命 拒绝毒品”为主题的禁毒宣传和以“预防艾滋病，你我同参与”为主题的防艾宣传教育活动，共发放宣传资料5000余份，向全县青少年郑重发出了“志愿参与禁毒防艾，共同守护精神家园”的号召，有效提高了禁毒和防艾知识宣传教育的覆盖面和毒品危害知晓率。积极创建省级卫生城市，多次组织义工、志愿者清扫街道约15000平方米，发放宣传资料200余份。发起桃益义工浮邱山旅游区创卫活动，参与人数60余人，耗时5小时，清理塑料瓶、塑料食品袋以及各类垃圾共30余袋。充分运用互联网、手机等新媒体工具，积极打造服务青年新阵地，在新浪网开通桃江共青团官方微博平台，发布团县委的最新工作动态和活动信息，开辟“青春风采”等栏目，注重特色，提高信息可读性。

【县长与创业青年面对面交流】 5月4日，县政府主办、县人社局和团县委共同承办的“县长与创业青年面对面活动” 交流会在县党政大楼会议室隆重举行，全县数百名独立创业青年与县长何军田面对面交流，畅谈创业理想，提出发展难题，征询优惠政策，现场气氛热烈。常务副县长周卫星、曹萍，县政协副主席吴小玲以及县直有关部门负责人参加，组织部部长、统战部部长雷越毅主持活动。交流会上，松木塘镇八一农场场长王志强讲述了他的艰苦创业历程，田宗钵讲述了他利用祖传制酒工艺创立“湘渝醇酒”品牌的故事，创业青年纷纷发言，就水稻种植合作社、生猪养殖、竹筷育林基金征收、小额贷款、经济开发区厂房租赁、土地整理项目、土地流转、贷款抵押等内容提出咨询，县领导和有关职能部门负责人回应了大家的疑问，并为大家提出了合理化建议。何军田要求全县各级各部门加大支持力度，为青年创业营造良好的环境。

（王宏群）

【举办爱心助学素质拓展活动】 8月21日，团县委和民政局共同举办的“青春正能量·人生更精彩”希望工程爱心助学体验式活动在党政大楼三楼会议厅举行，副县长曹萍、李尔州出席并讲话，数十名困难大学生、往届学生代表和各级团组织负责人参加。活动注重激发贫困学子积极向上的心态，通过团队协作，互帮互助，认识到接受资助不是“经济扶贫”，而是“爱心投资”，从而树立“让爱心收到回报”的理念。在分享环节中，往届优秀大学生代表、青年企业家贺云与青年朋友分享了自己的求学经历，企业和社会对青年的期许，以及成功的要素如诚信、担当、责任、坚持等。活动后，由县慈善总会及希望工程对56名困难大学生进行资助。

残疾人联合会

【领导人名录】

理 事 长　胡远程

副理事长　严定强　卢达斌

纪检组长　李超军

【概况】 桃江县残疾人联合会是隶属县人民政府领导的正科级群团机构，是将残疾人自身代表组织、社会福利团体、事业管理机构融为一体的联合团体。有机关事业编制8人，其中理事长1名，副理事长2名，纪检组长1名。机关下设办公室、康复股、宣教就业股、维权股。2012年5月成立二级机构桃江县残疾人劳动就业服务所，现有全额拨款事业编制3人。全县有残疾人5.62万人，15个乡镇成立了残疾人联合会，每个乡镇明确了残联理事长和一名残疾人工作专干，从事残疾人工作，每个村（社区）按文件要求选聘了一名残疾人专职委员。

2014年，全县残疾人工作按照“权责下放、重心下移”的工作思路，以残疾人“两个体系”建设为主线，以“党的群众路线教育实践活动”、“三访三化促发展解民忧”和“连千村帮万户扶贫工程”为抓手，坚持关爱与管理、帮扶与教育并重的原则，创新工作方法，扎实开展各项业务工作，取得了可喜成绩。

优化残疾人事业发展环境。制定社会保障政策。县委、县政府高度重视残疾人事业，继《关于促进残疾人事业发展的实施意见》和《残疾人事业“十二五”发展规划》之后，又相继出台了涵盖残疾人群体的“低保”、“五保”、“新农保”和“新农合”等残疾人优惠政策。县政府第十二次常务会议专题研究重度残疾人护理补贴和贫困重度残疾人特殊生活补贴发放工作，并出台《桃江县重度残疾人护理补贴和贫困重度残疾人特殊生活补贴发放工作实施方案》。为全县5788名一、二级残疾人缴纳新型农村合作医疗个人部分资金34.728万元，为3793人代缴养老保险37.93万元；为5824名一、二级重度残疾人发放护理补贴232.96万元。加大残疾人事业宣传。充分发挥新闻宣传的鼓舞和舆论监督作用，加强与电视、报纸、网络等媒体的联系，大力宣传残疾人法律法规和政策文件，及时报道残疾人工作动态。2014年，在国家、省、市、县网站及报纸发表新闻信息144篇，其中国家级媒体采用39篇、省级媒体采用31篇、市级媒体采用38篇、县级媒体采用36篇。在爱耳日、全国助残日、国际盲人节期间，县残联围绕活动主题，广泛宣传残疾人工作，组织开展形式多样的扶残助残活动。印发宣传资料4000余份，在县城繁华地段设置免费咨询台，接受群众咨询。各乡镇残联组织了丰富多彩的扶残助残活动，鸬鹚渡镇联合乡镇卫生院进行了免费的听力筛查，并印发宣传资料500余份。

开展“为民办实事”项目。开展“0～6岁贫困残疾儿童抢救性康复”项目。项目任务指标共33名，包括脑瘫儿童康复23名，孤独症儿童康复5名，助听器配发2名，人工耳蜗装配3名。其中，智障、脑瘫、孤独症儿童在长沙博爱医院、益阳市残疾人康复中心和资阳区妇幼保健院进行系统的康复训练，听力残疾儿童在省残疾人康复中心装配了人工耳蜗，项目实现康复对象训练率100%、训练时间100%、建档率100%、康复经费到位率100%。实施贫困残疾人家庭无障碍改造项目任务指标共40户，总投入资金达14万余元，根据残疾人意愿和实际需求对其家庭进行相关无障碍改造及添置必要的无障碍设备。残疾人家庭危房改造任务40户，实际完成40户，共计投入资金18万元。免费配送残疾人辅助器具2000余件，投入资金80万元；免费进行白内障患者复明手术128例；为200人发放居家托养补贴；为精神病患者免费发放了3万余元药物，并发放面值500元精神病门诊卡60张；为39名残疾人免费安装假肢。

保障残疾人权益。县残联始终把残疾人维权工作作为一项十分重要的工作来抓，不断强化岗位责任意识，加大法律救助工作力度，依法维护了残疾人权益，确保了全县残疾人群体稳定。残疾人信访维稳工作。全年共接待来信来访500人次，化解矛盾纠纷21件次。全年无群体性缠访闹访，无非法上访。建立班子成员轮流接访制度，完善理事长热线服务机制，明确信访责任，与残疾人友善沟通，为其释疑解惑、排忧解难。积极争取县委、县政府的支持，帮助在县城参与非法营运的53名残疾人到益阳丰泰体育用品有限公司稳定就业。在全省残疾人维权工作会上，县残联做了题为《倾真情、办实事，全力做好残疾人信访维稳工作》的经验介绍，全县“权责下放、重心下移”的工作经验在全省推介。重度残疾人护理补贴和贫困重度残疾人特殊生活补贴发放工作。出台《桃江县重度残疾人护理补贴和贫困重度残疾人特殊生活补贴发放工作实施方案》。2014年享受护理补贴人数为5824人，发放金额232.96万元。残疾人法律救助工作。残疾人法律救助工作站充分发挥司法救助、法律援助、法律服务的功能和作用，不断完善残疾人法律救助工作机制，全年办理法律救助案件35件，涉及残疾人59人，结案31件。残疾孩子受教育权利保障工作。对义务教育阶段的贫困残疾学生实行“二免一补”优惠政策，残疾学生随班就读率达95%；对12名贫困残疾人或贫困残疾人家庭子女的大中专学生进行救助，推荐4名残疾学生到省特校就读。全县共为724名残疾人发放机动轮椅车燃油补贴18.82万元。全县共核发残疾人证19213本，新核发3695本，发证率35%。

帮扶残疾人就业创业。残保金征收。县残联积极争取政府支持，加强与财政、地税部门的联系，不断加大残保金征收力度，为残疾人就业工作提供资金保障。按照县政府“逐年递增10%，最终达到全额征缴”的要求，2014年，残疾人就业保障金财政代扣比例提高了5个百分点，全县征收残保金580万元，比上年增长17%。就业扶贫示范基地建设。益阳丰泰体育用品有限公司申报为益阳市残疾人就业示范基地，为110名残疾人进行了定岗就业培训，至年底固定就业残疾人51名。省残联定点培训机构湖南龙门企业管理培训中心为在丰泰就业的残疾人进行就业延伸服务，并指导丰泰成立了“残疾人之家”活动室，以促进残疾人的稳定就业。残疾人职业技能和实用技术培训。根据市场需求，创新培训形式，注重培训实效，共完成盲人按摩初、中、高级技师培训51人，花卉园艺工培训60名，盲人保健按摩门店管理人员培训2人，盲人医疗按摩人员培训与等级考试1名，SYB培训4人，农村实用技术培训240人。全县各类残疾人在各行业不同岗位就业人数达5000人。肢残者朱晶晶获得全省残疾人第五届职业技能竞赛第一名的好成绩，并被评为全市“十佳自强模范”。盲人按摩机构规范化建设。按照省残联有关文件精神，严格执行标准，扶持和打造一批规范化盲人按摩机构。统一制作标识标牌，统一规范内部设施，加强内部管理，全县新增4家盲人按摩机构并顺利通过达标验收，共安排20余名盲人就业。

丰富残疾人精神文化生活。加强残疾人运动员选拔和培养，积极备战2014年全省残疾人体育运动会，培训残疾人运动员10名，其中有4名运动员参加了全省第九届残疾人运动会。组织残疾人文化艺术才华竞赛，鼓励参加市残联组织的残疾人文艺会演，推荐的4个节目中有3个被选拔参加省第八届残疾人文艺会演，获得了2个二等奖、1个三等奖。6月10日，县残联经过多方努力，邀请湖南城市学院的外籍钢琴教师孙·娜塔丽雅和声乐老师孙波专程到桃江对残疾人文艺爱好者进行现场指导，积极备战全省第八届残疾人艺会演。

健全残疾人工作服务平台。残疾人就业服务中心建设。购置“桃江县残疾人劳动就业服务中心”办公大楼，总面积890平方米，于2014年10月开工装修，年底竣工。智障儿童康复机构项目。0～6岁智障儿童康复机构项目于8月正式落户县中医院，县残联与县中医院密切配合，创建项目平台，疏通理顺各种关系及政策，使该项目顺利通过验收与认定，县中医院成为全省53家定点康复机构之一。在此康复的儿童已有30人，每年可争取上级资金60万元以上，基本上解决了智障儿童康复费用。

加强残联干部队伍建设。完善残疾人专职委员队伍建设。建立了以桃江残联为主导、乡镇残联为骨干、村（社区）残联具体管理的基层残疾人管理模式，不断强化组织建设，配强工作队伍。通过乡镇摸排、推荐、县残联把关，配备残疾人专职委员309人。转变干部职工作风。抓好廉政建设，推进廉洁从政。认真制定党风廉政建设工作计划，落实党风廉政建设责任制，确保党风廉政建设工作任务的落实。认真学习党风廉政建设有关规定和廉洁自律条例，开展警示教育，领导班子勤政廉政意识明显增强，经常做到自重、自省、自警、自律，在思想上筑牢反腐倡廉的防线，增强拒腐防变的能力，不以权谋私。认真贯彻落实中纪委有关厉行节约、反对铺张浪费的规定，认真组织自查自纠，落实整改措施，努力从源头上预防和治理腐败，自觉做到立党为公、执政为民。干部队伍建设进一步加强。县残联以促进业务工作开展为重点，通过岗位培训、集中培训、以会代训等方式，大大提高了残联干部职工的政策业务水平和服务残疾人的能力，做到政治和业务同步学、共进步。服务基层活动深入开展。深入开展党的群众路线教育实践活动。根据“照镜子、正衣冠、洗洗澡、治治病”的总要求，以“为民务实清廉”为主题，集中解决“四风”问题。对领导班子和党员干部的作风来了一次大检修、大扫除。活动共征求到对县残联班子的意见建议20余条，对县残联班子成员的意见建议40余条。开展“三访三化促发展解民忧”专项活动。结对帮扶松木塘镇猴家山村，扎实开展各项活动，走村入户进行调查研究，嘘寒问暖，结对扶贫，献计献策，扶持发展。共走访农户509户，慰问特困户20户，发放慰问金3000元；组织召开座谈会6次，有4名村干部和40位村民代表参加座谈会，收集可操作性的意见和建议12条；送去种养殖实用技术书籍300余册，并免费为该村的残疾人提供农村实用技术培训及职业技能培训，积极为村里的闲置劳动力联系合适的就业岗位。认真实施“连千村帮万户扶贫工程”。结对帮扶1个村，共投入资金2万余元，重点扶持11户特困残疾人家庭，发放慰问金1万元，免费为20余名残疾人进行辅助器具适配，并为12名残疾人上门办理残疾人证。（文斌）

【谭奇元慰问特困残疾人】 1月16日，省残联副理事长谭奇元一行到桃江县，走访慰问10户特困残疾人，市残联理事长陈燕群、副县长王军华、县残联理事长胡远程等陪同慰问。走访慰问过程中，谭奇元对县残联已下发18万元慰问款和1200余套辅助器具用于春节"送温暖"活动表示非常满意，并要求摸清底子，确保慰问物资发放到生活急需的特困残疾人手中，让他们过一个欢乐、祥和的春节。

【召开2014年残疾人工作会议】 4月16日，桃江县残疾人工作会议在县政府大楼一楼电视电话会议室召开。县委常委、副县长、县残工委主任曹萍出席会议并讲话。县政府办副主任张云飞主持会议。县残工委成员单位负责人、各乡镇分管残疾人工作的领导和残联理事长、专干参加了会议。县残联理事长胡远程向大会做工作报告，总结了2013年工作，全面部署2014年工作。

【阳庆云调研残疾人就业服务工作】 5月12日，省残疾人劳动就业服务中心主任阳庆云一行到桃江县调研残疾人就业服务工作。调研组实地察看了县盲人保健按摩进社区工作，在益阳丰泰体育用品有限公司生产车间听取企业集中安置残疾人就业情况，了解企业在残疾人员工管理和服务方面的情况以及残疾人员工的需求和愿望。调研组充分肯定了桃江县残疾人就业服务工作。

【开展"全国助残日"活动】 5月18日是第二十四次全国助残日。此次助残日的主题是：关心关爱残疾人，实现美好中国梦。县残联组织乡镇残联理事长召开了专题会议，精心部署安排了此次"助残日"活动，下拨了部分活动经费。副县长曹萍到益阳丰泰体育用品有限公司慰问了残疾人员工。

【朱晶晶获省残疾人职业技能竞赛金牌】 5月24日，湖南省第五届残疾人职业技能竞赛在长沙社会主义学院举办，县残联选送的选手朱晶晶在手机维修项目竞赛中荣获金牌。

【"金岭杯"文艺调演获1金2银1铜】 5月28日上午，"金岭杯"残疾人艺术调演、全省残疾人艺术会演选拔赛在益阳电视台三楼演播厅进行，县残联代表团选送的四个节目荣获1个一等奖、2个二等奖、1个三等奖。

【开展白内障免费复明行动】 自6月24日始，县残联精心组织，发动乡镇残联进行摸底，开展为期一个月的白内障爱心复明行动。共为700余名群众进行白内障筛查，为128名白内障患者进行了免费手术。

【马玉娥一行调研无障碍环境建设】 9月18—19日，中国残联马玉娥与住建部、全国老龄委一行到桃江县调研无障碍环境建设。县委副书记向荣主持座谈会，副县长曹萍，县残联理事长胡远程全程陪同调研。马玉娥对桃江县残疾人家庭无障碍改造工作给予充分肯定，希望桃江县继续加强无障碍设施的有效维护和管理，满足特殊人群需求，让无障碍环境建设惠及更多人群。

【残疾人劳动就业服务所开工建设】 9月下旬，县残联出资130万元购买县民政局下属福利公司，建设二级机构"桃江县残疾人劳动就业服务所"，经县政府交易中心公开招投标，10月正式开始施工建设。

【开展专项调查核查工作】 10月中旬开始，县残联开展残疾人基本服务状况和需求专项调查核查工作，采取走访、组织议查、向知情人了解情况等方式逐人逐户地核实，切实摸清持证残疾人和0～15岁非持证残疾儿童情况和去向，并做好数据采集录入工作。此次调查对全县15个乡镇的18297名持证残疾人逐一进行了入户调查并录入数据采集系统。完成调查18083人，其中入户调查17623人、电话调查460人，入户调查率达到了97.46%。未完成调查214人，其中查无此人9人、已搬迁54人、空挂户10人、外出58人、死亡83人。完成复录1888人，复录错误率0.2%，圆满完成全县残疾人基本服务状况和需求专项调查工作。

【开展"连千村帮万户扶贫工程"】 2014年"连千村帮万户扶贫工程"中，帮扶猴家山村10户残疾人家庭，稳定实现贫困残疾人不愁吃、不愁穿，平等享受基本医疗、基本养老、教育、住房和康复服务；扶持10户贫困残疾人家庭收入达到或接近当地平均收入水平，实现稳定脱贫。共送去慰问金12000元，轮椅、助听器等辅助器具12件（套），为12名有办证愿望又出行不便的残疾人进行现场拍照、现场办证；发放法律法规及惠残政策宣传资料100余份。

工商业联合会

【领导人名录】

主　　席　吴小玲

党组书记　林江华

副 主 席　王克明　张胜利　文兆荣

秘 书 长　曾建平

【概况】 桃江县工商业联合会（简称工商联）成立于1955年，“文化大革命”时期瘫痪，1987年恢复，1994成立县总商会，与县工商联合署办公。主要职能是在非公有制经济人士中，宣传、贯彻党和国家的方针政策，引导会员积极参加经济建设，增进与各工商社团及工商经济界人士的联系和友谊，促进经济、技术和贸易合作。内设1个综合办公室，在职人员6名。

2014年，县工商联坚持“干事树形象，服务提地位”的工作理念，充分发挥自身职能作用，创新工作方式，不断增强工商联组织的凝聚力和影响力，为促进两个健康发展开展了一系列工作。

进一步充实了领导班子力量，增补李锷成、李放清2名兼职副主席，符畅飞、贺江华、丁亚军3名兼职副会长，殷向荣等10名常委人员，另有龙咏非、杨增两名常委分别晋升为兼职副主席和兼职副会长。基层组织得到进一步加强，分别成立了桃江县青年创业者商会、桃江县美容美发行业协会和桃江县电子商务行业协会。

加强企业交流学习。对常执委单位通过分片区、分行业划分为四个小组开展活动。5月20日，县工商联组织40多名企业家到湖南宏森木业有限公司和湖南环宇烟花有限公司参观学习，县委常委、组织部部长、统战部部长雷越毅和县政协副主席、县工商联主席吴小玲出席，感受企业文化特色、高素质的管理团队、现代化的管理理念，企业家与企业负责人、企业高管进行面对面提问、交流、探讨，企业专家与领导进行点评。12月5日，组织近50名企业家到灰山港开展促转型、谋发展交流学习活动。企业家们先后参观了桃江灰山港工业集中区，听取了灰山港镇工业集中区发展规划的介绍，企业家们畅谈桃江经济形势和企业发展经验，重点分享了灰山港企业在生产经营中友好合作、捆绑发展的成功经验。5月10日，县工商联第四组组织创业协会和旅游协会的100多会员与株洲思八达公司联合举办企业家创业交流分享会。会上工商联的常委人员龙咏非、肖晓琴等介绍了促进员工成长、企业发展的企业文化，同时邀请株洲创业联盟的会长与大家一起分享成功经验。11月初，县工商联组织17位常执委企业负责人赴东北三省进行为期6天的考察学习。3月，与团县委、县就业服务管理局联合组织青年创业者商会的部分人员到湘潭职业技术学院、湘潭大学科技创业园、湘潭经济开发区创新创业服务中心进行了实地考察学习。10月21日，与县人社局、团县委联合主办移动互联网创业大讲堂青年创新创业沙龙。会上，桃江县SYB创业培训班的毕业学员和青年创业者商会会员开展创业交流活动。邀请中国移动互联网微商培训讲师主讲题为“激活传统中的微商”的策划与营销课程。来自县国土、财政、科技、畜牧、林业、农业、人社、工商联、妇联、团县委等部门团体以及金融机构、企业的专家咨询团就创业者在创业过程中遇到的创业贷款、农业种养补贴、土地流转等方面的问题进行了答疑解惑。12月，联合县人社局、团县委、县科技局举办桃江首届青年创业大赛。

为企业排忧解难。在走访会员企业时，得知副主席单位县新兴机械制造有限公司所生产的专利产品防火环卫机械设备销路不畅，立即与县农村工作部、县创卫办、县城管执法局等有关部门联系，组织相关人员到该公司进行座谈、考察，为公司推介新产品。除桃江县环卫机械设备采用该产品外，还积极向省内其他地区推介，帮助该设备在湖南省各地打开销路。5月，常委单位桃江县双赢钢结构工程建设有限公司在生产经营中因环保纠纷问题导致停业，工商联积极与环保部门联系，组织协调，及时妥善解决问题。6月，会员单位桃江县采纳传媒有限公司在立大型广告牌时与所选地灰山港镇的居民产生纠纷，工商联立即与该居民协商，顺利解决了问题。

热心公益事业。积极筹建“扶贫帮困基金”，由灰山港小组的企业家们每人出资5万～10万元，筹集资金100多万元，集中放到一家企业，建立基金账户，用该企业每年应付利息来扶贫帮困。工商联第三组16位企业家募捐24万元，历时四个月，重点帮扶沾溪镇泉水井村特困户杨畅华一家建成了新房。《湖南日报》《益阳日报》等作了专题报道，这是全县“听民情解民忧”专项活动中启动最早、捐款最高、时间最短、反响最好的一个项目。湖南宏森木业董事长、工商联副会长李泽云捐资80多万元为军功嘴村修建炒沙路，益阳市东方水泥有限公司总经理、工商联副主席贺再全每年捐赠20多万元支持驻地村的公益事业，工商联常委肖学文带领竹民致富，鼎盛建材刘国伏、中源钢铁刘庭初、创二代贺云、丰泰鞋业王朋、常委肖晓琴、龙咏非关爱五保户、残疾人、特困学生等弱势群体，赢得了社会的广泛好评。县总商会会员每年救助贫困学生、关爱五保户、支持社会公益事业的捐款达300多万元。

抓实非公有制经济组织党的建设。重点抓好益阳市东方水泥有限公司、益阳石建建筑公司、桃江县汽车运输有限公司、桃江县天宇房地产开发公司等4个非公有制组织党建工作示范点建设。桃江县汽车运输有限公司党支部荣获“湖南省先进基层党组织”称号。新成立第一家由县“两新”党工委直管的桃江县青年创业者商会党支部。在全国开展的第二批党的群众路线教育实践活动中，全县156个非公有制经济党支部书记集体参加了培训，扎实开展学习教育活动，在中央、省、市级督导检查中得到好评和肯定。

（张胜利）

【杨畅华住新屋】 12月23日，杨畅华喜迁新居。县委组织部部长兼统战部部长雷越毅、县工商联主席吴小玲和16位企业家前来道贺。沾溪镇泉水井村村民杨畅华，47岁，体弱多病，妻子有计生后遗症，女儿远嫁他乡，10岁的小儿子正读三年级，还有一个患有智力障碍的弟弟，一家人住在一栋低矮潮湿的木屋中。政府为四人都解决了低保，平时，杨畅华在附近打零工补贴家用，生活非常贫困。县工商联在走访中，选定这户困难家庭作为帮扶对象。工商联发动16位企业家募捐20多万元，从8月份开始，在镇村干部的协调下，选址、进料、施工，包工包料包装修包家具包电器，建起了一栋三房两室的平房。新房建在马路边，建成后可以开个小店，解决一部分生活费用。

【举办“品牌赢未来”专业培训】 11月19日，在县城中海城酒店四楼会议室，县工商联和县旅游协会联合邀请“晴森中国”“中国第一品牌操盘专家”授课，桃江本地200多名企业家参加培训，认真聆听“品牌赢未来”的企业管理课程。县政协副主席、县工商联主席吴小玲在培训课上致辞。

归侨侨眷联合会

【领导人名录】

主　席　胡艾知

【概况】 县归侨侨眷联合会（以下简称县侨联）是单列的正科级机构设置的人民团体，设立桃江县归侨侨眷联合会、桃江县外事侨务办公室，一个机构，两块牌子，为县委统一战线工作部门。

2014年，县侨联坚持“以人为本、为侨服务”宗旨，紧紧围绕县委、县政府中心工作，以“推动科学跨越、建设生态桃江”为核心任务，立足新起点，开创新局面，为桃江经济社会发展做出了应有的贡献。

立足本职，加强服务，做好凝聚侨心工作。及时掌握和管理老年归侨动态，足额发放老归侨生活补贴，定期上门走访归侨。开展特困侨界群众走访慰问活动，分别于春节、端午节、重阳节前进行了慰问。组建志愿者队伍与空巢侨属结亲，定期开展帮扶工作。鲊埠卫生院志愿者队伍与困难侨属结亲，定期为空巢侨属詹宪文检查身体、打扫卫生，产生了很好的社会反响。多方征集归侨侨眷侨属对侨联工作的意见建议并认真研究加以落实。加强与境外侨界的联系，及时掌握归国华侨回乡探亲信息，主动上门联系，通过接待来访、信息往来等途径不断密切与海外侨胞的亲情乡情联络。春节期间接待美国华侨刘小红、新西兰华侨邹霞等10余人次，并向他们介绍家乡情况及重点工程建设情况，加强交流。

摸透侨情，做到底清数明。切实做好桃江侨情普查工作，真正摸清海外华侨华人的数量，掌握海外侨胞的第一代，了解第二代，联络第三代；摸透全县海外留学生情况，建立资料库。摸透全县海外人员国内亲属情况，建立档案。明确各乡镇侨情联系领导和各村侨情联系人员，建立档案。

搭建平台，引导广大归侨侨眷和海外侨胞积极参与和支持桃江经济建设。2014年以来，县侨联多次赴省外侨办了解境外侨社团动向，主动与侨界社团进行对接，争取境外社团和海外侨胞支持桃江公益事业建设。全年共争取5个境外基金会到桃江援建卫生、教育等公益事业建设。其中大栗港卫生院综合大楼建设引进香港方润华基金会捐赠45万元，鲊埠卫生院公卫楼建设引进美国谭吴保仁基金会捐赠30万元，为所在地8万名群众改善就医环境；沾溪镇贺家坪小学教学楼建设项目引进轩辕基金会捐赠25万元港币，高桥小学争取香港惩教社后续帮扶资金1万元，浮邱山广恩小学争取美国欣欣教育基金会后续帮持资金1万元。争取澳大利亚魏基成夫妇捐赠的助听器100台，凤舞夫妇捐赠老花镜60副，全部发放到归侨侨眷侨属和需要的困难群众手中。

把握以侨为本宗旨，在依法护侨中增加侨界的凝聚力。建立由法院、检察院、公安机关、司法局和县侨联等单位参加的涉侨信访案件办理联系会议制度，建立涉侨案件联络机构和联络员，建立健全相关制度并开展工作。公检法单位还聘请县侨联工作人员担任人民陪审员、执法监督员，县司法局为涉侨人员提供专业的法律咨询服务。通过部门联动，大大增强了侨联协调涉侨案件、依法维护侨益的能力。

利用参政议政平台，在建言献策中发挥侨界助推力。通过采取上门联系、召开座谈会等形式，与侨界政协委员畅通联络渠道。组织开展中共十八届三中全会精神、全国侨代会精神，以及县委中心组第三次集中扩大学习分组讨论会上发言的传达学习。协助侨界政协委员收集建言献策素材，促进侨界参政议政水平不断提升。组织侨界人员积极参加“聚力桃江、建言献策”征文，县侨联主席胡艾知撰写的文章在活动中入围。

放大侨界声音，加大对外宣传推介力度。及时将侨界动向、工作情况进行总结推介，全年侨情工作信息被三湘统战网采用1篇，被湖南省归国华侨联合会网站采用11篇，被益阳门户网采用4篇，被益阳统一战线网站采用17篇，被益阳外事侨务旅游网站采用6篇，被桃江公众信息网采用9篇。（黄文杨）

【张常豹一行验收捐建教学楼】 9月26日，法国中法友谊互助协会会长张常豹一行到栗山河九年一贯制学校，验收捐建50万元的教学楼。副市长李激扬，省外侨办巡视员章定国，中国华文教育基金会副秘书长李献国，县委常委、副县长曹萍参加了验收典礼。

国防建设

人民武装

【县人民武装部领导人名录】

部　　长　曾梦辉
政　　委　刘　俊
副 部 长　胡端坤
政工科长　蔡红宇
后勤科长　陈　亮
参　　谋　石　辉

【概况】　桃江县人民武装部（以下简称县人武部）是桃江县的军事领导指挥机关，受上级军事机关和同级地方党委双重领导，主要负责全县的民兵、预备役和动员征集等工作，设军事科、政工科、后勤科。2014年共有7人。

思想建设。2014年，县人武部坚持把党的群众路线教育活动作为首要政治任务，按照“聚焦强军目标，抓好‘四点一线’（四个重点、一条主线）”的工作思路，有力推进了政治教育的落实。一条主线，即紧紧围绕强军目标，深化对人武系统“能打仗、支援保障打胜仗”的高度认同，突出用习主席系列重要讲话精神凝心聚力，为年度工作开展提供思想动力和理论武器，为人武部整体建设正方向、定军心、严作风、顺民意。四个重点，即按照益阳军分区指示要求，将理论学习、“牢记强军目标、献身强军实践”主题教育、第二批党的群众路线教育实践活动、基础教育与经常性思想教育等四大块捆在一起统筹安排。认真按照习总书记“标准更高、走在前列”和“深学、细照、笃行”的指示要求，坚持大事大抓，着力保质增效，按照“突出一个重点、区分两个层次、开好三个会议、做好四项工作”的总体思路，用党的创新理论积极推动部队建设科学发展。贯彻民主集中制原则，对干部推荐、经费预算决算、工程建设等工作依法、民主、科学决策，没有出现“个人说了算”和决策随意化的现象。班子成员自觉贯彻执行党委统一领导下的首长分工负责制，自觉维护党委核心领导地位，按照党委决策分工抓好落实，形成“决策一条心、落实一条线”的良好传统，党委及时跟踪问效，严格监督，从没出现“议而不决、决而不行”的问题。年底，县人武部党委被湖南省军区评为“先进团级单位党委”。在干部队伍中坚持倡导“艰苦奋斗保本色，爱岗奉献作表率，公道正派塑人格，廉洁自律树形象”，以部为家，把工作当事业干，用自身的模范行动影响和带动部队。认真学习中央关于作风建设的“八项规定”等，高标准落实习总书记重要讲话精神，努力改进工作作风，注重抓好党风廉政建设。紧紧围绕中心抓保障，坚持党委集体理财和主官“联审联签”制度，严格执行预算决算，确保有限财力发挥最大效益。

军事工作。按照省军区“围绕主题主线、抓好一点两面”的工作思路，认真学习贯彻习主席系列重要论述，领会消化上级党委全会精神，坚持首位抓根本，聚焦打赢强素质，深入基层打基础，从严治军保稳定，改进作风抓落实，扎实推进部队建设科学发展。按照省军区“湘潭会议”精神，完成了“三室两库”建设。作战值班、会议系统功能进一步完善，信息化程度得到提升。完成《兵要地志》编修工作，并拍摄了桃江县兵要地志宣传片。认真贯彻省军区“一拓三改”训练思路，狠抓战备训练落实。按照省军区提出的“两面思考、三处可用”的要求，组织干部开展个人研究作业，做到了人人参训、人人有研究成果。修订完善了《民兵应急分队行动方案》等36个方案预案，构建了上下衔接、完善配套、准确适用的预案计划体系。6月份，县人武部调集5个乡镇180名民兵参加了省军区“湘江-2014”非战争军事行动演习，有效提高了民兵队伍的应急处突能力。11月上旬，接受军分区组织的年终军事训练考评，人武部常委带头参训参考，取得了优异成绩，被评为“军事训练先进单位”。

后备力量建设。深入贯彻落实民兵工作调整改革的一系列指示精神，根据《“十二五”时期湖南省基干民兵调整组建方案》和益阳军分区安排的组建任务，结合桃江县实际，以“能打仗、支援保障打胜仗”为目标，贯彻“编为战、编为用”的指导思想，严格落实“编实、编精、编顺、编规范”的要求，进一步拓展编组范围、优化结构布局，构建起了规模适度、结构科学、布局合理、训练有素、使用规范、可靠管用的新型民兵力量体系。根据《桃江县人武部抓建基层正规化建设三年规划》，重点指导抓建三堂街镇基层武装部正规化建设示范点。1月27日，县人武部在三堂街镇组织召开全县民兵整组工作暨基层建设现场观摩会议，部署民兵整组和基层武装部“三室”建设任务。组织全县专武干部学习全省先进典型——三堂街镇的整组经验，观摩三堂街镇武装部“三室”现场，并就如何搞好民兵整组工作和武装部正规化建设提出了具体要求。4月份，省市联合检查组对桃江县民兵整组及基层正规化建设进行检查，抽查的三堂街镇、县交通局、桃花江镇三个基层武装部受到一致好评，三堂街镇武装部建设被检查组誉为全省一流水准。5月份，县人武部组织对全县20个基层武装部进行检查验收，全县共投入基层建设经费120余万元。积极适应夏秋季征兵工作特点，及时部署任务，深入宣传发动，规范体检政审程序，狠抓廉洁自律，圆满完成了征兵任务，被军分区评为“征兵工作先进单位”。

安全稳定局面。严格落实“安全稳定是底线，是红线，甚至是生命线”的指示精神，始终保持安全管理的高压态势，确保部队高度安全稳定。1月上旬开始，扎实开展“百日安全无事故”活动，狠抓“四个秩序”规范。春节前，对整个营院进行拉网式的安全隐患排查。突出重点部位管控，重新修订了干部职工请销假管理规定和车辆管理规定，确保人员和车辆安全；坚持晚上查值班情况和干部在位情况，对出入营门的人员和车辆严格实行登记和检查。坚持定期到地方信访局、维稳办等部门了解情况，建立上访“重点人员”台账。主动与县委网宣办、政府网络信息中心进行沟通，第四季度，在全县范围内开展枪支弹药清查整顿，切实维护了社会安全稳定大局。

党管武装氛围。县委、县政府始终坚持国防建设与经济建设协调发展的方针，对武装工作“高看一眼，厚爱三分”，把武装工作纳入县委、县政府的工作目标责任书，统一考评。书记、县长坚持到人武部现场办公，亲自参加有关民兵预备役工作的重要会议，亲自过问帮助解决武装工作中遇到的困难。县委常委一班人坚持党委议军、军地双向兼职、国动委例会、任前履职谈话、过“军事日”等党管武装工作制度，坚持组织乡镇书记党管武装述职。书记、县长、副书记、常务副县长亲自参加年初召开的乡镇书记党管武装述职会议，并作重要讲话。11月11日，县委常委议军会为人武部解决经费62万元。凡是武装工作中需要解决的问题，县委、县政府从不推诿打折扣，坚持为武装工作办实事、解难题，将党管武装工作真正落到实处。 （刘新颖）

【抗洪抢险】 7月，桃江县遭受了几十年不遇的洪涝灾害。县人武部先后出动民兵860人、冲锋舟12艘，积极配合县防指的调度，投入抗洪抢险战斗。先后转战三堂街、沾溪、大栗港、修山和马迹塘等乡镇，经过近四个昼夜的连续奋战，人武部官兵带领民兵冒险将被困群众全部安全转移，确保了人民群众生命财产安全，得到了县委、县政府的充分肯定和人民群众的高度赞扬。抢险救灾事迹在湖南卫视和湖南省国防教育频道播出。

人民防空

【县人民防空办公室领导人名录】

主　　任　黄琼芳
副 主 任　昌红强
纪检组长　吴光明

【概况】 县人民防空办公室（简称人防办）2007年6月升格为独立核算的正科级事业单位。2014年有在职干部8人，内设综合股、政务服务股和宣传教育股3个股室。

2014年，人防办紧紧围绕“履行战备职能、参与城市建设、融入应急管理、服务经济发展”的工作主线，稳步推进人防建设发展，超额完成了人防易地建设费的征收，全面完成了市人防办下达的目标任务，各项工作取得显著成绩，被评为全市人防工作目标考核达标单位。

宣传教育，优化环境。人防办始终把人防宣传教育工作作为一项重要基础性工作，在“五进”上下功夫，出成效。进机关，赢得领导和部门支持。把向领导和行政机关开展人防宣传作为工作重点，定期向县委、县政府领导和有关部门赠送《中国人民防空》等人防宣传资料，充分利用会议、学习的时机，灵活开展人防宣传，使领导和相关部门及时了解掌握最新的人防法规政策和动态。创办《桃江人防》简报，每月向各级领导和县属单位寄送，及时传递人防信息，传播人防知识与技能，反映人防工作成果，使人防宣传教育常态化、系统化。同时，利用县委党校干部培训班，主动为受训干部讲授人防专题课。进学校，抓好人防普及教育。重点抓学生的人防教学，将人防知识教学纳入了课时计划和素质教育。印制了10000册人防知识读本陆续发放到学校，并对学校课程进行不定期抽查；与县教育局联合召开县城范围内11所中小学校长会议，利用应急宣传日和警报试鸣日，组织开展学生疏散演练活动。县人防办与县教育局对5所中学进行学校人防教育考核验收，学校人防教育开展有声有色。投入大量人力、物力保障教学实施，确保县城11所中小学校开展不同形式人防教育授课和活动，分别于5月12日、11月1日组织县城11所中小学校师生进行了疏散演练。进社区，扩大社会影响。严格按照省办要求，认真制定进社区工作规划，在经费十分困难的情况下安排经费予以保障。争取桃花江镇政府支持，将人防宣传教育纳入文明创建内容，在9个社区设置人防宣传教育栏，每两个月更新内容；成立人防宣传教育领导小组，明确了社区人防义务宣传员，组建了95人的人防志愿者队伍，结合城市“创卫”、庆“七一”等活动，组织居民上街开展多种形式的人防宣传教育。10月，在县城进行了为期1天的人民防空法制宣传，10月下旬，开展了为期1周的人防法制宣传下乡活动。进企业，推进依法管理。加强与企业联系，县人防办班子成员分别联系东方新城和跃宇·富锦花园，每月定期到企业进行走访，利用征收人防规费等机会，鼓励企业积极修建人防工程。对人防工程进行质量跟踪和安全排查，邀请省、市人防专家对东方新城和跃宇·富锦花园2个人防结建工程进行技术指导，人防结建工程项目总面积12000平方米。组织企业召开座谈会，到企业上门宣传人防有关法律法规。组织召开不同形式的企业座谈会，与企业负责人面对面交流，解读人防法规政策，让企业领导对人防法规政策吃得透、把得准、用得好。进网络，扩大宣传教育面。县人防工作的重大工作事项都在桃江公众信息网上及时发布，有关人防工作动态及时在益阳市人防网和桃江人防网发布。利用桃江政务公开网对县人防办的工作职能、人员情况、服务宗旨向社会全部公布。开通人防手机报，向全县移动用户每周发布2条人防短信。同时，在《湖南人防》《益阳组织工作》、桃江电视台等媒体积极开展人防宣传。在《益阳日报》开设《打造地下最美的风景》人防专栏，收到了较好的社会效果。在搞好“五进”的同时，全面完善了《桃江人防》网站。

依法行政，规范管理。始终将依法行政、规范管理作为工作的重要抓手，在规范管理中不断推进工作发展，人防规费征收有新突破。县人防办被县政府列为县规划委员会成员单位，人防行政审批作为前置审批条件进入县政务中心窗口。按照法律、法规和国家政策要求规范人防费征收，严格执行政策规定，做到“应收尽收、以收促建”，杜绝了免、漏、逃现象，未发生违纪违规案件。桃江县人防规费征收形成了一套完整规范的工作流程和模式，易地建设费逐年增长。牢牢抓住全省人防快速发展的机遇，找准工作切入点，有条不紊地推进人防工作全面发展。抢抓核电建设机遇，主动融入经济社会建设。桃花江核电站是全国唯一的内陆核电站，在益阳乃至全省有着举足轻重的地位。结合人防职能，积极配合省、市人防办，主动争取承担核电站核事故场外应急救援的部分职能。派人参加省、市人防办组织的外省核应急救援考察工作。结合防空袭方案编制，有针对性地组织人防专业队伍训练，开展场外核应急演练，为承担核应急救援任务奠定了基础。

阳光执法，安全排查。加强对建设项目的审批管理，对行政许可项目进行清理，依法开展易地建设费的征收工作，取得了较好成效。征缴了易地建设费561万元。坚持人防工程以建为主、以收促建的原则，重点抓了结建工程建设。邀请省、市人防办专家2次到桃江指导东方新城和跃宇·富锦花园人防结建工程建设。东方新城人防工程全部验收。对人防工程的安全排查进行跟踪监督。积极搞好人防工程防火、防汛及安全生产工作。认真履行人防行业监管职责，切实抓好人防安全生产和消防安全工作。组织相关人员定期开展人防工程安全生产和消防安全隐患排查治理工作，联合县消防大队对公众聚集场所人防工程喜洋洋游乐场和在建的东方新城、跃宇·富锦花园人防工程进行了抽查，抽查出有安全隐患的人防工事1个，并责令其限期进行整改。经整改，达到人防安全生产的要求，确保了人防工程时刻处于安全状态，全年无任何安全事故发生。

应急能力稳步提升。按《城市防空袭预案》的要求，联合县应急办对疏散地域建设进行了摸底。加强了对警报设施的管理，举办了警报管理人员培训班，使警报设施保持良好的使用状态。对人防通信警报进行了日常维护管理，严密组织了警报试鸣工作和应急疏散演练。11月1日全省警报试鸣日成功鸣响防空警报，警报鸣响率和音响覆盖率均达100%。加强灾后警报设备设施的恢复重建。按上级人防工作要求，参加市人防办组织的跨地区指挥通信演习，取得了良好效果。购置了人防指挥通信车，为桃江人防应急救援提供保障。开展“两防”一体化训练，为全县人防应急救援打下坚实的基础。7月21—25日，在县人武部指导下，组织来自全县17个单位的420名人防专业队员开展“两防”一体化训练，进行军事训练和专业技能培训。（吴仔宜）

【开展防空防灾知识宣传】 3月31日，县人防办在县城新龙超市前坪举办新修订的《湖南省人民防空工程建设与维护管理规定》宣传活动，宣传人防法律法规知识，提高广大市民对人防的认知度。活动现场循环播放新修订的《湖南省人民防空工程建设与维护管理规定》，展出宣传展板32块，发放法律法规读本1000份，进行了防空防灾知识的宣传。

【试鸣防空警报】 11月1日，根据《中华人民共和国人民防空法》《湖南省实施〈中华人民共和国人民防空法〉办法》和湖南省委、省政府、省军区《关于加强人民防空工作的决定》的有关规定，为落实益阳市人民政府确定的人防警报试鸣日制度，经县人民政府批准，桃江县组织了全县防空警报试鸣。城区12所中小学拿出疏散演习方案，全力配合警报试鸣进行疏散演习。警报鸣响率和警报音响覆盖率达100%。

【人防宣传教育下乡村】 11月3—10日，县人防办会同县文广新局、县公安局、县民政局开展送法送戏下乡活动，深入全县15个乡镇开展为期7天的人防法律法规宣传。通过展示展板和发放人防知识读本的方式，对人防法律法规进行集中宣传，并现场解答群众疑问，与群众进行互动。

消　防

【县消防大队领导人名录】

教导员　陈伍君

大 队 长　黎伟军

参　　谋　梁　毅　何　强　许大猛

指 导 员　刘催生

中 队 长　贺　苗

副中队长　黄明远

【概况】 2014年，全县共发生火灾48起，无人员伤亡，直接财产损失320.1万元。同比2013年，火灾起数下降了15.79%，直接财产损失下降了1.55%。大队全年共接警出动162次，出动消防官兵1548人次，出动消防车205辆次，抢救被困人员30人，疏散500人，圆满完成了“2·16”世纪大厦火灾事故的增援、“7·16”抗洪抢险任务，为维护桃江经济发展和社会安全稳定做出了积极贡献。2014年，桃江县政府被评为“全省消防工作先进单位”，县消防大队被益阳市公安消防支队评为“政治工作优秀单位”。

班子建设。精心部署，以经常性思想工作为依托，通过“四个过程”全面改进官兵工作作风。大队以强化为民务实作风建设为抓手，每月开展1次党课教育，每周开展2次政治文化学习，有力提高管控能力；有计划地开展民主评议活动，加强党建工作，提高大队党委（党组）决策水平。组织学习党的十八届三中、四中全会精神和习近平总书记系列讲话精神，依托地方教育资源，邀请专家为官兵进行专题讲座；深化“为何从警、如何做警、为谁用警”大讨论活动，及时发现和解决官兵中存在的思想问题，及时消除官兵压力和心理障碍，确保人员思想稳定。大队扎实开展“牢记强军目标、献身强军时间”主题教育和“好战友、亲兄弟”等尊干爱兵、兵兵友爱活动，积极了解官兵实际困难，互帮互助缓解官兵身心压力。围绕作风建设这一主题，大队扎实开展“三找三看”“讲党性、守党规、严党纪”反腐倡廉教育活动，每一名执法干部做到文明执法、公正执法、廉洁执法，大队执法公信力和群众满意度大幅提升。

队伍建设。大队坚持“全员参与，以练为战”为理念，通过“两条主线”努力实现“消防铁军”的目标。大队全面开展执勤岗位练兵活动，创新考核形式，做到以考促训。严格实行日考勤、周考核、月考评“三考”制度，将单纯的以考为考转变成以考检训、以考促训的模式，并由大队主官亲自带队训练并牵头负责消防技能业务考核，极大地提高了官兵个人素质。结合桃江实际，中队每月开展实地演练5次，同时进行类型灾害事故预案演练，提高训练实战化程度，以饱满的热情迎接部局、总队实战化考核。结合“六熟悉”、预案制订等工作，完成了78家重点单位的应急预案制作及演练。以“软硬兼施”的方式提高正规化建设达标创建。2014年，大队花费巨资投入到营房建设，重新翻修了旧营房、食堂与电脑室，新添置空调、液晶电视、办公桌椅、桌球台等设施，大力改善营区环境，真正实现了一切经费保障向执勤战备倾斜、向官兵生活条件倾斜的管理目标，营造拴心留人的环境。在日常生活工作中，全面贯彻落实专项教育整顿“回头看”活动，保证部队长治久安。围绕专项教育整顿及专项教育整顿“回头看”活动，重点查“人、车、酒、毒”等关键环节，坚决整治双休日和8小时以外的失控漏管问题。在外出执勤、训练中，及时制定相应的防范措施，严防各类事故发生，确保执勤训练安全，不发生任何事故。

后勤保障。大队积极筹备，以保障有力为标准，通过“两处亮点”为后勤工作增光添彩。新站建设稳步推进。大队营房整体搬迁工作召开了1次政府常务会、2次政府协调会，并成立以副县长刘建芳牵头的专门建设班子，排出时间表，由城建开发公司筹资建设，已经完成选址、环评、征地拆迁、立项等工作。新站的规划方案、设计图纸、立面效果图等已通过例会审查，12月1日前完成三通一平工作。大力提高综合保障水平。消防大队2014年度财政预算经费同比增长了24.3%，再次实现了新突破，同时增加60万元的器材装备和30万元的乡镇综合应急救援队建设专项经费，为大队圆满完成各项工作任务提供了强有力的保障。10月底，大队协同县政府采购办到厂家实地采购三台消防车和一些常规器材装备配发到三堂街、鲊埠、松木塘三个乡镇，并在15个乡镇中成立应急救援队伍8支。

防控工作。大队扎实整治火灾隐患，以法律法规为准绳，通过“三大抓手”确保“消防社会化”稳步推进。以点带面，扎实推动重点区域消防综合治理。围绕区域性火灾隐患、重大火灾隐患整治等问题，大队与县政府领导多次深入武潭、鲊埠地区竹木加工企业和县经济开发区，了解当地消防安全状况，及时提请政府牵头，坚决关停一部分违法违规企业，向社会曝光一批隐患，以点带面切实做好火灾隐患治理工作。开展重大火灾隐患集中整治专项治理行动，联合相关单位开展隐患大排查，发现并提请政府挂牌督办“男人世界”、供销大厦、体育馆三处重大火灾隐患单位，通过及时曝光、登门督导、召开协调会、制定整改方案等方式保持整治隐患高压态势。其中“男人世界”与供销大厦于10月10日销案，体育馆于12月中旬整改销案。全程把脉，大力开展消防专项行动。大队先后召开消防安全“网格化”管理推进会、重大火灾隐患集中整治推进会、消防控制室达标创建推进会、今冬明春消防工作等一系列会议，坚决贯彻落实上级指示，对县直各单位、各级网格负责人、管理人、派出所民警的消防工作责任进行再强调、再部署，明确消防安全属地管理的基本原则，广泛发动村（社区）干部、保安、巡防等基层力量开展消防隐患排查。8月20日至22日，县政府办牵头组织县督查局、县公安局、县安监局、县消防大队组成督查组，对全县15个乡镇、23个消安委成员单位的消防工作进行督查，并及时下发督查通报。截至12月，大队共检查单位575家，发现火灾隐患448处，督促整改火灾隐患或违法行为437处，责令“三停”单位8家，查封单位4家，全县火灾形势保持平稳。贴身呵护，全力打造群众满意办事窗口。通过“消防执法质量专项检查”“消防受理‘亮窗工程’建设”“执法检查‘回头看’活动”等多项行动，进一步推进执法规范化建设，提高消防执法质量水平，促进严格公正、规范理性和文明执法，以窗口设置标准化、队伍专业化、程序规范化、管理正规化、服务便捷化为主要内容，不断完善窗口硬件、软件设施，规范工作程序，加大对窗口人员的业务培训，公众满意度良好。（梁毅）

【县政府召开消防大队整体搬迁工作协调会】 9月11日上午，县政府在消防大队会议室组织召开消防大队整体搬迁工作第一次协调会，副县长刘武主持，县政府办副主任熊楚舒、方银飞出席，城建开发公司、发改局、财政局、环保局、国土局、规划局、住建局、督查局、公安局、房管局、城管执法局、桃花江镇、消防大队等相关单位领导参加。熊楚舒宣读了《消防大队整体搬迁工作方案》《2014年第11次政府常务会议纪要》和县政府与市政府签订的《2014年消防安全工作责任状》中相关内容，并明确了各单位职责和任务分工。刘武强调，各部门要高度重视，为搬迁工作提供强有力的保障；要积极履职，落实责任，加强协调，形成建设合力，确保取得实效；要有序推进，确保消防站建设工程保质保量按时完工；要加强督查，确保整体搬迁工作有序进行。各单位负责人就整体搬迁工作提出了指导性意见，并明确表态予以全力支持。

【乡镇应急救援队消防车交接会召开】 10月30日下午，县政府在县消防大队会议室召开乡镇应急救援队消防车交接会议。县政府副县长、县公安局局长刘建芳，县政府办副主任熊楚舒，县公安局党委委员、政工室主任李光明，三堂街镇、松木塘镇、鲊埠乡主要负责人及消防大队军政主官参加了会议。多年来，县委、县政府高度重视消防安全工作，从组织领导、基础设施建设和经费投入等方面给予全力支持，为各乡镇配发了小型水罐消防车及配套设备。会议结束后，大队组织官兵为各乡镇负责人及应急救援队队员对消防车的驾驶、装备器材的使用进行了培训，现场示范讲解了车辆、器材的性能参数、操作方法、注意事项和维护保养。

武装警察

【武警益阳支队桃江县中队领导人名录】

中队长　廖超群

指导员　崔湜睿

【概况】 2014年，武警桃江县中队以《军队基层建设纲要》和《基层正规化管理规定》为依据，坚持依法治警、从严治警方针，严格管理，严格训练，科学建队，出色完成了上级交给的各项工作，圆满完成了以执勤和处置突发事件为中心的各项任务，为确保全县社会治安稳定和人民生活安居乐业做出了应有的贡献。2名官兵荣立个人三等功，30多名官兵获部队和地方各种奖励。

着力提高党支部按纲建队水平。中队党支部认真组织官兵深入学习党委扩大会议精神，全面总结分析中队上年的建队形势，广泛开展“我为中队建设献一计”活动，充分调动官兵的积极性，努力查找中队不足，制定整改措施，理清工作思路，明确了中队的建设方向。紧紧围绕基层十种不良风气持续深入开展党的群众路线教育实践活动，定期组织撰写心得体会，搞好交流研讨。每月结合党日活动党员逐人汇报本月履行承诺情况，以此提高广大党员践行承诺的积极性和主动性。六月底，支队政治处主任高建宝到中队检查指导群众路线教育实践活动开展情况，参加中队民主生活会，肯定了中队干部整改不良风气、接受群众监督、广泛听取官兵意见建议等做法。

扎实抓好思想政治教育和文化建设。多措并举持续开展主题教育活动。通过问卷调查、谈心交流等方式方法，全面细致地掌握官兵思想现状。按照主题教育实施方案，精心组织开展活动，充分发挥中队网站、黑板板、宣传栏的作用，大力营造浓厚的教育氛围。注重课后吸收，引导官兵结合本职岗位说心得、谈体会、讲打算。以务求实效为着力点抓好经常性教育。注重抓好基础理论学习，提高官兵理论素养，做到每个活动开展有计划、有备课、有落实、有检查，特别是认真做好批阅工作，通过笔记批改交流反馈来促进战士思想的提高。同时注重把经常性思想工作做到哨位上，确保中心任务的完成。年初以来，开展“尊干爱兵、兵兵友爱”活动，重点抓好了尊干爱兵教育，注重运用身边人身边事来教育说理，使官兵在思想上更加容易接受。中队一班班长刘岗、上等兵阮志鹏被支队评为年度支队崇尚荣誉典型。贴近中队实际，丰富警营文化生活。按照“紧贴时代、突出特色、聚焦中心、服务官兵”的思路，初步形成了以宣传标语、文化墙、地域文化石、荣誉室、网络学习室为主体的警营文化环境，不断提升中队建设“软实力”。组建了“一队一品”太极队，精心制定文体活动计划，扎实开展“卡拉OK”、三人篮球、电子竞技、文字录入、电子板报等文化活动和比赛，丰富了官兵业余文化生活，锻炼和提升了官兵的能力素质。

扎实抓好执勤战备工作。党支部每月结合按纲建队形势分析认真分析执勤安全形势，查找薄弱环节，提出整改意见；根据形势任务的需要，尤其是2013年发生的延寿县看守所和广东北江监狱犯人脱逃事件，认真开展执勤战备教育，分析敌情社情，牢固树立忧患意识，增强了完成任务的责任感和使命感。每周开展不少于两次专勤专训，每周不少于一次的导调式方案拉动演练，每月组织一次营区遭袭击、防汛防火等科目的演练，以总队执勤正规化等级评定和支队执勤能力考核为契机，中队下大力抓好执勤训练，切实提高官兵执勤和应急处置能力，确保目标安全。完善执勤奖惩机制，对在执勤中表现突出的个人，在入党、考学、评选优秀士兵和改选士官等方面优先考虑；在执勤中有违纪被通报批评的，实行一票否决制，有效解决了一些执勤“常见病”“多发病”的产生。加大查勤力度，每周制定查铺查哨计划，突出两个12时后和节假日、休息日等时段查勤，夜间查哨必查铺，而且杜绝了以前查哨规律性的问题。扎实开展“三哨”活动。积极组织官兵开展“我为执勤安全献计策”等讨论。采纳官兵合理化建议，在哨位加装了“射击依托物”，组织哨兵在哨位上实地操作训练，加强执勤设施战斗力的转化生成。修订和完善了“一哨三案”，向中队官兵传达学习。结合中队实际，积极研究挂枪执勤后的情况处置办法，并在支队的统一安排下，合理使用防蓝光辐射眼镜，进一步提高执勤能力。更换了二号哨子弹安全箱，拆除了一道影响哨兵视线的刀丝网，维修安装了由哨兵直接控制的高压电网打击报警装置，提高了执勤安全系数。

加强训练，提升军事素质。按纲施训，保证训练“四落实”。大抓基础性训练，训练中着眼“练为战”的目的，侧重对薄弱科目的训练和难题科目的攻关，做到不偏训、不漏训，不降低标准，不减少时间，确保训练质量。确定了各个哨位的小教员，按照哨位教案积极备课施教，提高执勤训练水平。从严格训练场纪律入手，坚持练动作、练作风与练思想有机地结合起来，严抠细训，精益求精，培养令行禁止、雷厉风行的战斗作风。科学组训，遵照“先易后难、先简单后复杂，先分解后连贯”的原则，合理安排训练内容。在专勤专训和摔擒训练中，班长骨干为大家作示范。训练中大家既当训练员，又当小教员，开动脑筋，集思广益，动作学得快、要领掌握得牢。训练中贯穿“安全第一”的思想，扎实做好安全防事故工作，做到保障措施不到位不训练、身体活动不充分不训练、器械检查不合格不训练，保证了训练工作的正常开展。

从严治警，抓好管理。从2月份的条令学习月起，每月组织一次条令考核，公布成绩，奖励先进。以支队组织的依法从严治警知识竞赛为契机，督促官兵熟练掌握应知应会的有关内容，并把条令法规贯穿到日常的工作学习生活中。严格落实条令规定，将条令条例细化，制定了中队精细化管理图册，从战士穿衣戴帽、警容警姿、整理内务等基础抓起，大到部队教育训练秩序，小到杯子的放置，都有明确的规定。工作中，责任明确得细，逐级检查得细，对发现的问题明确到个人，及时整改。在事事有标准、人人有责任、项项有检查的基础上，官兵标准意识明显增强。

扎实提高后勤保障能力。每周征求一次官兵对伙食的意见，着力抓好整改工作，增强伙食调节的合理性。对餐厅伙房卫生加强管理，每日进行检查，保证不留死角。年初制定了蔬菜种植规划，共种植蔬菜10余种，切实保障官兵吃得好、吃得健康。严格按照制度控制经费开支，党支部每月对大项经费开支有研究有审议，杜绝了开支的随意性和不合理性。中队经济民主组在武警委员会领导下定期对财务开支情况进行检查监督，同时对上月账目进行审查，有效确保了经费开支科学合理。积极完善“四配套”设施，在支队的协调帮助下，求得地方支持，协调经费重新装修了中队营房，更换了床、衣橱、桌椅，更换了厨房消毒柜和副食库冰柜，四项设施建设进一步完善。认真做好夏季防暑和冬季保暖工作，及时为官兵发放清凉油花露水等降温药品，检查保养暖气系统和哨位空调，落实了哨位“六个一”，实现了人防与物防的结合。重点落实武器库的各项制度，严格指纹锁的管理使用，定期组织武器擦拭保养、检修报警设施，确保枪弹安全、性能良好。

（廖超群）

法　治

综合治理

【县委政法委领导人名录】

书　　　记　陈震宇
副　书　记　李有斌　温大华
　　　　　　陈一兵　尹楚奇
　　　　　　肖东嵘
纪　检　员　汪学著
综治办主任　璩海雄
综治办副主任　吴　松

【概况】　中共桃江县委政法委员会（简称县委政法委）根据《中共桃江县委、桃江县人民政府关于县直机构改革方案的实施意见》精神设置，是县委领导、管理全县政法工作的职能部门。县社会管理综合治理委员会（以下简称县综治委）是县委、县政府领导管理全县社会管理综合治理工作的常设机构，县社会管理综合治理委员会办公室（以下简称县综治办）是县综治委的办事机构，与县委政法委机关合署办公。县委政法委机关内设办公室、政工室、执法监督室、稳定办4个办室，有行政编制12个，工勤编制1个，实际在编人员14人。2014年，县委政法委围绕中心、服务大局、深化改革，着力维护社会稳定、维护司法公正，加强“平安桃江”“法治桃江”建设，为全县经济社会发展营造了和谐稳定的环境。

维护社会稳定。把维护社会稳定置于各项工作的首位，守住了维稳“六条底线”，营造了和谐稳定的大局环境。加强社会稳定风险评估工作。出台了《桃江县重大事项社会稳定风险评估办法》，建立了将社会稳定风险评估作为重大决策前置条件的工作机制，重大决策事项在报请县委、县政府决策前，由县委办、县政府办审核把关，未进行社会稳定风险评估的重大决策事项一律不提交县委、县政府开会研究，并暂缓立项。全年共对12项县级重大事项进行了风险评估，准予实施11起，暂缓实施1起，有效规避了决策风险。处置各类不稳定事件。整合公安、维稳、国安等情报资源，加强基层情报信息网络建设和网络舆情监控体系建设，收集和掌握各类不稳定群体内幕信息190余条，缓解了乡镇和相关部门的维稳信访压力。按照“分级响应，按级处置”原则，妥善处置各类不稳定事件65件，其中启动四级响应62起、三级响应3起，没有出现惊动省、市，造成重大不良影响的事件。加强社会矛盾纠纷排查调处。推动重点领域的调解机构建设，进一步完善交通事故、医患纠纷等行业性人民调解组织建设。2013年开始从外地学习引进基层矛盾调解“以案定补”工作机制，2014年县财政预算专项奖励资金30万元，组织对561名人民调解员进行了集中培训，有效提升了基层调解员的工作积极性与主动性，全年各级人民调委会共排查调处矛盾纠纷5959起。

保障社会安全。以提高人民群众安全感为重点，加强社会治安防控体系建设，着力解决突出治安问题，营造了安定有序的治安环境。推进“天网工程”建设。2014年，县城公共部位500个治安探头全部建成投入使用，在灰山港、武潭、马迹塘、牛田、石牛江等5个乡镇集镇开展了电子探头试点建设；投资500万元，在县域主要交通要道建成11个治安电子卡口，实现了“人过留影、车过留牌”的效能。引进佛山华电智能通信科技有限公司，捐建了总价值630余万元的260个无线高清电子摄像头。加强治安巡防工程。在县城、桃江经济开发区以及灰山港镇新增3个街面移动警务室，实现了最大限度屯警街面。各乡镇均组建了专职治安巡逻队，重点时节和重要时段在集镇以及公路沿线开展巡逻，在村一级积极发动群众开展义务巡逻，进一步健全了“大巡逻”工作格局。加强治安重点整治。针对群众反映突出的侵财性犯罪、“黄赌毒”等问题，政法机关在全县范围内组织开展了“利剑”“雷霆”“禁赌禁毒扫黄”等专项整治行动，查办了一大批案件，有效扭转了治安态势。县综治委把治安状况相对复杂的灰山港、马迹塘、武潭等乡镇作为重点整治地区，下派工作组，抽调警力50余人，开展了为期2个月的集中整治，有效改善了当地治安状况。

推进平安创建。县委、县政府提出了争创省级“平安县”的目标，从领导力量配置、组织机构建设、干部任用提拔、工作经费保障等方面为平安建设工作提供了强有力保障。高规格成立了平安桃江建设工作领导小组，由县委书记任组长，副书记和四大家分管领导任副组长，县综治委成员单位主要负责人为成员。建立了党政领导干部综治（平安建设）工作实绩档案，将平安建设工作与单位评先评优和干部晋职晋级挂钩。实行领导连点督导平安建设工作制度，县级领导按照分工联系乡（镇）、系统，乡（镇）和部门领导联系村和下属单位，建立了县、乡、村三级联动机制，形成了上下联动、齐抓共管、一级抓一级、层层抓落实的工作格局。县综治委加强对平安建设的统筹规划，分领域、分系统、分行业设立了平安创建标准，重点开展了以平安家庭、平安单位、平安村（社区）、平安交通为主题的创评活动，各级各部门因地制宜，层层召开会议，干部职工和党员群众全员参与。全年在各级主流媒体投稿播报452篇次，向群众发送平安短信80余万条，印发知识手册22万份，制作大型户外宣传板块36块、固定墙体标语350多条，评选出基层“平安家庭户”3400余户，有效提升了平安建设的知晓率、参与率和满意率，群众对“是否参与平安创建活动”评价由上半年全省第111位跃升至下半年第28位。

推进司法公正。促进公平正义，强化监督，规范执法，提升了执法司法公信力。转变领导方式。县委政法委只对政法工作进行宏观把握，不干预具体个案的办理。同时，落实党员领导干部打招呼、干涉执法办案行为的登记制度，支持政法机关依法独立行使职权，执法司法活动减少了外部干扰。强化执法监督。对涉黑涉恶、“黄赌毒”等案件变更强制措施、超期羁押、涉案财物管理落实备案等级制度；对带普遍性和倾向性的执法问题与典型个案，组织开展执法检查，选取了100件案件进行集中评查；组织开展了“坚决纠正涉法涉诉中损害群众利益行为”专项整治、“坚决反对司法不公司法腐败”专项整治和“关系案”“人情案”“金钱案”（以下简称“三案”）专项整治，发现问题30余起，查处违规办理“三案”7件8人。推进涉法涉诉信访改革。根据诉访分离的改革原则，2014年实现了涉法涉诉信访案件从普通信访案件中分离，进一步明确了政法机关的主体责任，开展了清查摸底工作，完善了国家司法救助办法，多措并举化解和终结了一批涉法涉诉信访积案。

服务经济建设。政法机关始终围绕全县“135”工作大局，强化服务意识，创新服务举措，发挥保障职能，为全县经济建设创造了良好的发展环境。为党委政府排忧，坚持主动介入，协调处理全县“四大会战”、民生建设中出现的突出矛盾纠纷20余起，为各乡镇各部门抓经济和项目建设提供了强有力支持。为企业发展服务，持续开展政法领导干部联系重点企业（项目）活动，明确39家重点企业（项目），由县直政法机关领导班子成员实行一对一帮扶；继续实行“一企一警”“一企一律师” 等制度；政法机关对涉及重点企业（项目）建设的有关事项简化程序，开设“绿色通道”，大大提高了工作效率，赢得了企业的好评。优化发展环境，继续深化打黑除恶专项斗争，对损害群众利益、扰乱社会经济秩序的地方黑恶势力，始终保持严打高压态势，全年共打掉5个团伙，破案36起，抓获团伙成员48人。破获各类经济犯罪案件44起，抓获犯罪嫌疑人41人，挽回经济损失600余万元。查处影响企业周边环境案件18起，刑拘4人，逮捕2人，取保候审1人，行政拘留12人，有效维护了市场环境与投资环境。

加强队伍建设。以开展党的第二批群众路线教育实践活动为契机，按照政治过硬、业务过硬、责任过硬、纪律过硬、作风过硬的要求，努力建设一支信念坚定、执法为民、敢于担当、清正廉洁的政法队伍。加强思想政治教育。把理想信念教育摆在政法队伍建设首位，邀请省委党校教授到桃江为400多名政法干警专题授课，组织开展了“最美基层民警”郭正安先进事迹的宣讲教育，开展了践行社会主义核心价值观演讲比赛和征文活动，进一步坚定了干警的理想信念，增强了政治定力。加强能力素质培训，按照“干什么学什么，缺什么补什么”的原则，开展“大培训”“大练兵”活动，对政法系统领导干部、政法机关中层干部进行了集中培训，政法干警通过开展岗位练兵、技能比武等活动，加强了业务技能培训和实战演练。狠抓纪律作风建设。继续保持政法系统正风肃纪高压态势，把铁规禁令作为政法干警的“高压线”，对违纪违规行为做到严肃查处不手软、通报曝光不留情，切实维护了队伍纯洁。（张圣）

【“天网工程”捐赠仪式举行】 7月21日，佛山市华电智能通信科技有限公司向桃江县捐赠价值630万元的260路“天网工程”设备和8套移动侦查设备，以保证桃江县城、石牛江镇和牛田镇局部区域的视频数量和覆盖率，提高桃江的整体治安防控水平。捐赠仪式在县公安局四楼会议室举行，佛山市华电智能通信科技有限公司董事长李军、总经理罗克勤，桃江县委副书记、县长何军田，县委常委、政法委书记陈震宇，县人民政府副县长、县公安局局长刘建芳等出席仪式，设备使用地乡镇领导及派出所有关负责人参加。

【推进“平安桃江”建设】 7月24日，全县深化“平安桃江”建设推进会召开，县领导向荣、陈震宇、刘俊、龚卫山、刘建芳、任小琳出席，各乡镇党委书记和分管综治工作负责人，县直副科级以上单位主要负责人，政法各单位全体班子成员、二级机构负责人参加会议。会议总结了前一阶段工作，明确了下阶段全县开展平安创建的重点和关键，要求突出抓好矛盾纠纷排查化解，突出抓好违法犯罪严打整治，突出抓好治安防控体系建设，突出抓好基层平安创建活动，突出抓好平安创建宣传，突出抓好干部下访工作。从7月份开始，县民调中心每月对各乡镇、县直及驻桃单位进行一次社会管理综合治理民意调查，调查情况一月一通报、一排名，确保省级平安县创建成功，提升人民的安全感和满意度。

公　安

【县公安局领导人名录】

局　　长　刘建芳

政　　委　肖　文

副 局 长　曹莫坤　夏程辉

　　　　　文　胜　李跃强

　　　　　贺益军　张　进

工会主任　李光明

【概况】 县公安局设4个综合管理机构：政工室、指挥中心、警务保障室、纪监室；12个执法勤务机构：治安管理大队、刑事侦查大队、巡特警大队、国内安全保卫大队、经济犯罪侦查大队、禁毒大队、公共信息网络安全监察大队、人口与出入境管理大队、法制大队、交通警察大队、看守所、拘留所，18个派出机构：桃花江派出所、凤凰山派出所、花果山派出所、牛潭河派出所、浮邱山派出所、高桥派出所、沾溪派出所、鸬鹚渡派出所、大栗港派出所、马迹塘派出所、武潭派出所、鲊埠派出所、三堂街派出所、修山派出所、石牛江派出所、牛田派出所、松木塘派出所、灰山港派出所。全局有干警421人。

2014年，县公安局紧紧围绕全县经济社会发展“135”工作思路，开展党的群众路线教育实践活动，锐意进取，扎实工作，全面完成各项工作任务，为全县社会经济发展创造了安全稳定的社会环境、公平正义的法治环境和优质高效的服务环境。县公安局公安民调全省排名较2013年上升9位，公安综治考评名列全市第一。被评为全省“公安机关侦破命案工作成绩突出集体”“执法质量考评优秀单位”，全市“公安机关重点工作评估先进单位”“公安政务信息工作先进单位”“禁毒工作先进单位”“公安机关党风廉政建设优秀单位”，全县“重点工作目标绩效考核一类单位”“安全生产工作优秀单位”“为民办实事工作优秀单位”“优化经济发展环境优秀单位”“人口和计划生育工作先进单位”。

狠抓维稳。依托“DQB”平台，加强情报信息的收集与研判，加强对重点人员的动态管控，组织巡特警、武警在重大节假日开展武装巡逻，确保了重要会议期间及敏感节点的政治稳定。健全群体性事件应急指挥处置机制和工作预案，有效处置各类突发性群体事件50起。加大信访事件的办结力度，共接访189起，办结185起，化解信访积案2起，被省厅评为“信访接待正规化建设示范点”。

严打犯罪。在全县范围开展“利剑”行动、“雷霆”行动、打击赌博违法犯罪集中整治行动、禁毒会战等专项行动，在城区每周开展一次清查行动和蹲点守候行动，对桃花江、灰山港、马迹塘、武潭等社会治安复杂乡镇开展专项整治行动，保持对各类违法犯罪的严打高压态势。共侦破刑事案件757起（其中破获现行命案8起，破案率100%），刑拘603人，提请逮捕374人，强制戒毒275人，治安拘留1514人，分别同比上升13.0%、16.9%、6.6%、11.8%、9.8%。创新警务模式，成立桃花江刑侦中队和灰山港责任区中队，严厉打击侵财性犯罪，“两抢”案件发案同比下降15.2%，侵财性案件破案同比上升8.7%，全省综治民调中，侵财性犯罪评价名列全省22位，同比上升42位。

防控治安。加强巡特警队伍管理，充实辅警力量，继续在城区开展“网格化”巡逻防控，并向重点集镇延伸。在县城城区设置县一中、县中医院等6个移动警务平台，在灰山港镇设置1个移动警务平台，屯警街面，全力压发案。在县城建成500个电子摄像头的基础上，争取政府投入资金500万元，在出城出县主要交通要道建成12个多功能、高标准的治安电子卡口和23个电子信息采集点。同时，动员乡友捐赠，在城区和周边乡镇建成260个电子摄像头。通过调取视频监控资料，全年协助侦破刑事案件40余起，提供有价值线索近200条。大力推进“平安单位”创建活动，加强内部单位安全保卫工作的督导和考核，督促内部单位加强“三防”建设，确保了内部单位治安安全。加强网上舆情的监控和管理，确保了网络安全。

护航经济。深入开展打黑除恶活动，打掉4个团伙，侦破36案，判决26人。加大对经济犯罪的打击力度，破获各类经济犯罪案件52起，抓获犯罪嫌疑人49人，挽回经济损失700余万元。加大对重点企业项目周边环境的专项整治，查破案件30起（刑事案件8起、治安案件22起），刑拘4人，提请逮捕直诉3人，行政拘留30人。加大农民工欠薪追讨力度，全年查处拒不支付劳动报酬案件5起，为农民工追回工资近百万元，经验在全省、全市推广。

夯实基础。扎实开展“一村一警”工作，全年共走访群众27000多人，发放宣传资料4万余份，排查化解矛盾纠纷800余起，为群众排忧解难304次。面向社会公开招录辅警70名，全部充实到基层派出所，有效缓解了基层警力不足的问题。在全县各社区推行“四员联动”的警务模式，完成城区8个社区的内外网接入。强化流动人口和出租房屋管理，加强行业场所的治安管理，强化网吧实名制管理，全年流动人口和出租房屋信息采集录入率均达95%以上，网吧实名登记率达90%以上。加大特殊涉毒人员的收治力度，全年共收治51人次，有效减少了社会乱源。组织开展监狱、看守所安全大整治、消防安全大整治、道路交通安全大整治专项行动，确保了监所、消防和道路交通安全。开展缉枪治爆专项行动，确保了“不流失，不炸响”，经验做法在全市推广。完成7个达标、1个示范户籍室的建设，推进三堂街派出所公安技术业务用房的新建工作。

规范执法。深入开展“随岗培训”“轮岗轮训”活动，提升了民警执法素质。扎实开展执法检查“回头看”活动和规范使用办案区“四个一律”专项检查活动，共清理排查行政案件3139件、刑事案件2485件、涉法涉诉案件48件、执法办案场所9处、窗口服务单位30处，共发现和查摆执法问题10类56起，“四个一律”专项工作代表益阳市接受公安部检查，顺利通过并得到了充分肯定，灰山港派出所被评为“全国执法规范化示范单位”。

队伍建设。在全县公安机关深入开展党的群众路线教育实践活动和“转作风、树形象”、廉政宣誓、清明节和烈士纪念日祭奠烈士等活动，转变队伍作风。开展“创建学习型公安机关”活动，加强队伍养成教育。组织开展篮球赛、登山比赛等工会活动，激发队伍活力。充实了辅警力量，理顺规范了协辅警的管理。规范接处警行为，着力加强警调、民调工作，群众满意度不断上升。加强对民警八小时内外以及民警家属的管理，扎实开展反对司法不公、司法腐败、纠正涉法涉诉中损害群众利益行为等专项整治工作，严查队伍违纪违规问题，全年查处违纪民警17案17人。深入挖掘公安队伍中的典型人物和先进事迹，大力推介患癌八年仍坚守岗位直至生命最后一刻的“最美基层民警”郭政安，协助市委组织部拍摄专题宣传片，组织相关部门将其先进事迹编成花鼓戏《除夕之夜》在全县巡演，传递正能量，树立好形象。全年全省综治民调中公安队伍形象评价较2013年上升34位。

（童立里）

【杨琪君看望陈军烈士家属】 1月21日下午，省公安厅副厅长杨琪君、省公安民警基金会副秘书长张曼云在市公安局政治部主任詹望彪和县公安局局长刘建芳、政委肖文的陪同下，看望慰问了烈士陈军的父母，送上了春节慰问金。

【建成12个治安电子卡口】 桃江县委、县政府投入资金500万元，在桃灰线308省道线、207国道线、205省道线、桃马线等出城要道建设12个治安电子卡口。工程经过调研考察、科学布点，于8月10日动工，10月22日全部竣工，并进入试运行阶段。该工程的完工，实现了治安电子卡口国道、省道、地方公路全覆盖，为巩固和发展平安桃江、和谐桃江建设提供了有力的科技支撑。

【马武地区武装清查整治统一行动获成效】 9月18日晚，县公安局联合当地镇政府在马迹塘镇、武潭镇开展武装清查整治统一行动。这次行动分为两组，分别由一名副局长和政工室主任带队，在两镇同时进行，共出动警力、政府工作人员、民兵预备役100余人次。共检查车辆500余台，查获饮酒驾驶3起、无证驾驶1起、准驾不符1起，查扣涉牌涉证车辆7台；检查旅社、宾馆22家，足浴场所2家，KTV 2家，网吧4家，查获未按实名制登记网吧1家；抓获非法持有枪支人员1名，吸食毒品人员1名，非法持有管制刀具人员2名，卖淫嫖娼人员2人。

【举行集中退赃大会】 9月19日上午，县公安局在刑侦大队前坪隆重举行集中退赃大会，共计退还给受害人现金20余万元、摩托车4台、面的车2台及物品若干。退赃大会有力地震慑了违法犯罪分子的嚣张气焰，有效提升了辖区人民群众的安全感和满意度。

【“APEC”会议安保集中统一行动】 根据市公安局统一部署，县公安局从11月4日至7日在全县范围内开展了“APEC”会议安保集中统一行动。共出动警力108人次，清查车辆80余台，查处饮酒驾驶2起、非法携带管制器具案件1起，抓获犯罪嫌疑人3人，收缴管制刀具1把；清查宾馆、酒店、农家乐、KTV、网吧、出租房屋等156家。

【侦破公安部“2014—620”毒品目标案】 11月，县公安局“2014—620”专案组在上级公安禁毒部门的统一指挥和广东、湖南邵阳、四川警方的大力配合下，历时5个月，转战湘粤川三省，破获公安部“2014—620”毒品目标案件，成功截断一条自湖南至四川、广东广州的运毒通道，共抓获毒品犯罪嫌疑人14名，缴获毒品冰毒3928.44克、K粉50余克，缴获毒资17万元，扣押涉案车辆2台。

【破获系列侵财案】 12月12日，刑侦大队成功抓获赫山区籍犯罪嫌疑人夏某（男，24岁）、李某（男，19岁）两人，破获其系列现行抢劫、抢夺案10起，入室盗窃7起，涉案价值近5万元。

检 察

【县人民检察院领导人名录】

检 察 长　王国余
副检察长　苏跃明　陈历程
　　　　　曾彦杰　丁益良
纪检组长　丁益良（兼）
反贪局长　符　亮
反渎局长　熊立春

【概况】 县人民检察院内设反贪污贿赂局、反渎职侵权局、侦查监督科、公诉科、监所检察科、控告申诉检察科（举报中心）、办公室、政工科、监察室（研究室）、案件管理中心、民事行政检察科、法警大队、行装科、技术科、预防科15个科室局队。有专项编制71人，实有在职干警65人，其中：男干警50人，女干警15人；检察员40人（含检察委员会成员11人），助检员3人，书记员5人，法警10人，其他7人。

2014年，县检察机关全面履行检察职能，各项检察工作取得了新的成绩和进步，为服务和保障平安桃江、法治桃江建设做出了积极努力。2014年参加县绩效考核被评为一类单位，反渎职侵权工作被省检察院评为先进，民事行政检察工作、检察宣传工作、行政装备工作被市检察院评为先进。

惩防并举，服务经济建设。县人民检察院贯彻落实“有贪必反、有腐必肃”的反腐败工作指导方针，扎实做好查办和预防职务犯罪工作，着力服务县域经济发展。为切实维护广大农民群众的合法权益，反贪部门着力查办发生在涉农领域的贪贿犯罪，放眼基层打“苍蝇”。2014年共立案查办贪贿案件10件16人，侦查终结并移送起诉10件16人（含2013年积案），提起公诉6件12人，均已由法院做出有罪判决，立案数居全市前列。其中分别立案查处了13名村干部贪污征地、青苗补偿款、山塘维护资金、退耕还林款案，共挽回经济损失近40万元，全部返还给群众。反渎部门立案查办渎职侵权类案件2件6人，侦查终结并移送起诉3件10人（其中科级干部4名），判决3件7人（均含去年积案），立案数居全市前列。其中立案查办了“中储粮桃江直属库原主任挪用公款2000余万元案”背后的渎职犯罪，5名涉案人员均已由法院做出有罪判决，职务犯罪预防部门结合桃江县职务犯罪预防工作实际，与县委党校联合开展“职务犯罪预防进党校活动”，县委党校各专题培训班均安排了职务犯罪警示教育内容，年内分别到县两型区、县农业局、县国土局等15个单位上了职务犯罪预防课。同时在全县开展了“重大项目建设服务年”活动，确定桃花江镇金盆路、花桥南路项目建设单位为重点服务单位，帮助建设单位建章立制，引导项目负责人依法经营管理，认真做好项目建设物资采购、大额资金使用、承包发包、招标投标、工程质量验收等关键环节的预防性监督工作，主动为建设单位提供法律服务，努力营造良好的建设环境，服务全县经济建设。

依法打击犯罪，维护社会稳定。县人民检察院按照县委关于维护稳定和平安创建活动的工作部署，始终保持严打高压态势，依法严厉打击刑事犯罪，全力维护社会稳定。侦监部门共受理公安机关提请逮捕案件410件505人，全部审结，经审查，批准逮捕犯罪嫌疑人378人，公诉部门受理审查起诉案件556件708人，全部审结，依法提起公诉443件577人，按时审结率均为100%，确保了各类刑事犯罪及时受到法律惩处。在审查批捕、起诉工作中，结合桃江社会治安实际，将涉黄、涉赌、涉毒犯罪、严重暴力犯罪、多发性侵财犯罪作为打击重点，在把准事实和证据的基础上，与公安机关密切配合，做到快捕快诉，配合法院加快审判，确保及时、准确打击犯罪。

创新社会治理，促进社会和谐。县人民检察院在执法办案过程中，注重落实检察环节的社会治理措施，充分发挥法律的教育指引作用，坚持以人为本，真正使执法办案成为促进社会和谐的有效手段。办理未成年人犯罪案件坚持“教育为主、惩罚为辅”的原则，全年共受理审查批捕未成年人犯罪案件18件25人，不批准逮捕10人，涉案未成年人经回访调查均继续上学或找到合适工作。对因邻里纠纷、家庭矛盾等引发的轻微刑事案件，认真贯彻宽严相济的刑事司法政策，注重从政策法律、传统道德等角度帮助各方当事人辨是非、明事理，化解矛盾、促进和解，全年共办理刑事和解案件60件69人，有效化解了社会矛盾，增加了社会和谐因素。控申部门受理群众来访42人次，收到举报线索13条，帮助当事人解释法律问题、明确解决问题的法律途径18人次，最大可能地延伸服务领域、提高服务质量，顺应人民群众意愿，切实让人民群众在每个案件处理中感受到公平正义。

强化法律监督，保障司法公正。2014年，侦监部门追捕漏犯13人，对侦查机关应当立案而不立案的监督立案4件4人，不应当立案而立案的监督撤案1件1人，纠正违法4件4人。公诉部门提请抗诉1件1人，追诉漏罪漏犯7件，发出纠正违法20件，发出检察建议2件。监所部门办理羁押必要性审查案件2件2人，均已变更强制措施。审查法院决定暂予监外执行罪犯3人。协调县司法局对全县453名社区矫正、监外执行人员进行了专项核查，纠正脱管2人、漏管20人，发现重新犯罪3人。民行部门共受理民事诉讼监督案件51件，监督行政机关不当履行职责1件，帮助2人申请法院立案再审。同时，在办理县委政法委交办的信访件中，发现市交警支队三大队副科级干警郭某在执行公务中涉嫌玩忽职守，在掌握充分证据的基础上对其以涉嫌玩忽职守罪立案侦查，现已由法院做出有罪判决。大通湖管理区法院1名副院长、1名庭长、1名审判员、1名书记员共办理虚假诉讼案件50件，造成国家税收损失420余万元，市人民检察院将此案交由桃江县人民检察院办理，桃江县人民检察院顶住压力，缜密侦查，对上述4人均以涉嫌滥用职权罪立案侦查，现已侦查终结并移送审查起诉，同时民行部门及时介入，加强监督，对4人所办虚假诉讼案件提请民事抗诉46件，为挽回国家税收损失奠定了基础。监所部门立案查办了原岳阳监狱服刑罪犯赖某之妻马某行贿监狱工作人员一案。通过加强法律监督，有效纠正了执法过程中的违法行为，维护了法律的权威性和严肃性。

自觉接受监督，规范执法行为。严格落实网上办案。全年共受理各类案件1043件1239人，全部上网运行、公开操作，严格按照法定程序、内容、时限办结，做到执法程序规范、办案行为规范。扎实开展专项整治活动。针对个别干警存在执法不文明的问题，扎实开展“门难进、脸难看、事难办”“反对司法不公、司法腐败”等专项整治和“文明规范执法年”活动，严格追究问责，自觉按受外部监督，开门纳谏促整改。专题向县人大常委会汇报工作两次，7月初向全县人大代表、政协委员、人民监督员共500余人书面报告检察工作，收集意见建议80余条，并分类整理，制定了整改方案，7月底举办了侦查监督开放日活动，邀请乡镇人大副主席、政协联工委主任、人民监督员及各界代表共50余人参加了活动，进一步规范检务公开，促进规范执法。利用桃江公众信息网、县广播电视台、移动信息发布平台、桃江检察门户网站以及《检察日报》、《益阳日报》、红网、平安网发布检察信息358条，同时建成了案件信息公开网，制定了《检务公开实施细则》，及时向社会发布执法办案情况，确保规范执法、文明办案落到实处。

加强队伍建设，树立检察形象。坚持组织需要与个人选择相结合，做到用人所长。年初，县人民检察院根据队伍年龄老化、检察官断层的实际，坚持“能上能下、用人所长，个人选择、组织决定”的人事调整原则，按照个人自愿报名申请工作岗位、群众评议推荐、组织决定的程序，调整配备中层骨干8人，23人调整工作岗位，其中7名五十岁以上的老同志自愿在一线办案。县人民检察院注重纪律作风教育和职业道德教育，出台了《加强机关作风建设明察暗访实施方案》，规定每月由一名院领导负责对机关作风建设情况进行不定期检查，及时发现和纠正各种问题，促使机关作风明显好转。坚持领导带头与党员示范相结合，检委会委员在工作中发挥着骨干作用，院党组决定，老同志中有5名五十岁以上的，每名检委会委员与1至2名三十岁以下的年轻干警结成对子，年轻人向老同志学习办案经验与技巧，老同志向年轻人学习信息化办公知识与技能，做到互帮互学、共同提高、相互促进，坚持专业培训与岗位练兵相结合，做到业务精通。为使干警能力素质适应形势发展需要，共选送38人次参加了上级院组织的专业培训，并坚持每月集中一天时间分系统进行业务学习，每季度组织一次观摩庭审和一次公开听审，每年组织一次优秀案卷和优秀案件评比，从而不断强化岗位练兵。（刘勇　刘奕）

【检察业务统一应用系统正式上网运行】 1月26日起，全国检察机关统一业务应用系统正式上网运行，县人民检察院以此为契机规范案件管理，加强执法规范化建设。全年共受理各类案件1043件1239人，全部上网运行、公开操作，所有案件严格按照法定程序、内容、时限办结，做到执法程序规范、办案行为规范。

【开展侦查监督开放日活动】 7月30日上午，县人民检察院举行“侦查监督开放日”活动。县人大常委会副主任龚卫山、县政协副主席任小琳、县人大内司委主任王志伟、县政协法制群团委主任甘尚平、各乡镇人大副主席、政协联工委主任、人民监督员、律师代表、群众代表、媒体代表共计45人，院班子成员及侦查监督部门全体成员参加了此次活动。活动安排了六项议程：一是检察长致辞，二是分管副检察长介绍近年来本院侦查监督工作情况，三是观看优秀案件视频，四是旁听公开庭审，五是参加会议代表发言，六是参观办案工作区和案件管理中心。

【举办案件信息公开培训】 9月24日，桃江县检察院组织业务部门干警进行“人民检察院案件信息公开系统”操作培训，由桃江县人民检察院案件管理中心和办公室牵头组织，院党组副书记、副检察长苏跃明主持，公诉科、侦监科、反贪局、反渎局、民行科、预防科、控申科、监所科、法警队等内设科室的干警参加了培训。

【开展党的群众路线教育实践活动】 根据县委及上级检察机关的统一部署，县人民检察院于3月至10月开展了党的群众路线教育实践活动，活动严格落实“照镜子、正衣冠、洗洗澡、治治病”的总要求，坚持边学边改、边查边改、立行立改，按照学习教育要“深”、查摆问题要“准”、开展批评要“严”、整改落实要“真”、建章立制要“实”的标准，通过群众提、自己找、上级点、互相帮、民主生活会等方式收集各方面意见建议80余条，院党组查摆整改“四风”方面的问题21项，完善规章制度4项。

法　院

【县人民法院领导人名录】

院　　长	杨铁松	
副 院 长	戴志锋	吴一军
	周东勇	刘怡中
党组成员	薛立吾	王　筱
	孔曙光	李习军

【概况】 县人民法院内设机构有办公室、政工室、监察室、行政科、审判管理办公室、司法技术室、刑事审判庭、民事审判一庭、民事审判二庭、行政审判庭、审判监督庭、立案庭、执行局法警大队、社会抚养费征收非诉讼案件执行分局、道路交通事故审判庭。基层人民法庭有浮邱山人民法庭、三堂街人民法庭、大栗港人民法庭、马迹塘人民法庭、牛田人民法庭、松木塘人民法庭、灰山港人民法庭。全院实有在职人员99人，其中公务员97人，职工2人。

2014年，县人民法院坚持司法为民、公正司法，努力让人民群众在每一个司法案件中感受到公平正义。全年受理各类案件3651件，审执结3258件，同比分别上升49.9%

和39.3%。

惩治刑事犯罪。审结各类刑事案件559件，惩处罪犯772人，其中，判处拘役、有期徒刑521人。依法严惩严重危害社会治安、人民生命财产安全的犯罪，审结涉毒案件123件142人，“两抢一盗”案件116件143人，赌博、“地下六合彩”案件37件70人，其中，判处五年以上有期徒刑的44人。审结贪污、贿赂、渎职等职务犯罪案件12件，判处被告人25人，促进了反腐败斗争的深入开展。审结危害食品药品安全和破坏环境资源犯罪案件5案20人，网络直播审理湖南首例禁渔期“电打鱼”非法捕捞水产品案，服务生态桃江建设。贯彻宽严相济的刑事政策，与社区矫正部门共同加强对管制、缓刑人群的帮教管理。对2名缓刑考察期间违反法律规定的罪犯予以撤销缓刑，收监执行。加强刑事附带民事诉讼调解工作，审结刑事附带民事案件52件，调解50件，为受害人挽回经济损失近300万元。

化解各类矛盾。贯彻落实修订后的民事诉讼法，着力维护民生权益。全年共受理民商事案件2270件，审结2079件，其中调解撤诉907件，调解撤诉率43.6%。紧扣民生热点，审结土地承包经营权纠纷、农村房屋买卖、追索劳动报酬等案件270件，为农民工追回劳动报酬240余万元，依法维护农村妇女儿童和外出务工人员等弱势群体权益，促进农村经济发展和社会稳定。审结借款、信用卡纠纷等案件167件，依法保护金融机构的信用与交易安全。全年共受理行政诉讼案件285件，审结283件。积极探索行政案件协调处理新机制，力求实质性化解行政争议，所结案件中和解、撤诉245件。

维护司法权威。全年共执结新收案件337件，清理执行积案244件。积极开展涉民生案件专项执行活动和执行积案清理工作。重点执行关乎人民群众切身利益的追索劳动报酬、工伤赔偿、人身损害赔偿等十大类民生案件，全力保障当事人胜诉权益尽快实现。创新执行举措，运用信息化手段提高执行效率，借助湖南省高级人民法院与省内18家银行共同组建的网上查询平台，网络查控被执行人银行存款、车辆信息216人次，全省各银行账户3835次，查控被执行人存款2000余万元，并逐步实现房产、车辆等一站式查控和网上冻结、扣划。加大反规避执行力度，出动干警夜间执行156人次，采取扣押、保全措施121次，司法拘留58人，依法将两名拒不执行人民法院判决的被执行人移交司法程序处理。发出限制高消费令4期，将51名“老赖”信息纳入最高人民法院失信被执行人黑名单系统，通过限制或禁止“老赖”融资、贷款等方式督促其自动履行义务。

审判质效管理。强化内部监督，修订完善案件质效评估体系和法官绩效管理体系，坚持逐案进行评查考核，严格落实错案责任追究，并将考核情况录入法官绩效档案。依托数字法院系统，实现从立案到执行全程跟踪监督，进一步规范办案流程、强化办案期限监控。全年所结案件无一无故超审限，上诉案件无一发回重审和重大改判，一审服判息诉率等各项司法绩效指标排名全市法院第一。

规范司法行为。针对人民群众反响强烈的“门难进、脸难看、事难办”“立案难、诉讼难、执行难”“人情案、关系案、金钱案”等“六难三案”问题，扎实开展《超审限、执限案件集中排查和司法效能问责专项活动》及《违规收费专项检查活动》，加强对涉案款物的规范化管理，坚决杜绝乱收费、乱罚款、随意扣押当事人财物等违纪违规现象，进一步规范司法行为。

推进司法公开。依托现代信息技术，扎实推进审判流程公开、裁判文书公开、执行信息公开三大平台建设。以公开为原则，以不公开为例外，建立裁判文书上网公开制度，将案件事实认定、裁判说理、审理结果置于人民群众的监督之下，网上公布生效裁判文书2556份。开辟“百度法院地图”搜索栏目，全程网络图文直播庭审6场。建立法院新闻发言人制度，充分利用政务网站、手机短信、法院微博等平台，为公众提供全方位、多元化的审判公开服务。

服务诉讼群众。针对当事人因法律知识欠缺而难以正确行使诉讼权的情况，加强对诉讼活动的指导，帮助农民工群体、农村妇女等弱势当事人依法维护自身权益。全年共向案件当事人发放《诉讼权利和义务》《举证须知》等书面资料6500多份。开展巡回审判、专项审判60余次，审结案件95件。加大司法救助力度，对确有困难的当事人，实行诉讼费减、缓、免，切实保障经济困难的群众打得起官司，有理无钱的群众打得赢官司。全年共减免诉讼费21.7万元，向12名特困当事人发放救助金20.6万元。

扩大司法民主。按照人民陪审员倍增计划的要求，严格选任资格和选任条件，增选人民陪审员43名。通过专题指导、组织观摩庭审等方式，加强对人民陪审员的业务培训，提高人民陪审员参审能力和水平。

81名陪审员共参审案件900件，陪审率99.5%，人民陪审员成为公正司法的参与者和见证者。

推进涉法涉诉信访。坚持从案件质量的源头抓起，从立案、审判到执行各个环节进行信访风险防控，严防信访新案产生。深入开展矛盾纠纷排查化解工作，通过带案下访、召开信访听证会、积极争取司法救助等有力举措，及时解决群众合理诉求，消化信访积案。连续三年无新增信访案件发生，信访案件总量全市法院最少，涉法涉诉信访工作考核排名全市法院第一。

主动接受监督。高度重视人大代表、政协委员联络工作，认真办理人大代表建议和政协委员提案。积极配合县人大常委会开展执行工作专项审议，并根据审议意见抓好整改落实，将县人大常委会对执行工作的监督和支持转化为攻克执行难题的动力。邀请各级人大代表、政协委员视察法院、旁听庭审、座谈交流120余人次，全年发出短信通报万余条。12月4日首个国家宪法日，举办法院公众开放日活动，增进社会各界对法院工作的了解和支持。

业务素质教育。积极打造“学习型”法院，推进法院队伍正规化、专业化、职业化建设。采取党组中心组学习、专题集中学习、发放专业书籍自学等方式，提升干警的专业素养和理论水平。鼓励干警参加各种形式的学历教育、岗位培训，全年组织干警外出参加专业培训60多人次，3名干警考取硕士研究生。进一步规范庭审观摩、裁判文书评比、案件评查等岗位练兵活动，全年评比出优秀案件428件，优秀裁判文书42份，开展庭审观摩25场。2014年全省法官整体形象民意调查，桃江县人民法院排名第34位，位居全市法院第一；全省法院年度综合考评，排名全市法院第一，跻身全省优秀基层法院行列，领导班子被评为全市政法系统优秀领导班子，刑事审判庭庭长刘兆斌被评为“全国优秀法官”；马迹塘法庭庭长周迅被县党的群众路线教育实践活动小组评为“桃江最美基层干部”；道路交通事故审判庭被益阳市政法委评为“优秀基层政法单位”。

（符晨辉）

司法行政

【县司法局领导人名录】

局　　长　陈建华

副 局 长　包志高　刘燕勤

纪检组长　郭永平

工会主任　欧阳红

【概况】 县司法局内设办公室（加挂政务服务股牌子）、政策法规股、法制宣传教育股（加挂桃江县依法治县领导小组办公室牌子）、公证律师工作股、基层工作管理股（加挂社区矫正工作管理股牌子）、财务装备股、政工室。归口管理县法律援助中心、县公证处、桃花江律师事务所，下辖15个司法所。在职干部职工81人。

2014年，全县司法行政系统紧紧围绕建设“平安桃江”“法治桃江”，全力推进维护社会稳定、开展法治创建、服务经济民生三项重点工作，在全市司法行政系统年底目标责任制考核中位列前三。

推进法治创建。在全县组织开展了法治宣传教育示范基地创建活动，进一步深化“民主法治示范村（社区）”“依法治校示范校”“诚信守法示范企业”创建，灰山港镇万功塘村、桃花江镇桃花江社区等6个村（社区）被省司法厅、民政厅评为“全省民主法治示范村（社区）”，凤凰山派出所、县工商局等11个单位荣获“全省依法办事示范窗口单位”。创新普法载体和普法媒介，4月18日，联合县教育局、县禁毒协会、县教育工会联合举办以“远离毒品 净化校园”为主题的禁毒知识演讲比赛；联合县委法建办精心编印42000册《青少年法制漫画读本》在全县各中小学校、村（社区）免费发放。6月26日，联合公安局、文广新局、总工会、疾控中心等单位在县城新龙超市广场开展“国际禁毒日”禁毒法制宣传。7月14日，联合县残疾人联合会在鲊埠回族乡举办共有55人参加的残疾人实用技术暨残疾人权益保障法制讲座。8月6日，邀请法治益阳建设讲师团在桃花江镇开办300余人参加的农村土地流转专题培训班。利用农村广播“村村通”、无线广播、电视台、公众信息网等媒介开辟专题法治宣传栏目；联合相关部门做好以沿江风光带为核心的“法治文化长廊”的建设工作，并在全县主要交通要道、人流量集聚地设立3块大型户外法治宣传公益广告牌；进一步完善中心组学法制度，在全县范围内全面实行无纸化学法考法。发掘民间和社会普法力量，培训一支专业的普法队伍。年初组建了“法治桃江建设讲师团”，8月13日，全县举办了各乡镇司法所所长、县直和省市驻桃江单位共120余人的法治骨干培训班，法治桃江建设讲师团在全县举办各类法治讲座144场次，各乡镇配齐法治宣讲人员，举办农民法律学习班、法治讲座100多场次。全年共发放法治宣传材料25000余份，解答群众法律方面疑难问题1000多人次。

加强基层调解。严把人民调解员准入关，以村级组织换届选举为契机，全县所有乡镇、村（社区）均组建了人民调解委员会（简称“调委会”），在15个乡镇设立矛盾纠纷调处中心，下设村（居）民调解小组1083个，明确纠纷信息员5816名。继续推进人民调解向专业化、行业化领域发展延伸。设立了道路交通等行业性调委会，4所医院、18个公安派出所、县法院及中心法庭、县检察院、县两型区设立33个人民调解室。在全县推行人民调解“以奖代补”制度，在对全县村（社区）调委会调处案件进行奖励的基础上，将乡镇和各专业性行业性调委会调处案件也列入奖励范围。自2013年来，县财政单独预算“以奖代补”经费30万元，按纠纷难易程度对每起案件奖励30元至200元不等，实行一案一补，县政府对奖励总额上不封顶。不断加强矛盾纠纷排查化解工作，坚持矛盾纠纷月排查，特殊时期不定期排查，对排查出来的纠纷定方案措施、定承办人员、定办结时间，全县各级调委会共排查化解矛盾纠纷5959起，调解成功率达99%，其中道路交通事故纠纷调解成功率达100%。继续开展“三调联动化矛盾，息诉息访促平安”专项调解活动，共办理三调联动案件37起，成功率100%，成功化解突发性事件8起。加强业务学习和岗位练兵，6月11日组织561名人民调解员集中学习矛盾调解的理论与技巧，对培训合格人员发放人民调解员证；6月17—20日，组织60多名人民调解员赴湘潭大学法学院进行为期4天的封闭式集中培训。

搞好矫正安帮。2014年，全县累计接受社区矫正对象930名，目前在册对象419名。年初，对部分乡镇的对象讲授新年法制教育课。每月由县司法局、县检察院统一组织所有对象开展一次集中学习和公益劳动，严防出现脱管、漏管现象，把矫正对象重新犯罪率牢牢控制在比例之内。12月份，组织15个乡镇的部分对象赴德山监狱进行警示教育。对特殊情况的对象，启动异地监管方案，远赴江西、广州、深圳等地逐一进行调查、当面谈话，确保做到情况真实、摸底清楚、调查确切。积极协调有关部门解决安置帮教工作中的具体问题。全县共有刑满释放解教人员409名，帮教率达到100%，就业安置率达到96%。开展“情暖高墙，关爱孩子”助学活动，9月份联合县教育基金会为5名特殊家庭的贫困中小学生送去7000元的帮扶资金。

开展法律援助。进一步畅通法律援助服务困难群众的绿色通道。在全县开展法律援助宣传活动，提高法律援助社会知晓率。先后开展“农民工讨薪法律援助”“关爱妇女儿童法律援助送温情”“法律援助进高墙”系列活动，切实为困难群众、特殊群体提供优质高效的法律援助。调整服务方式，对行动不便的老年人和残疾人等特殊对象实行电话预约、上门服务制度，变“坐等服务”为“主动服务”。法律援助中心全年共受理案件319件，接待来访咨询600余人次、来电咨询400多起，按50%的比例电话回访了当事人，群众满意率100%。

基层法律服务。加强对法律服务市场的监管。以法律服务所和法律服务工作者自查、县司法局逐所检查的形式，对全县7个法律服务所、44名法律服务工作者进行了一次全面审查，并将基层法律服务所服务企业和村（社区）的情况纳入审查之中；对全县司法所、法律服务所、律师事务所、司法鉴定所、公证处、法律援助中心、交通事故调解委员会进行了工作评查，共抽查案件785件，经评查合格案件702件、优秀案件83件，全年未收到一起投诉案件。引导法律工作者增强大局意识、责任意识和服务意识。积极推行“一村（社区）一警一律师（基层法律工作者）一调解一代理”制度。4月份启动“律师牵手社区”活动，全县16名执业律师分别与县城9个社区签订了免费服务合同。全县7个法律服务所联系了金沙重机等14家企业，全县44名法律服务工作者联系了桃花江镇创业村等88个村。通过组织公证员律师业务考试、下乡走访、十佳律师评选、全市律师辩论大赛、法院系统内部培训等活动，全面提升了公证员与律师业务素质与办案水平。全年共办理各类公证事项733件，同比上升8%；其中办理援助公证38件，涉外公证123件，业务收费23万多元，拒办不符规定的公证68件；律师事务所共办理法律事务700多宗，其中诉讼代理382件，建立常年法律顾问27家，承办法律援助事务139件，全年无合理投诉案件；两个司法鉴定所全年共办理鉴定案件558件，没有一起人情鉴定、金钱鉴定、关系鉴定，较好地维护了社会公平正义。（曹为）

【启动律师牵手社区免费法律服务活动】 4月1日，司法局启动“律师牵手进社区”免费法律服务活动。16名执业律师分别与县城9个社区签订了免费服务合同，无偿提供专业法律服务，帮助社区解决卫生、民政、计划生育、纠纷调处等直接服务群众的公共和社会事务方面的法律问题。活动开展以来，律师现场为50多位居民解答法律问题，接受电话咨询300余人，为4位居民提供法律援助。形成县城各社区工作人员、民警和律师多方联手调解纠纷的格局。

【人民调解员培训班开班】 6月11日，司法局举办的人民调解员暨第三期科级领导干部专题培训班在县影剧院开班。县政法委书记陈震宇、市司法局副局长朱正鹏、县委党校校长吴哲仪等出席，副县长、县公安局局长刘建芳主持，邀请湘潭大学法学院法学博士、硕士研究生导师胡军辉教授主讲，全县村（社区）专职人民调解员、县直单位部分兼职人民调解员及部分政法系统干警561人参加，集中学习了矛盾调解的理论与技巧。司法局给合格人员发放了人民调解员证，实现人民调解员持证上岗。

【关怀特殊人群】 7月份，法律援助中心工作人员走进县看守所开展“法律援助进高墙”活动，通过“面对面”“零距离”“一对一”等形式向高墙内的“特殊人群”提供专业法律咨询服务。共向服刑人员提供法律咨询服务12人次，发放各类资料100余份。9月中旬，县司法局工作人员走村入户，全面、仔细摸清全县各乡镇服刑人员家庭基本情况，针对服刑人员子女开展“情暖高墙·关爱孩子”的帮扶活动。9—10日，县司法局联合县教育基金会为5名贫困中小学生送去了共7000元的帮扶资金，让“高墙”里的父母亲良知受到了洗礼，给“高墙”外的特殊家庭带来了温暖与希望。

【全县各中学配备法制副校长】 “六五”普法以来，全县50所中学均配备1～2名法制副校长，配备率达100%。充分发挥法制副校长在青少年普法工作中的独特优势和作用，积极开展“送法进校园”活动，着力提高学生的法律素质和自我保护能力。在青少年法制宣传周期间，各学校法制副校长上了法制课50多堂次，直接受教育的青少年达1万余人次。

【开展首个“国家宪法日”宣传活动】 县司法局联合多家单位在县城新龙超市前开展了“12·4”首个“国家宪法日”宣传活动。在3个多小时内共接受咨询110多人次，发放各类法律知识宣传单1200余份。农村广播“村村响”播放了县委常委、县委宣传部部长胡国清的“国家宪法日”电视讲话。

交通警察

【县公安局交警大队领导人名录】

大队长　罗建辉
教导员　高文武
副大队长　杨　宏　罗向华
　胡泽仁　胡　杰
　黎军辉
工会主任　江　波

【概况】 县交通警察大队下辖综合管理机构2个：综合指导中队、交通管理中队。执法执勤机构5个：车辆管理所、事故处理中队、科技中队、公路巡逻中队、桃花江中队。3个派出机构：灰山港中队、马迹塘中队、三堂街中队。全队共有交通民警77人，管辖道路通车里程2304公里，全县机动车保有量9.28万台，驾驶人员11.2万人。

交通安全防范。加强源头管理。大队联合安监、交通等部门，对全县湘运、汽运、鸿运等重点运输企业开展了安全检查，排查出安全隐患7处，下发整改通知书6份。严查违法行为。加大对无牌无证、酒后驾驶、货车超载、客车超员严重交通违法行为的查处力度，做到发现一起、纠正一起、处罚一起，共出动警力3560人次，查处各类交通违法行为2370起，其中客车超员65起，卸客转运172人次。切实有效地做好事故预防工作。采取大队领导包路，中队领导包段，民警守点的包保责任制，完成了春运期间特别是春节期间的交通保畅任务，克服了冰冻雨雪恶劣天气的困难，顽强值守，实现了县委县政府“三无”的工作目标，即无重特大交通事故、无长时间大面积拥堵、无交通事故引发的群体事件。加大春运期间的交通安全宣传力度，大队在辖区主干线路沿线悬挂交通安全横幅280条，展示宣传挂图720张，展示大型宣传展板50块。在各乡镇、路口、客运站场向广大驾乘人员发放宣传资料5万份，张贴宣传标语2800多张；在大队机关院内、客运站场等人流聚集处，设置流动式标语，不间断播放警示性教育光碟260场次。做好应急措施。健全完善了恶劣天气应急预案，逐个事项、逐个环节、逐个任务落实责任人，确保出现紧急情况时有预案应对、有领导指挥、有人员处置。同时，积极协调交通运输、路政、养护等部门，提前备足融雪剂、防滑料、铲冰除雪车等应急物资、装备，确保了春运交通安全保卫工作顺利开展。大队被益阳市政府评为春运优质服务先进单位。

交通安全监管。对各类交通警保卫工作，在实地调研的基础上做出周密部署，先后完成了春节、元宵、“两会”期间、清明、端午等60余次交通警保卫工作。结合近两年道路交通事故发生规律，持续开展道路易发事故路段大排查；根据辖区道路交通安全实际，开展涉牌涉证、酒后驾驶专项整治工作，从人流、车流较为集中的路段入手，分步骤、有重点地开展排查整治工作，使道路交通安全隐患排查整治各项措施落到实处。会同安监局、公路局和乡镇政府对全县2300多公里的国道、省道、县道和乡道的安全隐患全面开展排查治理，共排查出存在安全隐患的路段(点)76处，都已全部整改到位；在排查治理过程中，安装防护栏、防护墩50公里、减速带2057米；增设交通安全标志、标牌340块。加强校车线路的安全隐患排查。大队会同交通部门、校车办、各乡镇党委政府，对全县150多条校车运行线路开展地毯式的排查，全面排查临水、临崖、急弯、陡坡、水毁路段以及地质灾害频发路段，共排查出道路交通安全隐患40处，并对排查出来的道路交通安全隐患整理成册，提请政府组织相关部门及时整改，完善道路交通安全设施，改善通行条件。

重点车辆监管。大队本着“不漏一车、见车见人”的原则，认真做好学生接送车辆的排查、整顿工作。组织安监、教育、交通运输、质监、校车办等部门对全县的122辆专用校车进行了集中检查，对学生接送车辆及其所有人、驾驶人资质、学生接送车辆外观标识、运营时间和行驶路线等情况进行了逐一排查比对，对不符合条件的一律取缔。经常性地开展校车专项整治。2014年共开展校车专项整治行动20次，查处校车违法行为89起，拘留无证驾驶校车的驾驶人7人，组织校车驾驶人交通安全培训10次。对校车驾驶人和看管员开展了专门的培训，提高了校车驾驶员和看管员的交通安全意识。

加强客运车辆、重型货车、运危车辆的监管。做到了重点车辆底子清、情况明，建立了统一规范的基础台账，与客运企业和客运驾驶人层层签订了安全运输责任书。对全县客、货运车辆进行经常性的安全检查，开展经常性的整治行动；对广大驾驶员开展经常性的交通安全教育。对全县客货运车辆进行检查，开展专项整治行动10次，查处客车超员43起，货车交通违法行为1020起，其中，货车超载625起、非法改装309起、其他货车违法行为113起，开展驾驶员交通安全教育培训15次，培训2000余人。

加强农村地区车辆的监管。全年共开展校车、摩托车、农村面的、酒驾、货车、“三超一疲劳”、运危车辆等各类专项整治行动50余次，查处校车超员89起、农村面的车210起、查扣报废车辆72台、违停8664起、饮酒驾驶40起。联合安监、交通运输等部门，对客运企业、运危企业、校车管理企业、驾校、旅游公司、车辆检测企业开展了经常性的安全检查和道路交通安全宣传，共排查各类安全隐患70余处，下发整改通知书52份，责令限期整改。确保了重点企业未发生重特大道路交通事故。

窗口规范建设。车驾管窗口和执法窗口落实便民、利民措施，不断提高服务质量。合理调整业务窗口，确保群众少走弯路、不走冤枉路。新建“五小”车辆考试场地，加大警务回访工作力度，及时与群众进行沟通交流。全年共办理车辆注册登记6381笔、转移登记632笔、车辆年检17400台、变更登记126笔；办理驾驶证2059笔，补证、换证12628笔，满分学习220人，驾驶证恢复133人，年审1645人，注销驾驶证438本。执法窗口处理各类交通违法行为13024起，非现场处理各类违法行为634起，对扣满12分的驾驶员，按照规定送学习5000人次。

事故调处。加强对交通肇事逃逸的侦破力度。全年辖区共发生交通肇事逃逸案8起，侦破8起，侦破率100%。进一步完善“人民调解、仲裁、法庭调解、司法调解、快处快赔”五位一体事故处理机制，严格案件的分理和流转，提高了交通事故的结案率，取得了良好的社会效果。法院共受理交通事故案件330起，司法调解处理案件170起，有效地缓解了警力不足，加强了案件的消化处理能力。注重执法为民，依法办案。在事故调处过程中，牢固树立“立警为公、执法为民”的思想基础，建立健全单位和民警的执法办案档案以及考核办法，并从规范接处警、执法程序、事故调处入手，提高办事办案效率与质量，充分体现以人为本和公正、公平、公开的原则，最大限度地维护了当事人的合法权益，避免了群众因交通事故处理不当而激发矛盾引发的群体性事件，维护了社会稳定。

道路基础设施建设。加强学校周边安全隐患排查，建立健全安全标识。在全县152所学校设置减速板2057米、标牌304块。进一步规范道路交通标志、标线。对交通标志标牌不健全、设置不合理、安装不规范、视距不良、已被损毁存在安全隐患、与道路状况不相适应需拆除或需新增设的路段的标志标牌进行了修复、整改、补齐。共增设10余处限高设备、20处减速慢行标志、22块禁停标牌，在主干道芙蓉路、资江路增设隔离防护栏1430米。加强道路交通科技管理工程建设。对县城已有的6个固定信号灯及电子警察系统和电子卡口定期进行维护，对芙蓉路上的3处红绿灯进行重新组网预埋，完成了南环线6个路口的红绿灯的安装。完成了桃益公路花果山处、桃马线人形山处、桃灰线增塘处、松木塘枫树坳、灰山港连河冲、马迹塘九岗山、武潭石桥等11个电子卡口建设，交通智能管理水平得到较大的提升。

县城交通秩序整治。在保持严管重罚高压态势的基础上加大警示教育的力度，采取先黄单警示与红单处罚相结合的办法；调整警务模式，采取高峰守点、平峰巡逻与接拔式巡查相结合的办法，实现对县城乱停乱靠、拥堵较为严重的重点路段不间断、无缝隙的监管。加大媒体的曝光力度，对交通违法在县电视台、县公众信息网上予以曝光；坚持对交通违法行为处罚“零容忍”，一视同仁，公正执法。共拖移车辆150台，违停录入11472条，涉牌涉证982条，纠正各类交通违法行为1042次，有效推进了省级卫生县城创建工作。

执法检查“回头看”。大队严格按照上级公安机关的要求，着力解决“门难进、脸难看、话难听、事难办”“乱收费、乱罚款、乱作为”“人情案、关系案、金钱案”的问题。大队出台了改进作风、服务群众22条工作举措，规范了路面执勤执法，抓好业务窗口建设，有效地整治了大队执法中存在的不作为、消极作为、乱作为等突出问题，排查出服务态度差5起、吃拿卡要1起、接处警态度差12起、交通违法案证据不足、定性不准13起、案卷录入错误27起，进一步提高了大队执法水平和执法公信力，树立了执法为民新形象。

完善规章制度。建立和完善精细化考评制度。大队出台了《效绩考评办法》，对下属各中队、所的队伍管理、业务工作每半年进行考评，考评结果与各单位下拨工作经费挂钩。建立和完善执法质量考评制度。对各中队、所执勤执法、事故处理等执法活动每月进行一次考评，将执法考评结果纳入大队效绩考评三项重点内容之一。建立和完善大队日常管理的各项制度。相继建立健全了财务管理制度、《桃江大队公务用车管理制度》、《桃江大队公务接待制度》、《关于精简文件和简报促进作风转变的规定》、《桃江大队学习制度》、《桃江大队民警职工考勤制度》、《桃江大队班子成员议事制度》和《道路安全事故矛盾纠纷排查报告处理制度》等一系列的日常管理制度。共梳理制度28个，废除原制度2个、新制订制度8个、修订细化2个。严格做到靠制度管人、管事、管权、管财，真正把权力关进制度的笼子里。大队的队伍建设朝着制度化、规范化的方向发展，群众满意率逐步提升，树立了交警的良好形象，密切了警民关系。（谢利）

【省高院领导到桃江调研】 5月23日下午，湖南省高级人民法院审监一庭庭长张先科一行，在市中级人民法院党组副书记、副院长壮晓阳的陪同下，到桃江交警大队调研勘调分离、联调联处“四位一体”交通事故处理模式。重点调研了大队“四位一体”（行政调解、人民调解、民事仲裁、法庭判决）交通事故调处模式。2014年上半年在“四位一体”交通事故调处中，法院共受理交通事故案件86起，司法调解处理案件49起，因道路交通事故调解引发的矛盾纠纷数、群体事件数、上访案件数、事故调解周期同比分别下降25%、57%、80%、75%。多元化调解已逐渐成为事故当事人乐于尝试和接受的解决交通事故损害赔偿纠纷的新途径和新方式，人民群众满意率大幅提升。张先科指出，在交通事故的处理上推进“四位一体”的模式是在社会管理创新上的重大举措和突破，值得很好地挖掘和总结。

【省厅督查桃江校车安全管理工作】 9月4日，省厅交管局秩序管理支队副支队长杨光辉在益阳市支队副支队长高峰的陪同下，到桃江检查校车安全管理工作。检查组采取随机抽查的方式，先后来到牛田镇中心小学、桃江县幼儿园，现场查看了校车数量分布、校车资格审查、校车硬件配置、标志、运营路线情况，详细了解了校车整治、安全监管、燃油补助、宣传教育等情况，并仔细查阅了校车管理资料及工作台账。督查组对桃江县校车管理工作给予了肯定，认为桃江县校车安全监管领导重视、措施得力、履职到位、效果明显。

【专项整治交通违法行为】 12月2日至4日，桃江交警大队开展了“七类交通违法”专项整治工作。期间，大队科学部署警力，在县城区重点路段，采取定点执勤的方式，严查超速、超载、酒驾、毒驾、闯红灯、占用应急车道、不礼让斑马线等违法行为。行动中，大队共出动警力200余人次，检查车辆2000余台次，查纠各类交通违法行为80余起，劝导行人5000余人，收到了良好效果。

【桃江大队专项整治校车】 12月4日至5日，桃江大队组织开展了校车专项整治行动。大队民警在辖区主要出入路段设卡检查校车，重点对学生接送车辆超员、无牌无证，超期年检、不按规定线路行驶、不符合安全技术标准以及报废车辆搭载学生等严重交通违法行为进行查处，坚决做到逢校车必检、有违必纠。同时，各中队还深入辖区学校、企业开展校车安全检查，重点检查学校、幼儿园是否建立健全校车管理台账，是否按要求做到了一车一档，是否开展交通安全宣传教育，是否拟定好校车安全演练预案；校车驾驶员资质是否符合要求；学校、幼儿园周边及校车运行路线是否合理合法，是否有随车员。此次整治行动共出动警力55人次，深入10个学校，检查校车95辆次，对轻微交通违法行为校车驾驶人温馨提示5起，查处交通违法行为15起。

【春运客运安全实现"零死亡"目标】 历时40天的春运客运未发生一起致人死亡的交通事故，实现了客运"零死亡"的工作目标。县交警大队对客运驾驶人和客运车辆实行了常态化管理。对客企和客运站场采取了一些得力措施：选派民警与协警进驻客运站场值守与管控，维护站场内外的交通秩序，协助检查"三品"，严禁旅客将易燃易爆等危险物品携带上车；同时，上车清点旅客人数，防止超员超载，检查客运车辆安全设备是否齐全有效与车辆是否加装座位。对进站与出站的客车逐一登记造册，建立了一手台帐，加强了源头管理。进入站场对司乘人员进行安全培训与教育，宣讲客运驾驶人如何应对冰雪恶劣天气，应当注意的安全行车事项。经常对站场进行检查与督导，从中发现安全隐患，及时进行彻底消除，确保万无一失。在客运站场内设立"爱心驿站"开展"情满旅途、交警同行"活动，给司乘人员和旅客端茶递水，开展了送宣传品上门等服务。道路交通事故指数与2013年同期相比，涉及客运车辆的交通事故次数与受伤人数分别下降23.5%、35.9%。

综合经济管理

发展和改革

【县发展和改革局领导人名录】

局　　长　刘小阳

副 局 长　习世芳　汤元林

　　　　　孙　军（兼纪检组长）

工会主任　刘小钉

【概况】　1995年1月全县机构改革，撤销县计划委员会、县物价局，新组建计划物价局。2004年，计划物价局更名为桃江县发展和改革局。2011年7月，发改局与物价局分设。2014年年底县发展和改革局有在职干部职工22人，下设办公室、综合规划股、投资股、重点项目办、能源局、工交股、农业股、招标投标办、政务服务股9个业务股室。2014年，县发展和改革局认真落实党的十八大精神，紧紧围绕全县中心工作和经济社会发展事业的各项目标，充分发挥发改部门的职能作用，各项工作有序推进。

立项争资。2014年，立项争资目标任务为13亿元，实际完成15.3亿元，其中基数资金10.5亿元、争取资金4.8亿元，超过年度计划任务的17 %。全县各立项单位中的14个单位共完成重大项目包装20个，已完成项目批复的共12个、完成专家评审的6个、已完成可行性研究报告2个。大项目争取有突破，争取到位较大的项目有：社会口资金1446万元、保障性住房小区外基础设施建设项目，争取资金7100万元，已全部到位；县妇幼保健院医技大楼建设项目500万元、县垃圾中转站建设项目600万元、粮食仓储建设项目330万元、农业口各类项目争取建设资金7500万元。另外，灰山港镇已成为全省新型城镇化试点乡镇，两型区崆峒小区成为全省低碳经济试点小区，并逐步得到省里的支持。省循环经济示范县的创建已通过省发改委专家评审。桃江县已纳入洞庭湖的生态经济区规划范围，并将桃江县190多个在建或规划的重点项目纳入全省洞庭湖生态经济区规划，桃花江核电单列为标志性建设工程。省级循环经济示范县的创建工作扎实有效，6月，桃江经济开发区调区工作已获省发改委批复；7月，县经开区和灰山港工业集中区两个省级工业园区均已拿到省人民政府的统一批文。230省道(西环线）、324省道、229省道石牛江镇绕城线等重大交通项目，230省道已完成立项，324省道、229省道完成评审工作，等其他部门资料完备后再报省发改委批复。

重点项目建设。全县完成固定资产投资145.58亿元，同比增长22.7%。全县55个重点项目完成投资27.5亿元。县发改局以转作风为主线，以优化经济发展环境为主题，项目审批实行一门受理，按时办结，大大缩短了办事时间。同时，按照“能简则简、能快则快、能优则优”的原则，最大限度简化项目审批程序，大幅度缩短办事流程。1—12月窗口共受理各类政务服务事项402件，其中投资项目审批、核准、备案169件，建设工程项目招标方式、招标范围核准233件。另外投资项目的前置审批即固定资产投资项目节能审查139件，即时办结402件，即时办结率100% 。对政策性强、涉及面广、难度大的事项，在加强业务培训和指导的同时，提前介入，上门服务。对需要上级审批和核准的项目，主动做好向上级部门的衔接汇报工作，全程跟踪服务。按照市政府要求，下放园区在规划、国土和财税上的审批权和收益权，让园区有更大的自主权。会同纪委、监察局等部门对建设领域突出问题进行了专项治理，对项目招投标全过程实施严格监管，招投标程序得到了进一步规范。强化了对项目实施月调度和通报制度，对重点工程重点项目实行日常动态监控和管理，坚持定期调度与现场督查相结合，先后对重点工程重点项目进行集中督查10次。

编制规划。按照省、市统一部署和县政府的统一安排，提前启动“十三五”规划编制。6月份以后，组织县直有关部门开展重大课题和规划思路研究，确定了“十三五”规划重大课题12项，确定了19个行业规划和4个产业发展规划。积极融入相关规划，桃江以“洞庭湖尾闾”身份融入《洞庭湖生态经济发展规划》，已经制定本区域规划，谋划项目105个，并已与市、省进行了衔接。加大项目的稽查和实施力度，加大重大课题研究的调研力度，积极融合“多规合一”，7月23日，“十三五”规划编制工作方案已经出台。开展了全县高标准农田建设项目实施方案编制的一系列工作。将桃江县高标准农田建设纳入全省2015—2020年规划，六年时间桃江县实施高标准农田建设21万亩，投资总额将达到6.72亿元，为桃江县农业基础设施建设提供了良好的机遇。（胡凤姿）

【谋划“十三五”规划编制】 4月29日，全省“十三五”规划编制工作电视电话会议后，县发改局立即组织全局力量，从总体要求、基本原则、主要任务、总体安排、编制要求等方面着手，形成了《桃江县“十三五”规划编制工作实施方案（草案）》。“十三五”规划编制工作大体分为三个阶段。第一阶段从4月起到2014年年底，主要是开展规划重大问题研究和基本思路起草工作；第二阶段从2015年年初到2015年6月份，形成规划纲要的基本框架；第三阶段从2015年7月份到2015年年底，完成规划《纲要》的起草和修改完善工作。

【启动省级循环经济示范县创建】 7月23日，县委常委、常务副县长周卫星主持召开创建省级循环经济示范县实施方案编制工作调研座谈会。2014年1月，省人民政府印发了《湖南省循环经济发展战略及近期行动计划》，对全省发展循环经济做出了部署，提出了“双十双百”近期行动计划。发展循环经济是实现转型发展的根本出路，符合桃江实际。周卫星强调，要调动一切资源和积极因素，扎实做好各项前期工作，全力创建省级循环经济示范县。

国土资源管理

【县国土资源管理局领导人名录】

局　长　罗歆辉
副局长　胡练军　郭　华
　　　　薛志元　吴文正
　　　　谢加强　曹菊林
总工程师　龚　联
纪检组长　刘建夫
工会主任　张海辉
执法监察大队大队长　吴建强

【概况】 桃江县国土资源局于2001年年底由县国土管理局、地质矿产管理局合并组成，是全县土地资源、矿产资源等自然资源规划、管理、合理利用和测绘事业的工作部门。内设办公室、人事教育股、法规股、财务审计股、规划股、用地股、地产股、耕保股、地籍测绘股、处置办、监察室、矿管股、地环股、政务服务股、车队共15个职能股室，下设土地开发整理中心、土地交易拍卖中心、土地储备中心、执法监察大队、征地服务所、地籍测绘队、地质环境监测站、信息中心共8个二级机构及经济开发区分局、桃花江、高桥、浮邱山、沾溪、鸬鹚渡、大栗港、马迹塘、武潭、鲊埠、三堂街、修山、石牛江、牛田、松木塘、灰山港共16个乡镇国土资源所（分局）。2014年，全系统共有317人，其中在职268人、退休49人。

2014年，县国土资源局共完成土地出让价款收入3.53亿元，为年度任务的235%；完成矿业收入4485万元，为年度任务的136%；完成立项争资6601万元，为年度任务的110%；征缴耕地开垦费1073万元，为年度任务的134%；完成专户非税收入713万元，为年度任务的174%；完成收罚收入219万元，为年度任务的219%；代征地税482万元，同比增长39%。

项目用地征报。全年申报建设项目用地24宗，获批用地面积227.7549公顷，其中“四大会战”中，交通建设项目用地129.9652公顷，园区建设项目用地29.295公顷，产业建设项目用地14.4202公顷，城镇建设用地23.1156公顷，基础设施、民生工程等项目用地28.2028公顷；报批农村村民建房用地2.7561公顷。

耕地保护与土地整治。落实严格的耕地保护制度，始终确保全县43500公顷耕地保有量指标与37047

公顷基本农田保有量指标不减少。深度挖掘耕地补充潜能，牛田镇古杉村等10个土地开发项目全部验收竣工，获批耕地抵补指标91.5公顷；灰山港镇汪家冲村等15个2015年县级耕地补充项目成功立项。大力实施农村土地综合整治，全年成功申报农村土地整治项目8个，争取资金8652万元；实施中央、省、市土地整治项目11个，建设规模面积2719.76公顷，投入资金7722万元，整修沟渠17万米、山塘70口，新修田间道和生产路10万米、机耕桥44座。

国土资源执法监察。卫片执法检查成效更加明显，连续5年“零问责”。卫片执法检查违法占耕比例仅为3.1%，矿产卫片疑似图斑为零，为全市最低。矿产资源整规成效更加明显，对12家非法砖瓦窑厂采取取缔关停措施，行政处罚非法采砂、吸金船只2艘，炸封、封堵久通锑业等重点企业周边盗采民硐3处。积极探索执法监察新模式，开拓移送工商处理新途径。用和谐理念助推执法水平提升，执法工作打开新局面，全年共计开展国土资源执法动态巡查2370次，立案查处土地违法案件171宗，矿产资源违法案件17宗，制止消除萌芽状态违法用地30多起，移送司法机关矿山刑事案件2宗，强制拆除违法用地4起，房地产开发竣工验收28宗，未动用一械一警，无一起上访事件发生。

矿产资源储量与开发利用。对全县95家矿山企业进行了年检，并通过网上直报系统上报国土资源部备案。年检完成率与合格率均达到100%。为41家县级发证矿山企业办理了采矿权新立、延续与变更手续，全县矿山企业有效持证率达到了90%。开展全县地质矿产标本库的前期建设工作。设置了标本陈列室，共收集各类岩石、矿物标本300多件。按照《桃江县灰山港地区石灰岩资源整合实施方案》，将灰山港地区的8家水泥用灰岩矿山整合成4家，第一阶段整合已基本完成。按照《桃江县石煤矿资源整合实施方案》，全县12家石煤矿山整合成6家石煤矿，整合后的拔英湾石煤矿和黄家坝石煤矿已由市国土资源局颁发了采矿许可证，矿山已进入正常生产。

地质环境保护。加大探矿权监管力度，开展全县探矿权清理整顿，有效杜绝圈而不探、以采代探行为。深入推进“矿山复绿”行动，松木塘锰矿等10多家矿山企业已经通过地质环境治理阶段性验收，复绿面积329亩。进一步健全完善地灾防治机制，对全县148处隐患点开展地毯式巡查，发布预警预报信息38次10000多条、险情督导通知50多份，消除地灾隐患15起，制止破坏山体建房行为20多处，大栗港镇黄龙咀、灰山港镇江石桥滑坡勘查应急治理已经完成。

农村集体土地确权登记发证工作。全县土地储备库正式建成，总量达4807亩的年度土地储备计划已在省厅备案，近4亿元的储备土地融资规模卡已通过省级核准。加快农村集体土地数据库建立步伐，沾溪镇白沙洲等三个村的集体土地使用权、宅基地使用权和桃花江核电拆迁安置户宅基地使用权的确权登记发证工作基本完成。

存在的问题与困难。土地收益下滑，土地市场呈现进一步下行趋势，房地产市场用地需求量、成交价格双双下降，土地储备融资的成本与风险越来越高，土地出让收益、土地融资及土地项目招商引资压力空前；用地矛盾加剧，土地报批管控愈加严格，耕地补充资源稀缺，新增建设用地缺口巨大；地灾防治面临新形势，自然环境因素引发的地灾点多面广，有效防治十分困难，人为因素诱发的地质灾害日趋增加；推进确权发证有难度，其工作经费县财政难以承担；一些倾向性问题得不到较好解决，如土地整治项目单靠国土部门难以保证质量，个别零散征地存在各自为政现象，卫片问责机率加大。 （项军）

【耕地保护具体指标确定】 2月18日，县国土资源局召开耕地保护工作会议，将2014年耕地保护工作明确为5项具体指标：一是坚决确保43500公顷耕地保有量指标及37047公顷基本农田保有量指标不减少；二是完成2000亩补充耕地项目的选址、立项、实施、验收、指标确认及报备工作；三是按时完成建设规模33000亩、总投资6600万元的湖南省连片推进农村土地综合整治项目第一期工程，确保第二期工程顺利推进；四是完成建设规模7600亩、总投资1180万元共12个市级投资土地综合整治项目、灾毁耕地复垦项目的验收报备工作；五是继续抓好在建项目工程质量监管和实施。

【久通锑业周边盗采民硐成功封堵】 3月23日，县国土资源局、县公安局、鸬鹚渡镇政府联合行动，对久通锑业周边盗采民硐实施水泥灌注封堵。此次行动出动执法人员40人，水泥搅拌车辆5台，历时10小时，灌注混凝土60立方米，封堵盗采民硐近20米，有效遏制了久通锑业周边非法盗采行为，维护了重点企业发展良好生产环境，进一步整顿和规范了全县矿产资源开发秩序。

【一季度地税代征额同比增长253%】 截至3月31日，县国土资源局2014年一季度共计代征地税1948587.74元，较2013年同期（767716.09元）增长253%。县国土资源局采取三项措施，全面强化地税代征工作。一是成立税控办，对本系统各涉税股室队所实行信息联管，并要求各单位每月按时报送涉税信息，实现代征全覆盖；二是严格考核，将下属各单位履行控税职责的情况与年底绩效考核挂钩，加强各涉税职能单位做好控税工作的责任心；三是建立"准入卡"制度，把是否按标准及时、足额纳税作为项目施工单位申请工程进度款拨付和工程竣工验收的关键指标，对未按标准及时、足额纳税的施工单位一律不实行项目准入。

【鲊埠回族乡首宗国有建设用地使用权成功出让】 5月8日，在县公共资源交易中心，经多轮竞拍，鲊埠回族乡瓦渣湾地段2014拍21号地块被该乡农村信用社成功竞得。宗地面积1029.41平方米，土地用途为商服金融用地，成交金额84.8万元。该宗交易是鲊埠回族乡建乡以来首次国有建设用地使用权拍卖。此举有效促进了该乡建立健全依法用地秩序，加快了乡镇土地交易市场建设。

【开展第六个"防灾减灾日"宣传活动】 5月12日上午，县国土资源局在桃花江镇新龙超市前坪开展全国第6个"5·12"防灾减灾日宣传活动。此次活动共设置地质灾害防治知识宣传展板3组，发放地质灾害防治知识、地质灾害警示录宣传单2000多份，避险应急手册300多本。

【何军田调研地质灾害防治工作】 7月13日，县委副书记、县长何军田率国土等部门负责人到武潭镇实地查看地质灾害点。何军田一行现场查看了武潭镇武潭村琅琊港组和龙拱滩村莫家楼地质灾害点，对武潭镇国土资源所克服人员少、任务重的困难，在地质灾害的预防、处突、治理等方面所做的工作给予肯定。何军田要求，要做好受灾群众的思想工作，并告知群众紧急避险方法，国土局要拿出治理方案，将群众的损失降到最低；国土所要加大巡查力度，做到早发现、早汇报、早治理。

【县政协主席会议视察矿产资源开发利用工作】 8月14日，县政协主席会议视察全县矿产资源开发利用工作，并在县国土资源局召开座谈会。会议听取了全县矿产资源开发利用情况汇报，县直有关单位负责人先后就如何做好矿产资源开发工作积极发言，副县长刘武介绍了全县矿产资源开发有关情况。县政协主席会议通报了前阶段调研情况，指出了全县矿产资源开发利用存在的问题，并提出了切实可行的建议与对策。

【低价出让国有建设用地使用权和矿业权清理整治】 11月26日，省国土资源厅、省审计厅、市国土资源局组成专项清理整治工作检查小组，对桃江县低价出让国有建设用地使用权和矿业权清理整治工作进行考评验收。8月上旬，桃江县成立了以纪委、财政局、审计局、监察局等单位相关负责人为成员的专项清理工作领导小组，设立了专项清理整治办公室，制定了工作方案。重点对全县2009年以后土地出让和2004年以后矿业权出让工作7类20项75点进行自查清理整治，对多单位储备土地等方面存在的问题整改落实到位。确保清理整治工作范围不缩小、内容不遗漏、标准不降低、目标落到实处。本次专项清理整治工作，进一步规范了全县国有建设用地使用权、矿业权的供应和交易行为，完善了价格形成结构，形成了科学配置资源、合理开发利用资源和有效保护资源的有效监督机制。

审　计

【县审计局领导人名录】

局　　长　刘造军
副 局 长　方红明　龙　剑
　　　　　曹翰云
纪检组长　刘建春

【概况】 2014年，县审计局机关设办公室、法制股、财政金融审计股、行政事业审计股、经济责任审计股5个职能股室和二级机构建设投资审计中心。人员编制29人，其中机关行政编制15人，机关工勤编制2人，全额事业编制12人，年底在编24人。

2014年，县审计局共审计（调查）79个单位，查出违规问题金额6698万元，管理不规范金额10952万元；审计政府投资项目79项354个单项工程，核减政府投资1.68亿元。收缴财政资金498万元，移送案件线索1件，有力推动县、乡镇建立健全财政管理制度和部门单位内控制度，较好地发挥了服务全县经济社会发展的积极作用，被市审计局评为全市质量考核先进单位。

财政财务收支审计。2014年，县审计局紧紧围绕推进财税体制改革、建立透明规范的公共财政体系的总体要求，以规范预算管理、提高财政资金使用效益为目标，以预算执行为主线，以财政支出为重点，对县级财政预算执行和其他财政资金收支情况进行全面审计，共查出财政预算编制、预算执行、税收征管、财政管理等10个方面的问题，提出审计建议意见5条，得到县委、县政府及县人大的高度好评。

领导干部经济责任审计。从创新机制入手，大胆探索，在加强内部事务审计的同时，不断扩展审计领域。在实施项目审计时，向被审计单位的所属二级机构延伸，严查将机关支出向下属单位和二级机构转移的行为；向其经济业务往来单位延伸，审查将单位收支通过业务往来向外部转移的行为。全年对31个县直部门和乡镇32位领导干部的任期经济责任进行了审计，共查出被审计对象任职期间单位违纪违规金额1670余万元，管理不规范资金3580余万元。

专项资金审计。按照上级审计机关的统一部署，县审计局进一步从人民群众最关心、最直接、最现实的热点、难点问题入手，加大对专项资金审计的力度。完成城镇保障性安居工程、农业综合开发、新型农村合作医疗、教育投入等专项资金的审计。针对存在的问题，分别提出了审计意见和建议，促进被审计单位完善制度、规范管理，为县委、县政府提供了许多具有参考价值的决策依据。

政府投资审计。县审计局克服了技术人员少、工作任务重的困难，在巩固以往固定资产投资审计成果的基础上，进一步加强了政府投资项目的审计。以跟踪隐蔽工程和设计变更为重点，加强建设工程全程监控，严把资金出口关。全年完成政府投资审计项目79项354个单项工程，送审工程预算造价93684.45万元、审定工程造价78148.22万元、核减工程造价1.68亿元，有效地遏制了工程建设中的高估冒算、偷工减料和损失浪费等现象。

“三公”经费审计。按照县政府《关于加强“三公”经费审计监督的通知》精神，及时制定了加强“三公”经费审计监督实施方案，把“三公”经费情况纳入审计监督主要内容，重点审查了被审计单位内部管理制度是否完善，是否存在漏洞，有关标准和定额是否超过政策规定，各项支出是否超出相关标准和定额；各项隐形支出、办公经费、会议费、维修费中是否存在“三公”经费。全年审计发现“三公”经费存在问题的单位39个，涉及金额574万元。

税控联管工作。根据县政府的统一部署，认真制定实施方案，加强审计中发现的税收违法信息的报送工作。全年共计报送涉税信息54条，涉税金额3108.9万元。

审计结果公开。贯彻落实《桃江县审计结果公开办法（试行）》和《桃江县审计局政务信息公开办法》要求，认真做好审计信息发布工作。2014年，政府投资建设项目审计结果报告在桃江公众信息网上发布公告，加强了审计成果的运用。年内向县委、县政府报送《审计要情》2篇，提出审计建议11条；被《中国审计网》、省厅网站、市局网站等各级媒体内刊采用信息80篇次，向社会公开审计结果12篇。（薛跃兵）

【张晓菊调研桃江审计工作】 9月22—23日，省审计厅副厅长张晓菊、财政审计一处处长周伟、副处长伍奉荣一行到桃江调研指导财政审计工作，并送教上门。市审计局党组书记刘凌云陪同调研。张晓菊强调，要进一步加强审计监督，不断规范审计业务工作程序，完善制度，规范管理，明确责任，强化监督，从源头上预防和制止违法行为的发生；继续推行审计结果公开制度，不断增强审计工作透明度，接受社会监督；要加强创新，积极探索基层财政审计工作机制和计算机审计工作方法；要不断强化内部管理，抓好党风廉政建设，干部作风建设，建设一支强有力的干部队伍，不断提升审计工作水平，促进地方经济健康发展。

【服务县委、县政府决策】 围绕县委、县政府重要决策部署开展审计工作，对县委、县政府安排的12个重点建设指挥部进行财务收支审计，全面掌握了各指挥部的经费使用情况。受县纪委委托，对6个单位的主要负责人进行廉政责任审计，并作出客观评价，为县委、县政府决策用人提供了参考。

安全生产监督管理

【县安全生产监督管理局领导人名录】

局　　长　彭　建
副 局 长　胡牛皋　周霞初
纪检组长　胡绍辉
工会主任　薛国斌

【概况】 桃江县安全生产监督管理局（简称安监局）属政府组成部

门，加挂桃江县安全生产委员会办公室和桃江县煤矿安全监督管理局牌子。内设办公室、政务服务股、非煤矿山监管股、烟花鞭炮监管股、危险化学品监管股、职业健康和行业监管股，下辖桃江县安全生产执法大队（加挂煤炭行业管理办公室牌子）。2014年年底全局有干部职工25人。

2014年，安全生产工作受到了县委、县政府高度重视。县安委会组成人员得到及时调整，县长任县安委会主任，新增县委副书记联系安全生产工作，出台了《桃江县关于落实党政领导干部安全生产“一岗双责”的实施意见》等文件，安全生产知识纳入党委中心组学习内容。县委常委会议6次研究安全生产工作，县政府常务会议2次专题研究安全生产工作。建立了领导干部带队检查安全生产工作制度，县委书记、县长和县委副书记亲自带队检查安全生产分别为4次、4次、2次。

严格日常监管。严格按照《2014年全县安全生产行政执法检查工作计划》的要求，对重点企业进行严格的现场执法检查，对其他的高危行业企业全部委托当地乡镇进行委托执法检查，建立健全安全隐患台账和事故查处台账，定期分析研究，实现动态管理，总结经验，不断完善工作机制，安全生产执法检查逐步走向规范化、制度化、经常化。对已列入执法计划的监管对象，按时完成执法任务，开展执法检查1275人次、填写现场检查记录354份、填写现场处理措施决定书245份、下达整改指令书102份、立案调查处理非法违章行为19起、监管处罚5.8万元。

扎实搞好高危行业安全生产检查。始终保持“打非治违”（打击非法违法生产经营活动行为）高压态势，扎实开展高危行业隐患排查与专项整治。在坚持每月到高危行业企业进行一次常规检查的基础上，还由县级领导带队组织开展了3次高危行业企业安全生产大检查。烟花方面，共发现生产安全隐患279起，打击取缔非法加工引线地下作坊2个，刑拘1人、行政拘留2人；取缔无证经营烟花鞭炮零售点2个，行政拘留2人；查处非法运输烟花鞭炮5车次，行政拘留4人。危险化学品方面，共发现各类安全隐患568处，立案查处危险化学品非法违法行为案件3起，其中非法建设案1起，违法储存、超储存危险化学品案各1起。非煤矿山方面，共检查发现并责令整改隐患271处，立案查处安全生产违法行为3起，责令停产企业2家；煤矿方面，加大了3家煤矿的巡查监督力度，对发现的问题，责令企业立即进行整改。强力推进全县煤矿、非煤矿山、烟花鞭炮三大高危行业落后小企业的整顿关闭工作，已关闭煤矿2家、非煤矿山企业8家、烟花爆竹生产企业6家。扎实开展高危企业隐患自查自改月报工作，全县130家高危行业生产经营单位（包括20余家停产经营单位），有116家上报了自查自改隐患报表，自查出各类安全隐患1318处，根据隐患大小情况，对问题突出的24种行为予以扣分处罚。严格落实事故调查处理挂牌督办制度，组织对安利出租汽车有限公司进行了严肃查处，并给予处罚，依法严肃追究相关人员责任。

逐步夯实安全生产基层基础。县政府进一步加大投入，增加县安监局财政预算35万元，督促各乡镇将乡镇安监经费纳入年初财政预算。夯实安全生产基础工作，按照省委办公厅省政府办公厅《关于加强县乡安全生产监管能力建设的意见》的要求，县安委办提请县委常委会第十四次会议进行专题研究，决定增配2～3名干部到县安监局；各乡镇重新明确安全生产负责人，切实加强责任落实；各乡镇明确2～3名以上专职安监人员；优先考虑表现突出的乡镇安监站长职级问题；同意聘请专家查隐患，县财政予以适当支持。对全县9个烟花鞭炮生产企业新增加的机械化生产线及所有高危行业的危险岗位，均新安装了监控设备，实行全线监控。完善了高危行业企业应急预案，并全部备案。完善安全生产事故和重大安全隐患举报奖励制度。扎实开展职业卫生申报，申报率100%。新建、改建项目进行安全职业卫生“三同时”审查备案。完成全年安责险任务。及时上报安全生产和小康社会评估的相关信息和统计报表。安全生产示范创建工作成效明显。年初，县安委下发了专门文件，明确对口帮扶要求。全县15个乡镇已全部荣获“市级安全生产示范乡镇”称号，7个乡镇荣获“省级安全生产示范乡镇”称号，三堂街镇成功迎接了“省级安全生产示范乡镇”创建验收。企业安全生产标准化建设稳步推进。全县的高危行业企业已经全部完成了三级标准化建设，认真开展高危企业安全生产标准化“回头看”。

强化安全生产宣传教育培训。组织全体机关干部职工学习湖南省安全生产“四大三基”（大宣传、大培训、大检查、大整治、基本建设、基础工作、基层创建）三年行动计划，出台《桃江县实施〈湖南省安全生产“四大三基”三年行动计划〉

工作方案》。组织开展安全生产法律法规和知识进企业、进学校、进乡村、进家庭活动，提高全民安全意识。全面开展“安全宣传月”活动。设立安全生产咨询服务点17个，展出展板154块，发放宣传资料5万余份，80余名工作人员提供现场咨询近千次。组织学习2002年6月29日新修订的《中华人民共和国安全生产法》，制定学习宣传贯彻实施方案，发放单行本和释义读本，组织举办1期培训辅导班。在县电视台设置《抓好安全生产 建设生态桃江》《安全生产“三六五”》安全生产宣传专栏，已播出30余期。投入2万元新建安全生产短信宣传平台，发出各类宣传短信近2万条。县安委办组织专家宣讲习近平总书记关于安全生产重要讲话精神，共宣讲16场次。6月17日至20日在全县开展了4天安全生产宣传车巡回宣传。加大安全生产警示教育力度，在县电视台专门组织播放了警示片，结合巡回宣讲，组织各乡镇和高危行业企业观看了安全生产警示教育片。

全面落实安全生产“三个第一课”制度，切实强化安全生产专业技能培训、职业教育培训、岗前培训和全员培训，提高了安监干部的业务水平和从业人员的安全技能。组织全县各乡镇安全生产分管领导和安管办主任共40余人，采取“实战演习 + 业务培训”的方式，在灰山港镇进行一天的安全生产执法检查培训。对全县高危行业企业及重点规模工业企业的主要负责人、安全管理人员组织专门的安全管理培训7批次。加大对高危行业企业全员培训的检查督查力度，对个别培训不到位的企业下发限期整改执法文书。下发全县安全生产应急演练方案文件，组织全县高危行业企业和重点行业开展各种安全生产应急演练120多次，全面提高了企业事故应急处置能力。多方协调，投入30多万元新建全市首家特种作业资格考试点，对特种作业资格培训考试进行了规范。

存在的主要问题：1. 安全隐患大量存在，非法开采、烟花爆竹地下作坊、“三无”车辆和未经许可车船非法营运、项目建设不进行“三同时”审查等非法违法生产经营、建设行为仍然时有发生，带来大量安全隐患。2. 企业主体责任落实不到位。部分企业安全生产意识不强，安全管理不到位，规章制度不健全、不落实；安全投入不足，生产设备老化、工艺落后，员工年龄大、文化程度低，“三超”“三违”现象比较突出，安全隐患长期大量存在，且反复出现。3. 安全监管力量薄弱。安全生产工作线多面广，工作辛苦，责任追究十分严格，安监工作人员深感压力巨大，工作不安心。尤其是近几年，全市多名领导干部和工作人员被追责或处分，安监队伍思想波动较大，不愿意从事安全监管工作。（陈蓉）

【大练兵促进大规范】 6月25日，县安委办在灰山港镇组织举办全县安监员大练兵活动。全县15个乡镇和经济开发区的安全生产分管领导、安管办主任、安监局技术骨干等40余人参加，副县长王军华出席并做总结讲话。大练兵采取“实战演练 + 业务培训”的方式，先组织所有人员到1家砖厂、1家加油站、1家烟花爆竹零售门店、1家行业监管企业进行现场执法检查并填写执法文书，再由安监局的技术骨干对各单位上交的执法文书进行一对一讲评，最后本着“缺什么、补什么”的原则，进行非煤矿山、烟花鞭炮、危险化学品、行业等方面的监管知识的业务培训。

【群发短信促安全】 6月以来，县安监局充分利用已建成的移动短信平台，将安全生产知识、事故预防常识、上级安全生产方针政策等编成短信在全县群发。短信内容由县安监局专人撰写，在月初、月中、月末、恶劣天气、事故高发期及重要节日等，以安全生产温馨提示、事故通报、上级精神、安全管理知识等形式，及时、准确地发送到县委、县政府及各乡镇领导，县安委会成员单位负责人，安全监管系统工作人员，各高危企业主要负责人和安全管理人员的手机上。短信平台在一个月内成功发放短信2000余条。

【安全隐患排查整治百日行动】 9月25日上午，县政府召开动员大会，开展排查整治安全隐患“百日行动”。决定用3个月的时间，重拳出击，按照“全覆盖、零容忍”的原则，对全县范围内所有工矿商贸交通企业、学校、医院、文化娱乐场所、旅游景点等的不安全因素及个人的不安全行为进行全面排查。全县共组织集中执法行动194次，出动执法人员2166人次，对排查出来的一般安全隐患能立即整改的全部督促整改到位；对42处重大安全隐患，积极制订整改方案；对23人实行了警示约谈；对排查发现的辖区内非法生产经营建设行为进行打击处理。全县共立案55起，刑拘1人、取保候审3人、移送起诉2人；取缔关闭企业19家；停产整顿企业19家。

【推行安全生产日志制度】 县安委会下发《关于进一步规范安全生产工作日志的通知》，印制下发了安全生产记录本，在全县推行安全生产日志制度。日志的责任记录人包括乡镇的所有党政班子成员、安监站的所有工作人员、县安委会成员单位的主要负责人、分管领导、从事安全生产监督管理工作的所有工作人员。记录内容主要包括每日安全生产工作简要概况，政策法规、上级有关文件指示和安全生产工作会议、工作安排的贯彻落实情况，安全检查中发现的隐患问题和整改落实情况，对各地生产安全事故的总结分析、经验教训，以及采取的防范措施，安全生产责任制要求的各项工作以及其他与安全生产工作有关的内容。

统　计

【县统计局领导人名录】

局　长　高白秋

副局长　卢运成　贺素平

纪检组长　龙希季

工会主任　戴军辉

总统计师　吴　科

【概况】 县统计局机关内设办公室（加挂政策法规股的牌子）、综合核算统计股、工交能源统计股、基财服务业统计股，桃江县社会经济调查队（加挂普查中心的牌子）。二级机构1个。公务员编制10人，工勤编制1人，事业编制10人，在岗人员17人、退休人员9人；全县有54个统计核算联管单位，15个乡镇设有统计站，有专门的办公场地；有专（兼）职统计员25人，其中专职统计人员13人、兼职统计人员12人，专职统计员达52%。全县共有统计师22人，统计持证337人。2014年，县统计局不断夯实统计基础，提高统计数据质量，深化统计改革，优化统计服务，统计现代化进程明显加快，统计工作进展顺利。

经济普查。2014年，第三次全国经济普查工作主要是入户登记、数据上报、审核和查漏补缺。全县登记上报4969家法人单位、54906家个体户，上报单位审核改错3000多条、上报个体户审核改错8000多条，确保了整个普查阶段数据质量。在省、市对第三次全国经济普查的评优评先中，全县成功申报省级先进集体1个，省级先进个人2人；市级先进集体8个、市级先进个人25人。

综合核算。县统计局承担30多个专业的数据统计，覆盖全县所有行业门类，涉及单位数量庞大，其中联网直报企业达300多家。县统计局加大与乡镇、各部门之间的联动，启动国民经济核算调度工作机制，组织工信、发改、财政、商务、住建、房产、农业、畜牧、国地两税、国调等部门单位召开了2014年各季度国民经济核算工作领导小组会议，对前段经济运行进行了分析，对下阶段工作目标进行了预测并提出了工作要求，完成了全年的统计工作任务。组织全县15个乡镇开展乡镇统计站规范化建设达省标工作。年初制定了2014年完成15个乡镇全部达省标的工作计划。沾溪镇、大栗港镇、高桥乡、鲊埠乡、牛田镇按照上级统计部门的要求全部完成了达标申报和验收准备工作。10月中旬，高桥乡、大栗港镇代表全县迎接了市统计部门的验收工作，并获好评，至12月底15个乡镇统计站已全部达省标。全县乡镇统计站基层基础建设和统计数据质量跃上一个新台阶，为全县经济建设提供有力的统计保障。以座谈会、举办培训班、召开各类年定报会议的形式对统计人员充电，提高统计人员的技能和综合素质。数据的收集、整理、汇总、上报等各环节均明确了操作审批程序，规范了专业业务流程。利用桃江统计信息网、手机短信平台、电子广告屏等对外宣传统计工作，不断完善统计网上直报系统，联网直报企业直报率达100%。

统计服务。发布了《关于2013年桃江县国民经济和社会发展统计公报》，搞好了各季度经济形势分析，编印了《桃江统计年鉴（2013）》，完成了第三次全国经济普查、统计各专业报表、为民办实事数据评估认定各阶段工作任务。转变服务理念，变“要我服务”为“我要服务”，在做好统计月度卡、统计年鉴、统计公报、《桃江统计》等统计产品的基础上，与基层单位联手、与乡镇统计员一道扎实开展调研，形成了一批有深度的调研材料，《丘岗山区发展水产经济大有作为》《桃江县2014年上半年企业用工调查报告》参加县委、县政府组织的“聚力桃江·建言献策”征文活动评选，都入围获奖。至12月底共撰写统计信息130篇，统计分析20篇，被县公众信息网站、省市统计网站采用的信息和分析达114篇，稿件采用率达76%。

【举行全国经济普查入户登记启动仪式】 1月1日，县统计局会同桃花江镇在县城桃花江社区举行第三次全国经济普查入户登记启动仪式，正式开始“三经普”入户登记工作。

【督战“三经普”入户登记】 3月28日，县经普办再一次组织召开紧急会议，督战“三经普”入户登记扫尾工作。至3月31日“三经普”入户登记截止的法定时间止，桃江全面完成“三经普”入户登记工作。在县委县政府的高度重视和“三经普”领导小组的精心组织下，全县各级各部门通力配合，通过全县1300多名普查指导员和普查员的辛勤努力，成功申报“四上”企业118家、个体户转型升级1322家，完成4947个法人单位和产业活动单位、54905户个体户的入户登记工作。

【庞晓林一行到桃江调研】 4月17日，国家调查队湖南总队队长庞晓林一行到桃江调研督查第三次全国经济普查个体户抽样调查入户调查工作，市人民政府常务副市长杨跃涛、市国调队队长李扬、市统计局局长张慧陪同参与了调研督查。

【县财政首次安排统计教育培训经费】 2014年，全县有31人参加统计从业资格证考试、47人参加统计继续教育培训、18人参加统计师考试、1人参加高级统计师考试。其中有30人获得统计从业资格证。县财政局追加统计培训项目经费2万元，这是县财政首次安排统计教育培训专项工作经费。

【15个乡镇统计站全部达省标】 2014年，有沾溪镇、大栗港镇、牛田镇、高桥乡、鲊埠回族乡5个乡镇统计站被批准为规范化建设省级达标乡镇，至此，15个乡镇统计站全部达省标。县统计局、灰山港镇统计站被评为规范化建设省级示范单位。 （夏海燕）

食品药品监督管理

【县食品药品监督管理局领导人名录】

局　　长　刘安军

副 局 长　莫佳山　余金华

　　　　　卢　宁　邹跃良

纪检组长　贺铁先

【概况】 县食品药品监督管理局原内设办公室、食品监督股、药品监督股、政务公开和政务服务股4个股室和县食品药品稽查大队、县食品药品检验所2个二级机构，核定编制32个，实有正式职工32人。12月，根据《桃江县食品药品监督管理局主要职责内设机构和人员编制规定》文件精神，内设股室由原来的4个增至8个，分别为办公室、综合应急股、政务服务股、政策法规股、食品安全监管一股、食品安全监管二股、食品安全监管三股、药品和医疗器械安全监管股，15个乡镇设立了基层食品药品监管所，为县食品药品监管局的派出机构，全局共核定编制114个，实有正式干部职工101名。对全县6139家食品（含保健食品）生产、经营和餐饮服务单位，196家药品和医疗器械生产、零售单位，376家医疗机构，137家化妆品经营单位进行监管。

2014年，县食品药品监督管理局坚持科学发展观，践行党的群众路线，始终关注民生，在积极推动食品药品监督管理体制改革的同时，强化“四品一械”（餐饮食品、保健品、化妆品、药品、医疗器械）监管，开展食品药品安全专项整治工作，全力开展创建省级文明卫生县城“小餐饮”整治活动，各项工作有序开展，确保了全县人民饮食用药安全。2014年，荣获“湖南省食品安全工作先进单位”“益阳市食品药品监管专项评估（绩效考核）优秀单位”“益阳市化妆品不良反应监测工作先进单位”“益阳市标准化学校食堂创建活动优秀单位”称号。

食品药品监管体制改革。11月24日，县政府办公室印发《桃江县人民政府办公室关于改革完善食品药品监督管理体制的实施方案》和《桃江县食品药品监督管理局主要职责内设机构和人员编制规定》，对食品药品监督管理局相关工作职能作进一步调整。12月15日，县政府举行全县食品药品监督管理体制改革职能移交仪式，将原由县卫生局承担的食品安全综合协调、负责食品安全综合监督、拟定食品安全应急预案、组织查处重大食品安全事故、统一发布全县重大食品安全信息、县食品安全委员会办公室承担的日常工作职责、原由县质量技术监督局承担的食品、化妆品和医疗器械生产加工环节的质量安全监督管理、强制检验检测职责、原由县工商行政管理局承担的食品流通环节监督管理职责、原由县商务局承担的酒类食品安全监督管理职责等职能移交食品药品监督管理局并办理人员交接，明确县工商局划转编制28个，其中行政编制22个、事业编制6个，实际划转人员18名，其中行政编制人员12名、事业编制人员6名；县质监局划转事业编制5个，实际划转事业编制人员5名；县商务局划转事业编制3个，实际划转事业编制人员3名；县卫生局划转行政编制1个。12月25日，在县食品药品监督管理局举行食品药品监督管理体制改革乡镇人员交接仪式，食品药品监督管理局从2015年1月1日起正式承担起新的监管职责，乡镇食品药品监管所正式成立，县食品药品监督管理体制调整暨机构改革重点工作基本完成。

餐饮、保健品、化妆品监管。2014年，对全县359家学校、幼儿园、机关、建筑工地食堂，821家餐饮单位进行了检查，共检查21822户次，下发监督意见书1051份；开展了鲜湿米粉及面条等12项专项整治行动，现场对968户（次）提出责令改正要求；指导学校进行标准食堂创建，已验收合格44所；对844家餐饮单位进行了量化评级，7家被评为餐饮服务食品安全示范单位；对高考、学考等10次重大活动餐饮安全进行驻点监督；开展餐饮食品快检200批次，监督抽验样品18批次；督促2400名餐饮从业人员进行了健康体检，举办食品安全培训10次；现场核查餐饮单位518家，核发“餐饮服务许可证”477份。

开展保健食品调研工作。根据湖南省食品药品监督管理局《关于开展2013年全省保健食品化妆品安全风险监测工作的通知》要求，为全面掌握全县保健食品打“四非”行动后生产经营单位基本情况和安全状况，建立全县保健食品生产经营单位基本档案和数据库，进一步夯实监管工作基础，加强监管工作，1月20日至3月27日对全县保健食品生产经营企业安全现状开展调研工作，共调研42家保健食品经营单位，涉及经营保健食品的药店、超市、商场和专卖店，抽取调研样本405个，完成调研报告。更新保健食品化妆品安全监管信息系统录入工作，督促辖区内保健食品和化妆品经营企业到省局网站登录系统并对企业基本信息和产品信息进行录入。严肃查处违法生产经营儿童鱼肝油。按照省食安办《严肃查处违法生产经营儿童鱼肝油的紧急通知》精神，县局组织执法人员对全县的保健食品专卖店和药店进行排查。经排查有4家药店有文件附件名单的所列产品，即广东亿超生物科技有限公司生产的葆儿爱婴幼儿鳕鱼甘油软胶囊1盒、婴童贝健牌鳕鱼肝油胶丸（鱼形）（0~3岁适用）1盒、婴童贝健牌鳕鱼肝油凝胶糖果2盒、葆儿爱鳕鱼甘油软胶丸3盒、三合一鱼肝油胶丸10盒，均为普通食品生产许可。对投诉举报的两个化妆品案进行查处。两案分别为桃江县美妆千色秀日化用品店涉嫌经营假冒的化妆品案和桃江县小邓丰彩日化店涉嫌经营未取得批准文号的特殊用途化妆品案。两案均送达了行政处罚决定书，收缴了罚没款。

小餐饮专项整治。出台了《关于印发〈县城中心城区小餐饮店食品安全专项整治激励扶持实施办法〉的通知》，对县城中心城区的498家小餐饮店采取划块分片、责任到人、人人有点的监管责任模式，开展小餐饮“提质换颜”专项整治行动。共计上门督查7470余户次，投入39.8万元对县城182家存在“门前灶”和203家不符合要求的小餐饮店进行了重点改造，建立独立操作间170余个，30余家门前灶后移；督促151家无证经营户办理了“餐饮服务许可证”。通过上门反复督促、沟通、整治，业主法律意识有所提高，店容店貌明显改善，城区小餐饮“门前灶”情况根本好转，123家小餐饮店被评为“达标店”，7家被评为“示范店”。

药械市场监管。将监管区域责任到人，实行网格化管理。结合“两非”专项行动、医疗器械“五整治”专项行动、中药材中药饮片专项检查，对药品经营企业、医疗器械经营企业进行了日常检查，检查覆盖率100%。对全县医疗机构进行了地毯式检查，其中，乡镇以上医疗机构监管覆盖率100%，村级卫生室监管覆盖率95%。开展了药品零售企业专项整治、医疗器械“五整治”专项检查、中药专项整治、含麻黄碱复方制剂等专项整治工作，发出责令整改通知书52份。对辖区内所有药品经营企业进行了“两非”药品专项检查，对性用品店开展了计生药具专项检查。共出动执法人员152人次，检查药品经营企业286家次，检查覆盖面100%。出台了《桃江县药品安全“黑名单”管理规定实施细则》。9月，通过公众信息网、县电视台、召开座谈会等形式就《桃江县药品安全“黑名单”管理规定实施细则》广泛征集社会各界人士的意见建议，出台了《桃江县药品安全“黑名单”管理规定实施细则》，凡触碰“红线”的药品生产经营者和责任人员，都被列入“黑名单”，促进了企业自律，保障了人民群众的用药安全。

培训服务行政许可管理。加强从业人员培训，为严格落实餐饮服务食品安全操作规范，举办各类食品安全培训10场，免费发放食品安全法律法规、餐饮服务操作规程等书籍1000多册，并要求餐饮业主组织餐饮从业人员学习。督促从业人员进行健康体检，其中餐饮从业人员体检2400余人，药品从业人员体检600余人，确保了从业人员健康证明持证率100%。不断规范许可行为，在保证门槛不降低的情况下，尽量精简程序、缩短审批时间，增加透明度。2014年受理餐饮许可申请518起，核发“餐饮服务许可证”477个；新发“药品经营许可证”5家、换证7家、变更17家，发放“医疗器械经营企业许可证”4家，变更2家，协助市局开展药店GSP认证23家。

案件查办科普宣传。2014年，共查处“四品一械”案件44起。其中立案查处药品、医疗器械违法案件13起（移送公安机关1起），当场处罚15起，对发现的假劣药品、医疗器械查处率达100%；查处餐保化案件16起，没收过期变质、无标签标识食品590公斤。受理举报投诉12起，均调查处理并回复举报人，对辖区范围内“四品一械”的投诉、举报，处理率达100%。充分利用“3·15”消费者权益保护日、应急宣传日、食品安全宣传周、食品药品企业公众开放日、全国科普日、全国用药安全月等特殊日期出动宣传车20台次，深入全县15个乡镇、县城3个社区和7所学校以及其他人口密集地开展了以《药品管理法》《食品安全法》等法律法规与“四品一械”安全知识为内容的宣传咨询活动，通过悬挂标语、发放宣传资料、现场解答、发送手机短信等方式，增强群众用药安全意识和维权意识。共发放宣传资料20000余份(册)，接受现场咨询1500余人次，利用短信平台发送食品药品安全知识15万余条。　（吴琼玉　龚建新）

物价管理

【县物价局领导人名录】

局　　长　贺孟良

副 局 长　蔡赛西　文德辉

　　　　　杨立庆　钟灿华

纪检组长　钟灿华

【概况】　桃江县物价局2011年从县发展和改革局分设组建，是县政府主管全县价格工作的正科级事业单位。内设办公室（法规股）、价格管理股、价格监测收费股、价格监督检查局、政务服务股、桃江县价格调节基金征收管理办公室、桃江县价格举报中心7个股室，下设桃江县价格成本调查队、桃江县价格认证中心2个事业单位。2014年年底有干部、职工17人。

2014年，县物价局紧紧围绕“保增长、稳秩序、安民生、重服务、畅诉求”的工作方针，完成了各项工作任务，价格调节基金入库、平价菜店建设、听证与成本监审、常规与专项检查、招商引资与立项争资等五项工作创历史或近年新高，获得了全省价格法规工作考核、全省价格信息工作、全省价格知识竞赛、全市价格工作、全市十件价格实事、全县政务公开政务服务、全县联系乡镇人口和计划生育工作等先进单位荣誉称号。

落实价格调控措施，保持价格水平稳定。积极推进价格改革，加强价费管理。核定马迹塘至雷水溪、苗禾等六条线路的客运票价以及县出租汽车到期续牌后特许经营权出让金和企业管理费收取标准。配合市物价局核定桃江修山水电站的上网电价及其他电价政策。调整了非居民和车用天然气销售价格，及时调整民用液化气、成品油销售价格。组织开展药品降价政策执行及整改落实情况专项督查，积极申报县第三人民医院为二类医疗服务价格医院和县直4家医院医疗单病种费用上报工作；配合市局对县人民医院、县中医院、县肿瘤医院、桃花江中心医院的医疗服务价格类别进行了考核。落实2014年稻谷最低收购价政策。完成县人大常委会交办的关于对全县药品管理工作情况的调查。调整灰山港镇自来水价格，召开灰山港镇公交车票价定价听证会。马迹塘镇水价调整和全县农村客运票价调整进入程序。配合市局开展坚决纠正乡镇卫生院损害群众利益行为专项整治。对桃江县鹏智房地产公司、益阳市东方昌盛房地产、桃江县万基置业等楼盘商品房进行价格备案。强化价格调节基金征管。全年征收价格调节基金516万元，同比增长36.7%；争取省市价格调节基金715.1万元，同比增长168.8%。新建农产品平价直销店6家；积极争取省、市、县价格调节基金的投放，其中省级610.6万元、市级104.5万元、县级102万元，以上资金投放共计817.1万元，同比增长271%，有效促进了全县“菜篮子”工程建设，稳定了市场物价。扎实开展了农产品平价直销店建设，组织相关人员集中参观学习外地经验，新建农产品平价直销店6家，投入资金20万元，得到社会和群众的一致好评，其中步步高、好润佳、新龙几家大型超市的农产品平价直销店反映较好，人气旺、销售递增，每天推出三个以上一元以下的特供商品。制定《桃江县物价局2014年应对市场价格异常波动应急工作预案》，明确预警范围、工作原则、工作制度、人员分工、预案的实施和奖惩等措施。

加强民生价费监管，促进社会经济发展。加强收费行为管理。认真开展年检年审，行政事业性收费许可证年检率100%，服务价格登记证年检率95%，核发收费许可证正本的单位63个，副本104个。认真清理全县行政许可审批项目，取消施工安全服务等12项、降低产权证明费等4项。国家和省宣布取消的行政审批事项，相应取消收费项目。抓好已明确取消、降标、市场化收费政策的落实。加强教育收费管理，进一步规范中小学服务性收费和代收费、幼儿园收费；搞好教育收费公示，由服务单位按照公平合法和诚实信用原则自主制定收费标准。开展价格诚信跟踪服务。对市、县授牌的7个诚信价格示范单位现场进行检查，对照制度走访顾客了解价格诚信情况，查明码标价、诚信制度建设情况，促进价格诚信建设的进一步规范。申报市级诚信示范单位已通过验收。

加大监督检查力度，维护正常价格秩序。针对群众反映强烈的价格热点问题开展价格监督检查。共立案查处价格违法案件9件，查处违价金额116.02万元，实施经济制裁140.95万元。其中责令退还消费者71.74万元、没收违法所得44.28万元、罚款24.93万元。重点在元旦、春节、五一、端午、中秋、十一等重要节假日时段，对生活必需品、客运票价、餐饮住宿、旅游等价格进行了巡查。成立以物价局长为组长的春运期间价格检查组领导小组，实行“12358”价格举报电话24小时值班制，向全县客运经营单位、客运承包车主、营运的士发放《春运提醒告诫书》800份，与交通部门配合上路检查10余次。开展对商品房、机动车驾驶员培训机构、超市、宾馆、汽车销售、药店的明码标价检查，全年共查处不按规定明码标价的违法案件2起，规范各行业的明码标价行为。根据“发展环境优化年”收费专项检查工作安排和群众举报，组织对民办玉潭实验学校、民营博爱医院、益阳市中油天然气有限公司、桃花江驾校、灰山港镇村镇建设站、马迹塘镇村镇建设站、电力局（农村安全饮水工程电价执行情况）等七家收费单位进行检查，并对桃花江镇所辖社区收取卫生费的情况进行了调查。共查实各项违规违价及违反程序的收费，涉及金额2968238.2元。将检查中发现的问题及时通报县监察局、县财政局、县督查局，并依法对玉潭实验学校、益阳中油天然气有限公司、桃花江驾校、博爱医院的问题进行定性和处理。自筹资金组建“12358”全国价格举报平台，加强了对“12358”价格举报热线电话的24小时专人负责制，非常时期、重大节假日实行轮流值班制。一年来共受理价格投诉16件、价格举报3件、价格咨询182件，办结率均为100%。

改进价格服务措施，提高整体服务质量。从规范鉴证文书和程序入手，改进鉴证工作方法，提高工作效率，做到刑事案件同步登记、同步勘验，减少工作流程。同时，更加注重鉴证程序和案卷规范化管理，积极稳妥地推进涉案价格鉴证工作，已完成涉案价格鉴证346宗，同比增长13%，涉案标的814.39万元，所做鉴证未引发一例复核裁决或行政诉讼，鉴定准确率达100%，实现非税收入7万元。扎实做好成本调查和成本监审，对24个定点调查户进行2次走访，查看登记情况，指导登记数据。认真开展“农产品成本常规调查、专项调查、直报调查”等多项工作，完成了生猪月报、季报及小规模生猪生产成本收益情况调查。对农户存售粮情况、农户农资购买情况进行专项调查，对农调户登记的基础数据认真核实、整理、汇总，并及时上报数据。撰写每季度生猪调查情况分析材料、农户存粮情况、农户农资购买情况、小规模生猪生产成本收益情况调查报告。做好了玉潭幼儿园和玉潭实验学校伙食费、灰山港自来水厂、益阳湘运公司灰山港分公司公交车票价的成本监审工作，积极开展对马迹塘镇自来水厂和全县农村客运票价调价前的成本监审工作。

立项争资取得新突破。积极争取省市支持，完成立项争资715.1万元，同比增长222%，创历史新高；引进常德老板文寿立投资2000万元，创办马迹塘镇家家乐超市；投入5万元，帮助三堂街镇郭家洲村、乌旗山村开展美丽乡村和群众工作站建设。

打造阳光政务工程。全年在省、市、县新闻媒体发表价格新闻信息50余条。积极推进“阳光政务工程”建设，通过网站媒体共发布各类政务信息100余条。政务服务股做好人员替换及交接工作，共完成办件970件，按时办结率、群众满意率均为100%，政务中心考核100分。窗口征收价格调节基金140万元，同比增长43%；积极配合价格监测收费股搞好年检监审工作。（龚亚琼）

【加强农村安全供水工程用电价格监管】 5月12日开始，县物价局对全县32个农村安全用水工程的用电价格进行专项检查，逐一核查2013年以后的用电价格执行情况，给业主逐个发送《湖南省物价局关于省电网电价调整有关问题的通知》和益阳市政府关于《益阳市农村饮水安全工程建设与运营管理办法》文件，宣传农村安全供水用电执行居民生活用电价格的政策。

【整顿民办幼儿园收费】 5月，县物价局价格成本调查队进驻玉潭实验学校幼儿园，对该园进行成本监审，桃江县规范民办幼儿园收费秩序专项行动拉开帷幕。针对全县民办幼儿园收费不规范的现状，县物价局决定在2014年对全县民办幼儿园的收费进行一次全面整顿。一是对全县民办幼儿园分类别、分地域开展成本监审，掌握定价依据；二是严格收费备案制度，敦促所有民办幼儿园按规定程序到县物价局进行收费备案并办理“服务价格登记证”，要求民办幼儿园对其收费标准进行公示，接受社会监督；三是加大收费督查检查力度，不定期开展收费督查，组织专项收费检查，坚决查处乱收费行为。

【开展发展环境优化年收费专项检查】 6月19日，县政府办组织县监察、物价、财政、督查等部门召开“发展环境优化年”收费专项检查联席会议，研究部署全县2014年“发展环境优化年”收费专项检查工作。会议总结了2013年度“发展环境优化年”收费专项检查工作，对2014年“发展环境优化年”收费专项检查作了全面的安排，明确此次检查要做到“全覆盖、不留死角”，检查的重点为收费数额较大、企业与群众反映强烈的部门单位的收费项目，检查时限为2013年1月以后发生的收费行为，具有连续性的、重大的乱收费行为将追溯到上一年度。

【规范机动车驾驶许可培训收费】 7月7—25日，县价格监督检查局针对部分驾培机构收费环节过多、过乱、标准不一、降低培训质量和服务等级乱收费等方面的问题认真进行整治和检查，对其中社会反映强烈、问题突出的一所驾培机构予以行政处罚。8月初，县价格监督检查局对全县9所机动车驾培机构发出提醒告诫函，要求各驾培机构严格执行新的培训收费，做到：认真落实好价格公示制度，增加社会透明度；统一集中收费，杜绝教练员私自收费、多环节收费；依法与学员签订培训合同，严格按培训合同服务内容收费，不得降低服务标准乱收费；各项收费实行前必须将收费方案抄送物价部门。

农村经济经营管理

【县农村经济经营管理局领导人名录】

局　　长　彭建良

副 局 长　李石凡　张珏多

　　　　　胡希月

纪检组长　龚敏灵

【概况】 县农村经济经营管理局是县人民政府直属正科级事业机构，是县人民政府主管全县农村经济经营管理的职能部门，承担全县农民权益维护和农民负担监督管理、农村集体“三资”、农村土地承包管理及农民专业合作社指导与管理四大工作职能。机关内设办公室、农村集体财务管理股、农民负担监督管理股、土地承包管理股4个股室。2014年年底有编制人员14人，其中班子成员5人。2014年，县经管局被评为“全省农村经营管理工作先进单位”“全省农村土地承包经营权确权登记试点工作先进单位”“全省农村集体‘三资’管理与农村审计先进单位”“2014年度全市农村经营管理工作先进单位”。

农民负担监督管理。全年开展专项检查3次，全面督查2次，在5月和7月的全县村级财务规范化管理和财务公开问题专项整治、坚决纠正损害涉农利益行为专项整治活动中，通过自查自纠、专项整治，全县立案查处惠农补贴发放违纪违规案件34起、涉案人员35人，收缴各类违纪资金236744.5元；全县19个涉农单位、13个乡镇按要求落实减负备案制度，教育、农业、农机、民政、移民等部门出台涉农收费文件和补贴发放方案一律实行会审联签制度，全县惠农补贴资金基本实现“一卡通”发放，“一事一议”筹资筹劳审批、农民负担监督管理“十项制度”得到落实，监管长效机制逐步建立。

农村土地确权颁证和土地流转。确权颁证整县推进工作全县完成262个行政村、7413个组、59.8万亩耕地的外业调查，占承包到户耕地面积的92%。内业工作同步跟进，基本完成预期工作目标任务；土地流转方面规范了土地流转合同，建立了土地流转大户台账。全县累计流转土地52.26万亩，耕地流转面积34.02万亩，耕地流转率达51.47%。三个土地信托流转试点乡镇试点成果得到巩固，信托流转公司内部管理加强，信托流转面积保持基本稳定。启动了农村土地承包经营权抵押贷款试点工作。会同县金融办、人民银行桃江支行出台了《桃江县农村土地承包经营权抵押贷款暂行办法》，参与制定了《桃江县“三权”抵押融资试点工作实施方案》。开展了农村土地承包经营权抵押贷款业务，配合县建信村镇银行发放贷款3笔，贷款金额共计175万元。

农村集体“三资”管理。全年开展村级财务管理和公开情况检查4次，指导督促各乡镇制定完善了村级财务管理制度，对村级招待费、招商引资费等非生产性支出制定了具体限制措施，建立健全了村级“三资”管理台账。加强了村级债权债务管理，全县村级财务管理日趋规范。2014年，全县立案查处村干部侵占、挪用、贪污村级集体资金案件18起、涉案人员25人，村级招待费用大幅下降，村干部补助发放得到有效规范。强化了对村级财务的日常监管。在全县284个行政村、24个社区村账乡（镇）代理的基础上，建立了全县村级财务网络监管平台，县减负办、纠风办、财政局等部门，可通过平台随时调阅村级每笔收入、支出及“一事一议”资金的使用情况，及时发现和制止村级组织盲目建设、增加村级负债和变相加重农民负担的行为；出台了严格的制约措施。协助纪检监察部门制定了《桃江县村级（社区）财务“十不准”暂行规定》，明确规定对违反“十不准”的涉事人员和主要负责人一律予以问责，视情节轻重给予相应行政处分，构成违纪的，给予纪律处分；涉嫌犯罪的，移送司法机关依法处理。

农民合作社发展指导与服务。2014年全县新发展农民专业合作社59个、家庭农场352家，超额完成年初计划；按照省委省政府为民办实事工作要求，加强了对桃花江竹制品生产专业合作社创建省级示范社的指导，督促其完成办公场地的建设和改造，完善合作社的运行管理制度，畅通合作社产品的销售渠道，合作社的示范带动作用明显提升，示范社建设工作顺利通过省市验收；认真组织开展了农民合作社发展情况的调研，并制定出台了《桃江县人民政府关于支持和促进农民合作社规范发展的实施意见》，为桃江农民合作社的规范发展提供了政策支持；启动了县级示范社创建工作。制定了评定标准、评定程序及奖励办法，年底前完成第一批县级示范社评定工作。（文昭）

【韩长赋到桃江调研】 2月23日，国家农业部党组书记、部长韩长赋到桃江株木潭村调研农村土地确权颁证试点工作。在株木潭村村部会议室，韩长赋主持召开了有村民代表、村干部、桃花江镇干部、县经管部门干部、县党政主要领导参加的调研座谈会。韩长赋充分肯定桃江县的试点工作，并强调，要高度重视，精心组织农村土地确权颁证工作，切实维护农民权益，尊重农民意愿，坚持从农村实际出发，保持农村土地承包关系稳定。省委副书记、省长杜家毫，农业部总经济师、办公厅主任毕美家，副省长张硕辅陪同调研。

【桃江首家水稻种植专业合作社联合社成立】 4月7日，桃江县同兴水稻种植专业合作社联合社经工商登记注册成立，成为桃江县首家登记注册的水稻种植农民专业合作社联合社。该联合社由桃江县永乐水稻种植专业合作社等8家水稻种植专业合作社发起成立，注册资本3486万元。该社理事长夏明表示，成立联合社的目的，就是将单打独斗、各自为政的农民专业合作社联合起来，共享信息、技术、资金、人才、市场等资源，壮大合作社的规模和实力，拓展农产品的销售市场，实实在在为农民增加收入。

【桃江确定为确权登记颁证整县推进试点县】 4月29日，全省农村土地承包经营权确权登记颁证试点工作动员大会上，桃江县被确定为全省农村土地承包经营权确权登记颁证整县推进试点县，成为全省首批农村土地确权颁证整县推进试点县。2014年全省整县推进试点县有3个，另两个是澧县和新田县。

【组织开展“村级财务清理月”活动】 县经管局按照《桃江县村级财务管理和公开实施办法》规定，组织各乡镇认真开展三月份“村级财务清理月”活动。县经管局要求各乡镇要将三月份“村级财务清理月”活动纳入党委政府一项主要工作进行部署，切实加强领导，组织精干业务人员，落实工作经费，确保3月底前全面完成清理整顿工作。清理月的具体任务一是督促各村归集好2013年度所有村级财务收支凭证，按规定搞好会审联签，并到乡镇村账代理中心交账入账。二是督促各村对2013年度的村级收支情况进行全面清理，形成书面清理结论并张榜公布。三是综合清理结果和2013年11月开展的财务收支审计情况，及时向乡镇党委书面报告各村村支两委届期财务执行情况。四是建立和完善好村级“三资”台账，做好债务化解工作准备。为确保清整工作实效，县经管局会同县纠风、督查、财政等部门，对清理整顿情况进行督促检查和评估指导。重点检查村级支出报账是否合规、财务清理是否有书面结论并是否在公示栏内公示、是否有村支两委届期财务审计报告书。检查评估情况将在全县通报，并纳入减负和村级财务管理绩效考核。

【桃江出台村级财务“十不准”暂行规定】 9月19日，县委办、县政府办下发《桃江县村级（社区）财务“十不准”暂行规定》，从村级财务存在的违规报账、乱开支、乱发补贴、擅自组织外出学习考察、新增债务、擅自支付借款利息、违规使用建设项目资金、违规使用各种惠农补贴资金、擅自处置集体资产、简化财务公开程序等十大类问题进行严格控制，强化了村（社区）、乡镇农村经营管理、财政部门以及乡镇党委、政府各级的主体责任和监管责任。

【桃江出台农民合作社规范发展实施意见】 12月15日，桃江县人民政府下发《关于支持和促进农民合作社规范发展的实施意见》，文件从目标任务、工作重点和措施保障等方面对支持、促进农民合作社发展提出了详细指导意见，是桃江县首个支持、促进农民合作社发展的规范性文件。

【启动农民合作社县级示范社评定】 12月29日，桃江启动首批农民合作社县级示范社申报工作。县级示范社评定工作严格按照《桃江县农民合作社县级示范社评定及管理办法》规定的标准和程序进行。评选最终确定的县级示范社将被授予“农民合作社县级示范社”称号，并在支农资金和项目上获得优先扶持。县级示范社每年评定一次，实行动态监管。

【桃江经验在全省推介】 桃江县农村土地承包经营权确权登记颁证试点资料被收录至2014年6月出版的《湖南省农村土地承包经营权确权登记颁证文件资料汇编》，用以指导湖南省其他县市区开展农村土地承包经营权确权登记颁证工作。桃江县经管局局长彭建良还被确定为全省农村土地承包政策技术专家人才库成员，副局长张珏多被省经管局确定为全省土地承包经营纠纷仲裁专员。

工商行政管理

【县工商行政管理局领导人名录】

局　　长　肖建光
副 局 长　符战胜　温建军
　　　　　谢兆军　杨锦人
　　　　　熊军辉　符映东
工会主席　胡自力

【概况】 桃江县工商行政管理局（以下简称县工商局）下辖10个工商所、3个分局、10个内设股室、2个挂靠社团组织，共有干部职工261人，其中在职168人、退休93人。2014年，县工商局坚持以制度治局，以人心活局，以事业兴局，不断加强队伍建设，强化市场监管，全力服务地方经济社会发展，先后获全县重点工作目标绩效考核一类单位、全市工商系统绩效考核一类单位、全市打击传销工作先进集体、全县依法行政示范单位、全县法治建设工作一类单位、全县人口和计划生育综合治理工作一类单位、全县组织工作一类单位等荣誉称号。

服务发展。食品安全监管职能实现平稳过渡。按照食品药品监管体制改革的要求，于12月份顺利完成流通环节食品安全监督管理职责和人员划转，共有18名干部职工划转至县食品药品监督管理局，其中行政编12名，事业编6名。推进商事制度改革，优化市场准入环境。注册资本实缴改认缴，企业年检改年报，工商注册登记实现了“零收费”和“零门槛”。全县新增市场主体3523户，其中企业1048户（助推个体工商户转型升级为企业310户）、农民专业合作社85户，分别同比增长13%、24 %和47%，全县市场主体总量达24401户。编制《2014年桃江县市场主体发展报告》，为县委、县政府决策全县经济社会发展战略提供可靠依据。实施品牌战略。积极引导市场主体注册商标，争创中国驰名商标和省著名商标。新增注册商标41件、“桃江绿茶”地理标志证明商标1件、省著名商标3件，续评省著名商标4件。全县共有注册商标899件、著名商标22件、地理标志证明商标2件，著名商标和地理标志证明商标数量居全市第一。深化融资服务。办理动产抵押登记29件，担保债权数额42439.8万元；办理股权出质登记43件，出质股权22507.72万元，担保债权数额95220万元；与邮政储蓄银行等金融机构对接，促成15家中小微企业实现贷款653万元。

市场监管。信用监管全面展开。认真落实《企业信息公示暂行条例》，开展企业信息公示工作，积极宣传相关法律、法规。办理市场主体信息公示联络员备案1886户，分16次公开市场主体违法记录339条。开展首轮市场主体公示信息抽查，对省工商局统一摇号确定的48户市场主体进行实地核查。专项整治成效明显。查处各类违法案件389件。集中开展打假治劣、红盾护农和整治虚假违法广告三大专项行动，查处制售假冒伪劣商品案件46件、农资案件35件、违法广告案件21件，捣毁制假售假窝点1个，查封假冒商标标识、质量标识共计4680套，销毁假冒伪劣商品12吨。日常监管稳步推进。规范直销企业22家；查处网络传销案1件，对当事人做出罚款50万元的行政处罚，彻底捣毁这一在全县拥有157名“会员”的传销团伙，及时杜绝传销在桃江县的渗透；查处无照经营案件36件，规范、取缔无照经营667户；查处安全生产案件28件；查处食品安全案件129件，没收各类过期、劣质食品245公斤；建立了全县网络经济户口数据库，录入网络经济户口2075户，查处网络交易市场违法案件5件。

消费维权。大力宣传新《消费者权益保障法》（简称新消法）。开展“新消法进校园”宣传活动，邀请法律专家在桃花江镇中心学校开设消费维权知识讲座，向学生灌输理性消费、科学消费意识；与电视台合作，制作《新〈消法〉十大亮点节目》专题节目10期并在黄金时段播出。加强维权网络建设。开展“12315”进超市、进商场、进市场、进企业、进景区“五进”工作，在全县建立“消费维权服务站”72个，完善消费维权网络建设。受理消费者咨询369件、申诉285件、举报42件，办理县长热线件15件，办结率达到100%。

中心工作。开展创卫工作。对县城创卫区1011户流通环节食品经营户（其中食品经营户726户，现场制售的食品加工小作坊285户）进行规范整治，制发公示牌1011块，印发食品（添加剂）进货台账5000本和散装食品标签30000张，为现场制售的食品加工小作坊配置灭蝇灯120个、工作服200套，为食品经营户配置苍蝇拍2000个、带盖垃圾桶350个，创卫工作基本达标，顺利通过省爱卫委检查组的预评估。开展“五小”行业（小修理店、小藕煤店、小废品店、小石材加工店、小洗车行）整治。整治规范城区主干道汽修汽配门店，做好金盆北路等主要路段汽修汽配门店搬迁工作，立案查处无证无照和超范围经营21户，促使30户实现自主搬迁。做好改善民生重点工作。牵头开展农村户外广告专项整治，拆除桃益线、桃灰线、桃马线范围内竖式招牌广告1272块，覆盖未经审批的墙体广告316块，立案查处广告违法行为23起，广告主、广告经营单位主动上门申请户外广告登记151件（整治前每年仅30余件），逐步形成了以“政府主导、工商牵头、属地管理、部门协作”的农村户外广告管理新模式，提高了管理效能，提升了桃江的整体形象。开展“治超治限”工作。制发宣传提示牌400块，查处非法从事报废汽车回收案6件，吊销营业执照4份，查处无照从事汽修汽配经营案15件，查处非法从事机动车维修51件。牵头开展“流动货车”经营行为整治等专项行动。

作风建设。扎实开展群众路线教育实践活动和“三访三化”活动。按照县委统一部署，认真扎实开展群众路线教育实践活动，得到了县委组织部和督导组的充分肯定。收集并梳理对班子和班子成员意见101条，减少文件29.2%，减少会议30%，减少“三公”经费19.7%。局领导带队下基层150人次，收集、解决问题50余个，捐赠扶贫帮困资金61700元，捐赠图书近1000册，联系村马迹塘镇丰溪村建成一个群众文化阅览室。切实加强作风建设。认真贯彻落实省、市、县各项规定，严肃查处“慵、懒、散”等违纪违规行为，制定《桃江县工商局作风建设专项督查办法》《考勤及请假规定》等一系列文件，在局机关和10个工商所安装“人脸考勤机”进行上下班考勤；强化督查和绩效考核，对机关和工商所不定期抽查，对违纪违规人员严肃处理，严格落实各项规章制度和纪律要求，全局作风纪律进一步好转，形象地位进一步提升。开展“文明单位”创建活动，工商所内外形象焕然一新。（杨忠）

质量技术监督

【县质量技术监督局领导人名录】

局　　长　詹益彬（2014.10 止）
　　　　　胡巍然（代 2014.10 起）
副 局 长　陈明辉　刘跃波
　　　　　郭伟清
纪检组长　胡巍然（2014.10 止）
　　　　　陈明辉（2014.10 起）

【概况】 县质量技术监督局（简称质监局）内设办公室（法规监督股）、标准质量股、计量股、特种设备安全监察股（特种设备事故调查处理办公室）、人事股（财务室）、桃江县质量技术监督稽查大队（“12365”投诉中心）、桃江县产品质量监督检验及计量检定所。在职人员28人。

2014年，县质监局全面完成了全年工作目标任务，被省局评为组织机构代码工作先进单位、组织机构代码文明服务窗口，被县食品安全委员会评为年度全县食品安全监管工作优秀单位。

质量兴县。在全省率先设立县长质量奖并出台相关文件、评选方案。县政府召开了质量强县工作暨宣传贯彻《湖南省质量发展纲要》会议。经过最终评选，获县长质量奖的单位有新兴管件有限责任公司、久通锑业有限责任公司，获个人奖的有南方水泥有限公司总经理董建松。

安全生产。狠抓食品安全工作。严格市场准入门槛，认真做好申换证企业的审核工作，指导12家食品企业申换生产许可证，现场帮扶指导和完善各项规章制度，7家企业经省现场评审一次性通过，许可前抽查全部合格。认真督促企业落实主体责任，认真开展日常巡查、专项检查和特别监督检查等工作，和食品生产企业签订质量安全承诺书49份，对全县49家食品获证企业进行现场年审和巡查，对高风险食品生产企业，每个季度都进行了巡查、回访。开展了各项专项整治和检查：开展了食品添加剂专项整治、结合创卫工作开展小作坊专项整治、桶装饮用水专项整治、肉制品专项整治、校园及周边食品专项整治，全年未发生食品安全事故。狠抓特种设备安全工作。大力宣传和贯彻《特种设备安全法》。通过县电视台节目、设立咨询台、挂横幅等方式进行宣传。专门拿出近2万元，购买200份《特种设备安全法》印刷品和手册，定做50块宣传展板，免费分发到全县各乡镇和重点单位。开展专项执法检查，到企业进行面对面宣传、解读。开展了特种设备各项大检查，主要包括特种设备"打非治违"专项检查、油气输送管道等特种设备排查治理、电梯专项检查、"百日行动"安全大检查。共出动执法人员171人次，执法车辆49辆次，检查使用特种设备企业109家，签订特种设备安全承诺书109份，下达特种设备安全监察指令书65份，消除安全隐患18处，查封锅炉2台，下发锅炉压力容器定期检验通知256份，协助益阳特检院对136家企业的在用锅炉压力容器进行了定期检验。特种设备安全态势平稳向好，全年未发生特种设备事故。

为民服务。上门现场帮扶食品生产企业完善各项规章制度，指导12家食品企业申换生产许可证；帮助企业申办特种设备作业人员操作证。局政务中心窗口新办代码证663件、变更换发代码证567件、年检代码证1215件、废置代码证109件、发证1282份，及时完成了信息公开数据的上传。全年对107家企业进行了标准化审查，对2家企业进行了企业标准备案。指导湖南省春龙竹艺有限公司、桃江曙林家居有限公司等6家企业申报湖南名牌。春龙竹艺有限公司生产的"春龙"竹凉席被评为2014年湖南名牌产品。深入开展计量惠民活动：对全县所有水泥厂、各乡镇医院使用的医用计量器具和全县加油站进行了日常监督检查；对全县各计量认证单位、授权单位进行了监督检查和年度审查；对全县各药店销售的产品所选用的防伪标识进行了监督检查，对全县药店的计量器具进行了年度审查。在节能减排方面，对全县的3家高耗能企业（南方水泥、金沙钢铁、中源钢铁）开展了节能减排通则认可能源计量器具监督检查。共完成检测各类计量器具1916台件。共检定加油机224台次，检定衡器730台次，天平、压力表、血压计共检定286台次，电能表检定86块。免费检测医疗、集贸市场民生计量器具590台次。

队伍建设。规范执法队伍行为，严格执行质检系统行风建设"十不准"和文明执法，将执法工作情况纳入绩效考核内容。认真组织全局干部职工参加执法和业务知识培训，由局领导和中层骨干结合实际讲课，提高干部职工执法水平。加强执法人员廉政教育，促使执法人员自觉做到自省、自警，每个案件都进行回访，由当事人填写《回访登记表》。规范执法程序，推行阳光执法：制定了《行政执法办案程序流程》，积极推行"说理式文书"和坚持案件审理"三审制"，增加执法办案的透明度。规范自由裁量，显示行政执法公正性。制定了《桃江县质监局行政处罚自由裁量权基准》，认真落实违法案件集体审理制度，有效杜绝执法随意性及办理人情案现象。同时正确处理好监督与服务、规范和帮扶的关系。规范实施"两法衔接"和行政执法监督检查机制，根据《行政执法监督检查制度》进行集中评查，及时将检查情况反馈给相关股室，并要求相关股室针对存在的问题，制定相应整改措施，建立起长效工作机制，严格规范执法权力运行。认真落实廉政建设的各项规定和制度，印发了《2014年党风廉政建设和反腐败工作要点》《党风廉政建设工作方案》，层层签订党风廉政建设责任书，严格执行"八项规定"，紧抓精文简会、厉行节约，健全完善"三公"经费预算约束、公务用车等制度。与2013年相比，发文降幅达15%以上，所有发文均控制在8页以内；召开各类会议次数较近三年平均数减少15%以上；全年"三公经费"支出26.58万元，同比减少11.84万元，减少30.82%，无因公出国费用支出。

（丁松）

【开展电线电缆专项整治行动】 5月份，质监局开展了电线电缆专项整治行动，对全县电线电缆销售门店、生产企业进行了全面检查，共检查门店17家、生产企业1家。查处销售假冒伪劣产品门店1家、查封假冒"金杯"电线21卷；查封无证无照经营企业一家，查封假冒“金杯”电线213卷，假冒产品标牌1800张。

【詹益彬获评湖南最具影响力法治人物】 6月，县质监局局长詹益彬被湖南省法制办评为2013年度湖南最具影响力法治人物。詹益彬十多年如一日，全身心地投入工作，共办理各类案件700多起，查处违法货值金额近二千万元，打掉制假、售假窝点80多个，处理投诉500多起，为企业和消费者挽回损失近千万元。

【开展“打非治违”专项整治行动】 8月，县质监局开展特种设备“打非治违”专项整治行动，对县域内245家使用特种设备的企业进行了普查摸底，查封超使用年限的锅炉和土制锅炉2台，建立特种设备重大问题台账。同时对特种设备重大问题台账上的26家企业进行了检查，7家企业设备已停用，14家企业设备重大问题已整改到位。

农村社会经济调查

【国家统计局桃江调查队领导人名录】

队　长　张正华

副队长　龚放兵

纪检员　田义纯

【概况】 桃江县农村抽样调查队成立于1984年8月，1989年4月更改为桃江县农村社会经济调查队。2007年6月，撤销桃江县农村社会经济调查队，设立国家统计局桃江调查队，明确为正科级机构。下设办公室、纪检监察室、统计执法检查室、业务股、监测与专项调查股室。2014年有事业编制8名，领导职数3名。

主要调查数据。2014年全县城镇居民人均可支配收入21081元，去年同期19433元，同比增长8.5%；全县农村居民人均可支配收入10976元，去年同期9675元，同比增长13.5%；粮食总播种面积94.16万亩，总产量36.2万吨，比上年分别增长0.51%和2.31%；生猪饲养量108.22万头，其中存栏44.13万头、出栏64.09万头。

调查项目。城乡居民一体化调查、产粮大县县级粮食产量调查、生猪调出大县畜禽调查、工业产品价格调查、农产品价格调查、集市贸易价格调查、农产品中间消费调查、小微企业调查、第三次全国经济普查个体经营户抽样调查。

调查基础工作。坚持自查、交叉检查、核查、巡回检查和电话回访，确保自查到位。对所有专业进行全面自查自纠，使差错消灭在萌芽状态。开展交叉检查，分别于5月和10月对住户调查和畜禽调查工作开展交叉检查。抓现场核查，重点对农产量调查和畜禽调查抓好现场核查。开展巡回检查，对住户、农产量、畜禽、价格等调查工作开展巡回检查。实行电话回访制度，对住户、农民工、农产量、畜禽、价格等专业做到每季度不少于1次电话回访，电话回访成为工作新常态。扎实稳健开展城乡住户调查一体化改革工作，确保调查数据准确可靠。立足社会经济发展实际，以数据质量为中心，大力夯实城乡住户调查基层基础工作，积极部署，快速行动，全面落实，圆满完成各项任务。强化责任意识、求实意识、常态意识，保证农业调查工作全面开展，进展顺利。畜禽监测工作有序开展，通过狠抓台帐账数据质量，并做到及时到户访问、及时登记台账、及时上报，组织县队干部自查和队领导抽查，杜绝虚报、漏报和缺报现象，保证了生猪监测数据真实可靠。扎实完成价格调查，重点抓好调查点基础工作，抓实台账做到数据不重不漏，抓审核评估力争消灭差错，抓分析研究以提高服务水平，保证了数据的准确性。圆满完成个体户抽样调查。3—5月，对全县20个村、社区共1296户个体经营户进行全国第三次经济普查个体经营户抽样调查，确保了独立调查、直接上报和数据的真实可靠。

服务水平。深入基层调查，掌握第一手资料，切实反映全县经济情况和经济工作中出现的新情况、新问题、新动向，服务地方经济发展，积极提供真实可靠的第一手资料。根据国家统计局湖南调查总队的要求和当地政府的安排，组织对居民收入、农产量、生猪生产等进行了一系列调查，全年撰写调查分析材料20篇、重大信息30期，及时向总队反映全县出现的各类新情况、新问题、新动向，每季度将城乡居民可支配收入、粮食生产、生猪生产等主要调查数据及时反馈给县委、县政府主要领导。

队伍建设。强化反腐倡廉建设主体责任。严格执行《桃江县党风廉政建设责任制》，切实担负起全面领导推进构建惩防体系的政治责任，主要负责人认真履行党风廉政建设和反腐败工作第一责任人职责。严格规范制度。持之以恒落实中央“八项规定”精神和《桃江县十个一律免职和十八个一律问责暂行规定》，严格落实《党政机关厉行节约反对浪费条例》及党政机关国内公务接待管理、党政机关楼堂馆所建设和办公用房清理、公车配备和使用等方面配套规定。对财务制度和车辆使用制度进一步完善。宣传“5910”廉政账户，突出抓好34项“四风”方面突出问题专项整治，盯牢重要节点，抓住具体问题，加大监督检查力度。深入开展“厉行节约、反对浪费”专项整治，切实增强勤俭节约意识，切实净化单位风气。加强业务工作的检查督促，对于住户、畜牧业、农产量、价格等，深入农户、深入丘块、深入猪栏，开展了业务队长组织的巡回检查和交叉检查、自查。严抓机关作风。全面落实“三重一大”决策事项管理规定。认真解决工作中存在的相互推诿、办事拖拉、效率低下等问题。对工作人员在上班时间吃早餐、网购、看电影、炒股等问题经常提醒和检查。彻底删除办公室电脑中游戏软件、炒股软件。坚持政务公开、财务公开，对涉及本单位人、财、物以及干部职工切身利益的重大问题，均按湖南国调系统“三重一大”决策事项管理规定办理。严格控制“三公经费”支出，达到以最低的行政成本取得最好的行政效果。

文明创建。筑牢“共建共享”思想根基，对文明创建多次进行专题研究部署，召开文明创建工作大会，就加强领导班子建设、业务建设、思想政治教育、文明创建制度建设、党纪政纪法纪教育等方面提出了具体要求。全体干部职工加深认识，热情高涨，“文明创建人人有责、文明成果人人共享”的氛围日趋浓厚。完善文明创建长效机制，成立领导小组并设立创建工作办公室，完善《创建文明单位实施方案》，确立创建目标、组织领导、保障措施，搭建了“条块联动、齐抓共管、全员参与、整体推进”创建框架。找准文明创建载体，创建文明和谐机关。围绕文明创建工作主题，以“尚法唯实、真情报国”湖南国调精神为载体，努力创学习型调查队建设之先，争提高干部综合素质之优；创统计行风建设之先，争提高国家队意识和调查队意识之优；创统计基础建设之先，争提高数据质量之优。丰富干部职工的文化生活，开展“中国梦·国调情”征文演讲比赛，组织爬浮邱山等文体活动，积极参与体育局、总工会组织的各项比赛。开展平安创建。高度重视综合治理工作，干部职工自觉学法、懂法、守法，确保干部职工全年无刑事或重大治安案件，无重大违纪案件，无民事纠纷，无邪教组织和邪教练功人员，无黄、赌、毒等现象，机关公共秩序好，综合治理合格，社会治安综合治理工作实现“九无”目标，确保了机关的平安祥和和各项工作的顺利开展。（周建华）

【庞晓林督查“三经普”工作】 4月17日，湖南调查总队总队长庞晓林一行在益阳市常务副市长杨跃涛、益阳调查队队长李扬、桃江县常务副县长周卫星的陪同下，督查了全县“三经普”个体户抽样调查工作。庞晓林听取了周卫星对全县“三经普”个体户抽样调查工作的情况汇报，对入户调查进行了督查，充分肯定了全县“三经普”工作所做出的成绩。

农 业

综 述

【县委农村部、县政府农村办领导人名录】

部 长、主任 彭海怀

副部长、副主任 薛乐生 陈佳久 夏志群 文爱华 王 坚

纪 检 员 肖吉安

扶贫办主任 文爱华（兼）

农村生态能源局局长 贾兆华

【概况】 2014年，桃江县认真贯彻落实中央惠农政策和各级农业、农村工作会议精神，大力发展现代农业，扎实推进新农村建设，农村居民生活得到全方位改善。全县农林牧渔业总产值55.84亿元，比上年同期增长5.2%，增速居全市第一，实现五年连增。农村居民人均可支配收入10976元，同比增长13.4%，居全市第二位。

统筹城乡发展。15个乡镇完成村庄布局规划的编制与审批，12个建制镇完成总规编制，新增灰山港、马迹塘为新型城镇化示范乡镇；沾溪镇白沙洲，桃花江镇算盘洲、资江南路等农民集中居住区建设进展顺利；284个村全部完成了“四位一体”改革工作；涉农项目资金整合工作开始启动；全县流转土地52.26万亩；农村集体土地所有权外业调查全部完成并建立数据库。沾溪镇10个村、两型区3个村全面完成农村土地承包经营权确权颁证工作；农村金融改革顺利推进，全县“三权”抵押融资试点进展顺利，“三权”抵押贷款余额13户、1394万元。

新农村建设。2014年全县确定2个美丽乡村和24个人居环境整治村。县委农村工作部组织参观学习、流动现场会议3次，项目村农村经济发展、基础设施建设取得长足进步。崆峒村作为全省为民办实事新农村示范村，年内投资3180余万元完成苗木水果基地建设、农电网提质改造等16个建设项目。11月23日，省为民办实事“美丽乡村”验收组到崆峒村检查验收，对创建成果给予高度肯定。2015年全省农村工作会议上崆峒村被正式授牌“湖南省美丽乡村”；其余项目村在基础设施建设、产业发展、民主治理等方面取得了可喜成绩，大栗港镇朱家村主打“产业和生态”两张牌，千亩茶叶水果基地建设初具规模，村容整治成效明显；武潭镇莲花坪村发展千亩茶叶基地，沾溪镇洋泉湾村发展400亩虾蟹水产养殖基地，黄泥田村发展食用菌、苗木、蔬菜基地，鲊埠乡军功咀村动员社会力量筹资百万余元修好1.5公里村级公路。

农村清洁工程。继续全面、深入、持久推进农村清洁工程，巩固和提高“四有两无清洁村”创建成果，努力实现农村垃圾收集处理设施全覆盖、农村垃圾清运网络全覆盖，农村长效保洁机制全覆盖，农村垃圾分类减量、就地处理全覆盖。全县乡镇集镇、农村公共区域、城乡结合部、行政村和农户庭院环境卫生状况得到进一步改善。全年共组织督查10次，奖罚金额100余万元。接受市农清办督查9次，位列全市第三。

农村能源项目。2013年度沼气国债项目确定计划为小区联户沼气工程项目50处，供气户数400户，建设总投资311.8万元（中央投资76.8万元、农户自筹235万元），已全部完成任务。开展了农村沼气

物业化服务工作，成效显著。

建设扶贫工作。全面完成全县贫困人口、贫困村识别与建档立卡工作，并通过验收。筹集项目资金5366.5万元，扎实推进贫困村交通、电力、水利、村部建设等基础设施建设，22个建设扶贫村共投入农村公路建设资金992万元、水利建设资金868.5万元、电力建设资金445万元、公益事业建设资金235万元。

“一事一议”项目建设。全年共争取项目资金2160万元，落实项目村240个。项目全部启动，验收合格，资金全部拨付到位。

农村党风廉政建设。牵头制定关于惠农政策落实、农民减负等4个文件并开展督查、整改工作。6月，“桃江阳光三农网”正式运行。9月，在全县15个乡镇筹划建立统一品牌的桃江县乡镇政务网暨阳光三农网专栏，由县电子政务办委托专门公司统一为各乡镇设计制作政务网站，费用由县财政负责，网站由各乡镇党委、政府主办。

农民培训、招商引资工作。2014年完成新型农民培训8210人。引进招商引资项目投资4000万元。

（彭朝众）

【召开全县农业农村工作会议】 3月7日下午，全县农业农村和计划生育工作会议在党政大楼附属楼会议室召开，会议回顾总结了2013年全县农业农村和计划生育工作，部署安排了2014年工作。县委书记谭建华主持会议，县长何军田做工作报告。

【县乡镇政务网暨“阳光三农网”专栏建设启动】 9月5日下午，县纪委党风廉政建设室、县委农村工作部、县电子政务办（信息中心）联合召开桃江县乡镇政务网暨阳光三农网专栏建设工作会议，各乡镇分管领导及相关工作负责同志参加，该项工作全面启动。

【崄峒村创建湖南“美丽乡村”迎省级验收】 11月23日，湖南省“美丽乡村”示范村创建工作考核组一行到桃江，对桃花江镇崄峒村创建省级“美丽乡村”示范村进行验收，县委办主任肖立新陪同。通过实地考察和听取情况汇报，考核组表示，崄峒村达到了全省“美丽乡村”示范村建设的有关标准和要求。

水　利

【县水务局领导人名录】

局　　长　薛庆贤

副 局 长　莫建辉　汤重毛

　　　　　詹正雄　莫静华

　　　　　高象贤　高伟龙

纪检组长　龙　腾

工会主任　陈　琳

总工程师　莫建辉（兼）

【概况】 县水务局内设股室站14个：办公室（机关工会）、人事教育股、防汛办（农电股）、工程规划计划股、财务股、政务服务股、河道站（砂石办）、供排水管理站、监察室（绩考办）、水利工程质量安全监督站、水土保持局、水利建设项目管理中心、水资源股、县水务投资开发有限公司。下辖3个二级机构：克上冲水库管理处、碧螺水库管理所、堤防管理站。下属单位有县水利水电建设开发有限公司。全局在职干部职工330人，其中局机关公务员29人（含参公）、事业人员44人，堤防管理站22人，克上冲水库管理处164人、碧螺水库管理所71人。2014年，县水务局荣获省“芙蓉杯”水利建设先进单位。

狠抓防汛抗旱，确保人民群众生命财产安全。1—9月，受强降雨影响，四次启动防汛Ⅳ级应急响应，三次启动山洪灾害防御Ⅲ级应急响应，两次启动三个万亩堤垸防汛抢险应急预案。7月中旬，在全县遭遇五十年一遇的“7·15”特大山洪时，成功转移23225人，未出现一人伤亡；成功实现219座水库和三个万亩堤垸未垮一库一垸，140多处地质灾害隐患点未发生大的险情，夺取了防汛救灾的全面胜利。

加快水利建设，夯实水利基础设施。全县共完成病险水库除险加固30座；新建集中供水工程14处，解决7.4万人饮水不安全问题；獭溪河和沂溪河河道治理30.4公里；资水堤防固脚护坡加固1.5公里；病险山塘除险加固200口。

深化水利改革，促进水利持续稳定发展。1.全力抓好引资融资。引进5000万元投资项目1个；立项争资1.1亿元，提前超额完成年度目标任务；县水务投资开发有限公司1月份融资5800万元，11月份融资4200万元；储备土地205亩，完成项目投资0.5亿元；基本完成资水北岸堤防工程施工设计图，会同县拆迁办完成了资水北岸第一期项目征地拆迁；完成了马迹塘水利风景区申报，并通过了省厅专家评审；争取了中央农田水利建设资金800万元，促进了全县农田水利建设。调整完善了“十二五”规划，启动了“十三五”水利建设规划编制。全国第六批小农水重点县和克上冲中型灌区续建配套和节水改造项目已获准通过。2.强化工程建设管理。

制定出台《桃江县水利建设管理办法》，确保工程安全、资金安全、干渠安全。县水利水电建设开发有限公司对施工班组实行目标管理考核和实名推荐制度。出台《桃江县农村饮水安全工程建设和运行管理暂行办法》，开展全县已建农村饮水工程“回头看”活动，归集水利建设资金390万元，整改维修全县103处农村饮水工程，确保运行正常。对2010年以后的21个大项130多个小项的水利建设工程开展政府审计，促进工程进度、质量、资金的合理使用和正式移交。归集水毁工程修复和面上水利建设资金600万元，用于“7·15”洪水后万亩堤垸处险修复、灌区干渠修复和各乡镇小型水利工程建设。起草《桃江县人民政府关于进一步加强小型农田水利建设的实施意见》，在县政府第17次常务会议上通过。配合水利部完成农饮工程的调研和财政部对60座小（二）型重点水库绩效评价。3.加大水事违法案件查处力度。3月下旬，出台《桃江县最严格水资源管理制度实施方案》，确立了水资源开发利用控制、用水效率控制、水功能区限制纳污“三条红线”。9月，组织全系统行政执法人员进行为期两天的执法培训，全面提升了执法人员的执法水平；制定出台《桃江县水务局水规费征缴、罚没收入保障措施》，确保河道采砂规费、水土保持规费、水资源规费足额征缴，罚没收入及时入库，充分调动了水政执法人员的工作积极性。加大对水事违法案件的查处力度，全年共查处大小案件25起，立案查处15起，行政罚款25.31万元。征收水资源费17.461万元，比2013年增加80%；征收水土保持规费48万元，比2013年增加200%。

【水利部调研农村饮水安全工作】 5月4日，水利部规划计划司规划二处处长张世伟一行到桃江县进行了为期五天的农村饮水安全工作调研，省水利厅规划计划处副处长胡建辉，市水务局局长王新春等陪同调研并参加座谈会。调研组一行通过查阅资料、质询答疑、现场考察、入户走访、集体座谈等方式，深入9个水厂、6个水源地和8户用水户进行调查走访。5月9日，在县水务局四楼会议室召开座谈会，县水务局局长薛庆贤介绍了全县农村饮水安全工作的总体情况，县人大常委副主任胡跃宏、人大办、县发改局、县财政局、县卫生局、县环保局、县住建局等部门领导就如何进一步做好农村饮水安全工作提出了意见建议。张世伟肯定了桃江农村饮水安全工作取得的成绩，要求各部门进一步加强配合、落实责任，把农村饮水安全工程做实做好。（邓亮）

【魏旋君督查指导防汛工作】 7月16日上午，市委书记魏旋君到桃江检查指导防汛工作。市委常委、市委秘书长孙达良，县委书记谭建华，县委常委、县委办主任肖立新陪同检查。魏旋君登上桃江水文站观测室，查看资水水情，详细了解雨情和防汛形势。随后赶到大栗港镇大栗港村受灾区，全面了解受灾情况和受灾群众转移安置情况。魏旋君强调，要高度关注雨情、水情，根据实际情况，科学调度，要全力组织转移安置受困群众，确保人员安全，确保防汛工作安全有序开展。

【水利厅调研灾后重建工作】 8月3日，省水利厅第四调研组到桃江进行调研。市水务局副局长候利平、副县长李畅和、县水务局局长薛庆贤等陪同调研。在县水务局四楼防汛会商室，召开了灾后重建汇报会，观看了桃江县灾后重建视频。薛庆贤从受灾情况、水毁工程情况、恢复方案和工作建议等四个方面汇报了全县灾后重建工作情况，李畅和提出加快马迹塘电站以上河岸修复和河道疏浚的建议。会后，调研组一行视察了沾溪垸贺家坪堤段、三个万亩堤垸等灾后重建点。调研组充分肯定了灾后重建工作，提出了后阶段工作建议。

【实施七大水利工程】 全县投入2.19亿元（含中央投资和地方配套资金），完成水库视频监控系统、病险水库除险加固、农村饮水安全工程、堤防护坡加固、河道治理、水土保持、骨干山塘除险加固等七大水利工程，不断提升全县水利基层设施。投入550万元完成水库视频监控系统建设。建成系统平台1个、视频图片监测站209处、水位监测站209处和雨量监测站62处。该系统与原山洪灾害预警系统相结合，形成了以县为单位，小流域为基础，乡镇、村为重点的防灾减灾体系。投入248万元实施完成碧螺港大水田溪小流域农业综合开发水土保持项目，对大水田溪小流域7.2平方公里的面积进行综合治理，其中水保林72公顷、经果林56公顷、封禁治理592公顷、山塘整修3口、排灌沟渠4公里、生产道路1公里、封禁标志牌5块，进一步改善人居环境，助力农民增产增收。投入2.11亿元完成病险水库除险加固30座、农村饮水安全工程11处、牛潭河垸鹿鸣桥段和长湖潭村段资江堤防护坡加固、獭溪河和沂溪河河道治理、骨干山塘除险加固200口等工程项目。

种植业

【县农业局领导人名录】

局　　长　刘伯约
副 局 长　刘灿勋　林蕴华
　　　　　胡汉模
　　　　　蒋上志（2014.06 止）
纪检组长　王德祥
工会主任　曾卫国
总农艺师　蔡壮夫

【概况】 县农业局机关内设办公室、人事教育股、计划财务股、科技管理股、政策法规股。所属二级机构有粮油作物生产站、经济作物生产站、土壤肥料工作站、植保植检站、农产品质量安全检测站、农业资源与环境保护管理站（加挂绿色食品管理办公室牌子）、蔬菜办、农业行政执法大队（加挂桃江县农药管理站的牌子）、农业技术推广中心、果树技术推广站、种子管理站、农业作物种子技术推广服务中心、农业科学研究所、原种场。全局在职干部职工 230 人，局机关 21 人；135 个专业技术人员中，有农业技术推广研究员 5 人、高级农艺师 30 人、高级畜牧师 1 人；工勤技能人员 73 人。

2014 年，县农业局全面完成主要农业经济指标。完成农作物播种面积 178 万亩，同比增加 2 万亩；实现农业产值 26.7 亿元，同比增长 5.2%。其中，完成粮食播种面积 105.07 万亩（水稻 90.34 万亩，旱粮 14.73 万亩），超任务 1.07 万亩；粮食总产 39.79 万吨，超任务 1.79 万吨；收获油料作物 31.50 万亩，总产 3.40 万吨；完成冬季作物播种面积 56 万亩，超任务 0.5 万亩；完成蔬菜种植面积 25.44 万亩，同比增加 1.14 万亩；实现茶园采摘面积达到 5.66 万亩，茶叶总产量 2.80 万吨，总产值 8.9 亿元，同比分别增长 14% 和 10%。

打造立项争资基础平台，切实增强农业发展后劲。全年实施粮油高产创建、测土配方施肥、重大农作物病虫害统防统治等 15 个项目，争取项目资金 4436 万元。实施国家现代农业建设项目，完成投资 400 万元，在灰山港镇栗子山村、甘泉山村、克上冲村三个村修建 22175 米排灌水沟渠，受益农田达 5200 亩，并已通过省、市验收。建成农业局“两站综合楼”，实现全局干部职工统一场所办公。

深入开展高产创建活动，努力提高粮食生产水平。全县粮食高产创建示范片达到 333 个，完成双季稻、玉米高产创建示范面积 14 万亩。大力培植粮食种植大户和家庭农场，全县粮食规模化生产水平逐渐提高。发展 30 亩以上的粮食种植大户 1633 户，比 2013 年增加 47 户，承租面积达 18.95 万亩。成功申报 3 个省级粮食生产先进大户、9 个市级粮食生产先进大户、38 户省财政培育扶持家庭农场。继 2012 年之后桃江再次被省政府授予“全省粮食生产先进县”称号。

着力调优农业产业结构，扶持建设种植示范基地。扶持蔬菜生产合作社做大做强，新建成牛田杉树仑 510 亩蔬菜基地，全县蔬菜生产合作社发展到 15 家，商品蔬菜基地总面积达到 2.5 万亩。加大茶产业建设力度，新建成大栗港镇朱家村、马迹塘镇鹿马仑村、武潭镇莲花坪村等地茶园 3225 亩。

积极推行标准化生产，大力发展无公害、绿色农产品。扩大无公害农产品、绿色食品生产规模，年末“三品一标”（无公害农产品、绿色食品、有机农产品和农产品地理标志）有效认证总数达 44 个，生产主体数 12 个。全县无公害农产品总生产面积 170 万亩。

加强科技培训与服务，不断提高农业科技水平。一、广泛开展农业技术培训：邀请资深农业技术专家举办了为期 5 个月的业务知识学习培训班，讲课 23 堂。对农民开展实用技术培训，共举办粮食、茶叶、蔬菜、水果、中药材等农作物栽培技术培训班 370 期，印发各种技术资料 20 万份，培训 2.3 万余人次，其中实施农村劳动力“阳光工程”培训农民工 1600 人，培训科技示范户 800 人。二、积极推广优良品种和先进实用技术。重点推广优质水稻、玉米等粮食新品种 12 个，时鲜蔬菜新品种 11 个，茶、桃、李、梨、葡萄、中药材等经济作物品种 20 个，全县农作物良种覆盖率达到 98%，其中优质稻种植面积达 83.1 万亩，优质稻率达 92%。围绕农业节本增效，落实水稻集中育秧大田抛插面积 14 万亩，测土配方施肥技术面积 111 万亩次，配方肥施用面积 66 万亩，发出病虫防治测报通知 15 期，完成病虫综合防治面积 450 万亩次（其中专业化统防统治大田承包面积 25.6 万亩），全县农作物病虫害损失率控制在 2.3% 以内，没有出现大面积病虫害损失。三、切实加强农业生产信息服务与技术指导。在县乡（镇）村三级建立“12316”三农服务热线网络，建立拥有县乡农技人员、乡（镇）村组干部、专业种植大户、农民专业合作社等 3000 余人的农业信息共享平台，对水稻等农作物产前、产中、产后信息进行及时收集，收集编发农业信息 8 万余条。全年下乡直接指导群众 1 万余人次，帮助农民解决了水稻育秧、配方施肥、病虫防治、洪灾自救等大量生产难题。

加强农业行政执法，有效保障农产品质量和农业生产安全。加大宣传，增强农业安全生产意识。召开2次农产品质量安全会议，组织执法人员深入乡村、集市进行安全生产知识宣传与隐患排查，全年未发生重大农产品安全事故。落实责任，积极开展农业环境污染整治：认真落实市“两河”治理工作要求，以志溪河流域农业环境污染整治为重点，积极开展全县农业环境污染整治，高标准实施并完成灰山港镇河溪水村省清洁工程示范村建设。依法行政，加大农资市场监管力度：认真受理农民和企业的投诉与举报，严厉打击制售假冒伪劣农资违法行为，全年共依法查处农资违法经营行为59起，纠正40起、立案19起、结案19起，整改农资门店205家、处理农资纠纷8起。严格检验检测，强化农产品质量安全监管：全年抽检农产品样品3269批次，实现农产品农残率在允许范围以内，农产品质量安全水平得到较大提升，确保了全县农产品质量安全事故零发生。

认真落实强农惠农政策，切实保障农民利益。配合县财政局在规定时间内将粮食直补、良种补贴、农资综合补贴1.02亿元打卡发放到农户手中；加强资金发放监管，杜绝虚假冒领情况出现。配合中华保险公司开展政策性水稻、玉米、油菜种植保险工作，发动26.1万户次农户实现参保农作物面积101.6万亩，为农民争取理赔资金1000万元。抗击夏季特大洪涝灾害，积极开展灾后恢复生产指导工作，印发《桃江县灾后农作物救灾减损技术指导意见》5000多份，筹措资金10余万元帮助群众生产自救，为农民挽回经济损失1000余万元。

存在的主要问题：1.农田基础设施不全。现有的农田基础设施建设不全、功能退化，大大削弱了对农业生产的保障作用，“靠天吃饭”的农业生产现状仍然是农业增产、农民增收的瓶颈。2.农民的种植积极性不高。受农村劳动力减少，用工、生产资料成本增加，粮食等农产品比较效益偏低等因素的影响，农民耕种积极性减退，知识技能型农民后继乏人。3.农业产业化水平仍然较低。表现在农村土地流转难度大，规模农业企业和种植大户生产用地矛盾突出，种植结构不优，企业辐射带动能力不强，农产品加工附加值不高。4.乡镇农技推广体系不全。基层农技站缺乏农技推广工作经费，部分农技工作人员被抽调从事其他行政性工作，真正从事农技推广工作的人员不多，基层农业技术服务工作难以落到实处。（胡建新）

【加强农业科技培训】 农业局组织资深农业技术专家，对全局干部职工和乡村农民开展实用技术培训，共举办粮食、茶叶、蔬菜、水果、中药材等农作物栽培技术培训班370期，印发各种技术资料20万份，培训2.3万余人次，其中实施农村劳动力“阳光工程”培训农民工1600人，培训科技示范户800人。

【现代农业项目顺利实施并通过审计】 2013年度中央财政支持现代农业生产发展项目在灰山港镇栗子村、甘泉山村、克上冲村实施，于6月完成。完成投资400万元，新建和维修渠道22175米，解决了5000亩干旱农田的灌水困难。项目通过了省市县检查组的检查验收，通过了县纪委、县督查局对项目质量及资金使用的检查，通过了审计局的检查审计。

【成功申报粮食生产先进县】 全县粮食高产创建示范片达到333个，完成双季稻、玉米高产创建示范面积14万亩。大力培植粮食种植大户和家庭农场，全县粮食规模化生产水平逐渐提高，发展30亩以上的粮食种植大户达1633户，比2013年增加47户，承租面积达18.95万亩。继2012年之后，桃江再次被省政府授予“全省粮食生产先进县”称号。

林　业

【县林业局领导人名录】

党组书记　胡雄武

局　　长　黄　平

副 局 长　李志高　唐益德

　　　　　高志军　杨中秋

纪检组长　杨中秋（兼）

工会主席　符志平

【概况】 县林业局设8个行政股室、8个局属事业单位、15个乡镇林业站、5个木材检查站（株木潭、川花桥、乌旗山、武潭、良荆界）、4个国有林场（桃花江、浮邱山、板溪、石井头）、1个林业科学研究所、1个国营苗圃。全局现有干部职工862人，在职652人，离退休210人，其中局机关干部职工64人，森林公安局24人。2014年，县林业局以现代林业建设为契机，以可持续发展为准绳，以服务林农和林工企业、实现林业“双增”为目标，扎实工作、开拓进取、迎难而上，各项事业飞速发展，林业产业已发展成为富民强县的主导产业和特色产业。2014

年实现林业总产值72.8亿元，全县林业从业人员达15万多人，农民人均林业收入达2500多元，约占全县农民人均纯收入的三分之一。

推进改革惠民。81.3万亩生态公益林补偿资金1139.4万元以“一卡通”形式悉数发放到林农手中。作为全省2014年15件为民办实事项目之一，达到公益林管护面积到位率和补偿资金到位率两个100%的要求。国有林场危旧房改造工作基本完成，517户全部分房到户，建成了一个高标准的保障性安居小区。着力打通联系服务群众的“最后一公里”，积极调处和有效化解了多个乡镇的山林纠纷积案。基层站所推行24小时值班制度，开展便民服务，政务中心多次获得“红旗窗口”称号。推进科技富民。大力推广笋竹两用林技术，在松木塘、马迹塘等地举办22期笋竹两用林技术培训班，培训林农2000多人，全县笋用林基地发展到47个。

资源培育稳步增长。2014年，共完成义务植树160万株。完成造林3.1万亩，其中工程造林3770亩、封山育林2000亩、退耕还林荒山造林2000亩、补植补造0.5万亩、森林抚育1.5万亩。新造油茶林1770亩，油茶育苗30万株。华林公司打造的灰山港油茶示范园初具规模。高效生态林业初显成效。完成珍贵乡土树种种植2.18万亩，苗木基地建设0.55万亩，林药种植0.52万亩，发展种植型林下经济0.65万亩。“美丽乡村”彰显特色。桃花江镇崆峒村、大栗港镇朱家村的“美丽乡村”创建活动，已成为乡村亮点。

竹产业发展稳步推进。7月，县委、县政府出台《关于进一步加快竹产业发展的意见》，为竹产业的发展提供了政策保障。8月，县四大家主要领导和有关单位负责人赴竹产业较为发达的江苏宜兴、溧阳和浙江安吉等地学习考察。“三项任务”超额完成。完成竹林道修建324公里，为全年任务的108%；笋用林建设4780亩，为全年任务的119%；竹林低改5万亩。重点抓好了马迹塘鸬鹚湾、大栗港安宁林场等五大笋竹两用林基地建设。完成了黄金塘基地文化景观建设，绿化道路2公里，完成了楠竹丰产林标准化建设省级科研课题。成功开展了第二届“竹王”评选活动，竹农资源培育意识进一步增强。桃花江林场林道、竹林建设纳入省政府“百千万”工程(省级优势特色农业园区项目)，争取资金1000万元，重点建设环桃花湖高标准林道、龙虎山工区笋用林基地等。进行线路勘测，年底可以建成。入园企业建设进度加快。桃花江实业已完成主体工程，2015年5月可试生产。万维竹业二期进展顺利。全县新增1家国家级标准化生产企业，2家省级林业产业化龙头企业。2014年全县实现竹业总产值52亿元。

林业管护日趋规范。生态林管理进一步强化。县林业局与各有关林站签订管护合同，乡(镇)林站与各行政村签订公益林区划与禁伐、限伐管护协议，制定了护林考核细则，严格按照管护标准和要求进行检查验收。组建了一支306人的生态公益林护林员队伍，签订管护合同并进行集中培训，做到“四统一”（统一发放上岗证、统一投保人身意外险、统一工作制服、统一配备护林巡山工具），生态公益林管护水平得到很大提高。林政资源管理进一步加强。森林资源“二类”调查已通过省级专家评审，摸清了全县森林资源的家底。完成育林基金征收任务。国家取消楠竹和大部分林产品凭证运输后，对全县育林基金征收带来严重影响。通过采取有效措施，全年征收育林基金420万元。林地使用严格把关。全年共办理西环线、经开区等重点建设项目28宗108.6公顷的林地报批，为全县重点工程建设的顺利开展提供了重要保障。

森林“两防”扎实有效。森林病虫害防治取得实质性战果。组织系统全体兼职测报员举办了林业有害生物测报防治培训班，深入乡镇现场指导竹农开展“两法”治蝗，组织群众在县界、乡界、村界开展联防联治，防治效果明显。2万亩竹蝗发生面积全部防治到位，竹蝗成灾率控制在2‰。7月以来，由于气候和病虫害周期性等原因，全县竹青虫爆发，面积达50万亩，启动桃江有史以来林业有害生物灾害Ⅳ级应急响应。县、乡、村三级共投入资金400多万元，动用劳力上万人次，发放防治技术资料1万多份，购置喷烟机114台，购买防治药物40吨，柴油40吨。通过近5个月的不懈努力，取得了较好的防治效果，将竹农损失降到最低，得到了省林业厅的高度评价。练佑明被评为全国生态建设先进个人。森林防火取得实效。举办有460人参加的全县森林防火培训班，成立了由56人组成的“桃江县专业森林消防队”，并进行扑火演练，落实森林防火网格化管理。各乡镇建立了半专业防火队，协助灰山港绿稼湾建立了村级森防队。进一步加大了宣传督查力度，充分利用电视、标语等多种形式开展广泛宣传，不定期对全县15个乡镇的森林防火情况进行专项督查。积极筹措资金，添置了油锯、水泵、工具车等森林防火器材，配备到防火一线。全年共发生森林火警167起，过火面积57.69公顷，较上年同期分别下降20%、18%。同时加大了打击力度，共查处涉火案件46起，刑事处罚5人、治安拘留17人、行政处罚24人。

羞女湖国家湿地公园申报成功。2014年是直接申报国家级湿地公园的最后一年，县林业局紧抓机遇，创造性地开展工作，从4月份开始运作，主动与省林业厅、国家林业局进行对接，聘请省林勘院编制规划，9月份通过省级评估，12月通过国家级评审，批准进行试点建设。这对桃江县纳入环洞庭湖生态经济圈和国家级生态县的申报起到了至关重要的作用。

引进深圳乡友，筹建桃江创新创业园，落户经济开发区，与县政府签订框架合作协议，计划投资6.8亿元，于12月底奠基，将对全县竹产业发展起到较大推动作用。

（薛强）

森林公安

【县森林公安局领导人名录】

局　长　唐梦虎

政　委　符战辉

副局长　文加生　蒋丰初

【概况】　县森林公安局组建于1982年（原称林业公安）。1999年9月成立桃江县公安局森林分局。2009年12月更名为桃江县森林公安局，加挂桃江县公安局森林大队、桃江县森林防火指挥部办公室的牌子，升格为正科级机构。实行县林业局和县公安局双重领导的管理体制，党政工作以县林业局管理为主，公安业务工作以县公安局管理为主，列县公安机构序列。内设政工文秘室、法制办公室、刑侦治安队、森林消防股。下辖武潭、鸬鹚渡、牛田三个派出所，明确为副科级机构，配所长1名、教导员1名。核定政法专项编制26人，在岗民警25人。2014年，局长唐梦虎荣立湖南省森林公安局三等功，民警夏伏军荣获湖南省森林公安局十佳执法办案能手。

打击涉林犯罪。充分发挥保护森林及野生动植物资源、保护生态安全、维护林区治安秩序的职能作用，结合全县实际，采取有效措施，严厉打击非法征、占用林地、盗伐滥伐林木等毁林犯罪活动。2014年，全局共调解纠纷2起，办理各类涉林案件77起，其中刑事立案9起，依法移送起诉4起4人，刑事拘留6人，提请逮捕1人，取保候审7人；受理治安案件22起，办结22起，行政拘留13人；办理林业行政案件46起，办结43起，处罚46人次，有效打击了各类涉林犯罪行为。6至8月份，依法办理龚某某、钟某某等4起伪造国家公文、非法占用农用地系列案件。

抓好森林防火。起草下发《关于进一步搞好春节期间森林防火工作的通知》《关于搞好清明期间森林防火工作的紧急通知》等文件，通过县教育局向全县中小学生家长发放《致学生家长的一封信》4万余份。3月和9月开展森林防火宣传月活动，组织出动森林防火宣传车60余台次，在全县各乡镇开展森林防火宣传。在火灾高发区主要路口安装永久性宣传牌30块，悬挂横幅1600多条，在全县各乡镇主要路口、重点部位制作森林防火墙体标语120多条。森林防火特护期内通过移动手机短信平台，每天以火情快讯的方式向县级领导、森林防火指挥部领导报告火情动态，定时向全县各乡镇领导、村组干部和森林防火工作人员群发森林防火警示短信8万余条。春节、清明节前，联合相关部门对全县15个乡镇进行森林防火督查。落实各乡镇森林防火值班备勤、火源管理、责任制落实、物资储备、森林防火保证金缴纳情况、村级护林员的管理方面的专项督查工作。积极筹措资金，添置油锯、2号工具、水泵、工具车等森林防火器材，并配备到森林防火一线。10月，成立“桃江县专业森林消防队”，由县森林防火指挥部统一指挥。完善值班备勤制度，每天明确一名局领导带班，三名民警值班，与“110”和“119”实现了报警联动机制，确保24小时有人值班。对发生的森林火灾案件有案必立，有案必查，从重从快，起到了良好的教育警示效果。全年共接到森林火警报警167起，其中造成较大森林火灾4起；过火面积57.69公顷，其中有林地面积34.69公顷。发生的森林火灾全部由人为因素引发，其中烧荒、炼山等生产性用火引发森林火灾1起，上坟祭祖、燃放烟花鞭炮等非生产性用火引发森林火灾3起。

规范执法。完善《执法质量考评办法》，成立由主管法治工作的副局长任组长的执法质量考评小组。针对执法指导思想、事实认定、证据收集、程序应用、法律适用、处理结果、社会效果等方面，严格对照执法要求和执法质量考评标准开展评查，将考评结果与绩效考核挂钩，与年底的评先评优挂钩。强化内部执法监督，落实集体议案制度，提高了执法质量，使案件定性准确，处罚适度。积极派员参加上级森林公安机关组织的各种业务培训，进行手枪射击、体能等项目为主要内容的实战训练，开展多次提高民警信息化应用能力的培训，组织全体民警进行全省森林公安机关执法办案系统、新刑诉法的学习。5月，由业务能力强的民警授课，传授办案经验。6月初，专门邀请县法院、检察院的有关专家，分别就《刑事诉讼法》、刑事案件证据收集进行了专题授课和辅导。10月，邀请县法制桃江建设讲师团为全局民警开展法治宣传教育。（常奇特）

【化解72户村民的矛盾】 4月1日，桃花江镇栗树嘴村因烧田坎而引发森林火灾潜逃的刘某在广东东莞落网。刘某对失火引发森林火灾行为供认不讳，但对受灾群众的赔偿要求却闭口不应，村民对此非常愤怒，刘某一家与当地村民的矛盾日益加深。了解案情后，主办民警夏伏军积极介入，10多次上门做双方工作。4月7日，刘某终于与8位村民代表达成调解协议，赔偿受灾村民2万元。该火灾发生于2013年1月23日，烧毁本村71户村民的69亩杉木幼林。

【举办森林防火培训及森林火灾扑救演练】 10月17日，桃江县举办2014年生态公益林管护暨森林防火培训班。全县308名村级护林员、56名专业森林消防队员、各乡镇分管森林防火的副乡镇长及县林业局、县森林公安局的森林防火应急队员460余人参加培训。副县长、县森林防火指挥部指挥长李畅和出席并作动员报告。省林业厅资源林政处、中南林业科技大学的专家分别讲授了森林资源管护和森林火灾扑救知识。下午，在桃花江镇金盆村举行了森林火灾扑救演练。整个演练贴近实战、环节紧扣、组织有序。

农 机

【县农业机械管理局领导人名录】

局　　长　陈国辉
副 局 长　刘素华　胡代之
纪检组长　尹仕军
工会主任　文剑武

【概况】 县农业机械管理局为县人民政府正科级参公事业单位，是全县农机行业行政管理机构。机关设办公室、监察室、人事教育股、科技股、农机购置补贴办公室、管理股等6个股室，现有干部职工16人。

农机化工作。2014年，全县农机化工作保持了强劲的发展势头，在农机购置补贴、农机技术推广、农机安全生产等方面取得了显著的成效。全年共完成农机购置补贴资金2570.309万元，补贴机具11899台，拉动农民投资6187万元，受益农户4579户。全县农机总动力已达79.2528万千瓦，拥有农业机械126806台：拖拉机5011台、耕作机械51676台、排灌机械41920台、植保机械2280台、插秧机295台、联合收割机1775台、农产品加工机械10368台、畜牧养殖机械1656台、渔业机械1899台。全年完成机耕面积62700公顷、机播面积21400公顷。2014年新增插秧机35台，其中：高速插秧机33台，完成水稻机插面积18万亩。主要农作物耕、种、收综合机械化水平达到70%。2014年，沾溪镇贺家坪农机服务社等11家农机合作社被评为省级农机化服务示范社。全县农机制造业产值达到1.13亿元。湘大泵业、腾煌泵业、湘资泵业等企业生产的潜水泵、履带式旋耕机、微耕机、机滚船进入部级、省级补贴目录。全县拥有14家农机流通企业。其中金惠农机、国勋农机为新增企业，全县农机流通企业总资产达1.2亿元。

水稻育秧插秧机械化。2014年，全县新建连片面积1000亩以上示范点5个，举办机插秧技术培训班5期，培育机插秧示范户50名，培训农民250人次，开展机插秧现场操作5场次，观摩群众1000多人。桃江农机技术推广的重点继续放在粮食作物机械化上，重点在水稻全程机械化上实现突破。做好机具选型。通过走访群众开展调研，结合桃江丘陵地块小的实际，2014年重点选择了对土壤条件要求低、操作简单灵活、维修方便、自带动力强的高速插秧机。抓好了农机化信息咨询服务建设，全年解答农民的各种咨询150多次。送科技下乡，把农机化新技术送到田间地头。全年发放技术宣传资料5000份，解答农民的各种咨询近百次，直接培训农民近千人。

发展农机专业合作社。全年新建农机合作社8个，全县经工商注册的农机专业合作社达19个，其中桃江县贺家坪水稻种植与农机服务专业合作社规模较大、管理完善，已建成合作社办公场地600平方米，购置大型农业机械9台，完成早、中稻机插连片面积3000亩，辐射带动周边农户281户。全县农机专业合作社共拥有大型拖拉机、联合收割机等各类机械145台，新建的合作社都有固定的办公场所，车库、办公室俱全，实现了农机合作社的“九有”标准，9月份根据省农业厅、省财政厅《关于支持现代农机合作社发展的实施意见》精神，积极推进全县农机合作社项目申报工作，按照要求扶持的农机合作社要按照水稻生产全程机械化要求，主要装备水稻生产机耕、机插、机收、机械植保、机械转运、机械烘干、机械化加工等环节的农业机械及设施的条件。农机部门成立了5个指导小组，对全县15个乡镇的农机合作社进行指导，通过近一个月的调查摸底，初步审核了全县20个农机合作社，最终有12家农机合作社通过审核并成功申报项目。

保障农机安全生产。2014年，结合党的群众路线教育实践活动，农机部门把转变监理工作作风、提高监理工作水平放在突出的位置，继续深化推进“平安农机”建设，层层落实工作责任，通过开展源头治理，强化依法治机、依法管机，排除农机事故隐患，切实保障了农机安全生产形势的持续稳定，实现了“在服务中实施管理，在管理中体现服务”。2014年，农机部门与县农机监理所签订了责任状，与各乡镇农机安全联组签订责任状15份，联组与各行政村签订责任状284份，与机手签订责任状1723份。大力开展农机安全宣传工作。全年共悬挂农机安全宣传横幅79条，张贴宣传标语447条，出动宣传车14台次，发放宣传资料13600份，赠送各类农机专业书籍和各类法律、法规手册1500本，举办短期法规培训班18期，培训农机手780人。继续开展下乡上门机车年检年审不放松。全年农机部门召开安全生产专项会议10次、例会3次，出动督查行动车辆47台次，对全县15个乡镇进行隐患大排查、大整顿，共检查车辆1593台次，查处农机安全隐患56起，其中报废车11台、无牌行驶15起，无证驾驶10起，未按时参加年度检验的20台。开展监理业务和培训工作。全年完成821台拖拉机检测，办理合格车辆上户397台，联合收割机上户182台，换发各类驾驶证202本，组织驾驶员培训9期，培训各类农机手307人。组织驾驶员考试9期，考试合格驾驶员307人。农机互助保险工作成效凸显，共发展会员1084人，发展会员人数和互保会费总额均列全市第三，继续保持了多年无农机安全生产事故的记录。

（高葵花）

【农机化工作再创辉煌】 农机局突出农机购置补贴、农机安全监理、农机技术推广三大重点，精心打造育秧、插秧机械化和农机专业合作社建设两大亮点，抢抓强农惠农政策机遇，促进农民节本提效增收，全县农机化事业实现了持续健康发展。荣获“2014年度全省农机工作先进单位和全省农机购置补贴工作先进单位”称号。

【农机购置补贴工作全面铺开】 4月29日，桃江农机购置补贴工作全面铺开。县农机局先后组织召开了购机补贴联席会议、乡镇农机专干会议、经销商会议，精心部署2014年购机补贴工作。成立了2014年购机补贴核查小组，由农机、财政、减负、纪检、农村部等部门负责人组成，制定了《桃江县2014年农业机械购置补贴实施方案》《桃江县2014年农业机械购置补贴实施公告》。

【拖拉机联合收割机年检换证】 5月5日开始，桃江县农机安全监理所对全县拖拉机、联合收割机开展了为期18天的年检换证工作。全年共年检拖拉机、联合收割机270台，换证120本，发展农机互助保险会员256名，会费金额达50000多元。

【牛田镇和修山镇获“全省平安农机示范乡镇”称号】 7月4日，省农业机械管理局和省安全生产监督管理局授予牛田镇、修山镇2014年度“全省平安农机示范乡镇”荣誉称号。

养　殖

【县畜牧水产局领导人名录】

局　　长　王石军
副 局 长　张月明　文志安
　　　　　刘江帆
纪检组长　蔡凤文
工会主任　许芝良

【概况】 县畜牧水产局是县政府直属正科级事业单位，内设13个职能股室站：办公室、人事股、畜牧股、科教股、招商引资办、财务股、法制股、监察室、政务服务股、县动物卫生监督所（兽医局）、水产渔政站、县疫情测报站、县畜禽水产品质量检验检测中心，局属二级机构有桃江县种畜繁殖场、桃江县水产良种场、15个乡镇动物防疫站、县畜牧业服务中心。全局干部职工217人，其中乡镇动物防疫站72人、局机关67人、畜牧业服务中心21人、县种畜繁殖场15人、县水产良种场42人。

生猪发展基本平稳。生猪出栏87.6万头，同比增长4.7%，生猪存栏78.9万头，同比增长5%，其中能繁母猪存栏7.96万头，同比增长4.7%。全年出栏97.9万头。

家禽养殖恢复增长。全县虽未发生家禽重大疫情，但上半年受国内 H7N9 禽流感影响，导致全县受到一定冲击，效益下降；下半年恢复很快，前三季度家禽出笼 575.3 万羽，同比增长 4.2%，预计全年出笼 607.9 万羽。

草食动物发展加快。牛羊养殖成全县畜牧业发展热点。肉牛出栏 2.97 万头，同比增长 2.4%；存栏 8.47 万头，同比增长 0.1%。山羊出栏 1.02 万只，同比增长 3.0%；存栏 2.82 万只，同比增长 7.6%；全年出栏肉牛 3.42 万头、肉羊 1.24 万只。

渔业生产保持良好态势。渔业生产结构进一步优化，特种养殖、名优养殖进一步发展，休闲渔业、综合养殖开发迅速发展，效益喜人。前三季度完成各类放养水面 6.266 万亩，网箱养殖水面 55057 平方米，投放各类水产苗种 3300 万尾，水产品总量 7526 吨，比 2013 年同期增长 5%。全年产量达 9170 吨。

肉类总产量 6.87 万吨，同比增长 4.6%；禽蛋产量 1.225 万吨，同比增长 4.9%。

畜牧水产生产总值 19.36 亿元，同比增长 4.7%。

规范养殖行为。以建设“生态桃江”为主线，重新拟定了《桃江县畜禽养殖区域划分暂行办法》，在全县范围内科学划定禁养区和适养区。对禁养区内的养殖场户逐步实现退养或搬迁，适养区内配套建设环保设施；制定了《桃江县畜禽规模养殖场管理办法》，不断强化对行业的规范管理和制约。

提升产业发展素质。按照政府引导、政策支持、龙头带动、规范管理的原则，加快推进标准化规模养殖、小区养殖和工厂化养殖。全力扶持湖南鑫广安石牛江分公司、桃江县桃花江农业科技有限公司、湖南正大畜禽有限公司桃江支公司万头种（仔）猪繁育场等生猪养殖基地、桃江县羊贵妃黑山羊养殖有限公司和桃江县和顺肉牛养殖场等标准化养殖场 32 个，通过培植典型，辐射带动，全力促推产业素质提升。

突出畜禽养殖污染防治，实现产业发展与环境保护并重。按照“控面、保量、提质、减排”的发展原则，整合项目资金，强力推进畜禽生态养殖和粪污资源化利用模式，全年养殖业专项资金重点投向畜禽标准化建设、无害化处理设施建设和粪污专项治理，以逐步实现产业与环境的协同发展。

夯实科技推广服务体系，激发产业发展活力。以“科学布局、生态养殖、标准化建设、粪污综合利用”为主线，不断加大对主推品种、主推技术的推广应用力度，强化动物防疫、畜禽饲养管理、清洁生产等先进技术的导入与普及，全力打造养殖业升级。

夯实动物防疫基础。坚持预防为主，基础免疫扎实有效。全年实现畜禽基础免疫率 100%，免疫标识佩挂率 100%，免疫抗体检测合格率达到上级要求，其他常规病种免疫率在 95% 以上，确保了区域内未发生重大动物疫情。严格执法，产地检疫和动物卫生行政执法、畜禽产品质量安全监管得到加强。以“农产品质量安全行”为契机，组织开展畜禽水产品市场和流通环节专项整治行动，加强对农贸市场、畜禽交易场所及屠宰加工场所的全方位监控，严格检疫程序，强化检疫监管，严把市场交易入场关、检疫关、出场关。严厉打击收购、加工、销售病死畜禽的违法行为，查处相关违法案件 10 起，确保了市场畜禽产品质量安全。狠抓基础建设，动物防疫长效机制得到进一步完善。全面开展牲畜口蹄疫、禽流感、高致病性猪蓝耳病、猪瘟等强制免疫病种的抗体检测，并进行免疫效果评估。同时完成了生猪调出大县奖励项目的抗体检测任务。开展病死动物无害化处理工作，制定了病死动物无害化处理制度、无害化处理登记及审核制度，完成了病死动物无害化处理登记上报。认真组织开展动物防疫职业技能培训，有效提高防疫队伍的整体素质和实战能力。

规范渔业生产秩序。重点开展渔业生产秩序综合治理集中行动，持续加大对电力捕鱼、炸鱼、毒鱼等非法捕捞打击力度，2014 年，共查获、收缴电力捕鱼设备 62 台（套），处理违法人员 65 人次，行政拘留 10 人，刑拘 1 人。通过专项治理，资水河段电鱼乱象已得到基本控制，生产秩序和渔业生态环境实现根本性好转。（彭润良）

移民开发

【县移民开发管理局领导人名录】

局　　长　张 坚

副 局 长　尹孟辉　钟锡福

　　　　　詹万辉

纪检组长　殷敏俐

【概况】 县移民开发管理局（简称移民局）内设办公室、工程建设股、生产开发股、后期扶持股、计划财务股、稳定安置股、人事政工股、监察室 8 个职能股室，2014 年年底有干部职工 22 人。

全县共有三峡水库外迁移民和桃花江、碧螺、克上冲、马迹塘、修山、白竹洲水库（电站）等移民 19791 人，分布在全县 15 个乡镇，其中三峡移民 459 人。

2014年，移民局以创先争优为目标，以扎实工作为基础，以作风建设为契机，通过健全制度，整肃“四风”，全面提升移民工作水平，认真落实各项工作任务。

规范直补资金发放。全年核减移民人口8人，发放直补资金1187.46万元，完成移民投资943万元，有力地促进了移民的生产发展和生活改善。优先安排项目资金。把解决移民生产生活实际困难和改善居住环境作为基础设施项目建设的重点，使库区和移民安置区的基础设施建设与当地城乡一体化建设相配套、相衔接。全县下拨基本口粮田建设及水利设施配套项目资金169万元，基础设施项目资金406万元，生态建设及环境保护项目资金78万元，受益移民共4656人，落实改造机耕道18.6公里，减少不通机耕道村组34个，解决10个村组的安全饮水问题，直接受益移民1163人。

力推产业开发。围绕“拓宽渠道促增收，建好产业促发展”这根主线，千方百计促进移民经济发展。全年新建油茶基地1500亩，茶叶基地800亩，水果基地150亩，网箱养鱼860口，中药材基地150亩，楠竹基地4000亩，全面完成了上级下达的任务。加强移民培训。全年完成实用技术培训260人，就业技能培训93人，转移就业人数80人，超额完成考核目标任务。与农业、林业、畜牧水产等单位采取“结对帮扶”的方式，定期上门为种养殖大户解决技术难题，通过现场培训、实地指导、示范领学等多种形式，为移民提供服务，引导移民发展致富由“体力型”向“智力型”转变。全年共开展创业就业技能、实用技术培训5期，共计培训水库移民353人，其中笋竹两用林技术培训班2期180人、蔬菜种植技术培训1期80人、电工培训38人、茶叶加工技术培训51人。另选派4人参加了省局组织的电工培训。涌现了王成东、程松等创业能手，移民自身“造血”功能得到增强。灰山港镇三峡移民谭琴兰投资500万元创办湘渝酒业公司，酿制成的“湘渝醇”系列品牌酒畅销桃江、益阳、宁乡等县市。理论与实践相结合、“课堂+基地”的培训模式得到了市局和省局的肯定。

信访维稳。坚持“四访四报”（家庭重大变故、矛盾纠纷、生活困难、信访苗头必访必报，准确掌握移民动态，超前预判矛盾纠纷）工作规程，自觉践行“接待不推诿、办事不拖沓、讲话不失信、服务不走样、发展不松劲”的“五不承诺”，耐心接访解民忧、倾心下访化民困、诚心走访听民意，充分做实移民信访工作，结对帮扶三峡移民户，并定期走访，构建了“发连心卡、设连心铃、走连心路、搭连心桥”的“四连”长效机制。全年共受理信访件25件，其中办理来信15件，比2013年同期下降了30%；接待群众来访85批982次，成功处理群体性上访件5起600人次，年内没有发生进京等非正常上访和群体性事件。

存在一些不容忽视的问题。三峡移民“三不两难”（对搬迁不服、对安置不满、心理不平衡；融入当地难、经济发展难）的现实，造成移民维稳有困难。老库区（马迹塘电厂、桃花江水库）遗留问题多。修山、白竹洲两个电站库区遗留问题多。（余婵媛）

【举办实用技术培训班】 4月9日，县移民局举办了库区移民笋竹两用林培育种植实用技术培训班。培训班共2天，共培训库区移民151人，聘请县林业局专家莫晓春、县世林竹笋专业生产合作社董事长高最华等现场授课，原副县长张明程到现场亲自示范指导，讲解林分选择、劈山砍杂、科学施肥、合理留笋养竹、病虫害防治等关键技术要领。省移民局培训中心主任袁侃夫、市移民局局长皮本泰、副县长李畅和等到会指导。

【陈金梁调研县移民产业】 4月22日，市委办副主任陈金梁一行到桃江调研移民产业工作。市移民局局长皮本泰和副县长李畅和全程陪同。陈金梁详细了解了桃江县竹缘林科开发有限公司、桃江县马迹塘镇大塘坪村笋竹两用林基地的建设、生产和销售情况，特别是基地发展存在的困难和问题。对查找出的问题表示要认真研究解决办法，特别是要出台支持移民产业发展的好政策，确保移民产业健康、快速发展，移民群体发家致富。

桃花江灌区管理局

【领导人名录】

局　　长　王文明
副 局 长　刘铁龙　薛跃中
纪检组长　李梦飞
工会主任　曾迎平
党组成员　覃国新

【概况】 桃江县桃花江灌区管理局（加挂桃江县桃花江水库管理局牌子）属公益性正科级事业单位，有干部职工338人，其中在职干部职工257人、离退休干部职工81人。内设办公室、工程灌溉股、计划财务股、人事科教股、水政监察股5

个股室，下辖枢纽管理所、东干渠管理所、高桥管理所、水口山管理所、鸬鹚渡管理所、桃花江水库水力发电站、桃花江水库渔场和桃花江水库旅游开发建设管理站共8个二级单位。

防汛抗旱。坚持贯彻“安全第一、常备不懈、以防为主、全力抢险”的方针，坚持防汛抗旱两手抓，认真履职，确保了水库枢纽及灌区工程安全度汛。筑牢思想防线。树立防大汛、抗大旱的思想，修改完善桃花江水库和桃花江电站防汛应急预案和各灌区管理所的防汛抢险预案，并与各灌区管理所签订防汛抗旱责任状，责任分解到人。科学调度到位。准确掌握和分析水情、雨情的变化动态，特别是在“7·15”特大暴雨期间，科学调度，错峰泄洪，为全县3个万亩堤垸和桃花江水库的防汛工作提供了可靠保障。汛前检查扎实。年初分别对水库主体工程及128公里干渠沿线进行汛前隐患排查，对卡口和险工险段突击处理，确保输水通畅及工程安全。严格督查问责。汛期实行24小时值班制和渠段巡查制度，局党组对各站所执行防汛纪律情况进行督查，对违纪行为在全局范围内通报并严格处罚到位。及时清淤除险。汛期累计投入45万元用于渠道清淤扫障48.5公里，修复险工险段23处，维修建筑物37处，确保了工程安全和渠道畅通，实现了旱涝保收的工作目标。

项目建设。续建配套项目，争取2014年度大型灌区续建配套与节水改造项目总投资2420万元，实际到位资金1588万元。主要完成了干渠防渗衬砌12.643公里，支渠防渗衬砌5条共52.871公里，以及部分渠系建筑物改造。棚户区改造项目。桃花江水库水泥厂片区工矿企业联合棚户区改造项目总投资795.8万元，实际到位资金427万元、自筹资金368.8万元。主要建设内容为120户工矿棚户（其中新建48户、改建72户）。危旧房改造项目。2014年度危旧房改造与信息化建设项目主要对鸬鹚渡管理所、枢纽管理所生活用房进行维修改造，由省级财政总投资125万元。

日常工作。“三访三化”活动。组织党员干部20余人走访群众550余人次，慰问困难农户11户，召开座谈会41个，收集汇总意见147条，解决农户实际困难15个，投入资金24000元。安全生产工作。开展“安全生产大检查”“安全隐患排查百日行动”等活动，重点抓好电站运行安全、水上作业安全、项目施工安全、人员出行安全等工作。完成桃花江水库水力发电站年度检修任务，组织电站人员安全生产知识培训3次，投入10.6万元为工作人员配置救生衣、安全帽，确保了全年无安全生产事故发生。水利工程冬修工作。采取任务到站，分组包干的方法，完成灌区管理所人员人均200米的清淤扫障任务。累计渠道清淤砍杂18.7公里，除险加固32处，为引水畅通及工程设施安全运行提供了坚强保障。水政执法。加大了《中华人民共和国水法》等法律法规的宣传力度和渠道管理与保护范围内违章建筑的执法力度，共处理违章建筑7处，按程序报建修筑桥梁5座，有效解决了渠道周边群众出行难的问题。综合经营实体。桃花江水库水力发电站发电效益良好，年发电683万千瓦时，创收188万元；建设管理站有序运转，对外承揽项目，创收20万元。

群众路线教育实践活动。3月份以来，全局8个党支部105名党员参加群众路线教育实践活动，参与覆盖率达100%。共收集对领导班子及班子成员意见建议140余条（经分类整理成了83条）。至12月底，所有问题已整改到位。建立健全了财务管理、考勤管理、公务接待等27项制度，重点整治了推诿扯皮、办事效率低下和不作为、慢作为、乱作为的问题，严厉整治自由散漫、擅自离岗、脱岗、缺岗等行为，坚决杜绝了上班时间上网聊天、炒股、逛淘宝、玩游戏、看娱乐节目等现象。年内发出督查通报5期，通报批评11人次，并按照规定对相关人员进行了处罚。活动开展以来，全局“三公”经费比2013年同期下降27%，其中公务接待费用同期下降31%，公务用车运行维护费用同期下降20%。

存在的问题。一是人员包袱重。全局共有338人，其中在编干部职工257人，退休人员81人，编委仅核定公益性岗位编制80个。二是收支缺口大。财政收入少，支大于收，入不敷出。三是水费收缴难。全局每年应收水费189万元。而农村税费改革之后，每年收取的水费逐年减少，2014年已分文未收。2004年至2014年，用水农户累计欠缴水费1877万元。四是支渠维护难。按《桃花江灌区管理章程》的规定，支渠及以下渠系由乡镇管理，而近十年来，由于水费收不上，管理体制不顺，乡镇无力进行维修维护，支渠杂草丛生，严重损毁淤积，严重影响尾灌区灌溉。（胡卫平）

【桃花湖畔访民情】 4月9—10日，桃花江灌区管理局组织机关支部干部职工20余人到松木塘镇桃花湖社区开展“民本纪检与您同行”大调研大走访活动。通过走访农户和发放调查表，了解群众生产生活情况和对“四风”问题、换届选举、反腐倡廉情况的意见与看法，收集群众最反感的、最期盼的、最想解决的热点难点问题。本次活动共走访农户100余户，发放调查问卷102份，全面地收集了社情民意，拉近了与群众的距离。

【错峰泄洪保县城】 7月15日7时30分，县防汛抗旱指挥部启动防汛三级应急响应。15日15时，县防汛抗旱指挥部召开防汛会商会，研究部署防汛救灾工作。根据县防汛抗旱指挥部调度指令，桃花江水库从7月15日17时起提前泄洪，腾库拦洪，下泄流量50立方米/秒；15日18时，下泄流量增至100立方米/秒；16日11时30分，市防汛抗旱指挥部对资江沿线乡镇启动防汛二级应急响应。16日21时，县防汛抗旱指挥部通知，资江桃江站水位持续上涨，为给城关垸减压，错开资江与桃花江的洪峰，桃花江水库于16日21时关闸停止泄洪；17日17时，资江水位回落，退出警戒水位后，桃花江水库再次泄洪，下泄流量50立方米/秒，直至水位回落正常。桃花江灌区管理局科学研判，精确调度，错峰泄洪，及时给城关垸减压，确保了桃花江水库平安度汛。

【特殊方式庆“八一”】 7月底，全县高温晴热，稻田需水量加大，受高温影响，渠道中水草疯长，导致水流不畅，抗旱形势严峻。8月1日，桃花江灌区各管理所组织23名退伍军人开展渠道清淤扫障工作，共完成渠段清淤扫障4处5.7千米，打捞水草杂物近30吨。

【续建配套项目】 桃花江灌区2014年度续建配套项目批准建设规模为2420万元（实际到位资金1588万元），涉及牛田、石牛江、浮邱山等8个乡镇30多个行政村。该项目作为全县改善民生重点工作之一，呈现出“准备足、环境优、进度快、质量高”的特点。一是打好提前量，在计划下达前组织多个测量小组，对施工地段进行精确测量、计算方量，同时发动全局干部职工和当地群众对妨碍施工的树、竹进行扫障，做好施工前基础工作。二是做好协调功，局党组成员每人负责1至2个乡镇的协调工作，组织乡镇村多次召开协调会，对渠道扫障、进出场公路等制约施工的相关问题进行协调，保证了良好的施工环境。三是定好进度表，按12月30日完成的进度倒排工期，列出进度表。施工单位派出14个施工班组到30多处工地同时开工，工程监理、现场代表、纪检监察、财务等部门切实履责，保证质量监督、进度跟进、资金拨付、乡镇协调“四到位”。四是把好质量关，每处工地派出一名业主代表和一名监理代表，全天候跟踪监督。每天派出2个巡查组不定时督查全线30多处工地，查人员到位情况、查工程质量情况、查工程进度情况。

气　象

【县气象局领导人名录】

局　长　丁卫毛

副局长　潘　湛　何　进

【概况】 县气象局始建于1956年10月，是国家一般气象站，为湖南省气象局直属单位，是桃江县政府主管气象工作的职能部门，负责行使管理本行政区域内气象工作的政府职能。2014年年底有职工9人，大专以上文化9人，占职工总数的100%；工程师5人，占职工总数的55%。

2014年，气象局切实履行工作职责，认真为政府和有关部门提供防灾、减灾决策气象服务，为农业生产、国民经济、国防建设以及广大人民群众生产生活提供服务。

基础业务工作保持稳定。高度重视基础业务工作，始终把提高基础业务质量作为一项重要工作纳入议事日程。严抓各项规章制度；认真组织地面测报人员学习技术规范，抓好预报人员的学习培训，通过强化职业道德及业务知识学习，业务人员的素质进一步提高。基础业务质量保持稳定，测报错情率保持0.00%。于5月20日起试运行实时－历史地面气象资料一体化业务，完成台站原数据信息的补录工作，并按照要求开展本站及区域站错疑误信息的反馈，每月1日将上月的气候概况上传至一体化业务平台。

预报服务到位。汛期前，调整充实汛期气象服务领导小组，及时安排汛期工作检查。入汛后，严格执行汛期服务工作制度，各项气象服务工作顺利开展。坚持重要天气会商制、局长签发制、值班登记制，紧紧抓住灾害性、关建性、转折性天气做好预测预报及资料服务工作。根据天气变化及时分析制作天气快报、专题服务、地质灾害等级预报等服务产品，通过传真、短信等手段服务到乡镇及相关单位。全年通过局信息平台发布各类手机短信8000余人次。实行领导24小时值班制度，时刻注意天气变化，认真调阅卫星云图和雷达资料，重要转折性天气则由局领导向县委、县政府及防汛指挥部汇报。全年共启动气象预警6次，共发布《气象服务专题》19期、《农业气象服务专题》9期。与县农业局签订《农业气象服务合作协议》，与县水务局签订《关于建立完善防汛抗旱应急协作机制的合作协议》，进一步加强气象服务工作。

加强气象科技服务。积极拓宽气象服务领域，服务对象涉及地方各级政府、水电、烟草、核电站等部门。防雷减灾工作进一步加强，依法规范新建、改扩建构筑物防雷设计审核、施工监督、竣工验收等工作。上半年对辖区内易燃易爆场所单位进行防雷设施年度检测。7月，县政府常务会议通过县中小学校防雷整改方案，10月，县政府拨付资金分重点、分阶段进行整改。年初，停止对氢气球施放的目标管理，只负责行政管理审批和执法工作。从5月份开始，氢气球审批工作严格按照县创卫办的要求进行，在氢气球申报方面严把关，做到无证的公司一律不予办理手续，有证的公司只能申报4个氢气球，每次办结后均由窗口工作人员将审核单共享给城管部门。年初将《关于加强城区施放气模、气球管理的通告》《关于加强对县城范围内施放氢气球管理的通告》逐一发放到县城67家广告、婚庆公司，进行氢气球法律法规政策宣传。加强气象行政执法，保证执法效果。至10月底共执法16次，暂扣违规施放氢气球150余个，城区氢气球市场无违规施放现象。

新站搬迁项目建设稳步推进。4月底，气象局新站总体规划顺利通过批准。5月15日，邀请县设计院相关人员到衡阳衡南县气象局实地考察学习新站设计相关内容。完成了桃江县气象观测站道路及停车坪和桃江县气象观测站围墙工程预算书。6月20日正式开工，年底已基本完成测报楼和观测场的建设。

做好气象宣传工作。先后利用“5·12”防灾减灾日、“安全宣传日”、“世界气象日”等节日开展气象宣传活动。采用设置展位展示展板、向市民发放传单、接受现场咨询、发放科普画册等形式，对气象法律法规、防雷减灾知识、探测环境保护、气象科技服务等内容进行系统的宣传，共发放宣传材料1000余份，气象宣传画册300本。

深入开展党的群众路线教育实践活动。采用学习文件资料、上党课、专题宣讲、观看警示教育片、组织座谈讨论、撰写学习体会等多种形式加强党建和党风廉政建设。4月10日，召开全局动员大会，并对局领导班子及班子成员作风建设情况进行民主评议。8月，局党支部召开专题民主生活会，省气象局督导组、市气象局领导亲临会议进行指导。10月29日，由市局党的群众路线教育实践活动办公室领导组织召开总结大会，扎实完成学习教育、听取意见，查摆问题、开展批评，整改落实、建章立制三个环节的工作任务，达到预期的目标。

（潘湛）

水　文

【县水文局领导人名录】

局　　长　尹　磊

副 局 长　杨　昀

工会组长　吴蓉芬

【概况】　县水文局成立于2009年，下辖桃江（二）、蒙公塘、桃花江、鸬鹚渡4个水文站、沾溪水位站，15个基本报汛雨量站，3个山洪防治水位站，21个山洪防治雨量站。2014年有正式职工8人，其中高级工程师1人、工程师2人、高级工3人。

2014年，县水文局实测全年年降水量1683.5毫米，年降水日数158天，年蒸发量633.6毫米。全年最高水位42.93米（出现时间：7月17日），为迁站以来的最高水位；历年最低水位31.66米（出现时间：2013年8月19日），全年最低水位31.89米，（出现时间：3月27日）。2014年度水位级划分情况为：37.74米以上为高水，33.69米至37.74米为中水，33.69米以下为低水。按测站任务书要求，全年共实测流量108次，共测单沙389次，实测最大流量为8790立方米/秒，相应水位为42.93米（出现时间：7月17日）；实测最小实测流量115立方米/秒，相应水位31.89米（出现时间：3月27日）。

突出优质服务，全面抓好防汛测报工作。进一步提升干部职工专业素质，努力提高服务质量。认真抓好测验工作，进一步完善高洪测验方案，做好设备设施的维修与改造，确保全年度汛安全。狠抓“四随”（随测算、随发报、随整理、随分析）工作的落实，努力实现在站整编资料达到刊印水平。做好水情防汛服务，努力加强报汛站管理和情报收集，提高预报的准确性及预见期，为领导决策提供科学依据。加强饮水水源监测保护，提高公共服务水平。每月定时对资江河水取样检测，努力开展水资源调查、评价及排污口监测，继续做好资水水质情况跟踪监测，逐步扩大服务领域，力争在水资源保护与水环境监测方面发挥更大的作用。加强山洪灾害监测站点维护，增强山洪预警与防治能力。安排专员值班，登记雨水情况，及时上报。积极做好建设规划，稳步推进中小河流站点建设。启动益阳市中小河流水文监测系统建设项目二期桃江段桃花江、鸬鹚渡站的基础设施建设。

（胡海玉）

工 业

综 述

【县工业和信息化局领导人名录】

局　　长　熊　伟
副 局 长　胡尚吾　莫劲松
　　　　　汪志良
纪工委书记　彭　桧
工 委 主 任　邓文斌
工 委 委 员　刘庚申

【概况】 县工信局机关内设8个股室：办公室、财务股、经济运行股（民营经济股、推进新型工业化办公室，加挂县中小企业服务中心、园区办）、资源管理股、电力股（加挂电力行政执法大队牌子）、人事教育股、法制股（企业管理股）、信息化股（无线电办、项目办）。在职干部职工23人。离退休人员72人。下属电力行政执法大队，工业产业发展办公室，工业中等职业技术学校3个二级事业机构。2014年面对复杂多变的宏观经济形势和较大的经济下行压力，县工信局紧紧围绕县委确定的“135”工作思路，凝心聚力，奋力拼搏，基本实现了工业经济平稳较快发展。

各项指标运行。全县186家规模企业全年完成规模工业总产值299.59亿元，同比增长19.92%。实现工业规模增加值86.31亿元，同比增长20.7%。实现规模工业销售收入299.58亿元，产销率99.99%。工业用电61410.1万千瓦时，同比下降3.69%。工业五大主导产业实缴税金19323.3万元，同比下降12.98%；

重点项目建设。2014年，全县产业建设大会战有重点项目15个，完成投资13.75亿元，占项目计划总投资的53%。其中福德电子、博得科技、丰岩新材料3家税收过百万的企业建成投产。环宇无纺布二期、东方建材年产50万吨钢渣细粉生产线、志洲干粉砂浆、益阳涟钢年产40万吨型钢生产线、相知湘味食品生产线等4个项目已完成目标任务实现竣工投产。久通锑业年产5000吨锑白加工，桃花江实业重组竹材，灰山港省级工业集中区1000亩土地报批项目，马武工业小区等5个项目顺利完成年初目标任务。年产5000吨锑冶炼、万维竹业竹纤维板材、华信新材料等4个项目有序推进，南方水泥二期和新兴管件项目，项目协调小组正与项目方积极对接。

工业园区建设。桃江经开区园区调扩区工作全面完成，完成标准化厂房建设11万平方米，超过预定目标22%；基础设施投资8.81亿元，超过预定目标10.2%，园区规模工业总产值54.27亿元，同比增长20.3%；规模工业增加值15.56亿元，同比增长11%；园区规模工业增加值占全部规模工业增加值的20%；工业固定资产投资15.34亿元，同比增长44.4%；入园规模企业30个，其中新增6个，园区工业企业实缴税金5044万元，同比减少0.4%。灰山港集中区完成核心区控制性详规编制，完成基础设施投资0.91亿元，实现规模工业总产值37.84亿元，同比增长38.2%；规模工业增加值11.94亿元，同比增长29.8%；园区规模工业增加值占全部规模工业增加值的15.3%；工业固定资产投资14.17亿元，同比增长25.1%；入园规模企业22个，其中新增3个。马武食品产业园已完成建设投资500万元，武潭工业小区已完成征地66亩，园区道路建设完成招投标程序，已全面动工。

产业结构调整。企业改制工作

稳步有序推进，市属四家国企改制已完成人资分离，四家企业的资产清算处置已经启动。县属国企线带厂的改制工作全面启动，县酒厂改制工作在筹备启动中。个体户转型升级已完成个转企300家，占目标任务265家的113%，其中工业29家、批发零售业217家、住宿餐饮业31家、服务业23家。新增“四上”企业30家。工业节能管理加强，全县万元规模工业增加值能耗下降11.6%。9家重点耗能企业完善了节能管理制度，桃江新兴管件有限公司清洁生产审核项目等4个技改项目成功获得省经信委的批复，资金拨付到位；新报桃江县湘益木业有限责任公司清洁生产审核项目等5个技改项目，已进入省经信委审查程序。淘汰落后产能成效显著，成功申报关闭桃江特种水泥、向阳水泥厂、洞庭水泥厂、万鑫水泥厂4家水泥企业，淘汰落后水泥产能88.8万吨。四家水泥企业的营业、税务等相关执照已经注销，机立窑设备已经全部拆除。万鑫水泥、洞庭水泥、古松水泥、板溪锑品矿冶厂等淘汰企业的转型工作顺利进行，其中万鑫水泥转型新建“益阳金宙建材科技有限公司”，其年产30万吨干粉砂浆生产线已投产。关闭小企业工作扎实推进，共申报34家关停小企业，其中28家企业已获工信部批准，中央财政补助资金已下拨，企业全部关闭到位，大部分企业已彻底拆除设备。新型墙体材料和散装水泥工作稳步推进，全县共收缴基金390.4万元，实现了基金应缴尽缴。加大培育新型墙体材料、散装水泥企业工作力度。15家新墙材生产企业中有3家成功申办了新墙材产品认定证书，另有3家企业正在申办。石洞水寨和红豆山庄建设顺利。石洞水寨于2012年获批，已经投入建设资金600万元，主体建筑完工，水电路设施健全，餐饮等项目已经营业。红豆山庄已经投入资金300万元，该项目于2013年获批建设，大部分项目已经竣工。渔乡缘生态农庄成功申报五星级休闲农庄。启动竹乡农家示范点创建工程，总投资350万元，10家农家乐已于12月通过了示范性农家乐的创建验收工作。

企业服务环境。完善了帮扶机制，设立了新型工业化引导资金，建立了全县重大工业项目调度会议制度、县级领导调研走访企业制度、项目服务小组调度会议制度、企业问题困难交办处理制度、“挂销号”制度、督查督办及通报制度。修订完善并切实落实了《鼓励和支持重点企业发展若干意见(试行)》《2014年开展服务重点工业企业活动工作方案》，并积极通过专项资金、贷款贴息等方式帮助46家受灾企业恢复生产。规范了政务服务机制，向32家企业发放“服务绿卡”，推进“全程代理服务”和“一站式”收费制度落实，为重点项目和企业简化办事程序开辟绿色通道。健全了运行调度机制，组织召开了6次全县工业经济运行调度会议；发布《桃江县工业经济指标快报表》和《桃江重工》简报；针对产业建设重点项目建立了联系服务小组和分层次调度会议制度；启动工业项目备案制度，完成备案38份，实现应备尽备。建立了宣传教育机制，积极组织企业人才培训，分别与县委党校和县工商联组织举办了“县域工业经济培育和转型专题培训班”“企业创新管理知识培训班”，为企业培训200余人次。

行政执法管理。规范了行政执法行为，加大了对窃电等非法用电行为的查处力度，共查处破坏电力设施和违章违法用电案件13起，其中查处移送司法机关3起；完成行政执法罚没收入78500元；组织处理电力运行安全纠纷11起；协调处理电力安全伤亡事故4起；参与对违规企业整治，依法停电21起；依法对农村居民、重点企业和特殊行业用电开展了专项检查。加强了用电秩序整治，加大了对98户三峡移民依法用电的宣传教育和思想沟通、安排有移民的四个乡镇农电站搞好电力建设，排除外线安全隐患。对马迹塘电站库区用电秩序整治中存在的遗留问题逐一梳理，对个别无故不缴纳电费的用户采取相应措施，全年采取断电措施8次，由当地派出所训诫3人次。推进了重点电力项目建设，溪浙线重点项目工程建设完成了132基铁塔、63.2公里线路架设，完成了沿线8个乡镇335户183栋房屋搬迁安置工作。完成了电气化县项目年度7个项目批次总投资3961万元建设任务，涉及6条10千伏线路、11个县城台区、47个完善村、88个电气化村的新建或改造。增强了小水电安全监管，切实落实了安全生产责任制度，责任具体到人，联合水务、安监对全县21家小水电开展了安全隐患排查；加强了小水电员工安全教育培训。

招商引资棚改建设。雷公岩棚户区改造项目申报建房22栋705户，已经竣工16栋，另6栋已建至3层。灰山港棚户区项目申报22栋888套，杨家坳项目点12栋456套已动工，其中10栋主体工程基本完工，其余2栋已建2层。工矿联合棚户区项目2014年申报，计划建房15栋600户，已完成选址、平面规划图、土方测绘验收、能评、环评、省发改委可行性研究报告批复等相关工作，启动了招投标程序和“三通一平”建设。
（刘浩）

经济开发区

【桃江经济开发区领导人名录】

工委书记　刘胜辉
管委会主任　熊铁龙
管委会副主任　丁世谋　刘同庆　卢向清
工委委员　曹旭升　刘　惠　文　彬

【概况】 湖南桃江经济开发区成立于2003年，原名为湖南益阳桃花江民营创业园，2006年国家发改委批准为省级开发区，规划面积5.868平方千米，建成面积2.82平方千米。经开区工委、管委会内设机构9个：综合办公室、监察室、招商部、企业服务部、规划建设部、征拆一分指、征拆二分指、执法中队、资产管理部。下辖两个公司：桃江县桃花江经济开发区建设开发有限公司和桃江县桃花江农业经济开发区有限公司。另有职能部门派驻园区机构3个：国土分局、财政所、牛潭河派出所。有在职在编人员30人，职能部门派驻园区机构工作人员16人，管委会编外聘用人员15人，借调人员3人，共计64人。

湖南桃江经济开发区位于桃江县城东北部，北临长石铁路，南与资江大桥与国家一级公路桃益公路相连，东依资水并建有500吨水运码头，交通便捷。开发区以“留山水风光，建生态园区”为理念，以“服务立园、招商活园、管理强园”为宗旨，12年来累计投入18亿元，完成“五纵五横”十条骨干道路建设，建成40万平方米标准化厂房及生活配套用房，完善了绿化、亮化、“六通一平”等配套设施。入园规模企业达35家，形成了竹科技产业园、装备制造电子信息产业园、食品和生物医药产业园。

产业发展。2014年，桃江经济开发区在建项目7个。投资1.2亿元的湖南福德电气有限公司已完成设备的安装调试，正在进行试生产，并积极准备上市；投资1亿元、占地161亩的湖南博得物流装备有限公司的厂房建设已全部竣工，正在进行设备的安装及调试，12月底投产；投资5000万元的桃花江实业5万立方米重组竹项目已完成地面硬化及窑体安装，年底投产；投资1.2亿元、占地100亩的益阳万维竹业有限公司，正在进行混凝路面基础及钢结构厂房的施工；投资3000万元，租赁标准化厂房一栋的益阳市相知湘味食品有限公司桃江分公司已于9月进行试生产；租赁标准化厂房一层的湖南迎福助力车有限责任公司，已于8月份投产；租赁标准化厂房一层的杨洋机电有限公司，已于7月份投产。自园区成立以来，共完成工业投资8.96亿元。35家入园企业中有竹木精深加工8家、专用装备制造14家、食品药品制造6家，其余产业7家，其中正在运营的26家（其中2家扩建），在建的6家，停产2家，搬迁1家。2014年完成工商税收5986万元，工业总产值60亿元，工业增加值18亿元。力保银行信贷渠道通畅。利用园区优势，与各大银信机构加强对接。已完成银行融资3.8亿元。

整体规划。牛潭河工业园功能分区可概括为“一心两轴三园”，“一心”指综合服务中心；“两轴”指金盆北路（西环线）和金牛路之间的功能发展主轴线；“三园”指竹木精深加工产业园、电子装备制造产业园和食品医药制品产业园。规划有工业用地4626.6亩（已配置962.59亩），物流仓储用地74.4亩，居住用地1073.25亩，公共管理和公共服务用地170.7亩，商业服务业设施用地1194亩，道路用地、绿化用地等1663.05亩。

产业布局。金牛路以东、桃昌路以西，集中规划竹制品深加工产业；金牛路以西、西环线以东，集中规划通用设备制造产业；江北公路以北、西环线西南规划食品和医药制品产业。

基础设施。自成立以来，经开区在基础建设上投入18亿元（含利息支出2亿元，运行经费约0.4亿元），主要用于标准化厂房及附属设施建设、主干道路网络等基础设施建设、土地征收储备等方面。

工业房产。2014年标准化厂房建设任务9万平方米，分两批完成。第一批益阳浦友机电标准化厂房及生活配套设施建设4栋，总建筑面积5.8万平方米，年底已全部竣工；第二批博得物流装备标准化厂房及生活配套设施建设6栋，建筑面积7.7万平方米，已于10月全部竣工。自园区成立以来，共进行了四期标准化厂房及附属设施建设，建成407597.75平方米标准化厂房及附属设施。其中：标准化厂房24栋共299192.05平方米，配套用房108405.7平方米。（胡小实）

【省督查组到桃江调研小康社会工作】 4月22日，省统计局副局长李绍文率省督查组到桃江检查调研全面建成小康社会工作情况。省督查组首先考察了县城大汉龙城城市综合体及沿江风光带建设情况，并深入牛潭河工业园的口味王槟榔厂、桃花江实业、博得物流装备有限公司，了解项目建设情况，随后听取了桃江县全面建成小康社会推进工作情况汇报。省督查组对桃江全面小康建设推进情况给予充分肯定，认为桃江思想重视，行动迅速，措施得力，基础扎实，工作规范，推进有效。

【省轻工盐业集团领导到桃江考察】 4月22日，湖南省轻工盐业集团董事长、党委书记、总经理冯传良一行到桃江考察竹产业、茶产业、面业和酒业发展情况。冯传良先后来到黄金塘楠竹丰产培育示范基地、浩茗茶业、桃花江酒业和修山钟氏面业，进行实地考察。

【宋迪维考察桃江标准化厂房建设】 5月26日，江西省发改委副主任宋迪维、江西省工信委副主任万庆胜一行到桃江，考察桃江经济开发区标准化厂房建设工作。湖南省发改委办公室副主任王斌，益阳市政府副市长周振宇，县领导向荣、王军华等陪同考察。考察组一行先后查看了桃江经济开发区标准化厂房、公租房、年产5万立方米重组竹材生产项目、年产20万立方米秸秆竹纤维板项目、桃江竹产业创新创业园建设项目等。考察组对桃江经济开发区在标准化厂房建设方面取得的成绩表示肯定，希望通过此次考察，吸纳桃江典型经验，为江西工业经济发展决策提供参考。

【亿元竹产业项目在经济开发区落地】 10月28日，湖南桃花江实业有限公司与桃江经济开发区就年产5万立方米重组竹材项目正式签订投资协议书，这是继10月16日香港益华兴实业有限公司年产20万立方米竹纤维板材项目落户桃江经济开发区之后，又一投资过亿元的竹产业项目正式落地桃江。项目总投资为1.3亿元，以重组竹材主体系列产品的开发与生产为主营业务。项目在18个月内建成投产。

【华容县到桃江学习标准化厂房建设】 11月17日，由华容县委副书记蒋南贵带队，华容县经济开发区管委会一行人到桃江县经济开发区，学习交流标准化厂房建设先进经验。县政府副县长王军华与县经济开发区工委书记刘胜辉、县发改局局长刘小阳接待了来访调研组。刘胜辉向华容开发区一行介绍了桃江标准化厂房建设的基本情况、取得的成绩和经验、存在的问题以及教训。

【桃江县竹产业创新创业园项目新闻发布会召开】 12月28日，桃江现代竹产业科技园运营有限公司召开新闻发布会，宣布桃江现代竹产业创新创业园正式启动建设。发布会上，桃江现代竹产业科技园运营有限公司总经理余为介绍了桃江县竹产业创新创业园项目基本情况；经济开发区工委书记刘胜辉就项目推进作了表态发言；县委书记谭建华致辞，益阳市人民政府副市长周振宇就项目建设做了重要讲话。桃江竹产业创新创业园项目是2014年桃江县重点招商引资项目，是第十届泛珠三角区域经贸合作洽谈会的重点签约项目，也是省级重点项目。项目主要合作内容为：一是投资6.8亿元，规划建设一个具备竹类产品深加工、产学研一体化以及融现代仓储、物流、交易为一体的现代化工商贸园区——竹产业创新创业园，对湖南林业（桃江）竹产业科技园及其延伸的竹产业链进行全方位升级打造；二是由桃江县人民政府与桃江现代竹产业科技园运营有限公司按1∶9的比例共同发起设立总额达40亿元的竹产业创新创业引导基金。

城乡建设　环境保护

建设管理

【县住房和城乡建设局领导人名录】

局　　长　李茂武
副 局 长　陈志忠　巫文志
　　　　　高海军
纪检组长　颜栋梁
工会主任　刘湘辉

【概况】 县住房和城乡建设局机关内设12个股室（含加挂6个），下辖自来水公司、质量安全监督站、施工企业管理站、燃气管理站、城建档案馆5个二级机构，有干部职工219人。主要负责拟定全县城乡建设计划和城市建设项目实施方案，负责城市市政工程建设管理，负责建筑业管理，负责建筑工程质量安全监督管理，负责供水、供气、污水处理等特许经营行业的管理，负责城市建设档案的管理，指导乡镇小城镇建设和新型城镇化工作。

2014年，县住建局强力推进城镇建设、建筑业管理、公用事业建设管理等重点工作，各项任务均达到或超过年初设定的目标，被评为全县综合目标管理考核一类单位、全市城镇建设先进单位、全市建筑业管理工作先进单位、全市建筑工程安全生产目标管理考核先进单位等。全县城镇化率达40.08%，县城建成区绿化率达38.8%，县城自来水普及率、燃气普及率、生活污水集中处理率、生活垃圾无害化处理率分别达95%、90%、95%、100%。

城镇建设。自2012年起，桃江实施城镇建设大会战，城镇基础设施建设逐步改善，城镇承载能力逐步加强。2014年城镇建设完成基础设施投资7.93亿元，其中县城完成投资5.6亿元，县住建局组织实施了28大项65个单项工程建设。路网建设。新建、改建、提质改造道路18条，县城交通构成了“六纵六横”路网格局（“六纵”指金盆路、谷山路、獭溪路、资江路、花桥路、金凤路；“六横”指桃花路、建设路、振兴路、芙蓉路、雪峰山路、桃花江大道）。南北纵向新建了6条主干道，其中谷山路、资江南路、獭溪路、花桥路、金凤路5条道路已建成通车，金盆南路已完成全线路基和北段水稳层；东西横向续建和提质改造了桃花江大道配套工程、芙蓉路、振兴路、建设路、桃花东路、滨江路、文化北路、美人窝路8条主次干道，年底已全面建成通车。解决了建设中路东段、谷山路南段2处“断头路”和金凤路、花桥路、金盆大道南段3处“瓶颈路”等历史难题；建成了全市第一座城市道路立交互通，县城交通环境得到明显改善。“两供两治”建设。供水方面，新建、改造供水主管网17公里，完成了第一水厂改造和水质检测中心建设项目的工可，开展了第二水源建设项目的调研论证；供气方面，新建天然气管网5.41公里，发展管输天然气用户4405户，总用户数15015户；污水处理方面，新建排水主干管网12公里，利用排水箱涵建设地下综合管廊650米，完成了县城污水处理二期工程建设项目的规划、工可；生活垃圾治理方面，实施了城乡垃圾一体化项目建设，建成垃圾中转站6座。其他公共市政设施建设。新增绿化面积31万平方米，新增停车位3397个，新建电子卡口12个，新增沥青路面161000平方米，改造小街小巷28条49952平方米。

建筑业管理。建筑施工质量安全监管。加强施工现场管理，建立数字信息化管理平台，对重要部位实行远程视频监控；组织开展建筑领域严厉打击非法违法生产经营建设行为及安全生产整治等专项行动，发放隐患整改通知49份，停工整改通知20份，确保了施工质量安全，连续3年保持“零事故、零死亡”纪录。建筑市场管理。切实加大执法力度，抓好建筑企业准入登记、考核、合格商库建立、不良行为处罚等工作，建立了一套较完整的入桃企业信息库，共办理了132家建筑业企业的入桃登记。有效改进工程招投标管理办法，对益阳市朝阳建筑工程有限公司等12家企业在建设项目招投标或标后过程中核实的违法违规行为采取行政管理处罚措施。本地建筑企业发展。2014年新申报成功建筑施工企业4家，县域建筑施工企业发展到25家；重点培育了1家骨干企业晋升为总承包二级资质，二级资质企业达3家；建筑业总产值完成29.06亿元，增长25%。

小城镇建设和新型城镇化。牵头完成了全县小城镇建设调研并起草了《桃江县小城镇建设调研报告》，牵头制定了《桃江县加快推进新型城镇化实施意见》，启动了小城镇“六个一”建设和“六大优化”工程建设（“六个一”建设指建设好一座自来水厂、一个农贸市场、一座垃圾中转站、一座污水处理厂、一个文化广场和一条特色街；“六大优化”工程指实施路网、地下管网、路灯、绿化、环卫设施配套、广告招牌规范工程），建立小城镇建设工作月度调度机制，指导小城镇完成基础设施投资2.33亿元；完成了7个新型城镇化建设项目引导资金的申报，其中桃江县风景名胜区总体规划和灰山港镇污水处理厂项目列入2014年的引导资金项目；确立了马武地区发展思路并制定了发展规划；成功申报灰山港镇、马迹塘镇为国家级重点镇，申报马迹塘镇为省级新型城镇化示范镇；稳步推进农村危房改造及农民集中居住区工作，规划建设了两型区算盘洲、沾溪镇白沙洲两个农民集中居住区。

公用事业管理。供水。全年供水872万吨，发展用水户1365户，自来水水质综合合格率达100%，新建改造管网17公里，完成应急维修维护3000处，未发生任何供水安全事故。供气。全年供应管道天然气402万立方米。开展全县燃气市场整治，发放整改通知124份，查处违法违规行为15起；收缴报废钢瓶235个、导气管97根，淘汰螺丝钢瓶16517个，送检超期钢瓶18750个，未发生一起燃气安全事故。污水处理。全年县城污水处理厂处理污水735万吨，平均日处理1.95吨，运行记录良好，获得省级奖补资金69.84万元。城建档案。城建档案管理站与95家建设单位签订了报送建设档案资料服务协议，发放建设工程档案管理资料95套；开展城建档案法律宣传进工地活动，发送宣传资料2000多份；全年整理文书、会计、科技档案和重点工程项目资料400多卷，收取城建档案利用技术服务费用35万余元。

民生工作。支持峪峒村人居环境改造。筹资205万元对峪峒村实施人居环境改造，在峪峒村实行农村危房整村推进试点，将所有符合条件的危房进行了改造。峪峒村人居环境建设已顺利通过湖南省“美丽乡村”示范村创建工作考核组的验收。农村危房改造。年初省下达计划为1000户，积极和省厅联系争取新增指标200户。2014年农村危房改造实施了重点帮扶和一般帮扶同步推进和整村推进示范等新政策，根据农户申报、村民主评议、村级公示、乡镇审核、乡镇公示、县危改办抽查和信息核实，确定重点帮扶对象255户，一般帮扶948户，全年共完成了1203户农村危房改造。小街小巷改造。按照重点解决“热点”“难点”“亮点”的原则，完成小街小巷改造28项（年初计划18项），在道路施工同时，还一并对排水管道、自来水管网、路灯等配套基础设施进行了改造，切实解决群众出行难、排水难、环境差等问题。城市排水防涝工作。提出了“大雨不积水，暴雨不内涝”的城市排水防涝总体要求，积极推动县城排水防涝工作，完成了城市排水防涝基础资料的收集、排水设施的普查、暴雨强度公式的编制、排水防涝规划的编制和上报。在7月中旬的特大暴雨灾害天气中，组织人员对易涝点进行了现场核实，普查单位和设计单位专家针对核实情况拟定了城市排水防涝工程计划。完成排水防涝工程建设投资2500万元。同时制定县城排水防涝调度办法和应急预案，组建了城市排水防涝指挥部，加强城市排水防涝的调度和应急处理，城市排水防涝工作得到了省住建厅的高度评价。

其他重点工作。政务服务。依法及时办理施工许可证139件；制定了《办理施工许可证正本（副本）应提交资料的一次性告知书》，使施工许可办理的一次性告知做到彻底、明细、具体、直观；对“五项重点工作”所涉重点项目在办理施工许可等审批手续时，开辟“绿色通道”，主动提供优质服务。征收代收规费税费。严格执行规费税费收缴政策和制度，做到应收尽收。由于工作规范有序，2014年税费收缴工作较往年有了较大幅度的提高。全年收缴规费税费1754万元，其中征收城市基础设施配套费588.7万元，比上年增加88.7万元，增长17.8%；代征建安税达748万元，比上年增加348万元，增长87.6%；代征劳保基金532万元，比上年增加152万元，增长40%。立项争资。全年争取项目资金到位3580万元，比年度目标任务1500万元增加2080万元。另外，积极谋划项目工作，对接上级部门，建立了项目库，完成项目包装2个。行政执法。加强行政执法工作，有案必查，严格依法办案，进一步规范行政处罚程序和处罚标准。2014年共立案30起，做出处罚决定27起，处罚金额39万元。（周芳）

【谭建华督查县城建设项目】 1月3日，县委书记谭建华督查县城建设项目。谭建华一行先后查看了谷山南路、振兴中路、桃花南路、南环线西段、西环线、美人文化公园大桥、沿江风光带三期等项目的建设现场，听取了相关项目负责人的工作汇报，实地了解项目工程进度，现场解决建设过程中存在的困难和问题。谭建华要求各相关部门要明确目标定位，加强配合，加快建设进度，确保工程质量，按期完成各项目建设任务，尽快拉开城市框架，畅通县城连接通道。

【桃花江人行景观桥试通行】 1月29日，桃花江人行景观桥及附属工程基本完成并试通行。该桥长95米、宽8.3米，是益阳市第一座采用连续钢箱梁架设的桥梁。桃花江人行景观桥通行后，能连通振兴路，进一步缩短桃花江东西两岸的距离，极大地方便了沿江两岸群众的工作、学习和生活。

【“产学研”合作基地落户桃江】 4月16日，县自来水公司与湖南城市学院“一院一品”暨“产学研合作基地”签约与授牌仪式在县住建局三楼会议室举行，成立了益阳市供水企业首个“产学研”基地，这是县自来水公司开展产学研校企合作的新的尝试。湖南城市学院院长李建华、副院长刘辉煌，桃江县委副书记、县长何军田，副县长刘武，县住建局、县自来水公司负责人，城市学院有关专家及自来水公司的部分职工代表参加了签约与授牌仪式。

【资江南路延伸线动工建设】 8月13日，县城资江南路延伸线道路工程正式动工建设。该工程是城镇建设大会战的重点项目，全长507米，路幅宽30米，投资概算为1000万元。该工程连接在建的资江南路大桥和南环线，是县城南北方向的一条主要干道。

【金盆南路道路工程开工建设】 9月24日，县城金盆南路道路工程正式开工建设。该工程北起地税局，南至南环线，全长1346米。道路建设工程投资概算为3700万元，由县住建局承担建设任务。

【芙蓉路提质改造工程开工建设】 10月16日，芙蓉路提质改造工程开工建设。该工程西起金凤路，东至金盆路，全长2227米。工程主要对沿线道路进行沥青路面铺设，全面改造排水管网，优化绿化带布局，人行道缘石、路灯、供水管网等配套设施改造也同步进行。

【污水管网二期工程苗圃段完工】 11月10日，污水管网二期工程苗圃段建设工程顺利完工。该项目投资约400万元，在文化北路以西、桃花中路以北区域新建和改造污水管网980米，管网选用先进的承插式结构管材，有利于污水的排放。因项目建设区域位于县城老城区，污水管网年久失修，特别是通往七星河的苗圃段因地形复杂，河砂淤积严重，造成水流不畅，若不及时改造，将严重影响到旧城区居民的正常生活。为此，县委、县政府及时启动了七星河雨污分流工程建设，并将其中的污水管网二期工程苗圃段纳入了2014年城镇建设大会战的重要内容，由县住建局承担建设工作。该项目的建成将基本解决沿线区域污水排放无序的问题，进一步改善七星河流域地段的生态环境和人居环境。

【建设中路东段道路改造竣工通车】 11月10日，县城建设中路东段道路改造工程顺利竣工并通车。该工程全长180米，宽20米。东段道路改造工程彻底打通了建设中路这条“断头路”，连接了县城资江路至獭溪路沿江风光带，进一步改善了县城东西交通环境。

【文化北路完成沥青路面摊铺】 11月12日，文化北路改造工程全面完成沥青路面摊铺并正式通行。该工程北起滨江路南至桃花东路，全长219米，宽30米，投资概算为371万元。

【资江路路面维修改造工程完工】 11月16日，资江路路面维修改造工程基本完工并通车。资江路是桃江县城中心区繁华地段的一条重要通道，全长641米。该道路因修建时未处理路基，又长期遭受超载车辆碾压，导致路面破损严重，严重影响道路通行和县城形象。9月，县住建部门对资江路进行维修改造，工程包括旧路拆除、软基清除换填及沥青路面摊铺。

【金盆广场周边道路提质改造工程完工】 12月25日，县城金盆广场（原称休闲广场）周边道路提质改造工程顺利完工并开放通行。金盆广场周边道路提质改造工程包含迎宾路、金盆大道一段，全长806米，投资概算为465万元。项目包括路面开仓补强、人行道改造、党政大楼前停车坪拓宽改造、路面沥青摊铺等，共提质改造路面17000平方米，新增停车位近260个，有效缓解了该路段沿线停车难的问题。

【桃花东路改造工程完工】 12月30日，县城桃花东路改造工程全面完工。该工程全长630米，投资概算为198万元，项目包括沿线道路拓宽改造、排水管网改造、供水主管和人行道路面新建和改造。桃花东路作为县城老城区路网的重要组成部分，是县城东西走向的一条主要干道，原来这一路段路面宽窄不一，且人行道不规范，拓宽改造后的桃花东路不仅改善了该路段的交通条件，消除了原路面安全隐患，在道路改造同时还一并对供水主管道进行了改造，新铺设了一条直径为600毫米的主水管道，是县自来水第二水厂向县城供水的主动脉，有效解决了部分自来水用户水压低的问题。

房地产管理

【县房地产管理局领导人名录】

局　　长　李仁高

副 局 长　胡尚林　杨　玲

　　　　　肖文科

纪检组长　李佳平

工会主任　曹梦清

【概况】 县房地产管理局（简称房产局）是直属县政府的正科级自收自支事业机构，负责房地产市场经营管理、保障性住房建设与管理、房屋产权登记、产权产籍管理、国有土地上房屋征收与补偿、白蚁防治、房屋安全鉴定，房地产开发、物业管理、房地产中介服务管理等工作。内设7个机关职能股室，下辖8个直属二级机构、8个乡镇所，共有干部职工305人。

2014年，房产局围绕县委、县政府提出的“135”工作主题，解放思想，锐意进取，攻坚克难，不断创新，全面完成了各项工作任务。全局总收入2652.11万元，为年度任务的103.28%，同比增长8%，其中可支配收入1632.11万元。代征房地产税250万元。全年立项争资12083万元，为任务数的186%；招商引资2200万元。

进一步规范房地产市场。完成了《桃江县城市住房建设规划（2014年～2020年）》编制工作。全年房地产开发项目共计22个，投资总额达16.58亿元。发放商品房预售许可证27宗，批准预售面积30.48万平方米。销售商品房3753套，同比上涨5%，销售面积41万平方米，成交额达9.8亿元，商品房交易均价为每平方米2402元。全年查处房地产领域违法案件15件，结案率100%。

全力推动保障性安居工程建设。共新建保障性住房6044套（户），新增廉租房300套、公共租赁住房1679套，城市棚户区改造3565套（户），国有工矿棚户区改造500套，新增租赁住房补贴发放100户，发放租赁住房补贴525万元，惠及家庭4692户、11730人。保障性住房建设项目进一步向乡镇拓展，在灰山港、修山、三堂街、武潭、松木塘等乡镇建设保障性住房422套共21560平方米。

努力提升政务服务水平。坚持“热情、主动、高效、规范”的服务理念，完善流程，简化程序，增强工作透明度，政务服务水平进一步提升。全年办理各类登记9434宗，其中初始登记2720宗、变更登记256宗、转移登记895宗、二手房买卖742宗、预告登记1738宗、现房抵押登记676宗、期转现抵押登记669宗、预告和在建工程抵押1417宗、现房抵押注销登记321宗，为群众和企业提供了便利、快捷、优质服务。

物业管理服务上新台阶。全县共有物业企业15家，同比增长36%。商品房管理服务面积79万平方米，同比增长11.3%。严格专项维修资金的归集、存储、管理和使用制度，全年归集资金907万元，同比增长9.7%。

扎实完成统筹城乡工作任务。完成试点镇沾溪镇白沙洲村、杉木村、长田坊村房屋确权颁证1922本。稳妥推进三权抵押融资试点工作，出台《桃江县集体土地上房屋抵押贷款试点办法》，圆满完成市县下达的工作任务。

严格落实安全生产责任制，对全县5万平方米的直管公房进行了多次定期、不定期排查，投入安全生产维修费用300多万元，确保了租住群众的生命财产安全，全年没有发生安全生产事故。全年全县白蚁防（灭）治面积达38万平方米，测绘房屋78栋、35万平方米。

以改善民生为核心内容，把化解矛盾、促进和谐作为主要任务，把强化基层、维护民安作为关键环节，取得了好的效果。全年共派出走访干部256人次，走访群众471户，走访企业74户（次）。筹集并投入扶贫帮困资金13万余元，其中帮扶困难群众37人7000元，救助受洪灾严重群众30人3万余元，扶贫帮建住房困难户2户10万余元。

（曾海英）

【保障性住房管理信息系统上线试运行】 3月27日，桃江县保障性住房管理信息系统上线试运行。该系统是针对住房保障局内部的一套综合性的业务管理系统，用于管理保障对象、保障项目、保障房源、保障资金、保障业务等日常工作，为工作人员提供了一个系统管理工作平台。

【为特困群众捐建住房】 6月18日，局长李仁高率县房地产开发协会负责人、部分企业负责人、局机关相关人员到高桥乡石井头村、石头坪村开展下乡扶贫慰问活动。石井头村一对王姓夫妇因年老体衰、家庭困难等原因，至今仍住在海拔750多米高的浮邱山中。石头坪村委虽已率先在全县建设了几套村级“五保户之家”，集中安置照顾“五保”老人；但因人员较多，满足不了全村“五保”老人的需要。获知这些情况，县局决定改变过去“重短期轻长期、重给钱轻制度”的扶贫模式，为石井头村特困户捐建住房一栋；投资10余万元，为石头坪村捐建村委活动室、卫生室和“五保户之家”一栋，房屋为一层平房，客厅、餐厅、卧室、厨房、卫生间一应俱全，水、电供应到户。10月完成援建。

【危旧房屋加固排险】 7月，县房产局在洪灾过后开展了全县直管公房、自管公房安全生产大排查，发现存在重大安全隐患的房屋39栋。为确保居住群众的生命财产安全，县房产局多方筹措了200多万元，对39栋危旧房屋进行了维修加固、拆除打围。

【开展安全隐患排查】 10月中旬，局长李仁高带领相关工作人员，对桃花江镇直管公房开展了全面的安全隐患排查。排查发现，桃花江镇居士商城已建成20余年，电线电路严重老化，消防器材大部分已损坏；商城后面的大片平房因年代久远，房屋受损严重，存在火灾隐患和垮塌风险。针对此情况，县房产局组织召开现场办公会，就妥善解决安全隐患提出整改方案。一是迅速消除火灾隐患，要求桃花江房管所迅速制定整改方案，更换老旧电线，疏通消防通道，添置新的灭火器等消防器材。二是结合城市棚改，制定整体规划，分步实施，逐步对危旧平房进行拆除改造，切实保障人民群众的生命财产安全。

市政管理

【县城市管理和综合执法局领导人名录】

局　　长　王建荣
副 局 长　胡合平　郭军辉
工会主任　肖　维
党组成员　曾　建

【概况】 县城市管理和综合执法局于2012年10月组建，属全额拨款事业单位。人员主要从原建设局内部产生，主要担负县城市容秩序、环境卫生、渣土管理、市政园林、规划执法、路灯架设及维护等工作职责，行使城市管理、市容环境卫生管理、城市绿化管理、市政管理方面法律、法规、规章规定的行政处罚权。局机关内设办公室、人事教育股、计划财务股、法制宣教股、督查和城市管理股5个股室，现有人员22人。下设二级机构7个：直属大队（办）、城监大队、规划执法大队、渣土办、桃花江环境卫生管理所、市政设施管理站、路灯管理所。全局干部职工267人。

规范管理，全面整治。开展街道越门经营、占道经营整治。全年共开展市容秩序综合整治28次，累计出动1020人次，出动执法车辆210余台次。整治行动累计暂扣越门经营物品3250件，拆除横幅96条，暂扣流动水果车辆232台，早餐摊点178个，收缴电喇叭369个。夜市摊点整治。对夜市经营户进行摸底造册，建立了详细的档案资料。加强了夜宵摊点整治，经过整治，夜宵摊点配备了污水桶、固体垃圾桶、扫把和簸箕，保持了摊点周围地面整洁、干净，确保了环境卫生整洁有序。气拱门施放整治。同施放气拱门的单位和个人签订了安全责任状，严格按照审批的时间、地点、数量和要求进行管理，对违规施放的气拱门按相关的规定进行处理。共查处违规施放气拱门257处，暂扣气拱门95个，有效地维护了城区市容市貌。破损户外广告整治。对县城破损、陈旧、设置不规范的户外广告进行了登记与造册，聘请相关专业人员进行拆除，共拆除此类户外广告325处。渣土运输整治。对在建工地渣土运输实行规范化管理，与城区各施工单位签订了《市容环境卫生责任书》，在建工地设立了渣土管理公示牌，要求各施工工地围挡封闭施工，硬化工地进出口并配备淤泥沉淀池及冲洗设备，严禁车辆带泥上路，坚持一日三巡查。同时，强化对重点工程项目的监管，组织召开了南环线S308段配套工程、近桃村、浮邱山弃土场、资江南路土石方工程、花桥路改造工程以及城建投资公司、住建局、房产局、环卫所的负责人渣土运输管理联席会议，进一步明确了责任，完善了机制，加强了源头管理。全年共下发整改通知书380份，对工程车辆带泥上路和保健员履职不到位等违规行为现场整改2005次，立案查处违规施工、建筑垃圾乱堆乱放行为25起。违章建筑整治。对违章建筑以控为主、人性拆违。县级主导、乡镇主体、部门配合，建立了三级联动查违控违拆违机制。全年共组织大、小型拆违行动63次，拆除各类违法违章建（构）筑物102处，拆违面积达8542平方米。通过文明劝导、说服教育方式控违41处，在控面积6700平方米。

创新思路，优化管理。建立督查考核机制。将考核内容细化量化，以数字化考核为主。重点对控违拆违的拆除率、路灯的亮灯率、市容秩序和渣土管理的扣押数量、立案个数、处罚金额等进行考核。逐步建立科学完善、切实可行的工作督查考核机制，实行每日一督查、每周一考核、每月一点评、每季一评选（季度评选先进个人），作风建设与年终绩效工资挂钩。加大宣传力度。开展了4次关于规划执法、市容秩序、渣土管理、环境卫生、市政园林、路灯管理方面的集中宣传活动。广泛宣传《城乡规划法》《城市市容环境卫生管理条例》《湖南省市政公用设施管理条例》等法律法规，提高群众的法律意识。在桃江电视台民生播报栏目开设《城管在线》专栏，共播报节目42次。在桃江公众信息网上稿城管工作信息84条，《益阳日报》上稿6条，《魅力桃江》上稿9条，较全面反映了城管工作。健全社会参与机制，加大社会及群众参与力度。组织开展了“我来当一天城管队员”活动。对参与活动人员当日出勤、上岗、履职情况进行考核督查。对市容秩序执法过程进行指导，修订和完善了“局长包路段”工作机制。各责任路段制定了以“部门联动、产权管辖、齐抓共管、定期考核”的工作细则，科学合理划分责任路段。在“局长包路段”工作启动后，城管执法局主动配合开展了市容秩序、环境卫生、市政管理、控违拆违等方面的集中整治，协助各责任单位抓好了主要干道、小街小巷的秩序“三包”工作，同时对各“局长包路段”单位工作情况实行每天一考核，每天一通报。建立市容秩序管理联席会议制度。联合桃花江镇政府召开了九大社区市容秩序整治工作联系会，要求各社区发挥自己的管辖优势，对辖区内违规经营钉子户做好思想疏导工作，协助搞好整治。分类执法、归口管理。对三峡移民、残疾人弱势群体、少数民族三类特殊人群采用“分类整治、归口管理”的方式，发挥各职能单位的主动性。通过扩大宣传、部门协作和分类执法管理，形成城管执法的合力，逐步形成了全社会共同参与、相互监督、齐抓共管的局面。探索社会化管理路子。针对张家码头市场周边“脏、乱、差”现象，在张家码头设置了零担区，作为自产自销菜农的经营场所，由张家码头市场负责管理，对流动摊贩的管理实行边堵边疏，效果良好。同时，按照“政府主导、企业组织、部门配合、公众参与”的模式，积极探索社会化辅助性服务外包管理路子。创建“文明示范街”。基本完成了芙蓉路、文化路文明卫生示范街创建工作，集中整治了两条街的秩序、卫生，加强了两条道路的市政、绿化设施管理。建立了县城规划区三级联动查违控违拆违工作机制。2月开始起草《三级联动查违控违拆违工作实施方案》。3月，由县领导带队到赫山区、沅江市进行了考察学习；5月，草拟方案送相关部门和单位征求了意见建议；6月，组织相关职能部门负责人召开专题会议进行了讨论研究；7月，县领导到城管执法局对此方案进行了专题调研；10月份，三级联动工作指挥部正式成立，明确了组织机构、工作职责和人员分工。

加大投入，完善设施。新增道路签订了保洁协议。2月1日起对2013年8月后新增、新建的17条道路（面积合计125970平方米）纳入市场化保洁范围，与两家清扫保洁公司签订了清扫保洁合同，要求及时清运垃圾和处置突发事件。生活垃圾清运实行分片包干、责任到人、日产日清。全年组织突击清理清运垃圾58次，对城乡结合部的陈年垃圾进行了彻底清理，全年共完成垃圾清扫清运14000多吨，清理陈年垃圾2700多吨。进一步完善环卫硬件设施。2014年，新添置果皮箱500个、封闭式垃圾箱60个、果皮桶收集车2台、小型钩臂车4台、多功能车1台、东风翻斗车1台、长安小卡1台，新建垃圾中转站2座。改造公共绿化花坛。对金盆路地税局花坛、谷山路花坛、桃花西路建行花坛以及幸福小区绿化带进行了改造，改造面积达3000平方米，并对各绿化带，花坛和行道树进行了苗木补植，种植苗木约25万株。配合县创卫办完成“万项细小民生工程”40余个。共新埋下水道支管208米，下水道改造1000多米，新改造人行道400多平方米，人行道维修2000平方米。更换吸水栅310个，更换环保井盖190多套，修建检查井、雨水井30多座。顺利完成路灯新架及检修。完成桃花江大道、迎宾路、金盆北路、谷山南路等路段主干道路灯新架222基；完成小街小巷路灯安装改造145盏。全年检修路灯308盏次，累计完成抢修、维修115班次，全线检修、调试主次干道路灯17次，维修电缆14处，确保了城区主要街道亮灯率达到98%。（李璎）

【西溪街东林寺巷下水道维修改造】 3月28日，县城管执法局市政设施站对县城西溪街东林寺巷的下水道进行维修改造，将原老管道全部换成大径新管，经几日的修建，彻底解决了当地污水横溢、积水成河的旧貌。

【召开县城漫酒摊点搬迁座谈会】 5月9日，县城管执法局组织召开了县城漫酒夜市摊点搬迁工作座谈会，城区漫酒夜市从业人员共60余人参加会议。座谈会就改善漫酒夜市经营环境、规范市容秩序、确保市民交通安全和食品卫生安全进行了讨论，并会同县工商、税务、药监等部门为各业主提供上门服务、免费办理相关证照、3年内免收行政事业性费用等优惠政策。

【秩序大整治】 6月14日至18日，县城管执法局联合交警大队开展了为期5天的秩序大整治。主要整治经营秩序、基建占道、流动摊贩、广告招牌、路障清除。共出动执法队员90多人，执法车辆8台。

【县领导慰问环卫工人】 7月31日，县长何军田，副县长王军华、刘武到县城桃花路、芙蓉路看望慰问在高温下从事街道清扫保洁工作的环卫工人，共发放了253份降温防暑物品。

【召开创省卫工作会】 11月27日，县城管执法局组织召开“优作风、提形象、凝心聚力创省卫”工作会。县委常委、组织部部长、统战部部长雷越毅出席会议。会议点评了县城管执法局所做的工作、取得的成绩和存在的问题，并就优化作风、提升队伍建设明确了要求。

城乡规划

【县规划局领导人名录】

局　　长　贾四阳

副 局 长　卢龙飞

纪检组长　曾敏之

【概况】 桃江县规划局成立于2013年，是桃江县城乡规划工作的主管部门，县政府直属正科级事业单位。机关设办公室、规划技术股、规划管理股、村镇管理股、政策法规股和政务服务股6个股室，下辖县城乡规划设计院（加挂县规划信息服务中心牌子）。2014年年底有在编人员30人（全额拨款事业编制）。县城乡规划设计院现有在编人员10人（自收自支编制），另有临时聘用人员5人。全系统有高级工程师5人，注册规划师2人，城乡规划专业硕士研究生2人，中级职称14人，大专以上学历98%以上。

2014年，规划局扎实履行城乡规划工作职能，狠抓领导班子建设和队伍建设，着力加强规划编制工作，不断优化规划审批程序，严格规划实施管理工作，较好地完成了各项工作任务。

完善规划编制体系。先后完成县城防洪、桃花江大道景观工程的规划编制与审查，完成县城金盆南路、芙蓉路、滨江南路、桃花南路、花桥南路、雪峰山路、建设中路、竹海路等道路的新建或提质改造规划的编制与审查，完成县城33条小街小巷提质改造和10个电子卡口的规划设计，完成旧城区、西片区、桃花江大道两厢等3个控制性详细规划的编制，完成县城规划区内8个拆迁安置点和灰山港、马迹塘等6个建制镇农民集中居住区修建性详细规划的编制与审批，完成全县15个乡镇村镇布局规划编制和12个建制镇总体规划修编工作，启动县城总体规划（2015—2035年）的修编工作并按程序确定了规划编制单位。

优化规划审批流程。出台城乡规划委员会工作规则、规划技术指标审查、建筑面积核算、施工图审查等规范性标准，确保规划审查有据可依，县例会程序更加规范。进一步简化报建审批流程，实行“一口进出+内部流转”的一站式服务模式，建立健全“首问负责制、限时办结制、一次性告知制、责任追究制”等制度。全年共计受理项目270个，发放建设用地规划许可证199份，工程证副本141份，工程证正本113份，办理建设项目选址意见书41份，发放村庄规划许可证3

份。不断加大政务公开力度，依法公开办事依据、条件、要求、期限、流程和结果。大力推行规划听证会制度，逐步减少因日照、通风、采光等原因引发的四邻纠纷。规划审查逐步规范，年内组织召开专家评审会15次；召开县规划例会10次，审查项目64个；召开局规划例会32次，审查项目408个。

加强规划实施管理。积极推行施工现场规划公示牌制度、重点项目专人负责制，落实竣工验收综合评定制度，逐步完善违规建设处罚案会审制度。加强在建项目动态管理，加大县城规划区内日常巡视巡查工作力度，落实规划实施管理责任，及时协调处理各类矛盾纠纷40余起，组织建设工程竣工验收83个。强力推进规划执法，落实了县城规划区内三级联动工作责任制，加大县城规划区内控违拆违工作力度，共受理群众投诉210起，立案查处102起，参加联合控违拆违集中整治行动48次，拆除违章建筑91处，拆违面积4741.1平方米。积极配合县征拆办、县住建局、县两型区、县创建办和社区完成了历史性违章棚户的认定。

基础设施建设有序发展。县城城区交通状况日益改善，实现“六纵六横”的城市交通路网格局。道路、市场、绿化、停车、污水和垃圾处理、供水、供气等公共基础设施建设不断加快，先后完成了19个景观工程、4800个停车位、4.5万平方米和50万平方米绿化建设，城乡面貌焕然一新。潭州湾500吨级码头建成，桃花江大道、振兴路等主次干道提质改造竣工并相继通车。

复迁安置工作稳步推进。根据县城建设需要，认真编制县城规划区内拆迁安置方案，先后完成桃花江大道打石湾、创业村、花苞洲、浮邱山新桥、人形山、回龙湾等复迁安置区6个，总建筑面积16万多平方米。建成复迁安置点2个。浮邱山大道杨家坳、半稼洲、人形山等安置点4个，以及金盆南路、谷山南路、大汉5～9号地安置点，总建筑面积23400平方米。

统筹城乡发展成效显著。在完善12个建制镇总体规划编制、15个乡镇村庄布局规划编制工作的同时，完成灰山港镇、马迹塘镇等6个农民集中居住区修建性详细规划的编制与审批。开辟“绿色通道”，积极为项目报建提供优质便捷的服务，完成三堂街陶粒页岩、鲊埠花园台工业园区、灰山港工业集中区、马武工业区等项目的规划方案预审和专家评审。开展新农村示范村建设，桃花江镇崆峒村先后被评为“湖南省特色旅游名村”“益阳市社会主义新农村建设示范村”。（方学华）

【完成马武地区发展战略规划编制】 马武地区发展战略规划于2013年7月启动，2013年11月完成规划设计方案初稿，2014年3月经县规划例会审查通过，并制作了CAD演示文件（动漫效果）。马武地区包括马迹塘镇、武潭镇全部辖区范围和大栗港三个村，面积471.60平方公里，规划一个辖10平方公里、10万城镇人口的新型小城市，着力打造益阳市西部交通枢纽、桃江县西部增长极、茶马古道的支撑点、产业转型升级先导区。主要发展茶产业、竹木加工业和物流业，共规划五个产业区，分别为：马迹塘黑茶产业园区、马迹塘工业物流园区、武潭生态工业园区、鲊埠竹木加工区和大栗港茶产业区。规划为一心一带三区：“一心”为文化休闲度假区；“一带”为资江景观风光带；“三区”为武潭片区、马迹塘片区和莲花城新区。构筑四纵四横的交通网络，“四纵”为（由西向东）改道的207国道、两条资江沿江风光带和远期南北干道；“四横”分别为（由北向南）：改道的317省道、现状207国道在武潭镇镇区路段、马迹塘境内的创业大道和308省道。

【成立村镇规划建设联系指导小组】 针对村镇规划工作普遍存在体制不顺、力量不强、水平不高等实际问题，县政府明确由规划部门牵头，将全县15个乡镇分为五个片区，从规划、住建、国土、城管执法等部门选派专业技术人员，成立了5个专家指导小组，分批次深入大栗港、鲊埠、石牛江、马迹塘和鸬鹚渡等乡镇开展村镇规划业务指导和联系帮扶工作，先后完成了灰山港省级工业集中区区域规划、马武融城发展战略规划、沾溪镇核电重点区域的控制性详细规划以及省级示范镇、示范村的规划方案，顺利为乡镇办理选址意见书14份，规划许可证86份，及时化解村民建房矛盾纠纷9起。

【村镇规划编制工作进展顺利】 针对全县村镇规划编制滞后、档次品位较低的实际，县规划局坚持“建设中心村、整治基层村、培植特色村、保护历史文化村”的原则，因地制宜，合理控制一般集镇和农村社区的数量，尽量利用好荒坡地、废弃地，不占或少占耕地，形成“宜聚尽聚，聚散相宜”的村镇空间格局。在规划编制过程中，要求村庄规模切合各乡镇发展实际，做到合理用地、集约用地，对有历史特色的古镇、古村落、古民居和纪念性建筑进行重点保护和修缮，住宅布局和民居设计体现错落有致、风格各异的新农村村容村貌。全县12个建制镇已完成总体规划编制，2个乡的总体规划正在进行审批；全县15个乡镇村庄布局规划均已完成，桃花江、灰山港、沾溪3个镇控制性详细规划的编制已完成；武潭竹木科技产业区、灰山港片工矿棚户区农民集中居住区规划已经通过规划审批。

城市经营

【县城市建设开发公司领导人名录】

总 经 理　黄志刚

副总经理　罗三中　周铁军

　　　　　袁　玫

纪检组长　伍忠东

【概况】　县城市建设开发公司（以下简称公司）成立于2001年4月，2008年2月明确为正科级事业单位。公司是具有独立法人资格的国有独资企业，隶属县人民政府管理，现有注册资本1.5亿元，拥有资产达40亿元。公司设立董事会、监事会，实行董事会领导下的总经理负责制，县政府分管城建的副县长任董事长、法人代表，配总经理1名，副总经理3名，纪检组长1名。公司内设综合部、财务部、经营部、工程监管部、项目融资部5个职能部室，有工作人员11名。

2014年，公司全面履行职能，通过积极申请银信部门贷款、招商引资、加大城市资源特别是土地资源经营力度等办法多渠道筹集城市建设资金，极大地促进了县城的发展，提升了县城品位，改善了县城人民群众生产、生活环境。

筹融资。公司结合城市基础设施及重点工程项目建设实际，广泛与各银信部门对接，积极申请银行贷款，克服了资产规模较小、抵押物不足、受政策性因素影响等困难，全年共计筹融资11.5321亿元。其中申请银行贷款7.2亿元，社会融资0.8亿元，工程建设带资0.5142亿元，工程BT建设带资1.3383亿元，土地收入1.6796亿元。

土地经营工作。公司工作人员全力以赴，创新思路，强力推进征地拆迁工作。2014年，做好了1612.8亩土地征收的资金保障工作，完成了土地报批566.7亩，收购国有闲置土地12宗33亩，拆迁房屋212栋35249平方米，拆迁补偿款已全部支付到位，出让土地8宗，完成出让收入1.6796亿元。

重点工程项目建设。2014年，按照县委、县政府的安排部署，根据县城基础设施建设规划，公司将各项目分解到位，限定任务完成时间，制定项目建设进度表，梳理各项目建设中的突出问题、难点，化解矛盾纠纷，积极做好协调工作，为项目建设创造良好的施工环境，全年共计完成重点工程项目建设投资6.6349亿元。计划内项目建设完成投资5.513亿元，包括南环线配套设施、西环线新建及芙蓉路、迎宾路、文化北路、振兴路、建设西路、谷山路主干道提质改造、花桥南路新建、美人窝文化公园新建等17项工程。计划外项目建设完成投资1.1219亿元，包括电力杆线迁移、弱电杆线迁移、自来水维修改造、拆迁户安置地建设等14项重点项目建设和小街小巷路灯、近桃路北侧第二排道路工程、城南路（气象局至资江南路段）道路工程、建设西路道路修补工程等17项小街小巷建设项目。　（莫姝婷）

【美人窝文化主题区域供电项目竣工】　8月20日，美人窝文化公园区域供电项目开始动工建设，10月15日顺利竣工交付送电。该项目分为主供（肖汉线）和备供（东汉线）两条线路共计8千米，总投资2300万元。主供为肖家山变电站至大汉酒店门前的滨江路，备供为创业村的曙光路至大汉酒店前滨江路。

住房公积金

【益阳市住房公积金管理中心桃江管理部领导人名录】

主　任　王学武

【概况】　益阳市住房公积金管理中心桃江管理部成立于2003年7月，是在益阳市住房公积金管理中心的授权下负责桃江县住房公积金管理和运营、承担资金保值增值责任的正科级事业单位，隶属益阳市住房公积金管理中心。2014年在职人数为6人，其中事业编制3人、合同聘用制3人。

2014年，全县新增住房公积金缴存人数1701人，全县当年正常缴存人数20523人，封存人数8244人。归集住房公积金18678.47万元，同比增长33.77%，累计归集住房公积金87000万元，期末住房公积金余额为49300万元；全年提取8516.14万元，其中购房提取464.04万元，还贷提取5540.02万元，其他提取2512.08万元；全年共为584户家庭发放个人住房贷款11280.40万元，同比减少24.70%，回收个人贷款本金5269.74万元，利息2162.06万元，同比增长22.02%，累计为6540户家庭发放个人住房贷款77100万元，期末个贷余额为51400万元，贷存比为104.33%；提供574万元廉租住房建设补充资金用于桃江县的廉租住房建设，累计提供廉租住房建设补充资金1776万元。

归集扩面。成立以县委常委、常务副县长周卫星任组长，县政府办常务副主任任副组长，县政府办、县财政局、县人力资源和社会保障局、县教育局、县卫生局、县督查局、县工业和信息化局、县法制办、桃江经济开发区、灰山港镇、益阳市住房公积金管理中心桃江管理部等为成员的归集扩面领导小组，制定《2014年桃江县住房公积金归集扩面工作目标管理考核方案》，明确灰山港镇、工业园区、教育系统、卫生系统的归集金额与新增归集人数任务，同时加强督查督办，促进了归集扩面工作的深入开展。行政执法。依据《行政执法规范》的执法流程，对县城与灰山港工业集中区的非公有制经济组织启动行政执法程序，全年有376名非公有制企业职工开始缴存住房公积金，有效推动住房公积金扩面建制工作。

个贷发放。2014年，住房公积金管理中心结合住房公积金运行和房地产市场实际，继续实施积极的贷款政策，确保实现“应贷尽贷”的工作目标，拉动县域经济发展。降低二套房首付比例，二套房首付三成，贷款比例提升到70%，利率上浮10%。与邮政储蓄银行合作推行组合贷款项目，缓解贷款资金压力。推进异地贷款业务，省内实现住房公积金缴存异地互认。降低贷款中间费用，免收担保费，进一步加大惠民力度。充分运用个贷发放促进住房公积金归集，实现住房公积金建制人数和归集金额的同步增加。

政策宣传。制定详细方案明确宣传机制，包括专项宣传、电视与网络媒体宣传、刊物宣传、户外广告宣传、会议宣讲等。4月，落实益阳中心“非公有制经济组织建制专项宣传月”活动方案，深入县经济开发区口味王厂区、新龙超市前坪、灰山港工业集中区开展以“职工的权益、单位的责任、住房的保障”为主题的非公有制经济组织建制专项宣传活动。全年集中在电视媒体进行宣传，召开建制推进会，举办企业建制宣讲活动，扎实开展公积金政策宣传工作。

优化服务。坚持“该办就办、办就办好”的服务理念，着力健全服务平台，提升服务水平。短信平台实现全网覆盖，与住房公积金业务系统绑定手机号码的贷款职工都能在放款当天或每月扣款时收到贷款发放、提取还贷、银行还款的服务短信。完善门户网站网上服务厅模块，提供业务咨询、数据查询、业务预约办理与跟踪服务。深化全员综合柜员制，推行交叉复核制度、周会制度、管理日志登记制度，强化内部规范管理，提高服务质量。2014年，管理部荣获“2014年重点工作目标绩效考核优秀单位”“2014年度依法行政一类（优秀）单位”“市级巾帼文明岗”“金融机构支持地方经济发展奖励”，在全市的工作任务和绩效管理考核中排名第三。

存在的问题。归集增速放缓，非公有制经济组织建立住房公积金制度仍然是瓶颈。在住房公积金归集上，行政、事业单位已经基本实现“双足额”，非公有制经济组织往往根据最低标准缴存，缺乏新的归集增长因素，直接影响了归集的增长；在住房公积金扩面上，受到经济下行的影响，未建制企业不缴、拒缴、抗缴的情况普遍，已建制企业存在未按标准全员足额缴存的情况。推动非公有制经济组织建立住房公积金制度是归集扩面工作的重点，也是潜力点，但遇到的困难和阻力较大，增长速度缓慢。（邓芬艳）

环境保护

【县环境保护局领导人名录】

局　　长　周志刚
副 局 长　文世和　钟军力
纪检组长　李谷丰
工会主席　刘桂初
总工程师　汪惜辉

【概况】　桃江县环境保护局成立于1985年，是县人民政府的工作部门，下设办公室、管理股、政务服务股、政策法规股4个股室和桃江县环境监察大队、桃江县环境监测站2个二级机构，2014年年底有工作人员105人，其中，环境监察大队58人，环境监测站24人。

2014年，县环境保护局以党的十八大精神为指导，以服务桃江经济建设为中心，以改善全县环境质量为目的，按照县委、县政府及市环保局下达的各项目标任务，认真开展环境监管和环境监察，加大宣传力度和执法力度，确保了全县经济与环保同步可持续发展。

严格环保审批，搞好环保服务。以环保法及环评法为依据，严把项目审批关。2014年受理、审批项目72个，否决项目22个，审批率达100%，做到受理、环评、审批信息公开。同时，跟踪服务重点项目，加强久通锑业技改5000吨锑白项目、年产5000吨锑冶炼项目、福德电气一期、桃江A类定点屠宰场、特种纸、东方矿业、年产20万立方米红维板项目的跟踪服务。全年共换发排污许可证64本，接待咨询232次，发放一次性告知书138份，电子政务总办件348件。

加强环境管理，搞好生态创建。减排工作。全县2014年度22个减排项目全部通过环保部核查认可。项目申报。成功申报国家重点生态功能区转移支付资金项目。多次上北京、省厅争取，成功获得了省环保厅及环保部批复，同意将桃江县纳入武陵山区生物多样性维护和水土保持生态功能区财政转移支付范围。完成立项争资1208万元，包装重大项目2个。2014年申报大气污染防治重点项目102个，申报益阳生态市建设规划重点工程项目45个，申报重金属污染治理项目3个，包装《国家级重点生态功能区转移支付项目》《桃江县桃花江水库重金属污染综合治理项目》两个重大项目，投资均逾5000万元。生态创建。成功申报省级生态镇4个、市级生态村71个。全面开展机动车环保标志发放工作。完成浮邱山黄鹤桥村农村环境综合整治项目。

强化环境监察，消除环境隐患。消除环境污染隐患。严格排查。在实行网格化管理的基础上，在全县范围内进行全覆盖排查和复查，建立"一企一策"污染隐患整治台账。列入整治的企业有104家，验收85家。除个别历史遗留问题（如金牛稀土厂的优溶渣、冶金厂98区辐射污染的问题等）不能整治到位的已向县人民政府书面报告以外，其余已完成整治任务。对全县125家规模养殖场污染防治设施进行入户调查，对重点流域及重点污染区域进行监测及调研，专题向县政府汇报了全县畜禽养殖业环境污染现状。开展重点环境风险源排查和整治落实，对环境安全问题和污染隐患做到早发现、早处置、早消除。配合市局对全县涉重、涉化、水泥、钢铁等重点企业开展环境责任保险，上报企业21家。加强对放射源的监管，对已关闭水泥企业的8枚放射源按照省厅的要求进行安全处置。开展安全生产月、应急宣传等活动，向社会各界宣传环境安全知识。开展环保专项行动。一是开展纠正环境保护中损害群众利益行为的专项整治工作。按照省、市要求，对照《关于坚决纠正环境保护中损害群众利益行为专项整治工作实施方案》要求，开展自查自纠，查找问题，并针对查出的问题进行整改。通过自查，未发现制订"宁静日""禁查区""备案制"等"土政策""土规定"的现象，未发现违规干预或变相调整环评批复的现象，未发现对环评批复要求承诺的事项不落实的现象，不存在"无费区""一费制""统征统收"以及截留、滞留排污费等违规行为。二是按照省、市环保部门环境行政执法检查工作要求，编制《桃江县环保局2014年环境行政检查工作计划》，并在县法制办备案；并按照上级的统一部署，加大执法力度，开展环境保护专项检查、打击违法排污企业、保障群众健康、水上餐饮整治、中高考禁噪、石灰窑整治、纸厂整治等专项行动，共关停企业4家，限期整改17家，立案查处18件，罚款22.4万元，其中结案3件。共征收排污费348.5万元。开展饮用水源地环境安全隐患大排查。实地排查桃花江镇等5个饮用水源一、二级保护区污染现状及安全隐患，及时向县政府专题汇报全县饮用水源环境隐患并提出整改措施。制订了5个饮用水源地环境安全隐患大排查"一企一策"。桃花江镇一级饮用水源保护区已测量界限，并按规范设立饮用水源保护区标志。加强核与辐射的监管。按计划对核与辐射单位每季度进行一次检查，严格执法，要求这些单位完善好相关制度，做好年度评估，并对到期的辐射安全许可证进行换发。2014年全县放射源退役8枚，仍在使用的3枚。认真开展志溪河桃江段的整治工作，对废水不能达标排放的6家企业进行限期治理；对废水循环利用率不够、生活污水未经处理的29家企业下达限期整改通知书；关闭取缔16家非法塑料造粒作坊；制定完整的监测方案，实时掌控水质动态；及时整理相关档案材料，做到一厂一册、一案一卷。

加强重金属污染防治。19家正在生产的涉锑企业全部关闭。对历年来被淘汰和关闭的48家涉重金属企业遗留污染全部进行了治理，通过公开招投标，由益阳碧源节能环保科技公司分三批次安全处理废水14000余吨，实现达标排放。安全处置全县19家涉锑企业在内的所有涉重金属企业遗留的6000多吨危险废渣。经省厅批准，县政府公开采购，将6000多吨危险废物转移至耒阳焱鑫有色金属有限公司进行综合利用安全处置。成功处置"三九砷中毒事件"。八三锑品冶炼厂遗留的废水、废渣影响到周边居民的生产生活，通过实施供水民生工程，将废水、废渣进行妥善处理，架设自来水管道、建设水塔，让88户村民喝上了洁净的自来水。完成桃江县日鑫锑业选矿厂尾砂库闭库工程，彻底消除了对下游农田、河流的隐患。对桃江县锰矿、首溪金矿进行综合治理。完成久通锑业有限责任公司重金属污染综合治理工程，含重金属废水系统处理能力由900吨/天提高到1500吨/天，临时砷碱渣库改造及新增10000立方米贮存仓库建设项目均已完工。完成桃江县涉锑企业关闭整合与重金属污染治理项目，共下达项目资金6380万元。

认真处理投诉，解决群众热点问题。着力解决群众关心的热点环境问题，针对群众反复投诉的危害身心健康的突出环境问题，逐一进行梳理，采取有力措施，进行综合治理，切实保障群众的环境权益，维护了社会稳定。全年共处理投诉343件，并依法依规进行调查处理，及时反馈处理结果，处置率和回复率为100%。

加强环保宣传，提高公众环保意识。加强对环保法律法规的宣传，安排了宣传专干。印制《新环保法宣传读本》，发放到各位县级领导手中。对企业发放宣传资料，并分类分行业进行授课。由县电视台制作节目进行播放，县信息中心及时给予新闻报道。在每年的“‘六五’世界环境日”开展一系列宣传活动，在全县营造良好的舆论氛围。

加强能力建设，提高监察水平。加强监察能力建设。局机关将每月月初与月末的周五定为学习日，组织工作人员学习《新环保法》等法律法规，不断提高业务素质和工作能力。继续巩固环境监察标准化建设达标成果，不断完善硬件设施，以适应新形势下的环境监察工作。加强监测能力建设。投入240万元加强了监测站的监测能力建设，建设两个大气质量自动监测点，对区域环境总悬浮颗粒物（PM10）、二氧化硫（SO_2）、氮氧化物（NO_2）等实行24小时连续监测。监测站在全市率先通过三级站达标考核。不断提升污染事故应急处置能力。制定应对环境污染事件的应急处置方案，组建污染事故应急小分队，积极做好应对突发事件的准备工作，确保第一时间赶赴现场，妥善处理各类环境污染事故。组织开展应急演练，增强干部职工应急处置能力。成功处置资江砂船废油泄漏影响饮用水事件、松木塘擅自焚烧医疗废弃物事件；成功制止并处置沾溪乡某收购洗涤含砷塑料袋事件等。

（刘飞辉　杨颜）

财税·金融

财 政

【县财政局领导人名录】

局　　长　彭习元

副 局 长　胡建明　黄朝中

　　　　　郭　璘　胡春芳

纪检组长　曹新贵

工会主任　范金辉

总会计师　刘　华

【概况】　县财政局是县人民政府主管全县财政收支、财税政策、会计工作的组成部门。内设办公室、人事教育股、综合规划股、税政法规股、预算股、国库股、行政政法教科文股、经济建设股、农业股、社会保障股、企业股（加挂对外经济贸易股牌子）、绩效评价股（加挂金融与债务股牌子）、产权股（加挂县控制社会集团购买力办公室牌子）、会计管理股（加挂政务服务股牌子）、政府采购办、纪检监察室、信息股、综改办18个职能股室。下辖县农业综合开发办公室、县乡镇财政管理局、县非税收入征收管理局、县国库集中支付核算局4个副科级二级机构，县财政监督检查局、县财政投资评审中心、县财政投资融资管理中心3个股级事业单位，15个乡镇财政所和开发区财政所。2014年有在职干部职工219人（其中干部191人、工人28人），离退休干部职工55人。

2014年，全县完成财政总收入9.37亿元，同比增长7.57%。其中：国税部门完成3.30亿元，增长1.54%；地税部门完成4.49亿元，增长6.91%；财政部门完成1.58亿元，增长25.29%。地方一般预算收入5.52亿元，比上年增加6022.68万元，增长12.25%；上划中央增值税和消费税1.69亿元，比上年减少3144.93万元，下降15.65%；上划中央所得税12552.36万元，比上年增加2577.14万元，增长25.84%；上划省“三税”6486.16万元，比上年增加619.63万元，增长10.56%；上划省所得税2510.48万元，比上年增加515.44万元，增长25.84%。税收收入占财政收入的比重为81.86%，同比下降2.39个百分点。财政总收入占GDP比重为4.98%，同比下降0.32个百分点。完成一般公共预算支出29.47亿元，比上年增加3亿元，增长11.3%。其中一般公共预算县级财力支出14.51亿元，比上年增加1.18亿元，增长8.9%。

优化经济发展环境，支持地方经济发展。县本级投入资金1000万元支持园区建设，整合资金1200万元用于水利基础设施建设。加大产业扶持力度，投入资金1950万元支持31家重点企业发展；争取1000万元竹产业园建设项目，成立竹产业发展基金，推动竹产业快速发展；小额担保贷款贴息范围扩面，新增贴息资金1330万元；投入1000万元进行灾后过渡安置，整合1000万元项目资金支持灾后基础设施恢复，安排1亿元贷款贴息额度和县级财力对受灾企业实行奖补，加快灾区灾后重建。优化乡镇经济发展激励机制，在新一轮乡镇财政体制方案中，强化财力均衡保障力度，优化税收分成奖励，促使乡镇转变职能，更好地服务经济发展。

积极组织财政收入，强化财政资金保障。强化税收征管，建立税源信息共享平台系统，强化对重点行业和重点企业的税收监控；强化征管责任落实，加大税收征缴力度；狠抓乡镇协税护税工作，严格税收协控联管，全年控税8400万元；不断推进依法治税，从严打击偷税漏税和暴力抗税行为，全年追缴税款2712万元。加大非税收入征缴力度，严格票据管理，落实“以票管收、以票控税”机制，强化征管稽查，优化征管秩序。加大财政争资力度，创新争资方式，强化争资责任，全年完成财政争资2.1亿元，其中新增财力性转移支付资金8640万元。

落实各项惠民政策，全力保障民生支出。加大强农惠农力度，全年通过“一卡通”发放87项惠农补贴资金3.32亿元，28.73万户直接受益；成功申报农村公共服务运营维护试点县和桃花江镇崄峒村“美丽乡村”一事一议财政奖补试点项目，争取上级一事一议财政奖补资金2181万元；安排村级运转经费2794万元，村均达到9.83万元；投入农田水利建设资金5011万元，投入1792万元实施农业综合开发项目，农村基础设施得到进一步加强。提高社会保障水平，企业离退休人员养老金每人每月增加172元，城市低保、农村低保平均补差分别提高到每人每月265元、115元，新农合、城镇居民医疗保险的财政补助标准提高到每人每年320元，基本公共卫生服务财政补助标准提高到每人每年30元；安排保障性安居工程资金1.87亿元，改造农村危房1203户，新建廉租住房、公租房1979套，居民住房环境进一步改善。提高社会事业投入，扎实推进教育项目建设，全面启动义务教育薄弱学校改造工作，全年拨付建设资金7500万元，完成2014年20所合格学校建设任务，启动2015年16所合格学校建设任务；计划生育、科学、文化、体育事业资金保障持续加强。

全面推动财政改革，努力提升管理水平。推行部门预算，核定非税收入执收成本，推行非税收支脱钩；提高乡镇保障水平，实现乡镇基本支出保障标准与县直部门同口径预算；将单位项目直接纳入单位部门预算，提高预算执行率。推进预决算和“三公”经费公开，从2014年起，除涉密部门外，县直81家预算单位全面公开部门预决算和“三公”经费预决算，同时县财政汇总公开县本级财政预算和“三公”经费预决算。推进财政“三项改革”（国库集中支付改革、公务卡制度改革、预算绩效管理改革）工作，国库集中支付改革实现县直一级预算单位全覆盖，13个二级预算单位完成改革任务；公务卡全年消费2263万元，占授权支付总额的44%；绩效管理改革完成102个单位的170个绩效目标申报项目，申报资金总额达13.67亿元；对10项省级重点项目专项资金开展绩效评价工作，评价项目投资总额4.05亿元。提高财政资金使用效益，制定《党政机关国内公务接待管理实施细则》等制度，2014年度“三公”经费在上年基础上有较大幅度下降；政府采购工作成效明显，全年完成采购金额2.69亿元，节约资金2955万元；完成财政投资评审项目371个，评审金额7.9亿元，净审减7102万元。推进其他改革工作，推动政府购买服务，提升公益事业效能；构建财政业务应用大平台监控系统，开通惠农补贴手机短信平台；加强会计基础工作，全面推行行政单位新会计制度。

切实加强财政监督，不断规范资金管理。强化监督检查力度，开展县域经济重大决策监督检查，建立民生领域重大项目支出及财政部门内部运行的常态化监督机制，完善“小金库”治理长效机制，组织开展全面自查，对发现的各类问题进行集中整改。加强财政投融资管理，进一步完善政府投融资管理的计划、预算、财务资金支付和监督管理机制，全年实施项目建设投资11.58亿元，融资规模16.78亿元。提高乡镇财政监管水平，切实推进制度建设，充分发挥省级资金监管联系点的典型带动作用，进一步强化乡镇财政资金使用日常监管，严格执行信息通达、公开公示和抽查巡查制度。加强政府性债务管理，完善政府性债务管理制度，严控债务规模，全面清理、甄别地方政府性债务。

推进作风效能建设，焕发财政队伍活力。领导班子带头起表率作用，以身作则，率先垂范，始终带头抓好各项重点工作。落实群众路线教育实践活动的各项要求，通过组织学习教育、广泛征集意见、召开民主生活会、建立健全规章制度、开展“四风”突出问题整治等措施，局机关党员思想认识和宗旨意识进一步提高，干部作风进一步转变，党群干群关系进一步密切，制度保障得到进一步夯实。强化财政廉政建设，创新中心组学习形式，采取集中学习、实地调研等多种形式，集中学习法律法规4次，通过组织党员干部观看廉政警示电教片，听取廉政教育报告会等形式，增强了党员干部廉政勤政意识。加强财政队伍建设，通过组织财政系统开展登山比赛、青年干部拓展训练、党员干部韶山红色教育、“财政改革之我见”征文比赛等活动，增强了财政干部集体协作意识和队伍凝聚力；积极引进专业人才，通过招考引进6名财务专业人员，充实了财政专业人才队伍，有效提高了财政业务水平。

存在的主要问题。收支压力大，由于新增税源缺乏，并受经济大气候和国家产业政策的影响，税收收入增长缓慢，同时财政新增刚性支出项目较多，收支矛盾日益突出。财政业务人才紧缺，财政职能不断增加，而人员日益老化，特别是乡镇财政所干部队伍整体年龄偏大，系统内结构型人才缺乏。（贺欢欢）

【郑建新到桃江调研】 2月20日下午，省财政厅党组书记、厅长郑建新率调研组到桃江调研，市、县领导胡忠雄、杨跃涛、谭建华、何军田、周卫星、沈坚陪同考察。郑建新一行先后到县两型区算盘洲农民集中居住小区、黄金塘竹海、桃花江竹海、浩茗茶业、县城南环线和大汉龙城建设项目等地，实地考察了解全县交通建设、产业建设、城镇建设、园区建设和民生改善等方面的情况，听取了县委副书记、县长何军田关于全县经济社会发展、财政运行和农村综合改革试点等工作的情况汇报。

【造价服务定点项目实行政府采购】 4月，桃江县财政投资评审中心根据公平、公正、公开和竞争的原则，对造价服务定点进行公开招标采购，通过网上报名、交纳招标文件资料费、交纳保证金、现场确认相关资质、专家综合评分等程序后，最终确定6家造价事务所为中标单位。

【缺塘坳村一事一议架起"连心桥"】 7月16日，缺塘坳村遭遇特大暴雨，许家桥大桥被山洪冲毁，全村1578人被迫绕道出行，山里竹木和村民的农副产品无法外运。县农村综合改革办公室第一时间安排工作人员到现场察看，与村民商讨修复方案，决定对大桥进行重建，高度由原6米增加到7.5米，宽度由原4.5米增加到6米，工程总造价20万元，按照"一事一议"财政奖补程序由县财政补助资金10.25万元，其余部分由村民筹资和各方捐资筹措。经过近两个月的紧张建设，这座联系干部群众的"连心桥"顺利通过验收，正式通车。

【财政支持受灾企业重建】 7月中旬，桃江县遭遇特大暴雨，资江沿线130家工业企业受灾，直接经济损失达1.16亿元。县财政局加强资金调度，出台多项激励措施引导企业加大投入，帮助受灾企业尽快恢复生产。县财政预安排专项资金，对受灾企业按照2014年企业实际入库税收中县级财力实得部分进行等额补助；县财政安排一年的1亿元贷款贴息额度，专项用于对受灾企业在2014年8月后新增的贷款给予贴息；优先将受灾企业列入2015年度的项目申报范围。

【省乡村公共服务运行维护建设试点】 9月，湖南省财政厅下发《关于开展农村公共服务运行维护机制建设试点工作的通知》，桃江县成为全省17个试点县之一。7月底，省财政厅下发《关于申报乡村公共服务运行维护试点县方案的通知》，县财政局即组织人员深入浮邱山乡田家冲村、松木塘镇竹山村、武潭镇莲花坪村、桃花江镇芙蓉社区等相关单位，广泛征求基层意见，了解乡村公共服务运行中存在的困难和问题，在充分掌握第一手资料的基础上，认真撰写了《桃江县乡村公共服务运行维护机制试点方案》，向市财政局和省财政厅提出申报请求。在9月14—15日的全省乡村公共服务运行维护座谈会上，桃江县作为省财政厅特邀县代表就如何做好农村公共服务运行维护机制建设作专门发言，得到省厅领导的高度评价。

【县财政绩效管理居全省前十名】 2014年，桃江县获评全省财政绩效管理先进单位，财政管理绩效综合评价在全省120多个县（市、区）中排名第十位，财税收入质量、重点支出保障两项工作绩效评价分别排名全省第8位、第10位，获省财政奖励393万元，为全市第一。

【建立惠农补贴信息服务"直通车"】 县财政局创新工作方式，不断优化财政补贴资金"一卡通"发放管理，在建成包括全县所有农户和城镇居民在内的涉及87项惠农补贴资金信息的"三农基础数据库"的同时，开通了惠农补贴发放手机短信平台。通过该平台，农民群众可以及时收到补贴发放告知短信，足不出户就能获悉补贴发放情况、知晓相关补贴政策，如果发现问题，还可根据短信提供的监督电话向县财政局咨询、投诉，由相关部门及时展开调查处理，确保农民切身利益不受损害。短信平台的建立，进一步扩大了财政惠农政策宣传范围，打通了联系服务群众"最后一公里"。

税 务

· 国家税务 ·

【县国家税务局领导人名录】

局　　长　罗安林
副 局 长　王建斌　汪文革
　　　　　周曙光　何学军
纪检组长　戴启元

【概况】 县国家税务局是在1994年税务系统机构人事制度改革中，由原桃江县税务局分设成立。局机关内设10个职能科室和1个直属机构（税务稽查局）、1个事业单位（信息中心），下辖3个税务分局，2014年年底有在职干部职工139人，担负着全县15个乡镇、近300户增值税一般纳税人、300多户小规模纳税人企业和4000多户个体工商户的国税征管。2014年，县国家税务局坚持以党的十八大精神为指针，以“聚财为国，执法为民”为宗旨，以依法治税为前提，以加强管理为手段，以提高征管质量、完成收入任务、加强队伍建设为目的，始终服从和服务于地方经济建设。

税收收入稳步提高。县国税局坚持组织收入原则，充分发挥主观能动性，税收工作成效明显。2014年市分任务为38890万元，县政府调整为33000万元。2014年，共入库国税收入36348万元（含车购税），完成年初市分计划的93.46%，同比增收1237万元，增长3.52%。剔除车购税，全县累计入库各项税收收入33031万元，完成年初市分计划36020万元的91.7%。其中，国内增值税累计入库24092万元，完成年初市分计划30480万元的79.04%，同比减收2831万元，下降了10.51%；消费税累计入库31万元，完成年初市分计划40万元的77.5%，同比增收1万元，增长了3.33%；企业所得税累计入库8876万元，完成年初市分计划5500万元的161.38%，同比增收3333万元，增长60.12%；由于政策原因2014年无个人利息所得税入库，同比减收4万元，下降100%；车辆购置税入库3317万元，完成全年计划任务2870万元的115.57%，同比增收706万元，增长了27.03%。另外累计办理退税5357万元。其中，办理福利企业退税336万元，办理多征退库3817万元，办理资源综合利用退税1204万元。按调整后的地方财政任务口径33000万元考核，1—12月全县累计入库各项税收收入33031万元，完成年计划的100.09%，全面完成了县委政府下达的收入任务指标，同比增收531万元，增长1.63%。其中，1—12月建安耗材财政税控代征入库753万元；邮政代征累计入库税金为483万元。

征管水平不断提升。着力夯实征管基础，通过强化个体税收管理、提高运行管理水平、优化税收征管质量和加强税源调查分析，确保征管考核各项指标既全面达到上级要求，又真实反映了征管现状。在抓好日常征管的同时，切实强化日常监控工作，对重要时段、节点实施全过程监控，提前发现问题并及时采取措施堵塞征管漏洞。强化个体税收管理，严格执行新的增值税起征点政策，个体税收定税质量明显提高。突出抓好零散税收征管、邮政代开与委托代征工作，严格实行以票控税，有效防止了“芝麻税”流失。切实强化发票管理，强化发票库房安全建设和管理人员培训，按季开展发票实物“账实”核查，严格控管农产品收购加工、制衣制鞋、电子产品等商贸企业发票。全力推进税收风险管理工作，增强了工作人员风险防控意识，按时召开税收风险管理会议与风管例会，逐一分解落实任务，明确工作职责。全年经过案头分析筛选，县局对5户企业的15个风险点，按规定审批签发公务进户审批单5份，派出11人扎实进行风险应对。综合征管软件催报率、催缴率、财务报表采集率、税务登记差错率、税务登记信息完整率、滞纳金加收率都达到了100%，欠税保持零增长。

税收执法进一步规范。及时准确传达上级政策法规，及时更新公示行政审批事项，使纳税人第一时间了解最新的税收政策，同时严把税收优惠政策审批关，使党和政府的税收优惠政策落到实处，又杜绝了纳税人利用优惠政策钻空子。加强各税种管理，强制增值税一般纳税人认定12户，2次评估农产品行业取得纳税评估成果26万元，通过推进农产品进项税额核定扣除法对全县13户农产品核定扣除企业进行了一次全面调查，转出进项税额140万元。及时对5户资源综合利用企业和6户社会福利企业进行了资格认定和退税审核。创新所得税管理，积极开展所得税汇算清缴工作后的评估和核查以及日常管理，做好企业所得税申报和财务会计辅导，促进了查证征收方式的转变，全年共计查增应纳税所得额160余万元，补征企业所得税26万余元。认真细致稳妥做好金税工程、出口退税管理和出口函调工作，确保了认证报税和发票发售工作正常开展，按时按规定完成了抵扣凭证审核系统的工作任务。

服务水平全面提升。着力抓好办税人员政治业务培训，通过实战练习提高办税服务厅人员的综合办事效率和政策解答能力。认真组织学习和贯彻落实“全国县级税务机关纳税服务规范”。2014年的先进班组建设中，县局办税服务厅荣获了市总工会“工人先锋号”荣誉称号。抓好“星级办税服务厅”建设，不断完善办税服务厅硬件设施与软件建设，大力推行“一窗式”“一站式”服务，落实“免填单”服务项目，实行首问责任制、导税服务、预约服务、提醒服务等制度，同时，推出了午间办税、全员导税等特色服务。在全省国税系统组织开展的第二届星级办税服务厅评定验收工作中，荣获“四星级办税服务厅”称号。狠抓首问责任制的落实，明确了办税服务首问责任制度，在全局牢固树立了人人都是首问接待人的思想意识，强化了干部职工办税服务职责，提高了工作效率和文明服务水平。创新服务举措，以“便民办税春风行动”为契机，印制纳税服务卡2000余份，同时按业务种类制作了“一次性告知服务卡”发放给纳税人，减少了纳税人因不熟悉业务带来的麻烦。

协控联管深入推进。县局在完善各项税收协控联管工作办法的基础上，明确和细化了工作流程和各单位的工作职责。为创新控税模式，加强对生产加工行业税收征管，县局重点选取建材化工加工业、竹木制品加工业、混凝土搅拌站为税收专业化管理创新项目，采取“以电控税”为管理手段，从源头防止税收流失。县局派人赴外地学习“以电控税”管理经验，主导制定了《桃江县部分生产、加工行业实行“以电控税”税收管理办法（试行）》，确定了具有行业规律性和生产经营关联性的指标体系。对试点行业“税电比”模型进行对比认证，通过认证后的“以电控税”方法将为核实企业产能和开展纳税评估提供有力支撑。2014年税收协控联管工作成效明显，全年共开具纳税信用证明单1253份、建安耗材备案登记证明116份、审核证明单2852份，清理各类单位与企业356户、项目1652个，查验发票金额45148万元，通过协控联管入库5818万元，其中：建安耗材增值税税收协控联管入库税款1697万元；药品与医疗器械税收协控联管入库税款718万元，其他行业入库2088万元。

稽查职能充分发挥。紧紧围绕“选得准、查得出、定得下、收得回”十二字稽查工作要求，以查处和打击税收违法行为为中心，将建材行业、超市、竹木制品行业、纳税申报不正常、零负申报、税负明显偏低的增值税纳税人等几个行业和税种作为专项检查的重点，共组织实施日常稽查26户，立案结案26户，查补入库税款245.11万元，加收滞纳金30.05万元、罚款29.53万元。每个案件均保证了依法、依规、依程办案，未出现行政复议和行政诉讼案件，做到了案件查处质和量的统一，保证了协查工作的全面开展，做到了稽查和协查的“零差错”。根据稽查情况，及时剖析了被查对象存在的偷漏税情况和征管问题，有针对性地提出了稽查分析报告，规范了行业性纳税行为，为促进相关行业步入征管规范化轨道，发挥了税务稽查的职能作用。

队伍建设全面加强。加强领导干部管理。按上级要求认真开展了县局工作及领导班子成员绩效管理考核和优秀领导班子评比活动，群众满意度均在95%以上。向上级提交了领导干部个人重大事项报告，并进一步规范了领导干部出国（境）管理，对副科级以上人员的出国证件实行了集中保管。做好了竞职选拔、试用期到期转正、新进公务员考察录用以及系统内人事调配工作。试用期到期转正4人，办理副科级干部正式任职手续1人，办理工作调动手续3人，按计划新招录公务员4人。做好了人事信息管理系统的数据维护及津贴补贴管理软件、机构和编制核查信息系统的数据录入工作，确保了津贴补贴软件及人事信息管理系统的正常运行。抓好理论学习。制定了2014年度党组中心组学习计划，精心安排了学习内容，分季度定期开展学习。完善培训制度。修改制定了教育培训费管理办法和表彰奖励办法，规范了送训、参训和各单位自办培训班操作流程。及时录入了新进公务员和调入公务员的培训档案数据。广泛开展培训，在全局倡导“自觉学习”“终身学习”理念，鼓励全体干部职工积极学习。全年举办各类培训班14个，受训人数达1830余人次。向省局、市局送训57人次，向县级系统外机构送训10人次，送训、参训率达到100%。开办纳税人学校培训5次，培训税收管理员及纳税人280余人次。重视高素质人才培养，8人报考了“三师”资格考试，报考人数同比增长14.3%。通过注册税务师全科考试1人，入选省局人才库1人，拥有经济类中级资格认证11人，计算机类初级资格认证3人。同时，做好了领军人才和兼职教师推荐工作。

（陈欣）

【税控联管“开门红”】 根据工程项目实际耗用材料分类核定其耗材比例，建立工程项目分类登记控税台账，按工程项目进度适时进行结算与控税，对取得的发票与合同实施单位进行核定与查验，上门查验与审核耗材发票取得较多的单位，并提供预约、提醒、延时等服务，建安耗材行业增值税征管工作取得明显成效。1月份共审核各类项目265个，审核查验发票22632份，查验发票金额12351万元，查验发票所含税金360万元，开具审核证明单612份，窗口补票入库税金232万元，建安耗材行业增值税税控联管收入592万元，税控联管工作实现“开门红”。

【开展税源调查服务组织收入工作】 面对新的目标任务和严峻的收入形势，县国税局组织召开收入任务紧急会议，根据各级下达的税收收入任务指标，针对各征管单位所辖区域的实际情况进行分析、讨论，摸清税源底子。同时，由局领导带队，历时两周，对全县年纳税额在5万元以上的企业进行税源调查，对企业生产经营情况、税收入库情况、税款留抵情况、企业预计情况以及企业电力使用情况等逐户逐一调查核实，努力做到税源情况心中有数。

【“四个强化”抓组织收入】 一是强化分析。由收入核算科牵头，局领导带队，抽调人员对重点行业、重点企业的经济税源调研和监控管理，深入水泥、建材、电力等重点行业企业了解生产经营变动和资金运行情况，核准税基，把握重点税源发展态势。二是强化征管。从政策落实、制度执行、执法程序、监督管理等方面加强税收执法督查；全面加强风险管理，防范执法风险；加强稽查，建立优化选案机制，提高税法威慑力；加强个体零散税收管理，捡好“芝麻税”。三是强化协作。积极寻求地方党政部门支持，与财政、工商、地税部门沟通，明确目标，达成共识，形成合力，强化税收协控联管，营造“大征管”氛围。四是强化督查。除分管领导定期督查外，还定期召开税收收入工作会议，由各组织收入单位汇报前段组织收入情况，分析当前主要增减收因素、收入质量、税收管理风险，预测下段收入形势，制定组织收入措施，确保税收收入按时段及时足额入库。

【五项措施提高纳税人满意度】 县国税局积极开展便民办税春风行动，着力提高纳税人满意度。一是实行一次性告知。在导税一次性告知的基础上，推出“一次性告知服务卡”。将纳税人办理业务所需资料、办理时限、所需办理业务是否免填单等信息都写一张小卡片上，纳税人可以对照卡片一项项准备好所需资料，极大地方便纳税人。二是执行限时办结制。规范业务流程，对外承诺时限，办税服务效率在省局目标时限提速20%的基础上，再提速10%。无需流转的即办事件由窗口即时办结，需其他业务科室流转办理的，规定每一环节办理时限，并将办结时限告知纳税人。三是提供延时服务。对临近下班或交接班时间前来办理业务的纳税人提供延时服务，不让纳税人多跑一趟。四是推行预约服务。对于业务量大、服务时间长的纳税人，实行预约服务。尤其在征期内，主动致电纳税人，提醒并预约纳税人办理业务。五是实行中午值班制度。针对纳税人反映的中午等待时间过长的问题，在县局办税大厅推行中午值班制度，安排1～2人在中午休息时段为纳税人办理日常涉税业务，实行全天候服务。

【通过档案工作规范化管理“省特级”评估】 10月17日，受省档案局委托，市档案局局长李笑春带队，对县国家税务局开展档案工作规范化管理进行“省特级”评估验收。评估组通过听取报告、观看视频、实地查验和现场提问等方式，从组织管理、保管保护条件、基础业务工作和开发利用等方面对国税局档案工作进行了仔细评估。通过评估，档案工作规范化管理综合得分97分，达到“省特级”标准，当场授予桃江县国税局档案工作规范化管理“省特级”牌匾。

【落实小型微利企业优惠政策双到位】 一是政策理解到位。文件陆续下发后，县局迅速组织各业务科室进行了集中学习，税政科人员及时将文件以及相关解读进行编辑整理放在局域网站，供全局干部职工学习讨论，全局上下迅速形成了研究讨论小微企业税收优惠政策的热潮，确保政策理解准确、透彻。二是宣传辅导到位。及时通过新闻媒体、电子邮箱、税企QQ群、张贴海报、发放宣传手册等渠道，对纳税人进行宣传指导，确保小微企业在第一时间知晓最新税收优惠政策。同时，采取点对点服务、面对面辅导的方式，上门辅导，确保每一小微企业纳税人都了解和掌握小微企业税收优惠政策。

·地方税务·

【县地方税务局领导人名录】

局　　长　陈伟民
副 局 长　龙　洋　雷　萍
　　　　　李文辉
纪检组长　刘铁新
工会主席　许先枚

【概况】 桃江县地方税务局（简称地税局）主要负责全县5700多户纳税户的地方税费征管。内设办公室、人事教育科、征管和科技发展科、税政法规科、监察审计室、收入核算科、财务管理科、信息中心8个职能科室和稽查局、办税服务中心2个直属单位，下辖4个税务分局。

2014年年底全局有干部职工147人，在职118人、退休29人。在职干部中大学本科以上学历87人、研究生3人。

2014年，全县地税系统坚持以组织收入为中心，以服务地方经济为落脚点，不断夯实征管基础，提升征管质效，优化纳税服务，积极创新工作方法，促进收入规模增长匀速，机构运行平稳有序，队伍建设实质有效，作风建设严格有力，执法定责规范有度，圆满完成了各项工作任务。

逆中求进，圆满完成年度收入任务。全年入库税费4.67亿元，同比增收0.3亿元，增长6.86%。其中：税收4.49亿元，同比增收0.29亿元、增长6.9%；费金1803.46万元，同比增收122.98万元、增长6.7%。做大总量。强力推行重点户管理模式，稳住大盘税源，确保收入总量不下滑；给足政策、配全服务，强化税源的深度培养和计划的科学实施；在调研走访上做实，在任务分配上拿准，在计划执行上把严，在考核追究上到位，以此推动收入计划的落实到位，确保总量提升。盘活存量。以纳税评估和税收稽查为重要抓手，以点带面推动各行业的征管质效提升，挖潜堵漏；充分利用税收协控联管平台的综合优势，构建综合治税大环境， 全年通过税控联管直接完成代征税收1700万元，间接解决了许多“手软手不够”的难题；强化建筑业、房地产业的项目管理，对存量税源边清理边入库边规范，仅城区建安房地产就入库2.17亿元（含“两税”），占全局任务的47%。稳定质量。实行任务指标动态化管理，实事求是确定任务指标。在总量不变的情况下，按季依照税源变化进行适当调整。尤其是在税源萎缩、后劲不足的情况下，让任务分配更加具体合理。坚持依法征收，应收尽收，均衡入库。不搞“突击入库”“体外循环”“涸泽而渔”。强化“营改增”纳税人管理。在改之前做足功课，走好程序，做到算清了数、交清了税、移清了档。

固强克弱，促进税收征管提质增效。根据省局2014年度“强征管”的工作主线，实施一系列征管措施，不断加强税源管理，创新征管工作模式，突出税收管理精细化，稳步推进征管工作。提升信息管理水平。强化信息分析、应用和维护，将“如何用好数据”作为工作的重点，着力规范大集中系统数据采集录入工作，清理大集中系统中存在的异常数据22613条，处理率达到100%，确保了征管信息的安全可靠性。加强税收分析。全局按月开展税收分析，按月编制《税收计划执行情况》，强化对重点地域、重点行业和重点企业的税源分析，切实提高了税收分析的针对性和准确性。加强税政管理。做好个人所得税扣缴管理系统运行，按时完成个税扣缴系统升级和扩面，开展个人所得税扣缴软件操作培训。2014年度新增个税扣缴管理系统单位10个，个人所得税扣缴管理系统申报率达100%，为全市第一。开展企业所得税重点事项管理，切实做好2013年度汇算清缴工作，督促指导纳税人做好“涉税通”系统企业版的升级工作，共有103户企事业单位按要求进行了年度企业所得税汇算清缴。认真落实“营改增”政策，上半年报送了《电信业营改增试点纳税人信息表》，下半年报送了《建筑业、房地产业、生活服务业营改增纳税人信息表》，组织开展“营改增”项目税收清欠活动。做好规范性文件清理，清理相关执法办税流程事项。积极推进城镇土地使用税调等扩围，召开听证会，广泛征求纳税人意见，顺利完成城镇土地使用税地段等级税额标准和征收范围的调整工作。进一步完善存量房交易纳税评估系统，成功推动城镇土地使用税分享比例调整。充分发挥税务稽查“稽内查外”的职能，以此作为完成收入任务、整顿税收秩序、推进税收法治的重要抓手。全年稽查45户，查补地方税收2100万元。开展行业专项清理，对房地产、建安行业开展了重点清查和挖潜补漏工作。建安办全年共计征收税款21730.06万元，占全局总收入的47%，其中房产组征收税款15152.64万元，建安组征收税款6577.42万元。加强综合治税。加强与国税、财政、房产、县税控联管办等单位的合作，构建综合治税大环境，将综合治税与税收管理充分结合，达到制度管税、合理控税、依法征税的目的。全年共完成代征税收1689.92万元（其中税收1630.9万元，规费59.02万元）。

严格执法，维护税收法治新的环境。稽查局着力开展重点税源轮查、税收专项检查、发票打假工作，力求在税收自查管理、稽查档案管理、一案双查、大要案件查处等方面有新突破。加大重点税源轮查力度，严格执法促收。组织举办纳税人自查辅导班，针对性实施下户指导；对企业自查资料进行检查组初审、审理组复审和稽查人员会审三道审理程序把关，确定入户稽查对象。对稽查单位自查的税费，做好企业工作，及时调度和筹集资金，加强税收入库管控，并对企业以前年度欠税一并纳入管理。全年通过自查入库税款1940万元。加大税收专项检查力度，规范纳税促管。选定房地产业、股权交易和县城建投资公司等18户企业作为专项检查对象，在市局的指导下，针对性解决一些行业税收管理问题，力求取得新突破。全县各城建投公司2014年度入库个人所得税(利息所得代扣)240万元、印花税56万元。加大发票打假工作力度，强化查案提效。凡入户企业，开票额度在5000元以上的必须检查，每户企业发票检查不少于15份，稽查工作底稿必须有记录。在检查案卷移审时，由审理组负责把关，并按月统计通报。全年共入户检查企业17户，检查发票350多份，发现违规发票21份，均责成企业整改。对发票检查发现的问题，处罚款3.5万元；对桃江县湘域矿业公司重大发票违章处罚问题，提交县局会审会签确定。

内外兼修，优质服务更上新的台阶。主要从明白征税、便捷缴税、满意办税三个方面开展了优化纳税服务的工作。税法宣传多样化，做到明白征税。开展税法集中宣传日、税法宣传车下乡、送税法进党校、举行纳税人税务知识辅导班等一系列的税法宣传活动，免费向群众发放纳税资料1200多份，收回调查问卷450多份。在4月9日集中设点宣传现场共计接受咨询36人次，收集纳税人意见和建议12条，现场为纳税人解答二手房转让相关问题3个、小微企业税收优惠政策2个、房地产相关的税收政策2个。简化各类办税服务，做到便捷缴税。积极落实九项便民办税新举措和《县级纳税服务规范》，大力简政放权、优化流程、提质增效。推广网上办税服务，12月18日新的网上办税服务厅正式启用，在各分局以及办税中心张贴网上办税服务厅海报，向企业以及个体户发放网上办税服务厅简介资料500余份，发放有关网上办税服务厅的涉税月讯58本。利用税讯通和QQ群向纳税人发送信息600余条，确保宣传覆盖率达100%。在办税厅安装了两台自主缴税终端机，纳税人可通过自主缴税机进行税费申报、税款缴纳、涉税查询。在首问责任制的基础上，开展“一站式”服务，开辟纳税大户“绿色通道”，推出了“预约服务制”，推行免填单服务等，各种人性化的服务很好地解决了业务高峰期纳税人排队等候的问题，有效缩短办税时间，提高办税效率。坚决落实优惠政策，做到满意办税。严格按照总局、省局要求办理税收减免事宜，落实小微企业优惠政策，及时纠正落实政策不到位、不准确、不及时等情况，切实将服务落到实处，有效做好了群众关心的“最后一公里”问题。全年共有67户小微企业减免营业税18万元，预申报减免企业所得税15万元；9户企业共减免城镇土地使用税616185.77元，7户企业共减免房产税218814.23元。

以人为本，带好干部队伍。主要围绕“强能力、提素养、激活力”来做文章。深化培训强能力。一是上好必修课。县局始终以德为先，以党纪法规为本，以中心组学习、支部学习、专家讲课等多种形式，经常性开展政治理论、法纪法规、廉洁从税方面的培训。二是上好选修课。因材施教，分领导型、复合型、专业型、补钙型四种类型开展培养，强化对税收实务、计算机操作、公文写作、税务稽查、纳税服务五个方面的培训。优化结构活血脉。2011年8月至2014年年底，共进行了3次大的人事改革，多次小范围的人事调整。共对57人进行了岗位调整，达到了全局人数的45.6%。其中提拔中层正职4人、中层副职7人，一般干部轮岗46人。对办税服务中心和基层分局岗位制订了相应的鼓励政策，保证人财物向基层一线倾斜，在一定程度上缓解了队伍年龄日渐老化，人员“进”少“出”多所导致的交流不畅、活力不足的问题。推行制度严管理。县局一直推行“制度管人”。在工作纪律方面:对工作实行登记督办制，进一步提高了制度的执行力；建立人脸考勤制度，规范日常工作秩序；细化量化制度考核实施细则，自觉接受群众监督和评议，以真诚优质服务，提升纳税人满意度。在综合管理方面：严格落实中央“八项规定”“六项禁令”；坚持抓好办文办会、档案升级、后勤接待、车辆调度以及综合治理等工作，特别是在创卫工作和综合治理工作上，得到了县政府的高度肯定。（段英姿）

【办税服务中心获得全国“巾帼文明岗”称号】 2月，县地税局办税服务中心获得全国妇联颁发的“巾帼文明岗”称号，成为该中心成立以来获得的第一个国家级荣誉称号。

【召开城镇土地使用税听证会】 6月17日，县政府联合县地税局在地税局二楼举行了《调整城镇土地使用税地段等级税额标准和征收范围的公告（草案）》听证会。政府代表、税务管理机关代表、行业管理机构代表、纳税人代表、专家代表、监督代表等35人与会，县政府相关人员主持。县地税局代表介绍《调整城镇土地使用税地段等级税额标准和征收范围（草案）》内容及相关背景，代表们积极发言，提出了大量意见和建议。地税局税政法规科对代表们提出的问题及疑惑现场进行了解答，最后，监督代表签具了监督意见书。

【获全省“三基”建设先进单位】 “三基”建设（基层、基础、基本功建设）是省地税局明确的一项重要工作任务。县局围绕省市局工作部署，整体规划，以点带面，有序推进，“三基”建设取得新的成效，被评为全省地税系统“三基”建设先进单位。硬件与队伍同建设，争创基层优秀团队。针对基础设施薄弱的状况，先后投资400余万元完成了局机关及四个税务分局的基础建设。同时，深入开展“岗位练兵、业务竞赛”等各类知识技能竞赛活动，全面提升干部综合素质。收入与征管齐着力，提升基层管理水平。强化重点税源管理，年纳税额在50万元以上的重点企业由县局直接监管。同时着力开展专项清查工作，2014年对房地产、房屋租赁、二手房交易、药店等行业进行清查，共检查纳税人28户，查补税款107万元，罚款18万元，达到了以清理带规范的目的。执法与服务双结合，树立基层优良形象。对内细化自由裁量的执法标准，加强自我监督；对外严厉整顿和规范税收秩序，提高税收遵从度。推广网上办税服务，简化办税流程。小微企业税收优惠、税收减免、二手房交易审批等等一系列税收优惠政策得到了及时落实。

金　融

· 中国人民银行桃江县支行 ·

【领导人名录】

行　长　李子良

副行长　周敬群　徐跃辉

【概况】 中国人民银行桃江县支行（以下简称县支行）内设4个股室，有正式职工17人。县支行坚持以确保辖内金融稳定，促进县域金融经济健康发展为工作目标，全面提升支行货币信贷管理、金融服务和内部管理水平，鼓励金融创新，强化金融监管，2014年全县存贷款增长稳定，金融经济稳步发展。全县各项存款余额1596850万元，比年初增加240367万元，增幅17.72%；各项贷款余额599006万元，比年初增43174万元，增幅7.77%。桃江县被评为湖南省“金融消费权益保护工作示范县”，县支行被评为“湖南省中央银行会计核算数据集中系统上线工作先进集体”。

货币政策执行。助推县政府实施《桃江县2014年度金融机构支持地方经济发展考核奖励办法》，全年召开金融机构负责人联席会议4次，及时传导货币信贷政策，准确分析县域金融经济形势，积极为辖内金融机构排忧解难。要求辖内各金融机构高度关注当前县域经济金融运行中所显露出的新特点，贯彻稳健的货币政策，创新信贷产品，完善信贷管理机制，加大对“三农”、民生领域、基础设施、节能环保、优势特色产业发展与重点建设项目贷款支持力度。人民银行总行自2014年11月22日起下调金融机构人民币存贷款基准利率，进一步扩大存款利率浮动区间。县支行认真贯彻执行总行货币政策，逐一检查辖内金融机构，确保政策落实到位。

金融产品创新。桃江县是全省开展土地承包经营权抵押贷款10个试点县市之一。2014年，县支行积极推进该金融产品取得成效。县政府下发《桃江县“三权”抵押贷款实施方案》，桃江建信村镇银行发放“三权”抵押贷款175万元。县支行组织涉农金融机构开会2次，要求加大对新兴农业主体家庭农场、专业合作社的信贷支持。支行积极鼓励和引导辖内金融机构创新金融产品，出台《桃江县农村金融产品和服务方式创新试点工作实施方案》，县农村信用联社和建信村镇银行等金融机构先后推出农商户企业联保、农业订单链式贷款、林权抵押、生猪养殖保单质押、企业联保、产业链融资担保、小额无抵押等金融产品，积极开展信贷员包村、领导与企业服务对接、“百千万”工程等创新服务。稳步推进“助保贷”试点工作。桃江建行扎实推进小额担保贷款，对13家小微企业累计授信8600万元，贷款余额5900万元。明确县信用联社、邮政储蓄银行和建信村镇银行为小额担保贷款机构，不再经过担保公司由银行直接放贷。2014年，全县办理申报贷款、贴息企业贷款和个体工商户贷款总计6885万元，贴息636万元。桃江县湘益木业有限责任公司和湖南浩茗食品有限公司两家获民族贸易、民族特需商品生产贷款贴息76.1万元。

金融服务。刷卡环境得到有效改善，圆满完成了刷卡无障碍及公务卡受理商圈建设验收工作，辖内达到了县城规模商户安装POS机比例不低于60%、销售类型的规模商户安装POS机比例不低于75%、宾馆酒店餐饮（含农家乐等）类型的规模商户安装POS机比例不低于85%、助农取款服务点村级覆盖率不低于95%的目标。农村手机支付业务蓬勃发展，《桃江县农村地区手机支付业务推广实施方案》得到有效实施，推进了跨行业多部门协作制度化，有效实行目标管理。全县手机支付业务覆盖15个乡镇、284

个行政村，手机支付业务用户87463户，占全县手机用户的19.9%，账户类交易量50.6万笔，交易金额11.16亿元，比年初分别增长944.74%、580.23%，业务推广量位于全省前列，其工作经验被长沙中心支行作典型推介。金融消费权益保护取得成效，县支行认真开展“3·15”活动，组织辖内银行业金融机构进行摆点宣传，组织辖内金融机构负责受理金融消费者投诉工作人员培训。全年受理金融消费权益保护中心接受投诉31起，处理、结案27起。金融消费权益保护中心工作人员多次到基层排解投诉户与相关金融机构矛盾，树立了良好形象。7月，支行撰写的金融维权相关经验材料被长沙中支采用。

金融监管。加强开业监督管理，认真做好华融湘江银行桃江县支行开业管理、报表审核、实地检查工作，确保符合条件办理开户开业。加强资金监测管理，重点对地方法人金融机构检测进行系统检测和现场检测，密切关注不良贷款率降比。加强信贷规模管理，桃江联社贷款比年初增加22608万元，建信村镇银行贷款增加797万元，均未超上级行信贷规划。加强再贷款管理，严格按规定权限、程序、条件、用途审批发放再贷款，充分发挥支农再贷款导向作用，辖内相关金融机构村镇银行再贷款使用情况良好。加强账户管理，全面清理人民币银行结算账户。全年共清理各类账户1232户，撤销62户、变更1011户、补充资料159户。加强存款准备金管理，县支行根据县域法人金融机构新增存款一定比例用于当地贷款的考核结果，对桃江建信村镇银行实施低于正常标准1个百分点的存款准备金率。加大反洗钱工作力度，落实反洗钱非现场监管。全年共进行反洗钱培训3次，培训9家银行业金融机构和9家保险公司的部门负责人及相关业务人员102人；组织9家银行和9家县级保险支公司301人次上街开展反洗钱宣传；做好按时收集数据报表资料存档工作。

内控管理。全面开展“风险防控年”活动，从源头上加大风险防范力度。狠抓制度建设，重新修订完善《桃江支行财务管理制度》《差旅费管理实施细则》《会议费管理实施细则》《公务接待管理办法》《党员干部八小时外暂行管理办法》，形成制度管人、管事、管物的管理机制。加大行务公开力度，实行重大决策公开、行员晋级增薪公开、考查考核公开、集中采购公开、费用支出公开、年度评先评优公开。强化内控、规范操作，按照相关要求对要害岗位人员进行重点考核，加强要害岗位人员轮换和业务培训，组织应急演练和风险排查，增强了应急处置能力和风险防范意识。层层签订风险责任状，确保一线人员核算零差错、资金零风险。

金融党建。狠抓党风廉政建设不放松，组织开展“铭廉政警言，亮廉洁心语”活动，制作反腐倡廉标牌32块。大力开展“四亮四评”（亮标准、亮身份、亮承诺、亮廉洁心境，群众考评、党员互评、领导点评、组织考评）活动，方便群众进行监督。加强监督检查，全年进行党风廉政检查和内控风险排查6次，组织开展廉政教育6次。按照《2014年党风廉政建设和反腐败工作实施方案》，将党风廉政教育列入党课教育计划，组织党员干部学习《中国共产党章程》、十八大文献、分行和中心支行领导在党风廉政建设工作会议上的讲话等。深入群众工作联系村，与农村党员交流谈心，倾听群众心声。要求全体党员干部做到“五个结合”：把党风廉政建设工作同开展“培养社会主义核心价值观，继承和弘扬中华优秀传统文化”教育活动结合起来，同开展“风险防控年”活动结合起来，同牢记“两个务必”教育结合起来，同学习贯彻落实《实施纲要》结合起来，同自己的现实思想和本职工作实际结合起来。（彭定石）

·中国工商银行股份有限公司桃江支行·

【领导人名录】

行　　长　何　韧
副行长、工会主席　王俊峰
副行长、纪检书记　张卫强

【概况】 中国工商银行股份有限公司桃江支行下设业务拓展部、业务营销部、办公室3个部室和县城芙蓉路支行营业部、桃花江支行、灰山港支行3个网点、1个离行式自助银行；共有取款机4台、存取款机7台、其他设备7台；经营本外币各项存款、公司信贷、住房信贷、个人消费信贷等业务；在职员工45人。

2014年，桃江支行坚持以客户为中心的导向，以资产业务为龙头、以信用卡业务为补充、以电子银行为介质、以网点为阵地、以MOVA为考核平台，努力提高队伍战斗力、核心竞争力和持续发展能力，取得了好的成绩。

储蓄存款增幅显著，对公存款增长额同业第二。截至12月31日，各项存款余额117287万元，其中储蓄存款96200万元、对公存款21087万元；各项贷款余额44741万元，其中公司贷款35000万元、个人贷款9741万元。盈利结构得到优化，经营效益稳步提高。实现利息收入4921万元、中间业务收入316万元、拨备前利润2245万元，人均利润50万元。发挥整体联动作用，抓好基础树信心，抓好营销争客户，实现了储蓄存款持续增长，同比增长8667万元，新增额创历史新高，任务完成率在全市排名第一。

信贷业务稳中求进，个人按揭贷款取得突破。以“信贷早春行”活动为契机，早计划、早安排，主动对接重点财源企业，增加信贷投放。对桃江县四方冶金材料有限公司新增贷款2000万元，对益阳金沙重机办理续贷2600万元。共发放个人住房类贷款1434万元，个人汽车分期贷款3500万元，促进了居民消费升级。各项贷款余额44741万元，比年初下降6727万元；其中新增两个住房按揭项目，住房按揭业务取得突破，累发个人按揭贷款1431万元。个人不良贷款余额64万元，保持了较低水平；公司不良贷款1435万元。

转型业务迅速发展，信用卡系列业务贡献较大。发行借记卡7972张，发展OBU客户突破1000户、个人证书5894户、WAP5968户、工银E支付6615户、代理保险1219万元（其中财险190万元）、对公账户31户、企业证书41户；特别是信用卡发卡1814张，发展特约商户237户。个人资产5万元以上客户规模得到了有效扩充，个人中高端客户比年初净增2016户，代发工资客户19户、1876人。

探索个人不良贷款的清收压降措施。采取“电话催收”“上门催收”“共同偿还”“代理偿还”“贷款置换”“诉讼调解”等各种行之有效的方式，全力做好个人不良贷款压降工作。对5个不良贷款大户分别制定清收压降的个案，为每一个客户提供3个备选方案，在客户选取方案并同意后，由银行出面多方联系，协助客户处置抵押物或贷款置换。

坚持以客户为中心的导向，不断改造服务环境，提升服务档次。通过进一步优化劳动组合，根据业务高峰和忙闲规律，灵活安排柜台班次。加强服务意识和礼仪培训，推进标准化服务。充实低柜力量，开展个性化服务。细化服务工作考核，加大服务奖惩力度。突出维护客户、提升形象。通过专题研究，全力打造省级金融消费权益保护示范点。设立专门的接待办公室、制作公示牌、引导牌、办公室标识牌，添置专门的档案柜，设立专门的接待处理登记簿。对每一位咨询、求助或反映问题建议、投诉的来访客户都热心接待、细心听取客户诉求、耐心解释政策和业务知识、诚心协调处理异议，并详细记录受理投诉的接待方式、处理方案、处理过程、处理效果、客户反映等内容，经支行主管副行长审查，签字认可。全年共受理来信、来电、来访86人次，对业务咨询、业务求助、反映问题意见建议、服务投诉、异议事项都做到“有求必应、有访必复、有复必详尽”，给客户一个满意的答复和一个满意的结果。（朱新强）

【廉政账户开立并投入使用】 2月21日，桃江支行按上级行最新开发的程序，用“88350”交易进行了与虚拟账号5910账户绑定，顺利完成廉政账户的开立办理业务。账户由县纪委、检察机关负责日常管理，与银行对账每月一次，每季集中结算上缴国库；人民银行负责监督管理；各相关人员严格对账户的明细保密。3月3日，办理了廉政账户的第一笔缴存业务。

【获评湖南省消费维权先进单位】 3月10日，在湖南省消费者委员会召开的消费维权先进单位表彰大会上，桃江支行荣获“2012～2013年度湖南省消费维权先进单位”称号。支行将金融消费权益保护工作作为落实“以客户为中心”、维护客户、提升形象的重要手段，提高思想认识，精心组织，周密部署，初步形成了组织机构健全、设施齐全、职责清晰、流程规范的较为完整的金融消费权益投诉、处理渠道。共受理来信、来电、来访86人次，其中县长热线转交材料2份、金融消费权益保护中心移送3份、95588下发56条、来访25人次。

【跨省销户解疑难】 温州鸿厦建设有限公司曾在桃江开立一临时项目部的账户，工程完工后并未主动销户。4月5日，该公司在温州要开户时才发现这个账户久悬桃江，不销户就不能再开户。桃江支行与温州的城南支行联系、沟通，比对扫描的现行销户申请书后，由客户领取销户申请书，填写盖章，经过城南支行初审后速寄桃江，桃江支行收到销户申请书和开户许可证后代理到桃江人行销户备案，成功办理了销户手续。

【开办ETC业务】 自5月1日始，桃江支行开办高速公路不停车收费ETC业务，明确专人进行业务辅导，安排专人专柜，负责湘通卡开办、OBU安装工作，并保证双休日照常上班、照常办理，保证满时服务，保证让客户自由选择办理时间。

【公司逸贷取得重大突破】 5月20日，桃江县某有限公司获得了工行公司逸贷授信额度150万元，支行公司逸贷业务取得重大突破。

·农业银行桃江支行·

【领导人名录】

行 长 文泽新

副行长 薛武斌 周静桢

文 莉

【概况】 农业银行桃江支行（以下简称桃江农行）是农总行授权在桃江经营的一级支行，下辖4个二级分行、1个支行营业部、2个分理处，有在职员工123人，设有自助银行8个、ATM机20台、转账电话1217台。2014年，各项存款余额24亿元，日均增量1.94亿元，其中个人存款日均余额1.95亿元，完成上级行下达年度目标计划的127.59%；各项贷款余额5.86亿元，比年初增加1.45亿元，完成全年计划任务的119.24%。

2014年，桃江农行坚持以科学发展观统揽全局，继续秉承“以市场为导向、以客户为中心、以效益为目标”的经营理念，贯彻“客户至上、始终如一”的服务理念，把服务地方经济与加快业务发展有机结合，实现了业务经营稳步发展。

信贷投放。以县政府“金融促发展、信贷早春行”银企合作为契机，积极发挥城乡一体化的经营特点和优势，全面跟进落实签约项目，并在全县所有重点市场、重点商业圈开展综合营销宣传活动，积极开展小微企业和优质法人客户信贷项目大营销，提升服务效率，加速项目筛选和调查，抓紧信贷流程运作，加大对桃江支柱产业、工业园区企业、县域特色产业和新农村建设信贷投放力度，全力支持地方经济发展。至2014年年末，法人信贷客户12个，新营销资产类客户3户，重点支持园区有影响力的新兴机械、湘中水工、华艳制药、金沙重机等企业的有效资金需求，搞好了新兴机械、湘中水工、腾煌水泵、湘中皮件、南方水泥、花果山陵园等企业的续授信工作。个人助业贷款、住房按揭贷款、农户贷款和信用卡分期业务等个人资产类业务比上年同期均有较大幅度增加，努力满足城乡个人融资需求。

服务“三农”。服务“三农”、支持县域经济是农行的经营特色。桃江农行持之以恒地加快县域业务发展，努力把“三农”业务做强、做精、做细，做出话语权，不断提升县域支行整体实力和市场竞争力。“村村通”工程受到各方关注和好评。通过产业牵引，支持县域实体经济发展。加深农业产业化龙头企业金融服务，着重拓展县域经济支柱型企业，重点支持了一大批竹木加工企业；大力支持县域特色资源开发，优选县域特色企业客户群重点支持，积极支持桃江金沙重机、新兴机械等制造业发展，力求服务好一个特色产业，带动一片经济发展；以大汉模式为切入点，支持社会主义新农村城镇化建设；加强小微企业信贷服务，减少信贷调查、审查、审批环节和流程，授信金额500万元以内自主审批，积极落实对小微企业贷款利率优惠政策，利率浮动严格控制在国家规定的范围内，全年新增县域优质小企业信贷客户12家；全力做好“新农合、新农保”工程，大力实施金穗惠民“村村通”工程，全县280个行政村布放电子机具280台，助农取款代理点覆盖率达到40%，发放惠农卡32323张，累计投放农户小额贷款15184万元，缓解了农民生产生活融资难问题。

能力建设。加快观念更新、结构调整、经营转型步伐，不断优化业务流程，整合营销体系，深化网点转型，全面提升营销能力和客户服务水平。加大对网点的改造和投入，先后完成5个网点标准化改造，网点结构得到合理规范、布局，网点产能明显提升。加大绩效管理、绩效考核的力度，通过多种途径向员工传导绩效管理理念，激发工作潜能，增强营销活力。

风险管控。始终围绕“业务发展提速、基础管理提升”的战略部署，坚持“平安银行”创建不动摇，认真组织开展系列风险检查和案件排查，重点整治信贷领域风险、员工参与民间融资借贷和经商办企业风险、信用卡套现融资及恶意透支风险、柜面运营业务风险等，持续开展内控“一类行”评价、“三化三铁”（标准化、规范化、制度化，铁账、铁款、铁规章）“三化三达标”（标准化、制度化、精细化，物防达标、技防达标、人防达标）创建及“40个严禁”等活动，强化基础性管理，提升风险管控能力。2014年，桃江农行被上级行评为内部控制一类行。全行不良贷款实现余额和占比双下降，积极配合国家审计部门、银监局、人民银行开展的各类执法检查，均未发现违规问题。 （莫战和）

·中国农业发展银行桃江县支行·

【领导人名录】

行 长 丁胜祥

副行长 王兰芳

【概况】 中国农业发展银行桃江县支行内设行长办公室、办公室、会计结算部、客户服务部，共有员工16人。

2014年，县农发行认真贯彻落实省市分行年初工作会议精神，以依法合规经营为前提、以强化基础管理为手段、以科学协调发展为指导，以创造最佳效益为目的，较好地完成了各项工作任务，有力地支持了当地农村、农业经济的发展。

信贷支农。2014年，累放各类贷款2.4亿元，同比增加0.58亿元；各项贷款余额7.04亿元，比年初减少1.9亿元，减少的原因主要是中储粮桃江直属库3.13亿元贷款向市分行营业部的划转，如考虑此划转因素，实际较年初净增1.14亿元；全年累收中长期约期还贷7720万元，约期还贷率达100%。2014年，成功营销2亿元桃花江经济开发区资水牛潭河防洪垸水利建设项目1个，并于9月实现了有效投放。同时，营销桃江土地储备中心土地储备项目1个，金额2亿元，年底实现了有关信贷资料的上报。完成了县级储备贷款的解控。经多次信贷风险排查，排查出问题企业2家，问题贷款768万元，突出表现为县级储备粮贷款，并被总行冻结桃江县县储粮贷款再贷。为防范和化解信贷风险，解控县储粮贷款，经全行员工的努力和当地政府、部门的支持配合，问题贷款于9月3日全额清收到位，并于年底前提到了总行的解控，为2015年年初投放新县级储备粮贷款奠定了良好基础。全面完成了粮食托市收购任务。6月20日，信贷客户桃江中储粮直属库的贷款业务全部划转到市分行营业部管理，但其库存粮食、收购工作和监管责任仍归桃江支行负责。全年由市分行营业部投放早中晚稻收购贷款1.86亿元，收购粮食6.67万吨，未出现打白条的现象，确保了粮农的利益。

存款总量。2014年年末，各项存款余额1.4亿元，比年初时点净增0.2亿元，日均存款余额达1.34亿元，同比减少0.9亿元。其中对公存款1.3亿元，比年初增加0.17亿元，核心存款占比略有提高。

资产质量。通过风险排查和处置清收，安全退出商业性客户2家，其中粮食收购加工企业1家、农业小企业1家，未发生逾期和欠息现象，无存量和新增不良贷款，不良贷款继续保持零余额的良好发展势头。

服务内涵。年初，完善了《桃江支行优质文明服务工作细则》，成立了优质文明服务工作领导小组，聘请了一批优质文明服务社会监督员，多次组织营业一线人员和客户经理到兄弟行参观学习，吸收采纳同业先进的服务新理念。每月评选出一名服务标兵，每季度评选出一个优质文明客户经理，并进行奖励，有效地提高了员工的服务热情。

内控制度。结合本单位的实际情况制定相应的规章制度，完善内部监督、休假值班等方面的制度，强化监督检查力度，发现违规违纪者严惩不贷。全年开展各类检查和风险排查36次，共处罚违纪人员6人次，罚款1000元，有效地纠正了一些错误做法和违规行为。开展了“打假治贪”活动，杜绝虚假行为，先后查出各类假结零、假尽职记录、假报表、假数据6个，自查自纠各类问题5个，迎接省市银监局、总行特派办、市分行审计检查11次，未再发现大的问题，受到了检查组人员的好评，确保了各项业务的安全。加强安全保卫工作的组织力度和检查力度。对支行营业间和办公楼及重要岗位检查20余次，进行防火、防暴演练1次，对硬件设施进行维修和改造4次。 （丁胜祥）

· 建设银行桃江支行 ·

【领导人名录】

行　　长　王　蛟

副 行 长　徐政彬

　　　　　刘海波（2014.9止）

　　　　　张　胜（2014.9起）

委派主管　胡　波

【概况】 建设银行桃江支行内设行长室、综合保卫组、业务经营组，下设网点有桃江支行营业部、桃花路分理处、文化路分理处，有员工35人。2014年，建设银行桃江支行在省、市分行的正确领导和大力支持下，坚持“构和谐、谋发展、强内控”的办行思路，根据市场变化，适时调整经营策略和工作重点，统筹兼顾抓重点、破难题、强内控、促发展，全行各项工作取得了较好成绩。2014年荣获湖南省分行先进集体称号。被评为2014年度“县重点工作目标绩效考核一类单位”。

业务指标。2014年，支行一般性存款余额191109万元，四行占比28.39%，四行余额第二；一般性存款比年初新增29357万元，四行占比44.99%，存款新增四行第一，市分行系统排名第一；支行各项贷款余额72848万元，四行占比32.23%，比年初新增18960万元，新增四行占比57.34%，贷款余额和新增额均居四行第一；至12月末，支行不良贷款余额为零，并已连续八年实现不良贷款额为零；实现利润3975万元。

信贷投放。2014年贷款余额

72848万元，贷款余额和新增额均位于四大商业银行首位，在全县九家金融机构中位居第二。贷款投向主要为以下5个方面：一是县域民生领域，如学校、医院。二是县域重点企业。三是中小微企业。重点支持了桃江竹木加工、建材加工和园区企业的发展，特别是该行与桃江县政府在全省试点联合推出“助保贷”业务。一年来，累计发放“助保贷”小微企业贷款15户，累发贷款11230万元，解决了部分中小微企业贷款难的问题，得到了很好的社会反响。四是重点支持政府性投资项目的发展。五是个人贷款，主要是个人住房按揭贷款、个人助业贷款和个人消费贷款（集体授信）。通过加大信贷投放，加大支持桃江经济发展力度。

网点建设。桃江建设银行为更好地提升服务质量，致力打造星级网点建设，对网点硬件设施和软件服务进行全面完善，让客户享受到更加贴心的服务。2014年对文化路分理处进行装修升级改造；同时，各网点进一步提升优质服务水平，合规从业。支行营业部顺利通过省行四星级网点验收。

安全营运。2014年全年未发生重大违规、重大安全事故和案件，内控管理日趋完善。开展“安全年”活动。围绕“安全年”的工作目标，加强学习，强化员工的合法合规意识；开展“学规定、知禁令、作表率”主题活动，禁止员工参与非法的高息借贷、融资或集资活动，提高员工遵章守法，廉洁自律的意识，让员工懂得珍惜和守护自己的职业岗位；贯彻落实反洗钱工作；落实安全工作责任制，层层签订“安全年”责任书，实现综合治理；严格执行排查制度。开展员工不良行为集中排查和日常排查。特别是员工是否参与非法的高息借贷、融资或集资活动的专项排查，从源头上堵塞漏洞；落实每月一次安全检查制度，发现问题，及时整改，屡查屡犯的进行严厉处罚，彻底消除安全隐患。

（莫红霞）

【ETC营销超3000台】 电子不停车收费系统(ETC)是目前国际上最先进的路桥收费方式。为给湖南经济社会的发展提供更加全面的金融服务，为广大车主开通一条省时省心的“高速公路”，2014年，建设银行桃江支行ETC营销超3000台，超额完成上级行下达任务。

【向政府性背景公司发放贷款】 建设银行为县域内政府性背景公司发放贷款支持。2014年，建行桃江支行向县水务投资发放贷款1亿元，向经济开发区发放贷款1.9亿元。通过贷款投放，确保了项目建设的顺利实施。

【文化路分理处装修升级】 9月，建行桃江支行对文化路分理处进行了装修，重装开业后，网点功能进一步细分，网点被划分为自助服务区、现金区、非现金区、贵宾服务区等，各个服务区为有相应需求的客户群体提供不同的服务。此外，新装修网点增加了自助服务设备，分流了柜台压力，有利于缩短客户排队等候的时间。

【营业部通过星级网点验收】 11月，湖南省银行业协会星级网点验收小组对桃江支行营业部进行验收检查。验收组从服务环境、服务功能、经营业绩等10个模块共计190条验收项目对营业部服务进行了综合全面的现场检查评定，营业部顺利通过验收。

·中国银行桃江支行·

【领导人名录】

行　长　陈自力

副行长　彭自力　杨建农

【概况】 中国银行桃江支行成立于1992年11月，内设综合管理部，辖营业部、劳动支行，两个十级网点。支行营业部为省行首批试点转型行，劳动支行也是2014年湖南省金融业百佳服务单位。共有员工29人。2014年，中国银行桃江支行对桃江县重点项目、重点行业给予重点关注与支持，先后主动对接桃江久通锑业、桃花江竹业等单位，并向桃江久通锑业授信1亿元，发放贷款5000万元，向湘益木业、桃江白竹洲电站等单位均已投放贷款，较好地支持了桃江县一批重点企业的发展。实现了银企双活共赢。

负债业务。人民币各项存款余额为124212万元，较年初净增2281万元。其中储蓄存款余额74321万元，净增11440万元，完成率101.09%，全市排名第一；公司存款余额49891万元，时点考核任务较年初负增长9161万元，完成市行考核任务的–235%；行政企业性存款余额41691万元，较年初净增4480万元，时点任务完成153%。在年末收官保底任务完成中，新增存款1.17亿元，超保底任务7339万元，保底存款净增额在全市排名第一。外币存款余额130.74万美元，较年初增加19.53万美元，完成年任务97.65%。

资产业务。截至12月底，人民币各项贷款余额48826万元，较年初增长5673万元。其中公司贷款余额31638万元，较年初新增4408万元，完成率为133.57%。全年新放公司贷款6250万元，其中新增中小企业贷款1000万元。个人贷款余额16128万元，全年投放5620万元，完成投放任务的76.46%，个人贷款比年初净增1265万元。人民币存贷比为39.31%，较年初提升4.79个百分点。

资产质量情况。不良贷款余额为18万元，不良率0.07%，关注类贷款余额95万，逾期率0.28%，信用卡不良仅8.6万元，三项指标均完成目标任务。

中间业务收入。截至12月31日，全年实现的中间业务净收入为392.6万元。

利润情况：截至12月31日，实际实现净利润 1482.6万元，人均利润为52.95万元。

春季营销活动。全力部署2014年春季营销活动，经过近100天的努力和付出，桃江支行实现储蓄存款净增12248万元，完成市分行下达任务的121.77%，获得了市分行春季营销活动的季度综合奖、省行满意县支行奖。

产品拉动。桃江支行与桃花江公交应用项目成功上线，使该项目成为益阳市金融业试点项目，走在了其他金融机构的前头。桃江支行员工们每天早起去公交车上实地宣传，在IC卡这个极具潜力的市场中稳占鳌头。桃江支行通过项目应用上线和渠道的拓展，有效增加桃江支行个人业务客户群，为桃江支行个人业务健康有序发展奠定了基础。

营销公司业务。受华融湘江、村镇银行激烈竞争及政策性限制不能向政府融资性平台发放贷款等因素的影响，支行存款持续下降。公司贷款新增6250万元，成功营销8户住房公积金，开立单位结算卡32户，对公理财、对公网银、电子回单箱、代理保险、单位账户等业务均获得较好发展。桃江支行国库集中支付业务得到长足发展，2014年获国库集中支付评比第一名。

公私联动。开门红期间，桃江支行将公私联动代发薪业务作为突破口，将久通锑业、国库集中支付（36个单位）、湘益木业、新兴管件、安达电子、公路局、株洲宏利得等多家公司的代发工资和绩效稳定在桃江支行代发。累计代发资金量达1亿多元，代发工资奠定了桃江支行核心存款基础；夏季，桃江支行把电器批发与维修、啤酒饮料批发、冷饮等行业列为重点营销对象，时刻紧盯市场、紧跟客户、把握资金流，做到有的放矢。

增加客户体验。支行把做好《网点客户标准化服务手册》规定动作推广作为服务标准，扭转不良服务习惯，从岗位服务标准、客户分层服务标准、产品组合标准、营销技巧应用标准、服务礼仪标准五个方面来规范网点服务行为。劳动支行继获益阳市银行业“文明服务示范单位”后，又荣获湖南省银行业协会“百佳”文明服务称号。同时针对2006年和2007年购买基金亏损的客户，要求理财经理逐一与客户联系，指导其转换基金或赎回老基金购买新基金，通过这一举措使一些基金亏损客户在2014年平均综合收益增加10%。（*袁珺　龙立波*）

·湖南桃江建信村镇银行·

【领导人名录】

行　　长　夏海鸽
副 行 长　张　虎
风险总监　傅　斌

【概况】　桃江建信村镇银行成立于2008年12月，是建设银行发起设立的全国建行系统第一家村镇银行。银行内设综合管理部、业务发展部、财务会计部、风险管理部等四个部门，共有员工25人。2014年，面对产业转型和经济下行的压力，建信村镇银行在董事会的正确领导下，不为外部经营风险所惑，不为内部管理压力所困，扎实工作，勇于创新，继续保持着资产质量的优良、经营效益的稳定和安全生产的运行。

贷款余额稳中有升。2014年12月末，在消化年初贴现2600多万元的前提下，各类贷款余额达到48383万元，比年初新增797万元，剔除票据贴现因素，各类贷款实际新增3395万元，比上年度增长7.57%。

个人存款增长取得突破。各类存款余额61972万元，虽然比年初减少2350万元，但个人存款余额首次突破1亿元，达到10722万元，比年初增加1585万元。

经营效益稳步提升。全年实现营业收入3414万元，发生营业支出1339万元，2014会计年度在无国家财政补助的情况下，仍实现税后净利润1528万元，剔除中央财政补贴影响，净利润比上年度增长7.61%，完成年度计划的104.02%；年化资产收益率为1.94%，资本收益率为15.49%。

信贷资产质量稳定可控。不良贷款额253万元，不良贷款率为0.52%，低于年度计划0.32个百分点。

主要监管指标持续向好。建信村镇银行各类监管指标均大幅超过监管部门要求：资本充足率为24.82%、拨备覆盖率为562.67%、拨贷比为2.95%、流动性比率为66.13%、存贷比按新口径统计为67%。安全营运得以保持。通过强化责任，出台措施，狠抓落实，确保了连续7年无任何案件、事故发生。

产业目标全覆盖。2014年，建信村镇银行坚持“立足县域、服务社区、支农支小”的市场定位，把积极支持桃江经济发展作为义不容辞的责任。主要客户覆盖了桃江县委、县政府要求重点扶持的竹木加工、装备制造、新材料、食品加工、种植养殖等五大支柱产业，重点支持了蔬菜水稻种植、生猪养殖等各种农民专业合作社、家庭农场、小微企业等新型农业经营主体。

支农支小全到位。为进一步发挥支农支小的作用，在贷款存量上，实行有保有压，主动调整信贷结构，压缩了年初2600多万元的贴现余额，并对涉及建材业的木胶板客户、涉及环保问题的竹凉席客户制定相关准入标准，逐步压缩退出竞争力较弱的贷款客户，把有限资金集中起来用于支农支小业务。涉农贷款占全部贷款的比重为87 %，比年初新增5个百分点。

优化流程，提高办贷效率。在确保风险可控的条件下，在客户准入上，对信贷业务受理实行分级准入制度；在贷前调查与续贷申报流程上，对一定贷款金额以下的客户，贷前调查由业务双人或平行作业进行；在贷款否决权与贷后资料管理上，明确对额度以下的贷款，授权分管副行长行使一票否决权；额度在100万元以下的贷后检查报告，由客户经理交由内勤人员专夹保管，单独整理归档，以备查阅。在解决客户融资贵问题上，强调对优质客户实行优惠政策。贷款期限放宽一年至两年；贷款支用可采用循环方式；担保物可采用组合担保方式。贷款额度在20万元（含）以下，可采取自然人及配偶承担连带责任保证的担保方式；贷款额度根据客户实际需要与还贷能力适度放宽，贷款利率根据客户的存款贡献度适当下浮。

大胆创新，破解“三农”发展难题。桃江作为全国农村土地承包经营权确权颁证试点县，农民潜在的土地、房产资源丰富。如何将“呆”资产变为“活”财富，建信村镇银行在过去10多种创新产品的基础上，结合桃江县实际，大胆探索，在县直有关部门的配合下，出台了《土地承包经营权抵押贷款管理办法》《家庭农场贷款管理办法》《应收账款质押贷款管理办法》等制度，在益阳市先试先行以农村土地承包经营权抵押为内容的“三权抵押”贷款，给高瑜、刘腊兵等成功发放了以自有土地经营权作为抵押的农户贷款。农村土地流转经营权抵押贷款的推出，为缺乏资金且没有传统抵押物的新型农村经营主体带来了福音，也为桃江农村经济的飞跃发展大开了方便之门。

夯基石，拓渠道，提高资金实力。2014年，客户建设性资金、财政性资金进入用款高峰，省内某家银行分支机构落户桃江，使得桃江存款市场竞争更加激烈，仅年初建信村镇银行各类存款就下降1亿多元，尤其个人负债业务成为影响业务发展的“肠梗阻”。建信村镇银行在困难面前不等不靠，采取了以下措施：一是科学开发产品绩效买单系统，使考核做到公开公平。依托信息科技手段，成功开发存款绩效考核买单系统，使全体员工对自己每月的产品绩效工资一目了然，增添了员工揽存款抓业务的积极性。二是加大以贷引存营销力度，使贷款客户回笼资金归行率提高。对客户经理，以维护的贷款余额合理确定其相应的存款增长比例；对信贷客户，以其货款资金回笼程度与贷款利率上下浮动范围挂钩。此举使客户货款资金回笼显著提高。三是拓宽结算平台，拉长服务客户“最后一公里”短板。2014年7月起，利用送金融知识下乡的机会，与益阳通联支付公司合作，开办POS业务，主要营销对象为信贷、边远地区商户。共营销客户POS机具188户，回笼资金2000多万元，沉淀金额800多万元，既解决了客户刷卡消费不便，又在一定程度上解决了客户货款回笼难题。四是转变柜员服务职能，实行个人存款营销负责制。在大厅内增设大堂经理，明确财务会计部维护个人存款客户，使柜员由业务核算型向营销服务型转变；在全行范围内继续开展个人揽存劳动竞赛活动；对个人及对公客户开展常态化营销，对重要个人客户推出免费存汇通业务等，以此稳定和带动存款的增长。

信贷资产质量持续优良。建信村镇银行成立以来，一直将强化风险管控作为各项工作的重中之重。针对2014年部分企业经营形势的恶化，在信贷经营管理方面采取了以下措施：一是抓信贷业务的风险预警。引入信贷客户观察员名单，针对区域范围内信贷管理中存量客户的有关数据，结合有关经济政策，细分风险客户市场，有效退出部分风险客户。二是做好尽职调查关。在业务活动中，坚持小额、分散原则，使潜在信贷风险得以分散，并坚持客户经理、风险经理双人调查借款人和走访客户所在村组、社区及公检法等单位相关人员，保证客户信息获取的完整和对称。三是强化不良贷款清收措施。群策群力，取保资产质量优良。针对问题贷款采取一户一策，通过加强贷后管理、资产重组、法律诉讼等有效手段，降低贷款风险，成功收回不良贷款38万元。四是实行收益覆盖风险管理原则。针对个别信用客户等级较低的情况，通过资产定价充分考虑风险因素，在基准利率基础上适当上调利率进行风险补偿和覆盖，获得合理的风险回报。

保证财务资源有效运用。2014年，建信村镇银行根据经营形势的变化，及时加大对财务预算执行监测与分析，并实时进行微调，通过严格执行财务预算管理，落实中央“八项规定”精神，厉行节约，严格控制“三公经费”，各项费用支出严格控制在年度预算进度内，成本收入比仅为33%，比上年度减少了4个百分点，业务及管理费用支出比年度预算减少196万元。与此同时，鉴于资金来源渠道有限，存款资金不稳定，建信村镇银行积极组织资金调度，加强资金管理，通过增加定期存放同业款项额与期限错配，增加了闲置资金使用效益，同时，成功申请人行支农再贷款授信1.2亿元，有效防控了流动性风险，为业务的稳健发展提供了保障。

建信村镇银行主要存在以下问题：一是贷款客户营销乏力。县域市场客户分散、信用环境相对较差，涉农金融机构在信贷业务发展中，面临着缺乏有效押品以及风险缓释不足等问题；二是存款拓展后劲不足。目前结算渠道不畅，包括电话银行、网上银行等电子渠道以及银行卡等业务尚未开通，无分支机构及网点，无法实现通存通兑，使得客户到村镇银行开户的意愿不强，难以获得稳定的存款。 （周开云）

·中国邮政储蓄银行桃江县支行·

【领导人名录】

行　长　刘志军（2014.12止）
　　　　李　勇（2014.12起）
副行长　刘　城

【概况】 中国邮政储蓄银行桃江县支行内设6个机构，即综合管理部、三农金融部、公司业务部、支行营业部、桃花路支行、鸬鹚渡支行。共有在职员工57人。

2014年，邮政储蓄银行桃江县支行存款余额2.46亿元，开户结余152户；个人储蓄余额6.29亿元，净增1.08亿元，完成年净增计划的111.54%；各项信贷余额2.88亿元，全年净增0.46亿元；全县在支行开立账户数12.97万户。

发展特色业务，坚持特色立行。引入公司、合作社担保，开辟了大北农、卫东养猪专业合作社等“公司+农户”特色产品，重点扶持农业企业带动的适合农民从事的特色产业、优势产业项目，全力支持农村经济的发展。成功打造小额贷款新产品，再就业贷款额度升至20万元。成立小额贷款金种子团队，根据地域经济产业发展实际情况，开发竹制品加工行业小额贷款。在竹制品加工行业以及饲料经销商公司加农户行业放贷均超过300万元。积极开展送贷下乡，在马迹塘镇、灰山港镇等地设立贷款咨询服务中心，并派驻专职信贷员，送服务到基层，使农户申请贷款更加便利。政银协同合作，县支行积极与县政府、个私协会对接，实行灵活信贷、简化信贷手续、丰富信贷品种，帮助“农家店”等商户解决融资难题。加大不良贷款的控制力度，积极落实“一户一策”的清收方案，支行领导带头，对武潭、马迹塘、鲊埠等地的不良客户逐一上门；积极与县法院沟通、联系，法院成立了专门的五人小组，加快县支行不良信贷客户走司法途径的步伐，加大案件的执行力度。

积极开展各项活动，促进个金业务稳步增长。第一季度以省分行“加计划”第四季为契机，提前两个多月完成个人储蓄余额计划任务，为全年余额奠定了坚实的基础。通过与邮乐网、达达财富网等电商网站合作，开展“亿路有你”活动，提高了柜面分流率，促进了电子银行业务的发展。第四季度与步步高合作开展“邮储刷卡周末乐”活动，开展上街营销宣传，提升了支行信用卡、IC卡产品的知名度和市场影响力，增加了发卡量，提高了客户刷卡的积极性。定时将理财档期发放至各网点，大堂经理及时营销，采用荧光板及理财专用宣传牌等宣传方式，向客户提供更好的理财服务。

多方协作，促进公司业务强势反弹。成立小企业商贷团队，同县工商局、个私协会、非公有制经济团工委联合召开了共同支持小微企业金融合作推进会，挖掘贸易流通类客户，做大信贷规模。经过多次上门营销，湖南桃花江实业有限公司在桃江县支行外币账户成功开户，大栗港三农米业在支行本币账户成功开户。通过加大对老客户的维护力度，多次走访财政局、林业局、教育局、卫生局、交通局、水利水电局等单位，成功归集教育局公积金375万元。紧跟重点项目的进度，全面清理久悬户。住房维修基金项目营销成果显著，成为年增长的主力军。与财政联系越来越紧密，年新增存款达到了7000万元。

对公司业务账户进行全面清理，将公司业务系统与人民银行系统不符的账户进行销户处理，全年共清理账户35户，提升了公司业务账户管理的效率。

综合管理能力显著提升。调整队伍结构，充实一线营销人员。在人员紧张的情况下，坚持内部挖潜，压后台保前台，压机关保一线，调整出5名后台人员充实到前台和信贷队伍中。配备12名专营团队人才，其中小额贷款专营团队5人、小企业贷款团队4人、消费贷款专营团队3人。营业网点转型，优化人员配置。新增理财经理、大堂经理、低柜柜员、高柜柜员等专业岗位人员，在人员配备上不断进行优化，减少后台人员，增加前台营销人员；通过公开、公平、公正竞争，9月中旬面向全行员工开展了二级支行长竞聘，从中择优选拔出三名支行长，实现了人才的优化配置。深入开展各项业务培训与学习，提高员工技能水平。在省行逻辑集中系统上线前对柜员进行多轮培训和预演，确保熟知新系统的各项操作，保证了业务系统上线后的平稳过渡。（金旭）

·农村信用合作联社·

【领导人名录】

理事长　万　山

主　任　张　鹏（2014.07起）

监事长　樊　军

副主任　文合元

　　　　范文炳（2014.07止）

　　　　张云贵（2014.08起）

【概况】　桃江县农村信用合作联社（简称联社）机关设办公室、人力资源部、科技信息部、财务会计部、稽核审计部、业务发展部、信贷管理部、风险管理部、中间业务部、监察保卫部、群众工作部、改革办、营业部等13个职能部室，共有从业人员82人。联社下辖51个营业网点，其中联社营业部1个，桃花江、浮邱山、三堂街等23个信用社，株木潭、武潭、向荣等24个分社，有资江南路、集贸场、大桥等3个储蓄所，共有基层信用社从业人员436人。

2014年，联社积极创新、优化服务，开展市场营销，优化信贷资产，各项经营指标取得长足发展。年底存款余额49.25亿元，净增7.63亿元，增长18.36%，同比多增5009万元，完成办事处下达任务的87.7%。各项存款余额占全县金融机构的30.84%，居第一位。各项贷款余额22.94亿元，增加3.3亿元，增长15.95%。各项贷款余额占全县金融机构的38.3%，居第一位。营业总收入3.45亿元，同比增加4710万元。贷款收回率96.51%，23个信用社有9个达到98%以上、9个达到96%以上，利息收入较2013年同期多收3920万元。经营利润13833万元，同比增加4350万元，完成全年任务1.4亿元的98.81%。新开户对公存款客户216户，增加65户，完成全年任务77户的84.41%。新增手机银行客户10500户，完成全年任务8800户的119%。电子银行替代率达到29%，完成全年任务的116%。

增加信贷投放力度。立足县域经济发展大局，把促进农业现代化、新型城镇化作为支持“三农”的主要方向，加大投放力度，支持提高农业产业化、科技化、市场化水平，发展生态农业，培育种养大户、竹木制品加工业、家庭农场、专业合作社等新型农业经营主体，不断增加有效信贷投放。累计发放贷款23.69亿元，净投放贷款3.3亿元，完成县政府下达信贷投放计划的119%；年末涉农贷款余额22.15亿元，占贷款总额的96.55%。

提升金融服务质量。以完善“三本台账”建设为总体目标，改变授信、用信一并进行的信贷工作模式，把对客户提前评级授信作为抢占市场、拓展信贷规模的重要手段，积极应对市场竞争，针对农户、商户、中小微企业三个层次，全面推开评级授信工作，收集辖内农户、商户、中小微企业的基本信息和信贷需求，及时掌握信贷资源。进一步拓宽代收代发业务范畴。加强与有线网络公司、自来水公司等相关部门的沟通联系，争取代理项目，并通过代收代发业务，拓展客户群体，通过办理代理业务树立良好的服务形象，赢得客户信赖，扩大客户群体。加强流程管理，制定代理业务服务流程，对已经代理的业务，明确到账时间、服务细则，确保代理业务资金准时、准确到位。积极探索贷款新模式，在竹木制品加工等行业推广联保贷款，发放联保贷款4397万元，解决了广大农户、小微企业缺少抵押物的难题。全面推广“一次授信、三年循环利用”的福祥便民卡，通过655张福祥便民卡发放贷款2.14亿元，为客户提供更多融资便利。大力推广手机银行等电子银行业务。

完成不良贷款责任认定与追究。上半年，以2014年1月末不良贷款余额为基准数据，对39633笔共计6.47亿元的不良贷款，逐笔逐户进行了责任认定，并落实了清收和管理责任人。同时，认定以前年度已追责的不良贷款1383笔、金额6996万元；认定符合免责的不良贷款35927笔金额38539万元。重点对2011年至2013年年末不良贷款1003笔、金额5674万元和2014

年2月1日以后到期贷款1320笔、13503万元的相关责任人员进行了责任追究。对到期贷款收回率2011—2013年连续三年达到96%以上的责任人包收责任贷款，限期一年内收回，并写出书面承诺，共有98人，贷款600笔，金额2921万元。对2011—2013年形成的、清收责任人不良贷款余额在50万元（含）以内依规发放的，限清收责任人半年内收回，并作出书面承诺，共有33人，贷款97笔，金额523万元。对2011—2013年形成的，清收责任人不良贷款余额在50万元（不含）~100万元（含）依规发放的，限清收责任人一年内收回，并作出书面承诺，全县通报批评，共有8人，贷款94笔，金额559万元。对2011—2013年形成的、清收责任人不良贷款余额在100万元以上依规发放的，限清收责任人一年收回，诫勉谈话，停止新放贷款发放权，写出书面承诺，全县通报批评，共有9人，贷款212笔，金额1671万元。对2014年2月1日以后到期的1320笔、金额13503万元贷款的162名信贷员，实行在岗清收，限清收责任人在到期日前收回。通过责任认定与责任追究，逐笔逐户建立了不良贷款管理台账，落实了主体责任与管理责任，为今后不良贷款的管理打下了基础。至12月末，不良贷款余额4.45亿元，其中收回全县前十大户贷款2笔，金额320万元。

加强队伍建设。提高廉洁自律意识，信贷领域“索、拿、卡、要”现象得到制止。改善柜面服务，由“微笑服务”向“让客户微笑”转变，树立鲜明的、独特的服务理念和服务形象，客户关于柜面服务方面的投诉明显减少。在加强机关工作作风建设的同时，抓好员工教育培训。全年组织社员工开展信贷管理、中间业务、会计培训等6期、500人次。

【农商行改革启动】 2月，根据银监部门和市办事处的要求，联社着手准备组建农村商业银行（简称农商行）。专门成立了改革办公室，主要负责改革各项数据测算，加强与县委、县政府对接，引导员工加强对农商行改革的思想认识等工作。改革工作取得了县委、县政府的高度重视。7月，县政府第七次常务会议专题听取了关于组建农商行改革的汇报，一致通过了关于支持组建农商行的决议。8月，县长何军田在联社调研时表示：“其他县给予的政策，桃江县委、县政府同样给。”9月18日，常务副县长周卫星带队到株洲学习经验。县政府常务会议后，县金融办按照在2015年年底前组建农商行的时间目标，制定了翔实的时间目标路线图。12月，由县委、县政府牵头成立农商行改革领导小组，有关工作按计划、按步骤、按时间逐项启动。（胡娜）

【第三届社员代表大会第一次会议召开】 10月15日，联社召开第三届社员代表大会第一次会议，联社主任张鹏主持，来自全县农村信用社员工社员代表12人、全县法人代表和非员工代表52人、员工列席代表29人参加了会议。按照选举程序，大会选举了桃江县农村信用合作联社第三届理事会理事和非员工监事，万山、张鹏、周阳辉、贺再全、胡治国、李党凡、张伏红当选为理事会成员，何飞、范永良当选为非员工监事成员。之后，分别召开了第三届理事会第一次会议和第三届监事会第一次会议，选举万山为理事长、樊军为监事长，聘任张鹏为联社主任，文合元、张云贵为副主任。

·中国人民财产保险股份有限公司桃江支公司·

【领导人名录】
经　理　高拥军

【概况】 中国人民财产保险股份有限公司桃江支公司（简称人保财险桃江支公司）是中国人民财产保险股份有限公司在桃江县的分支机构，内设一室二部五团队，即经理室、综合部、理赔分部、车险业务团队、商业非车险业务团队、直销业务团队、营销业务团队、农险业务团队，2014年年底有总版、地方版、劳务派遣等在职员工27人、营销代理人员100余人。公司在全县设2个营销服务部和15个营销服务分部，开办机动车辆保险、企业财产保险、责任险、意外险、健康险、货运险、农业保险等40多个险种，与桃江工商银行、建设银行、农村信用合作社等多家金融单位建立了兼业代理关系。

经营市场优良稳定。年保费收入由2010年的2540万元，上升到2014年的6000万元，保费规模实现了翻番，市场份额稳居桃江非寿险市场的主导地位。公司经营状况良好、资金充足、偿付能力强、市场信誉度高，社会效益不断上升，推动了县域经济的快速发展。

员工队伍团结稳定。公司拥有一支长期从事商业保险、工作经验丰富、综合素质较高、善于拼搏进取的人才队伍，员工大专及以上学历占90%以上。公司始终坚持“以人为本、唯才是举、以贡献论英雄”的用人导向及激励机制，建立了完善的培训机制，专门为员工制订详细的培训计划。经常举办丰富多彩的文体活动，陶冶员工情操，营造“和谐奋进”的企业文化氛围。

政府合作卓有成效。2014年，公司紧盯市场动向，抓住政府营销这条主线，注重向县政府汇报，与财政局等部门经常联系，不断深化与政府的关系。继续强化与畜牧局的业务往来，增加育肥猪、能繁母猪的承保数量。成功争取到全县特色农业保险的承办工作，新增特色农业保险保费30万元。强化与教育局的联系，做好一年两季的学生保险承保工作，学生险市场份额占据40%以上。强化与卫生系统的沟通协调，大力发展桃江县多家医院的医责险业务，为有效化解医疗纠纷起到积极作用，为医院解除了后顾之忧。积极配合住建部门的工作，做好安责险和燃气责任保险的承保及理赔服务，县域内所有报建项目均按要求投保安责险，天然气公司和液化气站均承保了燃气责任保险，承保覆盖面达到100%。联系卫生局、质监局等职能部门，成功开办食责险业务，有效提升了食品质量保障水平，维护了群众食品安全和合法权益。

服务客户高效专业。公司一方面在客户服务的硬件设施上积极投入，另一方面，对员工的服务意识和服务水准等方面加强培训指导。除专业的客户服务人员外，负责承保业务人员会全程协助客户办理一切保险事项，真正让客户感到便捷、放心、满意。公司还拥有一支11人的专业保险事故查勘定损队伍，配备专业化的先进理赔工具，如专用的查勘理赔车辆6台、笔记本电脑、远程定损系统等，随时可在第一现场为客户提供方便、快捷的保险理赔服务。

主动担当社会责任。公司作为一家大型国有控股保险企业，积极承担社会责任，充分履行社会风险管理职能。2010年至2014年期间，缴纳地方税收（含代征代缴车船使用税）3300万元，支付各类赔款1.2亿元。

尽职履责造福桃江。积极贯彻落实党中央、国务院的支农、惠农政策，深入推动财政补贴农业保险的开展，在一系列重大保险项目中扮演着先行者的角色。公司承办的能繁母猪、育肥猪、特色农业保险等业务，受到了当地政府的关注和充分肯定。公司农业保险“承保理赔进村到户”的经营模式得到了地方政府和人民群众的认可，实现了“政府得民心、农户得实惠、公司得发展”的工作目标。（刘艳）

· 中国人寿保险股份有限公司桃江支公司 ·

【领导人名录】

总经理　吴叶辉

【概况】　中国人寿保险股份有限公司桃江支公司下设综合管理部、个险业务销售部、团险业务销售部、银保业务销售部和客户服务中心5个部门，下辖灰山港、松木塘、石牛江、鸬鹚渡、大栗港、马迹塘、武潭、栗山河、三堂街9个营销服务部，共有员工20人。

2014年，公司按照上级提出的“创新驱动”发展战略和“创新引领、强司富员、进位争先”的总方针，积极践行“价值共创、利益共享”的经营理念，扎实开展各项工作，2014年度综合考评被评为全省先进。

经营情况。2014年实现总保费收入11881万元，新单保费4334万元，一年期短险保费1106万元，续期保费6441万元，受理各类理赔案件1940件，支付各类赔款720万元，支付各种生存金、满期金、养老金6290万元，交纳税金76万元。

创新销售。公司在确保各销售渠道业务常态发展的同时，力求扩大保障层面，勇担社会责任，服务更多群众，体现服务价值。创新农村信贷产品的服务体系，贷款人保险业务与农信社紧密配合，防范金融风险，全年为5314名贷款人提供了保险服务，保险金额达8亿元。开发涉农保险保单抵押贷款业务，办理保单抵押贷款373笔，金额526万元，方便了客户资金周转。围绕农民人身意外、计生养老和健康保障等方面开展涉农保险业务，为38.9万余农民提供了意外和疾病保障，为全县21786户计生家庭和6153位育龄妇女提供了女性安康和意外伤害保险，为全县4万余名幼儿、中小学生提供了意外保险服务。

提炼队伍。始终把队伍建设作为公司发展的基础，发展和培养政治觉悟高、思想素质好、专业能力强的专业队伍作为公司管理的重点，不断壮大和锻炼队伍。广纳贤才，培养人才，服务社会提供就业平台，到年底共有营销员521人。围绕服务创新队伍建设，组建了个险业务收展部，银保理财专业队伍。强化培训，全年举办新老销售人员法律法规、职业道德、专业技能培训教育21场次。大力开展党的群众路线教育实践活动，深化作风建设，开展批评和自我批评，提供管理队伍素质的能力。

优化服务。加强网点建设创新服务体系，充分利用公司乡镇营销服务部网络优势，方便服务客户，加强了9个营销服务部的管理，配备管理干部，争取上级公司投入，开通灰山港、武潭两个服务网络，投入电子设备，配备专业人才，实行电子化办公，方便客户办理业务。在理赔服务上，实行理赔时效制度，按照上级理赔时效考核要求，强化5日结案率，使理赔时效控制在考核要求30日之内。在柜面服务上，实行时限服务制度，优化服务流程，实行免填单服务，减少客户临柜等候时间。在续期交费上实现电话、短信提醒制度，在新单业务处理上，实行了100%的回访制度。在给付项目上，实行短信通知制度。

稳健经营。把防范经营风险、守住风险底线、确保公司持续健康发展放在首位。认真开展“两个加强、两个遏制”宣传教育活动，认真开展自查，按照保监会和上级公司要求，严格实行风险防控。配合人民银行加强大额客户身份识别工作，防范和打击各类非法集资、洗钱等违法行为。严格实行“零现金收付费”制度，促进非现金支付结算业务的发展，提高农民在银行结算账户的普及率，有效控制金融风险。落实内部管控，按照内控合规要求，加强单证、印章、权限、密码管理力度。严禁代签名和销售误导等行为，加强内控执行标准学习，守住了不发生风险底线，确保了公司经营稳健。2014年度公司团险销售部获省、市先进部门，综合部、客户服务中心获全市先进部门。

（肖中秋）

商贸·旅游

商业贸易

【县商务局领导人名录】

局　　长　曾自强

副 局 长　胡建保　高榀坤

工委委员　胡建保　高榀坤

　　　　　邹铁娟　杨　宇

纪委书记　邹铁娟（兼）

工会主任　杨　宇（兼）

【概况】　县商务局主管全县内外贸易、国际经济技术合作、商贸流通监管。机关内设办公室、人事教育股（计生办）、市场调节运行股、市场建设股、外经外贸股、法制安全股、监察室7个股室。归口管理的二级机构有县市场服务中心（桃江县市场建设投资有限公司）、县商务综合行政执法大队，下辖县机电设备公司、县百货公司、县肉联厂、修山食品公司4个县属国有企业。机关在职干部职工22人，全系统在册干部职工610人。

各项经济指标完成良好。全年共完成社会消费品零售总额69亿元，同比增长12.9%，全市排名第四位；完成外贸进出口总额1737万美元，同比增长12.2%；完成立项争资400万元，为下达任务的133.3%；完成融资3228.49万元，为下达任务的161.4%；完成招商引资6700万元，引进了丰采好润佳和豪苑蔬菜市场等项目。

全面完成项目建设。完成桃江县良友蔬菜种植专业合作社农产品集配中心、桃花南路农贸市场、松木塘三节塘土特产农贸市场的建设，完成县城A类生猪屠宰场主体工程建设，完成创兴南路农贸市场和金盆北路农产品批发市场的前期工作，争取到电子商务、湘菜产业等到位项目14个。

加强市场监管力度。开展酒类专项执法行动20余次，出动执法车辆50台次、出动执法巡查人员200余人次。查获酒类违法违规案件8宗，结案6宗，责令整改17家。肉类专项整治共出动执法车辆38台次、执法人员143人次，检查屠宰企业、肉类零售摊点817家，立案5起，依法取缔生猪私宰“黑窝点”6家。查封有严重安全隐患的非法加油站2家，查处大栗港镇关山村张某、毛羊坪张某等4处黑加油点，查封有严重安全隐患的非法加油站2家。

超前谋划产业布局。重点支持规划建设的桃花江商贸物流中心、桃花江汽车城、桃花江老年公寓等10个重大项目，做好了商贸物流、信息服务、服务外包、电子商务、驾培驾考等有关第三产业项目规划布局工作。商贸物流园完成项目规划、选址、通过重点项目评审并发布招商公告；拟定项目投资合同书，并与怀化凯邦置业进行多轮洽谈。

（何孟君）

【百城万店无假货市级示范店授牌】　3月12日，在县商务局三楼会议室举行了“百城万店无假货”益阳市级示范店授牌仪式。桃江的千色秀化妆品、视明眼镜店、济忠堂大药房、锦川贸易配送有限公司、灰山港镇金慧鞋城五家企业获此荣誉称号。县委宣传部、商务局、工商局、质监局、物价局等部门相关负责人参加仪式，宣传部副部长胡红霞主持会议，县委常委、宣传部部长胡国清为示范店授牌并讲话。

【县美容美发行业协会成立】　7月

17日，县美容美发行业协会在锦龙大酒店会议室举行成立大会。益阳市商务局副局长刘啸江、县商务局局长曾自强，以及民政局、工商联、卫监所、商务局等部门（团体）的分管负责人参加了会议。与会的51名会员审议通过了协会《章程》和《会费管理办法》，选举产生了第一届理事会，选举胡跃平为会长、熊运东为副会长、刘壮平为秘书长。县商务部门负责人向新当选的会长授牌，新当选的会长向理事会成员授牌。

【首次举行行政处罚案件听证会】 8月18日，综合行政执法大队在灰山港镇查获某名烟名酒店店主高某涉嫌无证批发、销售假冒伪劣红星二锅头瓶装白酒。9月15日依法对高某下达了行政预处罚告知书。高某不服，认为“在不知情的情况下，通过网购、物流运输从北京某公司购进的，自己也是受害人”“销量少不构成批发”，申请要求听证。10月22日上午公开举行听证会，听取调查人员和当事人的陈述，就双方收集的证据进行了质证、辩论，对当事人的违法行为做出了最终处罚决定。

【桃花南路农贸市场试营业】 9月22日，首家政府拥有产权的标准化农贸市场——桃花南路农贸市场开始试营业。该市场投资800余万元，规划建筑面积1879平方米，设立摊位78个，分为鲜肉、水产、家禽、卤腊、蔬菜、水果等11个分区，市场外停车场可容纳机动车120余台。主要服务于金凤小区、金鸭小区、天宇小区及花桥路周边居民。市场采取优惠政策引导经营户进市场，对入驻自产自销区的经营户常年免租，对其他经营业主采取优惠招租、优先安置。

【县电子商务行业协会成立】 12月25日，县电子商务行业协会在中海城大酒店四楼会议室召开成立大会。市商务局市场秩序科科长夏高华、办公室主任刘锋，县工商联主席吴小玲、县商务局局长曾自强以及县民政局、工商联、人社局、商务局等部门（团体）的分管负责人出席大会。大会审议通过了协会《章程》和《会费管理办法》，选举了理事会和会长、副会长、秘书长。

经济合作

【县经济合作局领导人名录】

局　　　　长　肖金兰
副局长、纪检组长　李志伟
副　局　长　丁　洁
　　　　　　熊　军

【概况】 桃江县经济合作局成立于2010年，为正科级事业单位，主要承担主管、引导和协调全县招商引资、外商投资与对外经济技术协作的职能。下设办公室、招商联络股、政务服务股3个股室。全局核定编制20人，2014年实有工作人员15人。

按照“大招商、招大商、招好商”的思路，全年招商引资取得较好成效。引进市域外资金完成固定资产投资49.3亿元，是市下达目标任务42亿元的117%；内联引资61.76亿元，其中直接利用外资2358万美元，顺利完成了市局下达的外资任务；引进省外境内资金35.18亿元，是市下达任务数的106%；引进承接产业项目3个（福德电气、竹产业科技园、加嘉锑业），是市下达任务数的150%；新引进项目29个，是市局下达任务数的207%；新开工项目22个，是市局下达任务数的220%；新投产工业项目17个，是市局下达任务数的170%。

招商成果显著。新签约重点招商项目29个，其中投资亿元以上项目有竹产业开发合作项目、桃江文化体育中心项目、防化滤毒通风设备生产项目、年产5000吨锑冶炼项目、中能天然气利用工程项目等5个，投资5000万元以上项目有乐道茶业项目、新型燃料项目、年产40万吨型钢生产线项目、年产30万吨干混砂浆生产线技改项目、东方红石料项目等12个。

招商机制完善。将全年招商任务全部分配到15个乡镇和80个县直部门，并纳入绩效目标管理考核，强化了部门责任，营造了全民招商氛围。通过严格执行项目评审等四项制度，规范了项目准入标准和流程，共召开项目评审会4次；出台《关于调整县级领导联系重点工业企业和重点招商项目的通知》，对全县在谈、在建和投产的33个重点项目，分别明确县级领导负责协调服务、理顺关系、解决困难，定期召开项目调度会3次，加快了项目的推进落实。项目包装更加规范。围绕竹木、矿产、水能、旅游等资源认真研究与整理，规范包装了17个重点项目，纳入全市重点招商引资项目统一发布。围绕第三产业，出台了《关于规划支持重点项目促进第三产业发展的若干意见》，精心策划包装了10个引领性强、带动性强、成长性好的第三产业项目。

招商方式创新。强化领导招商，全年书记、县长等主要领导亲自带队，赴珠三角、长三角、北京等地上门招商20余次。桃江文化体育中心项目就是谭建华书记亲自上门考察对接并成功引进的。加强会节招商，借助珠洽会（泛珠三角区域合作与发展论坛暨经贸洽谈会）、中博会（中国中部投资贸易博览会）、西洽会（中国东西部合作与投资贸易洽谈会）以及上海市桃江商会、东莞市益阳商会、深圳市益阳商会成立等活动，加大对县情、招商项目的推介力度。强化网络招商，新建桃江招商网站和桃江招商微信平台，及时更新、发布招商项目信息，收到了较好效果。探索驻点招商，全县选派8名干部分别赴广州、长沙等地开展驻点招商工作，获取了较多的项目信息。

优质服务。增强主动服务意识，全面落实项目服务全程代理机制，切实提高行政效能和服务水平。全年跟踪服务了竹产业开发合作项目、天然气利用工程项目、环球驾培驾考一体化中心项目、A类生猪定点屠宰厂建设项目等重点签约项目，全程协助参与了轻质陶粒及陶粒墙体新材料生产项目、桃江文化体育中心项目、防化滤毒通风设备生产项目等的各项手续办理，服务水平进一步提升。（蔡颖）

【竹产业开发合作项目正式签约】 8月8日，竹产业开发合作项目签约仪式在县政府常务会议室举行，县委书记谭建华、县长何军田及县政府办、林业局、经合局等主要负责人出席。副县长王军华与桃江现代竹产业科技园运营有限公司总经理余为签订了《桃江县竹产业开发合作协议》。项目总投资6.8亿元以上，规划用地200亩，在经济开发区建设一个具备竹类产品深加工、产学研一体化以及融现代仓储、物流、交易为一体的现代化工商贸园区，对桃江竹产业及其延伸的竹产业链进行全方位的升级打造。同时，设立总额达40亿元的桃江竹产业引导基金，引进一家以上高科技高附加值的竹产业龙头企业，成立竹类产品交易中心，为竹制品行业交易商提供网上订货、竞买、竞卖交易方式。

【文化体育中心项目、锑冶炼项目正式签约】 8月22日，桃江文化体育中心项目、年产5000吨锑冶炼项目签约仪式在县政府举行。总参61517部队主任、61489部队总工程师田志敏，中广国际传媒（北京）有限公司副总经理张敬华、总经理助理彭亮，湖南省加嘉锑业科技有限公司董事长肖佩娥、总经理郭立芳，县委、县政府领导胡国清、周卫星、王军华、姚震、刘楚江等共同出席了签约仪式。县委宣传部、桃花江镇、牛田镇等相关单位主要负责人参加了仪式。副县长周卫星代表县政府与中广国际传媒（北京）有限公司签订了桃江文化体育中心项目投资合同书。该项目选址在桃花江镇谷山路西侧美人窝文化公园内，规划用地面积70亩，总投资3.5亿元，将新建集数字影院、数字图书馆、美人馆、5C体验中心、运动健身、文化活动、电子竞技、主题商城、公寓式酒店、全民健身广场等功能场馆于一体的城市文化体育广场综合体。副县长王军华代表县政府与湖南省加嘉锑业科技有限公司签订了年产5000吨三氧化二锑及含砷废物有价金属综合回收利用项目投资协议书。该项目选址位于牛田镇金光山村，用地面积约120亩，项目总投资2亿元。项目分两期进行，第一期投资完成固定资产投资1亿元，第二期完成固定资产投资2000万元。

【竹产业创新创业引导基金设立】 9月30日，桃江竹产业创新创业引导基金签约仪式举行，副县长周卫星与深圳市财富基金管理有限公司董事长王剑鑫为桃江竹产业创新创业引导基金一期（有限合伙）合伙协议签字。县委书记谭建华、县长何军田和县政府办、林业局等相关单位主要负责人及桃江现代竹产业科技园运营有限公司总经理余为参加了签约仪式。基金由县政府与桃江现代竹产业科技园运营有限公司按1：9的比例共同发起设立，总规模拟定为40亿元，第一期为1亿元。基金由深圳市财富基金管理有限公司统一管理，并委托中国建设银行股份有限公司桃江支行对合伙企业账户内的所有资金实施托管，其中50%用于升级打造桃江竹产业链。引导基金的成立，标志着全县对产业发展扶持资金的分配方式由补贴支持转为市场化股权投入，有利于加快推进桃江竹产业结构调整和转型升级，充分发挥财政资金的引导和放大效应。

【招商引资微信公众平台开通】 11月，“桃江招商”微信公众号正式开通并投入运行。这是全市首个县级招商引资微信公众平台。微信用户通过查找公众号“tjzswx”或扫描二维码点击关注后，即可实时接收桃江招商引资工作动态、桃江概况、招商项目、工业园区、优惠政策、投资成本、奖励办法等各类信息。成功关注后，用户还可通过微信留言，直接向桃江县经济合作局招商工作人员咨询招商引资有关事宜，获得实时服务。“桃江招商”微信公众号的开通拉近了招商部门与公众的距离，拓宽了招商引资的宣传渠道，实现了桃江招商新闻和项目信息的主动、定向、适时投送，还实现了与官方网站“桃江县经济合作局（http://tjjh.taojiang.gov.cn/）”的跨平台信息互通互补。

粮油经营

【县粮食局领导人名录】

局　　长　林龙飞

副 局 长　邓茂林　符　洋

　　　　　汤传坤

纪检组长　邓茂林（兼）

工会主任　苏　宏

【概况】　县粮食局是县政府核定的正科级全额拨款事业单位。主要工作职能：指导全县粮食经营企业贯彻执行国家粮食流通管理的政策和法规；协调粮食经营企业执行最低收购价粮食等政策性粮食购销与粮食产销合作，保障军粮供应与县级储备粮安全；监督粮食经营者从事的粮食收购、储存、运输活动和政策性粮食购销活动，负责粮食收购资格的审批和核查工作，服务粮食企业，优化粮食资源配置和产业布局。机关内设办公室、人教股、行业管理股、调统股、法规监督检查股、军粮供应股、财审股、纪监室、计生办等9个股室，下辖县粮油购销公司、国有资产管理中心2个二级机构；2个二级机构实行一套人马、两块牌子工作机制，全局共有干部职工70人。

落实国家粮食政策。在粮食收购工作中，认真履行工作职能，坚持做到政策宣传、组织领导，收购仓容、收购人员、收购器材、服务措施“六个落实”。严格执行“五要五不准”收购守则，在收粮现场做到“七有”（有政策宣传栏、有质量样品瓶、有休息处、有茶水、有防暑药品、有便民工具、有防雨设施）。督导协助中储粮认真做好早稻最低收购价粮食入库，特别是协助督导中储粮做好因“7·19”洪灾水淹粮的收购，为政府分忧，为种粮农民排难，尽职尽责。2014年引导具有收购、加工规模的粮食企业本着“购得进、销得出、有微利”的原则，累计收购农民余粮110064吨，收购均价每50公斤132元，在收购中做到了“两个确保”（确保农民余粮敞开收购，确保在粮食收购过程中未发生坑农、损农事件），切实保护了种粮农民利益，做到了政府、企业、农民“三满意”。帮助粮食经营企业积极拓宽粮食销售渠道，督导粮食经营企业销售粮食111188吨（其中军粮供应6吨），确保了军需民食和市场粮价稳定。

实施“粮安工程”。2014年抢抓国家实施“粮安工程”进行“危仓老库”维修改造和“一县一企”的发展机遇，以粮油购销公司浮邱山乡梅林寺储粮点县级骨干粮库建设为主体，以牛田镇金光山收储点和三堂街镇赤塘收储点“危仓老库”维修改造建设为东西两翼，全力开展了全县国有粮食收储体系“一体两翼”建设工作。全年投入资金110万元，完成了赤塘、梅林寺、金光山维修改造仓库5栋，库容6300吨，在金光山新建了仓库容量为2500吨的高大平房仓。

积极争取国家支持，在浮邱山梅林寺进行了县级粮食仓储骨干库项目建设，该项目经省发改委批准立项，纳入洞庭湖治理规划，由国家下拨粮食流通基础设施专项资金333.5万元，建设3.5万吨仓库，这是桃江县近20多年来，在粮食流通基础设施建设上争取国家投资的第一个较大的项目。该项目第一期工程投资199.8万元，新建了储粮仓容设计能力为1.5万吨的新仓。该项目的建成，改变了桃江县属国有企业无骨干粮库的历史。

做好县储粮落实。完善了县储粮相关监管制度，进一步明确了相关职能部门的监管职责，针对2014年县储粮贷款滞后、入库成本增加的现实，争取有关部门支持，确保了县储粮贷款规模到位，及时足额核拨存储利费补贴，按照《桃江县县级储备粮管理暂行办法》，及时足额核拨了存储企业利费补贴，确保了县级储备粮数量真实、质量完好、储存安全。

粮食流通监督检查。结合粮食收购许可证年检和部署早稻入库，召开了粮食经营业主会议，组织学习了现行粮食流通监督检查相关法律法规。从5月20日至6月5日，以“维护市场秩序，放心消费粮食”为主题，集中开展了《粮食流通管理条例》颁布10周年宣传活动，营造了人人关注粮食消费安全、合法经营粮食的氛围。6月10日至15日，参与在县城超市广场和大栗港镇政府所在地进行的由县食安办牵头组织的桃江县食品安全宣传周活动，免费发放粮食法律法规知识读本500余本，粮食法律法规知识宣传资料800余份，接受人民群众法律法规知识咨询650人次，展出专题展板4块，制作网络专栏3个，滚动播出主题材料450次，接受媒体采访2次，通过一系列的宣传活动，进一步增强了粮食经营者合法经营、依法经营、守法经营的意识。1—3月，开展了县域内政策性粮食竞价销售出库环境的整治专项行动，确保了县域内政策性粮食竞价销售出库难、商务纠纷引发社会不安定的状况基本好转。4月5日至5月8日，组织开展了对中储粮益阳直属库桃江分库执行国家粮食购销政策的检查，同时对全县粮食库存的质量、卫生、轮换、仓储管理等进行了检查。全县的粮食库存做到“账表、账实、账账相符”，并达到“一符”“四无”要求。6月份，配合市局对军供粮食品种、质量、卫生及服务水平和执行政策情况进行了检查，保证了军粮供应工作严格执行国家政策要求。会同市局分别于8月、10月对全县农户早稻和中、晚稻原粮卫生以及粮食经营企业收购质量进行了抽样检查，共抽样16个送检。

完善粮食流通监督“一听”“二看”“三查”“四结合”的工作措施，强化对粮食流通领域的依法行政。全年共开展粮食流通监督检查12次。出动行政执法人员96人次，检查粮食收购主体52个，查处违法违规案件12例，给予行政警告3例，给予责令改正9例。

服务扶持粮食企业。年初制定下发了服务企业的文件，明确了领导服务企业的“四包”（包项目争取、包解决资金、包部门关系协调、包解决实际困难）工作责任制。继续狠抓省政府实施粮油精深加工千亿产业百亿物流工程的有利机遇，争取了省财政厅、省粮食局分别给予湖南德辉粮业、益阳修山钟氏面业47.5万元、30万元的技改项目资金。扶持企业做大做强。2014年扶持新增年总值超过5000万元以上的粮食加工规模企业2家（湖南德辉粮业有限公司、桃江三农米业有限公司），分别实现总产值为8700万元和7250万元；超过3000万元的粮食企业2家（桃江羞山米业、桃江诚信米业），分别实现总产值为4280万元和3890万元。肖家山公租房项目是桃江县民生工程项目之一。通过一年的建设，年底顺利竣工，共建公租房84套，优质门面18个。（何郁）

【肖家山公租房项目】 1月17日，县粮食局粮油购销有限公司同县住房保障中心合作建设肖家山公租房项目。项目位于桃花江镇肖家山村符家坝组芙蓉路南侧，占地面积1917.4平方米。该项目建筑面积933.07平方米，建筑总面积5423.17平方米，一层商铺面积896平方米归县粮食局粮油购销有限公司，二至六层建公租房80套，建筑面积4490.1平方米，由县住房保障中心按1398元/平方米收购用于保障性住房。该项目由县住房保障中心提供建设资金628万元，通过县公共资源交易中心公开招标，湖南石建建筑工程有限公司中标承建。在项目建设过程中，组成以副局长符洋，工会主任苏宏、粮油购销有限公司经理杨文为主的工作组，协调处理与当地群众及周围住户的各种纠纷12起。该项目建成后，开发优质商铺门面18个，确保了国有存量资产的保值增值。

【粮食仓储设施建设】 2月25日，省发改委发出《关于下达粮食仓储设施项目2014年中央预算内投资计划的通知》文件，下达了桃江县粮食局粮油购销公司粮食仓储设施项目计划总投资2323万元的批复，其中，中央预算内投资333.5万元，银行贷款及自筹资金1989.5万元，建设总规模改扩建高大平房仓4栋7732平方米，一站式服务中心705平方米，消防水池315平方米及其他配套设施。项目分别在牛田镇金光山、浮邱山梅林寺储粮点实施。金光山储粮点2500吨新仓建设工程于4月经县招投办核准，按照财政评审合理定价随机抽取法公开招标，安化县第一建筑工程有限公司中标，5月动工，12月底主体工程基本完成并通过竣工验收。梅林寺储粮点新仓建设工程于9月经县招投办核准，经财政评审合理定价随机抽取法公开招标，益阳市南洋建筑有限责任公司中标，10月份开工建设，2015年2月完工并通过竣工验收。该项目是桃江县近20多年来，在粮食流通基础设施建设上争取国家投资的第一个较大资金项目，也是全市实施洞庭湖治理规划以来的第一个粮食流通基础设施项目。该项目的建成，彻底改变了桃江县属国有企业无骨干粮库的历史。

【第二批党的群众路线实践教育活动】 3月17日县粮食局启动党的群众路线教育实践活动，历时9个月。活动中，粮食局先后制定下发了《桃江县粮食局党组领导班子深入开展党的群众路线教育实践活动实施方案》和《桃江县粮食局关于深入开展党的群众路线教育实践活动的实施意见》。全局党员52人（含离退休党员30人）。在局党组的领导下，以为民务实清廉为主要内容，聚焦“四风”突出问题，紧密联系工作实际，扎实完成了教育实践活动各环节工作任务。在活动中，共收集对班子意见建议22条，对班子成员意见建议61条。对征集到的意见和建议，局党组召开了专题会议认真进行了梳理和归纳，制定了相应的整改方案，2014年全局会议比上年减少了50%，下发的文件数量比整治前减少了30%。（莫跃群）

【“危仓老库”维修改造】 按照国家“粮安工程”战略和省市“危

仓老库”维修改造会议精神，县粮食局于2013年10月向县政府和省、市粮食局、财政局呈报了《桃江县粮食局“危仓老库”维修改造方案》，并获得批准，并由省财政厅、省粮食局以《湖南省财政厅、湖南省粮食局关于下达2013年粮食“危仓老库”维修改造资金的通知》，下达全县危仓老库维修改造资金187万元，县财政配套18.3万元，共计205.3万元，通过财政评审，公开招投标形式确定危仓老库维修改造业主，粮食局派员监督施工质量，确保7月30日完成了对金光山2号仓容量为4000吨的仓库维修和功能提升，8月30日完成了赤塘点库总容量为3400吨仓库的维修和功能提升，9月30日前完成了梅林寺点库2号、3号旧仓拆除和场地平整，完成了1号仓（容量1400吨）功能提升。全县的粮食危仓老库维修改造工作被省、市评为先进。

供销合作

【县供销社领导人名录】

理事会主任　彭爱平
监事会主任　肖世华
理事会副主任　卢　用　刘润庚
纪检组长　徐建波
工会主任　刘海波

【概况】　桃江县供销合作社联合社（以下简称县供销社）机关设有党委、理事会、监事会、纪委、工会5线，机关定编16人，2014年年底有工作人员20人，机关经费纳入全额财政预算。下辖资产经营管理中心1家，基层社1家，全资公司5家，另外参股2家重组企业，干部职工人数758人。

2014年，县供销社认真贯彻落实党的十八大精神和益阳市社以及县委、县政府的工作部署，结合供销社的实际，加大改革力度，实施“硬任务、严管理”工作机制，加快项目建设步伐，强化“三农”服务，各项工作成效明显。全年完成销售总额12.8亿元，实现利润总额668万元，所有者权益1.6789亿元，系统资产总额2.7546亿元。建立农村日用消费品配送中心33家，连锁经营门店数量发展到635家，连锁销售额达到9.92亿元。农副产品购进总额1900万元，农产品交易市场交易额3.39亿元。

基层组织体系建设取得新成绩。根据全县产业发展形势，县供销社紧紧抓住蔬菜、小水果等产业，通过股份合作、政策扶持等方式，引导产业做大做强，先后组建了全县性的湘友蔬菜生产专业合作社联合社和惠农水果种植专业合作社联合社2家，注册了“湘友”商标。同时，县供销社利用系统改制剩余资产、新三湘公司的业务辐射和原供销社的人脉资源，新组建马迹塘中心供销社等6家基层供销社、白维山竹笋专业合作社等13家农民合作社、三堂街义平综合服务社等6家综合服务社。6家基层社实现利润65万元。湘友蔬菜联合社为湖南省首家蔬菜联合社，被《湖南日报》和全国总社网站报道，桃花江供销社被评为全国总社的标杆基层社，世林竹笋合作社和良友蔬菜合作社被评为全国总社的示范农民合作社。

综合改革取得新突破。按照习近平总书记“改造自我、服务农民”的要求，全国供销合作总社和湖南省供销合作总社迅速开展供销系统的综合改革工作。县供销社积极部署，扎实有效地推进全县的综合改革工作。认真开展调研，争取县委、县政府的大力支持，受到省、市供销社的高度重视，明确桃江县为全省县级供销社综合改革试点县。制定县供销社综合改革实施方案，争取县政府常务会议专题研究，并出台《桃江县人民政府关于推进供销合作社综合改革试点实施方案》，明确相关的扶持政策。通过市社专题向市政府进行汇报，市政府组织相关部门召开联席会议，出台扶持桃江供销社综合改革的政策。与省社鑫瑞惠农公司进行对接，就基层组织体系和惠农服务体系建设进行探讨。

项目建设稳步推进。2014年，县供销社成功申报项目4个，其中世林竹笋专业合作社的农开项目资金70万元和良友农业开发有限责任公司的新网项目资金45万元到位，桃花江供销社的中央新网项目已在网上公示并进入报送项目书阶段，工业品公司的省级新网项目已在网上公示。

企业管理逐步规范。实施“硬任务、严管理”的绩效责任管理，加强对下属企业的规范管理，出台《关于加强社有企业管理的实施意见》和《社有企业财务管理制度》，实行财务相对集中的严管理制度，规范企业开支，定人员、定责任，规范企业管理，促进企业管理成本降低，生产效益提高。

综合信息工作得到加强。全年共向省社报送信息1条，向市社报送信息11条、图片信息5幅、调研论文3篇（其中2篇获奖），向县委办、政府办报送文字信息12条、图片信息16幅、调研论文5篇（其中1篇获奖）。

教育实践活动取得实效。2014年，自觉的群众路线教育实践活动开展以来，县供销社领导班子在县委的统一部署下，按照"照镜子、正衣冠、洗洗澡、治治病"的总要求，紧密围绕"为民务实清廉"主题，紧密聚焦"四风"突出问题，立足实际、注重实践，扎实完成了学习教育、听取意见，查摆问题、开展批评，整改落实、建章立制三个环节的工作任务，取得了实效。

其他工作统筹兼顾。狠抓党建工作。认真组织机关干部职工学习党的十八大和十八届一中、二中、三中全会精神、中央"八项规定"、习总书记在河北省委民主生活会上的讲话精神等，开展党风廉政教育，不断提高领导干部的党性修养。严抓安全生产和社会稳定工作。加大企业安全隐患排查整治力度，积极主动化解历史遗留问题，确保系统职工稳定。狠抓计划生育工作，确保系统计划生育工作落实政策不走样。认真指导好联系村的工作。

（文庆勋）

【县政府专题会议研究供销社改革】 12月10日，县人民政府召开政府常务会议，专题听取和研究县供销社综合改革试点情况。会议就《桃江县人民政府关于推进供销合作社综合改革试点的实施意见》的修订完善提出了具体要求，并成立以县长为组长、常务副县长和分管副县长为副组长、各乡镇及相关职能局主要领导为成员的供销社综合改革试点工作领导小组。

烟草专卖

【县烟草专卖局领导人名录】

局　　长　邱　天
副 局 长　伍　宏　曹　凤
纪检组长　易文革

【概况】 桃江县烟草专卖局（简称烟草局）内设办公室、财务室、综合室、专卖股、市场服务分部、物流中转站、专卖内管派驻组7个股室，另有金盛卷烟零售连锁有限公司桃江县文化路店1家。共有在岗从业人员74人。

2014年，烟草局践行"倾诚服务"理念，不断创新服务方式、方法，提升服务水平，卷烟销量稳步增长，销售结构逐年提升。

卷烟营销。通过组织开展"走千村·进万户"升级版活动，对零售客户经营场所、市场类型、零售业态等基础信息进行全面调查核实，及时发现清除违规经营隐患，有效提升了客户经理的服务意识和服务质量。进一步强化品牌培育，合理制定卷烟品牌培育实施方案，针对性地开展品牌培育与推广，重点品牌卷烟销量明显增长。全年共销售卷烟33009大箱，增长8.18%，各项经济指标稳中有升。加强网络终端建设，网建基础工作取得新成效，全年发展现代终端星级店6家，现代卷烟零售终端形象店300余家，占比达到了10%。

专卖打假。坚持打假打私与破网并重，开展了"春雷4号""打鼠行动""3·15""两节清理整顿"等专项行动，均取得良好效果。全年共查处各类涉烟违法案件169起，其中假烟案26起，查获各类违法卷烟260万余支，罚没收入6万余元，破获国家局级网络案1起，共逮捕犯罪嫌疑人4人，刑拘6人。加大了对非法种植烟叶整治力度，内防外控，非法种植烟叶面积由原来的1200余亩缩减至100余亩，烟叶非法种植得到了有效遏制。同时，进一步加强内部同级监管，落实责任追究和奖惩机制，查找规范经营与烟草行政执法过程中存在的不足。全年共处理预警40297条，启动调查程序35次，下发整改通知书16份。由于监督工作到位，规范经营意识明显提高，卷烟经营市场得到了进一步规范。

基础管理。加强资金监管和固定资产管理，突出"两项工作"监管，强化财务预算执行，坚持厉行节约，严控成本费用，尤其是加强了三项费用的控制，三项费用率为3.56%，其中业务招待费、会议费、差旅费、办公费等同比大幅下降30%～50%以上，其他各项费用开支严格按照预算执行。同时规范了报账流程及资金监管，确保了费用开支的规范化。扎实做好安全工作和社会管理综合治理工作，加强体系建设，规范工作流程，加强绩效考核，执行力明显提升。持续开展创优创建工作。以开展党的群众路线教育实践活动为契机，不断完善创建内涵，丰富创建载体，使创建工作有亮点、有特色。省级文明单位创建工作有序扎实推进，已通过省文明办的考核验收并授牌。

队伍建设。牢固树立"学习型"企业理念。健全领导班子通过集中学习、个人自学、考察参观、讨论交流等途径，丰富优化中心组学习内容。班子成员带头撰写读书笔记和体会，带头开展"讲一堂党课，忆一段历史，树一种精神"活动。结合创建省级文明单位，创建道德讲堂，从法律、制度、道德三个层面开展员工学习教育活动，引导员工树立正确的世界观、人生观和价值观，宣传践行社会主义核心价值观，传递正能量，员工思想道德水平不断提升。同时，抓好一月一课、制度汇编学习及营销、专卖部门一月一考制度的落实，提升服务管理市场的技能和水平。全年共组织参加培训学习6批次35人次，参加第三届湖南省烟草专卖局专卖管理岗位技能竞赛1人次，取得较好成绩。队伍整体素质，尤其是一线岗位新进人员的素质得到普遍提升，持证上岗率达到80%以上，并有5名表现较优秀的员工被选调市局工作。

作风建设。认真组织开展党的群众路线教育实践活动，自活动开展以来，共组织党员干部原文学习《论群众路线》《厉行节约，反对浪费》等主要书籍8本、150课时。观看《周恩来的四个昼夜》等专题教育片5场次，组织参观杨开慧烈士故居等2场次，发送"手机党校"短信9期、简报7份，制作宣传栏6期。每个党员干部撰写了2篇以上心得体会，并针对自身思想、工作实际、结合"双为"教育大讨论进行剖析交流，取得了明显效果，作风建设明显转变，工作效率明显提升。同时贯彻落实中央"八项规定"和国家烟草专卖局"九条要求"，精简文风会风，严控四项费用，规范公务用车。2014年，办文办会相比2013年同期减少35%，各项费用开支同比大幅下降，及时按规定清理整改了办公用车、办公用房，以及电脑中与工作无关的相关软件、程序，对干部职工反映的热点、难点问题及合理诉求及时进行了答疑解惑。党组及班子成员对查出的31项问题大部分已经整改到位。党风廉政建设及思想作风建设明显增强，教育实践活动取得了阶段性成效。

公益事业。切实加大对新农村建设、贫困学子、困难零售客户的帮扶力度。号召全体员工积极参加"636"志愿者服务活动，多次组织人员深入大栗港镇朱家村、高桥乡部分贫困居民家中走访慰问，组织开展了为孤寡老人、留守儿童"献爱心、送温暖"等活动。将感恩、责任的企业精神付诸实践。全年累计捐款捐物折合人民币13万元。

（欧阳茜莎）

【获评省级文明单位】 2月，桃江县烟草专卖局（分公司）荣获省委、省人民政府授予的"省级文明单位"称号。烟草局十分注重生产经营和企业文明的协调健康发展，把创建省级文明单位作为载体，真抓实干，不断完善工作机制，深入开展考核考评，文明创建工作突显新特点、呈现新气象。提高了职工队伍的综合素质，提升了企业的文明形象，环境卫生不断改善，员工文化活动丰富多彩。

盐 业

【县盐务管理局领导人名录】

局长、经理 夏 彤（2014.09止）
　　　　　 刘 鲲（2014.09起）
副局长、副经理 李讯秾

【概况】 湖南省轻工盐业集团有限公司桃江支公司（桃江县盐务管理局）机关内设综合股、市场营销管理股。有在职干部职工20人。2014年，盐务管理局以巩固片区经理责任制、加强食盐终端网络建设为中心，深化食盐配送服务。各项工作稳健有序，各类盐销售和土地购置取得了突出成绩。公司全年累计购进各类盐3060吨，销售各类盐3312吨，完成利税258.94万元，非盐商品销售90.73万元。

抓好食盐配送，确保食盐安全。2014年，公司继续调整内部机构，创建精干高效的经营管理体系，建立与市场化要求相适应的组织结构。进一步加强和完善了对食盐零售终端网点的管理，增加了访销业务员，使食盐配送服务得到了进一步提升，食盐销售、服务的基础工作进一步得到加强。全面加强食盐营销网络管理，进一步完善网络的整体功能，充分发挥全县320个食盐零售网点的优势作用，巩固网络基础，加大监管力度，强化供应保障机制。全面提升食盐配送服务质量和服务水平。按照市局的要求，完善健全片区经理负责制，全县共设立片区经理3名，访销业务员3名。同时，加大配送服务力度，确保了全县食盐市场供应和安全高效。实行"亲情化"服务。在食盐配送服务过程中，注重做好与零售网点的沟通工作，认真倾听零售网点和用盐业户的利益诉求，积极寻找与他们的利益共同点，切实维护零售网点和用盐户的合法权益，推进了全县零售网络的优化升级和市场供应保障能力。利用现代网络信息技术，加强沟通联络，提高工作效率。公司创立了员工微信工作群，除了提高工作效率之外，还拉近了员工之间的距离，多了交流，增进了感情；架起了领导与干部职工之间的沟通桥梁，增强了工作的透明度以及人与人之间的凝聚力。

加强宣传引导工作。通过"3·15""5·15"等活动，进一步增强人民群众和食盐零售商的用盐、售盐安全意识，营造人人关心、支持、参与食盐安全工作的社会氛围。利用电视、广播等媒体进行食盐安全、健康用盐和新品盐的宣传。主要以公益广告的形式引导群众合理用盐、科学用盐和健康用盐。加大宣传力度、大力营造良好的食盐安全氛围，倡导群众树立健康科学用盐理念，增强经营者守法经营、诚信自律意识，保障全县食盐安全。在城区繁华地段、主要干道，发放宣传资料，悬挂宣传横幅，张贴海报标语等，共发放宣传资料9000余份，张贴海报1500余份，悬挂横幅15条。

加强新品盐的推广。公司加大对各个社区、乡镇的宣传推广力度，以流动宣传车的方式进行宣传食用新品盐的好处，解答群众咨询问题等服务工作，进一步引导群众正确认识新品盐的重要性。

坚持抓市场监管不放松，大力整顿和规范食盐市场秩序，突出重点区域的整治，切实把城乡农贸市场、辖区边界、城乡结合部、食品加工户、饲料用盐大户作为整治重点，突出农村市场整治，落实食盐零售许可证制度，规范盐业市场秩序，维护良好的食盐市场秩序和来之不易的食盐安全。全年共出动盐政稽查人员300多人次，有效地维护了全县食盐市场安全。（高峰）

旅游管理

【县旅游局领导人名录】

局　长　王棋洪

副局长　莫长青　文　凤

　　　　王　慧　高　虹

【概况】 桃江县旅游局机关内设办公室、行业管理股和产业发展规划股3个股室，有在职干部职工7人。

2014年接待国内外游客320万人次，同比增长12.6%；实现旅游总收入12.25亿元，同比增长13.5%。

编制旅游规划。完成《桃花江风景名胜区总体规划》、《益阳桃花江美人窝文化主题公园策划》、《益阳桃江旅游营销策划》、《桃江屈原文化园策划》、《桃花江竹海提升策划》和《浮邱山景区一期详细规划》修编工作，启动了《凤凰山景区详细规划》编制工作。产业规划的总体思路是依托桃江独特的美人、屈原、楠竹、浮邱山等自然资源和深厚的历史文化底蕴，以发展休闲旅游和乡村旅游为重点，根据现行政策基础，研究旅游产业发展的路径以及政策保障体系实施框架，在旅游产业发展的整体框架下，确定优先发展旅游项目。

建设旅游项目。隶属美国温德姆国际酒店集团的益阳大汉华美达酒店于12月27日对外营业。该店按照五星级标准规划建造，完成投资1.8亿元，酒店总建筑面积45000平方米，主楼高22层，是湖南省首家美人窝文化主题酒店。桃花江竹海景区投入资金300多万元，完成中西餐厅装修改造和自助烧烤城建设并对外营业，9月20日成功举办首届竹海帐篷节，全面启动竹海风景区创建国家AAAA级旅游景区建设工作，积极与客家女集团协调，拟定《桃花江竹海风景区经营管理权及资产回收协议书》，全力推进县政府收回景区。浮邱山景区道路工程项目6月13日完成对外招标，7月开始建设，累计投入资金800万元，完成3200米路基、排水沟、游步道入口、寺庙维修等相关配套工程建设，完成东面入口综合服务区规划设计和征地前期工作。

促销旅游市场。积极参与各类旅游节会活动。在湖南国际旅游节暨湖南（第五届）旅游产业博览会期间，重点推介桃花江竹海和美人窝文化等旅游产品。在“5·19”中国旅游日，组织邀请桃花江女子旅游学校、全县旅游企业参加益阳市举办的“何必去远方，美景在家乡”旅游宣传活动；邀请《湖南旅游》杂志社进行《桃江“美人窝”里诗意栖居》专题宣传报道；邀请湖南娱乐频道在桃花江竹海和罗溪瀑布拍摄“驾驭青春，漫步森林”益阳桃江站节目，并在《娱乐急先锋》栏目中播出；组织县旅游企业积极加盟湖南旅游电子商务平台，做好网络营销平台；成功举办第二届竹海帐篷节暨桃花江竹海首届烧烤节。

规范旅游市场秩序。开展“旅游安全活动月”“服务质量明察暗访月”两个主题规范检查月活动。以桃花江竹海景区和浮邱山景区为重点，联合相关部门开展旅游市场秩序治理整顿。与全县11个重点旅游企业签订了年度旅游安全生产工作责任状，全面落实旅游企业安全主体责任，全年旅游安全实现零上报事故。

加快农家乐提质改造步伐。2014年，通过开展竹乡农家示范点创建活动，大力促进全县竹乡农家乐提质改造，共创建竹乡农家示范点6个，新桃缘、渔香源、民景农庄，世外桃源、瑶池山庄、翠竹农家顺利通过验收，共获得奖励12万元。

存在的主要问题：1.地域特色不明显。桃江旅游的特色是乡村、生态旅游和休闲、度假旅游。特色旅游产品开发力度还不够，高层次的精品旅游产品更少，部分农家乐缺乏休闲度假功能，存在城市化倾向。2.旅游基础服务设施建设滞后。由于旅游资源布局比较分散，导致了旅游配套服务相应滞后，至年底，全县只有旅行社3家，旅游星级饭店6家，严重制约桃江旅游的进一步发展。3.旅游市场营销力度不够，旅游人才队伍建设不够，成为阻碍桃江旅游业发展的重要因素。

（李芩芹）

【魏旋君调研华美达酒店建设】 7月28日，市委书记魏旋君、市长胡忠雄一行到桃江调研指导益阳大汉华美达酒店建设。魏旋君指出：大汉华美达酒店将地域文化与国际酒店品牌相融合打造的美人窝为主题的特色酒店在省内酒店行业尚属首例。国际品牌酒店首次进驻益阳对提升本市旅游接待服务水平，推进行业品牌建设能够产生积极的影响，美人窝主题文化品牌的打造对挖掘、宣传桃江县旅游文化，促进旅游产业的发展发挥重要作用。

【举办“驾驭青春，漫步森林”桃江站节目】 8月18日、19日，县旅游局邀请湖南娱乐频道在桃花江竹海和罗溪瀑布拍摄制作了一期“驾驭青春，漫步森林”益阳桃江站节目，12名参与者开展了穿越竹海、擂茶制作、野外露营和罗溪景区的瀑布绳降等体验活动。该片时长30分钟，9月7日在湖南娱乐频道《娱乐急先锋》栏目和网络同步直播。

桃花江国家森林公园管理处

【桃花江国家森林公园管理处领导人名录】

主　任　陈庆云

副主任　郭一鸣　吴松华

　　　　何　虎

【概况】 湖南桃花江国家森林公园于2008年1月7日经国家林业局批准设立，2009年设立公园管理处，为副处级事业机构。内设办公室，2014年年底有干部职工6人。森林公园总面积3153.05公顷，由桃花江竹海、浮邱山、桃花湖三个景区组成。公园位于桃江县境内，处在湖南省“十二五”旅游业重点打造的五大旅游区域——环洞庭湖旅游区，黄金旅游线路长沙至张家界、凤凰之间，距省会长沙约90公里，旅游区位优势突出。公园内除水体外森林覆盖率高达99.56%，野生动植物资源丰富，自然生态环境优良，共有银杏等国家重点保护植物14种，白鹤、云豹等国家一级保护动物14种。自然、历史、人文景观众多，大气质量、土壤环境质量均达国家一级标准，空气负离子含量达1.39万个/立方米，地表水质量达国家Ⅱ类水质标准，形成了良好的森林气候，适游期长达300多天。

景区面貌不断改观。2014年，桃花江国家森林公园管理处以加快森林公园开发建设为重心，努力建设中国生态旅游名城为目标，扎实工作，积极开展协调服务工作，争取各方力量投入景区建设，取得了较好的成绩。桃花江竹海景区投入300余万元，新建了自助烧烤场，重装的游客餐厅已于“五一”前夕正式开放，装修改造了游客购物场所，对原酒店一号楼进行了维修翻新，基本建成了吃、住、玩、购为一体的综合性旅游景区。竹海景区共接待游客5万多人次，门票收入120多万元，旅游综合收入180万元。浮邱山景区在各部门的全力支持下，10月份完成了3.18公里景区公路硬化，附属设施基本完善。林场自筹部分资金对损坏的登山古道按修旧如旧的原则进行了抢救性护坡和修复，进行了名贵树种的补植和抚育。桃花湖景区新建林区公路6公里，完成了30亩水竹基地建设项目。景区内新造了梓树林、红豆杉林、银杏林，对部分林木进行了优材更替，森林结构不断优化。为搞好景区的开发建设，管理处积极与省林业厅对接项目，争取资金。2014年在森林防火、景区基础设施建设方面都得到了省厅的支持，帮助浮邱山、桃花湖争取到了扶贫项目资金60万元；全省竹产业重点项目支持1000万元落户桃花湖景区；引进香港益华兴公司整体收购晨展公司，投资1000万元建成了以安宁林场为核心的生态基地，争取省厅德元贷款项目支持1800万元。

管护力度不断加强。桃花江国家森林公园管理处坚持以保护森林资源为基础、合理开发利用为原则，贯彻落实公园《总体规划》，开展景区建设方面的监督管理工作。监督各景区贯彻实施《总体规划》，对违反《总体规划》、在景区内擅自违规修建的行为进行政策解说和有效劝阻。协调景区在开发建设过程中存在的各种问题，督促景区开发商加大投入力度，加快建设步伐。争取县林业局、县森林公安局的行政执法支持和业务技术支持，建立了景区内森林火灾预防扑救联动机制和病虫害防治、林木采伐管理等方面的协同管理机制。景区内竹青虫防治得到有效控制，全年未发生森林火灾，其中桃花湖景区创30年无火灾的历史记录。保护公园内的古树名木、野生动植物资源和水资源，景区内未发生捕猎行为，林木严格按有关规定审批采伐。

宣传推介不断创新。组织编印了招商宣传画册，利用省市森林公园系统会节活动和到桃江考察团队等平台，对外发放宣传册300多本。加强了网络宣传。维护更新了中国林业网、中国森林旅游网2个桃花江国家森林公园子网站的工作，点击量稳步增长，外界能够及时的掌握桃江森林旅游信息。做好了项目申报工作。及时与省林业厅对接，组织编写提交了“湖南桃花江国家森林公园森林旅游产业园项目申报书”。

（詹利辉）

交通·邮电·电力

交　通

【县交通运输局领导人名录】

局　　长　范尚华（2014.01 止）
　　　　　符跃安（2014.01 起）
副 局 长　周红光　郭南平
　　　　　薛永华　吴公勇
工会主任　彭百鸣
纪检组长　周东慧

【概况】 桃江县交通运输局内设办公室、监察室、人事股、计划财务股、运输综合股、法制股、安全股、综合管理办 8 个股室，下设道路运输管理所、港航管理所、公村公路管理所、县城市公共客运管理处、农村公路建设质量与安全监督管理所、武潭交通运输管理所、马迹塘交通运输管理所、三堂街交通运输管理所、大栗港交通运输管理所、桃花江交通运输管理所、石牛江交通运输管理所、灰山港交通运输管理所共 12 个二级机构。2014 年共有在职干部职工 268 人。

2014 年，全县公路通车里程达 2365.655 公里，其中国道 34.618 公里、省道 397.908 公里、县道 234.87 公里、乡道 961.711 公里、村道 747.746 公里。有过境在建高速公路 4 条，铁路 42 公里，航道 102 公里。在籍旅客运输 96 户（企业 5 户、个体 91 户），客车 467 台，客运班线 122 条，农村客运招呼站 70 个；货物运输 4694 户、货车 4994 台。客运站场 6 家，驾校 9 家，二类以上维修厂 14 家。城市出租汽车公司 2 家、出租汽车 209 台；公汽公司 2 家、公交线路 10 条，公交车辆 116 台。有 500 吨级货运码头 1 座，渡口码头 38 道（座），其中人行渡口 19 道、汽车渡口 15 道、客运码头 4 座。在籍水路运输经营户 221 户，营运船舶 281 艘，其中客运经营户 122 户、客渡船 125 艘，货运经营户 99 户、货运船舶 156 艘。

2014 年，县交通运输局全力推进交通建设大会战，切实加强交通行业管理，全年共计完成交通建设投资 15.57 亿元，圆满完成了各项工作任务，被评为全省交通行政执法评议考核优秀单位，全市交通发展目标管理先进单位、交通运输安全目标管理先进单位和全县重点工作目标绩效考核、依法行政工作考核、人大建议办理工作考核、政协提案办理工作考核、办公室工作考核、档案管理工作考核、党管武装工作考核、农村基层组织建设和扶贫开发整村推进工作考核一类（优秀）单位。

交通基础设施建设。高速建设。G319 益阳南线绕城高速桃江段路基工程及资江大桥已建成，水系路系已恢复。益马高速全线开展征拆，施工单位已进场。益娄高速完成征拆并动工建设，其征拆工作经验被作为典型全省推广。常安高速资江大桥已合龙。马安高速已开展用地报批和红线内土地的分户测量。配合做好桃花江航电枢纽相关项目前期工作。国省干线建设。S229 桃灰公路提质改造二期工程如期完成路面改造，桃灰公路通行能力大幅提高。茅东公路桃江段提前一个月完成提质改造；S317 江北公路提前完成路面硬化，江北地区交通状况明显改善，在网络评选桃江县 2014 年老百姓最满意十件实事中得票最高。民生交通建设。全年硬化农村公路 104.5 公里；改造危桥 74 座（小桥 69 座、中桥 5 座），其数量和质量已连续三年居全市之首。改造渡口 6

道、渡船19艘。完成牛鸬线高桥至牛田、牛潭河至杨林坳、瓦渣湾至鲊埠、灰山港至源嘉桥、分水坳至邓家山5段县道大中修；完成县道修山渡口至修山电站段大中修所有前期工作，已规划项目进展。S229石牛江集镇绕线工程、S324牛田至安化大福公路桃江段建设工程的土地调规、规划选址意见书已经完成，进入土地预审阶段；S230资阳区杨林坳至高桥公路桃江段工程的二阶段施工图设计已通过省公路局组织的专家评审，近邱小桥已提前开工建设。立项争资和招商引资。G234赫山区谢林港至桃江石洞公路、G207武潭镇区改线、S229舒塘至牛潭河公路、S231乌旗山至鸬鹚渡公路、S324赫山区泉交河至桃江牛田公路5个项目的前期工作计划已经省交通运输厅和交通运输部同意；G207武潭镇区改线、港煤大道已完成工可设计。全年共争取项目资金7649万元，完成融资6200万元，储备、控制土地507.24亩，均超额完成年度任务。

交通运输行业管理。狠抓市场整治，规范经营行为。重点加大对客运站场周边的秩序整治和班线客运线路上各类非法营运车辆的查处，及时处置对班线车辆、驾培车辆的投诉举报，对城市公共客运市场实行无缝隙巡查，有效规范城市公交和出租汽车的经营行为，遏制了非法营运的反弹。积极查处各乡镇公路、水路运输违法违章行为，对各客渡码头，特别是学生渡口进行重点监控，对客渡船舶开展现场巡查，维护良好秩序。全年共查处非法营运车辆1153台次、船舶118艘次；查处违章班线车辆62台次、驾培车辆8台次、市公共客运车辆65台次。全县公路、水路运输经营行为日益规范，运输秩序持续好转。发展城乡客运，方便群众出行。积极指导运输企业，依托上级主管部门和地方政府的支持，稳步推进农村客运网络化和城乡客运一体化，为全县新型城镇化建设和全面小康社会建设营造了良好的交通运输环境。新建三堂街客运站、大栗港客运站完成主体工程。主动与上级主管部门对接，积极推动县城公交总站、桃花江汽车站建设，完成站场选址，明确建设主体。积极开展城镇公交试点：在灰山港镇开行公交线路4条，投入公交车30台，主动适应城镇扩容需求，助力城镇建设；在马迹塘镇、松木塘镇分别开通乡村班线3条，服务偏远地区群众出行，全县年末行政村通班车率已达97%。倡导绿色科技，提升行业文明。指导企业将县城7路公交线的12台柴油车全部换成以天然气为燃料的新能源车辆；完善公交服务，为持有老年优待证的老年人免费办理公交IC卡，县城公交实行老年人刷卡免费乘坐；对县城22台车况老旧的出租汽车实行提前处置更新，并安装GPS定位系统；对全县474台客运车辆、316台重型货运车辆安装北斗卫星定位系统；评选城市公共客运“安全文明号”两批共74台，组织84台班线客车接送高考、学考考生，组织100台城市公交车、出租汽车在县城免费送考；运输行业服务质量和文明程度稳步提升。整治超限超载，保护建设成果。在杨许线、牛鸬线、桃高线、株桃线与国省干线的交接点设置限高限宽装置4处，设立限载及其他警示标志等150块。从各局属部门抽调执法人员55人、执法车辆7台，组成4个执法小组，采取定点值守与流动巡查相结合等方式，严查货车非法改装、拼装以及超限超载运输，全年共查扣超载货车670台，整治违规改装车辆157台，超载现象得到有效遏制。

平安交通创建。以平安交通创建促进平安桃江建设，扎实开展“平安公路”“平安车船”“平安港站”“平安渡口”“平安工地”“平安单位”六大主体创建。通过制定工作方案，印制宣传画册，分级召开动员大会，层层落实创建措施，实现“平安交通”创建活动全覆盖。同时结合“道路运输安全年”、水上安全专项整治、项目建设“质量安全年”等活动要求，持续开展了一系列专项整治，全年未发生一起安全生产责任事故，安全生产形势持续平稳好转。加强隐患治理，维护公路安全。对县乡公路组织开展经常性安全巡查，排查隐患，建立整改台账，督促各级养护主体落实隐患防控措施。对新增省道及重要县道及时组织水毁恢复，对乡村道路的标志牌等予以完善。全年共计排查整治安全隐患100处，设置临时警示标志牌200余块。同时加强对农村公路建设在建工程的质量安全监督管理，共监督在建工程82项，下发整改通知25份，出具检测报告110份，通报1期，实现工程质量监督率100%、质量合格率100%。积极协助乡镇政府开展校车接送线路勘验，及时排查整改校车接送线路安全隐患。坚持客货并重，夯实安全基础。坚持“三关一监督”（运输经营者市场准入关、营运车辆技术状况关、营运车辆驾驶员从业资格关，汽车客运站安全监督），强化经营资质审查，把好客运站场源头安全关，督促企业严格落实“三不进站、六不出站”（危险品不进站、无关人员不进站、无关车辆不进站；超载客车不出站、安全例检不合格不出站、驾驶员资格不符合要求不出站、高速公路客车旅客不系安全带不出站、客车证件不齐全不出站、出站登记表未经审核签字不出站）和长途客运班车凌晨2时至5时停车休息或接驳运输制度。全年组织开展站场安全隐患大排查40余次，下达整改通知书16份，及时消除各种安全隐患。加强明察暗访，督促企业充分利用GPS等科技手段对“两客一危”车辆实行全天候跟踪值守，及时发现和制止不按规定制度休息、超载超速、疲劳驾驶等违法行为的发生。联合交警部门开展危险化学品运输专项整治，并组织从业人员安全培训。组织企业司乘人员接受消防知识讲座和演习指导，开展安全事故应急保障演练，锤炼了运输企业的应急救援和协调能力。持续开展整治，维护水上安全。对全县38处渡口码头加强了监管巡查，依法取缔2处非法渡口，对125艘参运客渡船舶、152艘自卸运砂船舶分别进行资质核查和经营证照核发，并全面排查渡口、渡船安全隐患，建立健全相关台账，查处水上交通违法行为，确保水上交通安全形势持续好转。

法制交通建设。抓好普法和法制宣传。及时组织全局执法人员参加“六五”普法学习与考试。并采取横幅、传单、电子屏、宣传车等方式进行交通法律法规等的社会宣传，营造了良好氛围。抓好政务公开和简政放权。通过梳理，将交通行政许可项目从原来的26项减为15项，合并两项，其他转成非行政许可事项。政务中心交通窗口率先推出“小窗口、大交通”特色服务品牌，改进工作方式方法，精简许可申报材料，简化程序、缩短时间，更加便民，窗口工作多次获县市“红旗窗口”等荣誉。抓好培训考核。通过组织培训教育、案卷评议、添置执法装备等方式，提高了全局行政执法水平。全年共办理行政许可事项445件、非许可事项10222件，按时办结率、合格率、群众满意率均达100%；办理行政处罚案件821件，合格率为100%。法治工作在历次上级检查中屡获好评，行政执法评议考核连续三年获省先进。

存在的困难与问题。交通建设方面，资金紧缺，融资难度大；农村公路安保设施缺乏，路面通行质量不高，“断头路”仍然存在；水运、站场、物流园区建设滞后，公路水路铁路联运的综合交通运输体系尚未形成。行业管理方面，道路客运市场非法营运易出现反弹，农村公路养护责任落实不到位，水上安全形势依然严峻，公路治限治超长效机制尚未建立。（熊平）

【武装工作获好评】 4月17日，益阳军分区司令部、市政府办督查室、县人武部到县交通运输局武装部检查指导工作，民兵整组和“三室一库”建设工作得到检查组一致好评。县交通运输局武装部成立于2003年，在县人武部和上级军事机关的正确领导下，局党组坚持党管武装，狠抓工作落实，局武装部多年被评先进，被树为典型。2014年以来，该局武装部严格按照上级要求开展工作，积极学习外地经验，致力于正规化建设，精挑细选整组民兵分队4个；想方设法腾出场地，筹措资金，添置设备，完善资料，进一步改善武装工作“软硬件”，基本实现了日常办公现代化、内务设置正规化、官兵学习电教化的目标。

【冷建斌调研桃江水上交通安全整治工作】 5月23日，市交通运输局党组书记、局长冷建斌率副局长封尚忠、市海事局局长李文斌等一行到桃江调研水上交通安全整治工作，县交通运输局党组书记、局长符跃安，县海事处主任吴伟陪同。冷建斌一行先后到三堂街镇湖莲坪汽渡、客渡码头查看现场，并向渡船经营户了解签单发航的执行情况。在听取了县交通运输局、县海事处负责人的工作情况汇报后，冷建斌充分肯定了桃江近年来水上交通安全整治所做的各项工作。

【启动“爱心送考”】 6月4日下午，在县城市公共客运管理处的组织下，各出租车公司和公汽公司负责人聚集在一起，协商“爱心送考”的各项事宜，发放了爱心送考车标。出租汽车和公交车驾驶员们将领到的车标依规张贴在前挡风玻璃右方，还在车内准备了防暑药品、矿泉水等，方便考生取用。考生可免费乘坐贴有“爱心送考”标识的出租车和公交车。

【重拳打击水上交通违法行为】 6月6日，桃江港航、海事处、乡镇政府三家联动，依法查处武潭镇泥潭渡口一艘非法从事水路旅客渡运的“三无”船舶。责令该船立即停止非法营运，依法给予了行政处罚，同时将无证驾驶船主移交公安部门予以行政拘留。

【全面部署防汛抢险工作】 7月16日，县交通运输局召集相关人员会议，传达县防指精神，启动三级响应，部署本系统防汛抢险工作。一是全局动员。立即通过电话和手机短信，通知局机关及各二级机构确保全员在岗，保持24小时通讯畅通。二是全线出动。局长负责总指挥协调，并对各部门工作进行督查；其他班子成员分工负责，各自部署分管领域的防汛抢险；负责联系乡镇水库防汛的班子成员迅速联络县级领导和乡镇，并赶赴一线。县港航所、县运管所分别准备应急船只和应急车辆，随时待命。各交管所迅速出动，确保辖区各渡口码头一律停航封渡，涉水交通建设一律停工。三是全面巡查。各交管所加强辖区巡查，发现渡口码头未停航封渡立即予以制止并报告县港航所，发现其他险情及时报告。县公路所、县交通重点办负责加强重点路段安全隐患排查，及时处理险情，并在有垮塌危险的路段设置警示标志。县港航所出动公务船，开展安全巡航，24小时值守，严密监控水位，及时上报汛情隐患和险情，并加强对重点渡口、渡船的现场监管。

【推行老年人免费公交卡】 8月11起，桃花江公汽公司与中国银行桃江支行为持有老年优待证的老年人统一办理免费公交IC卡，所需费用全部由公汽公司和中国银行承担。全县城区约有1.5万人持有老年优待证，至12月约有4000人办理了老年人免费公交IC卡。

【灰山港镇开通公交线路暨票价听证会召开】 9月11日上午，县交通运输局和县物价局组织召开灰山港镇开通公交线路暨票价听证会，申请代表、邀请代表及旁听代表等44人参加。县交通运输局和物价局的相关负责人宣读了灰山港镇开通公交线路的审查意见和灰山港公汽公司公交车营运成本的监审报告，灰山港公汽公司负责人介绍了新开公交线路的基本情况。代表们对票价与公交车路线方案展开讨论，提出具体的意见和建议。

【危桥改造项目顺利通过省检】 12月8日至9日，省公路局养护处副处长张健率队，在市局相关领导的陪同下，对全县危桥改造实施情况进行年度检查验收。经过两天时间，全面完成省随机抽检的7个项目的现场验收。检查组认为，桃江县危桥改造数量大，遍布全县各乡镇，县、乡、村及参建单位克服重重困难，在确保施工质量、进度和安全的前提下，圆满完成了年度改造任务。

【全县公路治超再紧弦】 10月底开展联合执法行动以来，全县公路治超力度空前，截至12月13日，共查扣超载车辆386台，超载现象得到有效遏制。12月12日，根据县治超领导小组的统一安排，县交通运输局组织召开治超工作会议，总结前段工作，并对下段工作进行再动员、再部署。会议对县城值守点位置、轮班方式、人员安排等进行了合理调整，对下一步治超提出了严格要求。一是坚决执行“七个一律”（非法超限超载运输车辆、车辆所属单位、运输企业、驾驶员一律依法处理；车货总重超过55吨的车辆未经许可一律不得上路行驶；非法改拼装车辆上路行驶一律依法查扣；非法车辆改装窝点一律依法取缔；货物源头违规超限装载的一律依法责令停业整顿；妨碍国家机关工作人员依法执行公务的一律依法拘留；治超工作开展不力、治超行为违反规定的一律依纪问责），严防反弹。加大查处力度，对超载行为一律按上限处罚，对阻挠执法者一律依法查处。二是注重执法安全，讲究工作方法。落实安全第一思想，讲究工作方式方法，严密防范各类执法安全事故以及不稳定事件的发生。三是严守执法程序。各工作环节必须严格按法律法规及相关规定程序进行，确保有理有据、环环相扣、有条不紊。四是严格工作纪律、狠抓队伍建设。执法人员要加强自身修养，强化自我约束，严格执行处罚标准，坚决杜绝“索拿卡要”及“人情执法”，纪检监察部门将对执法行为严密监督，对违规违纪现象严肃查处。

【交通建设大会战亮点纷呈】 益娄高速提前完成征地拆迁，创造了“灰山港速度”，其典型工作经验被省交通运输厅在全省推广。S206桃灰公路提质改造二期工程如期建成通车，打通了全县南北干道。茅东公路桃江段提质改造工程得到当地镇村鼎力支持，实现零阻工零上访并提前建成通车。74座危桥改造全部建成通车，其建设数量、质量、进度连续三年排全市第一，成功代表益阳市接受省检并获好评。100公里农村公路建设任务超额完成，广大农村地区交通条件大大改善。G207武潭镇区改线等四个项目成功挤进省建设计划。

公路管理

【县公路管理局领导人名录】

局　　长	陈海斌
副 局 长	申建蓉　陈朝晖 罗灿武
纪检组长	肖建荣
主任工程师	岳凤娥
路政大队长	周向荣
工会主席	张益辉

【概况】　桃江公路管理局是市公路管理局下属财政补助（差额）事业单位，2014年年底有干部职工309人，其中在职职工211人、离退休干部职工98人。机关内设办公室、组宣劳资股、经济发展股、机务安全股、工务股、财务股6个股室，1个路政大队含马迹塘二类车辆超限超载检测站。公路养护下设花果山、双江、马迹塘、小坡头、武潭公路站。主要职能是负责全县国道、省道及部分县道养护、技术改造、路政管理，对外承担公路桥梁施工。2014年，公路管理局贯彻落实市局公路工作会议和县委经济工作会议精神，积极开展"交通杯"日常养护劳动竞赛和县交通建设大会战，确保了干线公路路况的稳定，较好地完成了各项生产和工作任务。2014年，全局管养里程220.31公里。其中：国道1条（G207），马迹塘镇泗里河至武潭镇石桥路段34.618公里；省道8条（S002、S011、S217、S229、S230、S233、S317、S324）、155.336公里。县道5条（X536、X180、X181、X030、XZ72）、30.359公里。管养桥梁54座，计2111.116延米，其中国道9座，629.6延米；省道43座，计1455.416延米；县道2座。

公路建设。茅东线路网改造工程（桃江茅坪至安化东坪公路项目）全长59.176公里，采用二级公路建设标准，路基宽8.5米。其中桃江境内5.392公里，2013年3月动工，2014年12月初完成沥青砼面层摊铺施工，全线贯通。S229线、S217线桃江至灰山港路段二期提质改造工程。该工程主要是牛田集镇至灰山港路段13.5公里（包括石牛江集镇路段），改造方案是首先对水泥砼路面板进行多锤头碎石化处理，然后铺筑30厘米厚5%水泥稳定碎石基层，再进行沥青单表处后铺筑7厘米厚沥青面层。项目总造价2624.8万元，采取全封闭施工，9月18日开工建设，10月27日完成路面工程。沿线码头、平交道口修复，公路排水设施的完善年底完成。

公路养护。成立了路面机械化养护施工队，主要承担路面维修、安保工程的修复等专业化程度较高的工作任务。公路站负责巡路、扫路、边沟清理、绿化等专业保养工作，公路的预防性养护和及时性养护得到加强，确保了干线公路路况稳定。加强公路的预防性养护和及时性养护，及时处置突发事件和除冰扫雪、雨季清除公路塌方、处置水毁抢修工程，保证了管养公路路况稳定和安全畅通。全年顺利完成了G207顺利迎国检任务；完成了S011线桃马公路破碎板换板处理6000平方米；完成了S229线(原S206)石牛江桥梁片预制，对桥面进行了钢板加固；完成了核电公路和S217线(原S206)灰山港至宁益桥路段改建工程的接管。

应急工作。7月15日、16日连续两天的强降水，导致管养公路多处山体滑坡和被淹，其中S011线（原S308）K303+100处中断交通约4小时。G207线K2373+200、K2378+150、K2378+900、K2381+100处、S011线K317+400、K286+600处出现山体滑坡。其中G207线K2378+900处、S011线K286+600处山体滑坡较大，中断交通。特别是7月16日晚12点钟S011线K286+600处山体滑坡，当时公路、交警、鸬鹚渡政府立即组织机械设备，凌晨1点半钟开始清理塌方，由于当时险情不明，至凌晨4点钟只清理了一条车道，保障了公路的通行。此次暴雨期，公路管理局加强了现场值班守护工作，及时发布公路中断交通的信息，保证了公路通行安全。并及时清除塌方，累计动用挖机15台次，组织运输车辆105台次，出动人工200人次。

路政治超。加大上路巡查和日常管理力度。路政人员分段包干，做到发现路障及时组织清除，出现路损案件及时处理。治超工作严格按全省统一部署，对超过55吨的超载车辆严格实行卸载通行，继续加大了对超限超载车辆的巡查、稽查和打击力度，建立治超长效机制，确保了公路、桥梁的安全。全年治超工作自5月20日开始由县政府主导、部门联合治超后，砂石外运车辆超载的现象明显减少。10月9日全省统一治超后，公路路政、公安、交警、交通运政等部门根据严格纠正超限超载违法行为、切割货箱、责令非法改装车辆恢复原状的原则开展联合治超，县域车辆严重超限超载态势得到遏制，确保了公路、桥梁的安全。全年共检测车辆3.5万台次，处理车辆3000台次，转卸载货物18000吨；通过公安机关查处涉及治超案件3起，刑事拘留1人，行政拘留3人，取得了良好的整治效果。全年对违法建筑、非公路标志牌进行了全面清理，清理大小各类非公路标牌300块。（胡哲辉）

县地方海事处

【领导人名录】

主　任　吴　伟

副主任　文惠勋　高晓晖

【概况】　根据益阳市编委《关于

印发〈益阳市地方海事局职能配置内设机构和人员编制规定〉的通知》精神，设置湖南省桃江县地方海事处，为益阳市地方海事局直属机构，实行垂直管理体制。县地方海事处属正科级事业单位，负责辖区内管辖水域水上交通安全监督、船舶营运检验、船舶船员管理和地方航道管理、养护。地方海事处内设办公室、计划财务股、安全监督股、船舶检验股、航道管理股、规费征稽股等六个股室。核定事业编制16人。2014年，县地方海事处在县委县政府、市地方海事局的正确领导下，坚持"全覆盖、零容忍、严执法、重实效"的方针，确保了辖区水上交通安全，较好地完成了全年各项工作任务。

专项整治。全年张贴安全宣传标语160条、宣传横幅20幅、印发安全知识手册300余册、水上交通事故警示图200余张、发送安全短信800余条。对涉水乡镇的安监员以及船员进行安全知识培训。对各类非法违法船舶从严从重打击，强化辖区水域的安全保障，共出艇56艘次、车131台次、人员447人次、检查船舶1074艘次、纠正违法违章76起，全面维护辖区水域通航秩序。

安全治理。治理渡口渡船，确保船舶的安全航行。开展客渡船、非运输船舶专项治理及打击非法船舶载客行动。更新改造渡船5艘，动用资金5万元对13处客车、渡船人车分离道全面整改，对车辆的安全渡运治理取得了很好效果。扎实开展春运、"安全生产月"、水上交通安全专项整治、"六打六治"及"百日安全"等专项整治工作，水上安全形势得到进一步稳定。打击"三无"船舶非法运输，6月，对武潭镇泥潭村泥潭渡口的周雪舰无驾驶证驾驶"三无"船舶非法渡运行政拘留了10天；9月，联合县砂石办、县港航所、县水务局等部门开展联合执法行动，对沾溪大桥水域附近砂场进行了整治；10月，对怀化籍唐某无证驾驶船舶行政拘留10天。坚持视频监控值班制度，实现了全年365天对辖区视频渡口、码头的全天候立体管理，中心全年利用语音系统向渡口船主发送提醒4000余条；依法严厉打击各种违法行为，利用视频监控及时发现并处置违法案件6起，最大限度地防范和遏制了重特大水上交通事故发生。

船舶检验。完成船舶法定检验220艘次，其中初次检验船舶6艘、省内船舶转入5艘、跨省转入船舶2艘、跨省转出1艘，较好地为辖区船主提供了船舶检验服务。

航道行政管理。制定了《2014年航道维护方案》与《航道管理工作方案》，加强全县77公里地方航道的通航安全管理与保畅。根据内河助航志要求，督促已建成的大桥、电站设置了一类浮标38座，信号标12座，做好航标设置及维护管理工作。打击破坏航道行为，对损毁航道块石坝的湘桃江挖0038号采砂船进行了立案调查。（熊国良）

邮　政

【县邮政局领导人名录】

局　　长　杨卫东

副 局 长　刘红晖　邹宏振

局长助理　龚德峰

【概况】 县邮政局设市场部（下设生产部室3个）、网运安保部（下设网运安保部室2个）和综合办公室（下设综合部室3个），下设13个支局、4个储蓄网点，有便民服务站120个。2014年年底有员工204人，其中在岗正式职工111人、劳务工72人、劳务承揽人员21人。全县共有48条邮路，总里程为1976公里（单程）。

2014年，按照全市第十六次邮政工作会议的总体部署，严格执行省公司"5210"战略、"八大工程建设"和市局"4220"工程，深入推进"6320"工程，加快转型升级，以经营为中心，以加快发展为核心，以增收补欠为重点，以结构调整为主线（结构调整：收入结构调整、余额结构调整、金融类业务收入结构调整），以夯实营销队伍为基础，不断创新经营，不断拓展市场，建立健全适应市场竞争与桃江邮政可持续发展的营销体系，全面提升邮政整体实力，确保实现企业经济效益与社会效益、服务能力与服务水平的共同提高，全体员工上下齐心，奋力拼搏，较好地完成了各项工作任务。

各项业务持续健康发展，收入增长较快。累计完成收入4072.62万元，达到计划的99.24%，达到目标的94.41%，较上年同期增幅10.82%，排全市第二位；同比增长10.82%，排全市第三位。新增储蓄存款3.56亿元，邮储总余额达到20.88亿元。累计完成收入3162.9万元，完成计划的102.72%，超产83.9万元，比上年同期增长15.82%，

进一步改善基层员工生产生活条件，所有支局达到"三小"建设标准。全年共计投入资金14万余元，用于添置各种用品用具和聘请炊事员。县局按月拨付了小食堂伙食补贴，工会免费提供县局"投递员之家"大米、食用油、燃气，还给予每月800元的蔬菜补贴。上半年新申报了

一星级“职工小家”一个，一星级升二星级网点3个。全局共有“职工小家”9个，“投递员之家”1个，验收合格，建家率达90%。

加大对空白乡镇局所的补建工作，鲊埠支局已开张营业。全局16个网点均实现了功能分区、配备了底柜和电子利率屏，营业厅内有报刊架、折页架、荧光广告板、海报夹，营业员和支局长都统一制服着装，全局网点营业厅面貌得到改观。

按照省市局薪酬改革精神，立足于调整优化分配结构，统筹改革发展稳定大局，建立了易岗易薪、竞聘上岗等薪酬改革配套制度。按照“统一方案、分步实施”的步骤，员工薪酬和员工总体薪酬水平有了一定程度提高。全局在岗职工人均月收入由2013年的4639元提高到6342元，增幅达26%；劳务工人均月收入由2013年的3382元提高到4497元，增幅达24 %。强化了劳动合同管理和劳务派遣管理。加强了干群沟通，有效化解矛盾，员工上访率为零。

强化职教工作，培养专业人才。2014年共举办各级各类培训班16个，参训人员702人次。按网点转型工作要求，对4个省级转型网点配备了专职的大堂经理，其他支局网点实行“大堂经理兼邮政营业”，对邮政营业员实施培训，整合支局网点团队力量，实行窗口服务和大厅服务相结合，打造了一支专业、高效、精干的营销服务团队。

服务质量监督成效显著。采用“看、试、查、访”的方法对全局网点及“营、分、运、投”四大生产环节进行了常规剖析，并就邮政安全生产、邮件规格质量、服务质量进行了专项检查，为全局基础管理水平的提升做了大量的工作。加强培训，提高员工素质；规范邮件规格和邮件传递时限，提高通信质量；强化储汇业务基础管理，切实加强储汇资金安全管理工作；畅通投诉渠道，减少用户越级投诉。继续深入开展通信质量大提升活动，以邮件时限管控为重点工作，进行平函投递质量整治、报刊投递质量整治，采取跟段清查和走访暗访相结合的专项整治方式，有效提高了农村投递服务质量。加强了履职检查管理，对管理岗、监控岗履职情况进行了常态化检查。10月下旬，县局针对营业、投递现场管理中的一些薄弱环节，以“树行业新风、优化发展环境”“树邮政形象、创优质服务”为总体目标，在全局邮政营业窗口和投递部门全面推行“6S”现场管理活动，主要针对现场的服务设施、工作环境、仪容仪表、服务态度等各方面的内容开展工作，对邮政服务提出了更高的要求。通过本次“6S”现场管理活动，为广大客户营造一个优美、整洁、舒适、有序的环境，使桃江邮政整体服务水平迈上了一个新台阶。

开展“春送健康、夏送清凉、秋送助学、冬送温暖”活动，为职工排忧解难。共看望、慰问82人次，投入资金28800元。看望慰问75岁以上老人，对邓晓堂等5户特别困难户给予了特殊的经济帮扶；对投递员彭会新等3名困难户新入学大学生给予了助学帮扶；对农村支局、县局生产班组，前后两次送去清凉药品、饮品，共计投入资金11000多元。通过开展解扶帮困、送温暖活动，让员工得到了企业的关爱和关心。

开展女工委工作，维护女职工利益。投入资金6000元给全局女职工每人购买了两份防癌保险，为女职工分担了特殊的疾病之忧。组织女职工开展了“三八”妇女节文娱健康活动，走访、慰问了困难女职工。开展“芙蓉标兵岗”的推荐工作，大力提升了全体女职工努力学习、积极工作的积极性。高桥支局长邵芬被评为益阳市“三八”红旗手，大栗港支局尹向群被县委、县政府评为先进个人。在全局女职工中开展“阳光女性、幸福中国”读书征文活动，通过县局评选，向市公司报送7篇征文。（刘帜）

移动通信

【中国移动桃江分公司领导人名录】

经　理　屈　华

副经理　廖怀天　童　毅

　　　　陈紫钦

【概况】 中国移动桃江分公司（简称移动公司）设市场、网络建设、综合三个部门，下辖城区、灰山港、马迹塘、三堂街、鸬鹚渡、牛田、武潭7个营业部，共有员工90人。

运营能力。2014年，移动公司有通信基站634个，其中4G基站243个，覆盖691个小区；3G基站102个，覆盖275个小区；2G基站289个，覆盖837个小区。通信传输线路2502皮长公里，通信能力在本地三家通信运营商中占到了50%以上。年底公司有业务推广门店126个，另有村级服务站220个，产业链下就业人数近千人。

业务发展水平。2014年年末通话客户数达到307927户，通话客户年末市场份额达到69.48%；累计运营收入达到18860.98万元。

社会公益活动。开展了爱心助

考、探望社会福利院、关爱孤寡老人、赞助各类益民活动等系列社会公益活动，保障了抢险救灾及重大社会活动的通信畅通，以实际行动兑现了“做优秀企业公民”的庄严承诺。

（林惠芳）

电　信

【中国电信股份有限公司桃江分公司领导人名录】

经　理　尹昊华

副经理　陈正权　邓　萍

【概况】　2014年，中国电信股份有限公司桃江分公司有A、B类员工144人，C、D类员工30人，下设综合部、销售服务部、网络部3个部室和10个生产中心、17个农村支局、46个农村综合信息服务站、85个天翼手机专营店。

生产经营。2014年，公司以“发展能力提升、平台收入增长”为中心，围绕“一个核心、两种能力、三大文化”这条主线，变更创新，开放合作，凝聚人心，打破常规，快速扩大企业规模与持续发展能力。通过“岁末年初红包机专项营销活动”、渠道竞赛活动、超级智能机销售竞赛活动、社会渠道“破零”行动、扫店扫村全员营销活动、光网整村推进营销活动，对各经营单元实施预算派单管控等举措，指导各经营单元围绕完成预算开展工作，多渠道多层面拓展业务，全年完成收入5335万元，净增移动用户21085户，净增宽带5650户。

网络打造。2014年公司资本性投入800万元，引入社会合作建设资金750万元；新增FTTH光网端口22000个，年末达到30468个端口，较上年增长260%；新建CDMA基站9个，全县共计128个基站，其中EVDO基站125个，信号覆盖率达到90%。

综合保障。以理论建设、能力建设、作风建设和制度建设为重点，加强领导班子建设。对相关机构进行了优化整合，本着“人尽其才、才尽其用”的原则，盘活了人力资源，提高了各部门的执行力。选拔了一批优秀的年轻员工下农村支局锻炼，在待遇方面向一线倾斜，加大了支局“六好”“四小”建设。对全县农村综合信息服务站、渠道销售服务点进行了全面的综合整治，多次组织综合信息代办站站长及渠道销售人员集中开展业务培训，抽调业务骨干对渠道销售点进行重点帮扶、业务培训及现场学习，强力推进社会渠道的建立，充分发挥其在业务发展中的作用。

客户服务。坚持“全过程、全方位和全员”不断提高服务能力，始终贯彻“用户至上、用心服务”的服务理念，不断完善以客户为导向的服务管理体系。通过对全县69名装维人员进行“一对一、面对面”的沟通与培训、按维护片区集中跨支局进行光网装移机实战、严格落实装维20条硬性管理规定等举措，装维指标与装维服务水平得到大幅改善，客户满意度持续提升。通过对现有设备与网络的系统清理、骨干网络的优化升级、维护队伍的多岗位适配、工程质量监管等系列办法的推行，公司端口利用率逐步提高，网络运行重点指标、工程质量、故障响应速度等方面得到有效提升。紧紧围绕“宽带是根、移动是本”，以光网拉动宽带、以宽带扩大移动，突破规模发展，打好光网渗透战；转变思想、价值导向，打好在网用户的保卫战。

（张运清）

联通通信

【中国联合网络通信集团有限公司桃江县分公司领导人名录】

总经理　肖文丰

【概况】　中国联合网络通信集团有限公司桃江县分公司设有4个部门（中心），下设灰山港、马迹塘、三堂街、鸬鹚渡4个乡镇办事处，共有员工31人。

2014年，公司秉承“以客户为中心，用服务促发展”的服务理念，以为用户提供优质通信服务及促进社会和谐为己任，倾力做到了“消费请客户放心，服务让社会满意”。

通信建设。进行拉网测试，寻找网络短板。采取室内外规划控制等方式，控制干扰。扎实推进农村网格覆盖建设。紧跟县委、县政府制定的工作目标以及公司年度网络建设指标。2014年，公司开通W基站31个，建设基站站点13个，有效地解决了桃江部分区域信号弱覆盖问题。建设基础传输网光缆189皮长公里，64套分组传送网设备上线，县城3G网络下载速率达到21Mbps；2G基站达到162个，3G基站达到148个，固网交换用户端口总容量达到5000线。2014年公司网络整体水平得到大幅提升。

经营服务。2014年，公司从渠道建设与管理、终端上柜与销售、固网资源覆盖与营销、数信业务推广与运用、服务机制创新与质量提升以及实名制等方面开展工作。2014年，净增用户达1万余户，新建、改造合作渠道60余家，固网实现县城及集镇区域全覆盖，农村光纤覆盖全面启动，服务能力得到稳步提升。

综合管理。深入开展党的群众路线教育实践活动，狠抓工作纪律与工作作风，强化基础管理。认真抓好安全生产的贯彻落实，确保了年度安全经营。组织全体员工观看反腐倡廉教育片，学习禁毒、防传销等基础知识，鼓励员工积极参与平安企业、平安桃江建设。公司组织参与了“全国职业病防治知识竞赛”“国家宪法日暨全国法制宣传日普法知识竞赛”等活动，有效提升了全体员工的法律意识。2014年度，公司无违规违纪，无涉黄、涉赌、涉黑、涉恶事件发生。

企业社会职能。积极参与了县委、县政府组织三访三化、扶贫以及其他爱心送考等公益活动。群发公益短信达10万余条，确保了基站的正常运行，对促进经济文化发展提供通信保障。2014年，公司以实际行动为构建和谐社会履行了企业的社会职能。（邓小妹）

电　力

·县核电办·

【领导人名录】

副 主 任　石敬阳

纪检组长　彭志勇

【概况】 县核电办内设综合联络部、现场协调部、保障发展部，共有编制10人，2014年实际在编人数6人。

科普宣传。成立桃花江核电项目桃江县科普宣传（公众沟通）工作协调小组，出台《桃江县桃花江核电项目科普宣传（公众沟通）工作实施方案》。全力推进核电杯“欢乐潇湘·歌唱桃江”活动。全县各单位组织节目300多个，演职人员3200多人，演出20场。演出的同时，由核电湖南桃花江核电有限公司科普大篷车进行现场宣传，发放宣传资料16000余份，现场表演核电科普节目2个，参与活动的干部群众达19万余人。开展科普大篷车下乡活动。科普大篷车下乡30次，发放各类宣传资料13600份，受众8660人。组织党员、干部、群众代表4批次130人前往海盐秦山核电基地实地参观，亲身感受核电、了解核电。邀请到核电站厂区现场参观95批次，参观人数5742人。开展科普讲座38场，参加人数9153人。在各乡镇及全县初中以上学校统一建立核电科普宣传栏86个，每年更新4次。接待来访媒体。3月，接待中央、省级媒体记者5批次，做好正面宣传引导。扎实开展网络宣传，同核电湖南桃花江核电有限公司培训和组织网宣员、核电科普志愿者近260人应对、回复、跟帖，同部分网友交流沟通。运用公众信息平台，通过微信、彩信、核电科普QQ群等新媒体多种形式普及核电知识。在县广播电视台《科普大篷车》栏目开辟核电科普专栏，县信息中心通过公众信息网、手机报、公众微信号等每日发布核电科普知识。

负面舆情应对。规范信息发布程序。严格按照市委要求，规范核电宣传和信息发布程序。凡是与核电相关宣传报道，严格按要求报市委宣传部统一把关，单位、个人接受采访和发布有关核电的内容，事先报告市委宣传部，凡涉及核电有关专业内容由核电湖南桃花江核电有限公司总经理审核把关，在审核同意后再对外发布。培训专业队伍。3月21日，县委宣传部对全县200多名通讯员和网宣员集体培训，邀请湖南桃花江核电有限公司的科普员进行核电科普知识讲座。建立网宣员QQ群，及时上传核电科普知识资料到网宣QQ群，提高网宣员的核电科普宣传能力。建立立体宣传监测网络。结合“三访三化促发展解民忧”专项活动，将覆盖全县各村、组的群众工作站作为核电科普和核电舆情监测的前哨，在全县形成了网上有网监、网下有站点的立体宣传、监测网络。加强日常监测。形成了县委宣传部、县（市）长热线、县信息中心、县网宣办、县网监大队，以及湖南桃花江核电有限公司等部门相互协作的网络监控体系。县网宣办、县信息中心、县网监大队24小时密切监看、搜索，及时收集整理核电舆情。发现舆情迅速形成舆情简报，明确应对措施，组织网宣员以网友身份“化整为零”跟帖。3月以来，已上报单条核电舆情简报11期，核电舆情汇总10期50条。每期简报每条舆情都采取了有效的回应措施，较好地控制了负面舆情。正面回应质疑。对于舆论中带有明显失实、非理性、发泄式的言论，网宣员及科普志愿者以普通网民的身份，到舆论场域中和群众展开“正面辩论”，通过交流互动以正视听，处置各类核电舆情50余条。通过核电科普宣传的深入开展，广大群众对核电建设趋于认同，对核电安全有了较为深刻的认识，反对核电的声音越来越少。一大批干部群众自发加入到核电科普队伍，各单位登记在册的核电科普志愿者达760名，在外乡友对核电支持度也明显上升，环保部的熊跃辉司长主动发信并寄科普图册，网友反对言论越来越少，到核电科普展厅参观了解核电知识的人员越来越多。

厂址保护。年初将厂址保护工作纳入主要工作范围，明确由现场工作部承办，现场工作部部长具体负责。每周对厂区进行一次巡查，及时发现问题，解决问题，并填写巡查日志，确保厂址保护工作形成常态。拟定《〈湖南桃花江核电厂址保护管理办法〉实施细则》，广泛征求相关单位意见，修改后报县政府常务会议进行审议，由县政府行文下发到各责任单位。与水务局、砂石办等部门联动，协调处理进入禁采区域采砂问题，及时制止不符厂址保护要求的行为。10月23日，政府常务会议审议同意了县核电办拟定实施细则，将核电厂址保护工作纳入各责任单位的日常工作范围，并纳入单位绩效考核。县政府同意增加县核电办厂址保护专项工作经费，并列入财政预算，形成长效的保护机制。

遗留问题处理。4月，组织对遗留问题进行了一次全面的收集和清理，并安排专人对照问题查资料，发现其中的15个问题在相关会议或工作协议中已有明确的处理结论。4月17日，由县人民政府副县长刘武主持召开办公会议，对遗留问题进行分类处理。5月8日，县委常委第六次会议听取核电工作汇报，县委下发《关于加快桃花江核电项目遗留问题处理的通知》，对核电项目遗留问题提出了明确的处理意见、时间节点、具体责任人员。7月8日，县委、人大、政府、政协的主要领导和县核电指挥部领导同核电湖南桃花江核电有限公司高层进行对接，并出台《关于加快推进桃花江核电项目当前主要工作的通知》，对部分遗留问题提出了更加具体的处理意见和要求。10月底，收集的20个遗留问题基本得到了有效处理。

（李访贤）

·国网桃江县供电公司·

【领导人名录】

总 经 理　刘志伟
党总支书记　徐建辉
副 总 经 理　谭胜顺　璩益辉
　　龚智慧（2014.09止）
　　郭宏展（2014.09起）

【概况】 2014年底，国网桃江县供电公司有在编全民工190人，农电员工364人，集体工35人。设有6个职能部室、1个集体企业、8个生产和营销班组、10个供电所和1个营业抄收所，有城乡电力客户26.8736万户，是湖南省电力公司“一流供电企业”。受节能减排和经济形势影响，全年销售电量9.25亿千瓦时，较上年减少0.79亿千瓦时，全年最高负荷202.2兆伏安，较上年减少21.4兆伏安。至12月31日，公司安全运行2023天，累计固定资产8.3亿元，上缴地方税收0.24亿元。

电网建设。新农村电气化县建设顺利通过验收，桃江县被省经信委、省电力公司授予电气化县称号。完成了144个村网改造、12个配电工程和8条10千伏线路的新建、改造，总投资4169万元。完成了“十三五”主（配）网规划修编、2015—2020年村网规划前期基础数据收集。崆峒标准化台区建设受省、市公司高度肯定，作为示范点多次接受上级和兄弟单位现场观摩，建设标准得到推广，物资仓储建设管理先后两次获得湖南省电力公司满分评价。完成800千伏溪浙线属地管理等工作，荣获省电力公司“特高压满功率保电先进属地县供电公司”称号。

安全生产。年内扎实开展了电网防冻融冰、防雷防汛、迎峰度夏、防山火、防外破、季节性安全大检查和消防隐患排查工作，马迹塘#3主变检修安装等160余项大修技改工作顺利完成。电力供应得到保障，全年故障抢修抢险1584次，处理变电设备故障113起，“两节”“两会”等保电任务圆满完成，110千伏桃松刘等18条线路检修、高过载变压器安装试点、观修线自耦变压器安装、剩余电流动作保护器专项检查取得较好成效，其中肖南、肖北线集中检修被市电力公司授予“年度特殊贡献奖”。调度完成了通讯站全面检修，调度控制室和通讯机房顺利搬迁，无功电压管理继续保持领先，合格率达100%，定值管理获高度肯定。强力管控生产活动，全年稽查作业现场1286个，下发通报48期，处置各类隐患（缺陷）56起，调控中心和运检班荣获省电力公司“安全生产先进班组”。

供电服务。稳步推进城乡一体化建设，加快供电服务突出问题整治，深入排查高危及重要客户供电安全隐患，畅通业扩报装通道，客户报装平均接电时间大幅缩短。积极打造“十分钟缴费圈”，农村地区实现村村有缴费点，电费智能管理系统和用电信息采集系统全面应用，“不停电催费”和“先付后用”的电费收缴格局基本形成。以“3·15公益宣传”和“共产党员服务队”等为载体加强宣传服务，远程座席受理报修、咨询等各类业务1563起。创新供电方式，多个停电检修有效缩减停电范围，减少1695个停电时户数。以效能监察为载体狠抓线损管理，坚持全面排查和重点整治，每两周进行一次汇总分析，每月实行闭环整改和责任考核，完成436个台区零度户清理、轮换表计4675只、处理计量故障86处。

教育实践活动。将教育实践活动作为首要政治任务，从严务实，边查边改，成效明显。认真开展学习教育，广泛征求意见建议，对照“三严三实”要求，深入查摆领导班子和党员队伍“四风”方面的突出问题，查出存在的“四风”问题13个，全部得到整改。扎实开展谈心交心，认真撰写对照检查材料，开展批评与自我批评，达到了统一思想、改进作风、增进团结的目的。强化从严督导，严把质量关，保证了活动不偏不空、不走过场，对公务用车和办公用房等突出问题进行治理整改，文风、会风、作风明显改善。

品牌建设。深入开展挖掘和培育身边“周智勇式”的“最美益电人”活动，进一步发挥典型人物的辐射带动作用，肖玲同志被授予“最美益电人”称号，曹军与肖玲被评为“党员示范岗”。做好了县长热线答复、网络舆情处置工作，及时受理行风投诉，全年处理舆情66条，着力化解客户误解。扎实推进依法治企，成功办理8起涉电案件，成功收回电杆坪产权。做好了先进事迹和典型人物的宣传报道，累计发稿387篇。积极采取措施，深入推进“民生面对面，八诺心连心”和“三访三化促发展解民忧”工作，切实履行社会责任，奋勇抗击洪灾、风灾，力保供电，舍本驰援“四大会战”确保杆线迁移，获得县委、县政府、社会各界和人民群众的广泛赞誉，荣获益阳市“保护消费者合法权益先进单位”称号，荣获桃江县“目标管理考核先进单位”“优秀领导班子”“党风廉政建设先进单位”等称号，调控中心荣获全国“安康杯”竞赛优胜班组、变电检修班获“聚力小康·建功桃江”劳动竞赛“工人先锋号”称号，树立了公司良好社会形象。（安莎）

教育·科技

教育管理

【县教育局领导人名录】

局　　　长　王启武
副　局　长　俞立君　邓　洪
　　　　　　汪小明
教育工会主任　汪小明（兼）
纪工委书记　吴世强
主任督学　符祝英

【概况】 县教育局机关设12个股室，即办公室、工会、纪工委、督导室、人事股、基教股、职成股、法制安全股、计财股、审计股、核算分中心、学生资助管理中心。所属二级机构7个：教研室、招生办、儿少所、勤管站、仪器站、电大站、电教馆。局机关干部职工63人。全县共有各级各类学校151所，其中县属高中5所、初中44所、小学98所、特校和县幼儿园各1所、中职学校2所。在校中小学生81883人、教职工7671人、在园幼儿20271人。2014年，县教育局坚持以科学发展观为指导，紧紧围绕教育强县目标，攻坚克难，锐意进取，推动了全县教育事业又好又快发展。

教育改革不断深入。抓理念引领。各学校牢固树立了“抓课改、提质量”的思想。抓顶层设计。县教育局制定了《桃江县中小学课堂教学改革实施意见》，明确提出了全县课改整体思路。抓模式构建。编印并下发了《课堂教学新模式简明读本》。抓区域联动。以区域性课改研讨会为载体，充分发挥省、市、县级样板校的示范引领作用，常态化开展骨干教师送教下乡活动。抓总结评比。积极组织开展了优秀课改实施方案、微型课题评比和全员教学大比武活动，教师教研论文和教学比武获奖人数均居全市第一。课改经验得到了市局的充分肯定，成功承办益阳市基础教育教学工作现场会，“五抓”的课改做法在《中国教师报》上推广。

严格落实了市局相关文件精神，制定了《桃江县中小学招生改革实施方案》和《桃花江镇小一初一学生分流工作实施方案》。顶住压力，下大力气控制了县一中、县四中的招生规模，其他高中学校的招生全面完成了计划。职业类学校教育教学改革力度进一步加大，职高招生规模进一步扩大，建立了职业教育招生指令性计划落实考评奖励办法。规范了城区和大集镇的小一、初一招生秩序，县城小学、初中新生班额控制在60人左右，其他乡镇大班额问题也有缓解，做到了阳光招生，公平、规范招生，提升了人民群众的满意度。

2014年全县一本上线率20.4%，二本以上上线率50.89%，分别高出全市第二名7.5个百分点和12个百分点。在全市所有普通高中学校中，桃江一中一本、二本上线率居全市第一，桃江四中居全市第三，录入清华大学1人（全市共2人）；县职业中专对口升学人数居全市之首。2014年中考全县九个学科的总分合格率、总平均分均居全市第一。

办学条件全面改善 。县政府出台了《2014年—2015年40所合格学校建设和3所城镇学校扩容建设规划》。2014年归集各类资金7500余万元，建成合格学校20所，改善了6所县属高中学校办学条件，完成城镇学校扩容建设2所和桃江七中新设初中部建设任务，新增城区学位2300个，城镇大班额问题进一步缓解。投入750万元，完成了泗里河幼儿园等4所公办幼儿园的建设。鼓励社会力量投入资金1200余万元创建民办幼儿园15所。在成功创建全市首个省级现代教育技术实验县的基础上，又投入1080万元，新建班班通教室201个，录播室等功能室64个、购买世界大学城空间2100个，23个教学点实现了优质教育资源全覆盖。

队伍建设不断加强 。结合党风廉政建设、作风建设，抓“树师德·正行风”活动出了实效。桃花江完小胡宏伟老师被评为“全国模范教师”，龚德苏等四名教师获市政府教育奖，彭巨洪老师获得苏步青数学教育奖。实施名师工程，评比表彰了270名优秀教师和教育工作者，丁俊波等两名教师被评为省特级教师。新招聘教师71名，全部充实到边远乡镇学校定岗服务。积极开展送教下乡，开展支教211人次。完成国家和省市县四级培训4500人次。荣获全省继续教育工作先进单位、全省远程培训工作先进单位、中小学教师教育宣传工作先进单位，教师培训课题获省一等奖。

特色品牌日益彰显 。全市8所省级武术示范基地校，桃江县授牌6所。桃江县学生参加湖南省第12届运动会获得金牌10枚，居全市第一。桃江县组织了全县第30届青少年科技创新大赛；参加省赛获一等奖4个，获奖数量居全市第一，荣获2014年湖南省青少年科技创新大赛优秀组织奖。在第十五届电脑制作大赛中，桃江县获得国家级二等奖3个，三等奖10个。《湖南教育》深度报道了桃江县的做法，并在《湖南教育》卷首撰文推广桃江经验。输送广空飞行学员4人，民航飞行学员2人，均居全市第一，获得空军招飞局招飞工作先进单位。特殊教育，学科奥赛、艺术教育、家庭教育、文学社团等方面的工作都取得了新的成绩。

管理保障不断强化 。组织召开了教育行风建设动员大会，下发了行风建设方案以及涉农收费问题的专项治理方案。开展了治理教育“五乱”专项行动和教师作风建设暗访。出台了教育收费重点监控制度，加大案件查处力度。全年共立案24起、结案24起、党纪处分9人、行政处分15人，教育行风进一步好转。制定了《桃江县教育系统财务管理暂行办法》。加强教育公用经费管理，坚决杜绝任何乱收费和乱开支行为。加强了教育内部审计，确保了每一笔经费都用在刀刃上。继续创建平安校园，加强家校联系，健全学校校车、饮水饮食、校舍等安全工作机制，突出隐患排查整改，建立挂号销号制度。投入校车190台，覆盖15个乡镇，服务接送学生13875人，全年没有发生一起安全责任事故，校车管理工作得到省教育厅通报表彰。配合乡镇党委政府、县信访局建立了原民办教师牵头人物的信息档案，做好稳控工作，确保了无一例赴省进京非访。

教育实践活动效果明显。 制定了《桃江县教育局关于规范办文办会奖励检查的若干规定》，召开系统性会议同比下降27%，时间和规模得到有效控制。下发文件同比下降28%。制定了《桃江县教育局关于进一步规范公务接待、租车、会议、差旅等支出行为的暂行规定》。局机关“三公”经费支出比上年下降明显，尤其是公务接待费全年下降72%。通过清理“两空一乱”，归队80人，规范教师病假110人，除名51人，减少临聘270人。县教育工委层面确定20项制度建设任务，已出台和落实19项，其中人事制度改革一项待上级教育主管部门政策出台后，2015年即着手制定和落实。2014年，桃江县教育局的工作得到了上级的充分肯定，全县重点工作目标绩效考核评为一类单位，桃江四中被评为“全国教育系统先进集体”。 （刘林声）

【教育部到桃江调研教育装备情况】 2月，国家教育部教育装备工作小组到桃江开展中小学教育装备工作综合调研。调研组深入桃江一中、桃花江镇城北中学、桃花江小学，实地察看仪器图书以及其他教育装备，检测仪器产品质量，查看有关资料台账，召开座谈会了解相关情况。调研组对桃江的教育装备工作给予了充分肯定。近年来，桃江深入实施“教育强县”战略，以“信息化带动教育现代化，实现区域教育均衡发展”为重要抓手，实施以“三抓四促五转变”为主体的“345”推进模式，取得了可喜的成绩。此次调研是根据教育部有关部署，对湖南、广东、山西等11个省的教育装备情况进行专项调查。湖南抽取了长沙和益阳两个地区，桃江代表益阳接受调研。

【何军田看望优秀教师】 9月10日，县委副书记、县长何军田深入基层看望慰问一线教师，县委常委、宣传部长胡国清，县委常委、副县长曹萍一同走访慰问。何军田一行先后深入10个乡镇，慰问了桃花江镇一中肖雁等6名县级模范教师和牛田镇中心学校刘云松等6名困难教师，共发放1.8万元慰问金。每到一处，何军田仔细查看学校的校容校貌，详细了解学校办学规模、基础设施、师资队伍、教学质量和安全管理等方面的情况。

【桃江四中获评全国教育系统先进集体】 9月10日，桃江县第四中学被国家人力资源和社会保障部、教育部评为全国教育系统先进集体，成为2014年益阳市中小学校唯一获此殊荣的单位。近年来，桃江四中坚持“让每一个学生得到全面发展”的办学理念，实施高效率的教育管理、打造高素质的教师队伍、培养高质量的新时代人才，学业水平考试合格率、高考本科上线率稳居全市先进行列，先后获授“中国人民解放军空军飞行学员早期培训基地”“湖南省现代教育技术实验学校”“湖南省雷锋精神研究基地”“湖南省绿色学校”等荣誉称号。

【举办第三十届青少年科技创新大赛】 12月4日，桃江县第三十届青少年科技创新大赛隆重举行。桃江县科协主席吴木苏、副主席王廉清，县教育局副局长俞立君出席了开幕式。本届大赛日程为两天，全县的15个乡镇和县属学校组队参加，角逐创新发明、科技论文、实践活动、信息技术、科学幻想画等六个大项的一、二、三等奖。从1980年起，桃江县已连续35年有作品代表益阳参加省赛，并且从1985年起成功举办30届全县科技创新大赛。

· 县职业中等专业学校 ·

【领导人名录】

党委书记 俞立君

校　长 文卫辉

纪委书记 贺立珍

副校长 蒋金龙 昌红标 张革辉

【概况】 县职业中等专业学校始建于1981年7月。1985年1月10日经湖南省教育厅审批备案，同意桃江县农民中等专业学校正式成立，办学层次为中专三年，属正局级教育事业单位。1992年1月桃江县职业农民中专更名为桃江县农民中等专业学校，1993年更名为桃江县成人中等专业学校，1995年被湖南省教委评定为湖南省示范性成人中等专业学校。1999年8月，桃江县成人中等专业学校与桃江县第一职业中学两校合并，更名为湖南省桃江县成人中等专业学校，2000年1月，更名为桃江县成人职业中等专业学校，加挂桃江县桃花江女子旅游学校牌子，两块牌子，一套人马。撤销桃江县第一职业中学。2002年6月14日，更名为桃江县职业中等专业学校。至2014年7月共培养中专毕业生17800人（不包括短训班）。县职业中专内设党政管理办公室、教务处一处和教务二处、装备处、学生处、招生培训处、总务处、纪监室等8个处室。在编在岗教职工231人。其中专任教师156人、专业教师92人、双师型教师52人、骨干教师16人、兼职教师22人；专任教师中高级职称46人，占39%，中级职称81人，占52%，初级15人；专任教师中研究生学历2人、本科学历132人、专科12人。

2014年，县职业中专贯彻执行党和国家的职业教育方针和政策法规，以提高学生升学与就业质量为目标，重点做好职业教育基础设施建设，狠抓学生对口升学素质教育与学生就业实训实习教育，取得了较好的成绩。

加强基础设施建设。为实现3500学生的招生规模，县职业中专制定了2014年至2020年征地扩容规划，规划得到县委领导认可，“扩大职教规模”正式写入政府工作报告。新一轮校园基础建设计划开始实施，年末六层3625.96平方米男生公寓公租楼修建完工，投资500万元72套公租房投入使用，解决了学生住宿难的问题。15间1655.25平方米教学楼扩建工程正在修建，400万国家资助电子实习实训装备完成安装调试并投入使用。口径110自来水管已接入学校，解决了困扰多年的用水难问题，师生们都能喝上放心水安心水了。购置了30台液晶电视机、80把电风扇、2套旅游技能培训器材、1套机电专业实训器材，进一步改善了学生学习、生活条件。2014年12月以桃江县职业中专为龙头的湖南省示范性县级职教中心复查合格。

对口升学又续辉煌。县职业中专坚持技能培训与文化学习并重、就业教育与升学教育相结合的办学方针，2014年对口升学再续辉煌。256人参加高考，一本上线41人，二本上线88人，在全县高中阶段学校稳居第三，排在桃江一中、四中之后；二本以上上线人数占全市的52.7%，绝对人数名列全市第一。

学生技能竞赛屡创佳绩。学校支持教师指导学生参加各类专业技能大赛，以赛促教，以赛促学，取得了突出成绩。2014年共夺得市、省级技能竞赛9个大奖，其中平面模特分别夺得省二等、三等奖各一个，客房铺床夺得省二等奖第一名，中式宴会摆台夺得省三等奖。学生合唱团在全县“欢乐潇湘·歌唱桃江”核电杯文艺比赛中夺得特等奖。

教研成果引人注目。杨国贤、王伟春老师分别主编了一本公开发行的教材，符庆芝、郭建纯、杨清明等老师分别参与了教材的编写；文卫珍、李红亮、李毅、曹雪军、傅大鹏等老师分别在国家级刊物上发表了教研论文；姜国忠、庄志强、王定清等老师分别在省级刊物上发表了教研论文；肖鸿飞、李曙红、王伟芝等老师分别夺得省级说课比武三等奖；刘琢美、何云生等老师辅导学生夺得县级征文、演讲比赛一等奖。

注重优秀教师团队建设。重点建设一批专兼结合的优秀教学团队，发挥教学团队在教学、科研和专业建设中的作用。10月，益阳市教育局评选县职业中专旅游专业教师傅润兰、杨秋良，计算机专业贺小平为益阳市学科带头人，获得3000元科研经费奖励。

招生继续保持良好势头。招生就业是学校生存和发展的生命线，学校统一部署，全民动员，拓宽方式，落实招生骨干包校负责制，分解指标到校，顺利实现了1100人的招生目标。

就业工作再上新台阶。学校以就业为导向，深入调研，拓宽就业渠道，做好就业指导和服务工作。毕业生就业率达到98%以上，就业收入可观。其中旅游98班杨丹、96班刘琼、幼师4班阙海玲等三名同学被北京京西宾馆管理局招录为工作人员。（文莉）

·桃江一中·

【领导人名录】

校　　长　龚德苏

总支书记　杨应华

副 校 长　胡中秋　邱畅怀

　　　　　赵孟祥

工会主席　刘克明

校长助理　彭巨洪　胡往胜

【概况】 桃江县第一中学是湖南省示范性普通高级中学、全国群众体育先进单位、省体育传统项目学校、省青少年科技示范基地、空军飞行学员早期培训基地、文学社团活动示范单位。在职教职工273人，其中教师235人、职工28人，特级教师1人、高级教师92人、全国优秀教师2人、国家级骨干教师3人、省级优秀教师1人、省级骨干教师6人、市级名师5人、县级名师13人，市级名校长2人，县级“百优十杰”青年教师、优秀班主任等98名。一至三年级共60个教学班，在校学生3878人。校园占地14万平方米，建筑面积7.6万平方米。其中学生公寓10150平方米，综合大楼4800平方米，家辉教学大楼1.1万平方米。学校图书馆藏书14万册，阅览室6间。教室都有整套多媒体设备和完整的纯净水供给系统。与湖南师大附中等名校联手，开设远程教育课堂。

加强师德师风建设，打造高素质的教师队伍，是学校工作重点。纠正教师教育教学中的不良行为，纠正了歧视差生现象，杜绝了体罚、变相体罚学生的现象，根治了家教家养现象。教师远离黄赌毒，言行举止文明。重视教师专业培训和学术交流，每年派一定数量的老师参加培训。重用专业骨干，让名牌教师挑重担，重点表彰奖励有突出贡献的教师。2014年，龚德苏荣获2014年益阳市首届政府教育奖，特级教师彭巨洪获得第十届苏步青数学教育奖，14名教师荣获物理奥赛金牌教练称号，12名教师荣获化学奥赛金牌教练称号，校长龚德苏、副校长胡中秋分别被评为市、县名校长。始终落实“推门听课”活动，组织教学比武、教师评课座谈会，整体推进青年教师成长。在2014年益阳市办学水平督导评估中，优课率达50%，列全市被检学校第一名。

不断优化育人环境，校园文化活动异彩纷呈。建立了“家校通”网络系统，加强家校联系；创建了“桃江一中德育网站”，搭建了学生与老师、家长与学校的网络沟通平台。借助德育资源，注重文化育人。通过开展形式多样的文化活动，极大地丰富了学生的课余生活。一年一度的校园艺术节和运动会，充分展示了学生多姿多彩的才艺。通过搭建“体艺联合展演，师生同台竞技”的平台，检验学校艺体素质教育成果，展示学生的精神风貌和艺体素养，推动艺体活动的深入开展，焕发校园生机活力，极大丰富了师生的校园文化生活，激发了学生艺术爱好兴趣，培养了学生健康向上的审美情趣。通过定期举办知识讲座、演讲赛、征文比赛、学术讲座等，融思想性、艺术性、知识性、趣味性、实践性于一体，营造了浓厚的育人氛围。通过创建省文明单位活动，努力打造健康、平安、文明、和谐校园，大力推进了学校精神文明建设。创建省文明单位工作获省专家组充分肯定，被评为“湖南省2014届文明单位”。

投入12万元，购置教师办公桌椅160套，改善了教师办公条件。投资38万元，修缮了学生宿舍，对食堂设备进行了电气化升级换代，提升了食堂服务质量，经益阳市验收定为“标准化食堂”。对学生宿舍、消防设施、监控设施、防汛物资进行了维护和添置，安全工作和风险防范经验向全市推广。

坚持“全员发展、全面发展、特长发展、和谐发展”的办学理念，强化措施，扎实推进素质教育。狠抓教学科研与落实教学常规，每月进行一次教学常规的检查，并召开教研组会进行点评，有力助推了学校教育教学质量的不断提高。2014年高考获得了全面丰收，继续保持全市领先地位，并刷新了多项纪录。市高考统计16个评价指标中取得了13个第一，3个第二。一本上线445人，上线率36%，比上年提高9.68个百分点；本科二批以上上线919人，上线率74.35%，比去年提高了10.7个百分点，上线人数增加75人。清华、北大上线3人，录入清华1人；飞行学员录取5人，其中空军3人，民航2人。美术音乐高考艺术科考试升学率达100%，学考一次性合格率98.8%。

（胡红佳　李佩玲）

【龚德苏获第一届市政府教育奖】 6月，桃江一中校长龚德苏荣获益阳市人民政府第一届“政府教育奖”。他治学严谨，业务精湛，业绩突出，2004年成为桃江一中第一个由普通教师竞聘产生的业务副校长，2011年任桃江一中党总支副书记、校长。20多年间，先后获得县“教学能手”“省骨干教师”“省奥赛功勋校长”“全国优秀教师”“益阳市第二届名校长”等荣誉称号，多次记一、二、三等功。在他的带领下，学校坚持“以人为本、德育为先”的原则，不断创新德育管理体系，培养高素质优秀人才；倡导全面实施新课程教学为抓手，培养学生创新精神和实践能力，让每个学生都能健康发展和成长；推进桃江一中五大特色教育，紧抓教育教学质量不放松，坚持以学为本，走高质量办学之路，高考、学考成绩一直稳居全市前列。

【校园改扩建工程有序推进】 桃江一中校园功能分区不合理、体育运动场地严重不足、基础设施落后、离省级示范高中硬件要求有较大差距。县委县政府高度重视，11月11日，第18次县委常委会议研究了桃江县一中改扩建方案，计划投资1.2亿元分三期进行改扩建，新建标准田径场1个、新建体育馆1座、改建青年教师公寓楼、维修改造教学楼。通过各有关部门密切配合，2014年，已完成校园规划和田径场建筑设计招投标。初步设计方案已公示，已解决与村民的土地权属纠纷，着手新修围墙。补征土地工作依序推进。已安全拆除旧厂房6000平方米，考虑到安全问题，除紧邻宿舍区的约400平方米旧厂房只能同宿舍区一并拆除外，其他该拆旧厂房约4000平方米（水泥柱）已完成拆除任务。田径场建设进展顺利。

【彭巨洪获苏步青数学教育奖】 2014年“第十届苏步青数学教育奖”颁奖，共产生5名一等奖、20名二等奖。县一中数学教师彭巨洪荣获二等奖，并应邀出席2015年1月10日在福州举行的颁奖大会。

【特色教育全面推进】 飞行学员培训、文学社、学科奥赛、青少年科技、艺体竞技五大教育特色取得骄人成绩，彰显了品牌效应。凤凰山文学社保持全国“百优”、全省“十佳”荣誉称号，社刊《凤凰山》是全国“示范社报刊”“最佳社团刊”，出版第118期、119期2册。学科奥赛是湖南省 “十强”之一。获得了省政府颁发的第三届中小学校“芙蓉创新奖”。全国中学生物理奥赛有2人荣获省一等奖，14人获省二等奖，5人获省三等奖。全国生物竞赛有5人获二等奖，全国化学竞赛有7人获二等奖，全国数学竞赛有7人获二等奖。全国信息作品大赛中有2人获国家级一等奖，1人获国家级二等奖。1人获芙蓉创新奖一等奖，3人获三等奖。参加省级科技创新比赛，获一等奖1个，三等奖2个；参加国家级电脑作品大赛，获一等奖2个，二等奖1个。学校被评为科技活动先进单位。县28届中学生田径运动会获团体总分第一名，夺得16金1银1铜；益阳市2014年田径运动会获团体总分第一名，夺得9金9银4铜；省十二届运动会获1金2铜。在湖南省中学生独唱、独奏、独舞比赛中，学生2人获高中组独舞比赛一等奖。指导老师龙芙蓉创编的节目《赶故事》作为益阳市唯一代表作品参加湖南省“欢乐潇湘”群众文艺会演，并代表益阳市参加省国庆文艺会演。学生1人 获湖南省中小学校艺术绘画比赛一等奖。

·县教师进修学校·

【领导人名录】

校　　长　肖义锋
党支部书记　张孝凯
副 校 长　李云高　熊伟军
工 会 主 席　卢志国

【概况】 桃江县教师进修学校前身为桃江师训班（1969—977年）、桃江师范学校（1978—1980年），1981年由益阳地区教育局下文更名为桃江县教师进修学校，担负着全县7000多名中小学教师的继续教育培训任务。学校占地20亩，建筑面积9123.18平方米。下设办公室、培训部、总务处、后勤服务中心等处室。在职教职工42人，其中高级职称22人、中级职称18人；省级优秀教师1人，市级优秀教师2人，县级名师3人。2014年，被省中小学教师继续教育指导中心评为先进单位，被省教师发展中心评为“中小学教师远程培训工作先进单位”。

客观公正登记教师培训学分。全县共有5405名教师在“学分登记管理系统”注册信息，2014年审核、上传了5073名教师2013年度培训学分。分别召开乡镇中心学校业务副校长、县属学校教导主任、教育局机关股室长、二级机构负责人会议，认真学习和解读了《益阳市中小学教师培训学分登记工作的规定》等文件，统一制作《结业证书》《学时证明》，并明确“个人申报—学校初审—制作电子表格—县局审核—数据上传—导出详情—填写证书—核对盖章—发放证书”的发放程序。共有5405人注册信息，5073人上传2013年度培训学分。做到流程清晰，公正无误，获得了上级领导部门的高度肯定和广大教师的一致认可。教师培训学分与教师评优评先、晋级晋职挂钩，与单位综合目标考核挂钩，激发了教师参加培训的积极性，强化了单位的培训责任意识。登记教师培训学分三年来，没有一人上访，没有一条负面舆情，确保了此项工作的严肃性。

教师培训扎实有效。全年共培训教师5624人次。积极促进网络研修与校本研修整合培训，全县共45个班、2487名中小学教师参加培训。全县共59人参加小学校长岗位培训，集中培训1次，外出参观、听讲座1次。新教师培训形成模式。4月份，完成了2013年招聘的128名教师的二期培训，组织了新教师教学比武、成长故事征集、教学展示活动和成长故事演讲。8月份，完成了2014年招聘的71名教师的集中培训。10月份，完成了课堂教学跟踪。68人参加普通话培训、测试，19人获得二甲，18人获得二乙，25人获得三甲。针对2011年修订的各科课程标准和2014年下半年启用新教材的实际，7月11—14日，组织主讲教师培训，每个科目每个乡镇派2人参加，4天培训120人。8月23—30日，组织各乡镇小学教师2100人参加全员培训，由中心学校班子成员担任班主任，由经过集中培训的派出教师主讲上课。针对国家大力发展幼教事业的政策和全县幼教事业发展的现状，7月12—16日，组织56人参加骨干幼师培训。8月19—22日，组织从事体育教学的40名复员退伍军人进行培训。

按质按量完成中小学教师国家、省、市级培训的送培、组织工作。共选派625人参加国培、105人参加省培、500人参加市培，141名初中语文骨干教师参加为期两天的湖南第一师范学院“送培到县”培训。远程研修组织2次集中培训，1次网络考试，全部合格。充分发挥名优教师的示范引领作用。积极参与名优教师的选拔、培养，参与第二批县级骨干教师、优秀班主任方案修改、材料审核、考察、认定。积极组织名师活动，形成团队。上半年组织名师工作室建设座谈会。组织黄丽君等首席名师到芙蓉区教科研培训中心学习。下半年，组织名师送课活动，送课14堂，举办讲座8次，受益教师近500人。聘请名师担任网络校本研修的辅导老师，为短期培训班上课。

深入开展课题研究。2013年争取到省级重点资助课题、一般资助课题各1个，在省教科院与省教师发展中心立项《网络研修与校本研修整合培训研究》《新教师三期培训模式研究》两个课题，举行了现场开题。2014年按计划开展了研究工作，征集了《远程培训与校本研修整合教师培训案例》《新教师成长故事》；召开了新教师座谈会，不断修订课题研究内容；举办远程研修与校本研修整合培训现场会；总结规律，撰写课题《中期检查报告表》并上交省教师发展中心，参加省教师发展中心举办的课题主持人培训班；在省级以上刊物发表论文6篇，接受中期检查，评价很高。

加强基础设施建设。新建、改建科技楼图书馆、档案室、阅档室，借阅条件显著提升。添置办公电脑七台、打印机一台，提升了各科室办公效率。完成科技楼一楼、三楼及梯间整体改造，屋顶换瓦，屋面止漏，新添置沙发、茶水柜、文件柜、办公桌等，进一步改善了办公条件。顺利搬迁实验中学电脑室，新建一间全新高配多媒体教室，为远程培训、集中培训等各类学员培训提供了优越环境。（雷阮桥）

科技管理

【县科学技术局领导人名录】

局　　长　薛小燕
副 局 长　黎跃军　周可京
纪检组长　张志清
工会主任　贺　玲

【概况】 县科学技术局成立于2011年。内设办公室和发展计划股（加挂政务服务股和知识产权管理股的牌子），2014年年底有在编在岗人员28人。

2014年，科技局以服务全县经济社会发展为主题，以推动高新技术产业发展为重点，以实施科技项目为载体，积极推进产学研合作，大力开展科普活动，稳步推动全县科技进步，为全县经济社会又好又快发展提供了有力的科技支撑。

抓科技服务，促进高新技术企业发展。全年指导、帮助企业申报各级各类项目21个，在省科技厅立项9个，立项资金502万元，到位资金286万元，同比增长分别为61%、29%、24%。其中桃江瑞龙金属材料有限责任公司获得全省战略性新兴产业科技攻关专项资金300万元，桃江新兴管件有限责任公司获得特色产业重大项目扶持资金100万元。项目实施带动企业新增投入2400多万元、利税200多万元，解决就业岗位132个，研发引进新技术、新工艺5项，申请专利36件，授权28件。10月份，会同省厅对2013年省科技专项资金支持的8个项目进行了检查验收。上半年重点走访了紫荆铸业、瑞龙新材料、鼎盛建材、湘益木业、浩茗茶业等5家企业，开展全县高新技术企业协会服务信息调查，对全县高新技术企业进行了一次服务信息摸底。全年共有紫金铸业和瑞龙新材料2家企业通过高新技术企业认定，桃花江实业再次认定为高新技术企业，全县高新技术企业达到9家、产值80.5亿元、产业增加值25.18亿元，占GDP比重达到13.39%，同比增长272%。

增强企业的核心竞争力，狠抓知识产权战略的实施。完善修改《科技创新奖励办法》，发布《桃江县鼓励全民创新创业暂行办法》，支持企业创新发展。深入企业调研座谈，做好专利挖掘申报工作。6月，重点开展规模工业企业专利“扫零”行动，顺利完成扬洋机电、环宇纺织、湘益木业、钟氏面业等8家民营企业的专利扫零工作。通过聘请专利老师上门挖掘专利资源、组织企业技术人员参加市专利联络员培训班、补贴专利申请费用等方式提高企业的知识产权保护意识和申请专利的积极性。全县专利申请和授权数量实现连续8年稳定增长：共申请专利238件，同比增长4.4%；其中授权专利86件，同比增长9%；发明专利30件，同比增长20%。落实专利奖励资助政策，兑现专利资助3万多元。查处假冒专利案件30件，结案30件，成功调处两起专利侵权专利纠纷，保护消费者及知识产权权益人的合法权益。

抓科技示范，加快现代农业发展。桃江县农业科技园区经省科技厅正式批准为省农业科技园区。新增省级农村科技特色产业基地1个和市级农业科技成果示范推广基地2个：金鑫农业科技有限公司的“桃江优质有机葡萄种植推广科技示范基地”通过省厅组织的省级农村特色产业科技示范基地认定。万亩笋菜标准化示范基地和名优彩叶观赏树新品种及快繁新技术推广示范基地被市局授予市农业科技成果示范推广基地。

抓产学研合作，促进科技成果转化和产业化。组织开展2次产学研活动，共签订产学研合作协议3项。桃江瑞龙金属新材料有限责任公司引进了省级科技成果“高纯氧化钪生产新工艺”用于生产。大本山新能源科技发展有限公司主持研究的“毛竹木剩余能源与资源化综合利用技术”通过省级科技成果鉴定，总体技术达到国内先进水平。9月份，湖南万有能源科技有限公司的“生物质颗粒燃烧在烘烤烟叶中的应用于研究”通过市级科技成果鉴定，总体技术居国内同类研究领先水平。

开展科技宣传培训。开展“4·26”世界知识产权日等大型科普宣传活动5次。9月20日，全国科普日湖南主场科普活动在桃江举行。通过电视、报刊、网络等渠道加大科技宣传，扩大了科技知名度，全年在县公众信息网上稿19篇、市科技局网站上稿19篇、省科技厅网站录用2篇、省知识产权网上录用4篇、红网上稿2篇、国家知识产权局门户网站上稿2篇。全年完成抗震设防确认118项。5月12日，县政府办、县科技局、县教育局、县应急办、县地震办在玉潭实验学校联合举行了地震应急疏散演练，市地震局应邀现场指导。玉潭学校成功申报为湖南省防震减灾科普教育示范学校。

主要问题：1.科技工作基础薄弱。乡镇政府对科技工作的组织保障能力不强。科技副乡镇长、科技特派员的主要精力用在中心工作上，无暇抓全乡镇的科技发展工作。企业科技意识不强，缺少持续发展的经营战略和竞争战略，更没有前瞻性的技术发展战略。技术开发与技术竞争的实力不强，规模企业中大多为传统的竹木和建材企业，技术扩张和市场扩张能力有限。而战略性新兴产业的发展刚刚起步，无法承担带动传统产业转型升级的重任。2.科技人才缺乏，农业、卫生等部门存在人才断层、知识老化、服务不畅等问题，企业科研技术人员更是严重缺乏。3.经费投入不够。科技事业经费投入不够。国家科技进步县考核中规定中西部地区市、县科技三项经费应占本级财政支出的1.1%，桃江远远没有达到这个水平。县财政科技专项资金还存在挤占挪用现象。企业研发投入不够，全县

规模工业企业技术开发费用低于全省平均水平。（夏满清）

【金沙重机成功铸造江南最大锻压机机身】 5月27日，益阳市金沙重型机械制造有限公司采用连桥引流多炉同铸新工艺，一次性成功浇铸重达168吨的重型锻压机机身。中国机械行业协会专家和广东锻压机制造厂家负责人现场观看。该锻压机主要用于特种机械件的加工成型，由于机身庞大，铸造工艺复杂，技术要求高，国内能够生产的仅有北方重工等大型国有企业。这一工艺，在国内大型铸造件生产上尚属首次。自此，金沙重机已跻身国内生产特大型机铸件行业并占有重要地位。

【新兴管件获评中国铸造行业排头兵】 5月，桃江新兴管件有限责任公司荣获第二届“中国铸造行业铸管及管件分行业排头兵企业”称号，在全国铸管及管件企业中排名第7位。评比由中国铸造协会发起，在全国25个省市自治区和各地区828家企业中进行，从企业经营业绩、自主创新、基础管理、人力资源、社会责任、行业影响等方面进行综合评价，通过企业调研、综合评分、专家评审、预选公示等程序，按照公平公正的原则评比产生。

【农业科技园创建为省级园区】 6月20日，桃江县农业科技园获批为省农业科技园区，成为全市近十年来的第一个省级农业科技园区。该园区以株木潭村、石高桥村、崆峒村、创业村为核心区，以这四个村为中心辐射周边。以优化农业结构，提高农业产业效益，改善生态环境，促进农民增收为目标，按照省级农业科技产业园区规划要求，建立科技支撑、产品优先、企业带动、园区集约发展的农业科技园区模式。已形成蔬菜、瓜果、苗木等农业基地15个，培育和推广了葡萄、桃、李、三叶木通果、蓝莓等名、优、特、新优质水果多种，具备了发展现代农业产业的基础。

【浮邱山乡科技示范户接受专项培训】 6月30日，县科技局组织浮邱山乡举办科技示范户专项技术培训班。全乡50户粮食生产科技示范户参加集中学习。培训班第一阶段，县、乡两级专业指导员针对稻田的病虫害防治、水肥管理技术等课题进行了培训指导，并发放农药等补贴物资。第二阶段，进行分组讨论，以加强示范户之间的沟通交流，并进行一对一的答疑解惑。

【四家企业安装国外应用项目软件】 6月，桃江新型管件有限责任公司、湖南华艳科技开发有限公司、湖南新兴机械制造有限公司和益阳桃花江竹业开发有限公司四家企业安装了国外专利信息推广应用项目软件。该软件由中国知识产权局、中国科学技术咨询服务中心提供，包含了自1998年至2010年美国、欧盟、日本近700万件未在中国大陆进行同族专利申请的专利信息资源，涵盖冶金、石油、化工、纺织、机械、电力、生物、农业等各个方面，其特点是数量大、内容广、新颖、可靠、详尽、规范。企业安装这一软件后，可通过泛查、精查、表格检索、二次检索等手段确定适合自身投资开发的项目。合理使用国外专利技术信息资源、产业技术升级和产业转型效果明显的企业，通过报批后可获得数量不等的国家企业创新基金。

科技普及

【县科学技术协会领导人名录】

主　　席　郭一鸣（2014.01 止）

　　　　　吴木苏（2014.01 起）

副 主 席　王廉清

纪检组长　夏吉新

【概况】 县科学技术协会(简称“科协”)共有编制5人，实际在编人数5人。

2014年，县科协抓住中心，突出重点，扎实履行“三服务一加强”工作职能，深入贯彻落实《科普法》和《全民科学素质行动计划纲要》，各项工作都取得了新的进展。

围绕核电科普，开展系列工作。3月4日至5日，桃花江核电有限公司高级工程师周赛军、罗洪章分别在沾溪镇中学、桃江一中向750位师生讲解核电科普知识，全面启动“核电科普进校园”专题活动。9月20日，由省科协和市政府等6单位主办、县政府为主承办的以“科学认识核电，建设美丽湖南”为主题的全国科普日湖南主场活动在桃江举行，开展了主场活动开幕式暨科普文艺演出、核电科普馆开放日暨桃江馆开馆揭幕式、核电科普大讲坛、专家与村民面对面聊核电、医疗专家义诊等活动。9月22日，县科协、县教育局配合省科技馆在玉潭实验学校组织开展了“科普进校园”活动。有科普剧表演、机器人演示、流动展品和展板展示、球幕电影等，全校3000余名师生分班按时段有序进行了参观体验，整个活动参与性、互动性和趣味性强。9月上旬、中旬，根据全国科普日湖南主场活动方案，县科协与县教育局联合组织在全县初中学生中开展“少年看核电”科普活动。在省市科协和桃花江核电公司的支持下，在核电厂周边居民中开展扎实有效的科普惠民行动。投入20多万元为沾溪荷叶山社区（核电集中安置区）建设集科普宣传栏、健身设施、篮球场、广场舞场所于一体的科普健身休闲广场；为沾溪镇荷叶山社区、三堂镇湖莲坪村建设科普图书室，配置电脑和几千册书籍；向全县312个村（社区）文化室赠送了一套以核电为主要内容的科普图书。协助、支持和指导桃花江核电公司核电科普大篷车在全县各乡镇开展科普宣传。2月11日，桃花江核电科技馆成功申报“湖南省科普教育基地”。11月26日，中国科协办公厅发文评定桃江县政府为“2014年全国科普日活动优秀组织单位”“科学认识核电 建设美丽湖南”科普日活动为“2014年全国科普日活动优秀特色活动”。12月19日，县科协被评为“2014年湖南省全国科普日活动优秀组织单位”，县科协主席吴木苏被评为“2014年湖南省全国科普日活动优秀个人”。

巩固拓展阵地，科普工作取得新成效。优化“科普大篷车”电视专栏：年初与县电视台协商，将栏目内容优化为生活科技知识与农业科技知识并重，首播时间也提到黄金时段，全年播出50期3000分钟，有效地提高了受众面和实效性。精心打造专题科普短信：在发送常规科普短信的基础上，精心打造了“三湘农民健康行”、食品安全和养生常识3个专题，每个专题10期，全年向全县机关干部、人大代表、政协委员、村支两委干部及部分省市科技示范户发送各类短信46期17.5万条次。新建桃江科普网站。3—7月开始筹建，7月份进入试运行阶段。网站主页分为科普资讯、科普知识和科普资源三大块，发布各类科普信息和科普知识500多条。开通科普网络书屋：县科协与中国知网合作，于9月份建成开通了15个科普网络书屋，只需点击鼠标，便可免费浏览内容涵盖农村种养技术、健康保健、食品药品安全等方面的7000多种期刊、500多种报纸和2000多种工具书等科普资源，还可在科普网络书屋里发布农产品信息，开展网上交易。编印《简明科普读本》：6—9月，组织编印大众科普读物《简明科普读本》5000册，内容有“科技视野”“卫生保健”“生活常识”“核电知识”“防灾减灾”“农业科技”6个方面，科普日主场活动当天向群众发放1800多册，赠送全县农家书屋1000册，赠送老科协500册，日常科普宣传活动发放1000余册。不断深化科普进社区、进农村活动：联络20多个县直部门单位和乡镇参加，组织科普资料3.5万份（册）、科普展板80块、科普挂图90张、科技和科普工作者175人次，先后在石牛江、鸬鹚渡、沾溪等3个乡镇，团山、桃花江等2个社区开展科普“三进”活动4次，直接受益人群1.2万人次以上。组织动员科技工作者开展服务科普“三个一”活动：县农学会在全县评选出80名优秀农业技术骨干作为科技指导员，在全县284个行政村中确定具有较强代表性的近800户农户作为科技示范户，明确每名科技指导员负责指导10户农户，不定期开展农业科技培训、农业新品种推广、农业新技术推广和科技示范等活动，有效提高了科技入户率。

为推动桃江农业产业化发展谋划出力。县科协积极鼓励支持农技协、基地、示范户做大做强，实现农业产业化、规模化发展。引进和推广优质高效食用桃，替桃江县美人窝优质水果种植科技协会争取到“基层科普行动计划”项目，获得奖励资金20万元，该协会获评“2014年基层科普行动计划先进单位”。6月，县科协被中国科协、财政部表彰为科普惠农兴村先进单位。

探索学会（协会）发展模式。通过调研、广泛征求意见，并借鉴部分行业协会的有益经验，对所属学会（协会）的改革工作进行有益探索，理清学会工作思路。全年恢复和建立了县林学会和县民办教育学会。新成立灰山港水稻种植协会等农技协会2个。县教育局青辅协会组织青少年开展的科技创新活动又创佳绩。年初选送的40件作品在市级创新大赛中获得一等奖7个、二等奖20个。12月份如期举办第30届桃江县青少年科技创新大赛。以县医学会为示范点，围绕全县中心工作和医学疑难杂症，开展学术交流活动，邀请专家做学术报告。

为科技工作者办实事好事。建立科技工作者信息库。县科协耗资近万元，历时近5个月，请专人对全县科技工作者逐人填表调查摸底，为全县900多名科技工作者分单位、分行业建立了信息库，为进一步加强与科技工作者的联系夯实了基础。营造人才成长环境。向上级科协组织推荐优秀科技人员，积极营造鼓励创业创新的氛围，努力搭建科技人员施展才华的舞台。举荐表彰优秀学术成果。县科协推荐县医学会、县畜牧兽医学会的5篇论文参加益阳市首届自然科学优秀学术成果评选，获得三等奖和优胜奖。12月，组织推荐申报2015年和2016年湖南省“基层科普行动计划”项目，桃江县修山水产养殖科技协会、桃江县红太阳水稻种植协会和桃江县湘牛王农牧业开发有限公司养牛基地入选2015—2016年“基层科普行动计划”湖南省项目库项目名单。

差距主要表现在：一是为科技工作者服务的手段还比较缺乏，措施还不够有力；二是学会工作发展还不平衡，需要进一步完善；三是系统专兼职工作人员的整体素质和工作水平有待进一步提高。（夏吉新）

【开展三湘农民健康行科普宣传】 6月12日，县科协、县人大教科文卫委、县卫生局等单位，在鸬鹚渡镇千工坝村开展“三湘农民健康行”健康知识科普宣传和义诊活动，该村及周边村500余名群众参与此次活动。县科协展出“树立科学理念，享受健康生活”系列宣传展板40块，发放各类健康知识宣传资料3000多份，县卫生局诊查与健康咨询300多人次。

【全国科普日湖南主场活动开幕】 9月20日，2014年全国科普日湖南主场活动“科学认识核电·建设美丽湖南”在桃江隆重开幕。开幕式由湖南省科协党组书记、常务副主席毕华主持，益阳市委副书记、市长胡忠雄致辞，湖南省人大常委会副主任刘莲玉，中国科协副主席、中国工程院院士、湖南省科协主席黄伯云，中国核工业集团总工程师雷增光，中国核能股份有限公司党委书记吴秀江出席。开幕式上，颁发了全国科普惠农兴村先进单位奖牌和“少年看核电”征文活动一、二、三等奖，并为湖南省科普教育基地——益阳桃江核电科普馆授牌；为桃江县核电科普志愿者服务队授旗。开幕式活动现场，开展科普文艺演出、核电科普知识有奖竞猜、核电科普知识展板展示及科普大篷车等丰富多彩的科普宣传活动。开幕式后，在桃花江核电厂区科普馆，湖南省核科学与技术学科带头人、中国核动力研究设计院和南华大学博士生导师、桃江沾溪人龚学余教授与来自沾溪镇4个村的32位村民面对面聊核电。南华大学副教授尹陈梅为沾溪镇中学400余名师生举办核电科普讲座。在省科协、桃花江核电有限公司援建的沾溪荷叶山科普休闲广场，省科协医疗服务队、县卫生局组织的医疗专家18人为社区居民义诊服务，桃花江核电有限公司工作人员向居民发放核电科普宣传资料。

【举办“少年看核电”征文活动】 9月上旬、中旬，根据全国科普日湖南主场活动方案，县科协与县教育局联合组织在全县初中学生中开展“少年看核电”科普活动。活动分两个环节，一是向学生进行核电科普，由学校组织学生阅读核电科普书籍，观看核电科普视频，组织学生参观核电科技馆，让学生了解核电，认识核电；二是在学生中开展“我所认知的核电”征文活动。全县23000余名初中学生接受了核电科普教育并参与了征文活动。经过评选，9月18日，全县共评出优秀作文50篇。其中前10名由省科协颁发证书、奖品，设一等奖1名，二等奖3名，三等奖6名，其文章由湖南科协网、《第二课堂》杂志刊登。县科协、县教育局联合对其余获奖者进行了奖励。

文化·体育

文 化

【县文化广电新闻出版局领导人名录】

党组书记　蔡明焕（2014.01 止）
　　　　　胡国辉（2014.01 起）
局　　长　龚胜芳
副 局 长　徐丽华　胡孟科
纪检组长、工会主任　李　翔

【概况】　文广新局机关内设职能股室有办公室、人事教育股、文化市场股（法制股）、群众文化股、创卫办。局机关有干部职工 15 人。二级机构有县文化市场综合执法大队、县文化馆、县图书馆、县文物管理所、县美人窝文化传媒演艺（集团）有限公司、县电影公司。2014 年，各项工作取得成效。

文化惠民。2014 年完成送戏下乡 60 场，送花鼓戏下乡 15 场。开展核电杯“欢乐潇湘·歌唱桃江”系列群众文化活动，先后举办 18 场初赛，2 场复决赛，180 多个村（社区）单位、200 多个文艺团体、3000 多名群众演职人员、10 万余名观众参与活动。9 月份，选送《赶故事》《刘大娘笑呵呵》两个优秀节目到市、省参赛，获得佳绩。在桃花江竹海、休闲广场、步行街、灰山港中心广场等几个人流量大的地方增设了周末广场电影放映点，全年放映公益电影 3604 场。县影剧院邀请省内知名花鼓戏剧团来剧院演出花鼓戏 30 场，场场座无虚席。群众文艺活动队不断壮大。全县现有各类文艺队伍 300 多支，其中花鼓剧团 4 个、军鼓队 28 支、乐队 63 支、腰鼓队 67 支、健身舞队 102 个、舞龙舞狮队 27 支、文艺表演队 46 支，由乡镇、村和群众自发组织的大中小型文化活动达 1000 多次。开展文艺免费开放培训。全年共组织各类文艺免费培训活动 4 期（次），参与培训受惠对象达 800 多人。在全县建立流动图书馆 39 个。同时，在全县开展“三湘读书月”关爱留守儿童活动，倡导社会各界捐书给留守儿童。

文化遗产保护。桃江腰子仑春秋墓群列入古墓群文物保护类别，成功晋升为国家级重点文物保护单位，实现了桃江县“国保”单位零的突破。 开展了桃江县第一次可移动文物的调查摸底工作。对全县在编的 415 家单位的可移动文物进行了全面摸底。全面完成了省级文物保护单位跃龙塔保护修缮方案的编制工作和维修保护工作。

文化产业建设。推进全县重点建设项目——桃江县文化体育中心项目建设。已与中广国际传媒（北京）有限公司签约。该项目选址在桃花江镇谷山路西侧美人窝文化公园内，规划用地面积 70 亩，总投资 3.5 亿元。县影剧院维修改造工程顺利进行，主体工程已完工。图书馆北大门恢复及地面改造工程顺利完工。推动花鼓戏剧团、县美人窝文化传媒演艺（集团）有限公司、华耀 3D 数字影院等演艺产业发展壮大。

吸引民间资金 50 万元，成立“桃江花鼓戏产业引导资金”，以此扶持和鼓励桃江花鼓戏产业发展。印刷业、网络业、影视业、娱乐业等文化产业都取得了长足发展。目前，全县共有各类文化经营单位（户）388 家，文化产业销售额达 3.5 亿元。

文艺创作。《桃江历史文化丛书》完成初稿。全书分历史人文卷、山水风物卷、民俗风情卷、文学艺术卷，11月底已拿出清样。认真打造花鼓戏精品。对原创花鼓戏剧本《民大于天》进行了排练，4月份进行了首演，10月底，剧目《民大于天》在全县15个乡镇巡回演出。古装大型花鼓剧《天问桃花》和现代花鼓剧《人比桃花俏》《算账记》进行剧本修改和排练。

文化市场管理。县文化市场综合执法大队开展了“春节期间文化市场专项检查行动”“校园周边网吧市场专项整治”“扫黄打非”等各类专项行动，打击违规违法行为。有20家网吧停业整顿，80家网吧受到行政处罚。坚决收缴和查处含有低俗、凶杀暴力、黑道帮派、封建迷信、荒诞怪异等危害青少年健康成长内容和非法出版的少儿出版物。桃江县文化市场综合执法大队两次被国家版权局评为全国查处侵权盗版案件有功单位。春节、“两会”期间，县“扫黄打非”办组织县文化市场综合执法大队对乡镇有线电视站的广播电视安全播出工作深入暗访督查，对全县各乡镇的文化市场，特别是乡镇有线电视站、村级网站进行不间断督查。严肃查处了有线电视站私设播出前端和播出自办节目的违规行为。（邓燕华）

【马迹塘故事登上省舞台】 9月28日，桃花江马迹塘故事的传承人在经过长期研究的基础上，将原有故事节目“刘海砍樵”“三打白骨精”“桃花江是美人窝”和高跷艺术“八仙过海”连在一起，将原来的抬故事，改革成推故事的方式，同时配上音乐和舞蹈，“故事”变成了综合艺术，经过县、市、省三级层层选拔，成功登上湖南省庆祝国庆65周年大型群众文艺演出的舞台。

【李晖到桃江调研文化建设工作】 11月17日，湖南省文化厅党组书记、厅长李晖带领省文化厅办公室、艺术处、省图书馆的负责人到桃江调研基层文化建设。县领导何军田、胡国清、姚震等陪同。李晖一行首先来到县图书馆，查看了报刊阅览室、少儿阅览室、地方文献室、采编室等服务窗口，询问了县图书馆的接待服务能力，建议在进门大厅设置一个“读者书籍交换阅读处”，为广大读者提供一个“好书共享”的交换阅读平台。随后，李晖一行步行来到桃江县影剧院提质改造施工现场，听取了县影剧院文化传播有限公司的机构组成和运营情况介绍，了解了剧院改造工程进展情况，并表示对项目建设给予必要支持。李晖一行还考察了桃花江竹海景区。李晖对桃江县的文化工作给予了充分肯定。她同时指出，要整合资源，加大投入力度，不断完善乡镇文化基础设施，加强文化队伍建设，坚持服务人民，着力推出文艺精品力作。

【县图书馆建流动图书馆41个】 11月7日，桃江县图书馆第41个流动图书馆在大栗港镇栗山河学校建成。这是县图书馆2014年新建的第7个流动图书馆。栗山河学校为1至9年级，学生多来自偏远山村。为了增加边远山区学生的阅读量，县图书馆精选了400多册少儿图书，充实了学校的图书室。自2012年启动流动图书馆工作以来，县图书馆已累计建成41个流动图书馆。

【跃龙塔修缮完工】 11月17日，湖南省级文物保护单位跃龙塔古建筑修缮完工。坐落于县城凤凰山北麓的跃龙塔是桃江的地标性古建筑，始建于清道光十四年（公元1834年），为七层八面楼阁式花岗石建筑，继承了明清时期中国南方地区楼阁式砖塔的建筑特点，2011年被公布为省级文物保护单位。此次修缮主要从文物本体保护、基础设施改造、周边环境治理和配套设施建设等方面进行，最大限度地清除文物安全隐患，恢复其原有建筑的历史面貌和原有的环境特征。

文联工作

【县文联领导人名录】

主　席　胡红霞
副主席　张惠军
秘书长　吴少郴

【概况】 2014年，在县委的坚强领导和县委宣传部的指导下，县文联及各团体会员认真学习贯彻习近平总书记在文艺工作座谈会上的重要讲话精神，紧紧围绕“出作品、出人才、出影响、出形象”总体目标，聚精会神搞创作，一心一意促繁荣，团结带领广大文艺工作者开展了一系列卓有成效的工作，取得了可喜的进步与成绩。

协会管理。2014年，县文联多次召开县文联机关全体干部会议，贯彻落实党的十八大、十八届三中、四中全会精神，结合文联工作特点和实际，主动谋划文联与文艺的发展。通过层层学习传达、交流发言、专题研讨等方式，大家进一步统一了思想，提高了对文化强县建设的认识，文联作为党领导下的人民团体，始终是社会主义文化建设的一支重要力量。文联发挥文艺门类齐全、文艺资源丰富、文艺人才荟萃等优势，发展与完善了协会社团的考核评比细则，协会的各项工作都有了可以操作的科学标准；并将文联的联村建设、公益活动与协会工作进行了捆绑。资金上，得到了县财政的大幅度支持，14个协会，人均1万元，纳入财政预算。

队伍建设。新改组了民间文艺家协会，筹备了文艺志愿者协会。成功地举办了中秋赏月诗会、纪念夏思痛烈士诞辰诗词楹联吟诵与现场书画表演活动。赴京慰问探望了在京的部分桃江籍艺术家，并召开专题文艺座谈会。与电视台、文广新局、文化馆以及各协会共同联合，在人才培养、文艺活动、大型赛事等方面，做了许多积极的尝试。

阵地创新。以“五抓”促进文化强县建设。一是抓作品，多出精品力作，县文联领导更是带头搞创作，引领文艺精品创作风向标。二是抓人才，多出优秀人才；三是抓品牌，提升文艺水平；四是抓活动，扩大文艺影响力；五是抓服务，增强文联、协会的凝聚力。新挂牌组建了三处县文联下属的文艺惠民基地，在县文联机关，为协会腾出了一间集体办公活动室，用于创作与交流；对桃花江镇栗树嘴村的农民诗社也进行了重点扶持。三堂街镇文联成立两年以来，工作得到了长足的发展。灰山港镇也正在筹建乡镇文联。

平台建设。分别召开了多个专题研讨会，就如何多出优秀文艺作品、多出优秀文艺人才，如何更好地服务大局、服务文艺家、服务基层，如何发展文化产业等方面的问题，进行了深入讨论与交流。要求大家进一步增强“服务大局、服务文艺家、服务基层”的意识。编辑出版了《美人窝女文艺家作品集》和《印象桃花江》。另有各协会主办的五份刊物全力向外推介桃江文化。

十大成果。电影《我要回桃花江》获湖南省“五个一”工程奖。黎晓阳主席亲自带队的湖南省第二届青年词曲作家桃花江采风创作圆满举办。青年画家黄于纲个人画展及画册研讨会在北京举行，油画作品《就那么回事》入选国家十二届美展。舞蹈《赶故事》入选湖南省国庆65周年晚会优秀节目展演。大型电视文艺片《资江行》外采封镜，作为2015年新年献礼正式播放。湖南省文联副主席、省民间文艺家协会主席曾应民亲自为“建信村镇银行杯”首届桃花江民间故事演讲赛获奖者颁奖。桃江籍艺术家颜新元家庭《一家人画画》画展分别在北京、长沙举行。纪念高希舜大师诞辰120周年活动启动。原创花鼓戏《民大于天》公演。音乐家协会承办的民间文艺人才音乐培训班举行。（吴红霞）

广播电视宣传

【县广播电视台领导人名录】

台长、网络公司董事长　刘小武
副台长、网络公司总经理　龚弘力
纪检组长　李宁桃
副台长　苏亚明
工会主任　朱殿平

【概况】 2014年，县广播电视台下设桃江广播电视台、桃江广播电视转播台、湖南有线电视桃江网络有限公司、桃江县广告公司、灰山港转播（记者）站。广播电视台内设综合办公室、总工程室、人事政工室、监察室、财务室、总编室、新闻部、专题部、广播电台等10个部室（站），广播电视台为全额拨款事业单位，定编55人［其中电视台40人、转播台（站）15人］，湖南有线桃江网络有限公司71人、广告公司51人，外聘专业人员18人。开设有桃江经济、桃江综合两个自有电视频道，有益阳市唯一的县级广播电台——桃江人民广播电台；有湖南有线桃江网络有限公司、桃江县广告公司等经营创收平台，全年创收近2000万元；有浮邱山、救十寨两个发射基站；有灰山港、泗里河（2个）、武潭雷公寨四个农村无线数字电视发射站点。无线、有线广播电视信号覆盖范围涵盖桃江及周边10个县市区。

2014年，县广播电视台以“弘扬真善美、传递正能量”为主题，以“事业繁荣、产业发展”为主线，以“节目优质、服务优良”为抓手，按照新闻立台、事业强台、人才兴台的工作理念，同舟共济，扎实工作，圆满完成全年各项工作任务。在全县各类相关考核中荣获2014年全县重点工作目标绩效考核一类（优秀）单位，作风建设工作一类（优秀）单位，人口计划生育综合治理工作一类（优秀）单位。

新闻宣传重导向。开展了以“品读、感知、传递、唱响、践行”为目的的“党的群众路线教育实践活动”“中国梦和社会主义核心价值观”等主题宣传教育活动，做到了全时段、多角度、不间断，为凝聚党心民心、汇聚正能量发挥了县级主流媒体宣传导向作用。围绕县委、县政府确定的中心工作，先后进行了“‘一把手’访谈”“办实事，送温暖”“春运进行时”“四大建设大会战”“落实县委经济工作会议精神”“践行群众路线·建设生态桃江”“群众路线——最后一公里”“整改进行时”“聚焦核电”“最美基层干部”“人大代表、政协委员风采”等系列报道。

民生民情有聚焦。及时跟踪跟进、采访报道了一系列有影响的新闻事件，产生了较大的社会影响。“2014年第一场雪”“志愿服务·关爱老人”专题，传递了核心价值观。“我的大学、我的梦”汇聚社会正能量，募集善款70余万元，资助了70名优秀贫困学生，为贫寒学子圆了大学梦。“农民工工资被拖欠，记者调解拿到钱”“关注高考”“庆‘5·29’计生协纪念日”“平安桃江”“感动桃江道德模范”“行走资江畔，见证丰收年”“最美基层干部”“最美基层教师”等一批民生热点新闻报道得到了社会的高度关注和一致好评。

专题报道有影响。五月，《话说桃江》策划推出了“文化达人”系列，七月，《话说桃江》启动摄制的“军旅人生”系列，到长沙、广西、深圳、广州等地采访拍摄了20多位桃江籍优秀军人事迹。作为开办了四年的品牌栏目，《话说桃江》在荣获首届“三周文艺奖”、益阳新闻奖、益阳广播电视奖及首届桃花江文艺奖等诸多大奖之后，还被首次推荐参评省“五个一”文化工程奖。大型纪录片《资江行》，行程近2万公里，拍摄资江流域独特人文和自然风光各类素材7000余分钟，先后实地取景广西资源、龙胜、湖南城步、武冈、邵阳、新化、安化、桃江、益阳、沅江等21个市县区。《资江行》13集电视专题片、《资水风光》摄影集、《行走资江》散文随笔“三部曲”唤起了两岸人民保护母亲河，建设丽都益阳、生态桃江的热情。继《话说桃江》“文化达人”“军旅人生”两个新系列的节目和大型系列报道《资江行》等之后，《寻找竹王》第二季展示了桃江县竹林经营培育水平。为庆祝国庆65周年推出的《迎国庆·看桃江》，展示了近年来桃江县在交通建设、园区建设、产业建设、城镇建设、民生改善等五项重点工作方面取得的成就。《最美夕阳红》《那些年·那年人·那些事》《行走资江畔·见证丰收年》《缅怀先辈·感恩幸福》《志愿服务·关爱老人》《竹乡新跨越》等栏目为丰富电视屏幕，提高自办节目社会影响力，夯实了坚实的基础。

新推出了《太阳花》《新生活》《2014年，你希望马上有什么》《90后小伙的孔雀缘》《我骑行·我快乐》《桃花江畔帐篷节》《健康园地》等栏目。2014年，全台共推出《走乡村》103期、《桃江报道》32期、《话说桃江》37期、《桃江新生活》50期、《健康园地》12期、《中医与健康》4期、电视讲话访谈共11期、汇报专题片5个，市台上稿235条，湖南卫视上稿11条，央视新闻、央广网上稿2条。

事业产业投入增加。面对激烈的市场竞争，网络公司不断完善管理体制，加强内部管理，提升服务质量。通过努力，成功争取到县委、县政府的政策支持。六月，县政府正式下发文件，批准新建房屋有线电视安装费纳入桃江县建设项目并联审批实行一站式收费，为公司基本业务的发展打下了坚实的基础。同时网络公司还创新维修维护机制，对县城有线网络进行了防雷和防雨处理，安装防雷器150套，防雨板1000多张，大大减少了故障投诉电话。比上年减少30%的维修量。对农村无线数字电视5个发射基站进行了合理配置，使无线信号发射和覆盖效果都达到了最优。

全县农村广播网建设工程从2012年起启动，至2014年8月底圆满完工，共完成县级播控平台、15个乡镇广播站和306个村（社区）级广播室建设任务，实现了县、乡镇、村三级联动播出和村（社区）全覆盖。整个系统24小时无人值守，全自动工作。共架设广播点2700多个，安装喇叭（音柱）5700多个，总投入660多万元。计划四年时间完成的全县农村广播网工程提前一年半完成建设任务。九月底，最后一批3545户“村村通”直播卫星建设工程全面完成安装调试工作。通过五年努力，共计安装调试“村村通”直播卫星1万余户，偏远地区农民也能收听收看广播电视。投入20余万元，对灰山港转播站的饮水设备和浮邱山转播站的挡土墙、厨房进行了维修维护，两个台站生活设施得到了进一步完善。投入90余万元，添置了三套（10万元/套）高清高档摄像设备、一套移动编辑系统（15万元/套）、一套高清编辑系统（6.5万元/套）、两台新闻采访车（30万元），新添置十多台电脑、航拍设备、摇臂、高清摄影、虚拟演播室、现场编辑等一批专业设备。

产业发展。2014年省公司对桃江公司下达了创收1450万元的经营目标任务，公司经营班子带领全体员工负重奋进，全面完成了各项工作任务。公司通过全员营销和多渠道大力推广数据宽带、高清电视、付费节目等各类增值业务，拓展了营收渠道。2014年，牛潭河站荣获全县劳动竞赛先进班组称号，站长林弟发被评为“全县最美基层干部”，公司员工符杰获得全国有线广播电视机线员职业技能竞赛第四名，成为全省唯一进入前十五名的选手。有线机房实现全年24小时安全播出零差错。社会形象与经济效益同步提升。全年完成收入1450万元，其中基本业务收入959.93万元，增值业务收入46.7万元，无线业务收入128.15万元，广告创收280多万元，圆满完成了年初的创收任务。（钟锴）

【“美丽桃江”电视摄影大赛圆满结束】 1月15日，由县委宣传部主办，县广播电视台、县摄影家协会共同承办的隆源装饰杯首届“美丽桃江”电视摄影大赛在县广播电视台进行最终评选。由县委宣传部、市摄影家协会、县文联、县政协文教卫体委等单位组成的7名专家评审组，经过3个半个小时的紧张评选，评出了艺术类和纪实类22个奖项。金国民的《和谐修女地》获艺术类一等奖，李向红的作品获得纪实类一等奖。大赛共收到177张参赛摄影作品，摄影爱好者入山林、寻古迹、进街巷社区，捕捉全县经济社会发展亮点，从不同视角展示了桃江厚重民俗乡土文化和秀美自然风光。

【扶贫助学义演晚会隆重举行】 8月20日晚上，桃江“放飞希望·成就梦想”扶贫助学义演晚会在县城体育场隆重举行，为期两个多月的“我的大学·我的梦”大型爱心助学活动画上圆满句号。此次助学活动，共募集善款743804.4多万元，70位贫困学子喜获资助。资助对象分两个等次，一等每人5000元（49人），二等每人3000元（21人）。其余款项将存入桃江县教育基金会，用于对其他贫困学子的资助。此次大型助学活动由县委宣传部、县广播电视台、县信息中心、县教育基金会和县志愿者协会等单位共同发起，从6月初开始，便得到广大爱心人士的热烈响应和社会各界的热切关注。活动组委会共收到桃江一中、二中、四中等7所中学推荐的86名2014届高考考取二本以上的大学新生申请资助名单。桃江广播电视台记者和爱心志愿者走遍15个乡镇，76个村，行程2000多公里，对所有受助对象逐个上门调查走访，桃江广播电视台、桃江公众信息网等媒体连续报道了一大批面对困境、奋发向上学子的事迹。

图书发行

【新华书店桃江县分公司领导人名录】

经　理　龙庆祥

副经理　符　锋　彭立君

　　　　胡　靖

【概况】 湖南省新华书店有限责任公司桃江县分公司（以下简称桃江县分公司）是湖南省新华书店集团公司在桃江县的分支机构，是一家有着60多年历史的国有控股图书发行企业。前身是桃江县新华书店。公司在职职工40人，离休1人，退休16人。内设综合管理部、资产财务部、图书业务部、教材业务部，下设中心门市部、三堂街门市部、马迹塘门市部、灰山港门市部、桃江四中校园书店和桃江一中校园书店。经营范围包括教材教辅、一般图书、文化用品、电子数码产品、音像制品、电子出版物等。公司始终坚持先进文化的前进方向，与时俱进，开拓创新，先后多次获评省市县先进单位。

2014年，桃江公司实现销售码洋7100万元，为年计划的100.14%，比上年同期增长15%，其中：教材教辅5273.47万元，为年计划的104.84%，比上年同期增长8.24%；一般图书完成852万元，为年计划的101.43 %，比上年增长15%；文化用品931.67万元，为年计划的124.06%，较上年增长69%；实现营业收入5454.93万元，为年计划的101.58%，完成利润591.28万元，为年计划的100.56%。可控费用在上年基础上有了较大幅度降低，如会议费下降了8万余元，业务招待费下降了近28万元。全面刷新了各项经济指标，公司的生产经营规模又上了一个新的台阶。

教材教辅发行。2014年秋季，是“教辅新政”实施的第一学期。公司按照市公司的统一部署，依托在全县157所学校建立的校园书店和校园书店代办点，印制“收款员工作证”1560个，派驻校园书店业务员18名，聘请收款员1560名，发放收据近7万张，收发自愿征订单18万余份，回收收款现场照片1500多张，教育主管部门没有统一发文、没有包办发行，教辅发行工作取得了圆满成功。加强与教育行政部门和学校的沟通和协作，从领书、收退到结算，从一把手到各承包区负责人经常深入各学校走访，征求意见，对学校追加、追减的订数及时进行调剂、上报，确保教材教辅征订和发放足额、配套、齐全。共为学校调剂教材教辅近1000次、2000余套，码洋30多万元。从领书到收退，送货上门、结算上门、服务上门形成常态化，有效避免了学校错订、漏订和重订现象的发生。

图书销售稳步增长。开展下乡摆摊和流动供应，促进一般图书销售的增长。业务员深入学校，张贴海报和召开班主任会议宣传发动，约定时间，再由经理室牵头，抽调各部门人员组成临时摆摊小组，以校园书店和校园书店代办点为平台让利销售，当天不能以现金购书的，采用信用记账，再收取现金。利用重点学校新生入学之际，在录取通知书里推荐学生必备书目。着重把握“4·23”世界读书日“六一”等特殊节日，适时优惠促销。利用微信公众平台、移动企信通等现代网络工具发布新书及有关促销活动，参与市场竞争。2014年，共实现一般图书销售401万元，重点图书460万元，大中专教材63万元，均创下了历史新高。

抢抓市场，多元化经营。充分利用自身品牌优势，敏锐捕捉信息，积极融入教育装备等招投标工作中。一年来，先后成功竞得大小标的6个，中标码洋1015万余元，创下了公司有史以来的新高。校园书店及其代办点，是将销售终端前移的重要方式，更是在“一科一辅”新政实施后，确保做大做强其他教辅市场的重要载体和平台。年初，公司经过多方努力，由桃江县委宣传部牵头，会同县教育局和县文广新局联合下发《桃江县校园书店和阅览室建设方案》，为公司顺利建成校园书店提供了政策支撑。一年来，共建成非标准化校园书店18家，校园书店代办点137家，建成的一家标准化校园书店——桃江一中校园书店于8月28日开业并通过省公司验收。

加强应收账款清收力度。认真落实省、市公司关于应收账款清收工作的文件精神，制定了“2014年度应收账款回笼考核办法”，实行包区责任制，根据收款进度进行奖励，全县应收货款全部收回，回收率达100%。

党的群众路线教育实践活动。按照市公司的总体部署，公司专门成立了活动领导小组，认真制定了教育实践活动实施方案，召开了动员大会。紧紧围绕加强学习和征求意见这两个重点，一方面抓好中心组的学习教育，以此带动党员的学习。在深入学习理论的基础上，每人都积极撰写心得体会，记好学习笔记。另一方面，党支部、班子成员带头征求意见，先后采取民主生活会、职工座谈会，单独谈话、民主测评等形式，认真听取干部职工意见，倾听各方面的声音。深入调研，解决问题。公司支部通过问卷调查、民意调查、走访谈心等活动，针对联系部门和帮扶人员在工作和生活中存在的困难和问题，帮助他们制定了切实可行的年度计划和今后发展目标。帮扶领导按期入户定措施、办实事、解难题。狠抓整改落实，对群众反映强烈的问题，认真进行了专项整改。如对群众反映费用开支过大的问题，公司制定相应的费用管理制度，不必要的开支和可开支可不开支的费用严格控制，与上年同期相比费用明显下降。公司对近两年的制度进行了全面的梳理，并根据制度清理情况，结合公司内部管理中存在的问题，拟定了23项制度建设计划，修订出台10项，重新制定7项。 （李明）

【召开党的群众路线教育实践活动动员大会】 3月17日，市公司总经理、党的群众路线教育实践活动小组组长邓京科出席桃江县分公司党的群众路线教育实践活动动员大会并作重要讲话，桃江分公司正式开展党的群众路线教育实践活动。

【桃江一中校园书店开业】 8月28日，湖南省新华书店有限责任公司桃江县第一中学店正式开业，当天，销售额达到4000元。至此，隶属桃江县公司的门店有6个，非标准化校园书店及代办点157个。

体　育

【县体育局领导人名录】

局　　长　戴次波
副 局 长　张　岩　曾向宏
纪检组长　刘　军

【概况】 县体育局内设群众体育股、办公室，有干部职工8人，一个二级机构，干部职工6人。2014年，县体育局贯彻落实党的十八大提出的“广泛开展全民健身运动，促进群众体育和竞技体育全面发展”的新要求，着力推进以健身设施建设、全民健身运动和健身指导服务为重点的全民健身服务体系建设，为广大人民群众科学健身提供了有力保障。

群众体育。6月，县体育局组团参加了益阳市第十四届大众运动会，取得了优异成绩，获得金牌8枚、银牌10枚、铜牌6枚。10月7日至30日，举办了桃江县第十届大众运动会，共设置比赛项目12个，1100人次参赛。全年先后组织篮球比赛、钓鱼比赛、登山比赛等赛事活动50多次。8月在全县范围内开展了较大规模的群众体质测试工作，完善了国民体质监测相关工作程序和操作制度。各类人群3000人参加了体质测试，并针对性地开具了运动处方，撰写了2014年国民体质监测调研报告，为分析全县居民体质和制定群众性体育工作方案提供了科学依据。

体育设施。2014年，县体育局加大投入力度，加强农村体育健身工程的建设，按照“为民办实事”的标准，修建了4条室外健身路径和55个“一场两台”农民体育健身工程，体育设施得到进一步完善。同时，县体育中心被国家体育总局命名为“益阳市桃江县全民健身活动中心”，获得命名资助50万元。为贯彻国家体育总局、省体育局关于开展“第六次全国体育场地普查”的有关要求，县体育局派出精干人员参加市级培训，制订了一系列工作方案和实施计划，圆满完成普查工作。通过摸底普查，基本摸清了全县体育场地数量、类型。全县人均拥有公共体育设施面积为1.08平方米，距离县人均拥有公共体育设施面积的目标尚有一定距离。本次普查，还摸查了一批在建和适宜计划建造的场地情况，作为下一阶段的公共体育设施建设目标。

全民健身。体育社团的组织建设、制度建设、队伍建设和能力建设得到加强，体育社团社会化和实体化进程得到全面推进。全年申报国家级社会体育指导员1人、二级社会体育指导员5人、三级社会体育指导员16人，加强了社会体育指导员的群众指导工作，丰富了广大群众健身活动内容，满足了不同人群的健身需求。积极争取县体育馆纳入全省大型体育场馆范围，争取项目资金50万元。2014年，全县首次开展了全民健身日及体育场馆免费低收费活动。从3月份开始，体育场馆免费或低收费开放，全年约为5万余人次提供了较为完善的健身服务；8月8日，县体育馆各场馆全部免费开放，并有社会体育指导员现场指导锻炼。这些活动的开展，对于全面掌握广大人民群众体质，推动全民健身、丰富百姓生活、构建和谐社会起到了积极的作用。

竞技体育。超额完成益阳市人民政府下达的参加湖南省第十二届运动会夺金任务。夺得10枚金牌，为历届夺金之最，在益阳市各区县市中位列第一。继续深化“体教结合”。扎实推进体育后备人才培养，完善业余训练网络，把业余训练作为贯彻全民健身计划和提高运动竞技水平的结合点，桃江县第四中学成功申报省级体育后备人才重点学校。3月，成功承办了湖南省青少年武术锦标赛，来自全省各市、州的60多支代表队近900名运动员参加比赛。

体育产业。8月12日县体育馆体彩中心正式营业，体彩中心的建成营业展示了体育彩票的品牌形象，扩大了体育彩票销售市场。结合省“支强扶弱”试点县项目，对全县体育彩票销售网点进行升级，加强体育彩票的宣传。积极调查研究，在武潭镇增设了一个体彩专营销售点。在县体育局组织的各类体育竞赛中，通过冠名广告宣传等形式，全年共筹集比赛和活动经费10万元。（徐明）

【“三八”妇女节跑步接力赛成功举行】 3月5日，县妇联、县体育局联合组织了全县女领导干部在大汉龙城沿江风光带举行了“庆三八向省级卫生城市奔跑”移动杯健身跑步接力赛，来自全县各个岗位的270名女领导干部参加了比赛。

【湖南省青少年武术锦标赛在桃江成功举行】 3月25—27日，湖南省青少年武术锦标赛在县体育馆举行。来自全省各地、州、市60支代表队、898名运动员参加了比赛。

【全县第六次体育场地普查完成】 3—6月，县体育局开展全县第六次体育场地普查，近年来，随着桃江县社会经济的发展，体育设施保有量不断攀升。通过本次地毯式的摸底普查，基本摸清了全县体育场地数量、类型。全县体育场地设施建设面积为94.32万平方米，人均1.08平方米。

【首次举办全民健身日活动】 8月8日是我国第六个“全民健身日”，县体育局以“我运动、我健康、我快乐”为主题，举办系列活动推动全民健身运动开展，传播科学健身理念，保障公民合法权益，提高公民身体素质。上午8点至12点、下午3点至6点“全民健身日”活动期间，桃江县体育场馆免费开放，包括专业器材健身、游泳、滑冰、篮球、羽毛球和乒乓球等项目，县体育局工作人员还在现场为群众进行免费的体质测试。

【超额完成省运会夺金任务】 8—9月，桃江县组团参加湖南省第十二届运动会武术、定向越野、举重、羽毛球、田径、高脚马等比赛项目，共获得金牌10枚、银牌1枚、铜牌2枚。

【全县大众运动会成功举行】 10月7日至31日，全县大众运动会成功举行，大众运动会共设置乒乓球、羽毛球、跳绳、钓鱼、姚记双百分比赛、4×100米男女混合接力赛、台球、公路自行车、登山、象棋、三人篮球、拔河等比赛项目12个，报名人数达到1100人，是历年比赛项目和参赛人数最多的。

医疗卫生

卫生管理

【县卫生局领导人名录】

党组书记、局长　吴建军
党组副书记、副局长　刘亮奎
党组成员、副局长　张应枚
　　刘学谘
　　夏苍青
　　王满云
党组成员　廖文华　陈世夫
　　薛红兵
副局长　杨永中
纪检组长　王满云（兼）
工会主任　薛红兵（兼）

【概况】　县卫生局机关内设办公室、人事股、计划财务股、政务服务股、医政科教股、中医股、预防保健股、农村卫生股、法制与卫生监督股、食品安全综合监督股（加挂县食安办牌子）、监察室、项目办等12个股室。有在编公务员11人、事业编2人、借调18人。2014年获“省文明标兵单位”、全市卫生系统综合目标管理考核第一名和县绩效考核优秀单位荣誉称号。

2014年，全县共有医疗卫生机构451家，包括7家县级公立医院(县人民医院、县第三人民医院、县中医院、县肿瘤医院、县精神病医院、桃花江中心医院、桃江县中西结合医院）、2家民营医院（博爱医院、资江医院）、3家专业公共卫生机构（县妇幼保健医院、县疾病预防控制中心、县卫生局卫生监督所）、15家乡镇卫生院、276个村卫生室、13家医务室、14家个体诊所、16家计生服务站、105个分院分所门诊部。在岗卫生人员4516名，其中卫生技术人员3822名；床位3621张，常住人口每千人拥有医疗卫生机构床位数4.58张、执业（助理）医师1.32名、注册护士1.34名。全年公立医疗机构出院13.91万人次、门（急）诊94.71万人次。

医疗卫生体制改革。15所乡镇卫生院全面实施国家基本药物制度，严格执行网上集中采购，严格实行零差率销售。出台《村卫生室实施基本药物管理办法》，村卫生室实施基本药物制度进一步扩面提质，由原来的143个增至237个，覆盖率达到83.45%，共采购基本药物510余万元，拨付财政专项补助和一般诊疗费255万元。马迹塘镇卫生院于11月成功改制，更名为县第三人民医院（二级综合医院）。牛田中心卫生院率先实行“一村一室一人”的村卫生室绩效管理模式。县人民医院与省人民医院开展深度合作，加盟省人民医院集团；县中医院成为湘雅附三医院定点指导医院；县肿瘤医院获得了省肿瘤医院的对口帮扶，实现了优质医疗资源的下沉；县级医院的医疗质量与服务水平得到进一步提高。

项目建设。成功争取国债投资500万元的县妇幼保健院能力建设项目、300万元的精神病医院住院楼项目，以及大栗港、三堂街2个100万元以上的乡镇卫生院建设项目，4个10至50万元的中医药适宜技术、公租房以及慈善基金等项目，27个村卫生室建设项目。完成县人民医院旧住院楼改造和桃花江中心医院综合楼、县精神病医院住院楼、大栗港中心卫生院综合楼和鲊埠回族乡卫生院公卫楼改扩建项目，年内新增床位420张。全系统共完成固定资产投资1.02亿元，超额完成年度目标任务；立项争资2.42亿元，为年度目标任务的115%，居全县第一。

基本公共服务。新增0～3岁儿童和65岁以上老年人中医药健康管理服务等2项基本公共卫生服务项目，11项基本公共卫生服务和其他重大公共卫生服务，各个项目及各项指标都完成或超额完成年度目标与上级任务。全年新建居民电子健康档案51257份，累计建档591621份，建档率75.88%。免费为65岁以上老年人、0～6岁儿童、孕产妇、高血压、糖尿病和重性精神疾病患者等重点人群开展健康体检25.34万人次，其中老年人体检58828人，体检率87.16%；孕产妇体检9115人，体检率95.86%；0～6岁儿童体检88019人次，体检率86.7%。艾滋病、结核病等重点传染病防治和叶酸增补、免费婚检等重大公卫服务项目得到了继续强化，连续4年实现了可避免孕产妇零死亡，5岁以下儿童死亡率控制在5‰以内。

医疗质量与安全管理。医疗机构建立长效医疗护理质量管理机制，定期开展医疗护理质量检查和分析讲评，落实谈话告知、病历书写等核心制度；积极开展医政夜查房及医政工作督查；优质护理服务示范病区进一步扩面提质，县级医院达到了100%，浮邱山、桃花江、马迹塘和武潭等乡镇（中心）卫生院开展了优质护理服务试点；深入开展“三好一满意”、抗菌药物专项整治、临床路径管理等活动，严格落实县直公立医疗机构药品、耗材网上集中采购；加强临床重点专科建设，强化了13个市级重点专科、1个国家级特色优势专科的管理，县肿瘤医院妇瘤科成功申报为市级重点专科，县中医院脑病科申报了省级重点专科；规范医疗机构诊疗与转诊转院行为，加强了三级医院的对口合作，进一步提升大病救治能力与院前急救能力；扎实开展医疗机构整顿清理与医师定期考核工作；进一步完善医疗机构医患纠纷预防和调处机制，狠抓《桃江县医疗纠纷及事故责任追究暂行办法》的落实；组织医疗卫生单位参加医疗责任保险工作；县妇幼保健院、疾控中心及各乡镇卫生院、村卫生室基本完成药品电子监管入网工作；进一步强化医疗质量与医疗安全管理，全年未发生医疗责任事故。

中医药服务。建立健全了县、乡、村三级中医药服务网络体系，强化了人才队伍建设与学科带头人培养，中医药服务能力明显提升。县中医院进一步加强了基础设施建设、信息化建设、人才培训和医院管理，7月份顺利通过省中医药管理局二甲复评；设立了中医基层指导科，健全完善各项规章制度，组织全县基层中医药人员进行多发病、常见病教学和业务培训，加强了对中医药工作的指导。除沾溪镇、鲊埠回族乡2所乡镇卫生院外，其余13所乡镇卫生院逐步建立起了中医科或针灸理疗科，广泛推广中医药适宜技术；松木塘、三堂街2所乡镇卫生院和桃花江镇创业村等30个村卫生室成功争取了省基层中医药适宜技术服务能力建设项目23万元。

疾病控制。强化了预防接种管理，开展入学、入托儿童预防接种证查验，对303家预防接种单位予以换发证。开展糖丸强化和麻疹疫苗查漏补种及2次接种率调查，五苗接种率均在95%以上。加强了传染病管理，开展了手足口病、埃博拉和登革热出血热等重点传染病的管理，开展了霍乱、布鲁氏菌病的疫源检索与监测，加强了结核病、艾滋病等重大传染病防控工作，全年共收治活动性肺结核病人687例，艾滋病免费自愿咨询检测578人，新发艾滋病19例，为68名病人提供免费抗病毒治疗。积极开展卫生检验、检测工作，职业健康检查和预防性健康体检分别为2635人次、9915人次。组织开展13次主题日宣传活动，居民健康知识知晓率达96%。

妇幼保健。进一步健全了全县妇女、儿童保健网络，配备了专干，建立了儿童保健门诊，孕产妇、儿童系统管理率分别为94%、86%，全年孕产妇零死亡，5岁以下儿童死亡率4.89‰。对全县筛出的高危孕妇1810人进行了系统管理，高危孕妇住院分娩率100%。积极开展产前筛查、新生儿疾病筛查、新生儿听力筛查“三筛”工作。强化了全县托幼机构卫生保健管理，开展托幼机构儿童健康体检，对筛查出的体弱儿童1037人次进行专案管理，重点监护。切实做好剖宫产率控制工作，加强督查，全县剖宫产率控制在41.3%。为23808名农村妇女进行宫颈癌免费检查，查出宫颈癌及癌前病变42人。农村妇科病普查104709人，普查率为49.1%；免费增补叶酸9012人，叶酸增补率为94.7%；免费婚检14408人，婚检率90.08%；全面实施艾滋病、梅毒、乙肝母婴阻断项目，全年共进行HIV、梅毒和乙肝检测8769人，初筛率为92.2%。

卫生监督。开展了打击“黑诊所”、游医、假医和药店坐堂行医及以保健为名非法开展诊疗活动的无证行医行为，全年立案查处无证行医案件21起，结案16起，申请法院强制执行3起，全年无行政诉讼败诉和行政复议撤销案件；启动医疗机构不良执业行为记分管理工作，对8家医疗机构发布虚假医疗广告和1家个体诊所超范围执业的不良执业行为按要求进行了记分管理；对169所中小学校和150所幼儿园开展饮用水专项监督，指导监测采样436个；加强了医疗机构传染病防控管理，对全县所有医疗机构传染病防控工作开展了2次集中专项督查并进行了通报；认真开展公共场所监管，建立公共场所卫生监督电子档案529家；开展了305家公共场所卫生信誉度等级评审和量化分级管理工作，城区公共场所量化分级管理率达82%。加强了卫生监督协管，对866家协管服务对象进行了分户建档，巡查3147户次，报送巡查信息479户次。

卫生应急处置。完善了县乡村三级突发公共卫生应急报告网络，规范了应急事件报告程序，全年共处置高桥中学食源性发病等12起突发公共卫生事件，及时处理了196条传染病预警信息，确保卫生应急信息畅通、准确，疫情处置科学、规范、及时。全年无重大突发公共卫生事件；强化了卫生应急宣传与防病救灾；组织参加了市突发急性传染病防控和突发中毒事件应急处置技能竞赛，团体和个人均获优异成绩。

食品安全综合协调。制定了桃江县食安委成员单位工作职责、食安委工作规则，建立了食品安全有奖举报制度、行政执法与刑事司法衔接工作机制和食品安全风险监测方案、重大食品安全事故应急预案，强化了食品安全综合监管和食品安全风险监测；开展了食品安全宣传与隐患排查，部署开展了治理校园及校园周边食品安全、食品非法添加和滥用添加剂、农兽药残留、畜禽屠宰，打击保健食品、酒类、餐饮消费等十大食品安全专项整治；加强了食品安全事故处置队伍能力建设，及时有效处置了突发食品安全事件。全年县内未发生重大食品安全事件。根据机构职能调整要求，食品安全监管综合协调职能移交给县食品药品监督管理局，12月30日，顺利完成食品安全监管综合协调职能交接工作。

新型农村合作医疗。全县参合农民724389人，参合率97.71%；全县补助金额占累计住院费用比例为65%，统筹地区县乡两级政策范围内补助金额占累计住院费用比例为76.48%，均达到省定要求。3月，按照县《关于整合县新型农村合作医疗和城镇职工医保经办机构的通知》精神，不再保留桃江县新型农村合作医疗管理办公室与桃江县城镇职工医疗保险基金管理所，合并组建桃江县医疗保险管理所，归口县人力资源和社会保障局管理。

（胡浩良）

【鸬鹚渡镇卫生院经验在全市推介】 5月23日，市委副书记丛培模到县检查、指导党的群众路线教育实践活动，抽查、走访了鸬鹚渡镇卫生院，对该院整治“收费不透明”“诊断不及时”和“慵、懒、散”等问题、专车免费接送老年人开展免费体检服务等做法给予了充分肯定，认为是真正打通了服务群众的“最后一公里”，要求在全市推介该院党的群众路线教育实践活动实施方案和典型经验。

【马迹塘镇卫生院成功改制】 6月，根据县编委办《关于调整桃江县马迹塘镇卫生院机构设置人员编制的通知》，马迹塘镇卫生院（加挂桃江县第三人民医院的牌子）分设为桃江县第三人民医院和马迹塘镇卫生院，两个机构合署办公。马迹塘镇卫生院负责辖区内的基本医疗服务和公共卫生服务，是独立法人事业单位，核定全额拨款事业编制人数68名，设置床位50床。桃江县第三人民医院为县级公立医院，实行财政差额预算，定编160名，设置床位280张。熊钢任马迹塘镇卫生院院长、桃江县第三人民医院院长。

【卢佳祥慈善基金会捐赠百万救灾资金】 7月23日，卢佳祥慈善基金会100万元捐赠仪式在三堂街中心卫生院大会议室举行。市人大常委会原主任周再华，市卫生局副局长夏宏宇，市民政局副局长贵秋民，市科协纪检组长丁放贤，县长何军田，县人大常委会副主任胡跃宏，副县长戴朝等领导及县政府办、县委宣传部、县民政局、县卫生局、三堂街镇相关负责人出席捐赠仪式。

县红十字会

【领导人名录】

会　　长　戴　朝
常务副会长　廖文华
副 会 长　周弟初
秘 书 长　胡志胜

【概况】 桃江县红十字会成立于1990年，挂靠县卫生局。2013年3月县编委确定县红十字会为县级人民团体。

传播红十字精神。开展了“‘5·8’世界红十字日”宣传，组织医务人员12名在县中医院（红十字冠名医院）为200多名群众进行义诊，发放健康教育宣传资料3000多份，借助教学模型现场示范心肺复苏急救术操作，提高群众自救互救能力。组织县中医院红十字志愿服务队慰问三堂街镇敬老院孤寡老人，开展健康知识宣讲、健康体检和文艺演出，传播“人道、博爱、奉献”红十字精神。在“‘12·1’世界艾滋病日”，积极宣传艾滋病综合防治，会同县疾控中心等单位开展了相关防治知识宣传。

无偿献血。2014年在无偿献血总量、无偿献血人数以及扩大无偿献血队伍等方面取得了新的突破，全县共3735人次无偿献血，为年度目标任务的124.5%。实现了全县医疗临床用血100%来自无偿献血，确保了临床用血安全。

防灾减灾。5月份，会同有关部门开展应急知识现场集中宣传活动，制作3块宣传展板，接受群众咨询200多人次，发放应急避险与初级救护知识资料1000多份，普及应急知识，推动防灾减灾。7月份，三堂街镇等乡镇发生洪灾后，积极协助大栗港镇田家坪村群众开展抗洪救灾，及时上报全县灾情，先后获得上级红十字会的粮油、衣服等救灾物资和救灾备灾项目建设资金近50万元（包括马迹塘镇张家坊村生命通道项目建设资金20万元），均及时发放给受灾群众。协助完成鲊埠回族乡卫生院灾后援建项目建设。

人道救助。2014年春节前后组织开展了“红十字博爱送万家”活动，发放现金、物资等共7.96万元，惠及130个困难家庭。先后慰问桃花江镇敬老院44位孤寡老人、大栗港镇田家坪村10户特困群众。慰问县精神病医院住院精神病人，捐赠衣物400件、奶粉10件，总价值近5万元。先后协助3名白血病儿童向国家红十字总会申报“小天使基金”。

人体器官捐献。协助上级红十字会完成遗体捐献1例；特别是在10月份协助成功捐献人体器官1例，实现全县人体器官捐献零的突破。

应急救护。县红十字会、县卫生局联合举办了全县首届初级救护员培训，卫生系统58人参加了为期两天的培训，并获得红十字初级救护员证。

（胡志胜）

县人民医院

【领导人名录】

院　　长　张应枚
副 院 长　周　军（2014.06起）
常务副院长　罗健康(2014.06起)
副 院 长　陈放初　傅梦牛
　　　　　钟腊玲　陈新强
　　　　　彭文芳(2014.01起)
工会主席　邹金瓯

【概况】 县人民医院始建于1951年，1995年获评全县唯一“二级甲等综合医院”，是全县的医疗和急救中心。2014年底，医院占地面积58亩，全院人员编制628人，非编聘用职工195人，实际在职职工人数为823人，卫生技术人员739人，高级职称119人，其中正高职称5人、副高级职称114人、中级职称270人。护士长以上中层骨干117人，其中正科级2人（省人医挂职1人）、副科级3人（省人医挂职2人）。拥有1.5T菲利普超导核磁共振、16排螺旋CT等万元以上先进医疗设备200多台（套）。开放病床1050张，设临床科室18个，医技辅助科室11个，拥有市级重点专科9个。2014年7月，与湖南省人民医院建立深度对口合作关系。

2014年，医院坚持公益惠民办院理念，以“作风建设”和“学习培训”为重要载体和主要抓手，不断强化管理，规范医务行为，优化服务内涵，夯实发展基础，医疗服务能力和水平得到切实提升，各项工作居于全市同级医院领先水平，医院发展呈现出业务增长平稳、人才结构优化、医疗质量提升的良好态势。2014年获“益阳市平安创建活动先进单位”“桃江县精神文明建设一类(优秀)单位”“绩效考核一类优秀单位”等荣誉称号。

各项收入稳定健康增长。加强沟通，争取政府支持。全年获政府各项经费补贴570余万元。规范经营，主要医疗服务效率稳步提升。全年共接待门急诊病人189444人次，较上年增加22063人次，增幅13.18%；接待住院病人42878人次，较上年增加1477人次，增幅3.57%；完成业务收入2.056亿元，较上年增加1417万元，增幅7.4%；病床使用率114%。

服务能力建设取得新进展。如期完成旧住院楼的升级改造以及医院食堂的改扩建工程，并正式投入使用。服务接纳能力大幅提升，切实改善了患者住院环境，开设病床数由原来的650张增加至1050张，可开放病室达21个，血液透析中心床位增至50张。

医疗管理工作迈上新台阶。医疗质量与安全意识得到较大幅度的提升。全年医院无一起医疗事故，无重大群体性医疗纠纷。强化管理考核，确保医疗安全。严格落实各项规章制度。出台《桃江县人民医院医疗业务查房考核标准》《病历（案）质量评定标准》等规范性文件，对重点部位、关键环节实行持续质控动态管理，建立健全医院不良事件和安全隐患报告制度，鼓励免责上报，从源头抓起，防范医疗事故。强化“三基三严”培训。开展医学知识和病历书写质量评比竞赛，举办医学知识颁奖大会，通过以考促学、以赛促练等多项活动，在全院营造了你追我赶、奋发向上的良好氛围，获得益阳市首届院前急救技能竞赛团体第二名以及个人二、三等奖的佳绩。不断规范医疗行为。重点抓好新进人员的岗前培训、青年医务人员的技术规范和轮岗训练，从严依法治医，安全意识得到提高。抗菌药物整治措施得力。持续严格规范抗菌药物的使用，加大处方点评和对违规行为的处罚力度，将全年住院患者抗菌药物使用率控制在60%以内，符合整治标准。临床路径诊疗有力推进。全院14个试点病种开展临床路径诊疗，年入径人数4889人次，入径率98%，完成率97.5%。优质护理服务全面深化。新增血液透析中心、消毒供应中心两个优质护理单元。开展“天使杯优质护理服务”单元竞赛活动，成立静脉治疗等四个护理专业小组，创新健康教育途径，将临床路径应用于住院患者的健康宣教工作，开展超导下PICC置管新技术。医院感染工作扎实开展。强化对重点科室、重点部位的督查和管理力度，开展院感知识培训7次，培训各类人员共计618人次。全年无医院感染流行及医疗废物遗失事件发生，为医疗质量的安全提供了有力保障。

专科建设不断满足群众新需求。实施“学科兴院、人才强院”战略，召开全院学科建设座谈会，梳理和明晰各专业学科发展思路，利用省人医优质的人力智力资源，为医院的战略发展搭建了更高更好的平台。细化学科分类，分设呼吸、消化、妇科、产科、新生儿科，增设神内二病区，开展外科介入和ICU学科专业人才的培训和储备，专科专治和专业化管理逐步强化。积极引进新技术、新项目。借助省人医优质医疗资源的下沉，引进“重症胆管炎的手术治疗”“阴道骶骨固定术”（补片）等6项新技术，切实提升了医院的诊疗技术水平。

内涵建设打造医院发展新高度。业务学习培训呈常态。采取“内请外送自培”等方式促进专业人员业务素质的全面提升，邀请省人医知名专家教授累计22人次来院开展学术讲座、手术示教和疑难会诊等传帮带教工作；选派各专业24名骨干赴省人医跟班培训、17人外出进修学习和160人外出短期培训、参加各类学术会议；举办全院性的大型培训和多媒体远程教学43次。人才队伍建设成效喜人。学科人才队伍实现动态更新和结构优化，2014年通过高级职称考核评审正高2人、副高10人，引进各类医学专业人才58名，发表学术论文50篇，其中有3篇论文获评益阳市自然科学优秀学术成果优胜奖。人事制度管理改革平稳推进。创新中层骨干的选拔任用和考核机制，通过民主测评、竞聘上岗选拔科室正主任5名、科室副主任11名、科室护士长5名。通过文化宣传展示医院良好形象。继续加强对新技术、新项目和先进事迹的推介宣传力度，与电视台联合制作并播放了12期《健康园地》栏目；在省市县各级媒体上发表文章37篇。省市各类各级媒体分别对医院加盟湖南省人民医院集团、优质护理、服务群众等行动及时进行专题报道，极大地提升了医院的美誉度和影响力。

营造医院廉洁行医新风尚。作为党的群众路线教育实践活动第二批开展单位，全院认真学习党的十八大和中共十八届三中全会精神，认真贯彻落实医疗卫生行风建设“九不准”，开展针对损害人民群众利益行为的专项整治工作，多次迎接省市县实践办检查，均获好评。医院工作作风有了明显好转，公开、公平、公正、民主决策原则以及各分管院长分工负责制进一步得到了落实，党员干部、职工群众的思想意识、服务意识有了显著提高，全院上下形成了自觉抵制红包、回扣的良好医风，116人拒收红包，金额达3.64万元，评选出72名优秀医务典型，全年无一起违法违纪案件，患者对医院的满意度持续保持在90%以上。

惠民服务提升医院新形象。加强病房及服务窗口管理，提供优质导诊导医服务，推行先住院、后缴费和“三无”患者无条件救治的入住院政策，以及服务群众不分上下班的弹性上班新模式，最大限度地方便患者就诊。坚持让利于民，大幅降低耗材价格，全院耗材在中标价的基础上下浮30%，让利金额约60万元。主动承担社会公益责任，加盟湖南省人民医院集团，让县内群众足不出县就能享受省城三级医院专家的诊疗服务。成功处理县内高桥中学71名学生的聚集性发病事件；做好手足口病的防控和诊治，收治住院“手足口”病患儿4282人次；落实埃博拉、登革热等传染病的宣传、防治培训和演练等工作；对“三无”患者制定专门的救治计划，完善急诊绿色通道建设，“120”出车7000次，接送各类患者5000人次，成功救治孕产妇210人次，死亡率为零；积极开展白内障复明工程、送医送药下乡义诊活动；累计无偿献血34600毫升；慈善募捐44800元。

统筹兼顾，各项工作齐头并进。围绕年度工作目标任务，全院员工尽责履职，班子团结奋进，各职能部门相互支持、相互配合，确保了各项工作政令畅通，运行平稳。党建、综合治理、平安医院创建、计划生育、安全生产、工青妇等工作均受到上级部门的充分肯定。着力改善院容院貌，院内路面沥青化，规范车辆停放；着力加强医院文化建设，开展职工拔河赛，参与卫生系统篮球赛、县"核电杯"文艺大赛，均取得优异成绩；全院员工福利待遇较去年有较大幅度的提高。

存在的困难和问题。服务质量与病人安全管理有待提高，医患纠纷矛盾仍然突出；学科发展不平衡，品牌学科的提质升级仍需进一步加快，高层次领军人才缺乏；内部管理体制、改革创新意识还有待进一步完善和增强。（邹令纯）

【加盟湖南省人民医院集团】 7月1日，县人民政府与湖南省人民医院签订对口合作框架协议书，县人民医院正式加盟湖南省人民医院集团，双方建立深度对口合作关系，湖南省人民医院以"技术扶持、品牌输出、人才培养、合作管理"等方式带动桃江县人民医院学科发展和医疗服务能力提升。双方联合成立合作管理委员会，第一阶段合作期为五年。省人民医院管理与专家团队于同日抵达开展工作，县内群众在家门口就能享受省级三甲医院专家的诊疗和技术服务。省人医工作组开设专家门诊，开展"传、帮、带"，接诊病人1500余人次，参与危重病人抢救38人次，手术195人次，疑难病例会诊102人次；开展学术交流与管理培训讲座20余次，指导开展新技术新业务6项。县人民医院选派24名管理与技术骨干赴省人医跟班轮训。县人民医院先后向集团总院转送病人154例，逐步形成各种医疗资源优势互补的健康服务体系。

县中医院

【领导人名录】

院　　长　詹运开

副 院 长　张君亚　何　强

　　　　　陈建文　申红英

　　　　　陈放斌　张　毅

工会主席　薛卫兵

【概况】 县中医院占地16亩，业务用房2.2万平方米，固定资产过亿元，拥有16排螺旋CT、DR、进口四维彩超、电视腔镜系统、关节镜等价值3600万元的先进医疗设备。现有职工419人，离退休人员94人；卫生专业技术人员359人，占职工总数85.7%，非专业技术人员占职工总数的14.3%；高级专业技术人员23人，中级专业技术人员99人，市级名老中医6人。医院现编制病床280张，实际开放病床400张，设19个临床专科和5个医技科室，拥有骨伤科、颈肩腰腿痛专科、脑病科、肛肠科4个市级重点专科。其中骨伤科已进入省级重点专科验收阶段，并成功申报为国家级农村特色中医重点专科建设项目。

基础建设。新住院大楼国医楼完成搬迁后，医院又完善了基础配套设施建设。康复科、血透室和急诊楼完成维修改造任务，4月20日投入使用，签订国医楼中央空调、电梯等维保合同，完成了医院41户家属楼、11户门面的用电改造。

医院管理。注重人才梯队建设。引进研究生2人，招聘本科生5人。全年医药技术人员外出参加短期培训54次，总计84人次；半年以上进修培训16人次；护理人员参加省市县短期培训11次，总计31人次。每周组织医务人员参加中医药适宜技术网络视频培训。组织全院管理培训7次，组织临聘人员进行2次岗位培训。5人通过高级职称评审，10人晋升中级职称。着力提高医疗服务质量。狠抓医疗护理核心制度的落实，重点突出三级医师查房制度、危重病人抢救制度、谈话告知制度、病历书写制度和消毒隔离制度等五项核心制度，并与绩效考核挂钩处罚到位。做到病历书写合格率100%；优质护理服务示范病房覆盖率100%。全年抗菌药物使用量42466.88DDS，使用5690人次；全年住院病人抗菌药物使用率46.4%，使用强度34.5DDD。严格按照标准落实转诊转院制度，全年医疗责任事故发生率为零，未发生医闹性质的大型纠纷，处理医疗争议11起。上半年住院患者满意度98.61%。不断提高医疗服务能力。强化与上级医院的技术合作，7月，与省人民医院签订湖南省中西医急诊急救联盟协议；10月13日，与中南大学湘雅三医院签订区域医疗合作协议；12月，与省中医药大学第一附属医院签订"湘中医"医疗联盟协议。加强对乡镇卫生院和村卫生室中医药技术帮扶指导和人员培训，发挥中医医疗中心和农村三级中医药服务网络牵头作用。成立中医药健康管理指导办公室，对全县15所乡镇卫生院、近50个村卫生室的中医药服务能力进行巡视与指导，建立0～3岁儿童中医健康管理档案17190人次，开展0～3岁儿童中医调养17004人次；建立65岁以上人群中医健康管理档案60109人次，开展中医体质辨识52308人次；开展湖南省乡村医生中医药健康管理服务培训1次，培训70余人次；举办中医药健康管理服务基本知识培训及考核4次，考核村镇中医技术人员450人；5月12—15日，分4期举办中医药适宜技术推广培训班，对全县乡镇卫生院中医药骨干及乡村医生进行分批培训，参培人数达618人。全年门（急）诊18.4万人次，较去年同期增长17.1%；出院病人13394人次，较去年同期增长2.2%；业务收入7604万元，较去年同期增长19.5%；药品收入3059万元，占医疗收入比例40%，较去年同期下降1个百分点。强化重点学科建设。上半年县中医院挂牌为中华医院管理协会理事单位、湖南省中西医急诊急救联盟理事单位、湖南省健康管理协会理事单位。益阳市中医骨伤科质量控制中心成功挂靠县中医院。成功改造血透室，并于4月20日投入使用，4月20日成立健康管理康复科。骨伤科重点专科建设有序推进，国家级农村医疗机构中医特色优势重点专科已进入中期评估验收阶段，完成了省级重点专科验收相关准备工作。做好疾病防控、妇幼卫生与卫生应急工作。全年上报传染病1358例，无感染暴发事件发生。产前筛查、听力筛查、新生儿筛查和宫颈癌项目检查等妇幼卫生指标完成率符合要求。住院分娩孕产妇153人，加强医院内部及出租门店计划生育管理工作，无计划外怀孕生育和其他违反计生政策的现象。努力开源节流增效。全年公务接待费48万元，较去年同期下降12%；年末净资产增长率13%；成功化债300万元。

党建工作。积极开展行风建设，坚决纠正医疗卫生方面损害群众利益行为。与科室签订“九不准”承诺书和年度《廉洁行医责任状》《行风建设责任状》，开展廉洁行医科室和个人自查自纠，全年共计退回红包27人次，金额7000元。严格按照“九不准”要求，聘请专业咨询公司制定绩效考核方案，于9月份开始实施。扎实开展党务工作，结合医院实际，深入开展党的群众路线教育实践活动。开展党员示范岗活动。新发展党员1名，预备党员如期转正1名。

综治工作。加大综合治理工作力度，加强内部安全管理，积极完成上级相关工作任务，开展创建“平安医院”各项活动，年内无被盗、火灾、交通、中毒等恶性事件和事故发生，无杜冷丁等毒麻药品滥用、失窃事件，无刑事、治安案件，2014年荣获县级“平安医院”先进单位称号。加强消防安全建设，派员参加长沙富安消防技术学校培训，完善消防控制室设施设备，健全消防制度，被评为全县消防工作“先进单位”。

创卫工作。建设标准化食堂。按要求对肠道门诊和发热门诊进行了改造。在资江路社区和桃花路社区分别开展4次健康知识宣传活动。与门店食堂、物业、保安及各科室签订了创卫责任状，门前“三包”落实到位。严格落实控烟工作相关制度，严格落实污水处理标准，庭院卫生工作完成较好。

便民惠民服务。按计划做好对口支援牛田中心卫生院、鲊埠卫生院、沾溪镇卫生院工作。每周六派专家进行业务查房，不定期进行中医药健康管理指导，开展医学讲座12次，引进技术2项，捐赠价值2.1万元的设备设施。深入开展下乡进社区志愿服务活动。义诊4次，惠及群众570人次，发放红十字急救资料200余份，发放健康宣传资料6种各1000份，免费TDS(数字中医健康体检系统)检测近100人，组织全院干部职工无偿献血4次，免费发放防暑药品4万余元，为受洪灾的困难群众减免医疗费用10万余元。

文化建设。与桃江电视台合作拍摄《中医与健康》栏目并在桃江电视台播出。5月，新创办《院刊》杂志。9月，医院舞蹈队在“中国梦·劳动美”湖南省职工全健排舞比赛中荣获铜奖。10月，在“欢乐潇湘·花鼓益阳”益阳市第五届健身舞电视大赛中获得亚军。女职工画册在全县女职工画册竞赛中获二等奖。

（邱朝岚）

【顺利通过省“二甲”中医医院评审】 7月24—25日，省中医药管理局副局长李国忠率专家组10人对桃江县中医院进行为期两天的“二甲”中医医院评审。10位专家分成管理、临床科室建设、重点专科建设、病历质量、药事管理、护理管理、检验影像输血、医院感染管理等8个小组，采取听取汇报、查阅资料、现场查看、访谈、考核等方式，对县中医院进行严谨、公正、客观、全面的评审。7月25日上午，专家组就评审工作进行反馈，认为县中医院在发挥中医药特色优势、重点专科建设、人才梯队建设、药事管理、护理管理和综合服务功能等方面高度重视，工作亮点纷呈，在中医药服务功能和综合服务功能两大块达到“二级甲等”中医医院标准。12月29日，获得省中医药管理局批文。

【“先住院后付费”医疗服务模式开展顺利】 2014年，县中医院在全市率先开展“先住院后付费”诊疗付费模式试点，医院垫付资金达1500余万元，4400余位患者受惠，8位病友签订延期付款协议，有效减轻了群众负担，医患互信机制逐步建立，患者投诉明显减少。全年未发生责任医疗事故及大的医疗纠纷，医疗业务收入增加1256万元，较上年增长19.5%。

【立项争资成效显著】 2014年，县中医院完成血透室扩容和旧住院楼装修改造项目；康复科被省残联指定为全省53家专项彩票公益基金智力残疾儿童康复救助项目定点康复机构之一，每位智残儿童可免费接受6个月智障康复系统训练；2014年获省补助中医项目资金20万元，全部用于网络建设；获中央财政拨款中医药特色技术项目资金44万元。

卫生监督

【县卫生监督所领导人名录】

所　长　刘新跃

副所长　李　强　钟　锋

　　　　范志兵　刘红高

【概况】 桃江县卫生局卫生监督所（简称县卫生监督所）于2005年2月正式挂牌成立，为参照公务员管理事业单位，设置了办公室、政务服务股、场所监督股、医疗执业监督股、传染病职业卫生监督股、稽查股、创卫办7个股室。核定编制数32人。2014年年底，在职在岗人员31人，退休人员8人。

2014年，县卫生监督所管理更趋制度化与规范化，各项工作全面完成，确保了职责范围内无重大突发公共卫生事件发生，有力维护了桃江县医疗市场秩序和公共场所卫生安全。2014年，共受理、审核、办结各类行政办件1672件，办结率达100%。受理各类投诉举报21起，落实率达100%。立案查处违法事件61起。被评为益阳市卫生局法制与监督年度工作先进单位。

饮用水卫生监督。对县自来水厂每月监督监测1次，对其他6家城镇集中式供水单位监督监测2次；对169所中小学校和150所幼儿园在春秋开学期间专项监督2次，指导监测采样436个，并就监督监测情况行文通报3次；组织协管员对40家农饮工程饮用水开展了专项调查；防汛期间开展饮用水卫生专项检查，确保了洪涝灾后无疫情。

医疗执业监管。对乡镇、县直及民营医疗机构开展医疗执业专项检查2次。查处“黑诊所”、游医假医和药店非法坐堂行医16起，其中申请法院强制执行3起；查处违规发布虚假医疗广告8家，并分别给予了“不良执业行为记分登记”和通报。对15起医疗执业投诉举报事件进行了回复，立案查处6起。

传染病防控监督。开展传染病防控工作集中专项督查4次，通报4次，立案查处4家。对321家医疗机构开展了消毒效果监督检查1次；对3家集中式餐具消毒服务机构开展专项监督检查3次；对桃江绿十字单采血浆站监督检查4次；对40家药店监督检查1次，立案查处17家。对益阳市医疗废物处置中心开展了专项监督检查。

职业病防治及放射卫生监督。对20家医疗机构进行了放射卫生监督检查。对48所学校预防近视情况进行了调研与检查。对1家职业卫生技术服务机构、2家职业健康检查单位进行了2次以上监督检查。

公共场所监管。建立519家公共场所电子档案，其中，住宿业172家、美容美发业203家、洗浴足浴27家、网吧33家、大型商场12家、其他72家。换发卫生许可证190个，督促1133名从业人员取得健康证明，依法调离9名不合格人员。对2个游泳场所和33家网吧开展了专项监督检查。对城关地区292家公共场所开展了卫生信誉度等级评审，并进行了通报和公示，其中A级单位11家、B级单位147家、C级单位134家。立案查处公共场所卫生违法案件16起。

创建省级卫生县城工作。将创卫工作列入2014年工作的重中之重。年初，增设了创卫办，明确了创卫日常工作由场所监督股负责，日常督导由创卫办负责，集中整治由单位统一安排。4月份，经县卫生局批准在同系统其他单位中抽调了4名工作人员到创卫办工作。后又根据工作需要，由27名卫生监督员责任分包公共场所门店，明确每周一为全所人员创卫日。创卫办实施督查并发督查通报，对问题单位的责任人和责任领导分别进行处罚。全年共发通报3期，通报批评14人次。县城公共场所358家，监督覆盖率达100%，许可办证率达96%以上，从业人员持证率达90%以上，量化分级率达90%以上。通过了省创卫专家组暗访验收。

卫生监督协管工作。重新聘任36名卫生监督协管员，明确284名卫生监督信息员，组织卫生监督协管员业务培训3次。开展协管工作督查4次并分别发出督查通报。对

866家协管服务对象进行了分户建档，巡查3147户次，报送巡查信息479户次。启动医疗机构不良执业行为记分管理工作。

信息报告及新闻宣传。卫生许可、卫生监督、卫生监测、量化分级和卫生行政处罚信息在省级与国家卫生监督信息报告系统录入率达100%。1023名监管对象的联系电话分6大块、29类建立台账，并在移动公司开通短信服务平台，在开学、高考、汛期、创卫和两会等重要时段，对相关单位和责任人发送手机提示短信。及时更新了桃江卫生监督信息网站，在省、市卫生监督网和县公众信息网分别发布信息34篇、38篇、10篇。开展了职业病防治法和生活饮用水卫生宣传周活动。

机构和队伍建设。加强硬件建设，基本完成新办公场所的维修改造，并于年底前搬迁。加强学习培训，组织干部职工参加上级各种培训80人次、集中业务学习10次，卫生监督员完成网上培训不少于30学时。加强作风建设，对劳动纪律等单位管理制度稽查32次，通报批评38人次，经济处罚25人次。认真开展党的群众路线教育实践活动，在创卫工作中，组织27名卫生监督员在县城大街小巷的“五小”门店，采取印发宣传资料，配送消毒箱与药品，帮助张贴公示牌和各类标识，当面指导规范各种卫生经营行为和督促整改等方式开展面对面交流，零距离服务。倡导勤俭节约，公务接待费连续3年下降。 （李浩兵）

【开展科技活动周宣传活动】 5月22日，县卫生局组织在城区新龙超市门口开展以“科学生活、创新圆梦”为主题的全国科技活动周宣传活动，县卫生监督所积极参加，制作宣传展牌2块，横幅5条，印发宣传资料12000余份、为群众解疑答问100余人次，重点对《职业病防治法》和饮用水卫生知识进行了宣传。

【慰问独生子女困难家庭】 5月29日，县卫生监督所深入计划生育联系点武潭镇基固庙村，走访和慰问5户独生子女困难家庭，给每户困难家庭送去了慰问金。还发放了反邪教宣传资料，指导和督查该村的计划生育工作，要求严格落实计划生育工作各项措施，确保年度计划生育率不低于该镇平均水平，力争比上年度有较大幅度的提高。

【积极应对灾后饮用水卫生安全】 7月中旬，桃江县连降暴雨，部分乡镇生活饮用水水源受到不同程度的污染，为防止水源性疾病的发生和流行，县卫生监督所采取多项措施应对灾后饮用水卫生安全。一是强化饮用水卫生知识宣传。7月16日，向资江沿线乡镇卫生监督协管员、信息员，学校、幼儿园及医疗卫生单位负责人，相关领导发送了饮用水消毒及卫生安全隐患排查手机短信494条；7月17日在桃江公众信息网和桃江卫生监督信息网发布了《洪涝灾害卫生防病知识》。二是开展现场指导服务。组织卫生监督员到资江沿线重灾区指导饮水消毒和卫生防病，发放《生活饮用水卫生知识宣传单》。三是开展饮用水卫生监督。组织对资江沿线重点灾区集中式供水单位进行卫生监督和抽样监测。共出动卫生监督车辆6台次，卫生监督员90余人次，安抚、指导农户饮水消毒、防病1000户，发放《生活饮用水卫生知识宣传单》2万份，检查集中式供水单位9家，采集水样28个。

【主办第三期卫生监督协管员培训班】 8月29日，县卫生监督所主办2015年第三期专题卫生监督协管员培训班。内容包括协管服务工作流程、学校卫生、饮用水卫生、医疗执业卫生、公共场所以及卫生监督协管工作中注意事项等，由县卫生监督所4名业务骨干分别授课。培训后，进行了闭卷考试，并对合格人员换发或新发了卫生监督协管员证。

【开展秋季学校卫生工作专项检查】 9月上旬，县卫生监督所对全县147所中小学校进行卫生工作专项检查。通过查看卫生档案资料、现场监督检测，重点检查生活饮用水卫生、传染病防控情况及教学环境卫生等。对检查中发现的问题，针对性地下达了卫生监督意见书，督促学校在限定的时间内对存在的问题进行整改，及时消除卫生安全隐患，确保学校卫生安全。

疾病预防控制

【县疾病预防控制中心领导人名录】

主　任　文富强
副主任　符乃斌　钟庆林
　　　　尹国良　李　德
　　　　刘志华
工会主席　赵　灿

【概况】 桃江县疾病预防控制中心前身为1956年6月建立的桃江县卫生防疫站。2005年2月撤销桃江县卫生防疫站，分别组建桃江县疾病预防控制中心（加挂桃江县公共卫生检验检测中心牌子）和桃江县卫生局卫生监督所。2014年，桃江县疾病预防控制中心核定编制66人，实有在职工作人员60人，离退休人员29人。

传染病管理。搞好传染病疫情报告，全年共处置传染病预警信息197条，报告法定传染病9634例，死亡病例为4828例。做好重点传染病防治工作，其中人感染H7N9禽流感防治全年及时排除了2例待查病例，处理病死禽疫情1起，共采集活禽市场环境标本83份，职业暴露人员标本26人份，经检测均为阴性；手足口病防治，全年共报告手足口病5339例；狂犬病防治，全年无病例报告，报告暴露人群5061人，全部进行了疫苗全程接种；霍乱监测，采集对外环境水样和外来海水产品样品139份，经检测全部为阴性；布鲁氏病监测，全年共报告布病3例，对疫点高危人群进行布病监测采样，共采集112人份血清标本送益阳市CDC实验室检测；完成3例登革热病例、1例埃博拉留观病例、1例出血热病例调查处置工作，全年无钩体病、伤寒副伤寒等传染病报告。

卫生应急。全年共处置突发公共卫生预警事件12起，其中聚集性事件8起，散发疫情4起，无重症病例、死亡病例发生。

免疫规划。全年完成冷链运转12次，下发免疫规划疫苗249988人份，冷链运转正常。完成4次免疫规划工作督导，两次接种率调查，3例AFP病例的个案调查，4例AFP病例的随访。2013年至2014年糖丸强化免疫工作共摸底登记目标儿童70545人次，实际投服70018人份。全年本地报告麻疹疑似病例19例，确诊0例。开展2014年麻疹类疫苗查漏补种活动，对33863位目标儿童进行了摸底登记，共补种麻疹类疫苗1933针次。共查验托幼机构133所、小学131所，查验目标儿童19181人，查验率100%，补证194本，应补种2053人，实际补种2044人，补种率99.6%。共发现AFEI疑似异常反应56例，报告发生率达到了0.25‰。

卫生检验检测。全年共检测403家医疗机构、169所中小学校、140所幼儿园、397家公共场所和325个水质监测点，共采集样品2550个，其中医院消毒监测样品1015个、学校卫生监测样品560个、公共场所样品610个、水质监测样品365个，合格率分别为94%、91%、94%、78%。完成微生物检验项目6894项，理化检验项目12074项，HIV抗体初筛实验2455人次，丙肝2450人次，麻疹、风疹58人次。完成食品化学性污染物常规监测样品40份，合格率为95%；完成食源性致病菌常规监测样品30份，合格率为80%。

各类疾病防治。2014年全县共报告疑似肺结核病人1256例，转诊1202例。共收治疑似结核病人2392例，确诊687例。共进行督导12轮次，访视病人757人次，共收治活动性肺结核病人687例。美沙酮药物维持治疗工作全年服药8453人次，在治人数51人。全县共进行艾滋病筛查42444人次，筛查结果阳性7人，确诊阳性6人；全年新发现艾滋病病人和感染者19例（男性12例、女性7例）。全县累计报告艾滋病感染者和病人176例，存活115例，对其中的93例进行了CD4检测，45例进行了病毒载量检测。艾滋病防治工作在全市继续保持先进行列。全年共完成疟原虫血检498人份，阳性2份。全年采集食盐300份，碘含量合格284份，合格碘盐食用率为94.7%。开展了氟斑牙调查，调查了2568人，发现极轻患者14人，轻度2人，8个病区村的目标儿童氟斑牙患病防治率全部达到了国家规定的消除燃煤污染性地方性氟中毒的标准。10月，燃煤污染型地方性氟中毒工作顺利通过省卫生厅的验收。取得了职业危害因素监测丙级资质，并对三家工矿企业进行了职业危害因素监测，全年共进行职业健康体检2641人，发现疑似尘肺130人、观察对象38人、禁忌症9人、支气管疾患36人。

其他工作。完成预防性健康体检9984人次，开展二类疫苗大型接种活动三次，共接种48248人份，累计完成各种二类疫苗接种18766人份。开展健康教育主题日宣传活动10次，制作宣传展板25块、宣传横幅12条，设立咨询台10个，发放各类宣传资料30余种、10万余份，接受群众咨询2000余人次，开展健康教育宣讲20余场次。基本公共卫生服务工作，全年新增居民健康档案51257份，全年健康体检224001人。

存在的主要问题。财政投入不足，人头经费拨款仅66万元，借调、借出、临聘人员多，中心负担过重；人员严重紧缺，编制未达到辖区万分之1.75的比例配备要求，专业技术人才缺乏，人员资质偏少，特别是流行病学、检验检测等专业人才匮乏；硬件严重滞后，中心门诊检验、检测设备陈旧、老化，已不适应现阶段工作需要；管理难度大，乡镇防保人员异动频繁，业务水平不高，县、乡（镇）、村三级防保网络不够完善。（邹波涌）

【预防接种工作成效显著】 在全市接种率调查中，桃江县建卡率、卡证相符率、电子卡建卡率、电子卡证相符率四项指标均为全市最高，桃江是唯一一个入托入学儿童接种证查验率在市级检查中都达到了100%的县。

【获职业危害因素监测丙级资质】 12月8日，湖南省安全生产监督管理局授予县疾病预防控制中心职业卫生技术服务机构资质证书。县疾病预防控制中心成为全省第12家、益阳市第一家拥有职业危害因素监测丙级资质的疾控机构。

妇幼保健

【县妇幼保健院领导人名录】

院　　长　孙习斌

副 院 长　高　翔　吴立新

　　　　　谢爱英　刘建成

工会主席　熊丽辉

院长助理　熊锦宏

【概况】 2014年，县妇幼保健院有在岗人员144人，其中编制人员54人（核定编制数86人），借调人员28人（等同编制人员），自主招聘人员62人；卫生专业技术人员126人，占全院总人数的88%，专业技术人员中高级职称9人、中级职称37人；医师54人，护士55人，医技17人，保健人员39人。开设妇科、产科、内儿科、新生儿科、不孕专科、乳腺专科、优生优育科、儿童保健科、妇女保健科、皮肤性病科、妇科病普查中心和婚前医学检查中心等16个职能科室。15个乡镇配有妇保专干和儿保专干。

2014年，医院紧扣“加快医院发展、打造品牌医院”这一主题，以实现整体搬迁、创建二级妇幼保健机构为目标，以妇幼保健工作为中心，以临床医疗为重点，以满足社会需求、适应社会经济发展和群众满意为标准，进一步建立健全“以保健为龙头、保健带临床、临床促保健”的工作格局，推动医院工作步入良性发展快车道，充分发挥全县妇幼卫生工作龙头作用。

妇幼卫生工作。自2011年始，连续四年实现孕产妇零死亡，实现了卫生局党组关于“保先稳位”的工作目标。局党组继续将妇幼卫生工作列为“一把手工程”，进一步健全三级服务网络，各项工作得到有效落实。产科建设、孕产妇保健工作基础得到进一步夯实。狠抓产科硬件设施建设和制度建设，孕产妇系统管理得到进一步规范。公共卫生妇幼项目进一步扩面提质。继续实施农村孕产妇住院分娩补助项目，启动农村孕产妇住院分娩基本医疗全免费，全年项目补助7763人，补助金额261万元。稳步实施叶酸增补和免费婚前医学检查，提高出生人口素质。全面实施艾滋病、梅毒、乙肝母婴阻断项目，降低母婴传播发生率。大力实施农村妇女病普查普治和宫颈癌免费筛查。全面开展儿童保健工作。突出强化“三筛”工作。听力筛查：全县8家听力筛查单位筛查质量有较大提高，共筛查8283人，筛查率86.3%。新生儿疾病筛查：启动新生儿疾病筛查信息系统，筛查管理工作逐步规范。全年共筛查8421人，新生儿疾病筛查率87.75%。产前筛查：全年产前筛查47601人，筛查率50.05%。荣获2014年度全市新生儿疾病筛查与产前筛查工作质量控制奖。切实加强剖宫产率控制。下发《关于切实做好全县剖宫率控制工作的通知》，确定全县剖宫产率的年度目标和长期目标，遏制了剖宫产率上升趋势，全县剖宫产率由2013年的48.2%降至41.3%。

医院自身发展。医疗业务不断扩展，服务能力不断提高。2014年年末，固定资产总额为1366万元，业务用房5600平方米，设备总值275万元。新住院大楼投入使用，医院硬件、软件建设有了质的提升。组建儿童保健中心，填补了全县的一项空白。医疗卫生服务能力显著提升。2014年医疗业务总收入1642万元，比去年增加216万元，增幅为15.1 %。其中门诊收入763万元，住院收入879万元，药品收入381万元，共接诊病人32192人次，其中门诊28150人次，住院总人数4042人次，住院部二类手术以上1211例，镇痛分娩102例，无菌手术切口甲级愈合率100%；抢救危重病人40多人次，成功率97.5%；病历合格率100%。高度重视人才培养。选送助产士、儿保医生、护士、妇产科医师、检验人员各一名赴上级医院进修，同时引进中级职称人员及本科毕业生8人。其它工作齐头并进。顺利通过二级妇幼保健机构等级达标市级评审工作。大力创建平安医院，实施社会办事公开承诺。县级妇幼保健机构公卫楼建设项目580万元资金已落实到位。

存在的问题。产科在全县领头地位还不明显，妇科、儿科、儿童保健业务距离发展的目标仍有较大差距；专家骨干、高学历人才和既擅于管理又精于业务的学科带头人不足，人才梯队建设任务异常繁重；县人民医院、桃花江中心医院、灰山港、马迹塘等卫生院的妇产科、儿科扩张与发展带来巨大压力；地理位置不理想，交通极为不便，场地异常狭小，根本无法适应群众医疗保健需求与社会形势发展；自身造血功能不强，业务收入在益阳市县级妇保院中仍处于中下游水平；乡镇保健人员仍不稳定，专业素质不高、业务能力不强，部分乡镇仍是被动应付，工作不扎实；村级网底不牢，专业素质亟待提高，许多基础工作尚未得到有效落实；产科服务能力不强，目前10个乡镇的产科萎缩，基本上停止了产科服务；儿童保健工作起步晚，儿童保健专业技术人员非常缺乏。（高翔）

城乡医疗保险

【县城乡居民基本医疗保险基金管理中心领导人名录】

主　任　陈世夫

【概况】　县城乡居民基本医疗保险基金管理中心原名桃江县新型农村合作医疗管理办公室，由县卫生局管理。2014年11月17日与桃江县城镇居民医疗保险整合，划归县人社局管理，为参照公务员管理单位，核定编制18人，年末在编人数16人。内设综合股、计划财务股、审核股、稽查股。2014年，有县内定点医疗机构33家，市级定点医疗机构19家，省级定点医疗机构23家，定点村卫生室294家，协议零售药店65家。

基金运行。参合筹资。全县有724389名农民参加新型农村合作医疗，参合率97.71%，比省定目标高出2.31个百分点；全县参合农民个人部分按60元/人的标准缴纳，中央、省、市、县四级财政配套320元/人年，筹集基金23180.57万元，本年度按政策共筹集基金27526.9万元。利息收入423.35万元，全年共筹集资金27950.25万元。基金使用。住院统筹基金与门诊统筹基金共计支出27301.79万元，基金使用率为97.68%。参合者补助。全县新农合统筹基金共补助1010376人次，总补助支出27301.79万元。其中普通住院补助125765人次，补助22035.35万元；普通住院补助中意外伤害住院补助7864人次，补助1306.21万元，住院分娩补助6479人次，补助781.91万元；门诊统筹补助148242人次，补助金额1700.28万元；大病特殊门诊补助49614人次，补助金额2103.16万元；体检253423人次，补助金额1398万元；大病筛查补助433332人次，补助金额65万元。

补偿政策调整优化。根据基金总量增加情况和上年基金使用情况，对补偿政策进行了调整优化。年初，县内一、二级医疗机构补偿比例在上年基础上提高了1%，补偿比例分别达到91%、76%，扩大了住院可报范围。将单项大型检查、特殊治疗项目、医用一次性材料费用、国产和进口体内植入材料，各类器官或组织移植的器官或组织源等全部或部分纳入可报范围，并按照政策规定费用范围内予以30%～50%的标准补偿。提高门诊补偿标准，慢性疾病门诊补偿总费用由上年的人均3元增至人均5元；肺结核治疗每人每年限额补助由上年的500元增至800元；重性精神病的门诊免费治疗由上年的200元/月提高到最高补偿额340元/月。年中，将单项大型检查按50%纳入补偿范围，体内植入材料按30%纳入补偿范围，检查费用超过3万元以上的，超出部分自负，各项医用一次性材料费用不得纳入补偿范围。

新农合医疗卡使用。桃江县在全市率先使用新型农村合作医疗卡。7月1日起，参合农民使用了9年多的纸质新型农村合作医疗册废止，改为以户为单位使用新型农村合作医疗卡，进一步保障了参合农民家庭账户资金安全。共发卡19万张，政策宣传资料22万份，参合农民凭卡购药治疗。

支付方式改革推进。对县内31家定点医疗机构实行住院“总额付费”，住院总额费用为13975万元，有52个病种实行了按病种付费，超出付费标准的医疗费用由定点医院承担，共拒付各定点医疗机构超标金额1148万元。

定点医疗机构监管。首次出台《桃江县新型农村合作医疗定点医疗机构违规行为处罚办法》，对县内定点医院进行多次督查，查处医院挂床住院、不合理检查、不合理用药、不合理收费、虚记费用等违规行为。全年共扣减违规金额532570元，并全部返入新农合基金账户；接到举报套取新农合家庭门诊账户资金行为20余起，逐一进行查处，查实违规行为3起，返还参合群众家庭门诊账户资金12529元，罚款12529元返入了新农合基金账户，取消定点门诊资格1家，暂停定点门诊资格2家。

机构成立与变更。11月4日，成立桃江县城乡居民基本医疗保险管理委员会，常务副县长周卫星为主任，县人大常委会副主任张亮荣为副主任，县城乡居民基本医疗保险基金管理中心主任陈世夫等13位县局负责人为成员。11月7日，县医管委调整医保经办机构，桃江县新型农村合作医疗与城镇居民医疗保险整合为县城乡居民基本医疗保险基金管理中心，由县人社局管理。各乡镇原合管办更名为医疗保险管理办公室，县属定点医疗机构医保科和合管办更名为医管办。

城乡居民医保筹资政策实施。2014年，统一实施2015年城乡居民医保筹资，筹资模式为委托代缴与收取现金。国家规定，2015年城乡居民医保个人缴费标准为90元/人，由于2014年有423225名农民代缴了2015年60元参合资金，为减轻筹资工作难度，县医管委经请示市人社局同意，2015年桃江县城乡居民参保个人缴费统一按60元/人收缴，另外30元由县政府从其他渠道解决。至12月30日止，城乡居民共参保771336人，参保率为98.43%，创历史新高。参保城乡居民个人筹资6942.02万元。

基金运行中值得关注的问题。总住院费用、次均住院费用增长，住院率高。2014年，全县参合农民普通住院补偿125765人次，住院总费用50336.90万元，比上增加7667.98万元，增幅为17.97%；总补偿金额22035.35万元，比上年增加3327.41万元，增幅为8%；住院率为17.36%，较上年上升了0.80个百分点。“两涨一高”致参合农民实际受益率下降，收益率为43.78%，与省定60%的目标有差距。五保户住院就医费用高，挤占了新农合基金。桃江县农村五保户从2011年1月1日起住院基本医疗全免费，2014年，共有五保户7007人，住院人次为5721，住院率为81.65%，为普通住院的4.7倍；五保户为参合人数的7‰，却占用了46‰的新农合住院基金，相当于一个五保户占用了6.7个普通参合病人住院费用。定点医院服务行为不规范。主要为县级医院过度使用检查、分解收费等，乡镇医院过度使用中药与中医特色治疗、对五保户病人控制不严等不规范行为套取新农合基金，进一步降低了参合农民受益度。（汪赛兰）

创卫工作

【县创建办领导人名录】

主　任　杨松柏

副主任　胡新辉　邹　辉

【概况】　县创建办设立于2001年，是全额拨款的正科级事业单位，内设办公室、协调指导组、宣传教育组、督查考核组。定编7人，正式工作人员6人。2014年，在县委、县政府的坚强领导下，加大了资金投入力度，完善了基础设施建设，强化了市民素质，提升了民众幸福指数，有序推进创卫工作进程。

管理水平稳步提升。2014年，围绕县委、县政府提出的工作目标，县创建办部署了全年重点工作任务，下发了《关于认真做好2014年度创建省级卫生县城工作的通知》《关于下达限期完成创卫工作任务的通知》《关于下达城中村改造和城乡结合部卫生整治工作任务的通知》。将创卫工作任务、考核内容和工作要求细化明确，任务分解到了相关责任单位和责任人，全力推动创卫工作有序开展。县委办、县政府办下发了《桃江县创建省级卫生县城工作考评办法》，强化了工作职责落实，加大了考评奖惩力度。

认真贯彻落实《爱国卫生条例》，出台了实施办法，明确了工作职责，爱国卫生工作列入了各级政府议事日程。县政府召开了常务会议研究爱卫、创卫工作，爱卫、创卫工作纳入了政府的绩效考核，制定了问责办法，并奖惩兑现。下发了爱卫会委员单位职责分工的文件，督促委员单位认真落实创卫工作责任，各级政府也相应成立了爱卫会。建立创卫路段责任制和“门前三包”（包卫生、包绿化、包秩序）责任制，将城区内主要道路划分为110个路段，各路段卫生责任包干给县直局级单位，各局都聘请了卫生监督员，每天到路段进行卫生监督。建立重点工作责任制。依据创卫达标要求，结合部门职责，明确了城区除“四害”达标、河道治理达标、食品卫生达标、疾病控制达标、生活饮用水达标和垃圾清运达标等重点工作，明确了包重点工作牵头单位、责任单位、责任内容和完成时限，逐一分解目标，层层抓好落实。建立楼栋长、片区长工作制度，将各居民区、各楼栋卫生责任到人，做到了居民区卫生工作常态化、制度化。建立创卫工作监督体系。县创建办结合县城实际，对照创卫要求，对各项具体工作下达了创卫标准，由职能部门具体指导和规范各项工作。县创建办会同县督查局定期组织督查组深入社区、河道、背街小巷等开展工作督查，对存在的问题，采取电视曝光、报纸报道和通报批评等形式进行督促，限期整改，有力推动了工作开展。建立例会工作制度。坚持定期召开创卫工作例会，指导各项创卫工作的开展，形成了县“四大班子”齐上阵、各乡镇和县直各单位同努力、全社会共参与的创建省级卫生县城新格局。

宣传教育全面展开。组织城区10000名学生开展了“小手拉大手”活动，学生们走上街头小巷宣传爱卫、创卫知识，捡拾垃圾，万只小手拉动了2万只甚至更多大手，投入到了爱卫、创卫工作中。组织开展了巾帼志愿者和青年志愿者活动，千名志愿者走上街头、社区，开展了“拒绝和清除‘牛皮癣’”、清除垃圾死角活动。制作了20余条大型创卫宣传标语悬挂于县城醒目位置，书写小型标语100多条，播放电影100多场次，观众达2万人次。抓动态报道，印发了《创卫一周点评》简报45期。在县公众信息网开辟创卫专栏，县电视台《创卫视野》《曝光台》等栏目滚动播出创卫宣传标语、健康知识创卫报道等。开通电信网络平台，每周进行创卫宣传与提示。印发宣传资料《讲文明·摈陋习·创省卫》3万余份，发放到县城各中小学校学生和社区居民。利用“三八”“六一”等节日开展“创卫我先行”等活动。开展了“我来当一天城管队员”活动，让广大干部职工体验城市管理的艰辛。规范单位、社区设置健教宣传栏，并定期更换内容，督促公共场所及单位会议室设立禁烟标识，开展控烟工作。

秩序整治大力开展。集中开展交通秩序治理。集中开展市容市貌专项治理。县人民政府高度重视城市管理工作，先后出台和完善了《桃江县人民政府关于加强县城市容秩序管理的通告》《桃江县城市管理暂行规定》《桃江县渣土管理办法》等规范性文件，为城市管理工作的有序进行提供了重要依据。坚持集中整治与日常管理相结合，狠抓“四大秩序”管理，重点治理“脏乱差”，集中整治环境卫生、市容秩序，开展市容秩序整治行动，规范门店、摊点、夜市、洗车场经营行为；开展户外广告专项整治，对县城户外广告进行全面清理和集中整治；开展渣土和建筑工地专项整治行动，规范渣土处置和运输行为，落实建筑工地文明施工措施。集中开展市场秩序专项治理，规范了振华市场、张家码头市场经营秩序，取缔了建设路、富民巷、金凤路等马路市场。集中开展河道河坡卫生和垦地种菜的专项治理。集中开展环境保护专项整治。

组织县城管执法局、县交通运输局、县交警大队开展了八次市容、交通秩序联合整治，采取抓重点、突难点，教育与重处相结合等方法，对占道经营、乱停乱靠、非法营运、超载等行为进行严厉打击，纠正各类交通违法行为为2776起，处罚1300起；规范越店经营、占道经营门店1405个，暂扣流动摊点经营工具736个，拆除破损广告招牌583处，收缴电喇叭369个；查处违规施放气球、拱门40起，拆除违规气球、拱门110个；拆违专项整治行动32次，拆除违章建（构）筑物65处，面积达3109平方米；查处未经覆盖、沿街撒落、污染路面的渣土、砂石等运输车辆112台次；查处非法营运车辆105台次；查处交通违法违规行为8682起，移动抄牌6242起，开展文明交通劝导20次，参加劝导人员506人，发放创卫宣传资料6050份；在电视台播放创卫专栏6期（交警），公车违停曝光3次；规范城区在建工地45个，对22家违规在建工地下发了限期整改通知书，通过整治，县城市容和交通秩序有了明显好转。同时，指导株木潭、石高桥、崆峒和创业村等4个镇辖村成功创建了省级卫生村。

市场建设全面规范。一是新建桃花南路市场10月正式营业，吸纳了金凤路和富民巷马路市场摊贩；二是每个市场制定了卫生制度和管理制度，垃圾日清日除，场内不乱堆乱放杂物，功能分区较明显；三是对周边环境进行了治理，市场周边车辆无乱停乱靠，振华市场外设置了分道栏杆，秩序明显好转；四是“三防”设施逐步完善，除了防鼠、防尘、防蝇设施外，每个市场还安装了灭蚊灯。

资金投入继续加大。安装指路牌208块，完成了迎宾路、金盆路、桃花路施划标线及标牌设置，施划了157个停车泊位。完成了“万项细小民生工程”建设项目8000多项，改造路面2015平方米，铺设人行道板1500平方米，更换损坏的井盖192套，吸水栅400个，修建检查井、雨水井35座，补植25万株花草苗木，改造绿化面积3000平方米，环卫设施购置安装到位，清扫、清运垃圾达27000吨，处理渗滤液24000吨，改造站厕3处，清除陈年垃圾174车、约1500吨。对主次干道、居民区进行了环境改造，硬化小街小巷路面6万平方米，新修改造下水设施800米，完成空地围档1725米，清理巷道、楼道2085处，退养牲猪766头，居民居住环境得到了进一步改善。

除“四害”工作社会化。通过招标，与长沙长力公司签订灭鼠合同。安排灭鼠资金40万元。开展了灭鼠培训工作。完成了春秋两季灭鼠工作，重点对镇辖村、特困企业和弃管小区进行消杀工作，消灭居民区病媒生物滋生地。强化环境整治，“四害”滋生地得到有效治理。经监测，县城鼠密度均在3‰以下，达到了国家标准。采取一测、二查、三看的方法，对各单位进行现场指导、督查。鼠药覆盖率、到位率均达到95%以上。2014年11月通过“全省灭鼠先进县城”复验，达到B级水平。（王毅玲）

【联合整治县城市容和交通秩序】 5月20—6月7日，县创建办组织县城管执法局、县交通运输局和县交警大队开展市容、交通秩序联合整治，县城市容和交通秩序有了明显好转。此次整治抓重点、突难点，教育与重处相结合，灵活机动，共查处违停摩托车（电动车）30台、违章门店、摊点60余个，拆除违法违章建筑21处，处罚渣土运输车辆15台，违停抄牌500余起（其中拖走车辆3台），收缴摩托车伞具40把，处罚超载车辆70余台，查处非法营运车辆9台，查处违规出租车9台次。

【五管齐下整治“牛皮癣”】 5月31日，桃江县创建省级卫生县城指挥部办公室印发了《关于开展清除“牛皮癣”活动的通知》。6月份以来，桃江县采取告知、清擦、停机、处罚、奖励5项措施收集 “牛皮癣”信息，造册摸底，联系 “牛皮癣”制造者，责令其清除“牛皮癣”。桃花江镇、县城各单位对各自负责的小区、机关庭院、责任路段清理洗擦“牛皮癣”近10万条。县城管执法局和县工商局限令“牛皮癣”制造者接受处罚，查处100余起拒不接受处理的单位或个人，并停止其一年户外广告发布申请审批。通讯部门强制停用“牛皮癣”制造者通讯号码，城管部门收缴10000多张准备张贴的“牛皮癣”。建立了举报奖励制度，对举报有功人员进行了适当奖励。

【召开创卫工作点评会】 7月10日，县委副书记向荣主持召开了上半年创卫工作点评会，县委书记谭建华、县长何军田、县人大副主任胡跃宏、副县长戴朝、刘武，县政协副主席任小琳出席会议。点评会上，县长何军田要求，各部门单位要进一步坚定创卫的信心和决心，对照时间目标完成创卫工作任务；重点是完善创卫基础设施建设，做好城市保洁，攻克农贸市场监管难关，开展好城中村、市容秩序和五小门店的整治，确保全面达标；要做好各项迎检准备工作，整章建制，巩固成果，严格落实创卫责任制，部门单位实行“一把手”负责制，互相支持配合，强化督查整改，加大宣传力度，确保实现县委县政府创卫目标。县委书记谭建华强调，当前全县创卫工作群众基础较好，要进一步攻坚克难，完善基础设施，整治脏、乱、差，规范市场、车站等重点场所秩序，坚决控制乱搭乱建行为；要抓实基础工作，掀起创卫工作新高潮，各单位创卫工作要“一把手”负责，明确专门人员，掌握业务知识，对照工作找差距，做好资料图片的完善，认真整理归档。

【创省卫年底完成考核验收】 9月10日，县委副书记、县长何军田组织召开了8月份创卫工作点评会。他要求，一是要坚定不移完成目标任务。按照经济工作会议和政府工作报告要求，2014年完成创卫工作目标。9月底完成市预评估，争取国庆前报省爱卫办； 10月底省里进行调研；12月底进行暗访，春节前完成考核验收。二是要坚决严格执行创卫问责办法。从每月每季度部署的工作任务问责起；从省、市、县创卫检查的结果问责起；省里暗访、春节前的验收都问责到人。三是要进一步加强组织领导。县创卫指挥部办公室每周进行情况收集整理，县创卫指挥部每个月一次调度，书记、县长每季度一次点评。各单位一把手负总责，分管领导负具体责任。要加大舆论监督力度，县长热线办牵头，县电视台、县信息中心成立暗访组，将问题直接向主要领导汇报，每周曝光一次。

【市爱卫办对桃江创省卫预评估】 9月24日，市爱卫办主任黄焕斌率市创卫考核专家组对桃江县创建省级卫生县城工作进行了预评估，考核专家组一致认为，桃江县创卫工作各项指标达标，同意通过预评估，向省爱卫会申报。

【省级“灭鼠先进县”复验】 11月6—7日，受省爱卫办委托，市爱卫办组织专家组对桃江县省级“灭鼠先进县”进行了5年一次的复验，复验结果达到了B级水平，获得通过。

【省创卫专家组调研桃江县创卫工作】 11月17—19日，省创卫专家组对桃江县创建省级卫生县城工作进行了调研，充分肯定了桃江县创卫工作取得的成绩，其中“牛皮癣”治理、病媒生物防治、公共场所卫生、单位卫生、主次干道清扫保洁、垃圾中转站及厕所建设与管理、垃圾场、污水处理厂、健康教育、疾病控制、食品安全和路网建设等效果较好。省创卫专家组指出，桃江县创卫工作最大难点是城中村改造、城乡结合部及周边环境治理和农贸市场改造。省专家组提出了“稳、准、狠、快”四字建议，要求加快进度，争取2015上半年创建省级卫生县城成功。

社会生活

民政事务

【县民政局领导人名录】

局　　长　李孝辉

副 局 长　张胜军　李　萍

　　　　　李锡辉

纪检组长　曾学锋

工会主任　刘山虎

【概况】　桃江县民政局是县政府的职能部门，内设社会救助管理局、社会事务福利股、救灾救济股、优抚股、退伍军人安置办公室、基层政权股、民间组织管理股、慈善老区办公室、殡葬管理办公室、募捐办公室、婚姻登记处等11个业务股室，辖光荣院、军队干部休养所、社会救助站、殡仪馆等4个二级机构，有行政编14人、事业编48人、企业编8人。2014年实有在职工作人员70人。

2014年，全县民政系统紧紧围绕党和政府的中心工作，高起点谋划和推进民政工作，各项工作任务圆满完成。群众路线教育实践活动得到省教育实践办的通报表扬；福彩发行2132万元，荣获全省福彩销售先进单位；退伍安置工作实现“清零”，在全市民政工作会议上作典型发言；为民办实事、改善民生工作得到县委、县政府的高度肯定；政府购买基本养老服务补贴和城乡居民依法自治率达标。

着力提高困难群众基本生活保障水平。社会救助。深入开展城乡低保、五保供养“阳光行动”，共清理取消“人情保”“错保”或因家庭经济状况发生变化等原因已不符合低保认定条件的城乡低保对象2380名，将171名“有女户”或已死亡和失踪等不符合农村五保供养条件的对象及时清退出五保保障范围；将1583名符合低保认定条件、394名符合五保认定条件的“应保未保”对象及时纳入保障范围，有效维护了社会救助的公正性和准确性。全县纳入城市低保9555户、14125人，纳入农村低保17253户、33200人，月人均补差水平分别达270元、120元；保障农村五保供养对象7160人，分散供养标准提高到2640元，各项保障资金均通过财政“一卡通”及时足额打卡发放到位。全力推进改扩建敬老院项目，新建、改建浮邱山敬老院和大栗港栗山河敬老院。进一步提高医疗救助效能，完善以住院救助为主、突出重特大疾病救助、兼顾门诊和临时医疗救助的“五位一体”医疗救助模式，积极推进所有癌症、尿毒症和重点精神病人等普惠型大病及儿童先心病、白血病等重特疾病救助工作。全年共实施住院医疗救助10912人次，发放补助资金825.8万元，住院救助封顶线提高到2万元，住院救助资金在医疗救助资金中的比重达80%，医疗救助资金的使用效率进一步提高。减灾救灾。2014年全县遭受4次暴雨、滑坡等较严重的自然灾害，其中以“6·25”“7·12”洪涝灾害最为严重，共造成41.7万人次受灾，倒塌民房234户、631间，直接经济损失37529万元。各级民政部门在党委、政府的领导下，全力以赴，迅速启动应急响应预案，成立救灾应急小分队，及时运送救灾物资，转移安置受灾群众，扎实开展各项灾民救助工作，共下拨发放资金350万元，有效保障了全县2.2万人次受灾群众的基本生活，切实维护了灾区的社会稳定，有力地服务了全县工作大局。

加快发展普惠福利事业。加强孤儿保障工作制度化、规范化建设，全面落实全县270名孤儿和407名准孤儿的基本生活补助费标准。依法加强流浪乞讨人员救助管理，建立部门联动机制，集中主动开展救助，全年累计救助流浪乞讨人员416人次。加快老龄事业发展。全面抓好老龄优待政策的落实，积极推动政府购买基本养老服务工作的实施，确定2014年政府购买服务对象4131名，投入基本养老服务资金809760元，继续推进农村居家养老服务工作。加快慈善事业发展。全力做好慈善宣传倡导工作，2014年共募捐款物164万元，积极争取到湖南省慈善总会、湘腾房地产公司等公益慈善组织捐赠项目的实施。开展助医、扶贫、助孤、抚残、助学、养老等慈善救助工程，共发放救助款物130万元。

着力抓优抚安置政策的落实。抓好全县12945名重点优抚对象抚恤补助标准的落实，确保各类优待抚恤资金及时足额发放到位。认真做好评残、追烈和涉军群体信访维稳工作，确保特殊群体的稳定。加强退伍安置政策的宣传引导，积极组织2012年至2013年城乡退役士兵参加汽车驾驶、学历培训等教育培训，采取多种方式推荐退役士兵就业，先后输送54名退役士兵到大亚湾核电站、中联重科等企业工作，确保退役士兵合法权益得到有效维护。加强军休服务精细化管理，较好地落实了军休人员的各项政治和生活待遇。

积极履行和创新社会管理职能。推进基层社会管理创新。圆满完成第九次村民委员会换届选举工作，积极协调指导桃花江镇完成了牛潭河、金凤、民富三所社区服务平台建设任务。不断推进区划地名创新。完成县城道路、桥梁、公园、广场命名和中心城区名牌编码规划设置工作。推进社会事务管理创新，积极开展县城殡葬管理秩序专项整治、界线联检和平安边界创建等系列专项活动。严格依法开展婚姻、收养登记工作。

全面提升民政公共服务设施建设水平。加快民政公共服务设施服务网络建设中心，县福利中心建设已完成投资1148万元。完成桃花江镇资江路社区、鸬鹚渡镇清塘村、灰山港镇甘泉山村省级养老服务试点建设，推动县城老年公寓服务中心建设。县殡仪馆改扩建完成硬化道路100米、绿化环境750平方米等建设项目，项目效果日渐显现，民政公共服务能力明显提升。

（谭志红）

人力资源和社会保障

【县人力资源和社会保障局领导人名录】

局　　长　杨茂丰

副 局 长　夏新华　刘世才

　　　　　曾洁新　刘党恩

纪检组长　曾洁新（兼）

总会计师　刘畅娥

【概况】　县人力资源和社会保障局（简称“人社局”）于2011年5月由原县人事局和县劳动和社会保障局合并组建。局机关内设办公室、公务员管理股、工资福利股、事业单位管理股、人力资源市场管理中心、人教股（纪检监察室）、劳动关系股（养老保险股）、就业和培训股、仲裁院、劳动监察局、基金监督股（财务股）、工伤保险股、信息中心10个股室，下辖10个二级事业单位，行政编制19人，在编在岗146人。

2014年，县人社局全面完成了省、市下达的为民办实事17项就业和社会保障工作目标任务。全县新增城镇就业5125人，为年目标任务4900人的104%；新增农村劳动力转移就业4211人，为年目标任务2900人的145%。零就业家庭动态就业援助率100%。

统筹城乡就业卓有成效。扎实开展省级创业型城市创建工作，举行了县长与创业青年面对面交流会，成立了“青商会”，出台了《桃江县鼓励全民创新创业暂行办法》。突出创新创业政策推动，加大了对高校毕业生、返乡农民工、妇女等重点群体的创业培训和创业扶持。组织参赛的创业项目在全市首届创业大赛中获得3项大奖，连续3年被评为益阳市创建省级创业型城市优秀单位。充分发挥小额担保贷款促进创业就业作用，放宽小额担保贷款办理门槛，降低反担保条件，简化放贷手续，发放小额担保贷款6885.2万元，安排贴息资金1200余万元，扶持创业实体3227家，带动就业7850人。综合考虑劳动力自身条件以及企业用工需要，针对性地开展培训工作，全年各类培训班共计培训2134人，其中，职业技能培训28期，培训1379人；创业培训25期，培训755人，为年目标任务的102%。新增电子商务培训班，为创业青年解决了诸多创业难题。全年共举办14次招聘会，接待进场招聘单位188家，提供空岗18000多个，接待求职人员9850人，达成就业意向1629人。整合人力资源市场，撤销县就业服务管理局下设职业介绍所，将职业介绍所经办的职业指导、职业供求信息发布、职业介绍、就业失业登记、人事代理、档案托管等工作职能划归县人力资源市场管理中心，各项工作正常开展。

推进五大社会保险扩面征缴。企业养老保险征缴基金1.6亿元，为年目标任务的143%；机关事业养老保险征缴基金6770万元，为年目标任务的100%；城镇职工医疗保险征缴基金9712万元，为年目标任务的147%；生育保险征缴基金490万元，为年目标任务的172%；城镇居民医疗保险征缴基金1015万元；工伤保险征缴基金1897万元，为年目标任务的172%；失业保险征缴基金510万元，为年目标任务的102%；城乡居民养老保险完成参保缴费人数31.5万人，征缴基金3357.25万元，为年目标任务的110%。全县养老、医疗、生育、工伤和失业五大社会保险共征缴基金3.97亿元，为年目标任务的166%。

积极落实各项社保政策。着力推进民营企业、灵活就业人员、被征地农民参保。全县新增参保3946人，其中4号文件新增参保1240人；桃花江镇、马迹塘镇、修山镇、灰山港镇等15个乡镇被征地农民5007人参加养老保险，其中已有退休人员3334人按月领取养老待遇。

社会保障更加惠民利民。着力推动工伤保险扩面，全县所有矿山、报建基建项目、有资质挖砂船、烟花鞭炮企业全部入网参保，全县规模以上工业企业22家，入网小微企业533家，参保率达到95%以上，参保规模和基金征缴居全市之首。社会保障水平进一步提高。连续10年调整企业退休人员基本养老金。3月底完成20732人的调待工作，全县企业退休人员月平均养老金1430.7元。规范企业职工退休审批手续，为3734名企业职工和灵活就业人员办理了退休手续。启动城镇职工大病和特大疾病医疗保险，封顶线分别为20万元、50万元。城镇职工医保和城乡居民医保报销比例进一步提高，分别为85%和90%，县内一、二、三级医院分别为85%、75%、50%。城镇职工医保启动了与省湘雅、省肿瘤医院等9家省市医院异地实时结算。新农保、新农合参保率分别为85%和97%，制作和发放30万张新农保磁卡和19万张以参合家庭为单位的新农合磁卡。新农合年度报销封顶线为12万元，乡镇医院报销比例为91%，县级医院为75%。

基金工作成效显著。全年完成立项争资1.6亿元，保障了各项社保待遇按时足额支付。加强离退休人员生存认证，建立了20435名离退休人员人脸识别系统，防止虚报冒领。追缴多领冒领养老金300多万元，查处冒领死亡人员工资等200多万元。开展定点药店专项检查，查处34家违规药店，取缔5家药店资格。加强工伤和职业病预防工作，严格工伤认定，工伤认定案件同比下降5%。

人才工作力度加大。大力实施“人才兴县”工程，加大人才引进力度，全年引进人才25人。严格坚持公开招聘制度，健全考试安全运行机制，未出任何组考纰漏。确保公开、公平、公正，无违规举报。全年共组织人事招聘考试6次，共招聘221人。其中编制内遴选27人，引进人才2人；其他事业单位公开考聘45人。教育系统公开招聘71人，直接签约10人；卫生系统招聘79人。

人事管理服务更加规范。出台《关于加强机关事业单位人事管理的暂行规定》，制定了实施细则，明确和规范了机关事业单位人员准入、请假、停薪留职、离岗学习、考勤考核等，促进了机关作风转变。完成了17000多名机关事业单位工作人员正常调资。完成2013年度初级职称评审140人，申报中级职称350人。规范了机关事业单位人事服务和管理，切实促进了作风转变。规范公务员津补贴、事业单位绩效工资调整。着力清理“吃空饷”，出台《关于预防和治理机关事业单位“吃空饷”、在编不在岗、编外聘用人员的实施办法》。发出在编不在岗问题整改通知书66份，清理在编不在岗人员1646人，21人辞职辞退，清退编外聘用人员481人。

劳动关系日趋和谐稳定。出台《关于进一步做好农民工工资保障工作的通知》，收缴78家施工企业农民工工资保障金1150万，追讨农民工工资600多万元，对拖欠工资拒不支付、恶意欠薪逃匿的5起典型案件移送公安部门，申请法院执行2起。加大劳动保障监察执法，提高劳动争议仲裁效能，全年检查用工单位100多家，仲裁受理案件127起，结案121起，开庭审理43起。已建工会组织的企业工资集体协商建制率达到88%，劳动合同新增备案1976份。

信访维稳扎实有效。全年78家施工企业缴纳农民工工资保障金1150万，退还按时足额支付工资的建筑施工企业27家358.13万元保障金。严格落实信访责任，切实加强信访接待。全年共接待各类上访300多次，完成各级领导信访交办件60多件，回复县长、市长热线58条，局长热线坚持24小时值班制。用足用活政策，化解信访积案。解决了一大批特困人员参保和特殊门诊就诊问题，做好企业军转干部、航运公司、原纺织品公司、新兴管件、乡镇分流人员、花果山陵园被征地农民、工矿企业亦工亦农伤残人员等群体的信访维稳工作，使一系列信访群体和个体对象停访、息访，切实维护了社会和谐稳定。全年新安置军转干部7人、随军家属2人，自主择业军转干部1人，现已基本到岗。组织38名企业军转干部进行体检。

服务中心效果明显。积极支持参与完成市属4家国有企业改制，人员已全部接转，社保挂账已进入程序。向建整扶贫和计划生育帮扶村发放扶贫慰问金30多万元，解决民生民利问题41个。

存在的主要问题：1. 县域经济发展相对滞后，创业主体发展不快，全民创新、万民创业的气氛不浓，就业与招工“两难”。2. 社会保险扩面十分困难，社保基数连年提高，断保现象十分严重。3. 劳动执法依然艰难。企业不签劳动合同、拖欠员工工资、非法用工等侵害劳动者合法权益的现象十分普遍。企业员工维权意识增强，全县每年劳动仲裁立案和案外调解上百起，劳动监察举报几百起，投诉不断，执法任务越来越重；而劳动执法队伍人手少、专业人才缺乏，劳动执法机制不健全，矛盾非常突出。4. 基金形势十分严峻。基金亏损严重，城镇职工医保、机关社保、工伤保险连年亏损，特别是机关社保每年亏损4000多万。基金监管艰难，全县定点医疗机构和定点药店400多家，参保人员80多万人，企业社保、机关社保、新农保退休人员达16万多人，医院过度检查、过度用药、过度医疗，药店违规卖药等问题堵不胜堵；死亡申报不及时，冒领现象防不胜防。筹资难度大，新农保预期效益太长，待遇太低，群众缴费参保积极性不高；新农合筹资标准提高太快，群众对筹资标准难以接受。5. 清理“吃空饷”工作任重道远。“吃空饷”成因复杂，形式多样，十分普遍，由人社部门牵头清理，权威不够，人手有限，难以到位。

（赵闻滨）

【举办“春风行动”专场招聘会】 2月11日，县人力资源和社会保障局主办、桃江在线网站协办的2014“春风行动”大型专场招聘会在新龙超市广场举行。招聘会主要服务对象为离校未就业高校毕业生和进城务工的农村劳动者、外出和外来务工人员。招聘会吸引了桃花江竹业、湖南皇爷食品有限公司、湖南口味王有限公司等53家大型企业，涵盖工程师、设计师、业务经理等各类岗位5347个。进场应聘咨询的各类求职者达到6400多人，成功应聘者1132人。

【启动工资支付诚信制度】 2013年底，湖南鑫源建筑工程有限公司桃江天宇分公司在雷公岩片国有工矿棚户区改造等承建项目中，以项目变更、工程款未到位等理由恶意拖欠农民工工资，造成农民工多次聚集政府部门上访。7月14日，县人社局发函县住建局，请求依据《关于印发湖南省建筑市场不良行为记录公示制度的通知》规定，记录天宇分公司严重不良行为，对其在市场准入、招投标管理等环节进行限制。天宇分公司成为全县第一家因恶意拖欠农民工工资，被人社部门提请记录不良行为记录的建筑企业。这标志着全县农民工工资支付诚信制度正式启动。

【召开首次基本医保管委会会议】 11月19日，新成立的县城乡居民基本医疗保险管理委员会（医管委）在县政府召开了第一次全体成员会议。会议由县人社局局长杨茂丰主持，县卫生、教育、民政、财政、审计等医管委成员15人出席，县委常委、常务副县长、县医管委主任周卫星到会作了工作安排。杨茂丰通报了全县城乡居民医保整合的相关政策，县医管会管理中心主任陈世夫汇报了全县城乡居民医保有关工作情况，各医管委成员提出了切实可行的建议。

人口计生

【县人口和计划生育局领导人名录】

党组书记、局长	胡跃光
党组副书记	张应良
副局长	王伏华　刘友谊
	李　静
执法分局局长	刘国海
工会主任	龚俊钦

【概况】 县计生局内设办公室、财务股、法规股、统计股、人事股、宣教股、科技股、奖扶办、监察室、流管站、药具站、颁证室、执法分局13个股室以及二级机构4个（计划生育技术服务站、流动人口管理站、避孕药具站、人口计生执法分局）。有干部职工49人。2014年全县常住人口共出生8396人，其中政策内生育7140人，符合政策生育率达85.03%；综合节育措施落实率达92%；出生人口性别比为111。依法征收社会抚养费2700余万元，到位金额准确率100%。

筑牢工作基础。2014年，村级

换届选举中，全县有17名妇女小组长顺利选入村、支两委班子。同时，利用村级换届契机，对全县妇女小组长队伍进行了一次全面的测评考核，解聘了不合格的妇女小组长35名，对妇女小组长进行了专门的业务培训，提高了这支队伍的整体素质和工作能力。5月和9月，由县人口计生领导小组分管领导、县人口计生局班子成员带队，分别对各乡镇的村级阵地建设情况进行了全面的督查。

加大平台建设力度。切实提高全员人口数据质量、流动人口平台质量、社会抚养费征缴系统质量、国家免费孕前优生健康检查管理系统质量，提升全县人口计生信息化水平。全年共购买村直报终端手机330台，并对全县所有乡镇、村相关操作人员进行了业务培训，实现计生信息“村直报”。全年共清理全员人口系统往年未上报死亡人数近3000人，提高了全员数据库的准确性和完整性。

冬春集中服务活动。2013年11月至2014年4月，组织县、乡镇、村干部近4000人，投入资金100多万元，全面开展以落实长效节育措施和补救措施为主的冬春集中服务活动。组织开展孕检清查。5月，在全县组织开展了大规模的孕检清查行动，各乡镇对各村育龄妇女逐人上门孕检，组织开展免费“优检”工作。制定了免费孕前优生健康检查和免费孕前优生健康检查扩面工作实施方案，将符合政策生育条件而准备怀孕的“非农”户口和流入人口目标人群纳入检查范围，工作经费纳入财政预算；各乡镇明确了1名后勤服务和1名跟进随访责任技术人员，各村（社区）成立了服务小组，为“优检”对象提供全程优质服务。全县共完成“优检”目标人群5260对，目标人群覆盖率达80%，早孕随访率、妊娠结局随访率分别达到了99.59%、99.61%，室间质量合格率达到100%。乡镇明确了专门随访技术人员，为“优检”对象提供全程优质服务。

严厉打击“两非”。2014年共查处“两非”典型案件5例，对18名涉案人员进行了依法处理，行政罚款134000元，没收违法所得2530元；注销《再生育证》一本；对参与“两非”行为的4对夫妻再生育行为不予批准。加大社会抚养费征收力度。全县共征收社会抚养费2700余万元；共办理强制执行案件31例；办理典型案件12例，其中已完成征收10万元以上典型案件5例。规范社会抚养费的管理和使用。为加强对乡镇社会抚养费使用的监督，把监督关口前移，5月上旬，计生局会同县审计局对全县15个乡镇的计生财务进行了一次全面的清查，由县人口计生局牵头，联合县财政局出台了《规范乡镇社会抚养费使用和管理办法》，进一步规范社会抚养费的管理和使用。严格落实各项法定奖励扶助政策。认真落实奖扶特扶政策，督促乡镇对2014年新增奖励扶助对象进行严格审查，计生奖扶对象确认准确率达100%，共对全县5847位独生子女按每月12元的标准发放独生子女保健费84.1968万元；为全县符合条件的1196名独生子女落实了中考加10分政策。另外，桃花江镇和灰山港镇有93户独生子女家庭享受了农村集体经济组织分配集体经济收益征地补偿费时多分一人份额，受益金额达3.49万元。

计划生育服务。采取强化目标考核、召开现场会议、组织调研座谈等举措，指导敦促乡镇创建跨省流动人口计划生育协会，构建关心、关爱、联系、服务流出人口的新平台。全县先后有14个乡镇在广东和陕西等地成立了14个总会、26个分会，共有会员4000余人，覆盖流动人口31000余人。组织召开流动人口座谈会16次，走访育龄群众2000多人，发放意见征求表1800多份，收集整理意见建议340余条。搭建优质服务总平台。强化与省流动人口管理站、流动人口现居地人口计生部门和街道（社区）的有效对接与协调，为在外务工育龄妇女争取享受计生均等化服务。先后为350名育龄妇女进行了免费健康检查，为148名育龄妇女提供免费技术服务，15名育龄妇女享受避孕节育手术奖励，为100余名流动人口办理了《流动人口婚育证明》，为56名流动人口子女入园入学解决了困难。凝聚社会关怀正能量。桃江籍在外创业成功人士安排育龄群众就业386人次，协助维护流动人口合法权益3起。发动协会骨干会员，落实结对帮扶、慰问流动人口计生困难家庭278户。流动人口在外地打工同样得到了家乡的关怀和温暖。

抓住全国计划生育基层群众自治示范县项目落户桃江的契机，强力推进计划生育基层群众自治工作。全面开展《自治公约》修订工作。明确村支两委、村计生协会的工作职责，突出各项奖励优惠政策的落实。建立骨干会员联系制度。骨干会员定期开展民情走访，时刻关注和帮扶每一个计生“重点户”。强化育龄群众自我管理机制，由各村村委会与育龄群众签订《诚信计生承诺书》。全县80%以上的妇女小组长（会员小组长）在群众自治工作中发挥了主力军的作用，全县人口计生村（居）民自治合格率达到

70%以上。

工作保障。计生协积极协调县直各单位，特别是民政、教育、农办、移民等涉农部门，在各项惠民政策制定和执行上向计生家庭倾斜，争取各类帮扶困难计生家庭的项目资金100多万元。春节期间，对计生特困对象进行全面走访慰问，累计共发放“生育关怀”资金近100万元。“5·29”活动期间，全县扎实开展了“三个一”生育关怀活动，县计生协筹措了100万元以上资金，组织了1000名县、乡、村干部，慰问和帮扶了1000户以上困难计生家庭。对全县321名农村独生子女考上大学者每人给予1000元奖励，并为73名手术后遗症对象每人购买了2份计生家庭意外保险。

丰富宣传形式。在全县的主要交通干道、大小集镇、主要路口、休闲广场、集贸市场、旅游景区、乡镇阵地等人口聚集地，制作大型宣传喷绘版面，张贴宣传标语。利用“5·29”纪念日、“欢乐潇湘·歌唱桃江”等活动日编排计生节目进行集中宣传。建设了宣传一条街、生育文化长廊等亮点工程。全县共制作大型喷绘宣传版面1800多平方米、张贴宣传标语5800多条、创建生育文化长廊480个，共组建计划生育文艺宣传队220多个，编排计生文艺节目800多个，演出2000多场次。针对不同的目标人群确定不同的宣传重点，对象最想了解什么、关注什么，就重点宣传什么，加大对生育政策、“奖扶特扶”政策、免费服务项目和办事流程等具体政策及知识的宣传力度。2014年，举办了两期“单独两孩”生育政策和现行“奖励扶助”政策专题电视讲座。强化宣传引导。通过刊发宣传报道、处置网络舆情、播放专题访谈等形式，加大了正面典型的宣传力度。在各类主流媒体刊发宣传报道52篇（省级以上6篇），及时有效处置各类网络舆情15件，播放基层网底建设、群众自治、优秀乡村协会会长访谈等专题节目6期。

清查计生漏报。全县人口计生工作始终坚持“求真务实”的指导思想，切实挤干统计水分。7月，为贯彻落实省人口计生委关于开展对错漏报人口出生进行专项清理的通知精神，县人口计生领导小组分别召开各乡镇计生办主任、县直有关单位计生分管领导紧急会议，对整治出生人口错漏报工作进行了重点布置，严明了工作纪律和奖惩制度。自7月11日至28日，全县共补报2012、2013、2014年出生人口1512人，其中政策外生育1296人。全县通过公安内网查询补报出生人口132人，其中政策外生育100人；通过卫生院出生医学证明查询补报出生人口52人，其中政策外生育39人；通过卫生防疫接种查出未报出生人数125人，其中政策外生育115人。

动态问责求严。2014年的考核方案更加注重实际，着重体现考核工作过程，与往年相比，有四大变化：一是取消了半年度验收，加大了对平时调查的计分权重。二是取消了对乡镇综合治理线的考核，将对乡镇综合治理线的考核内容划入了相关综合治理部门的考核。三是减少了加分项目和加分权重，取消了荣誉性等检查的加分。四是增加了一项“其他重点工作”考核内容。

重考核结果更重工作过程的考核。县人口计生领导小组对人口计生阶段性工作实行动态督查并实行问责。4月下旬，县人口计生局组织对全县各乡镇2014年上报的120名新增奖励扶助对象进行了抽样核查，对出现水分的乡镇和相关责任人员在全县进行了通报批评。3月开始，对全县15个乡镇的计生工作开展了五次全面督查，对问题严重的乡、村进行了问责。在教育实践活动中，利用下村走访、召开座谈会等多种形式广泛征求全县育龄群众对人口计生工作的意见和建议，共收集意见建议37条，帮助育龄群众解决实际问题26件，发放慰问金8万余元。对三堂街镇计生后遗症对象胡吉兵进行了重点帮扶，制定了具体帮扶计划，在资金和项目上进行重点扶助。（高标）

【开展“十百千”活动】 4月5日，县人口计生局、计生协会干部由班子成员带队，分成10个小组，深入到各自联系点开展工作。此次活动中，联户干部向结对帮扶户发放便民联系卡，建立帮扶、走访对象花名册。为认真贯彻落实党的群众路线教育实践活动精神，加强和改进人口计生系统作风建设，县人口计生局、计生协会在全县深入开展“十百千”活动，办好十个村（居）民自治示范点，帮扶百户计生困难家庭，走访千名育龄妇女。办好十个村（居）民自治示范点。为夯实计划生育基层基础工作，在全县范围内对符合村（居）民自治条件的村、社区进行筛选，把其中工作基础好，群众基础好的十个村、社区办成村（居）民自治示范点，树先进典型，促全县村（居）民自治工作均衡发展，实现群众自我教育、自我管理、自我服务的目的。帮扶百户计生困难家庭。对百户计生困难家庭予以结对帮扶，尤其是失独家庭和计划生育手术后遗症家庭，生活特别困难的村级计生专干家庭，本着“尽力而为、分类帮扶、公开透明”的原则，给他们送去慰问金，并尽力帮助解决他们在生产和生活中遇到的难题。走访千名育龄妇女。采取走村入户、发放调查问卷等形式，走访全县千名育龄妇女，了解和掌握她们在办理各类计生证件时是否遇到困难、接受技术服务是否到位、享受奖励扶助是否及时等问题，对存在的人口计生工作意见和建议，指出人口计生干部在作风建设方面存在的问题，并与她们面对面宣传当前人口计生政策和形势。

【举办村级骨干培训班】 3月27日，桃江县全面推进计划生育基层群众自治工作村级骨干培训班在影剧院成功举办，全县306个村的支部书记及计生专干参加了培训。副县长戴朝，计生协会会长张明程、副会长张应良，计生局党组书记、局长胡跃光，副局长刘友谊等领导出席培训班。培训班上，戴朝作了动员报告，张应良就如何稳步推进计划生育基层群众自治作了业务辅导，明确提出把计生基层群众自治工作作为计生的中心工作来抓。刘友谊就计划生育基础业务知识作了详细说明和精心指导。

【金秋助学321名学子】 7月5日，桃江县生育关怀领导小组对全县考上一本、二本的农村独生子女每人给予1000元奖励。这是桃江县“生育关怀·金秋助学”活动第三次助跑计生学子。高考结束后，县计生协牵头组织了2014年度的“生育关怀·金秋助学”活动，出台了实施方案，明确了资助条件、资助范围、资助程序。活动分宣传发动、个人申请、基层申报、入户调查、阳光公示、集中审核、资助金发放七个阶段进行。通过个人申请，基层审核，阳光公示后，县人口计生局、县计生协明确一名班子成员牵头，组织相关人员对每份申报材料进行了严格审核，最终确定对321名学子给予奖励。

【桃江荣获全国计生服务先进单位】 7月20日，国家卫生计生委发布《关于2013年全国计划生育优质服务先进单位的通报》，桃江县被授予“全国计划生育优质服务先进单位”荣誉称号，这是桃江县继荣获“全国婚育新风进万家活动先进单位”“全国计生协会工作先进县”“全国流动人口计划生育工作先进集体”荣誉称号后获得的又一殊荣。

乡　镇

桃花江镇

【领导人名录】

党委书记、人大主席　赵立峰
党委副书记、镇长　夏跃军
党委副书记、人大副主席　钟建湘
党委委员、政协联工委主任　孙大军
党委委员、纪委书记　刁国华
党委委员、副镇长　吴国光
党委委员　龚丽娥
副镇长　文吉安
　　鲁　江
　　张立华
镇长助理　刘丰华
　　王孟春
　　高志明

【概况】　桃花江镇地处湖南省中部偏北、益阳市西南部、桃江县东北部，资水下游，桃花江（獭溪）与资水的汇合处。东临益阳市高新区，南与石牛江镇接壤，西与浮邱山乡相邻，北与益阳市资阳区毗连，是全县政治、经济、文化、交通中心。桃花江镇经过了1995年和2005年两次大的区划调整，由6个乡镇合并而成。辖29个村、9个社区、1个资管委，总面积182平方公里，城乡常住人口18万，其中城区人口10.5万，为湘中第一人口大镇，是全国“文明村镇”“中国竹制品名镇”“安全生产示范乡镇”。

全镇耕地7.81万亩，其中100亩以上连片规模的达5.7万亩，山林10.55万亩。境内山体水体资源丰富，城区及周边重要山体有竹海风景区、黄金塘风景区和曾家坪资江河岸山体，域内共有桃花江垸、牛潭河垸和花果山垸三个万亩堤垸及曾家坪大堤，防洪大堤32.8公里，小（1）型水库3座、小（2）型水库20座，5万立方米以上重点骨干山塘15处，1万立方米以上的骨干山塘303处，小流域支流9条。境内盛产楠竹，拥有竹林9万亩，是桃江县竹林的主要产区之一，竹产业亦是镇域经济发展的重要支柱。洪山竹海、黄金塘等旅游景点是有名的风景旅游区。

综合经济实力增强。2014年生产总值23.5亿元，增长17%；农业总产值8.2亿元，增长12%；工业总产值33.5亿元，增长22%；第三产业总产值26.1亿元，增长20%。全镇完成固定资产投资6.49亿元，比去年增长25%。完成上报招商引资项目16个，完成招商引资任务2.8亿元，重点引进了兰天桃江4S店、东方商务、大汉温德姆华美达大酒店、奥斯卡娱乐中心等6个亿元以上项目，被评为全县招商引资先进单位。完成财税总收入1.87亿元，比去年增收24万元，其中地税部门完成1.48亿元，国税部门完成0.39亿元。农民人均纯收入11758元，同比增长15%；城镇居民可支配收入21082元，同比增长8.5%。

农业经济全面发展。完成农林牧渔业总产值11.6亿元，比上年增长0.6%。其中，农业产值4.06亿元，下降1.7%；林业产值2.1亿元，下降11%；牧业产值4.46亿元，增长4.7%；渔业产值0.14亿元，增长27.3%；农林牧渔服务业产值0.85亿元，增长26.84%。粮食种植面积13.87万亩，粮食总产量5.12万吨，比去年增长15.72%，其中早稻种植面积5.75万亩，高产创建面积1.36万亩，水稻总产量4.61万吨，比去年增长7.9%。玉米种植面积2832.9亩，下降24.21%，产量1064吨，下降24.11%。肉类总产量13711吨，下降3.8%；出栏生猪16.99万头，下降3.4%；出栏牛0.32万头，增长6.4%；出笼家禽61.4万羽，下降9.3%；禽蛋产量2082吨，增长6.55%；水产品产量1174吨，与同期持平。全镇新增土地流转面积1578亩，出现了大批种植大户，其中500亩以上的12户，100～500亩的101户，50～100亩的73户。创建优质高产双季稻、生猪养殖、养鸡、花卉苗木等5个专业示范基地。工程造林100亩，零星造林1000亩，森林覆盖率达56.98%。建设林道20公里、笋用林600亩，竹林低改4000亩。特色农业得到长足发展。形成了以竹产业为支柱、粮油作物、畜牧业为补充的农业生产格局。产业基地建设稳步推进。土地流转速度加快，花卉苗木、药材、蔬菜、水果等基地不断发展壮大。

工业经济持续发展。全镇各类企业及个体工商户8000多家，其中规模以上企业19家，企业从业人员3000多人。工业生产总值33.5亿元，同比增长11%。竹木加工企业、机械制造业、矿冶产业是主导产业。竹木加工企业依托丰富的竹林资源，以萌立尔、桃花江实业等企业为龙头，逐步形成了桃益公路竹木产业加工带，竹木加工企业2500余家，从业人员4万多人，年产值超过4亿元。机械铸造产业规模以上企业有18家，铸造业年创产值1.2亿元。桃江红星焦化设备有限公司是中南五省唯一一家焦炉煤气设备的制造厂家，年产值6000多万元。矿冶产业的锑品冶炼是重要支柱产业，有虎山锑品、耀星化工、全博锑业等10多家重点企业，年产值超过1亿元。另有金龙稀土等矿冶加工业，为工业发展带来了经济效益。食品产业主要有德辉米业和葛、红薯、茶叶加工等企业，年产值近1亿元。

基础设施建设加快。益马高速基本完成征地拆迁工作。益阳南线绕城高速、石长铁路复线建设如期进行，完成农村6座危桥改造，配合完成县道牛潭河至杨家坳段的大中修。完成了3.4公里农村公路建设任务，公路硬化5.4公里，完成21公里公路养护。城镇建设共计征地1973.5亩，拆迁房屋202栋，是上年完成数的119.5%和249.4%；安置拆迁户238户，发放征拆资金1.2亿元。完成了南环线配套建设工程、资江南路延伸线、金盆南路团山段、滨江路及沿江风光带三期等16项重点项目征拆工作，芙蓉路、花桥南路、桃花南路、桃花东路提质改造均已完成预定任务。金凤社区、富民社区、桃花路社区、牛潭河社区的办公条件得到改善。新修、改建了下水道设施，完成了5座水库除险加固任务；建成花果山安全饮水工程，解决了城郊6000多人的安全饮水问题。规划和申报了全镇五小水利工程，完成了花果山垸青山段800米及牛潭河垸六门桥段1000米的“四水治理”工程；对濑溪河梨树桥段等1500米进行了整治。完成了桃高线（桃花江段）、观工Ⅱ线、肖梅线电力线路建设，完成了7个村的农网改造升级，整治土地5300亩。

生态环境建设成效显著。全力推进“美丽乡村”建设，累计投入资金3000万元，推进崁峒新农村建设。修建环山公路1.4公里，“穿衣戴帽”120户，崁峒村获得湖南省“美丽乡村”荣誉称号。强力推进县城创卫。投入创卫资金300万元，对城中村、城郊结合部开展了大规模的陈年垃圾清运工作，进行“牛皮癣”整治，认真做好灭鼠为重点的除“四害”工作，全面开展城区禁养畜禽工作，人居环境得到有效改善。全面完成“城中村”改造、空地围挡，县城创卫通过创卫专家暗访。着力推动县城规划区查违控违拆违工作，配合拆除违章建筑17处。投入资金200万元，深入推进农村清洁工程，组建农村清洁队伍，配备农村清洁设施。4个省级卫生村顺利通过市级验收。崁峒、株木潭、石高桥确定为两型建设示范村。大力改善生态环境。积极开展“两河治理”，关闭涉锑企业5家，生态环境整治获得实效。

民生保障全面加强。加强了校车、水上交通、烟花爆竹等领域的安全隐患排查，全年安全生产实现零事故。积极处理信访突出问题、化解矛盾纠纷。受理市长、县长、镇长热线195件，办结率达100%。共破获刑事案件123起，查处治安案件431起，打击各类违法犯罪人员681人次，集中力量调处意外死亡纠纷36起，有力地维护了一方稳定。综治工作获全市先进。惠民保障力度不断加强。完成农村危房改造163户。全年发放惠农补贴4828.48万元，农机购置补贴134.25万元。城乡低保资金发放3007万元，及时清理不符合城乡低保人员1525人，新增523人，做到了动态管理下的应保尽保；走访慰问特困户539户、优抚对象127户，发放慰问金18万元。新农保参保率达87.5%，新农合参合率达97%。加强计生队伍建设，更换聘请村级专干19名；符合政策生育率81.79%；1572人享受独生子女费，发放城镇独生子女父母奖励3961人，新增两扶人员114人。计生工作获全市先进。认真组织了“欢乐潇湘”系列群众文艺演出大赛，极大地丰富了人民群众精神文化生活；大力支持了县人民医院老住院楼改造、县精神病医院住院楼扩建、桃花江中心医院综合楼建设，全镇医疗卫生服务水平进一步提升。完成桂花园小学、桃谷山小学、城关一中、装柴埠小学4所合格化学校建设。

（洪巧　卢学中）

【镇人大二届三次会议召开】　4月18日，桃花江镇第二届人民代表大会第三次会议在桃花江镇政府二楼大会议室隆重召开，84名代表及列席代表参加了会议。会议审议并通过了《桃花江镇政府工作报告》《桃花江镇人民代表大会工作报告》以及《桃花江镇2013年财政预算执行情况和2014年财政预算报告》。会议补选吴国光为镇人民政府副镇长。

【党的群众路线教育实践活动总结大会顺利召开】　10月29日，桃花江镇召开了党的群众路线教育实践活动总结大会，全体支部书记、驻村（社区）干部近150人参加了会议，县委第一督导组组长郭除夕列席了会议。桃花江镇党委书记、人大主席赵立峰对党的群众路线教育实践活动进行了全面总结，对下一步整改落实、巩固和拓展教育实践活动成果，建立长效机制进行了安排部署。

【成功创建省级“标准化财政所”】　11月4日，桃花江镇财政所通过省级“标准化财政所”验收。财政所以强化科学化精细化管理为中心，以“内练素质、外树形象”为目标，积极开展标准化财政所创建工作，并将“五个标准化”贯穿、覆盖并落实到乡村财政财务科学化精细化管理的各个方面、各个环节，取得了出色的成绩。

【“一事一议”　项目全部竣工】　12月4日，桃花江镇2014年“一事一议”所有项目全部竣工。项目村19个，受益人口28659人，农民筹资429885元，申请财政奖补2149425元，总投资2579310元。共修建林业公路45.44公里，维修山塘35口，维修渠道4000米，公路硬化3000米，改善了村级水利基础设施、林道设施和村组交通。

【“全国文明村镇”通过省考评】　12月15日，省委宣传部文明办到桃江考评桃花江镇全国文明村镇创建工作，桃花江镇顺利通过省考评组初审。

浮邱山乡

【领导人名录】

党委书记、人大主席　刘楚雄
党委副书记、乡长　汪跃辉
党委委员、人大副主席
　　刘学文（2014.02止）
　　戴　佳（2014.02起）
党委委员、政协联工委主任
　　雷晓迪
党委委员、副乡长　肖灿文
党委委员　赵利辉（2014.02起）
　　李正清
副乡长　江　科　符　蓉

【概况】　浮邱山乡位于县城西郊，资水南岸，2005年12月由原浮邱山乡与水口山乡合并组建而成。总面积124平方公里，辖20个村，人口5.8万，耕地面积5.6万亩，水田4.9万亩，林地面积8.2万亩，境内有小（一）型水库1座、小（二）型水库8座、骨干山塘4座。益马高速、G536、S230等交通要道贯穿境内，桃马、桃修、桃浮公路连通全乡，县城南环线、西环线在境内交接，资江流经全乡5个村，水路长达15公里，水陆交通十分便捷。全乡矿产资源、竹木资源较为丰富，水果蔬菜基地、生猪养殖基地颇具规模，花卉苗木畅销全国各地，境内有省级森林公园浮邱山景区。2014年实现农业生产总值6.1亿元，同比增长9.1%；工业生产总值9.3亿元，同比增长16%；国地两税收入850万元，增长20%；完成固定资产投资1.7亿元，同比增长10%；农民人均收入9726.7元，同比增长15%。

现代农业稳步推进。新发展农民合作社1个，补贴农机具1534台，农业生产规模化、组织化和机械化水平逐步提高。动植物防疫、农业综合开发、清洁能源推广、农技服务等工作扎实有效。农村集体“三资”和财务管理得到加强。农村土地流转4万余亩。粮食种植面积82000亩，粮食总产量32000吨，其中早稻种植面积27500亩，总产9600吨；一季稻种植面积19900亩，总产9000吨；晚稻种植面积28000亩，总产11000吨；玉米种植面积5500亩，总产1600吨；红薯、小麦、蚕豌豆、马铃薯等种植面积1100亩，总产800吨。肉类总产量7450.04吨，下降4%；出栏生猪8.84万头，下降3.9%；出栏牛2380头，增长5.7%；出栏羊1004只，增长4.5%；出笼家禽50.6万羽，下降9.3%；禽蛋产量612.3吨，下降9.2%；水产品产量687吨，增长5%。新发展蔬菜基地200亩，金银花、玉竹参等药材基地300亩，苗木基地500亩，茶叶基地300亩，水果基地200亩。金盆村建成全市首个中药材种植样板基地。森林抚育400亩，年末林业用地面积稳定在5608.9公顷，其中毛竹林面积3554.2公顷、用材林面积327.8公顷、经济林面积57公顷，森林活立木蓄积量27958立方米，森林覆盖率48.3%。竹林低改410亩，建设林道12公里。水利基础设施建设投入资金120余万元，完成山塘清淤22口，修复水毁工程10处，山塘除险、加固38个，水库渠道维修、砍青扫障15公里。完成了竹脑洞水库的除险加固，完成了大塘冲、打石湾等小（二）型水库的设计、勘查等前期工作。投资12万元，在担水坝村开展小农水建设，完成了4口山塘的维修加固和550米水渠U型槽衬砌。投入200万元，在黄鹤桥、洪桥头、禁牌、毛家桥和枳木山等5个村启动农村人居环境保护工程建设。完成14公里的村组公路建设和5条农村示范公路的养护工作，完成担水坝桥、双江桥、石矶头二桥等5座危桥改造。农村清洁工程投入资金100余万元，新建垃圾池200个、焚烧池20个，修复垃圾池80个。24项为民办实事任务全面完成，农村生产生活条件明显改善。

各项建设全面推进。完成工业增加值2.84亿元，同比增长13.1%。年末规模以上工业企业8家，比上年净增2家。引进旺磊砂石、天源能源、众泰、青砖瓦厂等4个项目，实现招商引资5000万元。完成11家个转企手续。县城南环线浮邱山段妥善处理了新桥村、回龙湾村复迁安置地方案变更工作，全线完成17个平交道口、10个挡土墙工程、水系平整、人形山复迁地28间安置房建设等一系列配套工程建设。益马高速浮邱山段完成征地646亩，签订55栋房屋拆迁协议，征拆工作在全县发挥了示范引领作用。县城西环线浮邱山段全面完成征地221亩，全线清表1.9公里，线型基本成型。配合县旅游局对浮邱山景区开发建设进行了前期与环境维护工作，完成了浮邱山景区上山公路的混凝土基础及排水、人行道等配套设施建设。乡卫生院提质改造工程完工。

社会事业全面发展。全乡建成老年人活动中心、农家书屋20家，全乡共有有线电视用户7500户，广播覆盖率100%，电视覆盖率70%。共有卫生机构26个，全面实施了国家基本药物制度。社会抚养费征收共立案244例，征收137例，立案率100%，征收到位率80.8%。在全县率先开展了计生骨干会员联系计生困难家庭示范村创建活动。完成村直报系统创建，完善了各村直报系统与设施，保障了平台数据的准确性和及时性。在深圳成立了浮邱山乡驻广东流动人口计生协会，搭建了流动人口计生服务平台，取得了计生工作的新突破，被评为益阳市2014年人口与计划生育模范单位。全乡拥有中小学（幼儿教育）17所，其中，初中4所、小学8所、幼儿教育5所。在校学生3464人，其中初中679人、小学1766人、幼儿教育1019人。全乡小学年辍学率为零，初中年辍学率1.2%。中考考录一中人数16人。全年投入资金450万元，建设合格学校2所。加强学生接送用车管理，投入专用校车6辆，为各级各类贫困学生资助金额2.5万元。

民生保障不断加强。全年共有54330名农民参加新型农村合作医疗，参合率97%。参加新型农村社会养老保险22292人，缴费240余万元。全年发放新增就业再就业小额担保贷款210万元，新增创业17人，新增创业实体8户，创业职业技能培训32人。开展了城乡低保、五保供养对象清理核查工作。清退不符合政策的低保户122人，全年共保障农村低保对象户1058户、2309人，年人均物价补差100元。供养“五保”对象451人，年供养标准提高到2640元。全年救助医疗救助对象213人次，发放医疗救助金15万元；发放2名百岁老人长寿保健金9200元。改造农村危房67户。投入资金近百万元，对乡敬老院进行了改扩建，新建1栋三层大楼。治安安全不断强化。深入开展平安创建活动，全年有效调处矛盾纠纷155起，妥善处理突发事件15起，扎实开展校园周边环境、流动人口、两抢一盗、黄赌毒等专项整治行动，严厉打击了聚众赌博活动和各类刑事犯罪，有力遏制了“黄赌毒”等社会丑恶现象，确保了全乡社会和谐稳定。严格安全生产执法，积极开展了安全隐患排查整治“百日行动”“打非治违”“六打六治”“水上安全综合整治”“校车安全专项整治”等各类专项整治行动，将隐患消除在萌芽状态，全年未发生1例安全生产责任事故。（王海丹）

【千人党员大会召开】 4月30日上午，乡党委组织全乡20个行政村近1200名农村党员在县影剧院召开村级党组织深入开展党的群众路线教育实践活动动员大会。会上，县委常委、组织部部长、统战部部长雷越毅围绕“基层党组织和党员如何开展和参与党的群众路线教育实践活动”“基层党组织如何发挥好战斗堡垒作用”等问题，为千名农村党员上了一堂党课。

【亿元产值工业企业落户浮邱山乡】 7月28日，由国家统计局批准为规模工业企业的桃江县天源能源燃料有限公司正式落户浮邱山乡枳木山村。该企业是一家以生产、销售生物颗粒、炭、炭棒、炭泥、炭末为主的生态环保型企业，年产值1亿元以上，年纳税额1000万元。公司注册资本1000万元，年产量可达9万吨。

【乡(深圳)流动人口计生协会成立】 8月23日上午，浮邱山乡（广东）流动人口计划生育协会在广东省深圳市正式成立。

【全市首个中药材种植样板基地建成】 11月，浮邱山乡金盆村建成全市中药材种植、现代特色立体农业发展的首个典型样板基地。该中药材基地总规划面积1080亩，投资2580万元。基地采取土地集约化、立体农业的经营模式，主要种植玉竹参、百合等食药两用中药材，间种茶叶、果树、油茶、花木等作物，并进行种养配套，启动了1个养猪场和120多亩水产养殖。基地通过流转农民土地再返聘农户务工，以点带面推进当地农村经济发展。

【益马高速浮邱山段征地拆迁】 12月15日，浮邱山乡正式启动益马高速浮邱山段征地拆迁工作，4天内签订了55栋房屋拆迁协议，征地拆迁646亩，征拆工作在全县发挥了示范引领作用。益马高速浮邱山乡段共长6.262公里，涉及沿线齐心、沙田湾、西峰寺、回龙湾4个村。

高桥乡

【领导人名录】

党委书记、人大主席　郭环球
党委副书记、乡长　文　静
党委副书记　谢　佳（2014.11起）
人大副主席　范则昌（2014.11止）
党委委员、纪委书记、政协联工委主任　朱果辉
党委委员　黎立华　吴尚辉
副乡长　彭光明　文伏秋　霍振华
乡长助理　莫立明

【概况】 高桥乡地处县城西南15公里，1995年由原来的高桥和石井头两个乡合并而成。东邻石牛江，西接鸬鹚渡，南毗松木塘，北连桃花江。辖12个行政村、110个村民小组，总人口32101人。面积96平方公里，耕地面积2.4万亩，山林面积10万亩。

2014年，高桥乡以经济建设为中心，按照“活农兴工、扩镇提质、创新管理、加快发展”的思路，突出“三镇”（绿色乡镇、精品集镇、文明村镇）建设，全面完成了各项工作任务，被评为“全面综合目标管理先进单位”。全年生产总值2.5亿元，同比增长21.8％；财政收入1285万元，同比增长7%；固定资产投资2.2亿元，同比增长23%；社会消费品零售总额1.5亿元，同比增长26%；城镇居民人均可支配收入12586元，农民人均纯收入8598元，同比增长分别为15.2%、14.6%。

大力发展现代农业。顺利推进横马塘至高桥片区双季稻生产千亩示范片创建工作，早稻高产田7200亩。完成机械化插秧任务1.5万亩，完成机插秧800亩连片推广。完成绿色防控防治病虫害8000余亩，农业保险投保5.5万亩，收取保费19万余元。发展养殖水面4500亩，水产品产量280吨。积极发展生猪生产，存栏生猪3.66万头，年出栏生猪5.5万头。成功控制3起动物疫情。13户养殖户获得生猪调出大县奖励资金。全乡年养殖家禽37.8万羽，涌现出各类典型养殖户180户。持祥鸽业、卫峰家禽养殖场等企业不断发展壮大。强力推进“农户＋合作社＋公司”高效生态林业项目，林业经济得到较大发展。新增珍贵苗木5万株，种植杉树林2000亩，完成3000亩竹林低改、17公里林道建设、150亩笋竹林基地建设。生态农业稳步发展，引进乡友投资1200万元，助推罗溪苑建设；280亩罗溪高新生态小水果基地正在建设；天问茶业、资江缘茶业等本地产业业绩显著，产品远销欧美，资江缘茶业获得湖南省著名商标。

优化招商引资环境。桃江广益定制家具有限公司落户石井头村，投入300万元，启动了前期工作，基本办结相关手续；积极争取湖南光鑫矿业落户高桥村；积极支持华益生物颗粒厂争取国家能源项目资金；支持鼓励原有工业企业做大做强，创自己的特色品牌，使其在市场有竞争力。旅游业、餐饮业、服务业等产业稳步推进。罗溪瀑布、浮邱山南门道教旅游持续升温；加快发展林下旅游、农家乐、林家乐等乡村旅游，浮邱山南门旅游开发已列为市县政协重点提案办理范围。

加大基础设施建设。投入50万元完成政府大院扩建改造工程，新建传达室、停车坪。完成大林等6个村变压器台区建设，做好横马塘至桃花江镇10千伏电力线路铺设的

环境维护。加强民生工程建设，完成危房改造75户，硬化农村公路7公里。完成投资220万元的静乐庵水库除险加固工程，完成3口重点骨干山塘的维修、5口骨干山塘的除险加固工程，投入130万元对杉木桥等6座危桥进行改扩建。投入220万元完成高桥—荷叶塘—横马塘村安全饮水工程，年底投入运营。投入323万元完成近邱小学、高桥小学合格化学校建设，投入160万元新建教师租住房，投入55万元对辖区学校进行修缮。投入30多万元搞好环境保护和农村清洁工程，初步建立了长效保洁机制，在全县年度评比中名列第四。

社会大局和谐稳定。开展“干群面对面·共建鱼水情”走访慰问活动，发放干群联系卡6000余张；建立机关党员志愿者队伍，走访慰问孤寡老人和留守儿童。落实各项惠农补贴政策，坚决杜绝乱收费行为，全面完成12个村村级财务清理。开展了农村“五保”户清理工作，清退14人，新增37人。及时发放各类民政资金，其中优抚对象补助92万元、农村低保补助200万元、城市低保9.8万元、“五保”供养补助78万元、孤儿补助12.4万元、临时救灾救济20万、助残救济金8千元，民生工作得到有力保障。关心困难学子，累计发放2万余元助学金。服务计生群众，生育关怀40户，发放慰问金2万元，冬春季集中服务工作进入全县先进行列，开展了“5·29”计生关爱活动和文艺会演，成立了驻广东流动人口计划生育协会和广州、佛山、深莞3个分会，计生基础工作得到夯实。坚持公开、公正、公平的原则，扶持较困难的移民村和帮扶特困移民户，为6个移民村和1户移民户争取了10万元的项目资金，修建了一条移民聚集区的公路。扎实开展矛盾纠纷的排查化解工作，信访工作评为全县第一。加强治安防控体系建设，创新开展“全民大巡逻”，严厉打击涉黑涉恶涉赌涉毒，社会治安综合治理评为先进。不断提高人民调解工作水平，民调工作全县排名第二、全市排名第十。全面落实安全生产责任制，扎实开展安全隐患排查治理工作，强化辖区的安全隐患排查与治理。投入资金20余万元，对列入县安委办督办的桃花江干渠山体滑坡、石井头村杉木桥危桥两处重大安全隐患进行了专项治理，全部整改到位，全乡没有发生一起安全生产事故。全面完成“村村通”广播工程，积极开展学雷锋志愿服务活动，鼓励老年协会、楹联协会、书法协会开展活动，全面丰富人民群众精神文化生活，11月份顺利通过省级文明村镇创建工作验收。

（何江平　肖瑶）

【61名干部结8000户“亲家”】 高桥乡党委、政府在全乡开展“干部群众面对面”活动，通过上门走访，拉近党员干部与群众的距离。61名机关干部深入全乡8000户家庭，与群众“面对面”，拉家常，帮生产，出主意，宣传政策，了解群众生产生活情况，调处矛盾纠纷。每人必备民情记录本和群众联系卡。民情记录本上填写走访群众时收集的意见建议；群众联系卡上印有干部姓名、职务和联系电话。强化活动落实，实行“干部包干制”，每户有什么困难、建议，均可与联系干部“单线”联系，并由该干部全程负责解决问题。通过开展活动，干群关系进一步密切，真正做到群众说话有人听，难题有人解。

【梓木洞组整体搬迁】 石井头村梓木洞组在海拔700多米的浮邱山南门高寒山区，原有100多村民、40多亩稻田，山高路远，信息闭塞，就学难，就医难，生产难，是典型的高寒贫困小山村。从1995年到2012年，没有一个女人嫁入，年轻女子外嫁，年轻男子入赘。摆脱贫困成为村民最大愿望，村民陆续自发迁出，到2012年，仅剩26户76人。乡政府在充分调研、尊重村民意愿的基础上，决定实施山下安居工程。2012年，石井头村争取到这一项目。68岁的村支书文雄辉主动带头，村民纷纷响应，腾出建房用地。村里投资平整场地，完善水电路等基础设施，每户补贴4000元。2014年10月，梓木洞组已整体搬迁11户，加上以前自发搬迁的，已达23户，其余3户的宅基地也已经平整。梓木洞村民住上小楼房，喝上自来水，告别贫穷。《益阳日报》和10月22日湖南卫视新闻联播多次予以报道。

【乡(广东)流动人口计生协会成立】 8月2日，高桥乡在广东省佛山市召开大会，成立驻广东流动人口计划生育协会和广州、佛山、深莞3个分会。出席会议的有县人大常委会副主任张喜云、县计生协会会长张明程和县计生局有关负责人以及在广东省务工、经商的150多名育龄群众。大会选举陶世红为会长、肖丽华为常务副会长。

【开展全民大巡逻】 高桥乡党委、政府组织乡干部、派出所警员和村民开展全民大巡逻活动。每日19时至凌晨1时在全乡范围内巡逻检查。乡政府组织巡逻队对全乡主干道及偏僻的角落进行重点巡逻，每个村组织2至3支巡逻队对村辖区进行全面巡查。活动持续7、8、9三个月，最大限度地调动了各方力量参与整体防控，为全乡经济发展和人民群众安居乐业创造了平安的社会环境。

【启动集镇亮化工程】 高桥乡集镇道路处于桃高线和牛鸬线交汇处，人流、车流量大。该地段道路两旁路肩不平，行人通常习惯在车行道上行走，存在极大的安全隐患。乡党委、政府把集镇亮化工程列为全乡重点工作之一。9月完成工程招投标，10月正式启动，投资150万元，对集镇道路进行提质改造，由6米拓宽为9米，两侧建设长1000米、宽2.5米的人行道，新建下水道200米、安装路灯58盏、栽种苗木50棵。

【信访工作排名全县第一】 高桥乡党委、政府高度重视信访工作，深入推进“三诊”处访机制，即领导“坐诊”接访听民情、集体“会诊”议访商民忧、上门“出诊”处访解民难，为全乡的综治信访维稳工作奠定了坚实的基础。全年共排查各类矛盾纠纷128起，化解98起，有效杜绝了重大群体性事件的发生，信访工作全县排名第一。

【省级文明村镇创建通过验收】 高桥乡自2009年成功创建市级文明村镇以来，继续争创省级文明村镇。乡党委、政府提出以经济建设为中心，按照“活农兴工、扩镇提质、创新管理、加快发展”的思路，突出“三镇”建设，着力推动“和谐家园、活力家园、精神家园、美丽家园”建设，经济不断发展，群众素质不断提高，村容村貌持续改善。11月19日，省文明办综合调研处处长雷艳林一行由副县长姚震陪同，到高桥乡检查验收省级文明村镇创建工作。检查组听取汇报、深入村组，充分肯定了高桥乡的文明村镇创建工作。

修山镇

【领导人名录】

党委书记、人大主席　郭龙辉
党委副书记、镇长　陈　愈
党委委员、政协联工委主任　陈卫国
党委委员、人大副主席　郭国清
党委委员、副镇长　符建安
党委委员　安永兵
　　詹　艳（2014.05起）
副 镇 长　贺志华　陈　祁

【概况】 修山镇位于县城西北15公里处，1995年由修山镇和三官桥乡合并而成。东与桃花江镇、资阳区杨林坳乡交界，西同三堂街镇相连，南临资水，与浮邱山乡、沾溪镇隔江相望，北抵汉寿县崔家桥、军山铺、三和等乡镇。下辖修山社区和11个行政村、86个村民小组。总人口37670，总面积93平方公里，耕地面积22440亩，山林面积96609亩。

2014年，全镇实现工农业总产值4.85亿元，同比增长13.2%。其中工业总产值3.04亿元，同比增长13%；农业总产值1.81亿元，同比增长13.8%。国税31.8万元，同比增长128%；地税68万元，与上年持平。农民人均纯收入8400元，同比增长10%。社会消费品零售总额1.03亿元，同比增长58%。

农业产业化迈上新台阶。加大了土地流转力度，全年实现耕地流转9950亩，完成了预期任务的165.8%，有效促进了农业增效增收。实现粮食种植面积40078亩（其中双季稻面积3420亩，种植玉米500亩、油菜1200亩），粮食产量15895吨，油菜籽产量91.7吨。蔬果种植面积2342亩。莲盆咀村万洲红农业果蔬基地连片面积1450亩，吸纳农村剩余劳动力100余人，年产值990万元；军盛苗木基地开垦荒山弃地种植苗木200余亩，年产值99万元；羞女山茶叶种植专业合作社新增投资560万元，流转土地300亩种植茶苗，总投资1000万元，完成了八都300亩茶叶基地建设。完成了莲盆咀、洪山等村350亩笋竹两用林改造。辉红水产养殖专业合作社完成投资300万元，年产值520万元。年饲养量200头以上生猪专业户5家，生猪存栏1507头，年产值283万元；养牛50头以上的专业户2家，存栏102头，年产值48万元；养羊专业户12家，存栏1360只，年产值288万元；养鸡专业户16家，存鸡12万羽，年产值2160万元；养鱼专业户16家，养殖水面617亩，年产值2425.5万元；其他特种养殖专业户4家，年产值1003万元。

加工业进一步壮大。招商引资和立项争资成效明显，全年实现招商引资2000万元，立项争资120万元。阡陌农业新增投资1395万元，八都茶叶基地引进投资520万元。竹木制品加工企业67家，年产值5073万元；其他加工企业13家，年产值1360万元。面业加工占加工业的一半，扶持修山面业转型升级，现有年产2000吨的面业规模企业3家，家庭作坊式面业加工厂21家。新增年产值200万元的面业企业2家，年产值约4200万元。各产业共计吸纳农村剩余劳动力

4000余人。

交通、小城镇、农田水利等基础设施建设进一步加强。317省道工程全线硬化通车；石长铁路复线年度工作任务全面完成。硬化农村公路7公里，新修村组公路和林业公路20公里，创建示范公路5公里。完成了长沙冲水库除险加固工程，启动了杠冲水库除险加固工程；维修水利工程108处，维修改造电灌机埠2座、加固骨干山塘13口，山塘清淤6口。渠道清淤扫障2.8万米。重点改造了镇区自来水设施、下水道设施，加装了100盏路灯；三官桥农贸市场完成主体工程建设。舒塘、康家村共投入资金40多万元，加装自耦变压器一台，解决了9000多户居民用电难题。

民生保障力度不断加大，社会事业不断发展。新型农村合作医疗覆盖率93%，新型城乡居民社会养老保险覆盖率85%。"五保"老人养老实现了乡镇统筹，镇敬老院硬件设施得到进一步改造优化，服务质量进一步提高，36名入住"五保"老人、孤寡老人的养老生活得到了基本保障。劳动就业渠道进一步拓宽，新增城镇就业岗位436个，完成城镇、农村剩余劳动力输出、转移、转化1450人。农村清洁工程有序推进，新增投资89万元，新建垃圾池20个、焚烧炉550个，配齐了农村保洁员队伍，环境卫生"脏乱差"现象得到有效遏制。投资290万元，延续扩建了峡山饮水安全工程，新增安全饮用水用户1100多户，清洁饮水工程覆盖面达到75%。人口计生工作整体水平有效提升，综合节育措施落实率95%，政策内生育率79.98%，计划生育村（居）民自治合格率65%，社会抚养费征收到位率74.6%，被评为全县人口计生工作一类乡镇和省计生协会工作先进单位。完成两所合格化学校建设，校园环境、教学设施设备全面优化，教师的敬业精神、教学水平得到全面提高。4000平方米的镇卫生院住院大楼全面竣工，住院床位60个，全年医疗业务收入363万元。建成村级卫生室11个，医疗卫生从业人员21人。完善充实了镇、村图书馆（室），11个村建起了"农家书屋"和广播站。送戏送电影下乡109场（次），成功承办了益阳电视台乡村频道 "乡村歌王"大赛。加大了治安巡逻和打击违法犯罪的力度，高度关注重点人群、重点区域和不稳定因素。成立了各级司法调解小组，建立镇、村调解组织13个，全年调处各类民间纠纷920多起、办结治安案件27起，刑事案件13起。全年无重大治安、交通、生产安全事故。 （陈耀新　王星）

【钟氏面业被认定为"湖南老字号"企业】 6月6日，益阳市修山钟氏面业有限公司成为湖南省商务厅认定的首批"湖南老字号"企业。该公司前身是修山和清面条厂，专业制作挂面300年，清道光皇帝曾将此钦定为贡面。2009年4月，钟氏面业第9代掌门人钟瑾将企业更名为益阳市修山钟氏面业有限公司，年生产能力1万吨。公司运用祖传工艺和现代科技相结合的制作流程，采用当地无污染竹林山泉，改进祖传独特配方，主打绿色产品"羞山官厅面"。产品一直保持"纯天然"状态，不用添加剂，保留了小麦原有的纯香和劲道，口感纯正优良。"羞山官厅面"系列在继承传统名优特产的基础上，又新开发了礼品、高筋、五谷杂粮、儿童营养等纯天然绿色系列产品。该系列产品畅销全国20多个省、市，还打入了蒙古、俄罗斯等国际市场，深受广大消费者青睐。2012年被评为"湖南省著名商标""益阳市放心粮油产品"，2013年被评为"益阳市农业龙头企业""湖南省放心粮油产品"。

（陈耀新）

【众志成城抗洪灾】 7月15日～19日，资江上游暴发50年一遇的特大洪水。7月15日17时40分，柘溪水电站泄洪。16日凌晨，修山镇境内资江河段水位超过警戒线3.5米。资江沿线人民群众生命财产面临巨大威胁。沿河各村2100多住户房屋被淹，9200多亩良田受损，各种农作物及家禽家畜被冲失。镇党委、政府组织320多名镇村干部和共产党员组成抗洪抢险队伍，连续三天两夜战斗在洪灾现场，帮助资江沿河一线的集镇商铺门店转移财产，挽回经济损失1200多万元；将820多名被洪水围困的群众转移到安全地带；排查水库、山塘险情31处，化解山洪地质灾害险情11处；组织和指导各村挽回水稻损失6100多亩。 （陈耀新）

【洪山村人民调解工作经验在全市推介】 2008年7月，洪山村成立了人民调解委员会（简称调委会），由5名村干部、8名组长和2名人民调解员组成。调委会认真贯彻"五有四落实"（有标示牌、有相对固定场所、有印章、有调解回访等记录簿、有统计台账，组织落实、制度落实、工作落实、报酬落实）方针，调解及时，做到件件有卷宗、有回访记录、有当事人签字。调委会调解纠纷67件，成功率达100%，实现了全村零上访。益阳市政法委、桃江县政法委、

桃江县司法局对该村调委会工作多次予以肯定，将其经验在全市进行了推介。（符震凡）

【羞女湖国家湿地公园通过专家论证和初审】 12月25日，湖南桃江羞女湖国家湿地公园（试点）已通过国家林业局专家组专家实地考察论证和初步审查。专家组认为拟建的羞女湖国家湿地公园物种丰富，环境优美，生态保持良好，其景观具有典型性和独特性，不可多得。公园位于桃江县境内，为东西走向的肠形廊道，范围包括资水下游的修山电站大坝至马迹塘电站大坝水域（含碧螺溪、渣滓溪、沾溪等一级支流的部分水域）及周边部分耕地、林地、交通运输用地。涉及修山镇、三堂街镇、武潭镇、马迹塘镇、大栗港镇、沾溪镇、鲊埠回族乡、浮邱山乡等8个乡（镇）32个村（社区）。湿地公园总面积2300.5公顷，其中湿地面积1961.6公顷，湿地率85.27%。共发现野生脊椎动物共5纲25目64科155种，维管植物147科487属753种。湿地公园估算投资7586.83万元，建设期为2014年至2020年。（王星）

沾溪镇

【领导人名录】

党委书记、人大主席
　　周德生（2014.09止）
　　左　交（2014.10起）
党委副书记、镇长　颜克强
党委委员、人大副主席　夏学军
党委委员、纪委书记、政协联工委主任
　　黎　晖
党委委员　刘爱花
副镇长　薛　浩　周科明

【概况】 沾溪镇地处桃江县中部，距桃江县城16.5公里。总面积65平方公里，其中耕地面积24345亩，山林面积6688公顷，其中竹林面积6300公顷，森林覆盖率48.8%。辖10个行政村、1个社区，总人口29100人。2009年建成通车的核电大道直连县城南环线。在建的益（益阳）马（马迹塘）高速出口距离沾溪镇10公里，可直通长常张高速、二广高速。规划修建跨资水大桥，直达长常张高速太子庙出口，距离23公里。国内首个内陆核电站——桃花江核电站落户该镇的荷叶山，沾溪镇作为能源建设规划区，被列入全县五大区域建设规划区之一。

2014年实现财政收入918万元，比上年增长23.9%，完成国地两税240.6万元，为全年目标任务的109.36%；生产总值达到3.19亿元，比上年增长10.38%，完成固定资产投资5500万元，比上年增长30.95%；实现规模工业增加值0.69亿元，比上年增长19%；农民人均纯收入达到8936元，比上年增长17%。其中第一产业增加值1.16亿元，比上年增长5.5%；第二产业增加值0.79亿元，比上年增长14.5%；第三产业增加值1.24亿元，比上年增长12.7%。

农业。2014年全镇发展双季稻高产示范片6400多亩，油菜2100多亩，发展300亩以上的粮食种植大户14户；完成了方田冲、小石洞两座小（二）型水库和斗底冲、李家冲、老屋场三口骨干山塘的除险加固；疏通了九螺坊隧洞，修复水轮泵5处；完成了林道建设6000米，竹林低改4000亩；完成9个村的“一事一议”工程并全部通过县里验收。扎实做好了2014年7月15日沾溪镇特大洪灾的救灾和灾后自建工作，全镇恢复水毁工程贺家坪河堤600米，维修水毁渠道近2000米；安置倒房户、危房户30户。

项目建设。大力发展农业产业。全镇以生态园林苗木基地为基础，发展苗木产业1600亩；在伍家洲村建成了吊瓜种植栝楼专业生产合作社基地面积400亩；洋泉湾村童山百合生产专业合作社基地300亩；白沙洲村玉竹参基地400亩；在长田坊村、伍家洲村建成蔬菜种植基地500亩。大力发展茶叶产业。以伍家洲村、洋泉湾村为基地的两个茶叶示范基地初步形成，基地规模逾400亩。大力发展养殖产业。宇洋农业开发公司的虾蟹养殖基地注资300万元，重点打造虾蟹生态水产养殖基地高产示范片500亩，巩固了3个大户并新增规模养殖专业户12户。

城镇建设。成功拆除桥南城区4户5栋12间房屋，共制止违法乱建乱搭现象26起。拆除桃荷大道旁5栋遗留房屋。完善荷叶山社区集中居住区配套设施建设，硬化公路400米，完成绿化面积1622平方米，修建自来水主管道400米，硬化核电复葬地通道800米，修建白沙洲村彭家村水渠250米，配合完成了核电科普广场建设。坚持并完善“规划、建设、国土联合审批的例会制度”。

人口与计划生育。2014年符合政策生育率80.09%，全镇人口自然增长率7.6‰，落实长效避孕措施335例；死亡人口203人，死亡率6.89‰。加大了社会抚养费的征收力度，2014年度征收社会抚养费110万元，结案率达31%。进一步完善了广东流动人口计生管理机构，成立东莞分会。整治“两非”（非法鉴定胎儿性别、非法选择胎儿性别终止妊娠）工作被评为全市先进，人口与计划生育工作被评为全县先进。

综合治理。加大对违法犯罪分子的打击力度，全年侦破刑事案件13起，刑事拘留9人，逮捕7人，直诉3人，侦破积案1件，抓获逃犯1人，受理行政案件33起，办结9起，行政拘留14人，处罚款15人，强制戒毒4人，妥善处理群体性事件3起。扎实开展平安创建活动，评选“平安家庭”户12户，其中镇级11户，县级1户。加大矛盾纠纷调处力度，全镇调处各类矛盾纠纷320余起，处理信访问题25起。强化安全监管和责任落实，年内安全生产事故为零，安全生产工作获全县先进。

民生改善。农村清洁工程常态化，加大资金投入，添置可移动垃圾池20个、垃圾回收车3辆、斗车48台、新修小型垃圾池150处，配全卫生保洁员44人。村民居住环境不断改善。完成39户危房改造户的调查摸底、危房等级鉴定、资格审查以及资料的整理上报工作。做好低保户、“五保”户的评议和核查工作，共清退不合格低保376人。收缴城乡居民养老保险金156.93万元，全面收缴2015年医保金，参保25457人，收缴金额127.285万元。

社会各项事业。全镇共有中学2所，完全小学7所。合格化学校3所，其中2所中学，1所小学。在校初中生634人、在校小学生1097人，在职在编教师154名。2014年中考成绩名列全县15个乡镇的第7名。开通校车6辆，保证了学生上学的安全。累计报销合作医疗费900多万元，全镇建立村级卫生室10个，有乡村医生29人。进一步完善基层治理机制，结合村支两委换届，对各村的村民议事会、村务监督委员会进行同步换届。高标准完成“三室”（办公室、资料室、执勤室）建设。成功举办“欢乐潇湘·歌唱桃江”群众文化活动；积极开展“志愿服务·关爱老人”专题活动、第九届大众运动会等县级活动。协助上级相关部门成功举办了2014年“全国科普日”活动。

存在的主要问题。经济总量小，缺乏新的增长点，发展速度慢；农业产业化水平低、规模小，缺乏产业支撑，抗风险能力低；基础设施建设薄弱，镇区带动效应小；财政增收难度较大，收支矛盾突出。

（龙娅媚）

【全面完成村党支部换届选举工作】 3月2日，沾溪镇10个行政村的党支部换届选举工作全部顺利完成，新老班子交接工作平稳过渡。本次选举共产生新一届党支部委员30人，其中高中以上学历18人，占总人数的60%；50岁以下14人，占总人数的46.7%；女性10人，占总人数的33.3%。与往届村党支部班子相比，本届村支部班子成员在年龄结构、文化程度、女性委员比例等方面有较大的改善。

【进行灾后禽畜水产养殖技术培训】 7月31日，沾溪镇聘请高级畜牧师和禽畜水产品质量安全专家，为全镇50多名养殖大户进行禽畜水产养殖技术培训，重点就灾后的禽畜、水产养殖管理，畜产品质量安全管理，动物免疫的措施及免疫程序等方面的知识进行详细讲解，帮助养殖大户尽快恢复生产。

【规划例会集中审批21宗村民建房】 9月16日，沾溪镇召开2014年度第一次规划例会，镇村镇建设站、国土、水利、核电办等部门单位共同研究21宗村民建房申报。其中，13宗非规范区村民建房符合规定，原则同意报建；镇规划区内的8宗建房，有2宗不符合控制区规划被否决、1宗拟迁址建房只同意在原宅基地建设、5宗拟同意建房并要求控制建设规模，且不得占用已征用地和基本农田，不得影响其他基础设施建设。

【完成农村住房信息采集】 9月，沾溪镇成立农村住房信息采集专项工作小组，深入各村、组进行实地走访，现场查看危房状况、鉴定等级并拍摄照片，详细记录各危房户家庭情况。每个村安排专人负责，促使工作顺利推进。11月中旬，全镇采集危房信息420余条，全面完成2014年度农村住房信息采集任务。

【启动集中安置小区配套工程项目】 11月10日，沾溪镇集中安置小区配套工程项目启动招标程序。该项目为沾溪镇荷叶山社区集中安置小区配套工程建设，包括小区道路400.2米，路沿石520米，绿化1622.12平方米等工程，工期要求为40天。项目采取合理定价评审抽取法，最高上限价为132.9万元。

【成功创建省级“标准化财政所”】 11月，沾溪镇财政所顺利通过省级“标准化财政所”验收。近年来，财政所坚持以强化财政事务科学化精细化管理为中心，严格按照“五个标准化”的要求积极开展标准化财政所创建工作。各岗位人员明确岗位职责、严格工作纪律和要求、及时对工作任务和工作目标进行具体量化，积极转变工作作风，树立良好的服务意识。

【开展查处取缔无证无照经营专项行动】 11月，沾溪镇开展查处取缔无证无照经营综合治理工作专项行动。由镇综治办、安监站联合县商务局、工商局、安监局、海事部门，着重对涉及人民生命财产安全的食品、危险化学品、烟花爆竹零售点、网吧、渡口、加油点等公众聚集场所危害公共安全的无证无照经营行为进行查处取缔，坚持“教育在先、查处在后、疏导为主、取缔为辅”的工作方针，区别不同情况，切实加强引导、扶持和规范，对无证无照行为进行全面清理，并形成长效机制。此次行动共下发责令整改通知书10份，成功取缔“三无船舶”1艘、非法加油点2家。

三堂街镇

【领导人名录】

党委书记、人大主席　刘　雄
党委副书记、镇长　胡　军
党委委员、人大副主席　李文彪（2014.10止）
党委副书记、纪委书记、政协联工委主任　孙准成
党委委员、副镇长　刘凤鹏
党委委员　汪　群
　　罗红卫
副镇长　谢智云
　　龚治国

【概况】 三堂街镇位于桃江县北部，与常德市汉寿县丰家铺、三和、东岳庙三个乡镇相接，东北与修山镇相抵，东与沾溪接壤，东南与大栗港镇、鲊埠乡相邻，西北是武潭镇。总面积173平方公里，为全县总面积的6.32%，其中耕地面积3012公顷，林地8333公顷，茶园260公顷，经济林67公顷。全镇辖18个行政村和1个社区，总人口6.32万人。

2014年，全镇共完成生产总值17.3亿元，同比增长11.33%；实现财政总收入2498.9万元，同比增长73.5%；农民人均纯收入17931元，同比增长7.9%。

镇域经济健康发展。现代农业稳步推进。坚持典型引路，推动农业产业化建设，全年重点扶持合作社、家庭农庄25家。湖莲坪粮食生产合作社，承包经营土地1500余亩，发展粮食生产。龙牙坪村引进食用蘑菇种植项目，种植面积3000平方米。继续巩固和发展郭家洲南丰蜜橘种植基地和沿潭口300亩笋竹两用林基地。种植油菜8800亩，良种覆盖率达100%。全年申报核实农机购置补贴对象325户，共发放补贴资金108万元，农业机械化水平得到较大提升。招商引资成效明显。2014年新增招商引资项目2个，湘港煤炭公司实现税收16万余元，好量多超市投资1000万元。丰岩页岩新材料公司已进行试生产，上缴税收17万元；华信新型墙板材料公司前期工作进展顺利。项目建设顺利推进。S317三堂街段率先完成路面施工任务；同杉公路建成通车；三堂街汽车站配套建设基本完成；三堂街集贸市场公租房全面建成；江北农贸综合大市场正式启用；金码路镇区段启动建设；三堂街万人安全饮水工程联网供水；王母村、赤塘连片供水工程全面完工；硬化农村公路7.5公里，改造危桥4座，新修林道17.5公里；完成了3座上型号水库的除险加固和10口骨干山塘的清淤扩容。城乡统筹步伐加快。农村清洁工程整村推进，各村（社区）均安排专项资金，配备了3～5人的专职卫生保洁队伍。严格实行城乡建设规划用地审批例会制度，按照“规划先行、特色突出、注重效果”的总体思路，把小城镇建设和环境综合整治有机结合。全年受理建设申请63起，依法批准建设行为57起。城镇基础设施建设不断完善，继续开展镇区亮化、美化、绿化、净化工作，及时维护修整路灯57盏（次），修复街道路面750平方米，新修下水道700米。

社会事业协调推进。对企业进行安全知识培训3次。开展“打非治违”专项行动、水上安全综合整治、学生用车专项整治、学校食品安全和“安全生产月”宣教活动，及时开展隐患排查与治理，有效防止了安全生产事故发生。2014年成功创建省级安全生产示范乡镇。开展武装工作正规化建设，投入18万元专设了器材室、国防教育室，添置了一批森林防火、抗洪抢险、应急维稳器材，提高了应急处置突发事件的能力。高规格、高标准完成“三室”建设工作任务。镇武装部作为益阳市基层武装部正规化建设示范点接受了上级首长的检阅。计划生育工作位于全县的先进行列。文化教育卫生事业全面加强，2014年实现了广播网络“村村通”，全镇19个村（社区）均设立了音控室，及时将时政要闻及党委、政府的政策精神传达到千家万户；完成九峰学校、合水桥小学、湖莲坪学校合格化建设；三堂街镇中心医院获得慈善资金支持，启动了佳祥楼建设。

民生保障持续改善。全年共为村级争取项目资金560余万元，发放村级转移支付等191.6万元，发放

征地补偿、拆迁补偿等各项补偿资金累计1685万元，发放民政专项资金984万元，收缴新型农村合作医疗筹资金额341.89万元。全面开展城乡低保、“五保”、重度残疾人阳光清理，共清退低保、“五保”享受对象620人，新增512人。开展穆斯林群众肉食补贴集中申报976名。穆斯林群众肉食补贴资金已经发放到位。全面开展农村贫困户建档立卡工作，全镇共有1663户确认为贫困户，其中赤塘村、沿潭口村、王母村确认为贫困村。完成农村危房的调查摸底，有83户实施了危房改造，发放专项补助资金90万元。全镇59050人参加新型农村合作医疗，参保率达98.2%，筹集参合资金341.8860万元，其中财政代缴276.8625万元，现金收缴65.0235万元，全年8716人次享受医疗保险报销医疗费用1678.5万元；全镇26151人参加新型城乡居民养老保险，参保率达90.63%。组织群众生产自救，成功应对“7·15”特大洪灾。

社会大局保持稳定。2014年，三堂街镇坚持以群众工作统揽信访工作，深入开展“三访三化解民忧促发展”主题活动，开展“百名干部入万户”活动，进行民情调查，开展政策宣传，掌控不稳定因素，及时化解矛盾纠纷3286起，把矛盾化解在基层，解决在萌芽状态。6月，对涉及427户、涉案金额530多万元、历时13年的李腊松非法集资案进行了较为妥善的处理，该镇最大的不稳定因素得以消除。全年共查处治安案件52起，破获各类刑事案件29起，行政拘留103人，刑事拘留33人，强制戒毒15人，收治艾滋病人1人，逮捕16人，移送起诉36人，收教3人，缉获毒品80克，罚款22万元。实行镇村组三级联动“五包一”，对不稳定对象开展政策宣传和心理疏导，社会管理创新取得实效。全镇未发生一例非正常赴省进京上访事件，未上交一例矛盾纠纷，未发生一起重大案件，未发生社区矫正对象脱管事件。　　（胡再明）

【镇（西安）流动人口计生协会成立】 7月3日，三堂街镇在西安市灞桥区成立流动人口计生协会。副县长戴朝、县计生局局长胡跃光、三堂街镇党委书记刘雄等出席成立大会。会议组织学习了《中国计划生育协会章程》，并选举产生第一届理事会成员，聘请了协会秘书长。

【页岩陶粒项目投产】 7月7日，湖南丰岩公司50万立方页岩陶粒生产项目正式投产，预计年产值1.2亿元，年新增税收逾1000万元。该项目位于桃江县三堂街镇舞凤山村和姚村地带，整个工程分两期完成，第一期投资5200万元，第二期投资7000万元。

【遭受“7·15”特大洪灾】 7月15日～19日，三堂街镇遭遇1954年以来最大洪灾。7月15日，洪峰流经三堂街镇，16日21时开始回落，17日19时消退。全镇沿资江11个村（社区）严重受灾，受灾人口43000多人，房屋进水1472户，倒房84户174间；淹没农田20800亩，其中绝收5085亩；淹没工业企业7家，经商户267家；交通水利163处、电讯杆线设施54处受损；直接经济损失达1.4698亿元。

【广州爱心物流董事长邵春捐资助学】 9月30日，广州爱心物流有限公司董事长邵春到三堂街镇乌旗山开展捐资助学捐赠活动。向乌旗山中学、乌旗山小学各捐资10万元，为45名特困家庭学生和10名品学兼优学生发放助学激励金10万元。

【同杉公路建成通车】 12月28日，同杉路建成并正式开放通车。同杉公路东起三堂街镇乌旗山村同功桥，经三堂街社区至三堂街村杉木坳，全长2500米，建设宽度36米，双向六车道，为沥青摊铺路面。同杉公路与317省道三堂街镇区段重合，主体建设总投资2800万元。

鸬鹚渡镇

【领导人名录】

党委书记、人大主席

　　彭　建（2014.01止）

　　莫寿国（2014.01起）

党委副书记、镇长

　　黄水清

党委副书记

　　吴立丰（2014.11起）

党委委员、政协联工委主任

　　王育民

党委委员、副镇长

　　吴克武

党委委员　胡毅夫　薛国友

副 镇 长　胡永才　李政辉

镇长助理　刘觉哉

【概况】 鸬鹚渡镇是革命烈士张子清、张昆弟的故乡，位于县城西南20公里处，北邻浮邱山乡、沾溪镇，东毗高桥乡，西与大栗港镇接壤，南靠安化县大福镇。1995年12月由原鸬鹚渡乡、板溪乡并乡建镇，面积121平方公里，其中耕地面积1320公顷，山林面积8100公顷。辖16个行政村、147个村民小组、

9756户，总人口40293人，其中农业人口38892人。

鸬鹚渡素有“楠竹之乡”“茶叶之乡”和“锑品之乡”的美誉。林地面积11.6万亩，其中竹林6.3万亩，森林覆盖率65%；竹木胶板加工企业7家，茶园7000亩，茶叶生产加工企业6家；境内锑、铁、金等矿产资源丰富，有久通锑业等县级重点企业。2014年实现国民生产总值18.5亿元，同比增长11%；固定资产投资1.445亿元，同比增长30%；财政收入1442.734万元，税收377.18万元，同比增长10.35%；规模工业增加值2.4亿元，同比增长20%；农民人均纯收入9270元。

积极推进农业产业规模化经营。完成土地流转面积14500亩，完成早稻集中育秧面积2300亩，粮食产量1606.5万公斤，发展蔬菜基地180亩。加快竹产业科学发展步伐，完成林道建设42公里，完成12800亩竹林病虫害防治，3500亩竹林低改，笋用林100亩，两村民的楠竹分别荣获2014年度桃江“竹王”和桃江十大“美竹”称号。积极推进现有竹木胶板企业的技改升级，帮扶竹篾加工企业26家。茶产业进一步发展，与益阳乾益昇制茶有限公司签订协议，新建350亩无性系良种茶园。石龙塘村投入近50万元，新建无性系茶园200亩。积极推进畜禽规模化、标准化养殖，全年共出栏生猪8.3万头，养殖禽类77万羽。

大力推进产业结构调整。产业建设进展顺利，鸬鹚渡新源加油站改造完工并顺利通过验收。新建鸬鹚渡加油站已开始营业。成立了优化软环境建设班子，维护县级重点企业久通锑业的生产秩序。召开协调会60余次、通报会2次，组织周边8个村支书赴锡矿山、辰州矿业参观学习1次，组织人大代表、政协委员视察2次，调解周边纠纷18起，批评教育6人，行政拘留2人，刑事拘留1人，集中行动5次，没有发生一例重大阻工事件。支持县产业建设重点项目久通锑业技改，鸬（鹚渡）锑（板溪锑矿）线完成全线拉线任务。积极引进符合国家产业政策和环保要求的企业，完成招商引资2.3亿元。桃江县宏达再生能源科技有限公司投入资金509万元建成投产。新引进总投资8000万元的益阳乐道茶业，完成一期投资3000万元，于12月建成投产。原有骨干规模企业支撑作用明显，益阳中能生物质科技有限公司、吉华竹木制品有限公司、凤凰山茶业等企业产销两旺。

全面完成各项重点工程建设。全面完成桃马连接线鸬鹚渡段附属工程，协调解决建设后续重大遗留问题3个，沿线未出现违规建房现象。圆满完成益马高速开工建设前期工作：完成了红线放样，开挖边沟16公里，全部完成红线内土地、实物量等调查，征地拆迁明细公示到位，年底全面完成征拆任务。完成镇区建设控制性详规、百亩村和学堂湾村村庄规划和居民集中安置点规划编制。全面完成子清大道的规划设计、土地征收及公开招投标工作。加大投入力度，大力加强农村基础设施建设。完成了烂泥冲水库的除险加固工程和板溪桥、志毅桥、石桥三座危桥改造。征地400平方米，投入资金2万元，改造千工坝村垃圾焚烧炉。完成千工坝村、长江村两处万人饮水工程主体工程，12月铺设完二级支管并入户。硬化百亩村宽4.5米、长970米的公路，完成牌头湾、学堂湾、长江、锡溪、鹿马5个小村的农网改造升级任务。

重排查，促整改，强宣传，严打击。安全生产工作常抓不懈，确保了安全生产零事故，在县年终考核中评定为优秀等级。全年组织各类安全检查26次、专项整治活动12次，打击非法盗采行动5次，教育不安全行为10人次。认真组织校车安全检查8次，专项培训校车驾驶员3次。取缔准驾不符人员2人，开展6月“安全生产月”活动和“打非治违”专项行动，成功捣毁1家地下分装运输液化气站点。

计划生育工作成效显著。自3月28日单独二孩政策实施以来，全镇16个村设立了政策宣传栏，生育证已审27例，已办27例。慰问计生困难家庭63户，发放慰问资金3.15万元。新增奖扶对象40人次，特扶3人次。5月12日成立了镇驻广东省流动人口计生协会和广州、深圳、东莞、佛山四个分会。5月26日成功举办以“弘扬人口文化、关爱计生家庭”为主题的纪念计生协会成立34周年暨弘扬人口文化、关爱计生家庭文艺会演，表彰奖励了县、镇计生协会优秀会员9名，发放计生关爱资金34400元，扶助了64户计生户。大江村和长江村分别被评为湖南省和益阳市“人口与计划生育基层群众自治示范村”。

强化工作责任，及时做好矛盾纠纷排查，综治工作卓有成效。全年镇村两级共调处各类矛盾纠纷261起，成功率达100%。深入开展反邪教法制宣传活动，发放反邪教、禁毒、禁赌等宣传资料万余份，解决各类反邪教问题数十件。破获赌博案件4起、涉黄案件1起，破获贩毒案件4起，逮捕、起诉4人，强制戒毒8人。综治民调工作全县第三，综治工作全县第二。

合格化学校建设顺利推进。玉溪幼儿园、板溪中学合格化建设顺利完成，镇完小已完成规划设计和征地拆迁，花桥完小合格化建设基本完成。镇卫生院放射性大楼升级改造全面完成并投入使用。加大了对16个村级农家书屋的管理，促进了农家书屋的有效利用。全民健身活动日益活跃，腰鼓队、军鼓队、老年人协会、广场舞健身队红红火火。依法行政工作、政协工作、优化发展环境工作等在县年终考核中获得优秀。农村清洁工程、森林防火、动物防疫、食品药品安全等工作全部完成任务。

开展了低保、“五保”、优抚对象的清查整理工作，审定低保对象1599人，确保了“五保”供养、城乡最低生活保障到位。及时进行自然灾害查实报实，共发放临时救助资金4.7万元。完成危房改造61户，其中重点帮扶15户。完成残疾人无障碍设施2处，经市残联验收合格。按时完成了新农保缴费工作，收缴参保资金176万元，参保率达到85.1%。圆满完成了城乡居民医保缴费工作，参保金额达218万元，缴费率达96%，完成新农保参保人员建档工作，6月28日前完成了新农合IC卡核实发放。举办了一期创业培训班，完成60万元的小额贷款任务。新增就业235人，及时将全镇25000人的劳动力资源信息录入采集系统。顺利完成养老金资格审查，上报死亡人员251人。严格审核了被征地农民参保申请人员资格，取消了31户不符合条件的人员，为符合条件的10人办理了参保手续。

（邓婷娥）

【举办张昆弟诞辰120周年追思会】 3月15日，“纪念张昆弟烈士诞辰120周年追思会”在龙塘湾村举行。追思会由镇政府、龙塘湾村委、桃江户外运动联盟、天问演艺传媒等单位共同主办，县内文史爱好者、演艺界人士、张昆弟族人和数百名父老乡亲参加了纪念活动。追思会回顾了张昆弟烈士波澜壮阔的一生，朗诵了张昆弟日记片段，花桥完小学生合唱了《一师校歌》，从附近乡镇赶到活动现场的张昆弟族人表演了舞龙、男女独唱、乐器演奏等文艺节目。

【乐道茶业落户百亩村】 4月，湖南益阳乐道茶业有限公司与镇政府正式签订投资项目合同书，落户鸬鹚渡镇百亩村。乐道茶业是湖南黑茶最重要的生产基地之一。项目总投资8000万元人民币，分三期进行。工厂占地60亩，厂房面积达1万多平方米，一年内完成首期投资3000万元，主要完成征地及厂房和两条生产线建设，年产量达3000吨；二期投资3000万元，主要完成办公楼、晒场以及仓库建设；三期投资2000万元，主要完成500亩休闲茶园建设。

【镇（广东）流动人口计生协会成立】 5月13日，鸬鹚渡镇驻广东流动人口计生协会及广州、深圳、佛山、东莞四个分会成立大会在广州白云区举行。副县长戴朝，县计生协会会长张明程，县人口和计划生育局局长胡跃光，鸬鹚渡镇党委、政府部分领导成员以及广东的部分乡友共140余人参加了大会。会议选举产生了以广州市晶鑫鞋材有限公司董事长刘正鸥为会长、广东福德电子股份有限公司董事长李稳根为常务副会长的常务理事会，表决通过了《鸬鹚渡镇驻广东流动人口计生协会章程》，制定了相应的制度，明确了工作的主要职责。有1822人在协会登记造册，成为会员。

【举办紧急转移演练】 5月30日，由县防汛抗旱指挥部主办，鸬鹚渡镇政府、县水务局承办的水库抢险暨山洪地质灾害防御紧急转移演练在长江村成功举办。参与演练人员有应急、抢险、抢修人员及群众、学生等282人，观摩人员有县、乡镇和县直部门领导、水管站站长、国土所所长和全县山洪灾害重点防控村村支部书记以及当地群众。通过演练，进一步提高了各级各部门以及危险区群众应对突发事件的能力，争取用最短的时间组织危险区内的群众快速、高效、有序安全撤离，做好抢险、救灾应急工作。

【举办核电杯文艺表演】 6月26日，鸬鹚渡镇举办“欢乐潇湘·歌唱桃江”核电杯文艺表演。省委宣传部副部长魏委、巡视员蔡宁，市委宣传部副部长刘志刚，县委常委、宣传部部长胡国清观看了演出。各村选送了14个节目，有独唱、独舞、花鼓戏、三句半、传世文、地花鼓新编以及双簧、小品、说唱等。

【张子清烈士纪念馆落成】 11月，纪念中国工农红军早期杰出将领张子清的纪念馆整体建筑竣工。该纪念馆位于烈士家乡风景寺村，占地600平方米，投入资金100多万元，2012年7月开始筹建。纪念馆陈列广州美术学院雕刻的张子清头像、张子清读过的书籍、家庭成员的照片以及张子清生平事迹介绍。张子清烈士纪念馆是桃江县中小学校爱国主义教育基地，2005年纳入益阳市红色旅游项目建设计划，2010年纳入湖南省红色旅游资源开发项目。

【桃江“竹王”花落鸬鹚渡】　11月，桃江县举办了第二届楠竹“竹王”评选活动。经村、乡、县三轮评选推荐，最终由专家组现场测定，根据楠竹围径大小评选出桃江“竹王”和十大“美竹”。学堂湾村村主任杨孟贤家的一根竹子，围径521毫米，三节长790毫米，摘得“竹王”桂冠。千工坝村一村民的两根楠竹，竹围径分别为499毫米、487毫米，荣获“美竹”称号。

【万人供水工程竣工供水】　12月18日，万人集中供水工程主体建设已全面完成，春节前陆续开始给当地村民供水。该工程是2014年省政府确定的为民办实事项目之一，涉及千工坝、长江等5个村，解决饮水不安全人口10363人，总投资420万元。工程选用长江村的黄河洞和千工坝的座石垅作为水源，于8月份正式启动建设。经过4个多月的紧张施工，新建净水厂2处、引水坝2座、25吨无阀滤池2座、200立方米清水池2座、25吨反应沉淀池1座，铺设90毫米以上管道20公里。

【鸬锑线建设全面完工】　12月，久通锑业技改扩建10千伏电力线路（简称鸬锑线）建设顺利完成全部工程，全线拉通。线路负荷为10千伏，经鸬鹚渡镇12个行政村，全长14.7公里，线径240毫米，杆高15～21米，投资500万元。该项目是县重点工程建设项目之一，是久通锑业技改项目的重要部分，于2013年年底开工，全线立杆134基，工期历时一年。该项目的完成有力促进久通锑业有限公司的增产，推动桃江工业产业转型升级。

【子清大道完成路基建设】　以张子清烈士命名的子清大道地处鸬鹚渡村，北连国道536线，南接镇区原308省道线，设计全长427.8米，路面宽36米，其中主路面宽22米，预算总投资850万元。项目采取BT模式（政府利用非政府资金来进行基础非经营性设施建设项目）建设，12月1日完成公开招投标，桃花江建筑工程有限公司垫资施工。12月12日在鸬鹚渡村举行开工仪式，工程施工进展顺利，12月基本完成路基建设。

大栗港镇

【领导人名录】

党委书记、人大主席　莫跃良

党委副书记、镇长　刘学文

党委委员、人大副主席　刘建冬

纪委书记、政协联工委主任　熊　丹

党委委员　胡远鹏　赵格红

副镇长　汤则强

【概况】　大栗港镇位于县城西部，距县城30公里，北连武潭、鲊埠回族乡、三堂街，东接沾溪、鸬鹚渡，西连马迹塘。资水穿境而过。辖行政村23个，面积172平方公里，耕地面积60871亩，总人口70653人。2014年，大栗港镇党委、政府全面贯彻党的十八大会议精神，与时俱进，大胆创新，不断做好工业强镇、农业富镇、商旅活镇、文教兴镇四篇文章，开创了全镇经济社会发展新局面。全年完成生产总值11.2亿元，实现财政总收入2542.4万元，完成固定资产投资3.7亿元，农民人均纯收入达到8139元。各项工作均较好地完成了年初确定的工作目标。荣获“2014年度益阳市粮食生产先进乡镇”“益阳市人口和计划生育工作先进单位”。在年终15个乡镇的绩效考核中，大栗港党委被评为“优秀领导班子”。

财税收入稳中有升。2014年累计完成税收763.2万元，同比增长2%。其中：国税403万，同比增长5.8%；地税360.2万元，同比增长1.2%。努力克服市场波动和其他因素的影响，推进税收稳定增长。加大招商引资力度，引进了汇泉农业、资源碎石场等新企业，积极培植新税源，对湘域矿业等企业采取针对性的财政扶持措施，顺利实现产权转让和产业深化，其中，湘域矿业税收由2013年的100万增加到160万元。

现代农业加快发展。全力实施农业部“双季稻整乡推进工程”，建立了德茂园、朱家村、青山、大栗港、先锋桥、五羊坪等村“双季稻高产创建”基地，种植面积达到6100多亩；通过促进土地经营权依法、自愿、有偿流转，扶持发展适度规模经营，着力培育新型农业经营主体，新发展种粮大户40多户，工商登记注册的家庭农场27户，其中有四个家庭农场成为湖南省农业“百千万工程”重点扶持的“省级示范性家庭农场”；积极开展耕地改良工作，大力发展绿肥生产，提升有机质，培肥地力，改善农产品品质，共播种绿肥2000多亩；朱家村、德茂园千亩茶叶基地初具规模，完成了安宁林场、刘家村、游家村、朱家村共计800亩竹林低改，争取了黄道仑村、五羊坪村共计20万元巩固退耕还林成果口粮田建设项目。逐步开展农产品质量检测工作，从源头上确保农产品质量安全；积极开展农业保险工作，为农业生产保驾护航，争取农业保险理赔资金96万元。成功防治了竹蝗、竹青虫虫害3万亩；启动了农村土地承包经营权确权登记颁证工作。

基础设施建设加强。水利建设完成了六房村、太乙村、栗树村病险水库除险加固，完成了17口山塘的维修。干渠清淤扫杂44.2千米，砼衬砌渠道5000米，完成了沂溪河黄栗湫塅的治理。完善了防汛抗旱值班制度，确保了不垮一塘一库，在山洪地质灾害中未出现伤亡事故。资江河道治理完成了河道采砂延期工作，加强了河道管理，未出现乱采滥挖现象，非法采砂及吸金现象得到了遏制。完成了朱家村、璩氏花桥、双合桥、柳树棚桥、小栗港桥、东土地桥的危桥改造任务，完成农村公路硬化11公里。林业方面，完成林道建设38公里。争取了20万元移民资金，用于五羊坪村和童子山村的后扶项目。电力建设完成了14个农电网改项目，现场规划和落实了2015年的15个项目。

重点工程建设加快。引进了汇泉农业、资源碎石场、大域茶叶二期工程3个项目，为镇域经济发展注入了活力。农村客运车站主体工程已竣工，开通了大栗港镇至朱家村九斗田、先锋桥等农村客运线路；完成镇区土地储备23.5亩，拆迁房屋2栋1200余平方米；依法拆除镇区违章建筑2栋；完成综合农贸市场的土地报批17亩；完成镇区储备土地平整8000平方米；老镇区进行改造，完成街道全线绿化，完善下水道设施800米，对镇区户外广告招牌进行了专项整治。益马高速征地拆迁103栋房屋已签订拆迁协议，协议签订率达97.1%；签订征地协议10份，共计征地1121.737亩，协议签订率100%；做好了湘域矿业的合同延期和尾砂治理项目，维护好了施工环境；对白竹洲电站库区房屋进行了鉴定，解决遗留问题21起。

社会事业均衡发展。扎实开展了平安创建和法治宣传工作，社会大局和谐稳定。组织开展了地域特色文艺表演，成功举办了“欢乐潇湘·歌唱桃江”大型文艺会演，其中胡呐喊代表桃江县在益阳参加比赛获得了特等奖。镇中学、县六中升学率全县排名靠前，2014届高考县六中取得辉煌成绩。加强校车安全管理，投入10万余元建设了镇完小校车专用停车坪、模拟交通路面设施和3个校车专用候车室及校车司机办公室，各学校也相应完善了学生用车停车场的基础设施；投入6万多元设立了278个校车停靠点，规范运营，并形成常态化督查机制。民生保障工作开创新局面，集中开展了城乡低保“阳光行动”，做好了防汛救灾资金的发放和残疾人工作，对栗山河敬老院进行了改扩建。全面完成了23个村的计生专干和妇女小组长的选举，成立了大栗港镇（广东）流动人口计划生育协会，分别建立了广州、深圳、惠州分会。安全生产工作方面，积极开展了“打非治违”专项活动，对非法竹屑沤制池、非法烟花爆竹销售门店进行了整治，加强了校车、渡口的规范和管理；开展2014年度省级卫生镇创建活动，在全镇范围内开展“卫生村”创建检查评比活动，各村建立和健全保洁队伍，及时清扫和清运垃圾，并做到无害化处理；开展机关、学校幼儿园、企业、医院等的“卫生单位”创建检查评比工作，建立爱卫会组织，开展卫生评比和健康教育工作。（温晶晶）

【首届“安宁杯”象棋邀请赛开赛】 1月24日，大栗港镇首届“安宁杯”象棋邀请赛在镇政府机关开赛，来自全县的43名选手参加。本次大赛由大栗港镇工会、大栗港镇文化站主办，由安宁林场赞助。比赛为期两天，采用电脑抽签积分编排法进行，比赛共七轮。经过两天紧张激烈的角逐，肖能武、徐卫夫、李再凡分获冠亚季军。

【德茂园村敬老院举行捐赠仪式】 4月21日上午，大栗港镇德茂园村敬老院举行捐赠仪式，共募得资金22万元。德茂园敬老院于2013年10月竣工投入使用，占地面积22亩，项目总投入400余万元，已入住当地孤寡残障人员35人。

【杜家豪现场指挥抗洪救灾】 7月15—17日，受持续暴雨及资江上游泄洪影响，大栗港镇遭受严重洪涝灾害。大栗港村、兴坪村、牌形上村等13个村受灾严重，尤其是沿江8个村损失惨重。全镇受灾人口超过3.5万人，直接经济损失超过1.2亿元。灾后第一时间，省长杜家毫到大栗港村慰问受灾群众、看望参与救灾的民兵和机关干部职工。镇党委、政府组织人员进行生产自救，迅速做好了灾后疫病防治工作，认真细致统计并上报了灾情，先后争取并发放救灾物资超过150万元，弥补了群众的部分损失。及时恢复了部分供水、供电设施，极大地降低了损失。

【陈求发参加朱家村党支部组织生活会】 8月18日，中央委员、省政协主席陈求发参加了朱家村党支部专题组织生活会暨民主评议党员大会，并对朱家村的发展给予了高度评价。会上，陈求发指出，朱家村村支两委要对整改方案下功夫，要针对“四风”和欠发展的问题制定一一对应的整改方案，见实效。班子集体要有集体形象，除了支部书记、村委主任模范带头以外，班子成员也要跟着来。

鲊埠回族乡

【领导人名录】

党委书记、人大主席
　　熊跃明
党委副书记、乡长
　　黄　平（2014.04 止）
　　李宇红（2014.04 起）
党委副书记　王　锋
党委委员、人大副主席
　　刘矿安
党委委员、纪委书记、政协联工委主任
　　胡望军
副 乡 长　李鹏辉
　　詹　艳（2014.04 止）
　　陈文武　龚　佳

【概况】　鲊埠回族乡于 1984 年 9 月经省人民政府批准成立，是益阳市唯一的少数民族乡。乡政府驻地车门堺村，距县城 55 公里。全乡总面积 48 平方公里，耕地 14770 亩（其中水田 11906 亩），山地 58320 亩，森林面积 30052 亩。全乡下辖 1 个居委会、9 个村、67 个村民小组。其中有 2 个回民聚居村，其他为回汉杂居。总人口 21954 人（社区 2105 人），其中回族 9653 人，占总人口的 45%。

全年生产总值 12.5 亿元，同比增长 19.05%；财政总收入 1466.2 万元，同比增长 6.6%；上缴税收 640 万元；农民人均纯收入 6208 元，同比增长 1.5%。

工业产业持续壮大。完成工业增加值 1.3 亿元，同比增长 14.1%。产值过亿元企业 2 家，其中宏森木业实现年产值 2 亿多元，上缴税收 171.7 万元。完成招商引资 3000 万元。利用 30 周年乡庆庆典契机，争取省市县三级项目 27 个、资金 1052 万元。引进鸿飞木业等企业 3 家。全乡工业产业从业人员 7600 余人，年发放工资 1.8 亿元。

农业生产稳步推进。完成复垦项目 1 个，新增耕地 50 多亩。水稻种植面积 1.8 万亩，年产量 8000 吨；玉米种植面积 3900 亩，年产量 1560 吨；油菜种植面积 1200 亩，年产量 900 吨。双季稻种植面积增加 500 多亩，30 亩以上种植大户增加到 89 户，100 亩以上种植大户增加到 4 户，落实一个连片种植 500 亩以上乡级示范区和 3 个连片种植 30 亩以上的村级示范片。开展农机购置补贴申请 107 台，落实农机工作补贴 26.59 万元。95% 的稻田实现机耕，水稻机械化收割达到 100%。

特色产业蓬勃发展。特色养殖和食品加工产业占乡国民生产总值的比例提升了 1.3%。畜牧业以生猪、家禽、黄牛养殖为主，存栏牛 5000 多头，年出栏牛在 500 头以上的养殖大户有 3 户。牛肉食品加工企业 5 家，“牛魔王”、“溜达牛”两家企业销售额达到 2500 万元。

基础设施逐步改善，城镇建设扎实推进。完成了瓦鲊公路破损路面的维修和 317 省道鲊埠段硬化。硬化农村公路 8 公里，完成林道建设 3 公里。完成花园台老屋村山塘等 4 口山塘除险加固、郭家洲等 3 座危桥改造工程、大水田村农网改造任务。启动鲊埠社区、颜溪村等 2 个安全饮水工程。配合县规划设计院完成了乡总体规划、乡域居民点布局规划和居民集中居住区详细规划设计。全力优化环境，积极配合完成了总投资为 80 万元的江家坝村土地综合整治相关工作任务。完成了瓦渣湾集镇 800 米下水管道铺设工作。切实加强专项整治，确保了鲊埠街交通通畅、环境优良、广告规范和卫生秩序良好。全面推进农村清洁工程，投入 40 余万元，新建固定垃圾池 20 个，购进移动垃圾池 12 个，启动了垃圾中转站建设项目 1 个，建立了定人定车定期的半商业化垃圾清运方式。

社会事业建设取得新进展。全乡共有 1 所初级中学、3 所完全小学、1 所公办中心幼儿园、3 所民办幼儿园、1 个教学点（车门堺村），在校学生 1983 人，在编教职工 102 人。完成了乡中学进校公路硬化、门楼建设、大礼堂屋顶维修，拨云小学合格化学校建设通过验收，中小学校全部完成了合格化学校建设与验收。全年拨款 3 万元用于困难学生助学补助及校车经费补贴。小学辍学率为零，中学辍学率控制在 1.32%。鲊埠卫生院公共卫生服务楼建设项目完成并交付使用。免费体检 5300 人次，新建居民健康档案 203 份，发放健康教育资料 15 种 15823 份，举办健康教育知识讲座 12 期，刊出健康教育宣传栏 13 期。村级卫生室 10 个，培训乡村医生 6 期 85 人次，孕产妇、儿童体检 968 人次，开办孕妇学校 12 期，培训检查 155 人次。建立了全市第一个流动（流入）人口计生协会，政策内生育率高于全县平均水平。全乡有综合文化站 1 个，农家书屋 9 个，社区阅览室 1 个。实现了电视广播村村通，移动通信网络、村级广播 100% 全覆盖。三棒鼓、回族武术已成功申报市级非物质文化遗产。

社会保障体系不断健全。新农保参保率89.85%，为全县第三名。开展了低保、“五保”清理核查工作，核销低保户71人、“五保”户14人，新增低保户86人、“五保”户16人，实施残疾人居家托养7人。完成了敬老院300米入院公路硬化任务和院内绿化亮化工程。举办残疾人实用技术培训班1期，培训创业就业人员50人，为符合条件的11人提供了小额担保贴息贷款。积极配合上级建设主管部门，落实危房改造对象39户，其中重点扶助对象15户，发放危房改造补助资金44.8万元。成功争取到清真肉食补贴优惠政策，发放清真肉食补贴80万元。在50年一遇的特大洪灾中，组织18条船、570多名救援人员紧急转移人口1400人，解救被围困群众210人，发放防汛补助经费51万元、大米402包、方便面1200桶、矿泉水360桶。

社会管理综合治理被评为市县先进单位，成功创建市级平安乡镇。共破获案件12起，批捕4人，行政拘留15人，强制戒毒6人，调解各类纠纷197起、集体上访案件2起，调解成功195起，涉及金额200多万元。民调工作为全县第四名、全市第二十名。添置小型消防车1辆，组建了消防应急救援队伍。安全生产工作有效强化，无命案、无重大刑事案件、无一起较大以上安全生产事故。（谭慧君）

【乡流动（流入）人口计生协会成立】 10月17日，鲊埠回族乡流动（流入）人口计生协会在同心民族工业园正式成立，这是全市第一个流动（流入）人口计生协会。县计生协会会长张明程、常德市丰家铺乡计生工作人员等应邀与会。大会选举了协会领导机构，通过了协会章程，李伟当选会长。会后发放了宣传手册，向流动人口宣传了人口计生政策、法律法规、生殖保健、避孕节育等知识，宣传了科学、文明、进步的婚育观念。

【举办30周年乡庆】 11月10日，鲊埠回族乡建乡30周年庆典在乡政府办公楼前举行。省民宗委党组成员、纪检组长范文彬代表省民宗委致辞祝贺，省伊斯兰教协会会长张光耀、秘书长海成杰，市领导何俊峰、李激扬，县领导谭建华、何军田、李质彬、雷越毅等出席庆典。利用乡庆契机，积极争取项目资金，争取省市县三级项目分别为5个、1个、21个，资金分别为70万元、15万元、957万元。

【军功嘴村老年人活动中心成立】 11月13日上午，军功嘴村老年人活动中心和业余花鼓戏剧团正式挂牌成立。军功嘴是一个纯回族村，是益阳市十大“最美乡村”之一。村民自发捐资近6万元，将村委办公楼附近旧屋粉刷一新，改造为阅览室、娱乐室、休息室，添置了音响、锣鼓、唢呐等戏剧道具和健身、消防器材。老年人协会吸收成员数十人，剧团已有18名成员，并邀请村里的三棒鼓传人等众多传统艺术继承人加入。还有舞龙舞狮队、腰鼓队和乒乓球协会。老人们利用空闲时间自编自导自演达1000多人次。

【全乡合格化学校建设全面完成】 11月份，拨云小学通过了合格化学校建设验收，至此，全乡所有中小学校全部达到了合格化学校标准。近年来，乡政府加大教育投入，改善教学基础设施建设。仅2014年，乡中学就维修了大礼堂屋顶、硬化了进校公路、建好了门楼，筑基仑小学完成了校舍改造、运动场建设。全乡教学基础设施全面改善，教学课改全面推进，教学工作得到有效提升，幼儿教育达到了示范幼儿园教育标准，瓦渣湾小学完成市级示范性家长学校创建。

【成功创建市级“同心园区”】 12月，鲊埠同心民族工业园成功创建市级“同心园区”。工业园前身为创建于2010年的鲊埠工业小区，2013年9月更名为益阳市鲊埠同心民族工业园，是益阳市唯一的民族工业园。总体规划面积1000亩，一期园区建设项目占地面积500亩，可容纳较大规模细木工板企业20余家，预计可实现工业总产值10亿元，完成利税3亿元，创造就业岗位8000多个。现有企业43家，占全县木胶板行业总数的60%以上。目前，园区已有宏森木业、福丰木业、军富木业、宏林木业、花园竹胶板厂等7家企业入园，拥有宏森木业、福森木业等3家省、市级龙头企业和华春、怡湘居等3个湖南省名牌企业。年产值5亿多元，年利税1000余万元，解决少数民族同胞就业岗位1000多个。园区交通便捷，省道205与省道317贯穿园区，距国道319和长常高速约25公里，距国道207仅12公里，距二广高速15公里。

武潭镇

【领导人名录】

党委书记、人大主席　李庆华

党委副书记、镇长　高　仁

党委副书记、纪委书记、政协联工委主任　杨明山

党委委员、人大副主席　何海雷

党委委员、副镇长　杨立安
党　委　委　员　李立华
　　　　　　　　刘新夏
副　　镇　　长　刘乐云
　　　　　　　　龚卫锋

【概况】 武潭镇位于桃江县西北部，资江北岸，北接常德鼎城区、汉寿县，西连安化，东与鲊埠回族乡接壤，南与马迹塘镇毗邻。总面积218平方公里，辖28个行政村、1个社区，总人口8万余人。武潭镇是山林资源丰富、交通区位凸显、人文底蕴深厚、经济发展较为活跃的山区丘陵大镇。全镇共有耕地面积58910亩，山林21万亩，其中高产竹林14万亩、针阔混交林7万亩，活立木总蓄积量为30万立方米，山林覆盖率达56.73%。207国道、205省道、317省道贯穿全镇；在建的二广高速武潭段16.45千米，20公里的资江水域穿境而过，构成了武潭镇发达的交通网络。

2014年，实现国民生产总值34亿元，同比增长11%；实现财政收入1900万元，同比增长14%；实现农民纯收入9000元，同比增长14 %；引进规模以上项目2个，总投资达8000万元。武潭镇被县委县政府评为全年工作一类乡镇。

交通重点工程顺利推进。完成了205省道、207国道工程，处理了207国道遗留个案49个。茅东线武潭段5.48公里，完成征地60多亩，拆迁房屋7栋，迁坟50多座，提前1个月竣工通车，工作进度在全线三个标段位居前列。稳步推进二广高速建设，东流大桥的桥面铺设收尾，资江大桥正桥合龙。紧抓益马高速与马安高速的前期准备工作。益马高速武潭段7.58千米（包括益马高速干道2.38千米、武天公路1.2千米、互通2.38千米），完成征地530多亩，拆迁房屋24栋，迁坟166座；马安高速完成实地测量调查、挖边沟放边线工作。

城镇建设成效明显。结合马武经济一体化，完善了武潭镇整体规划，同时，广泛听取社会各界意见，调整了桃花新城规划和设计，使两个规划更科学、更符合长远发展。桃花新城开发建设工作顺利推进，已完成土地报批72.3亩，已签订征拆协议119份、征收土地300亩、拆迁房屋43户、支付征拆补偿资金1169万元。改造镇区下水道150米，镇区资江路琅琊港至新铺子村天子山路段新安装LED路灯112盏。投资30万元，建成资江沁园春码头。完成武潭中心医院东院旧址处置，引进江水情房地产开发项目。

园区、产业建设步伐加快。位于武潭镇新铺子村的武潭竹木工业园区，控制性详规已编制完成，完成50亩土地报批平整，储备土地100亩。已完成60亩土地征拆和平整，建好连接207国道的300米主干道路路基。引进了总投资6700万元嵩辉科技生物质热电联供项目，正在建设主体工程1万平方米标准化厂房。完成莲花坪800亩茶园基地土地整理、梯土建设、茶苗栽种，带动莲花城200亩茶园基地建设。实现耕地流转4546亩，完成双季稻种植3400亩，新建设林道38千米、笋用林200亩，完成竹林低改4000亩。

民生事业不断发展。基础建设全面推进。香炉村等9座小（二）型水库除险加固工程顺利完工，完成伏祖湾村洞家村等5座重点骨干山塘、12口一般骨干山塘除险加固工程；完成21个片区电力改造；完成杉树村枫树桥等7座危桥改造任务；完成缺塘坳等村10公里农村公路建设；完成84户危房改造。社会保障力度不断加大。核销低保对象108户、122人，新增户46户、108人。新增“五保”户85人。全年共发放城镇低保资金126.86万元，农村低保资金272.18万元，“五保”经费177.81万元。全年筹集新农保资金360万元，参保率达94%，筹集工伤等各类社保资金近千万元，争取无息贷款400多万元，超额完成县政府下达的工作任务。教育文化事业健康发展。教育投入进一步加大，办学条件明显改善，杨林小学顺利通过合格化学校验收，2014届初中毕业生考入省级重点中学132人。村级广播和农家书屋实现全覆盖。卫生事业取得进步。新农合参保率达到95%。成功处置中心医院东院旧址，新建武潭中心医院住院大楼，医疗水平和服务水平进一步提升。抗洪救灾取得成效。在“7·16”特大洪灾发生时，全镇上下众志成城，投入救灾人力2千人次，发放救灾物资30万元，紧急转移群众3千多人，无一人员伤亡，无一水库、重点骨干山塘垮塌。灾后发放救助资金108万元，其中，救助全倒户4户、严重损房户222户、一般损房户837户，共发放救助资金61.51万元；救助养殖户、种养殖户、个体工商户等近百家，发放救助资金41.5万元。

其他事业协调推进。群众路线教育实践活动成效显著，干部作风不断改善。扎实开展党的群众路线教育实践活动，组织开展集中学习4次，走访群众8000多人次，征集意见建议1000余条，查出并整改党政班子成员存在“四风”方面的问题22条，完成制度建设28项，启动专项整治活动35项。社会管理不断创新。全镇无一起重大群体性事件发生，无一人进京上访，民调工作为全县第八名、全市第三十四名。安全生产继续强化。加强了企业生产、校车管理、烟花鞭炮、危险物品、水陆交通、非煤矿山等重点领域的安全生产管理与督查，进一步健全安全生产“一岗双责”机制，全镇全年没有发生一起较大安全生产事故。人口计生工作水平不断提升。计划生育工作继续保持市县先进，2014年排名全县第三，政策内生育率连续高于全县平均水平。（李聪）

【开展专项整治行动】 4月28日起，武潭镇组织综治、城管、交管、公安、交警、城建6个部门和社区开展为期3天的建设文明幸福城镇专项整治行动。共出动执法车辆12台次、执法人员54人次，规劝、教育交通违章人员90余人，抄牌乱停乱靠车辆13辆，拆除违法搭建16处，规范广告牌35处，查处乱摆乱放摊位15个。小摊小贩统一规范到龙山路划区分片买卖。宣传清洁卫生“门前三包”制度，进行卫生清扫。

【禁毒知识进校园】 5月27日，武潭镇司法干警到镇中学举办以“珍爱生命、远离毒品”为主题的禁毒知识讲座，全校七、八年级共1200多名学生参加。发放禁毒宣传资料4000余份。讲座结束后，学校组织进行了禁毒知识测试。

【群众文化活动掀高潮】 6月18日晚，“欢乐潇湘·歌唱桃江·爱我武潭”核电杯群众文化活动在武潭镇区三角坪举行。活动历时3小时，共表演23个节目。经县委宣传部、县文联、县文广新局评委评审，赵本山模仿秀荣获一等奖，赢得奖金2000元，女子舞龙队获得二等奖，独唱《桃花姑娘》荣获三等奖。

【组织抗洪救灾】 7月14日至16日，武潭镇境内普降暴雨，资江水位迅速上涨，高达56.8米，创1954年以来最高洪水水位。龙拱滩等沿江10个村（社区）灾情严重，龙拱滩村杨林片、筒车埠片，杨家坪村詹家湾、张家湾、港口里、油家湾组等村组1800人被围困。镇党委、政府组织全体机关干部、农电站、卫生院、国土所、广电站、农技站、沿河村组干部进行紧急救灾，转移受困群众，及时给被困群众送去矿泉水和方便面。

【防治竹青虫灾害】 武潭镇14万亩竹林中，竹青虫发生面积12万亩。9月5日，武潭镇启动林业生物灾害Ⅳ级应急响应，成立林业生物灾害应急防治指挥部，制定《武潭镇2014年竹青虫灾害防治工作实施方案》，迅速组织驻村干部召开村组负责人会议，摸清底子，上报数据。9月10日上午，召开竹青虫防治工作紧急会议，研究防治对策，部署防治设备和药物购置、防治技术指导等具体事项。决定采取喷烟控灾防治、竹腔注射彻底防治两种措施，购置甲胺磷700件、聚酯350件，配置喷药机器16台。同时，利用村村通广播宣传竹青虫防治工作，发放宣传指导资料1000份，广泛动员群众参与防治工作。

【二广高速两项控制性工程基本完成】 二广高速在武潭镇有东流大桥和资江大桥两项重要控制性工程。自动工建设以来，工程进展顺利。截至9月底，东流大桥中部、两侧防护墙已修建完毕，桥面铺装工作已完成，沥青摊铺后即基本进入收尾阶段。资江大桥左、右侧桥墩已经完工。

【开展安全隐患排查整治“百日行动”】 9月20日至12月30日，武潭镇开展以校车、危化品、交通安全大检查为重点的安全隐患排查整治“百日行动”。成立领导小组，按照“全覆盖、零容忍”要求，对全镇范围内所有工矿商贸企业、道路运输、水上运输、学校、幼儿园、医院、车站、渡口码头、文化娱乐场所、山洪地质灾害和电力等行业领域内物的不安全状态及人的不安全行为进行全面排查。

马迹塘镇

【领导人名录】

党委书记、人大主席　曾钰彬
党委副书记、镇长　刘喜军
党委委员、人大副主席　殷谷良
党委委员、纪委书记、政协联工委主任　黄俐
党委委员、副镇长　李庆
党委委员　杨代东
副镇长　刘胜丰
　　贺立辉
　　刘剑
　　郭浩民（挂职）
镇长助理　李创辉

【概况】 马迹塘镇位于桃江西部，距县城37公里，与大栗港、武潭两镇及安化的长塘、小淹两镇搭界。全镇辖1个社区、27个村，总面积232平方公里，总人口6.89万。中心镇区面积1.5平方公里，居民1.2

万人。全镇林地面积24.85万亩，其中竹林面积12.2万亩，竹木蓄积量45.6万立方米。稻田面积28650亩。

经济建设提质稳增。全镇生产总值19.83亿元，比上年增长11%；财政总收入3250.4万元，比上年增长13%；税收1380.12万元，比上年增长1.8%；城镇居民人均可支配收入22800元，比上年增长13.86%；农村居民人均可支配收入11900元，比上年增长11.2%。招商引资固定资产投资7100万元，新引进项目4个，其中农业项目1个。招商工作获全县先进，全年综合绩效考核获全县第二名。粮食种植总面积与上年持平，总产量13173吨，比上年提高4.2%。出栏生猪10.57万头，比上年下降3%。

农业基础不断夯实。完成田排洞、三斗村2座小（二）型水库的除险加固和杨家村、枝木湾、老猪托、七斗村共4口骨干山塘的除险整修，启动了黄槽村、董排村水库的除险加固工程；完成鹿马仑、龙溪、新塘、大塘坪、塅石、张家坊共6个村计6800米的渠道衬砌工程，硬化农村公路12公里；全力维护好沂溪河流域12公里生态治理工程的施工环境；完成48.6公里林道修建、4000亩竹林低改、600亩笋竹两用林扩建任务；做好防汛抗旱、森林防火、动物防疫三项工作，完成23个村的"一事一议"工程并全部通过县里验收。扎实做好了7月16日马迹塘特大洪灾的救灾和灾后重建工作，修复水毁公路68处、水利设施390处，安置倒房户、危房户68户。

项目建设转型发力。大力发展竹笋产业。制定了全镇竹笋产业3年发展规划，出台《马迹塘镇加快推进竹笋产业发展的实施意见》，被市、县两级定为笋用林建设示范镇。全镇笋用林基地达5320亩，已建成年加工300万斤鲜笋的加工厂1个、年加工2万斤鲜笋的加工作坊16个，完成了竹笋交易市场建设的前期工作，初步形成了竹笋生产、加工、销售的产业链。大力发展茶叶产业。继续壮大泗里河秃老仑生态有机茶园基地，新扩建基地335亩；新开辟京华浏丰溪茶园320多亩，扶植了香炉山茶业、九岗山茶业等企业做大做强。

城镇建设不断加强。完成《马迹塘镇城镇发展总体规划》的编制，完成了《马迹塘中心镇区控制性详规》《马迹塘镇村庄布局规划》和《马迹塘镇给排水专项规划》编制的评审工作。完成了镇区望江路200米和幸福路510米路面硬化，新铺设幸福路、金马路下水道430米；完成望江路、金马路3800平方米的街沿建设，完成4500平方米广场建设和国道536线镇区段的绿化工作。加强城镇管理。配全配强城管队伍16人、卫生清洁工8人，增加经费投入，实行部门、村（社区）联动，全力推进城镇卫生秩序和经营行为管理。8月1日起中心镇区禁放烟花爆竹。加强城镇经营。新征收土地37.8亩，报批土地52亩，出让农贸市场土地26.5亩。成功申报全国重点镇，并被定为省新型城镇化建设试点镇。

交通建设快速推进。益马高速应拆迁房屋59栋、应征土地484亩、应安置拆迁户99户，全部签订土地征收协议，房屋拆迁达100%，房屋安置达98%。修复二广高速沿线水系路系34处，解决周边麻纱23起。完成了镇区207国道2.4公里改线路段的地形图测绘、建设详规编制和现场放样工作。

社会管理不断完善。2014年度全镇人口自然增长率为6.5‰，村民自治合格率69%，加大社会抚养费的征收力度，共征收167例，其中征收10万元以上的两例，征收到位率72%。兑现2013年度奖扶334人，兑现独生子女保健费1754人，给2307人发放了独生子女证。计生协会工作被评为全省先进，计生工作获市、县先进，实现了"保先进位"的目标。加大了对违法犯罪分子的打击力度，办理刑事案件49例，刑事拘留17人；查处治安案件48例，治安拘留12人；查处涉毒人员20人、涉赌人员47人、涉黄人员12人。投入15万多元，扎实开展平安创建活动，评选"平安家庭"户197户；成功调解各类纠纷123起，没有发生赴县以上越级上访事件。强化安全监管和责任落实，安全生产工作获县先进。切实关注民生，农村清洁工程进入常态化，村民居住环境不断改善。完成了石门、易家坊、金塘等4个村的安全饮水工程，惠及村民9537人。镇区新自来水厂全面供水，惠及中心镇区和周边4个村共计1.2万多居民。完成了全镇87户农村危房改造工程；投入338万元，完成了社区73套廉租房建设；投入26万元，改善了社区办公条件。创新低保户、"五保"户的评议和核查，共清退不合格低保300余人。全镇收缴城乡居民养老保险金256.43万元，医保参保率达97.8%。争取资金300多万元，配合完成了泗里河中学、龙溪中学的合格化建设，全镇合格化中学共3所、完全小学共8所、小学教学点1个。开通校车27辆，基本保证了学生上学的安全和方便。镇中心卫生院完成改制，在职医务人员252人；全镇建立村级卫生室22个，有村级卫生员36人；桃江县第三人民医院被定为二级综合医院，成为全县15个乡镇中第一所县级综合医院。全面完成了“村村响”广播工程，成功举办了“欢乐潇湘·歌唱桃江”群众文艺会演，马迹塘“故事”代表益阳市出席湖南省国庆65周年文艺会演。（贾世安）

【第一个竹笋加工厂建成投产】 4月1日，马迹塘镇第一个竹笋加工厂建成并投产。该厂坐落在镇区马迹塘村桃怀公路旁，由青年企业家肖学文投资创建，总投资600万元，占地12亩，厂房建筑面积2000平方米，年加工鲜笋300万斤。当月加工42.8万斤，实现加工产值249万元，为农民实现鲜笋产值36.5万元。

【遭受史上罕见洪灾】 7月16日早晨到上午，马迹塘镇普降大到暴雨，安化县降雨更大，柘溪发电站泄洪，资江水位迅速上涨。资江沿线的金塘村、百乐村、九岗山村、新塘村、九岗墩村、三里村、马迹塘村、大塘坪村和中心镇区遭受历史上罕见的水灾。到下午6点多钟，洪水全部退去。在这次洪灾中，全镇受淹水稻6548亩、晚稻秧田74亩、玉米3114亩、蔬菜1602亩、其他农作物1977亩，死亡生猪1094头、倒塌民房175间，严重受损民房380间，进水房屋1168间；垮塌农村公路路基184处，总长度达2543米；受损塘坝45座、水闸15处、机电泵30个；全镇受灾人口累计2.581万人，直接经济损失6231.96万元；受灾转移人口2978人。灾情发生后，镇党委、镇政府迅速部署救灾工作，发放救灾物资和大米、油等救济食品，组织开展生产自救，修复水毁工程，排除灾后隐患点。至7月底，受灾的村和中心镇区全面恢复正常的生产生活。

【镇计生协会被评为湖南省先进单位】 9月1日，在湖南省计划生育协会工作表彰大会上，马迹塘镇计生协会被评为全省先进单位，是全县唯一获此殊荣的单位。从2012年开始，马迹塘镇计生协会创新工作思路，扩展协会网络，经过周密筹备，投入40万元，于2012年8月18日在广东省建立了一个跨省流动人口计生协会；2013年5～8月，又相继在广州、东莞、惠州、深圳四地创立了4个流动人口计生协会分会，使马迹塘镇在广东的12000名流动人口有了“新娘家”。马迹塘镇广东流动人口计生协会自成立之后，坚持“以人为本”的理念，推行“制度化运作、规模化管理、亲情化服务”模式，为在广东的12名流动人口子女解决了免费入园入学难题，为2名主动节育的妇女发放了节育奖励金，为2名患生育疾病的妇女报销医药费2万元，慰问流动人口计生家庭58户，共发放慰问金2.9万元。办理流动人口证件183件，组织在广东的280名育龄妇女免费进行了健康检查，使158名患者得到了及时治疗。

【首次公祭马迹塘战斗烈士】 9月30日，我国第一个烈士纪念日，马迹塘镇企事业单位代表、学生代表及社会各界群众代表200余人，在伍家仑马迹塘战斗烈士纪念碑前举行了公祭。县委常委、宣传部部长胡国清主持，县委常委、副县长曹萍讲话，并分别代表县委、县政府敬献了花篮。人们瞻仰了纪念碑，向烈士庄严鞠躬、敬献鲜花。发生在1949年8月3日的马迹塘战斗，是解放战争中湖南衡宝战役的前哨战，是解放益阳的唯一一次战斗。

【首批居民廉租房建成】 经过8个月的建设，马迹塘镇首批居民廉租房主体工程在年底全面完工。廉租房位于中心镇区资沂路老街，占地1426平方米，建筑总面积2536.1平方米，共2栋68套住房。每套房面积为60～63平方米。廉租房建设是一项重点民生工程，镇党委政府于2013年12月向上级有关主管部门争取到建设项目。在镇政府的支持监管下，镇房管所共投入364万元，于2014年3月~12月，按照有关要求和标准建成。房管所将再投入50万元，全面完成房屋装修、水电基础设施建设和居住环境绿化。

石牛江镇

【领导人名录】

党委书记、人大主席　刘牛元
党委副书记、镇长　温钰辉
党委副书记　范则昌（2014.11起）
党委委员、人大副主席
　胡　军（2014.11止）
党委委员、纪委书记、政协联工委主任
　姚兰图
党委委员、副镇长　徐　建
党委委员　黄海龙　胡敬哉
副　镇　长　周　安
　胡著宣

【概况】 石牛江镇位于县城南部，距县城10公里，总面积64.4平方公里，辖16个村（社区），人口11375户、37951人，稻田34013亩，山林33800亩，竹林21000亩。獭溪河穿镇而过，全长10.5公里；省道229线贯穿全境，全长8公里。境内地势平坦，土地肥沃，是桃江的农业大镇，享有“桃江粮仓”和“小江南”美誉。2014年，全镇工农业总产值5.86亿元，国地税收311万元，财政收入1044.44万元，农民人均纯收入8305元。2014年年终绩效考核在二类乡镇中综合排名第二；计划生育工作被评为“全市模范乡镇”，全县排名第一；社会治安综合治理被评为“全市先进乡镇”；农村清洁工程被评为“全市十佳乡镇”，全县排名第一；党风廉政建设被评为“全县先进乡镇”；镇党委被评为“全县先进基层党组织”。

经济实力稳步增长。2014年，石牛江镇全年完成水稻播种面积45700亩，其中早稻11500亩，进一步巩固了粮食产业发展基础；良友蔬菜投入300多万元，完成全市蔬菜育苗基地项目一期建设，建成大棚11200平方米，完善了园区公路硬化等基础设施，全年产值达2000万元；牵头成立了“桃江县湘友蔬菜种植专业合作社联合社”，成功申报创建全县第一家国家级示范合作社，成功创建国家级蔬菜标准园；新建食用菌厂房16000平方米，产值达200多万元。金盛农业致力探索生猪标准化生态养殖模式，先后投入500多万元，新建和添置了雨污分离、干湿分离等环保设施设备，环保设施全省业内领先。完成笋竹两用林基地建设1000亩，建设林道6公里，完成竹青虫防治11000亩；晟宇竹木制品完成投入500多万元，建成厂房1300平方米；红日能源投入500多万元，建成厂房1400多平方米。益恒泡沫包装投入400多万元，完成厂房建设和设备安装调试；特种水泥关闭并处理了债务。

基础设施建设加快。投入1500万元，完成獭溪河九家塅至增塘6公里二期治理；投入200多万元，除险加固形山坑水库；投入100多万元，除险加固子云庵、革绩坝、野猪塘等3口骨干山塘，维修清淤6口一般山塘，新建4个电灌机埠、上七里泄洪渠、南山支渠和花田冲电排涵管等一批小型水利设施。完成车冲、石牛江、长冲、牛剑桥、苏团、田庄湾等11个变压器台区建设，改造低压线路10公里；投入20多万元，完成九苏公路维修改造。完成229省道绕道工程环评、工可批复等前期工作；投入300多万元，完成了镇区1.5公里破碎板换板和沥青砼路面铺设，完善了沿线下水道排水设施；投入10万元，完成了镇区路灯线路和设施设备维修。投入70万元，完善了甘溪冲水库和形山坑水库两个水源地设施建设及主管网铺设，实现了与镇区管网联网。完成了《全镇镇域村镇布局规划》编制，组织进行了镇区交通秩序、违章广告招牌集中整治行动；投入80多万元，大力实施农村清洁工程，全镇环境卫生面貌得到很大改善。群众反映强烈的道路交通、路灯、排水、用水等问题得到有效解决；完成苞谷山危桥改造，投入12万元；硬化村级公路11公里；另外，还有田庄湾、牛剑桥、花田冲、车冲等村架设了路灯；黄泥田村完成辖区内九苏公路2公里绿化。田庄湾村修建机耕桥62座；安陵坪、苏团、田庄湾、长冲、牛剑桥等村完善了村级活动场所建设。

社会事业全面发展。完成农村广播网建设，实现农村广播“村村响”工程全覆盖。举办了全镇“欢乐潇湘·歌唱桃江”文艺会演，推选节目《刘大娘笑呵呵》获省二等奖。共投入250万，完成枧塘坪完小合格学校建设；共投入300多万，完成中心幼儿园建设；镇中学考入省级示范高中63人，在全县15个乡镇综合评估排名第一。建好了住院办公综合楼，加强了村级卫生室建设。完成城乡居民基本医疗保险筹资208万元，参保率达96%。超额完成县冬春集中服务活动指标任务，处理违法生育对象90多例，征收抚养费200多万元；村级网底建设、村（居）民自治工作取得初步成效，国家计生协和省、市先后多次现场检查调研。开展“平安幸福家庭”创建活动，充分发挥“三调联动”作用，排查化解矛盾纠纷；组织进行了集中治安巡逻，在镇区重要地段安装了平安摄像头，加大了对“两抢一盗”等违法犯罪行为的打击力度，综治民调全县排名第五，群众安全感和满意度得到提升。建立健全了安全生产责任制，扎实组织开展了企业、校车、烟花鞭炮、公共消防、农村公路、电力、建筑施工等7个重点领域安全隐患排查专项整治和“打非治违”专项行动，全年无安全生产事故，确保了一方平安。

民生保障全力加强。全面开展了低保、“五保”清理，清退低保户43户48人、新增52户74人，清退“五保”户38人、新增38人。发放医疗救助、临时救助、自然灾害救助资金65.2万元，救助1855人次；组织镇村干部、部门企业开展了爱心捐资活动，对16户特困户进行了重点帮扶；组织长沙乡友开展了金秋助学捐资活动，对16名困难家庭学生实行一对一结对帮扶，资助每人每年2000元，直至大学毕业。完成农村危房改造53户，其中受灾户改造12户，投入70多万元。组织30名农民参加了全县农民工技能培训。申请发放促进就业贴息贷款120万元，贴息11万余元。新增灵活就业人员参保58人，缴纳企业保险金450余万元；完成新农保参保14726人，收缴农保资金157.6万元，完成6850人发证验证工作。加强了村级财务监管，加大了财政增收节支力度，严格控制一般性支出，全年“三公”经费下降24%，向上争资100多万元。（刘治国）

【特种养殖业蓬勃发展】 石牛江镇畜禽养殖产业坚持以生态文明建设为指导，走绿色农业、循环农业和低碳农业的路子。全镇涌现出一批特种养殖能手，形成了孔雀、鳖、青蛙、蛇、獾猪等多点开花的特色养殖局面。全镇共有生猪养殖专业户52户，共存栏生猪3.2万头，出栏4.3万头；家禽养殖专业户15户，存笼家禽21万多羽，出笼28万多羽。发展豪猪特种养殖户一户，现存栏80多头；发展养牛专业户2户，养羊专业户3户。2014年金盛农业科技发展有限公司投资500万元，在花田冲村建起了生猪种养结合标准生态示范基地，存栏生猪达3100头。

【良友蔬菜基地迅速发展】 2014年，良友蔬菜合作社先后被列入国家级蔬菜标准园、全国供销合作总社国家级示范社。该社通过不断优化种植结构，提升基础设施配套等多项措施，年提高蔬菜产量500吨，增收近100万元。在种植结构上，改过去少而全为优化特色品种，重推拳头产品。在基础设施配套方面，投资300多万元，建设了高标准的种苗繁育中心。

【计划生育工作荣获市先进】 2014年，石牛江镇荣获“益阳市计划生育模范乡镇”称号。冬春集中服务活动任务完成在全县排名第二。全年共完成社会抚养费征收近200万元，二胎以上个案征收标准严格按照县人口和计划生育领导小组下发的文件要求执行到位。全面落实执法阵地下移，全年基本无因计划生育工作导致的群众上访事件，依法查处“两非”案件一例。代表桃江县接受了省、国家计生协会“村级网底建设”、“计划生育村、居民自治工作”的调研，并获得了上级领导充分的肯定。

牛田镇

【领导人员名录】

党委书记、人大主席　胡喜明
党委副书记、镇长　蔡　亮
党委副书记　李文彪（2014.11起）
党委委员、人大副主席　陈跃辉
党委委员、纪委书记、政协联工委主任　陈立兵
党委委员、副镇长　张劲红
党委委员　文　毅　张胜名
副镇长　谢　佳（2014.11止）
　李卫萍

【概况】 牛田镇位于县城南端，毗邻石牛江镇、松木塘镇和灰山港镇，1995年12月由原杉树仑乡和金光山乡合并而成，辖15个行政村和1个社区，总人口36353人，其中农业人口28210人、非农业人口8143人。拥有耕地面积31546亩、山林面积50464亩。牛田镇民风淳朴，獭溪河穿镇而过，国道234、省道229和324、县道牛鸬公路贯穿全镇。主要工业产品有钢铁、烟花鞭炮、造纸。主要农产品有水稻、油菜、茶油、蔬菜；传统养殖业以生猪养殖为主，特色养殖业以蛇、鱼及鸭为主。2014年，完成生产总值16.9亿元，同比增长13.4%；财政总收入2000万元，同比增长6.3%；固定资产投资3.6亿元，同比增长24.1%；限额以上社会消费品零售额6340万元，同比增长37.4%；农民人均纯收入9855元，同比增长13%。2014年先后荣获湖南省“平安农机示范乡镇”益阳市“十佳乡镇”称号，被评为益阳市综合治理工作和计划生育工作先进单位、全县绩效考核先进单位。

农业经济稳步发展。全年完成早稻种植5500亩。支持全国种粮大户文湘桃筹建家庭农场，建设了一个千亩双季稻高产示范区。引进闽益农业开发有限公司，投入1000万元在杉树仑村兴建千亩蔬菜种植示范基地。加快竹产业发展。完成林道建设10公里，竹林低改500亩。发展规模养殖业，扶持养殖大户，发展虾稻养殖等特色产业，加快农业产业化进程，小家禽由一家一户的传统养殖向专业化、规范化、标准化和基地养殖转变，2014年共发展各类专业合作社10家。有养蛇大户、养鱼专业户、养鸭专业户等多种养殖产业专业户。

工业发展态势良好。全年完成规模以上工业产值15.4亿元，同比增长19.2%；实现税收1015万。拥有钢铁企业1家、烟花企业4家、纸业园2家、砖厂6家、环保石灰窑1家、茶厂1家。关闭高污染、高耗能水泥厂3家，关闭高危险烟花鞭炮企业5家。

民生不断改善。全年投入资金3万余元，对自来水工程管网进行了维护，并对取水点清泉水库进行了防漏处理。在三塘湾、安山、株

树山、肖家冲等村增设电力台区10个。完成肖家冲村、安山等8个村的“村村通”广播建设，实现“村村通”广播全覆盖。完成杉树仑教师周转房和公办幼儿园项目、肖家冲合格化学校建设项目。完成牛田信用社杉树仑分社建设项目。临市街等4个村的土地整治项目竣工并通过验收。全年共发放各项惠农资金571.8万元，发放“五保”、低保救助金414.1万元；危房改造54户，其中倒房户12户、重点帮扶户15户、一般帮扶户27户；全面完成城乡居民医疗保险筹资工作任务；城乡居民养老保险参保率达到85.1%，基本实现了病有所医、老有所养、住有所居。

城镇建设力度加大。完成了镇区控制性详规、村庄布局规划和杉树仑中心村规划。大力推进亮化工程，金光山、杉树仑、金凤山、清塘、牛田镇区等新架设路灯360余盏；出台《牛田镇城镇建设管理办法》，规范了镇区卫生秩序、交通秩序、建房秩序。完成229省道牛田段沥青铺摊工程，完成牛鸬线牛田段大中修任务，省道324牛田镇区改道工程规划获省批准。

作风建设不断加强。2014年牛田镇共开除党籍3人、留党察看1人、党内警告2人、诫勉谈话4人。出台《牛田镇村级财务管理和减轻农民负担监督管理办法》，严格执行村级财务“十不准”，收缴违规资金3400元，扎实开展双述双评，党风廉政建设获评全县先进单位；完善机关干部、村绩效考核制度，转变干部工作作风；坚持依法行政，完善事项决策制度，举办重大听证会1次，全面公开党务、政务信息，政府依法科学民主决策机制逐步完善。

社会事业不断发展。计划生育工作。2014年度，全镇共出生470人，其中政策内生育374人，政策内生育率79.57%。切实加强流动人口管理，在深圳成立了流动人口协会。安全生产。坚持日常检查工作，深入企业，全面排查安全隐患。全年共检查1200余次，排查安全隐患80余处，下达整改指令30余次；成立了以安管办和相关职能部门组成的联合执法组，开展联合执法工作，并联系县相关职能部门开展执法。开展“打非治违”“六打六治”专项行动，全年共集中执法8次，出动执法车辆30台次、执法人员180人次、纠正违法生产销售行为18起、查封非法加油站一家、查处违规车辆20余辆、排查整改生产经营单位安全隐患80余起。成功对临市街村原砖厂一座63米的大型旧烟囱进行了爆破拆除，实现了连续6年零事故。社会治安综合治理。建立了干部包组联系服务群众机制，印发了1.6万张包组干部联系卡；成立了村级人民调解委员会，配齐配强专职人民调解员，共计受理、调处各类矛盾纠纷89件，化解86件，调处率96.62%；组建了镇、村治安巡逻队伍，不定期开展治安巡逻，在镇域范围安装了30个高清摄像头；开展了平安创建评比活动，共评出“平安家庭示范户”375户，选出“平安家庭模范户”39户；加大依法打击力度，在全镇范围内开展“打黑除恶”、禁赌、禁毒、扫黄、打击“两抢一盗”、整治传销、缉枪治爆、打“四黑”除“四害”、打击拐卖妇女儿童、打击无照经营、打击假发票、食品药品安全监管工作等专项整治行动。全年共计破获盗窃案件4起，逮捕3人，治安拘留1人，破获容留吸毒案件4起，逮捕4人；破获非法运输危险物品案件2起，起诉1人，治安拘留1人。破获诈骗案件3起，逮捕1人；强制隔离戒毒2人，治安拘留4人；破获赌博案件1起，治安拘留2人；调解治安案件8起。（胡蓉）

【混凝土用带肋钢筋生产线竣工】 2月，中源钢铁年产30万吨混凝土用带肋钢筋生产线开始建设，12月完成设备的安装调试，进入试生产阶段。中源钢铁公司不断创新，适应市场需求，调整和优化产能结构，积极推进节能减排，积极建设资源节约型、环境友好型企业。2014年实现总产值4.6亿元，税收150万元。

【杉树仑建成500亩蔬菜基地】 2013年10月19日，牛田镇人民政府正式与湖南闽益农业开发有限公司签订合同，由闽益农业开发有限公司在杉树仑村投资1000万元，2014年建成500亩蔬菜基地并投入生产。富硒蔬菜园主要种植苦瓜、香芋等富硒蔬菜。

【建设千亩双季稻种植高产示范片】 全国种粮大户文湘桃在株树山村、三塘湾村流转土地1000亩，成立第一家家庭农场，建设千亩双季稻种植高产示范片。双季稻种植高产示范片有效减少种植成本，提高生产效率，增加亩产，带动农民种植双季稻的积极性，促进牛田镇的粮食生产工作。

【荣获省“平安农机示范乡镇”称号】 7月5日，湖南省农业机械管理局和湖南省安全生产监督管理局授予桃江县牛田镇2014年度“全省平安农机示范乡镇”荣誉称号。牛田镇坚持“安全第一、预防为主、综合治理”的方针，切实做到组织领导到位、宣传发动到位、安全措施到位、责任落实到位，全面提高农机监理“三率”(上牌率、年检率、持证率)水平，落实农机安全生产责任制，强化源头管理，完善监管网络，严格管控措施，加强队伍建设，有效构建起农机安全生产源头管理、执法监控、宣传教育“三大”防线，确保了无重特大农机事故发生。

【《牛田风采》正式出版发行】 10月12日，《牛田风采》正式出版发行。《牛田风采》记述了牛田镇的山水人文和历史变迁，是一本牛田人文、地理、民俗、风情、资源、物产的百科全书。

【大团结驾校落户牛田】 12月20日，总投资1200万元的桃江县大团结驾校签约落户牛田镇杉树仑村。驾校占地面积91亩，计划投资1200万元，是一所综合类的驾驶员培训学校，项目建设工期4个月。每年可培训驾驶员3000人以上。

【荣获益阳市“十佳乡镇”荣誉称号】 牛田镇将改善宜居环境，建设美丽乡村作为一项重点工作来抓，紧紧围绕环境治理、农村基础设施建设、乡风文明建设等工作，不断改善生产、生活条件，被评为益阳市2014年度美丽乡村建设“十佳乡镇”。

【荣获益阳市社会管理综合治理工作先进单位】 牛田镇认真贯彻落实中央及省市县关于加强和创新社会管理的工作部署，紧紧围绕创建“平安牛田”这一主线，着力加强“公共安全、矛盾化解、服务管理、法律政策、基础运行”五个体系建设，不断夯实基层基础、大力开展矛盾纠纷排查调处、突出解决民生问题、不断完善治安防控体系、努力维护社会公平正义、扎实推进社会管理创新，荣获2014年益阳市社会管理综合治理工作先进单位。

【荣获益阳市人口与计划生育工作先进单位】 牛田镇计生工作结合党的群众路线教育实践活动，以“稳定低生育水平、控制违法生育和出生婴儿性别比、加强孕前管理、落实长效避孕节育措施”作为计生工作的首要任务，不断加强组织领导，深入开展优质服务，落实利益导向政策。荣获2014年益阳市人口与计划生育工作先进单位。

松木塘镇

【领导人名录】

党委书记、人大主席　肖再香
党委副书记、镇长　张　宏
党委委员、人大副主席　文永来
党委委员、纪委书记、政协联工委主任　罗敏志
党委委员　刘新江
副镇长　姚永阳　王胜华
镇长助理　刘克财　刘斗龙　胡向军

【概况】 松木塘镇地处桃江的西南部，与宁乡、安化县接壤，与牛田、高桥、鸬鹚渡镇相邻，1996年撤区并乡时由原桥头河乡、关山口乡、天井山乡和松木塘镇合并而成。全镇辖16个村、1个社区，土地面积228平方公里，其中耕地1.5万亩，山林27万亩，竹林7万亩。人口3.89万，城镇人口4784人。境内自然资源丰富，素有“有色金属之乡”“茶叶之乡”“竹子之乡”“松木之乡”的美称，锰矿、石灰石、锑、石煤矿等有得天独厚的自然资源优势，有桃花江水库、猴公大山、城墙大山、飞水岩瀑布、子良岩等十多处风景名胜。

2014年城镇居民人均可支配收入8104元，比上年增长14.2%；农村居民纯收入6405元，比上年增长11.78%。全镇实现生产总值10.71亿元，同比增长10.45%。其中第一产业增加值2.15亿元，增长4.12%；第二产业增加值6.08亿元，增长13.4%；第三产业增加值2.38亿元，增长5.2%。三次产业结构由23 ∶ 51 ∶ 26调整为19 ∶ 55 ∶ 26。实现人均纯收入6403元，同比增长12.5%。完成财政收入2039万元，比上年增长4.2%，其中公共财政预算收入1056万元，增长4%；税收收入983万元，增长4.35%，其中增值税813万元、营业税收入121万元、所得税收入49万元，分别增长6.4%、5.51%和5.3%。全镇公共财政预算支出1056万元，增长4%，财政总收入占GDP的比重为3.4%，比上年提高0.4个百分点。

农业。完成农林牧渔业总产值2.91亿，比上年增长6.7%。其中农业产值1.50亿，增长1.9%；林业产值3640.15万元，增长43%；牧业产值9787.86万元，下降4.19%；渔业产值577.08万元，增长25.71%；农林牧渔服务业产值100万元，增长60%。粮食种植面积6.58万亩，粮食总产量5万吨，比上年增长1.44%。其中，水稻产量6210吨，增长1.6%；油菜种植面积1.27万亩，增长2.1%，产量2163吨，增长2%。肉类总产量3947.77吨，下降3.27%。出栏生猪4.26万头，下降4.05%；出栏牛0.261万头，增长6.1%；出栏羊810头，增长8%；出笼家禽39.6万羽，下降9.2%；禽蛋产量1343吨，增长6.5%；水产品产量504吨，增长5%。农业

基础条件进一步改善。修建水渠20千米，完成竹山村、响涛源村等8口骨干山塘的除险加固，启动竹山水库、上半山水库除险加固项目。扎实推进竹产业发展，完成林道建设28公里，笋竹两用林建设1200亩；竹林低改2000亩，建设林道20公里；新建小竹林50亩；苍家塅村加工干竹笋10000斤。不断推动特色农业发展，新造油茶林1000亩，流转山地1000亩，新造杉木林300亩。完成双季稻种植800亩，完成大棚蔬菜50亩。

工业。完成工业增加值2.58亿元，比上年增长13.4%，占GDP比重54.97%，对经济增长贡献率达72%，拉动经济增长6个百分点。年末规模以上工业企业5家，比上年净增1家。规模以上工业实现主营业务收入8.54亿元，增长17%，工业产品销售率98%。规模以上工业经济效益综合指数为358%，增加10个百分点；规模以上工业企业全部从业人员平均人数117人，增长10.4%。优化东方矿业、金瑞锰业、弘基矿业周边环境，全力支持企业生产。东方矿业拔英湾矿区和黄家坝矿区顺利投产，新鑫石料采石场前期工作进展顺利。

第三产业。全年实现社会消费品零售总额4458万元，比上年增长19%。按规模分，限额以上批发零售、住宿餐饮业单位零售额1509万元，增长26%，限额以下单位零售额2949万元，增加15.1%；按经营地分，城镇消费品零售额2689万元，增长16%，乡村消费品零售额1768万元，增长22.5%；按行业分，批发业零售额579万元，增长17%，零售业零售额2318万元，增长21%，住宿业零售额449万元，增长4%，餐饮业零售额1111万元，增长21%。

固定资产投资。全年完成固定资产投资9240亿元，比上年增长25%。其中按经济类型分，国有投资2104万元，增长3.4%，非国有投资7136万元，增长25.8%；按产业分，第一产业投资1026万元、增长16%，第二产业投资3739.5万元、增长28.1%，第三产业投资4475万元、增长22%。完成城镇基础设施建设投资1700万元，交通建设投资1100万元。

基础工作。社会治安综合治理全年工作开展情况良好，稳控特殊群体13类83人，组织开展治安巡逻专项行动50余次，排查化解各类矛盾纠纷160起，打击各类违法犯罪人员35人。安全生产全年排查与整改289处安全隐患，杜绝了一般以上生产事故的发生，全年实现“零死亡”目标，有效保证了全镇人民群众生命财产安全。人口与计生工作全年完成社会抚养费征收72万元，计划生育率为79.26%，落实46名符合计划生育的奖扶对象，完成年度计划生育工作各项责任指标。深入开展党的群众路线教育实践活动、“三访三化促发展解民忧”“平安家庭”创建、干部直接联系群众等专项活动，加强镇村干部的管理和教育，落实谈心谈话等各项制度，干部作风进一步转变，廉政风气自上而下延伸，形成了良好的工作氛围。群众满意度明显提高，社会综治民调工作在全市排名第28位，全县排名第7位；党风廉政建设民调在全县名列前茅。

基础设施建设。配合县委、县政府完成324省道牛田至大福公路建设立项工作，配合交通部门完成征地拆迁工作，确保施工环境。养护好枫树坳至腊树湾、枫树坳至园株坳两条主干道，确保畅通。完成8座危桥改造任务，硬化农村公路12.3公里，维修公路路基塌方14处。新建及改扩建3个村级活动场所。启动温塘、石鸭头、槐家湾等9个村的农网改造项目、桥头河区域国土整理项目、天井山小学整体搬迁项目和三节塘小学合格化学校建设项目。编制响涛源绕城公路、环湖风光带修建性详细规划；完成商业街二期建设；制定镇政府至枫树坳新区详规编制并启动新区城镇基础建设；完成响涛源街道改造300米及配套基础设施建设。完成三节塘农贸市场建设，启动响涛源综合集贸市场建设。

文教卫事业。全镇有中小学校（幼儿教育）14所，其中初中3所、小学3所、幼儿教育8所，完成了三节塘小学、天井山小学合格化建设和学校职工公租房建设，学校硬件设施得到优化。在校学生2821人，其中初中1351人、小学751人、幼儿教育719人。专职教师206人，其中初中教师98人、小学教师52人、幼儿教师56人。全镇有农家书屋16家，建成综合文化站1个，共有图书32000册。组织开展核电杯“欢乐潇湘 幸福桃江”松木塘镇歌舞文艺会演活动。全镇有线电视用户4326户，有线电视覆盖率为71%，“村村通”广播覆盖村有17个，实现了村级宣传服务平台的全覆盖。3.2万人参加新型农村合作医疗，参合率为98%。有村级卫生室14个，卫生机构病床位55张，卫生技术人员39人，其中执业医师和执业助理医师24人、注册护士12人。

人民生活和社会保障。参加新型农村社会养老保险15329人，缴费180多万元，新农保参保率达到85%。全年新增创业人数23人，新增创业实体4家，城镇新增就业人数155人，新增农村劳动力转移就业237人，组织职业技能培训3批次，共接收职业技能培训209人。开展了城乡低保、“五保”供养对象清整工作，及时清退不符合认定条件的保障对象。全年共保障城市低保对象196户248人，保障农村低保对象1311户1632人，供养“五保”对象320人。农村危房改造95户。

【村委换届选举工作全面完成】 截至4月9日，全镇16个村村委换届选举工作全面顺利完成，共选出村主任16名、委员32名。在本届村委会换届选举过程中，镇党委、政府切实加强领导，精心组织，确保选举工作有条不紊地进行。一是加强培训。在选举前多次对联村指导员、村委选举委员会成员和党小组长进行培训，详细解读村委选举的各项法律法规和选举流程。二是细致筹备。对村委选举工作的各项事务进行了周密安排部署，选举的流程安排、选票的印制和发放、联村指导员的安排全都谨慎细致。三是强化监管。选举前，严格把关村级财务清理情况，每个村都安排联村指导员和机关干部全程进行指导和监督，确保选举规范有序进行。

（苏剑记）

【开展“干部联系群众”活动】 6月份开始，松木塘镇组织镇村干部开展“干部联系群众”活动，每周四确定为干部联户走访日。联户的机关干部下村走访，具体掌握联系农户的家庭基本情况、生产生活状况及近期生产生活中存在的矛盾问题，详细写好民情日记，对重点户做到常联系、常走访，动态掌握每家每户的情况，对群众提出的问题及时解答，对走访回来的问题进行周汇总、月上报，切实帮助群众解决难题。该活动的开展，拉近了干部与群众之间的距离，受到群众的衷心拥护。

【镇(广东)流动人口计生协会成立】 7月6日，松木塘镇（广东）流动人口计生协会成立大会在东莞市长安镇召开，129名松木塘乡友参加会议。会议严格按照程序投票选举产生了松木塘镇（广东）流动人口计生协会理事11名，会长、常务副会长、秘书长各1名，副会长4名。

【配置首批专用校车】 8月25日，松木塘镇中心学校配置了首批专用校车7辆，接送学生上下学。专用校车采用适应小学生身体特点的专用座椅，每个座椅有安全带，车内前、后还设置了专门看护学生的专座。校车按照要求通体涂上黄色，统一由专门司机接送学生。政府、学校定期对司机和跟车人员进行安全教育培训，确保学生上、放学路上的安全。

【授牌表彰276个“平安家庭”示范户】 全镇17个村（社区）的驻村干部、村干部、农村党员组成评选小组，逐户进行评选。通过群众主动自荐和评选小组逐户评选，最终在全镇评选出“平安家庭”276户。9月22日，镇党委、政府对部分村“平安家庭”进行授牌表彰。

【农村客运站建成】 松木塘镇客运站位于松木塘镇响涛源村，占地面积为8545平方米，建筑面积1526平方米，总建筑面积11574平方米，共九层，于2013年开始动工建设，至9月28日盛大封顶，历时13个月。客运站正式投入使用后，极大方便人民群众出行。

【配备消防车成立消防应急队】 松木塘镇是全县首批配备消防车的乡镇。自10月消防车配备到位后，该镇迅速成立了有14名消防人员的消防应急队，并及时组织部分消防专员参加桃江县消防演练，提高实战水平。12月18日下午1时左右，龙塘村文志兵家因煤气使用不当引发火灾。接警后，消防应急队立即出动1车5人火速赶往现场，成功扑灭火灾，保障了人民群众的生命财产安全。

【危桥改造工程竣工】 2014年，松木塘镇危桥改造工程共涉及响涛源、南河冲、关山口等7个村8座危桥，其中3座中桥、5座小桥。至12月，8座危桥改造工程全面竣工，为群众出行提供了方便，进一步消除了交通安全隐患。

灰山港镇

【领导人名录】

党委书记、人大主席
徐灿红（2014.09止）
周德生 (2014.10起)
党委副书记、镇长　唐　胜
党委副书记（挂职）
胡盛武 (2014.11止)
党委委员、人大副主席
周正阳
党委委员、纪委书记、政协联工委主任
邓小鹏
党委委员、副镇长　高　明
党　委　委　员　刘壮辉
刘新华
副　镇　长　曾小平
贺维良
高永锋

副镇长（挂职） 文卫华
王创新
刘 瑛
镇 长 助 理 马东向
丁铁池
马建辉

【概况】 灰山港镇地处县城东南端，东接赫山区，南连宁乡县，西北与牛田镇相邻。2005年，由灰山港镇和河溪水乡、源嘉桥镇合并而成。面积229.7平方公里，下辖3个社区、35个村，人口12.8万，其中城镇人口6.9万，城镇化率达到53.9%。镇域内矿产资源丰富，已探明的石灰石储量75.672亿吨、铁矿石储量1亿吨、煤炭储量400万吨，素有“建材之乡”“有色金属之乡”的美称，是一个以建材工业为主、集商贸服务为一体的综合型城镇。先后荣获“全国文明村镇”“全国创建文明村镇先进单位”等称号。

2014年，完成生产总值32.7亿元，同比增长10.7%；实现规模工业增加值58.9亿元，同比增长22.9%；完成固定资产投资22.4亿元，同比增长25%；人均纯收入10598元，同比增长15%。总体经济实力连续九年居全市乡镇之首。

工业企业不断发展壮大。全镇共有各类工业企业335家，投资过亿元的湖南桃江南方水泥有限公司、益阳市东方水泥有限公司、益阳金沙重型机械制造有限公司是全市的水泥、钢铁行业龙头企业。全年实现规模工业总产值58.85亿元，同比增长31.78%；34家规模工业企业实现增加值17.70亿元，同比增长22.90%。对GDP的贡献率达69.7%，拉动GDP增长7.1个百分点。优势产业不断壮大，建材、钢铁两大支柱产业实现增加值16.91亿元，占规模工业增加值总量的95.53%。纳税过千万元的企业2家，其中东方水泥7206万元、南方水泥4996万元。坚持“加大招商、强化服务、优化环境”，新引进志洲干粉砂浆、金宙建材等工业项目10个，新开工金致新型材料、东方建材等工业项目8个，新投产项目6个，其中投资5000万元以上的有涟钢型材、紫荆铸业等8个。工业转型升级成效明显，完成工业技改投资7.54亿元，增长26.3%；高新技术企业4家，高新技术产值达29.74亿元。新增“四上”企业（规模以上工业企业、资质等级建筑业企业、限额以上批零住餐企业、规模以上服务业企业）3家，个体工商户转企业55家。

农业产业化水平进一步提升。新增土地流转面积5000亩，总面积达到1.8万亩，占全镇农用地面积的20%。农民专业合作社31家、家庭农场30家。农业特色产业进一步壮大，粮食产量实现十连增，年产量5万吨。全年农林牧渔总产值3.5亿元，同比增长11%。生猪饲养量16万头、家禽饲养量72万羽、水产品总量597万吨，分别增长4.8 %、1.9 %、5.3 %。蔬菜复种面积2.8万亩，总产值突破1亿元，建设了一批有影响的蔬菜基地。造林1.2万亩，油茶林、笋竹两用林基地特色鲜明。除险加固小（一）型水库1座、小（二）型水库3座，新解决2万人的安全用水问题。全面完成源嘉桥等8个村的土地连片综合整治项目、杜家湾等5个村的农业综合开发项目、甘泉山等3个村的现代农业发展项目。

工业园区建设步伐加快。湖南桃江灰山港工业集中区是省级工业集中区。充分利用三类工业用地，高起点编制工业集中区核心区控制性详规，为项目落地创造了良好的条件。2014年入园企业达36家。技工贸总收入47.2亿元，增长32.69%；税收1.86亿元，增长34.02%。基础设施投资1.56亿元，其中园区干道改扩建投资12000万元，核心区1000米主干道世纪大道、创业大道1200万元，污水处理厂及水、电、气等配套管网建设2000万元，天然气项目400万元。新建标准化厂房4000平方米，报批土地432亩，平整土地324亩，新征工业用地200亩。园区项目建设形势喜人，新引进向阳钙基等项目11个，新开工志洲新型干粉等项目10个，新投产东方建材等项目6个，其中有2个产值过亿元企业。获批成立了集中区融资平台——桃江奔腾建设开发有限公司，为园区建设提供了相应的资金保障。

交通建设提质增速。省道229灰山港至桃江提质改造工程10月份顺利竣工通车。益娄衡高速公路按上级要求完成征地拆迁等相关工作，征收土地819亩，拆迁房屋57栋，并启动路基平整。灰（灰山港）煤（煤炭坝）大道建设项目立项并启动了相关前期工作；灰山港—泥江口—沧水浦、灰山港至益阳市东部新区等公路建设项目立项并做了大量前期工作。完成了县下达的10.5公里农村公路硬化、11座危桥改造任务。

城镇建设有序推进。坚持规划先行，高标准完成总体规划的修编，进一步完善中心城区的控制性详规。严格坚持规划例会审查制度。充分利用国家级重点镇和省级中心镇的优势，积极争取小城镇建设资金和政策支持，进一步加大投入力度。投资8000万元硬化绕城公路、改造紫荆路。投资1200多万元建成志溪河沿河风光带。推动城区主干道的美化、绿化、亮化工程以及下水管网建设，完成污水处理厂第一期主体工程建设，启动客运车站搬迁相关工作，开发了东方财富、紫荆尊城等房地产项目。完成了站前路、志溪路2000米配套工程建设，完成了公租房和镇小学合格化学校建设71亩征地。积极申报中国建材名镇。人民群众的生产生活条件不断改善，全面建成农村广播网，扎实开展志溪河流域综合治理，着力推进3个村人居环境整治和全镇农村清洁工程，启动镇小学新校区建设、中心卫生院体制转型，新农合、新农保参与率分别稳定在95%、85%以上。

【绿家湾村获国家级荣誉】 11月27日，经中国计划生育协会国家人口计生基层群众自治万村（居）示范活动领导小组审核确认，绿家湾村被评为第五批全国计划生育基层群众自治示范村。自2009年中国计生协在全国开展人口和计划生育基层群众自治万村（居）示范活动以来，该村创新基层计生管理模式，按照“人员配齐、管理规范、责任明确、报酬落实、活动经常”的原则，建立骨干会员队伍，从骨干会员中民主选优配强妇女小组长，延伸了管理与服务触角，有效补充了基层计生工作力量不足的问题，取得了很好的成效。

【打造古松巷样板街】 古松巷是连接灰山港镇新开发区与清江路的一条主要巷道，路面狭窄，排水排污能力较差，下雨时经常积水，严重影响居民出行、车辆通行。灰山港镇政府采用“以奖代补”的模式，与古松巷100余居民共同筹资100余万元，按6 ：4的出资方案打造古松巷美化、亮化样板工程。拓宽路面，全程铺设改性沥青，道路两侧栽种行道树、架设路灯，改造旧下水道，增设垃圾果皮箱，电力、电讯等所有管线全埋地下，于12月底竣工。提质后，出行方便，车流畅通，临街门店商业地位得到提升，创造经济效益150余万元，提供就业机会100余个。

【源嘉桥片土地平整项目竣工】 县国土局和灰山港镇政府组织实施的源嘉桥片土地平整项目11月全面竣工。该项目包括企石、檀树界、源嘉桥、刘家湾、软桥、肖家塅、大桥塘、毛力坪等8个村、86个村民组、7198户、25987人。投资总额4054万元，整修沙石路机耕道55条共29.22公里，新修沙石路39条共12.76公里，硬化水泥路25条共12.62公里，维修灌溉山塘37座，整修拦水坝6座，修砌硬化水渠449条长142.76公里，平整土地54.65公顷，增加耕地面积50余亩，新修行人便桥517座，机耕桥12座。据评估，项目区域内生产能力提高20%，年均各类农作物增产22%，节约生产成本年均800万元，便利了区域内群众生产生活，促进了农业机械化生产能力，提高了灌溉能力，保障了旱涝保收，保护了区域内生态环境，解放了农村劳动力，促进了土地流转，农业经济有了较大发展。

先进名录

表 1　全国（条线）先进单位集体

获奖单位	奖励（命名）名称	授奖（命名）单位
桃江县	2014 年科普日活动优秀组织单位	全国科协
保密局	全国通联工作先进单位	国家保密局
地税局办税服务中心	全国巾帼文明岗	全国妇联
总工会	贯彻落实工资集体协商三年规划先进集体	全国总工会
灰山港派出所	全国公安机关执法示范单位	公安部
灰山港镇绿家湾村	第五批全国计划生育基层群众自治示范村	中国计划生育协会
桃江县城关供销社	2014 年度中国供销合作总社基层社标杆社	中华全国供销合作总社
农业银行桃江迎宾路支行	2014 年平安农行优秀集体	农业银行总行

表 2　全国（条线）先进个人

获奖个人	所属单位	获 奖 名 称	授 奖 单 位
刘兆斌	法院	全国优秀法官	最高人民法院
练佑明	农业局	全国生态建设突出贡献奖先进个人	国家林业局
胡绍辉	安监局	国家安全生产监管监察先进个人	国家安全总局
方　静	县委党校	中外当代文学艺术家百杰	中外当代文学艺术家大辞典编委会、华夏博学国际文化交流中心
彭巨洪	桃江一中	全国第十届苏步青数学教育奖	苏步青数学教育奖理事会
陈洪飞	农业银行桃江支行	全国金融工会先进个人	农业银行总行

表3 湖南省（条线）先进单位集体

获奖单位	奖励（命名）名称	授奖（命名）单位
桃江县	湖南省2014年粮食生产先进县	省政府
桃江县	农村商务信息服务试点工作成绩突出县	省商务厅
桃江县	湖南省社会主义新农村建设先进县	省农村工作领导小组
人武部党委	先进团级单位党委	省军区
宣传部	2014年度舆情联系点工作先进单位	省委宣传部
宣传部	《新湘评论》推广工作红旗单位	省委《新湘评论》杂志社
老干局	湖南省文明卫生单位	省爱国卫生运动委员会
工信局	湖南省工业经济运行动态监测优秀分析报告三等奖单位	省工业和信息化厅
公安局	全省县级公安机关2014年度执法质量考评优秀单位	省公安厅
公安局	2014年度全省公安机关侦破命案工作成绩突出集体	省公安厅
灰山港派出所	全省公安机关执法示范单位	省公安厅
看守所	2014年度全省公安监所深挖犯罪工作成绩突出单位	省公安厅
看守所	全省公安机关执法示范单位	省公安厅
公安局国保大队	全省公安监所深挖犯罪工作成绩突出单位	省公安厅
公安局国保大队	全省县级公安国保大队业务技能比武竞赛组织奖	省公安厅
灰山港司法所	第四批湖南省模范司法所	省司法厅
桃花江镇凤凰山派出所	全省依法办事示范窗口单位	省司法厅、省民政厅
督查局	2014年度全省党委系统督查工作联系点先进单位	省委办公厅
财政局	2014年度财政金融与债务工作目标考核二等奖	省财政厅
财政局	2014年度乡村财政财务精细化管理工作先进单位	省财政厅
财政局	2014年度标准化乡镇财政所创建工作先进单位	省财政厅
财政局	2014年度非税收入征收管理工作先进单位	省财政厅
财政局	2014年度全省财政系统宣传工作先进单位	省财政厅
财政局	2014年度全省国外贷款管理工作先进单位	省财政厅
财政局	非税收入知识网上竞赛优秀组织单位	省财政厅
交通局	交通行政执法评议考核优秀单位	省交通运输厅
林业局	2014年度生态公益林保护建设为民办实事工作先进单位	省林业厅
林业局	湖南省“十二五”森林资源二类调查工作先进单位、优秀成果单位	省林业厅

续上表

获奖单位	奖励（命名）名称	授奖（命名）单位
卫生局	湖南省文明标兵单位	省委、省政府
统计局	湖南省县级统计工作规范化建设先进单位	省统计局
统计局	湖南省第三次全国经济普查先进单位	省第三次全国经济普查领导小组
食药局	湖南省食品安全工作先进单位	省食品安全委员会
食药局	湖南省食品安全工作先进单位	省食品安全委员会
县政府妇儿工委办公室	湖南省实施妇女儿童发展规划工作绩效考核先进单位	省政府妇儿工委
科　协	全省科普日活动先进单位	省科协
残　联	2014 年为民办实事项目贫困残疾人家庭无障碍改造工作先进单位	省残疾人联合会
党　校	全省党校行政学院先进单位	省委党校、湖南行政学院
商务局	省商务公众信息网工作成绩突出的县级商务部门	省商务厅
经管局	全省农村经营管理工作先进单位	省经管局
经管局	全省农村土地承包经营权确权登记试点工作先进单位	省经管局
经管局	全省农村集体“三资”管理与农村审计先进单位	省经管局
机关事务管理局	2014 年度湖南省公共机构节能示范单位	省发改委、省财政厅、省机关事务管理局
桃江公众信息网	省优秀政府网站	省政府办公厅
政务中心	全省政务公开工作先进单位	省政务公开领导小组
县中医院	2014 年中国梦·劳动美湖南省职工全健排舞比赛铜奖	省总工会
疾控中心	艾滋病实验室检测质量考评优秀	省疾控中心
工商局	全省依法办事示范窗口单位	省民政厅、省司法厅
国税局	湖南省档案工作规范化管理省特级	省档案局
国税局	四星级办税服务厅	省国家税务局
质监局	全省组织机构代码先进单位	省质量技术监督厅
质监局	全省组织机构代码红旗窗口	省质量技术监督厅
质监局	特种设备安全监督管理工作先进单位	省质量技术监督厅
国网桃江县供电公司	2014 年三大特高压直流满功率保电先进属地县供电公司	国网湖南省电力公司
国网桃江县供电公司输电班、调控班	省公司安全生产先进班组	国网湖南省电力公司
国网桃江县供电公司调控中心、输电班	湖南省电力公司 2014 年度安全生产先进	国网湖南省电力公司
国网桃江县供电公司计量班	营销服务无违章班组	国网湖南省电力公司
国家统计局桃江调查队	湖南省第三次全国经济普查个体经营户抽样调查先进集体	国家统计局湖南调查总队

续上表

获奖单位	奖励（命名）名称	授奖（命名）单位
国家统计局桃江调查队	2014年综合考核三等奖	国家统计局湖南调查总队
工商银行桃江支行	湖南省消费者权益保护先进单位	省消费者协会
农业银行灰山港支行	营业网点经营管理先进单位	农业银行湖南分行
农业发展银行桃江支行	2014年度先进单位	中国农业发展银行湖南省分行
建设银行桃江支行	湖南省分行先进集体	建设银行湖南省分行
中国银行桃江支行	个人业务春季营销最满意支行	中国银行湖南省分行
中国银行桃江支行	湖南省银行业文明规范服务百佳示范单位	湖南省银行协会
人寿保险桃江支公司	全省系统2014年度先进经营单位	中国人寿保险股份有限公司湖南省分公司、湖南省分公司工会工作委员会
桃花江镇桃花江社区	湖南省第七批民主法治示范社区	省司法厅、省民政厅
鸬鹚渡镇大江村	省级人口与计划生育基层群众自治示范村	省计生协会
大栗港镇朱家村	湖南省第七批民主法治示范村	省司法厅、省民政厅
马迹塘镇	省计划生育协会工作先进单位	省计生协会
马迹塘镇天府庙社区	湖南省第七批民主法治示范社区	省司法厅、省民政厅
灰山港镇	湖南省乡镇（街道）统计工作规范化建设先进单位	省统计局
灰山港镇万功塘村	湖南省第七批民主法治示范村	省司法厅、省民政厅

表4　湖南省（条线）先进个人

获奖个人	所属单位	获奖名称	授奖单位
刘　俊	人武部	省国防教育先进个人	湖南省军区
周卫星	县政府	第三次全国经济普查省级先进个人	省第三次全国经济普查领导小组
姚　震	县政府	全国科普日工作先进个人	省科协
吴铁流	老干局	省老干部宣传工作先进个人	省委老干部局
郭政安	公安局	二等功	省公安厅
江　波	公安局	2014年全省春运道路交通安全工作先进个人	省公安厅
曹立纯	公安局	全省公安机关国保基层基础工作先进个人	省公安厅
邵　莉	公安局	全省县级公安国保大队业务技能比武竞赛优秀队员	省公安厅
刘军霞	公安局	全省人口与出入境服务窗口“双十佳”服务标兵	省公安厅
胡拥军	财政局	2014年度全省财政系统宣传工作先进个人	省财政厅
童哲夫	住建局	省质安监管理先进个人	省建设工程质量安全监督总站

续上表

获奖个人	所属单位	获 奖 名 称	授 奖 单 位
彭学军	住建局	省文明监督工程师	省建设工程质量安全监督总站
刘学谘	卫生局	《新湘评论》推广使用工作先进个人	省委宣传部《新湘评论》杂志社
向　菡	审计局	计算机审计成果应用奖	省审计厅
文艳辉、刘一孚	审计局	计算机审计成果优秀奖	省审计厅
向　菡	审计局	计算机审计成果鼓励奖	省审计厅
龚惠琳	交警队	全省公安交警系统执法示范个人	省公安厅交通管理局
向芸珂	妇　联	省妇联系统宣传先进个人	省妇联
吴木苏	科　协	全国科普日工作先进个人	省科协
唐梦虎	森林公安局	三等功	省森林公安局
夏伏军	森林公安局	市十佳执法办案能手	省森林公安局
吴哲仪	党　校	全省优秀县级党校校长	省委党校
彭炼才	党　校	全省党校系统优秀教师	省委党校
王　蛟	建设银行	湖南省分行优秀共产党员	建设银行湖南省分行
邹金瓯	人民医院	全省卫生系统优秀工会工作者	省卫生工会
曾胜达	疾控中心	结核病实验室技能竞赛三等奖	省卫计委疾控处、省结核病防治所
张　毅	地税局	省地税系统践行群众路线先进典型	省地税局
刘文华	国网桃江公司	省公司 2014 年度营销服务先进个人	国网湖南省电力公司
刘太宗	国网桃江公司	电费回收先进个人	国网湖南省电力公司
肖爱兰	农业银行桃江支行	2014 年度风险管理先进个人	农业银行湖南分行
李　丹	农业银行桃江支行	2014 年度先进工作者	农业银行湖南分行
吴叶辉	中国人寿桃江支公司	全省系统 2014 年度优秀经理人	中国人寿湖南省分公司、湖南省分公司工会
成　妙	国家统计局桃江调查队	湖南第三次全国经济普查先进个人	国家统计局湖南调查总队

表 5　益阳市（条线）先进单位集体

获奖单位	奖励（命名）名称	授奖（命名）单位
人武部	军事训练先进单位	市军分区
人武部	安全工作先进单位	市军分区
纪　委	桃江县探索开展信访举报处置新方式被评为 2014 年度纪检监察创新和特色工作	市纪委
纪　委	益阳市 2014 年度纪检监察信息工作先进单位	市纪委

续上表

获奖单位	奖励（命名）名称	授奖（命名）单位
宣传部	“欢乐潇湘 花鼓益阳”市第五届健身舞电视大赛最佳组织奖	市委宣传部
统战部	全市统战宣传工作先进单位	市统战部
政法委	维稳工作先进单位	市维稳工作领导小组
610办	2014年全市防范处理邪教工作先进单位	益阳市委防范处理邪教工作领导小组
保密局	全市保密工作先进单位	市保密局
法　院	全市法院先进单位	市法院
法　院	益阳市三八红旗集体	市妇联
公安局	2014年公安机关重点工作评估先进单位	市公安局
公安局	2014年度县级公安机关党风廉政建设优秀单位	市公安局
公安局	全市禁毒工作先进单位	市禁毒委
公安局	人口与计划生育综合治理工作先进单位	市公安局
公安局	全市公安政务信息工作先进单位	市公安局
公安局	全市公安首届情报研判大比武团体二等奖	市公安局
公安局	2014年第十四届大众运动会射击比赛军用手枪团体第三名	市公安局
看守所	全市公安监所管理先进集体	市公安局
公安局国保大队	全市国保民警业务技能比武竞赛一等奖	市公安局
公安局“8·12”抢劫案专案组	集体三等功	市公安局
公安局网安大队	全市政法系统优秀基层政法单位	市政法委
公安局政工室	2014年度全市县级公安机关政治思想工作评估优秀单位	市公安局
交警大队桃花江中队	益阳市国庆期间道路交通疏堵保畅工作先进集体	市公安局
公安局人口与出入境管理大队	全市公安人口与出入境管理工作先进集体	市公安局
财政局	2014年度全市乡镇财政管理工作先进单位	市财政局
国土局	全市国土资源目标管理工作优胜单位	市国土资源局
国土局	全市国土资源执法监察工作目标管理优胜单位	市国土资源局
国土局	全市耕地保护责任目标先进单位	市国土资源局
住建局	全市城镇建设先进单位	市住房和城乡建设局
住建局	全市建筑业管理工作先进单位	市住房和城乡建设局
住建局	全市建筑工程安全生产目标管理考核先进单位	市住房和城乡建设局
住建局	2014年度城建档案管理工作先进单位	市城建档案管理处、益阳市城建档案馆

续上表

获奖单位	奖励（命名）名称	授奖（命名）单位
交通局	全市交通运输发展目标考核先进单位	市政府
交通局	全市交通发展目标管理先进单位	市交通局
交通局	交通运输安全目标管理先进单位	市交通局
农业局	市粮食生产优胜单位	市农业局
农业局	市蔬菜生产先进县	市农业局
卫生局	卫生法制与监督工作先进单位	市卫生局
审计局	全市审计质量考核一等奖	市审计局
统计局	统计工作综合考核一等奖	市统计局
统计局	第三次全国经济普查工作准备、登记阶段考核第一名	市第三次全国经济普查工作领导小组办公室
食药局	市食品药品监管专项评估优秀单位	市食品药品监督管理局
食药局	市化妆品不良反应监测工作先进单位	市食品药品监督管理局
食药局	市标准化学校食堂创建活动优秀单位	市食品药品监督管理局
总工会	全市工会工作目标管理考核特等奖	市总工会
总工会	“欢乐潇湘·花鼓益阳”群众文艺会演企业职工专场决赛三等奖	市总工会、市委宣传部
总工会	全市工会第一期职工医疗互助活动先进单位二等奖	市总工会
总工会	2014 年度益阳市职工技能提升工作先进集体	市总工会技协办、市职工技术协会
妇　联	益阳市妇联系统目标管理考核标兵单位	市妇联
残　联	益阳市参加全省第五届残疾人职业技能竞赛组织奖	市残疾人联合会
残　联	益阳市参加全省第八届残疾人艺术会演组织奖	市残疾人联合会
两型区	益阳市两型社会建设考核评估一类单位	市两型办
畜牧水产局	市级精神文明单位	市畜牧水产局
经管局	全市农村经营管理工作先进单位	市经管处
经管局	农村土地流转与确权颁证工作先进单位	市经管处
经管局	农民权益维护和农民负担监督管理工作先进单位	市经管处
经管局	新型农业经营主体建设及为民办实事工作先进单位	市经管处
经管局	农经统计工作先进单位	市经管处
经管局	农经信息综合工作先进单位	市经管处
经管局	农村集体资产与财务管理工作先进单位	市经管处
政务中心	全市政务公开政务服务工作年度考核考评第一名	市政府办
供销社	市供销社综合业绩考核特等奖	市供销社

续上表

获奖单位	奖励（命名）名称	授奖（命名）单位
供销社	市供销社调研工作先进单位	市供销社
供销社办公室	市供销社办公室工作先进单位	市供销社
桃江县道关山竹笋专业合作社	市供销社农民合作社示范社	市供销社
大栗港镇胜文综合服务社	市综合服务社星级社	市供销社
桃江公众信息网	市优秀政府网站	市政府办公室
人民医院	益阳市 2014 年院前急救技能竞赛团体二等奖	市卫生局、市总工会
人民医院	办事公开示范点	市政府
肿瘤医院工会女职工委员会	益阳市“共创美丽 共促和谐”女职工工作画册展示赛优胜奖	市总工会女职工委员会
中医院	红十字工作先进集体	市政府
中医院	“欢乐潇湘 花鼓益阳”益阳市第五届健身舞电视大赛亚军	市总工会
卫生监督所	卫生法制与监督工作先进单位	市卫生局
卫生监督所	市卫生监督新闻宣传先进单位	市卫生监督所
疾控中心	疾病预防控制工作先进单位	市卫生局
疾控中心	免疫规划与生物制品管理工作一等奖	市疾控中心
妇幼保健院	2014 年新生儿疾病筛查与产前筛查工作质量控制奖	市卫生局
妇幼保健院	妇幼卫生目标任务完成情况全市第一	市卫生局
妇幼保健院	5 岁以下儿童死亡控制率全市第一	市卫生局
国税局	模范职工小家	市总工会
国税局	益阳市工人先锋号	市总工会
地税局	工作综合绩效考核先进单位	市地方税务局
地税局	争创优秀领导班子先进单位	市地方税务局
地税局办税服务中心	市芙蓉标兵岗	市总工会
地税局稽查局	市模范职工小家	市总工会
人寿保险桃江支公司	2014 年度全市系统先进单位	中国人寿保险股份有限公司益阳分公司、益阳分公司工会
工商银行桃江支行	益阳分行旺季会战最大进步奖	工商银行益阳市分行
工商银行桃江支行	益阳分行青年营销演示三等奖	工商银行益阳市分行
农业发展银行桃江支行	2014 年度先进单位	中国农业发展银行益阳市分行
大栗港镇	2014 年度益阳市粮食生产先进乡镇	市政府
大栗港镇	益阳市级人口和计划生育工作先进单位	市政府
鲊埠回族乡	市精神文明建设先进单位	市委、市政府

续上表

获奖单位	奖励（命名）名称	授奖（命名）单位
鲊埠回族乡	2014年度益阳市社会管理综合治理先进单位	市委、市政府
鲊埠回族乡	市级“平安乡镇”先进单位	市政府
武潭镇	2014年度益阳市人口与计划生育工作先进乡镇	市委、市政府
鸬鹚渡镇长江村	市人口与计划生育基层群众自治示范村	市计生协会
石牛江镇	益阳市计划生育模范乡镇	市委、市政府
牛田镇	2014年度益阳市人口与计划生育工作先进乡镇	市委、市政府

表6　益阳市（条线）先进个人

获奖个人	所属单位	获 奖 名 称	授 奖 单 位
蔡红宇	人武部	先进机关干部	益阳军分区
刘新颖	人武部	嘉奖	益阳军分区
胡凤斌	纪　委	益阳市2014年度纪检监察信息工作先进个人	市纪委
邓喜平、胡艳桃	统战部	全市优秀宣传工作者	市统战部
谢　胜	政法委	全市维护稳定工作先进个人	市维护稳定工作领导小组
李雪瓶	政府办	2014年度全市政府系统政务信息工作先进个人	市政府办
薛小燕	科技局	2014年度益阳市科技工作优秀管理干部	市科技局
熊跃庆	公安局	益阳市公安机关第五届“我最喜爱的十佳公安民警”	市公安局
李光明、薛　军	公安局	益阳市消防工作先进个人	市公安局
汤智勇、鲁万能、刘西棵、廖　敏、张　亚、胡天锡、周云杰、王　凯、李民航、刘魏辉、李泽华、尹向文、陈　健、黄留洋、张　坚、贾家声、周翠萍、肖云荣、文武荣	公安局	三等功	市公安局
刘　艳	公安局	2014年度全市公安机关优秀政工干部	市公安局
唐放仁、郭智群	公安局	全市公安监所管理工作先进个人	市公安局
刘　宏	公安局	全市公安机关绩效评估组织工作先进个人	市公安局
刘永良	公安局	全市公安机关规范化建设成就突出个人	市公安局
李聪荣	公安局	国庆期间道路交通疏堵保畅个人三等功	市公安局
王新民	公安局	国庆期间道路交通疏堵保畅工作先进个人	市公安局
汪　澎	公安局	2014年度全市维护稳定工作先进个人	益阳市维护稳定工作领导小组

续上表

获奖个人	所属单位	获 奖 名 称	授 奖 单 位
刘超凡	三堂街国土资源所	全市国土资源系统最美基层管理者	市国土资源局
陈志忠	住建局	全市城镇建设先进个人	市住房和城乡建设局
胡莉萍	住建局	全市城建档案管理先进个人	市城建档案馆
高述华	农业局	全市蔬菜生产工作先进个人	市农业局
黄江龙	农业局	市优秀检测员	市农业局
丁朝晖	农业局	市植保工作先进个人	市农业局
杨红玲、刘一孚、吴　健	审计局	最美基层审计干部	市审计局
高白秋、贺素平、戴军辉、吴　科、夏海燕、胡伟胜、莫国娇、熊照宇、曾　华	统计局	益阳市第三次全国经济普查先进个人	益阳市第三次全国经济普查领导小组
文庆勋	供销社	益阳市社务信息工作先进个人	市供销社
龚德苏	桃江一中	市政府第一届政府教育奖	市政府
刘　丹、杨　毅、曹　军	人民医院	市 2014 年院前急救技能竞赛二等奖	市总工会、市卫生局
吴艳云	人民医院	市纪念“5·12”国际护士节征文三等奖	市卫生局
许　兰、谢艳芝	人民医院	市纪念“5·12”国际护士节征文优胜奖	市卫生局
王　霞	中医院	市纪念“5·12”国际护士节征文优胜奖	市卫生局
贺小玲	三堂街中心卫生院	市纪念“5·12”国际护士节征文优胜奖	市卫生局
熊江波	武潭中心卫生院	市纪念“5·12”国际护士节征文优胜奖	市卫生局
文令令	松木塘中心卫生院	市纪念“5·12”国际护士节征文优胜奖	市卫生局
杨　毅、周劲萍、王尚武、丁爱华、肖劲松	人民医院	市第一届自然科学优秀学术成果优胜奖	市政府
薛卫兵	中医院	优秀工会积极分子	市总工会
廖艳萍	中医院	市芙蓉百岗明星	市总工会
周正花	中医院	纪念“5·12”国际护士节征文活动纪念奖	市卫生局
肖国桢	卫生监督所	优秀案卷一等奖	市卫生局
马俊纯	卫生监督所	优秀案卷二等奖	市卫生局
文富强、刘志华、李　娜	疾病预防控制中心	免疫规划与生物制品管理工作先进个人	市疾控中心
陈长虹	妇幼保健院	2014 年度新生儿疾病筛查与产前筛查工作先进个人	市卫生局
昌艳桃	鸬鹚渡镇卫生院	益阳市巾帼文明岗	市妇联

续上表

获奖个人	所属单位	获 奖 名 称	授 奖 单 位
石建清、蔡正光、刘　亮、戴志华、李　智、吴志勇	地税局	三等功	市地税局
吴叶辉	中国人寿桃江支公司	全市系统 2014 年度先进个人	中国人寿益阳分公司、益阳分公司工会
尹　磊	水文局	市水文勘测工技能竞赛第一名、益阳市五一劳动奖章	市水文局、市总工会
田义纯	国家统计局桃江调查队	市第三次全国经济普查先进个人	国家统计局益阳调查队

统计资料

行政区划

	乡镇区划代码	行政村（个）	社区（个）	所辖村（社区）
全县合计		284	25	
全县合计		284	25	
修山镇	101	11	2	连盆嘴村、麻竹垸村、洪山村、舒塘村、修山村、八都村、三官桥村、九都村、花桥港村、康家冲村、月明山村、修山社区、邹家湾社区
鸬鹚渡镇	103	16	1	花桥村、大江村、板溪村、玉溪村、梅山村、千功坝村、学堂湾村、清塘村、长江村、鸬鹚渡村、百亩村、大塘村、龙塘湾村、石龙塘村、风景寺村、蒋家冲村、沙河社区
石牛江镇	107	15	1	九家塅村、贺家塘村、石牛江村、车冲村、上七里村、增塘村、安陵坪村、小坡头村、牛剑桥村、花田冲村、化字炉村、长冲村、黄泥田村、田庄湾村、苏团村、游伏沙社区
牛田镇	108	15	1	金光山村、杉树仑村、桃仁村、临市街村、牛田村、小坞村、清塘村、株树山村、金凤山村、肖家冲村、鞍山村、观庄村、峡山口村、三塘湾村、古杉村、双江口社区
松木塘镇	109	16	2	关山口村、下干砂村、温塘村、龙塘村、三节塘村、樟溪村、竹山村、苍霞塅村、桥头河村、响涛园村、南河冲村、子良岩村、猴家山村、松木塘村、天子山村、龙山湾村、川门湾社区、桃花湖社区

续上表

	乡镇区划代码	行政村（个）	社区（个）	所辖村（社区）
桃花江镇	112	29	9	文家渡村、花园洞村、打石湾村、崆峒村、桃谷山村、近桃村、杨家坳村、花桥村、金柳桥村、梨树桥村、栗树嘴村、罗家潭村、半稼洲村、牛潭河村、划船港村、横木村村、道关山村、鹅公桥村、青山村、川门湾村、人和桥村、拱头山村、半边山村、花果山村、株木潭村、石高桥村、大华村、拱桥村、创业村、团山社区、凤凰山社区、金凤社区、桃花路社区、资江路社区、桃花江社区、芙蓉社区、富民社区、牛潭河社区
灰山港镇	113	35	3	杨家湾村、灰山港村、向阳花村、天子坡村、司马冲村、和安冲村、曾家湾村、陈家湾村、万功塘村、连河冲村、汪家冲村、雪峰山村、小冲村、金沙洲村、周家潭村、澄泉湾村、麻园坳村、大冲村、源嘉桥村、刘家湾村、檀树界村、软桥村、肖家塅村、企石村、栗子山村、克上冲村、绿稼湾村、铁矿坳村、毛栗坪村、河溪水村、金沙坪村、大桥塘村、滩口上村、杜家湾村、甘泉山村、紫荆花社区、跑马坡社区、河源社区
武潭镇	114	28	1	勤耙田村、八家村村、伏祖湾村、杨家坪村、龙拱滩村、汤家塅村、泥潭村、善溪村、梅林村、高峰村、石桥村、新铺子村、崇山坪村、罗家坪村、牛溪村、熊家村、清凉村、基固庙村、延津桥村、缺塘坳村、杉树村、武潭村、天湾村、景致村、莲花坪村、寨子村、莲花城村、碧螺村、武潭社区
马迹塘镇	115	27	1	丰溪村、马迹塘村、大塘坪村、三里村、九岗山村、新塘村、九岗塅村、龙溪村、张家坊村、易家坊村、京华村、百乐村、丫峰村、泗里河村、鹿马仑村、罗家洲村、南山洞村、石门村、范家园村、鸬鹚湾村、塅石村、金塘村、百合村、浔渔溪村、双江口村、谈家园村、月形湾村、天府庙社区
三堂街镇	116	18	1	接龙桥村、湖莲坪村、郭家洲村、荆竹界村、晚谷回民村、合水桥村、龙家塅村、大屋山村、三堂街村、花桥坪回族村、龙牙坪村、胡家坳村、九峰村、沿潭口村、赤塘村、王母村、天子仑村、乌旗山村、三堂街社区
大栗港镇	117	23	1	青山村、黄栗湫村、游家村村、牛蹄村、兴坪村、红岩嘴村、金盆村、筑金坝村、刘家村村、黄道仑村、五羊坪村、童子山村、朱家村村、德茂园村、大栗港村、栗山河村、碑矶村、卢家村、松木桥村、田家坪村、牌形上村、先锋桥村、张家村村、杨家嘴社区
沾溪镇	118	10	1	沾溪村、九螺坊村、伍家洲村、洋泉湾村、长田坊村、泉水井村、双塘村、卫红村、白沙洲村、杉木村、荷叶山社区

续上表

	乡镇区划代码	行政村（个）	社区（个）	所辖村（社区）
高桥乡	203	12		横马塘村、石头坪村、石井头村、赵家山村、松柏村、龙潭桥村、罗溪村、高桥村、荷叶塘村、小山湾村、千秋村、大林村
鲊埠回族乡	208	9	1	车门塅村、花园台村、军功嘴村、大水田村、江家坝村、南京湾村、颜溪村、陶公庙村、筑基仑村、鲊埠社区
浮邱山乡	212	20		近仑村、毛家桥村、枳木山村、人形山村、回龙湾村、新桥村、沙田湾村、齐心村、西峰寺村、浮邱山村、大水洞村、炭山桥村、洪桥头村、禁牌村、黄鹤桥村、田家冲村、黄南冲村、白家河村、担水坝村、金盘村

注：鸬鹚渡镇包括板溪林场蒋家冲村。

分乡镇年末户籍总人口数（一）

单位：户、人

乡　镇	总户数		总人口数	
	2014 年	2013 年	2014 年	2013 年
合　计	279542	275150	898552	887883
桃花江镇	59483	58654	152200	151082
浮邱山乡	18779	18146	58862	58147
高桥乡	9487	9301	33037	32562
修山镇	10524	10391	37214	36785
沾溪镇	10017	9870	30018	29699
三堂街镇	18934	18332	66471	65497
大栗港镇	18599	18216	70653	69530
鸬鹚渡镇	11866	11600	40858	40288
武潭镇	21714	21534	79927	78788
鲊埠回族乡	6051	6027	22297	21954
马迹塘镇	18870	18659	68693	67817
石牛江镇	12577	12541	38230	37834
牛田镇	12296	12231	37768	37334
松木塘镇	10201	10207	37506	37248
灰山港镇	40144	39441	124818	123318

分乡镇年末户籍总人口数（二）

单位：人

乡 镇	男性		女性	
	2014 年	2013 年	2014 年	2013 年
合 计	465489	460268	433063	427615
桃花江镇	78062	77513	74138	73569
浮邱山乡	30660	30308	28202	27839
高桥乡	17307	17065	15730	15497
修山镇	19543	19337	17671	17448
沾溪镇	15432	15284	14586	14415
三堂街镇	34348	33923	32123	31574
大栗港镇	36723	36099	33930	33431
鸬鹚渡镇	21248	20996	19610	19292
武潭镇	41196	40597	38731	38191
鲊埠回族乡	11516	11379	10781	10575
马迹塘镇	35845	35473	32848	32344
石牛江镇	19713	19486	18517	18348
牛田镇	19547	19314	18221	18020
松木塘镇	19763	19629	17743	17619
灰山港镇	64586	63865	60232	59453

分乡镇年末户籍总人口数（三）

单位：人

乡 镇	农业人口		非农业人口	
	2014 年	2013 年	2014 年	2013 年
合 计	787306	776457	111246	111426
桃花江镇	86784	85784	65416	65298
浮邱山乡	57233	56520	1629	1627
高桥乡	32337	31876	700	686
修山镇	34885	34412	2329	2373
沾溪镇	29426	29120	592	579
三堂街镇	63033	62038	3438	3459

续上表

乡镇	农业人口		非农业人口	
	2014年	2013年	2014年	2013年
大栗港镇	68463	67321	2190	2209
鸬鹚渡镇	39341	38741	1517	1547
武潭镇	76341	75194	3586	3594
鲊埠回族乡	20332	19939	1965	2015
马迹塘镇	63251	62266	5442	5551
石牛江镇	36782	36383	1448	1451
牛田镇	36445	36006	1323	1328
松木塘镇	33791	33489	3715	3759
灰山港镇	108862	107368	15956	15950

注：从2013年开始，年末户籍总人口为公安户籍人口。

分乡镇主要社会经济指标

	桃花江镇	修山镇	三堂街镇	鸬鹚渡镇	大栗港镇	武潭镇	马迹塘镇	石牛江镇	牛田镇	松木塘镇	灰山港镇	浮邱山乡	高桥乡	沾溪镇	鲊埠回族乡	合计
乡村人口（人）	137632	28715	53105	32569	58576	67356	57794	30533	31556	29306	117901	46631	25842	23733	18658	759907
年末乡村从业人员数（人）	74784	15603	28855	17697	31828	36599	31403	16591	17146	15924	64063	25338	14042	12896	10138	412906
村数（个）	29	11	18	16	23	28	27	15	15	16	35	20	12	10	9	284
土地面积（平方公里）	181	94	145	124	171	228	222	64	70	214	232	122	96	66	39	2068
耕地面积（公顷）	5236	1496	3100	1589	3681	4114	2607	2751	2345	1744	7143	3804	1760	1623	1025	44018

续上表

	桃花江镇	修山镇	三堂街镇	鸬鹚渡镇	大栗港镇	武潭镇	马迹塘镇	石牛江镇	牛田镇	松木塘镇	灰山港镇	浮邱山乡	高桥乡	沾溪镇	鲊埠回族乡	合计
水田面积(公顷)	4429	1410	2864	1602	3590	3303	2089	2489	2161	1137	5470	3491	1670	1486	979	38171
旱土面积(公顷)	556	152	297	300	692	522	378	268	337	583	1048	322	145	96	153	5847
粮食播种面积(公顷)	8026	2278	4329	2880	6202	5071	3930	4402	4227	2709	8720	5588	3292	2292	1488	65434
粮食总产量(吨)	45720	12849	26332	15326	34250	29140	21265	27446	21093	13680	49035	31824	17921	13057	8088	367026
一、水稻(吨)	44052	12124	24182	12874	31407	25281	17275	27341	20564	8687	43798	29576	15765	12208	6778	331913
二、薯类(吨)	1041	369	642	687	967	1345	815	255	351	1781	1491	822	709	325	249	11848
三、豆类(吨)	164	42	84	88	194	165	119	77	86	241	370	119	95	41	31	1916
棉花总产量(吨)	25		88		109			65								288
油料总产量(吨)	3729	1209	5551	1106	2605	3279	2540	1461	1272	1507	2396	2159	2144	1208	1634	33799
茶叶总产量(吨)	1155	252	462	1428	1365	410	483	588	546	200	945	504	1176	252	315	10082

续上表

	桃花江镇	修山镇	三堂街镇	鸬鹚渡镇	大栗港镇	武潭镇	马迹塘镇	石牛江镇	牛田镇	松木塘镇	灰山港镇	浮邱山乡	高桥乡	沾溪镇	鲊埠回族乡	合计
水果总产量(吨)	2985	1440	1203	926	1496	1762	1323	1335	1509	901	1752	2452	1569	1061	837	22551
出栏肉猪(头)	155350	24133	26222	46177	69265	86085	106979	39908	36774	43042	131112	79712	59758	29357	35625	969500
农村经济总收入(万元)	736886	91643	130162	52968	46177	81260	53360	58607	59707	16040	338300	74354	31085	33773	11865	1816187
农村经济总费用(万元)	628284	64166	93490	31100	13593	43569	39454	40589	32688	4147	242980	41998	8025	17940	3100	1305123
农民所得总额(万元)	99753	31517	51732	38068	59275	67545	49293	30551	34999	22208	116251	60461	27746	26164	13151	728714
农民人均所得(元)	11548	8933	8000	9530	8129	9117	8022	8306	9855	6405	10598	10321	8598	8852	5886	
农林牧渔业总产值当年价(万元)	73282	24949	44870	39274	35082	28743	81515	39929	28836	27036	22602	29442	19054	40084	23658	558355
通电村数(个)	29	11	18	16	23	28	27	15	15	16	35	20	12	10	9	284

续上表

	桃花江镇	修山镇	三堂街镇	鸬鹚渡镇	大栗港镇	武潭镇	马迹塘镇	石牛江镇	牛田镇	松木塘镇	灰山港镇	浮邱山乡	高桥乡	沾溪镇	鲊埠回族乡	合　计
通电话村数(个)	29	11	18	16	23	28	27	15	15	16	35	20	12	10	9	284
通公路村数(个)	29	11	18	16	23	28	27	15	15	16	35	20	12	10	9	284

全面建成小康社会

	单位	目标值(2020年)	权重	2014年			2013年		
				数值	实现程度(%)	分值	数值	实现程度(%)	分值
一、经济发展	–	–	45		69.1	29.7		58.8	26.5
1. 人均地区生产总值(按2010年不变价)	元	≥ 45000	5	20941	46.5		14438	42.5	2.1
2. 人均财政总收入	元	≥ 3300	7	1188	36	2.5	1113	33.7	2.4
3. 税收占财政总收入的比重	%	≥ 80	8	81.9	100	8	84.2	100	8
4. 经济结构指数			10		81	9.7			
第三产业增加值占GDP比重	%	≥ 90		81.4	90.5		81.1	90.1	5.4
高新技术产业增加值占GDP比重	%	≥ 20		13.4	66.9		3.6	18	0.7
5. 城镇化率	%	≥ 60	4	40.1	66.8	2.7	37.8	63	2.5
6. 园区规模工业增加值占规模工业增加值比重	%	≥ 70	4	29.1	41.5	1.7	18.7	26.8	1.1
7. 金融机构各项贷款增长率	%	≥ 100	4	28.6	28.6	1.1	34.3	34.3	1.4
8. 规模以上企业农产品加工产值与农业产值比	%	≥ 250	3	270.1	100	4	242.2	96.9	2.9
二、人民生活	–	–	19		77	16.2		70.7	13.4
9. 居民收入水平			7		65.2	5.2			
城镇居民人均可支配收入	元	≥ 35000		21082	60.2			58.1	2
农村居民人均纯收入	元	≥ 16000		10976	68.6			59.1	2.1
10. 人均住房使用面积	平方米	≥ 30	2	62.6	100	2	51.1	100	2
11. 人均储蓄存款	元	≥ 28000	3	15581.1	55.6	2.2	13132	46.9	1.4

续上表

	单位	目标值（2020年）	权重	2014年			2013年		
				数值	实现程度（%）	分值	数值	实现程度（%）	分值
12. 居民文教娱乐服务消费支出占消费总支出比重	%	≥ 16	3	15.5	96.8	2.9	13.5	84.1	2.5
13. 农村居民安全饮水比率	%	100	2	90.7	90.7	1.8	69.9	69.9	1.4
14. 行政村客运班线通达率	%	≥ 95	2	97.1	100	2	95.5	100	2
三、社会发展	–	–	15		94.2	14.1		76.6	11.5
15. 社会保障发展水平			4		100	4			
基本医疗保险覆盖率	%	≥ 90		100	100		104.9	100	2
基本养老服务补贴覆盖率	%	≥ 50		55	100		10.1	20.2	0.4
16. 教育发展水平			4		91.3	3.7			
高中阶段毛入学率	%	≥ 90		84.2	93.5		91.1	100	2
平均受教育年限	年	≥ 10.5		9.4	89.1		9.26	88.2	1.8
17. 医疗卫生水平			4		100	4			
每千人拥有床位数	张	≥ 4		4.4	100		3.27	81.7	1.6
4岁以下儿童死亡率	‰	≤ 12		4.5	100		4.92	100	2
18. 文化发展水平			3		82.6	2.5			
人均拥有公共文化体育设施面积	平方米	≥ 2		1.7			1.13	56.3	1.7
四、民主法治	–	–	11		91.6	10.1		88.7	9.8
19. 城乡居民依法自治			4		100	4			
城镇居委会依法自治达标率	%	≥ 90		96	100		80	88.9	1.8
农村村委会依法自治达标率	%	≥ 90		96.5	100		83.1	92.3	1.8
20. 社会安全指数	%	100	7	86.8	86.8	6.1	87.7	87.7	6.1
刑事犯罪率				8.3846	60.4				
交通事故死亡率				0.1268	100				
火灾事故死亡率				0	100				
亿元GDP生产安全事故死亡率				0.0479	83.6				
群体性食品安全事故年报告发生数				0	100				
五、生态文明	–	–	10		93.4	9.3		86.5	8.7
21. 单位GDP能耗	吨标煤/万元	≤ 0.62	4	0.736	84.3	3.4	1.06	75.3	3

续上表

	单位	目标值（2020 年）	权重	2014 年			2013 年		
				数值	实现程度（%）	分值	数值	实现程度（%）	分值
22. 环境质量指数			5		99.3	5			
城镇污水处理率	%	≥ 70		67.7	96.7		56	80	0.8
空气质量达标率	%	≥ 95		98.6	100		98.5	100	1.5
地表水质达标率	%	100		100	100		100	100	1
农村垃圾集中处理率	%	≥ 95		95.1	100		84.9	89.4	1.3
23. 绿化水平			1		100	1			
森林资源蓄积量增长率	%	≥ 3		3.1	100		3.5	100	0.5
城镇建成区绿化覆盖率	%	≥ 26		27.5	100		27.5	100	0.5
全面建成小康社会总实现程度	–	–	100			79.4		69.8	69.8

注：1. 2013 年人均地区生产总值、单位 GDP 能耗按 2000 年不变价计算；2. 2014 年金融机构各项贷款增长率以 2012 年为基期计算。

桃江县改革开放以来主要经济指标一览表

指标名称	单位	1978	1979	1980	1981	1982	1983	1984	1985	1986	1987
1. 年末总人口　总额	万人	68.0191	68.5829	69.1456	70.09	71.35	71.96	72.29	73.01	73.9941	74.9653
速度	%	0.54	0.83	0.82	1.37	1.8	0.85	0.46	1	1.35	1.31
其中：农业人口 总额	万人	63.8821	64.1477	64.589	65.4	66.65	67.23	66.85	67.16	67.9431	68.6631
速度	%	0.11	0.42	0.69	1.26	1.91	0.87	–0.57	0.46	1.17	1.06
非农业人口　总额	万人	4.137	4.4352	4.5566	4.69	4.7	4.73	5.44	5.85	6.051	6.3022
速度	%	7.57	7.21	2.74	2.93	0.21	0.64	15.01	7.54	3.44	4.15
2. 生产总值　总额	万元	15929	16663	20165	21837	25104	27672	31904	42282	51578	58181
速度	%		4.61	7.05	6.38	14.2	13.58	10.99	8.11	16.67	7.59
其中：第一产业 总额	万元	8733	8419	10723	12577	14413	15558	17306	23508	29770	31932
速度	%		–3.6	5.2	7.95	14.22	12.42	0.26	12.51	20.28	4.79
第二产业　总额	万元	3845	4768	5094	4579	5629	6578	7981	10483	12501	15542
速度	%		24	10.19	–3.8	20.17	20.12	27.53	6.36	17	10.95
第三产业　总额	万元	3351	3476	4348	4681	5062	5536	6617	8291	9307	10707
速度	%		9.75	8.35	14.37	8.15	9.31	19.57	0.45	7.11	10.46
人均生产总值　总额	元	234	244	293	314	355	386	442	582	702	781

续上表

指标名称	单位	1978	1979	1980	1981	1982	1983	1984	1985	1986	1987
速度	%		4.27	6.17	5.23	12.42	12.1	10.27	7.33	15.32	6.18
3. 农林牧渔业总产值 总额	万元	13200	13352	14046	17738	19496	22698	25178	33407	37985	41377
速度	%	5.71	1.15	5.2	3.98	9.91	9.4	5.98	10.08	7.35	1.41
4. 工业总产值　总额	万元	7741	8462	9324	11068	11592	12384	15591	20004	25009	30643
速度	%	18.75	9.31	10.19	2.13	4.73	6.83	25.9	28.3	13.29	6.48
5. 粮食总产量　总额	吨	276480	276045	275895	307290	340625	377250	379880	392465	401515	370307
速度	%	26.83	-0.16	-0.05	11.38	10.85	10.75	0.7	3.31	2.31	-7.77
6. 出栏生猪总额	万头	20.45	20.13	23.6	22.84	23.36	25.56	29.51	40.6	41.94	42.85
速度	%	6.57	-1.56	17.24	-3.22	2.28	9.42	15.45	37.58	3.3	2.17
7. 社会商品零售总额 总额	万元	7782	8473	10640	11850	12884	14065	16348	18691	21014	24539
速度	%	13.19	8.88	25.58	11.37	8.73	9.17	16.23	14.33	12.43	16.77
社会消费品零售总额 总额	万元				8819	9530	11147	12912	14448	16516	20005
速度	%					8.06	16.97	15.83	11.9	14.31	21.12
8. 固定资产投资 总额	万元	813	766	1896	2286	1842	1688	1765	4276	5384	8026
速度	%	-23.01	-5.78	147.52	20.57	-19.42	-8.36	4.56	142.27	14.58	49.01
9. 农村居民人均可支配收入　总额	元	74.7	75.6	85.7	242	259	290	324	430	471	512
速度	%	35.82	1.2	13.36	182.38	7.02	11.97	11.72	32.72	9.53	8.7
农民生活消费支出 总额	元				223	239	261	285	391	421	492
速度	%					7.17	9.21	9.2	37.19	7.67	16.86
10. 城镇非私营单位在岗职工年平均工资	元/人	550	591	715	669	723	753	973	960	1178	1245
速度	%	8.91	7.45	20.98	-6.43	8.07	4.15	29.22	-1.34	22.71	5.69
11. 公共财政总收入 总额	万元	1259	1360	1476	1657	1744	1820	1966	2383	2847	3246
速度	%	20.94	8.02	8.53	12.26	5.25	4.36	8.02	21.21	19.47	14.01
公共财政支出　总额	万元	2105	2345	1553	1356	1443	1589	1709	2333	2909	3227
速度	%	112.2	11.4	-33.77	-12.69	6.42	10.12	7.55	36.51	24.69	10.93
12. 金融机构存款余额 总额	万元	1547	1841	2380						7858	9840
速度	%	18.27	19	29.28							25.22

续上表

指标名称	单位	1978	1979	1980	1981	1982	1983	1984	1985	1986	1987
金融机构贷款余额总额	万元									16189	22034
速度	%										36.1
城乡居民储蓄余额总额	万元	243	360	418					4100	6053	7856
速度	%	14.08	48.15	16.11						47.63	29.79

指标名称	单位	1988	1989	1990	1991	1992	1993	1994	1995	1996	1997
1. 年末总人口　总额	万人	76.4527	77.79	78.89	79.25	79.61	79.97	80.33	80.7	81.21	81.54
速度	%	1.98	1.75	1.41	0.46	0.45	0.45	0.45	0.46	0.63	0.41
其中：农业人口总额	万人	69.9227	71	71.9569	72.1914	72.326	72.4238	72.5063	72.51	72.64	72.6
速度	%	1.83	1.54	1.35	0.33	0.19	0.14	0.11	0.01	0.18	–0.06
非农业人口　总额	万人	6.53	6.79	6.9331	7.0586	7.284	7.5462	7.8237	8.19	8.57	8.94
速度	%	3.61	3.98	2.11	1.81	3.19	3.6	3.68	4.68	4.64	4.32
城镇人口　总额	万人			6.7	6.98	7.26	7.54	7.83	8.12	8.51	8.95
速度	%				4.18	4.01	3.86	3.85	3.7	4.8	5.17
乡村人口　总额	万人			72.19	72.27	72.35	72.43	72.5	72.58	72.7	72.59
速度	%				0.11	0.11	0.11	0.1	0.11	0.17	–0.15
城镇化率	%			8.49	8.81	9.12	9.43	9.75	10.06	10.48	10.98
2. 生产总值　总额	万元	72540	71569	73719	75194	84813	108465	136668	156864	179360	190653
速度	%	0.83	–4.93	2	2.5	5.9	10	9	4.8	3.8	7
其中：第一产业　总额	万元	40199	40550	43272	43522	47087	55848	68003	73300	82522	89456
速度	%	–3.79	–3.57	2	0.4	2	4	5.4	1	–0.1	6.3
第二产业　总额	万元	17872	16866	16061	17480	20501	26595	35107	42165	44906	43150
速度	%	1.35	–4.55	7	7.8	9.8	10.8	11.7	12.6	10.5	6.7
第三产业　总额	万元	14469	14153	14386	14192	17225	26022	33558	41399	51932	58047
速度	%	12.46	–8.61	2	2.9	12.3	23.6	13.8	6.6	4.2	8.5
人均生产总值　总额	元	958	928	941	949	1064	1358	1704	1948	2216	2343
速度	%	–0.81	–6.67	0.41	1.31	5.33	9.72	8.56	4.37	3.28	6.45
3. 农林牧渔业总产值总额	万元	53624	53650	59012	60865	60972	84837	104843	121141	122882	137991
速度	%	1.55	–1.26	1.3	0.85	–4.48	5.1	5.93	–1.77	–7.13	15.66
4. 工业总产值　总额	万元	40431	41288	38475	50795	63100	79100	116400	134000	144500	149700
速度	%	25.81	–2.68	4.55	16.29	21.28	6.03	19.2	14.56	10	7.2

续上表

指标名称	单位	1988	1989	1990	1991	1992	1993	1994	1995	1996	1997
其中：规模工业　总额	万元					28400	35600	52400	56400	54900	49400
速度	%						5.3	18.55	7.16	1.98	0.24
工业增加值　总额	万元			13681	15066	16377	19884	29273	33824	35882	36898
速度	%			7	8	10	11	12	13	11	7
5. 粮食总产量　总额	吨	371169	382695	400021	389005	378176	354188	367607	333039	346247	379214
速度	%	0.23	3.11	4.53	−2.75	−2.78	−6.34	3.79	−9.4	3.97	9.52
6. 出栏生猪总额	万头	42.95	43	42.53	40.02	44.3	50.84	52.04	59.02	32.97	42.3
速度	%	0.23	0.12	−1.09	−5.9	10.69	14.76	2.36	13.41	−44.14	28.3
7. 社会商品零售总额　总额	万元	31179	28900	30154	33674						
速度	%	27.06	−7.31	4.34	11.67						
社会消费品零售总额　总额	万元	26571	24361	25827	28012	31059	37409	50246	60300	72147	78100
速度	%	32.82	−8.32	6.02	8.46	10.88	20.44	34.32	20.01	19.65	8.25
8. 固定资产投资　总额	万元	11154	7404	6363	7721	15008	27269	21934	37035	38035	38481
速度	%	38.97	−33.62	−14.06	21.34	94.38	81.7	80.44	68.85	2.7	1.17
9. 农村居民人均可支配收入　总额	元	569	605	729	758	849	933	1223	1527	1838	2069
速度	%	11.13	6.33	20.5	3.98	12.01	9.89	31.08	24.86	20.37	12.57
农民生活消费支出　总额	元	556	601	710	732	866	1003	1136	1608	1957	2479
速度	%	13.01	8.09	18.14	3.1	18.31	15.82	13.26	41.55	21.7	26.67
10. 城镇非私营单位在岗职工年平均工资	元/人	1575	1629	1766	1825	2112	2709	3627	4282	4453	4280
速度	%	26.51	3.43	8.41	3.34	15.73	28.27	33.89	18.06	3.99	−3.89
11. 公共财政总收入　总额	万元	3545	4071	3901	3995	4383	5615	8355	10270	10185	11005
速度	%	9.21	14.84	−4.18	2.41	9.71	28.11	48.8	22.92	−0.83	8.05
地方财政收入　总额	万元							5206	6710	7432	7652
速度	%								28.89	10.76	2.96
公共财政支出　总额	万元	3872	3878	4345	4416	4921	5795	7744	9895	11561	11119
速度	%	19.99	0.15	12.04	1.63	11.44	17.76	33.63	27.78	16.84	−3.82
12. 金融机构存款余额　总额	万元	10014	12659	20891	27368	32508	43413	57838	73220	85634	101797
速度	%	1.77	26.41	65.03	31	18.78	33.55	33.23	26.59	16.95	18.87

续上表

指标名称	单位	1988	1989	1990	1991	1992	1993	1994	1995	1996	1997
金融机构贷款余额总额	万元	24732	31499	33901	42054	50474	61675	77275	90508	100824	114189
速度	%	12.44	27.36	7.63	24.05	20.02	22.19	25.29	17.12	11.4	13.26
城乡居民储蓄余额总额	万元	8322	11238	15154	20634	25319	35689	48713	61541	72030	89209
速度	%	5.93	35.04	34.85	36.16	22.71	40.96	36.49	26.33	17.04	23.85

指标名称	单位	1998	1999	2000	2001	2002	2003	2004	2005	2006	2007
1. 年末总人口　总额	万人	81.65	81.94	81.7	82.25	82.8	83.35	83.91	84.47	85.04	85.61
速度	%	0.13	0.36	–0.29	0.67	0.67	0.66	0.67	0.67	0.67	0.67
其中：农业人口　总额	万人	72.4867	72.4002	71.854	72.2679	72.8331	73.3031	74.7083	74.7909	74.9931	75.1848
速度	%	–0.16	–0.12	–0.75	0.58	0.78	0.65	1.92	0.11	0.27	0.26
非农业人口　总额	万人	9.1633	9.5398	9.846	9.9821	9.9669	10.0469	9.2017	9.6791	10.0469	10.4252
速度	%	2.5	4.11	3.21	1.38	–0.15	0.8	–8.41	5.19	3.8	3.77
城镇人口　总额	万人	9.21	9.65	11.77	13.57	15.34	17.11	18.86	20.58	22.29	23.99
速度	%	2.91	4.78	21.97	15.29	13.04	11.54	10.23	9.12	8.31	7.63
乡村人口　总额	万人	72.44	72.29	69.93	68.68	67.46	66.24	65.05	63.89	62.75	61.62
速度	%	–0.21	–0.21	–3.26	–1.79	–1.78	–1.81	–1.8	–1.78	–1.78	–1.8
城镇化率	%	11.28	11.78	14.41	16.5	18.53	20.53	22.48	24.36	26.21	28.02
常住人口　总额	万人				73.92	74.18	74.2	73.43	74.35	74.9	75.1
速度	%					0.35	0.03	–1.04	1.25	0.74	0.27
2. 生产总值　总额	万元	188890	190508	228210	241432	256374	291346	361256	456839	526613	658342
速度	%	3	2	7.9	8.6	8.6	9.6	11	12	12.3	15
其中：第一产业　总额	万元	80877	75000	80300	84783	88681	80924	108478	111399	120153	156970
速度	%	–3.1	–5.8	5.6	10.1	12.7	0.4	8	7	6.6	6.9
第二产业　总额	万元	45628	46819	48451	55448	65537	80287	97588	150295	188555	250133
速度	%	7	5.5	10.1	12.7	14.7	14.2	15.4	17.3	20.5	23.7
第三产业　总额	万元	62385	68689	99459	101201	102156	130135	155190	195145	217905	251239
速度	%	9.2	10	8.7	10.2	9.1	10.6	10.2	11.7	9.3	12.1
人均生产总值　总额	元	2315	2329	2639	2792	3455	3926	4894	6183	7057	8778
速度	%	2.73	1.75	7.88	8.67	8.6	9.6	11.6	11.9	11.2	14.4
3. 农林牧渔业总产值总额	万元	125967	117291	127002	134593	140020	130044	172210	177299	191218	249773

续上表

指标名称	单位	1998	1999	2000	2001	2002	2003	2004	2005	2006	2007
速度	%	−1.36	−3.22	7.97	4.65	3.5	4.06	8.2	7.39	7.1	7.35
4. 工业总产值　总额	万元	157500	164800	168700	186849	214433	250592	302917	344504	450252	659008
速度	%	7.51	5.59	6.77	10.74	13.4	14.4	13.7	14.9	23.6	26.2
其中：规模工业　总额	万元	52000	51100	53600	58665	69324	86042	119192	177304	254952	430899
速度	%	11.14	2.61	16.14	15.6	13.9	16.1	25.6	34.5	38.08	52.9
工业增加值　总额	万元	38895	40537	41712	48082	57277	70406	83940	135038	170939	229965
速度	%	7	6	10	12.7	15	14	15	14.9	21.5	25
其中：规模工业　总额	万元			10718	13055	17639	21803	32868	49086	71804	120656
速度	%			12	12	13	15.1	27.2	34.5	36.1	40.9
5. 粮食总产量　总额	吨	325725	300931	336780	302008	260945	235874	286327	296160	324795	319315
速度	%	−14.11	−7.61	11.91	−10.32	−13.6	−9.61	21.39	3.43	9.67	2.25
6. 出栏生猪总额	万头	43.8	37.9	43.05	48.8	55.5	58.6	66.5	75.5	76.9	72.36
速度	%	3.55	−13.47	13.59	13.36	13.73	5.59	13.48	13.53	1.85	6.7
社会消费品零售总额 总额	万元	83569	88475	95100	102750	112200	125400	140440	192522	219100	254519
速度	%	7	5.87	7.49	8.04	9.2	11.76	12	13.8	13.81	16.17
7. 固定资产投资　总额	万元	38829	39090	46300	60635	65877	75370	90972	127036	130115	196869
速度	%	0.9	0.67	18.44	30.96	8.65	14.41	20.7	39.64	30.3	51.3
8. 城镇居民人均可支配收入　总额	元							6628	7460	8323	9888
速度	%								12.55	11.56	18.8
城镇居民生活消费支出 总额	元								5144	5874	6944
速度	%									14.19	18.22
9. 农村居民人均可支配收入　总额	元	2040	2020	2128	2260	2349	2520	2926	3202	3698	4267
速度	%	−1.4	−0.98	5.35	6.2	3.94	7.28	16.11	9.43	15.49	15.39
农民生活消费支出 总额	元	2076	2111	2207	2400	2693	2549	2936	3399	3769	4379
速度	%	−16.26	1.69	4.55	8.74	12.21	−5.35	15.18	15.77	10.89	16.18
10. 城镇非私营单位在岗职工年平均工资	元 / 人	5796	6652	7158	8337	9177	9660	11320	12448	14202	17803
速度	%	35.42	14.77	7.61	16.47	10.08	5.26	17.18	9.96	14.09	25.36
11. 公共财政总收入 总额	万元	11382	10243	10902	11091	12186	13468	15088	17228	21021	25400

续上表

指标名称	单位	1998	1999	2000	2001	2002	2003	2004	2005	2006	2007
速度	%	3.43	-10.01	6.43	1.73	9.97	10.52	12.03	14.18	22.02	20.83
地方财政收入 总额	万元	8029	7371	8127	8241	8357	9321	10148	10646	12638	14738
速度	%	4.93	-8.2	10.26	1.4	1.41	11.54	8.87	4.91	18.71	16.62
公共财政支出 总额	万元	11732	12545	13822	18272	23663	27412	31915	42328	58739	73761
速度	%	5.51	6.93	10.18	32.2	29.5	15.84	16.43	32.63	38.77	25.57
13. 金融机构存款余额 总额	万元	104593	110575	154953	181748	219303	246835	266720	325651	391689	445124
速度	%	2.75	5.72	40.13	17.3	20.66	12.54	8.06	22.09	20.28	13.64
金融机构贷款余额 总额	万元	122200	123334	111746	113378	119516	129268	146270	144816	158676	184739
速度	%	7.02	0.93	-9.4	1.46	5.41	8.16	13.15	-1	9.57	16.43
城乡居民储蓄余额 总额	万元	94065	97038	132103	158898	190993	218627	231198	275766	325594	373828
速度	%	5.44	3.16	36.14	20.28	20.2	14.47	5.75	19.28	18.07	14.81

指标名称	单位	2008	2009	2010	2011	2012	2013	2014	年均速度 %
1. 年末总人口 总额	万人	86.18	86.76	87.32	87.91	88.48	88.79	89.86	
速度	%	0.67	0.67	0.65	0.68	0.65	0.35	1.21	0.77
其中：农业人口 总额	万人	75.507	75.913	76.3622	76.876	77.389	77.6457	78.7306	
速度	%	0.43	0.54	0.59	0.67	0.67	0.33	1.4	0.57
非农业人口 总额	万人	10.673	10.847	10.9578	11.034	11.0912	11.1426	11.1246	
速度	%	2.38	1.63	1.02	0.7	0.52	0.46	-0.17	2.91
城镇人口 总额	万人	25.66	27.75	28.96	29.94	31.23	29.7	31.69	
速度	%	6.96	8.14	4.36	3.38	4.31	-4.9	6.7	6.69
乡村人口 总额	万人	60.52	59.01	58.36	57.97	57.25	48.9	47.38	
速度	%	-1.79	-2.5	-1.1	-0.67	-1.24	-14.6	-3.1	-1.74
城镇化率	%	29.77	31.98	33.17	34.06	35.3	37.79	40.08	
常住人口 总额	万人	75.38	75.76	76.98	77.47	77.97	78.6	79.07	
速度	%	0.37	0.5	1.61	0.64	0.65	0.81	0.6	0.52
2. 生产总值 总额	万元	809118	893102	1065293	1311938	1516209	1684096	1880764	
速度	%	13.8	13	14.8	13.2	11.7	10.4	11	8.45
其中：第一产业 总额	万元	206931	220626	238647	282086	298502	321335	344458	
速度	%	10.3	7.4	3.5	4.2	4.7	3.1	5.1	4.7
第二产业 总额	万元	314200	365821	472291	609080	728292	805105	881186	

续上表

指标名称	单位	2008	2009	2010	2011	2012	2013	2014	年均速度%
速度	%	16.1	22.8	21.5	17.5	13.8	12.2	11.3	12.61
第三产业　总额	万元	287987	306655	354355	420772	489415	557656	655120	
速度	%	13.5	6.5	13.3	13.6	13.3	12	13.6	9.65
人均生产总值　总额	元	10754	11818	13949	16987	19509	21511	23855	
速度	%	13.4	12.5	14.3	11.9	11	9.6	10.2	7.74
3. 农林牧渔业总产值 总额	万元	332206	327222	354004	426564	469863	513717	558355	
速度	%	10.3	7.4	3.5	4.1	4.7	3.1	5.2	4.22
4. 工业总产值　总额	万元	849155	1002106	1559517	1983483	2291126	2902824	3556456	
速度	%	17.9	21.3	20.2	17	13.9	12.1	11.4	13.24
其中：规模工业　总额	万元	609648	759406	1075625	1556452	1833728	2397824	2995989	
速度	%	41.5	23.79	31.9	31.85	14.9	14.8	14.2	18.93
工业增加值　总额	万元	291400	333321	426304	540987	660144	726830	796597	
速度	%	17.9	21.3	20.2	17	13.9	12.1	11.4	13.25
其中：规模工业 总额	万元	177881	218795	305399	457186	536016	699508	863181	
速度	%	25.4	26.1	25.5	20	15.3	13.3	11.9	21.53
5. 粮食总产量　总额	吨	327122	365911	349000	358500	364409	357376	367026	
速度	%	2.44	11.86	1.61	2.72	1.7	-1.9	2.7	1.7
6. 出栏生猪　总额	万头	83.83	89.02	92	88.34	92.76	93.22	96.95	
速度	%	15.85	6.19	3.35	-3.98	5	0.5	4	4.83
社会消费品零售总额 总额	万元	308783	366612	391634	462517	535592	611111	690026	
速度	%	21.3	18.7	18	18.1	15.8	14.1	12.9	13.82
7. 固定资产投资　总额	万元	306200	490923	629193	641925	874302	1189900	1455750	
速度	%	55.5	66.3	40.3	23.6	36.2	36.1	22.7	25.84
8. 城镇居民人均可支配收入　总额	元	11458	12788	14341	16313	18464	19433	21082	
速度	%	15.9	11.6	12.1	13.7	13.2	9.1	8.5	12.66
城镇居民生活消费支出 总额	元	8028	8952	9917	11197	12732			
速度	%	15.6	11.5	10.8	12.9	13.7			
9. 农村居民人均可支配收入　总额	元	4913	5374	6139	7394	8688	9675	10976	

指标名称	单位	2008	2009	2010	2011	2012	2013	2014	年均速度 %
速度	%	15.2	9.4	14.2	20.4	17.5	8.9	13.4	15.32
农民生活消费支出总额	元	4667	4951	6785	6993	8126			
速度	%	6.6	6.09	9.4	31.6	14			
10. 城镇非私营单位在岗职工年平均工资	元 / 人	20591	23823	27624	28401	35184	37427	43323	
速度	%	15.7	15.6	16	2.81	23.88	6.38	15.75	12.79
11. 公共财政总收入总额	万元	29008	32823	43778	58100	73301	87101	93691	
速度	%	14.2	13.2	22.1	32.7	26.2	18.8	7.57	12.67
地方财政收入　总额	万元	17310	19803	23648	32813	41737	49432	55196	
速度	%	17.5	14.4	25.1	38.8	27.2	18.4	11.66	12.8
公共财政支出　总额	万元	97095	126893	152512	183285	227677	264663	294661	
速度	%	31.6	30.72	20.2	20.18	24.22	16.2	11.33	16.63
12. 金融机构存款余额总额	万元	575133	708768	811343	1010993	1181264	1356483	1596850	
速度	%	29.2	23.2	14.5	24.6	16.84	14.83	17.72	21.01
金融机构贷款余额总额	万元	199121	298916	340731	413966	465681	555832	599006	
速度	%	18.6	50.1	14	21.5	12.49	19.36	7.77	14.16
城乡居民储蓄余额总额	万元	456507	530519	596285	707538	865751	1027342	1227472	
速度	%	22.1	16.2	12.4	18.7	22.36	18.66	19.48	22.05

注明：

1. 农林牧渔业总产值 1977—1980 年为 70 价；1981 年、1982 年为 80 价；1983 年以后为当年价。

2. 工业总产值从 1981 年起包含村及村以下工业产值；1977-1980 年为 70 价，1981-1985 年为 80 价，1986 年以后为当年价。

3. 工业、规模工业总产值及增加值 1990—2004 年因第一次经济普查数据已调整。

4. 全社会固定资产投资 1985 年、2005 年和 2010 年口径有变动。

5. 社会消费品零售总额 2004 年因第一次经济普查数据已调整，2010 年口径有变动。

6. 规模工业增加值速度从 2005 年起按系数打折。

7.2007、2008 年粮食总产量和出栏生猪数为调整数；2010 年粮食总产量为调整数。

8. 人均生产总值 1978-2001 年是按总人口计算的，2002 年以后按常住人口计算的，增长速度因按可比价计算已调整。

9. 生产总值、农林牧渔业总产值、工业增加值 2004-2008 年因第二次农业普查和第二次经济普查数据已调整。

10.2013 年起，农村居民人均可支配收入、公共财政总收入、公共财政支出分别由农民人均纯收入、财政总收入、财政支出统计口径调整；城镇人口、乡村人口按常住人口计算。

附　录

文件选登

中共桃江县委　桃江县人民政府

关于鼓励和支持重点工业企业发展的若干意见（试行）

桃发〔2014〕7号

各乡镇党委、人民政府，县委各部办委，县直机关各单位：

为进一步强化帮扶措施，突出支持促进重点工业企业尽快做大做强，打造行业龙头企业，提升产业发展水平，加快工业强县步伐，根据相关政策法规，特制定本意见。

一、明确重点工业企业的认定标准。对县域内符合国家产业政策和“两型”要求，成长性好，一次性投入在5000万元以上（上年度技改投入1000万元以上）或年净入库税金300万元以上的工业企业或省级工业园区内规模工业企业及全县上年度明确的已竣工投产重点招商引资项目，经县政府常务会议研究认定为重点工业企业。认定工作每年进行一次。

对固定资产投资5000万元以上，投产三年后，年净入库税金在100万元以下的重点工业企业，经县政府常务会议研究，在下一年度退出重点工业企业范畴。

二、支持重点工业企业进行技术改造。对实行技术改造固定资产投资1000万元以上且投产后年新增净入库税金100万元以上的企业，项目竣工投产后三个年度内，对企业按其技改固定资产投资贷款实际利息发生额的30%给予财政贴息。

三、支持重点工业企业开展科技创新。支持企业开展科技创新，推进品牌战略和质量体系建设，提升核心竞争力。获得国家、省级科技进步奖和技术发明奖，按奖项等次分别奖励30万元、15万元、10万元、5万元、2万元、1万元；评定为国家火炬计划重点高新技术企业、高新技术企业，分别奖励30万元、15万元；获得发明专利，每项奖励2万元；成功申报地理标志证明商标、地理标志保护产品、中国驰名商标、中国名牌产品，奖励30万元；成功申报“湖南省著名商标”“湖南名牌产品”，奖励10万元；成功申报国家、省、市级农业产业化龙头企业，分别奖励20万元、10万元、2万元。对牵头申报部门按对应获奖企业奖金的30%另行给予奖励。奖金的60%用于奖励有功人员。

四、支持重点工业企业实行兼并重组。企业为增资扩股做大做强而实施收购、兼并、合资的，在办理有关行政许可、手续和收取规费时实行“一事一议”“特事特办”予以支持。

五、支持重点工业企业上市。对拟上市企业，按益阳市《关于鼓励和扶持企业上市的意见》给予政策扶持，对在境内外上市的企业，企业在上市过程中补缴税金的县级财政所得部分全额奖励给企业。

六、支持重点工业企业引进培养人才。企业引进全职高级职称专业技术人才，在户籍迁移、人事关系转移、子女入学、职称评定、评先评优等方面均享受县内事业单位工作人员同等待遇。县人社局免费为企业职工定向开展职业技能培训服务。县工信局每年分期、分批、分层次、分行业组织企业负责人进行培训、学习、考察。

七、加大对重点工业企业的财政扶持。县财政逐年提高新型工业化引导资金额度，主要用于促进重点工业企业发展。县财源建设资金、科技三项经费用于支持重点工业企业发展的比例原则上不得低于60%。企业产品列入县政府采购名录，在同等条件下根据需要优先实施政府采购。

八、强化重点工业企业要素供给保障。企业新上项目和技改扩建项目优先进园区。优先保障所需新增用地，优先保障煤、电、油、气、运等要素配置。有关部门不能擅自对企业采取停水、停电等措施。加强银企对接，向县域内金融机构提出重点工业企业信贷指导性意见，落实情况作为县金融机构支持地方经济发展考核的主要内容。

九、建立重点工业企业法定代表人激励机制。重点工业企业主要负责人可以列席全县性重要会议，符合基本条件的企业主要负责人优先推荐为县级以上党代表、人大代表、政协委员、劳模、优秀企业家或其他荣誉称号候选人。企业主要负责人子女可无条件自由选择在县内公立学校（含幼儿园）就读。每年组织企业主要负责人进行一次免费健康体检。对年纳税额5000万元以上的民营企业，可以在规划区范围内提供一栋住宅建设用地指标。对连续五年纳税在1000万元以上或连续三年纳税在2000万元以上或连续两年纳税在3000万元以上的民营企业法人代表，可以按相关政策和程序帮助解决其家属或子女的就业困难。对年上缴税金8000万元以上（含8000万元）、4000万元（含4000万元）—8000万元、1000万元（含1000万元）—4000万元、100万元（含100万元）—1000万元且税收比上年度增加100万元以上或增幅在30%以上的企业，分别给予企业法定代表人40万元、20万元、5万元、1万元奖励，分别授予“桃江县经济建设功臣”、“桃江县经济建设杰出贡献人物”、“桃江县经济建设突出贡献人物”、“桃江县纳税先进个人”称号，以上奖励不重复计奖，依照就高不就低的原则实施，对国有企业和国有控股企业的奖励，按对应奖金50%的标准计奖。加强对企业法人代表的宣传推介，提升其社会地位和知名度。

十、开辟重点工业企业政务服务“绿色通道”。县级所有政务服务事项由县政务服务中心当天受理，全程代理，“一站式”办理，在7个有效工作日内办结；需提交上级部门审批的，由相关部门全程代理服务。企业可对部门服务提出否决案，经核实后对部门实行“一票否决”。

十一、推进重点工业企业“一站式”收费。各收费部门对企业的所有收费，必须取得物价部门收费许可，收费标准不得超过县委、县政府规定的最低标准，且事前须报县优办和县推新办备案审查。所有收费原则上由企业到县政务服务中心收费窗口直接缴纳，任何单位不得直接上门收费。

十二、优化重点工业企业发展环境。严格执行《益阳市优化经济发展环境七项制度》《益阳市优化发展环境“十不准”》《桃江县损害经济发展环境行为责任追究办法》《桃江县规范涉企检查行为办法（试行）》《桃江县十个一律免职和十八个一律问责暂行规定》等市、县关于优化经济发展环境的若干政策规定，对损害企业合法权益的违法违规行为，执纪执法部门依法依规从严从重从快查处。

十三、实行县级领导联系服务重点工业企业制度。每一家企业明确一名在职县级领导联系服务，负责协调解决企业建设、生产经营过程中面临的实际困难和问题。企业可直接向联系服务的县级领导反映情况，县级领导接到情况后在2个工作日内进行协调处理；需要多部门协调解决的问题，在5个工作日内组织相关单位专题研究解决，议定的事项，由县督查局督查督办。县委、县政府将落实情况作为对部门综合目标管理考核的重要依据。

十四、加强重点工业企业支持服务工作的组织协调。县工信局（推新办）为鼓励和扶持重点工业企业发展工作的牵头单位，负责日常管理、调度、协调及考核工作。支持服务工作纳入各乡镇、部门重点工作，实行重点工作目标绩效考核，对成绩突出的，年终给予表彰奖励。建立企业困难问题集中调处制度，县工信局及时收集企业生产经营过程中出现的倾向性、普遍性问题，每季度召开一次工业例会研究解决。对于突出问题及时研究解决。

十五、本意见由县政府办负责解释。

十六、本意见自发布之日起施行，原《中共桃江县委桃江县人民政府关于鼓励和支持重点工业企业发展的若干意见（试行）》（桃发〔2013〕1号）同时废止。

中共桃江县委　桃江县人民政府

2014年4月17日

中共桃江县委　桃江县人民政府

关于规划支持重点项目促进第三产业发展的若干意见

桃发〔2014〕10号

各乡镇党委、人民政府，县委各部办委，县直机关各单位：

为加快推进我县第三产业发展，重点培育一批引领性强、带动性强、成长性好的第三产业项目，促进第三产业转型升级，强化县域经济发展支撑，不断提升县城品位和形象，特提出如下意见。

一、指导思想

按照“市场主体、政府引导、部门支持、分类推进、规范发展”的总体思路，以将项目建设成“行业龙头、景观工程、全县第一”为基本要求，扶持一批第三产业重点项目，有效带动全县第三产业快速发展。

二、基本原则

（一）支持第一。按照“人无我有、人有我优、有规模、有档次”的思路，大力支持有创新理念、投资实力和创业精神的投资者来桃发展第三产业，政府只对鼓励类项目的第一个投资者，予以重点支持。

（二）突出重点。根据全县第三产业发展需要，确定重点规划建设支持项目，以点带面，全面提升。

（三）鼓励创新。对政府未列入的、有创意、有龙头带动作用、能够促进桃江经济发展的第三产业项目，可通过“一事一议”将其纳入桃江县重点支持发展的第三产业项目。

三、重点支持规划建设第三产业十大项目

（一）桃花江商贸物流中心

1. 项目定位：着力打造“长株潭”卫星城主要商品集散地，建成商务会展、金融保险、信息服务、电子商务、商品批发、货物仓储等功能在内的现代化国际商贸物流中心。

2. 规划选址：县大规划例会审议确定。

3. 规划要点：

（1）用地规模：300亩以上。

（2）预计投资规模：10亿元以上。

（3）主要功能：项目建设要求具备多式联运区、商贸展示区、网购商务区、流通加工区、集货配送区、大型仓储区、国际物流区、综合服务区等八大功能区和商务信息、物流交易、流通配送、货物仓储、交通运输、现代化高端服务等六大服务平台。

4. 牵头单位：县商务局。

（二）桃花江农贸批发大市场

1. 项目定位：建设一个以“绿色、健康”为理念的集交易、储藏、流通、配送、电子交易、检测、循环处理于一体的批零兼营、大型的农贸批发大市场。

2. 规划选址：县大规划例会审议确定。

3. 规划要点：

（1）用地规模：100亩以上。

（2）预计投资规模：1亿元以上。

（3）主要功能：建成布局合理、功能齐全、运行规范、信息快捷的农贸批发大市场。内设交易区、仓储区、检疫检测及综合管理区、车辆停放区四大功能区，组建电子信息管理、食品安全检测、冷库储藏及冷链物流配送三大系统。

4. 牵头单位：县商务局。

（三）桃花江汽车城

1. 项目定位：着力打造湘中北地区规模大、功能全、品种齐、服务优的多功能汽车城。

2. 规划选址：县大规划例会审议确定。

3. 规划要点：

（1）用地规模：120亩以上。

（2）预计投资规模：2 亿元以上。

（3）主要功能：项目规划并建设汽车展示区、汽车销售区、维修美容区、试驾区、配件配饰区、信息咨询区、二手车交易区、汽车检测区等八大功能区。

4. 牵头单位：县经合局。

（四）桃花江青少年体验中心

1. 项目定位：着力打造具有全省影响力的全景式青少年科技体验中心。

2. 规划选址：县大规划例会审议确定。

3. 规划要点：

（1）用地规模：50 亩以上 。

（2）预计投资规模：8000 万元以上。

（3）主要功能：开展青少年儿童的职业体验、动漫体验、科技体验、文化教育体验、军旅体验、竞技体验、野外拓展训练、青少年夏令营体验等体验式教育。内设儿童职业及影视体验馆（主题馆）、生活服务区、第二课堂培训区、竞技健身区、亲子酒店、美食城、图书阅览区、电玩区、亲子幼儿园。

4. 牵头单位：县文广新局。

（五）桃花江美食夜宵城

1. 项目定位：桃花江特色美食中心。

2. 规划选址：县大规划例会审议确定。

3. 规划要点：

（1）用地规模：10 亩以上。

（2）预计投资规模：5000 万元以上。

（3）主要功能：具备美食餐饮、展示、商购三大功能区；具备设计新颖、美观舒适、环境优雅的消费环境。

4. 牵头单位：县创建办。

（六）美人窝休闲娱乐中心

1. 项目定位：着力打造桃花江美人文化名片，精英和成功创业人士休闲、娱乐、会友、商务信息中心。

2. 规划选址：县大规划例会审议确定。

3. 规划要点：

（1）用地规模：50 亩以上。

（2）预计投资规模：2 亿元以上。

（3）主要功能：全面整合桃江美人文化、竹文化、桃花文化，突出低调高档有内涵，贯穿生态、文化、环保主题理念，具备会友、品香、茶艺、歌舞欣赏、健身、养生、减压、琴棋书法体验与欣赏等功能。

4. 牵头单位：县旅游局。

（七）美人窝喜庆文化园

1. 项目定位：着力打造全市一流的喜庆礼仪专业服务中心和特色喜庆文化展示传播窗口。

2. 规划选址：县大规划例会审议确定。

3. 规划要点：

（1）用地规模：30 亩以上。

（2）预计投资规模：1 亿元以上。

（3）主要功能：承接中西各类喜庆礼仪服务活动；承担各类喜庆活动的咨询与策划；地方喜庆文化展示与传播（影视拍摄）；喜庆用品经营。

4. 牵头单位：县文广新局。

（八）桃花江河鲜大排档

1. 项目定位：打造具有全市影响力的河鲜美食休闲中心。

2. 规划选址：县大规划例会审议确定。

3. 规划要点：

（1）用地规模：15 亩以上。

（2）预计投资规模：8000 万元以上。

（3）主要功能：建成河鲜餐饮区、河鲜交易区、临河垂钓休闲区等三大功能区，集品尝桃江风味河鲜食品、桃江特色河鲜供应和地方特色休闲为一体的高标准河鲜美食休闲中心。

4. 牵头单位：县商务局。

（九）桃花江老年公寓

1. 项目定位：着力打造湘中北地区集智慧养老、医养结合、养生旅游、休闲健身为一体的现代老年人社会化服务中心。

2. 规划选址：县大规划例会审议确定。

3. 规划要点：

（1）用地规模：100 亩以上。

（2）预计投资规模：2 亿元以上。

（3）主要功能：建成护理、医疗、康复、养老、休闲为一体的宾馆化、无障碍、园林化、医护型养老中心。该项目内设养老居住区、医疗保健区、休闲健身区、接待服务区、文化娱乐区、老年产品购置区等六大功能区。

4. 牵头单位：县民政局。

（十）桃花江土特产专业街

1. 项目定位：打造集制作、展示、品味为一体的桃花江土特产专业街。

2. 规划选址：县大规划例会审议确定。

3. 规划要点：

（1）用地规模：10 亩以上。

（2）预计投资规模：5000 万元。

（3）主要功能：结合美人窝文化主题公园开发，整体配套新建一批桃花江土特产专业店，建成充分凸显桃江特色的土特产专业街。

4. 牵头单位：县接待办。

四、加大第三产业重点项目的扶持力度

第三产业十大重点项目除享受《桃江县鼓励投资办法》（桃政发〔2012〕9号）文件中所列扶持政策外，还享受以下优惠政策（同类政策不重复享受）。

1. 用地支持：项目建设所需用地可按不低于土地成本价依法提供商服用地或行政划拨用地。

2. 融资支持：搭建银企对接平台，引导金融机构加大对第三产业重点项目信贷投入力度。对列入政府重点推荐项目的信贷支持作为对银信部门考核的重要内容。

3. 财税支持：实缴税收100万元以上环比新增部分中县级财政所得扣除征收成本后100%奖励给投资方，共支持3-5年。

4. 报建支持：报建费用比照工业项目建设给予优惠。

5. 人才支持：根据企业需要，项目相关人员的培训工作可委托县人社部门免费培训。

6. 政务支持：对落户我县的第三产业重点项目开辟绿色通道，实行全程代理，每个项目明确“一名领导、一支队伍、一套方案”，定向开展支持服务工作。

对固定资产投资在1亿元以上的项目或者本意见未列的其他重大第三产业项目，以“一事一议”形式实行针对帮扶。对积极促成本意见所列第三产业重点项目落地并建成营运的，中介人按照《桃江县招商引资奖励办法》（桃政发〔2013〕6号）给予奖励。

五、保障措施

1. 加强组织领导。成立桃江县第三产业重点项目规划和建设领导小组，由县委书记任顾问，县委副书记、县长任组长，县委常委、常务副县长，分管副县长任副组长，县政府办、县接待办、县创建办、县发改局、县民政局、县财政局、县人社局、县国土资源局、县环保局、县住建局、县交通运输局、县文广新局、两型区、县商务局、县经合局、县旅游局、县房产局、县规划局、县城建开发公司、县政务中心、县国税局、县地税局、县供电分公司、人民银行桃江县支行、县征拆办、桃花江镇主要负责人、县政府办联系副主任为成员，主要负责项目审查、规划把关、工作协调等。领导小组下设办公室，办公地点设在县商务局，由县政府办联系副主任兼任办公室主任，县商务局局长兼任办公室副主任。

2. 明确工作职责。由领导小组办公室确定分类推进方案，分解工作任务，建立协调联动机制，各项重点工作牵头单位和相关责任单位进一步明确工作职责，对项目建设过程中需要解决的问题，建立综合协调、分工负责、互联互通的协调联动机制，加强协作、形成合力，确保项目建设快速推进。

3. 加强督查考核。按照项目成熟一个、发展一个的原则，由县重点项目规划和建设领导小组办公室实施调度，督查部门开展不定期督查，对于当年确定启动的建设项目，纳入全县重点工作目标绩效考核内容。

中共桃江县委　桃江县人民政府

2014年6月30日

中共桃江县委办公室
桃江县人民政府办公室

关于印发《桃江县鼓励全民创新创业暂行办法》的通知

桃办发〔2014〕15号

各乡镇党委、人民政府，县委各部办委，县直机关各单位：

《桃江县鼓励全民创新创业暂行办法》已经县委、县人民政府同意，现印发给你们，请认真贯彻执行。

中共桃江县委办公室 桃江县人民政府办公室

2014年11月6日

桃江县鼓励全民创新创业暂行办法

为进一步激发全民创新创业热情，优化创新创业环境，鼓励支持全民创新创业，大力促进创业带动就业，加快“推动科学跨越，建设生态桃江”步伐，根据国家和省、市有关鼓励创新创业的政策，结合桃江实际，特制定本办法。

一、放宽市场准入

1. 拓宽市场准入领域。实施创业“非禁即入”政策，允许各类创业主体平等进入国家法律法规未禁入的各个行业和领域，创业者自主决定经营范围，选择经营方式，各种资本实行平等的市场准入条件。

2. 简化登记手续。除国家法律法规明确规定的前置审批外，其他审批不作为创业项目工商登记的前置许可。对经营范围需前置许可的项目，在取得前置许可之前，可先予登记，其经营范围核定为相关项目的投资建设。对家庭成员以集体土地投资经营，依托取得承包或流转经营的农村土地从事规模化、集约化、商品化农业生产经营的，可登记为家庭农场。

3. 放宽注资方式。除国家法律法规设定的特殊行业外，实行注册资本认缴制，取消实收资本登记事项，免于提交会计师事务所出具的验资报告，企业根据章程设定注册资本缴付期限，对原已设立的注册资本实缴制企业因章程设定分期到位但未到位的，由企业修订章程改实缴制为认缴制实行备案登记。允许投资人用专利技术、科技成果、股权等非货币资产作价出资。

4. 放宽住所登记条件。允许市场主体的经营场所与住所不在同一地点；允许“一照多点”和“一点多照”；允许住宅登记为市场主体的住所（经营场所）。

5. 更改年检制度。将年度检验制度改为市场主体信息年度报告公示制度。对2013年以前未按期年度检验、验照的企业和个体工商户免予处罚，直接过渡到年度报告公示。

二、培育和壮大创新创业主体

6. 鼓励大学生创新创业。大学毕业生自主创业，符合条件，经财政、人社部门审批，提供10万元小额担保贷款，2年内由财政全额贴息；全日制大学生毕业后2年内在桃初次创办企业或个体工商户（除广告业、桑拿、按摩、网吧以及其他国家产业政策不予鼓励的行业外），稳定经营2年、年营业收入和年纳税分别达到20万元、1万元以上的，给予0.3万–2万元/户一次性创业补贴；对自主创业的大学生，人社部门免费为其保管人事档案、办理人事代理，考录国家机关、事业单位的，代理期间工龄连续计算。

7. 鼓励下岗失业人员创新创业。落实下岗失业人员再就业扶持政策，持《就业与失业登记证》的下岗失业人员在桃初次创办企业或从事个体经营，稳定经营2年、年营业收入和年纳税分别达到20万元和1万元以上的，给予2000元/户一次性创业补贴；缴纳了社会保险费且未享受3年社保补贴的，按相关规定给予3年社保补贴。

8. 鼓励农民创新创业。农民在桃初次创办企业或从事个体经营，稳定经营2年、年营业收入和年纳税分别达到20万元和1万元以上的，给予2000元/户一次性创业补贴；农民围绕“一村一品、一乡一业”、土地流转等初次创办农民合作社或家庭农场，稳定经营2年、年营业收入和年纳税分别达到100万元和5万元以上的，给予1万元/户一次性创业补贴，并优先申报省级农民示范合作社，享受相关扶持政策。对从事农产品加工生产经营的创业项目，农业、林业、畜牧部门加大项目资金扶持，着力提高创业成功率，增强农民创业就业能力。

9. 鼓励残疾人创新创业。持《残疾证》的残疾人在桃初次创办企业或从事个体经营，稳定经营2年以上、年营业收入达15万元的，给予2000元/户一次性创业补贴，并减征个人所得税。从事加工、修理、修配所得收入，免征增值税。

10. 积极鼓励“二次创业”。鼓励个体工商户扩大生产经营规模升级为法人企业，达到相应规模后的，按照《湖南省人民政府办公厅印发〈关于鼓励支持劳动密集型企业和中小微企业吸纳就业的若干措施〉的通知》（湘政办发〔2013〕41号）文件给予社会保障政策支持。

三、加强创新创业培训

11. 整合培训资源。以县教育局、县科技局、县工信局、县财政局、县人社局、县农业局、县文广新局、县卫生局、县安监局等相关单位为成员单位，整合本县培训资源；以县职教中心和县创业培训机构的技术和师资力量为基础，负责全县创业者、工业企业的创业培训和技能培训。

12. 放宽受训条件。凡具有创新创业愿望，具备一定创新创业条件的，均可报名免费参加创新创业培训和技能培训。根据培训群体需求开展各种专业培训，致力增强培训针对性、实用性，提高创业者的创业技能和创业成功率。

13. 支持创新创业企业员工培训。对创新创业企业进行员工培训，财政按政策给予培训补贴。对经审批赴县外学习培训的技能培训班，财政按政策双倍给予补贴。

14. 建立创新创业实训基地。经人社、教育、财政等相关部门认定的创新创业实训基地，对有创新创业意愿和能力的创新创业人员进行不超过6个月的创新创业实训，按接受符合条件的实训人数，给予创新创业实训基地每人每月200元实训补贴。

四、打造创新创业载体

15. 扶持创新创业基地建设。按照政府扶持、市场运作的原则，充分利用各类国有、集体有效资源创办创新创业基地，且稳定经营2年的，给予场地租金补贴。经验收合格，认定为省、市、县创新创业孵化基地的，享受相关扶持政策。

16. 支持龙头企业创办创新创业基地。鼓励全县行业龙头企业、行业协会利用自身资金、技术优势，打造行业创新创业基地，经验收合格，认定为省、市、县创新创业孵化基地的，享受相关扶持政策。

17. 鼓励大学生入驻孵化基地创新创业。充分发挥创新创业孵化基地的创新创业孵化功能，落实各项创新创业孵化优惠政策，丰富创业者的创新创业体验，提高其创新创业能力，提升大学生创业成功率。对大学生创办的企业予以2年补贴租金，对孵化成功的企业给予10万–20万元的小额担保贴息贷款支持。

18. 鼓励优质创新创业项目进驻园区。在牛潭河工业园建立大学生创业基地。对投资在1000万元以上的高新技术创新创业项目，优先入驻牛潭河工业园、灰山港工业集中区和马武工业小区，优先安排租用厂房，两年内厂房租金全免，并享受县政府规定的入园项目优惠政策。

五、强化政策扶持

19. 加大创新创业资金扶持。每年投放1亿元创新创业小额担保贴息贷款。对新办实体的城乡创业者，依据其创业规模、安置劳动力人数情况，提供5万–50万元小额担保贴息贷款，财政按人民银行规定利率2年全额贴息。对符合条件的劳动密集型、科技型、小微企业创业项目，提供50万–200万元担保贴息贷款，财政按人民银行规定利率的50%给予2年贴息。

20. 加大税收扶持。全面落实国家鼓励自主创业和扶持小微企业发展的各类税收优惠政策。

21. 加大金融扶持。建立政府、银行、相关职能部门联席会议制度，搭建政银企交流合作平台，大力支持创业项目。积极推动金融产品和金融服务创新，创新小额担保贷款抵押担保方式，开办无形资产抵押、动产抵押、股权质押、自然人担保、产品订单、联保互保等贷款业务，降低创业小额贷款门槛，简化贷款程序，提高金融服务效率，有效防范贷款风险。

22. 加大科技扶持。对符合条件的初创企业申报各级各类科技技术项目、专利成果和高新技术企业的，科技部门加强指导和服务，帮助申报、争取各项科技扶持、补助资金、风险投资资金，积极落实相关奖励政策。

23. 优化用地政策。对符合土地利用总体规划和城乡建设规划的创业建设项目，国土部门优先安排用地计划，农村集体经济组织可办理集体建设用地使用手续，鼓励高新技术创业企业向园区集中，优先供地。

24. 实施三年创业扶持。对非国家限制行业的创业项目，自工商部门核准登记注册之日起 3 年内，各类行政事业性收费（不包括基金、保证金）实行“零收费”，行政事业单位各项服务类收费按核定收费标准的 50% 收取。实行创业保护，宽容过失行为，创业企业初次过失轻微并及时得到纠正，没有造成危害后果的，不予行政处罚。

25. 培养和引进创新创业人才。积极培养和引进科技创新型人才，对高端创业人才按相关政策提供项目资助、生活补助和安家补贴。本县机关事业单位工作人员携带科技成果在本县创办企业的，经批准，可在 6 年内保留其编制。

六、优化创新创业环境

26. 加强创新创业领导。成立桃江县鼓励全民创新创业工作领导小组，由县人民政府县长任组长，常务副县长，分管科技、工业、农业的副县长分别任副组长，县政府办、县委农村工作部、县发改局、县教育局、县科技局、县工信局、县财政局、县人社局、县国土资源局、县环保局、县住建局、县统计局、县物价局、县总工会、县妇联、团县委、县残联、县工商联、桃江经济开发区、县经合局、县规划局、县工商局、县国税局、县地税局、人民银行桃江县支行等相关部门和各乡镇主要负责人为成员，领导小组下设办公室，办公地点设在县人力资源和社会保障局，由县人力资源和社会保障局局长兼任办公室主任。设立创新创业服务热线，热线电话：0737–8824201，全天候为创新创业者提供服务。

27. 营造创新创业氛围。组织开展多种形式的创新创业大赛，举办创新创业大讲堂，新闻媒体开办创新创业专栏，播放创新创业微电视。每年举办县委、县政府领导与创新创业代表面对面交流会、创业成功人士经验交流座谈会。组织创新创业典型进农村、社区宣讲活动，加强对创新创业典型的宣传推介，营造浓厚的创业氛围。

28. 优化创新创业服务。在县政务服务中心设立创新创业绿色窗口，开辟绿色通道，实行“专区受理、限时办结、全程跟踪服务”。在县、乡镇、社区就业服务机构设立“创新创业服务”窗口，为创新创业者提供“政策咨询、创业培训、开业指导、项目推介、专家评析、融资服务、创业孵化、跟踪扶持”等一条龙服务。聘请专家学者、知名企业家、创业成功人士组建创业专家团，采取“坐诊”“出诊”方式，定期为创新创业者提供个性化和专业化咨询、技术、管理服务，提高创业成功率。

七、建立奖励机制

29. 设立创新创业奖励基金。县财政每年安排适当资金作为创新创业奖励基金，对科技创新项目和新创成功企业给予奖励。

（一）设立科技创新奖。每两年评比一次科学技术进步奖，分设一、二、三等奖，奖金总额 20 万元；每年评比一次科技创新专利奖，对当年授权的职务发明、实用新型和外观设计专利，授予专利授权奖，按不同奖项给予 400 元 ~10000 元奖励。

（二）设立创业典型奖。新创企业符合国家产业政策和“两型”要求，成长性好，营业收入在 200 万元以上和年净入库税金 2 万元以上，并对促进桃江经济发展、产业结构调整、转型升级的成功典型给予一次性 1 万元奖励；每年在创新创业典型企业中评选出一定数量的“创业标兵”，给予 3 万 ~5 万元奖励。

30. 鼓励创建品牌。对初次创业获得省名牌、国家名牌产品的，分别一次性给予 5 万元、10 万元奖励；对获得注册商标、省著名商标、中国驰名商标的，分别一次性给予 0.2 万元、5 万元、10 万元奖励。

31. 成立奖补评审小组。由县人民政府组织成立奖补评审小组，对 2014 年 1 月 1 日起推荐申报、注册登记、符合奖补条件的科技项目企业、个体工商户进行审核确认。

八、附　则

32. 本办法自发布之日起执行，由县科技局、县人力资源和社会保障局负责解释。原《桃江县鼓励全民创业暂行办法》（桃办发〔2014〕8 号）同时废止。

桃江县人民政府

关于修订印发《桃江县鼓励投资办法》的通知

桃政发〔2014〕10号

各乡镇人民政府，县直各单位，省、市驻桃各单位：

经县人民政府研究，决定对《桃江县鼓励投资办法》（桃政发〔2012〕9号）的有关内容予以重新修订。现将修订后的《桃江县鼓励投资办法》印发给你们，请认真遵照执行。

桃江县人民政府

2014年5月23日

桃江县鼓励投资办法

第一条 为鼓励投资，促进我县经济和社会发展，根据国家和省市有关法律、法规、规定，结合我县实际，制定本办法。

第二条 本办法所称投资者和引资中介人，是指自然人、法人和其他组织。

第三条 本办法所鼓励的投资项目，必须符合国家产业政策、环保要求、投资强度和我县土地利用规划，且具有合法用地手续，同时符合以下两个或两个以上条件：

（一）新增固定资产投资1000万元（人民币，下同）以上；

（二）投产后年新增纳税100万元以上；

（三）投产后年新增产值或新增销售额5000万元以上；

（四）新安置劳动力就业500人以上。

第四条 凡本办法所鼓励的投资项目，除享受国家、省、市规定的有关优惠政策外，给予下列奖励和优惠：

（一）项目须新征用地的，自项目签约起五个年度内，项目当年实缴税收（建安税、土地使用税除外，下同）中县级财政所得（实缴税收减中央省市分成，下同）扣除征收成本后100%奖励给投资方。

（二）项目不须新征用地的，自项目签约起五个年度内，项目实缴税收环比新增部分（当年数减上年数）中县级财政所得扣除征收成本后100%奖励给投资方；租赁经济开发区标准厂房的，可免除1年租金，1年后根据项目纳税情况确定租金价格，如项目年实缴税收达350元/平方米以上的，租金全免。

（三）世界500强、国内200强、固定资产投资在1亿元以上或年创税1000万元以上的项目，可采取“一事一议”形式实行特殊优惠。

第五条 凡本办法所鼓励的投资项目、生产性项目的厂房、办公用房和集体宿舍建设，按10元/平方米包干收取所有并联项目的报建收费。其他类项目和生产性项目投产后的各项行政事业性规费按桃政发〔2010〕14号文件执行。

第六条 凡成功引进本办法所鼓励的投资项目落户我县，在项目投产后三年内，一次性按项目某一个年度实缴税收的3%奖励中介人。

第七条 对落户我县的本办法所鼓励的投资项目，实行封闭式管理，由县政务中心一站式收费，并每个项目明确“一名领导、一支队伍、一套方案”全程定向开展支持服务工作。

第八条 县人社部门建立全县劳动力资源档案，通过定向招工、定向培训等方式积极协助企业招收培训各类技工、普工。

第九条 本规定由县人民政府办公室负责解释。

第十条 本规定自发布之日起执行，原《桃江县鼓励投资办法》（桃政发〔2012〕9号）即行废止。

桃江县物价局

局长贺孟良一行检查春运票价

检查步步高超市价格明码标价工作

接受价格维权咨询

检查义务教育收费公示情况

开展工会活动

桃江县价格诚信示范单位授牌仪式

桃江县森林公安局

3月20日，局长唐梦虎慰问困难群众

班子专题民主生活会

10月17日，举办森林防火培训班

开展法制宣传，发放法律宣传资料

开展“野保行动”，清理野生动物市场

森林防火应急知识宣传

桃江县妇联

湖南省妇联主席杜亚玲（左一）来桃调研妇女工作

中国妇基会个体营养检测项目、妇科疾病无创治疗项目落户桃江

千人签名宣誓“远离毒品 阳光生活”

“太阳能暖心”工程

“庆三八 向省级卫生城市奔跑”健身跑步接力赛

共青团桃江县委

县长与创业青年面对面交流会

开展“关爱留守儿童，共筑梦想教室”助学活动

交通安全教育进校园

创卫生县城志愿者活动

希望工程体验式助学活动

桃江县科协

少年看核电征文活动颁奖

县委书记谭建华参加全国科普日活动

全国科普日湖南主场活动开幕式

举行“5·12”防灾减灾科普宣传

三湘农民健康行科普宣传活动

在玉潭实验学校开展科普进校园活动

桃花江“两型社会”建设实践区

县委书记谭建华为老干部们介绍两型区的发展思路和取得的成绩

算盘洲小区航拍图

益阳市政府副秘书长、两型办主任李晓跃一行查看桃花江两型区湘腾庄园的葡萄种植情况

桃益公路绿色景观带航拍图

两型美丽村崆峒村

桃江县体育局

湖南省青少年武术锦标赛

国民体质测试

县第十届大众运动会钓鱼比赛现场

篮球联赛

崆峒村新农村体育设施建设

鲊埠回族乡军功嘴村篮球场

桃江县商务局

省商务厅巡视员周船调研桃江商务工作

电子商务行业协会成立

行政处罚听证会

县美容美发行业协会成立

百城万店无假货活动授牌仪式

家居建材交易会

组织加油站点开展消防演习

商务行政执法销毁非法屠宰生猪肉品

桃江县旅游局

市委书记魏璇君调研益阳大汉华美达酒店项目

渔香源生态农庄

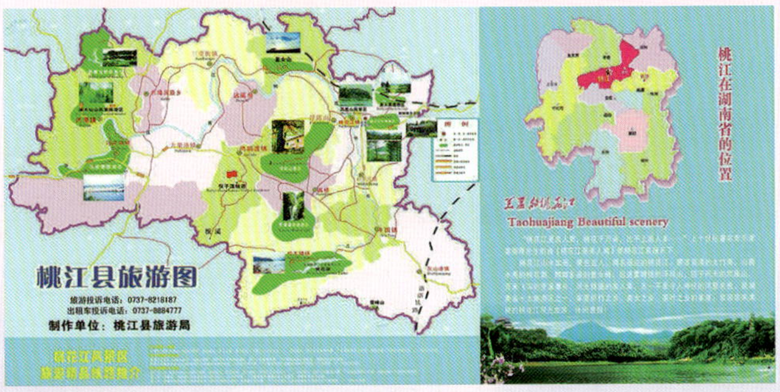

桃江县旅游图

益阳大汉华美达酒店全日制餐厅

新桃缘生态休闲农庄

桃江“美人窝”里诗意栖居在《湖南旅游》杂志上宣传

民景农庄葡萄园

桃花江第二届帐篷节暨桃花江竹海首届烧烤节

桃江县农村经济经营管理局

省委副书记孙金龙（前排正中）来桃调研农村土地承包经营权确权颁证试点工作

省内兄弟市州来桃学习交流确权颁证工作

局党组书记、局长　彭建良

指导开展确权颁证外业调查指界工作

县级示范社评选现场

调研农民合作社情况

桃江县房地产管理局

方田村水库堤坝施放白蚁药

灰山港镇紫荆尊城盛大开盘

牛潭河经济开发区公租房小区二期工程

桃谷山廉租住房小区

杨家坳保障性住房小区

桃谷山公租房

桃江县移民开发管理局

市委办副主任陈金梁调研移民产业

株洲市县移民系统来桃交流移民工作经验

局长张坚下乡走访

局长张坚在移民安置点石牛江村杜子林家走访慰问

5·12防灾减灾科普宣传现场

举办桃江县库区移民幼师培训班

桃江县人防办

团结战斗的领导班子

人防工程技术交底会

人防专业队

省人防办主任卜功富调研人防工作

县人防办进行人防应急知识宣传

县人武部领导参加指导人防知识宣传工作

人防教育进社区工作会议

“两防一体化”训练动员会议

桃江县城市建设开发公司

团结实干的领导班子

与建整扶贫联系村村组班子座谈

“听民情解民忧活动”走访帮扶对象

开展党的群众路线教育实践活动

东区棚户区安置房

创业村168亩安置场地平整工程

桃江县史志档案局

县委书记谭建华同张家界市、益阳市档案局领导一同参观县档案馆展厅

县委常委、县委办主任肖立新，县政府办主任邓迎平为新馆开馆揭牌

方言大拜年活动座谈会

新馆建设功能验收

县书法家皮文彬作品捐赠仪式

县委党校学员参观展厅

桃江县政务服务中心

2014 年度政务服务工作总结会议

党的群众路线知识抢答赛

开设道德讲坛

工作人员人脸考勤上下班

乡镇土地整治项目开标现场

桃江县行政审批与电子监察系统

桃花江灌区管理局

省水利工程管理局局长陈子年视察桃花江灌区

机关支部召开组织生活会

雄伟壮观的桃花江水库大坝

施工中的桃花江灌区续建配套与节水改造项目

桃花江水库泄洪

桃江县人民医院

7月1日，加盟湖南省人民医院集团揭牌启动仪式

省人民医院院长祝益民、市政协副主席夏宏宇、县长何军田等领导出席揭牌启动仪式

新增护士长岗位竞聘演讲

医院中层骨干述绩述效述廉大会

专家下乡义诊

装修一新的营养餐厅

医院第一、二住院楼外景

桃江县中医院

“二甲”中医医院评审工作反馈会

评审专家、省市县领导、县中医院班子成员合影

5月12日，全县中医药健康管理服务暨中医药适宜技术推广培训班

“二甲”中医医院评审工作汇报会

10月26日，县中医院舞蹈队在益阳市第五届电视广场舞大赛中获得亚军。

9月29日，县中医院舞蹈队在比赛中荣获铜奖

桃江县工商行政管理局

副市长周振宇在新龙超市检查食品安全

团结奋进务实的领导班子

3月20日，全市打击假冒伪劣专项行动启动仪式在桃江召开

查获一制售假冒品牌席梦思的加工窝点

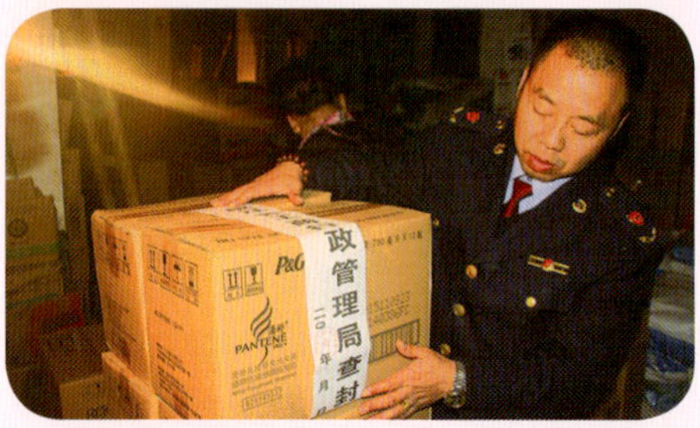

捣毁一销售假冒日化用品窝点

开展校园食品安全检查

送“桃花江竹凉席”地理标志证明商标到桃江竹凉席行业协会

指导湘益木业成功获评省驰名商标

桃江县地方税务局

省地税局领导来桃调研

给纳税人发放资料解答疑问

城镇土地使用税地段等级税额调整听证会

团结务实的局领导班子

特约监察员座谈会

税法宣传车

机关办公楼

桃江县桃花江镇

省委精神文明办考评全国文明村镇现场会

罗家潭村裴柴埠小学合格化学校建设通过验收

群众自发组织的腰鼓队

施工后的人和桥村廖家塘

株木潭生态葡萄园

大华村优质茶园

崆峒村新桃缘生态园农庄

桃江县浮邱山乡

县委常委、宣传部部长胡国清到浮邱山乡授牌

党员志愿服务活动

群众文艺生活丰富多彩

天源能源燃料有限公司生产车间

禁牌村苗木基地

大水洞养鸡场实现自动化养殖

花园式敬老院

桃江县高桥乡

党委书记郭环球向驻村干部和群众了解电排维修情况

省文明办验收高桥乡省级文明村镇创建工作

乡中心学校开展毒品预防宣传教育宣讲活动

罗溪瀑布

第一台油菜收割机投入运行

歇轿仓公路建设

荷叶塘——横马塘安全供水工程

桃江县修山镇

羞女山笋菜种植专业合作社办公场地及笋菜种植基地

卫生院医务大楼

三官桥农贸大市场

辉红水产养殖专业合作社

万洲红果蔬基地

中心幼儿园

桃江县沾溪镇

党委书记左交每周一在信访接待室接待群众

应急知识宣传活动

综治民调推进会

春耕生产

笋竹两用林实用技术培训

洋泉湾虾蟹养殖基地

洋泉湾游艇码头

桃江县三堂街镇

市长胡忠雄视察三堂街城镇建设

安化县冷市镇党政领导到三堂街学习考察

团结务实奋进的领导班子

赈灾募捐活动

新建路街道

金峪庄园杯男子篮球邀请赛

成杉大道

机关干部开展廉政警示教育

桃江县鸬鹚渡镇

“核电杯”文艺汇演现场

中能生物质有限公司竹炭生产车间

乐道茶业全景

生产的成品锑锭

学堂湾村村民杨孟贤和他的“竹王”

茶园风光

早稻生产

双季稻喜获丰收

桃江县大栗港镇

7月，省长杜家毫（右一）现场指导抗洪救灾

省文化厅领导调研“胡呐喊”

（广东）同乡会、经济贸易促进委员会、流动人口计划生育协会在深圳成立

8月，中央委员、省政协主席陈求发（正中）参加朱家村党支部专题组织生活会暨民主评议党员大会

德茂园敬老院捐赠仪式

党委书记莫跃良视察朱家村茶叶基地

农技站工作人员在田头指导农业生产

桃江县鲊埠回族乡

6月21日，全乡党员大会

10月17日，乡流动（流入）人口计生协会在同心民族工业园成立

11月10日，举办建乡30周年乡庆

11月13日，军功嘴村老年人活动中心和业余花鼓戏剧团成立

巡逻队在全乡范围内开展巡逻活动

开展创建“平安桃江”暨珍爱生命，拒绝毒品进校园签名活动

机械化春耕生产

桃江县武潭镇

“欢乐潇湘·歌唱桃江·爱我武潭”文艺汇演

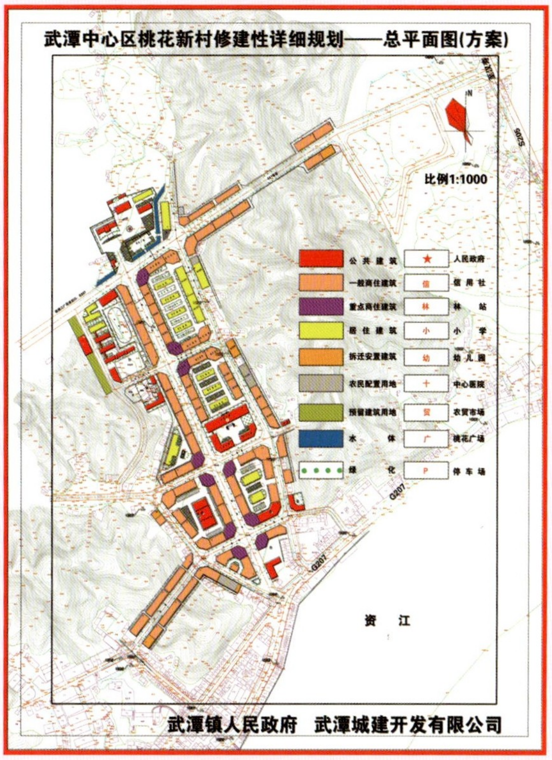

桃花新城详规

湖南省第二届青年词曲作家桃花江采风创作笔会

开展平安家庭创建活动

武潭镇第八届男子篮球赛

莲花坪村蔬菜基地

延津桥村葡萄基地

桃江县马迹塘镇

建设中的马迹塘农贸综合大市场

新建成的三人民医院

新建成的社区廉租房

马迹塘第一家竹笋加工厂

新建成的鑫马世大纪厦

马迹塘竹笋专业合作社成立现场

新开辟的京华村生态茶叶基地

桃江县石牛江镇

黑山羊

孔雀

散养土鸭

良友蔬菜合作社大棚蔬菜

水稻丰收

益阳市重点文物保护单位——牛剑桥

油菜花田

水利设施建设

桃江县牛田镇

县委书记谭建华一行调研临市街村国土整治项目

团结务实的党政班子

闽益农业的蔬菜种植基地

千亩双季稻种植高产示范片

实行农村清洁工程后的青山绿水

乡村医生公卫岗位竞聘面试现场

学生排队乘校车

在建年产 30 万吨混凝土用带肋钢筋生产线

合格化学校镇中心小学

桃江县松木塘镇

县长何军田到松木塘镇八一农场调研

中国五矿－弘基矿业门楼

机关干部走访群众

镇干部检查危桥改造工作

核电杯“欢乐潇湘 · 歌唱桃江”文艺汇演活动

开展法制宣传

镇党委班子成员民主生活会情况通报会

桃花湖

桃江县灰山港镇

金沙重机生产现场

绕城公路

桃江县环宇纺织新材料科技有限公司

送戏下乡

益阳市金致新型材料有限公司

桃江四中教师合唱比赛

桃江四中举行爱心捐助仪式

雪峰山茶场